Otto Kaiser

Gott, Mensch und Geschichte

Beihefte zur Zeitschrift für die alttestamentliche Wissenschaft

Band 413

De Gruyter

Otto Kaiser

Gott, Mensch und Geschichte

Studien zum Verständnis des Menschen und seiner Geschichte in der klassischen, biblischen und nachbiblischen Literatur

ISBN 978-3-11-022809-0
e-ISBN 978-3-11-022810-6
ISSN 0934-2575

Library of Congress Cataloging-in-Publication Data

Kaiser, Otto, 1924–
Gott, Mensch, Geschichte : Studien zum Verständnis des Menschen und seiner Geschichte in der klassischen, biblischen und nachbiblischen Literatur / Otto Kaiser.
p. cm. – (Beihefte zur Zeitschrift für die alttestamentliche Wissenschaft, ISSN 0934-2575 ; Bd. 413)
Includes bibliographical references (p.) and index.
ISBN 978-3-11-022809-0 (hardcover 23 × 15,5 : alk. paper)
1. Theological anthropology – Biblical teaching. 2. Theological anthropology – History of doctrines. 3. Greece – Religion. 4. Rome – Religion. I. Title.
BS661.K35 2010
233–dc22
2010021327

Bibliografische Information der Deutschen Nationalbibliothek

Die Deutsche Nationalbibliothek verzeichnet diese Publikation in der Deutschen Nationalbibliografie; detaillierte bibliografische Daten sind im Internet über http://dnb.d-nb.de abrufbar.

Druck: Hubert & Co. GmbH & Co. KG, Göttingen
∞ Gedruckt auf säurefreiem Papier

Printed in Germany

www.degruyter.com

Zum Gedenken an
Martin Hengel

Inhalt

Von den Grenzen des Menschen – Theologische Aspekte in Herodots Historien

1. Herodot und seine Historien

Es mag befremden, dass ein Theologe einen anderen an Herodot erinnert, dessen Werk nach Aufbau und Ziel nicht mit den alttestamentlichen Geschichtswerken zu vergleichen ist. Herodot wollte mit seinem monumentalen, neun Bücher umfassenden Werk dafür sorgen, dass die großen und wunderbaren Taten der Griechen und Barbaren nicht vergessen würden, und berichten, warum sie gegeneinander Kriege führten (I. Prol.). Er deutete diesen Gegensatz als den zwischen griechischer Freiheit und persischer Despotie, wobei er die Athener als die Retter der Freiheit rühmte. Der Zielpunkt seines ganzen Werkes, den er trotz aller epischen Abschweifungen nicht aus dem Auge verlor, ist denn auch die Befreiung Athens vom persischen Joch (V.62.1).[1] Der Feldzug erst des Dareios und dann des Xerxes richtet sich dem Namen nach gegen Athen, in Wirklichkeit aber gegen ganz Griechenland (VII.138). Und so kam Athens Selbstbehauptungswille ganz Griechenland zugute. Hätten sich die Athener den Persern nicht zur See entgegengestellt, so wäre der Kampf der Spartaner erfolglos geblieben, weil die Barbaren eine Stadt nach der anderen erobert und dadurch gehindert hätten, an der Seite der Spartaner zu kämpfen. Sie hätten also entweder den Tod gefunden oder sich Xerxes ergeben. „*Wenn aber jetzt einer die Athener als die Retter Griechenlands bezeichnet, so gibt er nur der Wahrheit die Ehre. Denn es musste für den weiteren Verlauf des Geschehens ausschlaggebend sein, auf welche von beiden Seiten sie sich stellten. Indem sie aber die Erhaltung der Freiheit Griechenlands wählten, so waren sie es, die das ganze übrige Griechenland, soweit es nicht medisch gesinnt war, aufrüttelten und den König nächst den Göttern zurückdrängten.* (VII.139.5)“[2]

So wenig Herodot für die zentrale Schwäche der Griechen in Gestalt ihrer bis zur Selbstzerstörung führenden Streitsucht[3] und partikularistischen

---

1 Vgl. dazu auch Pohlenz, Herodot, 9–21.

2 Zur Bedeutung dieses Abschnitts als des Schlüsseltextes des ganzen Werkes vgl. Schadewaldt, Anfänge, 149–150.

3 Vgl. die von Mardonios im Kriegsrat über den geplanten Feldzug gegen Athen Xerxes vorgetragene Kritik am militärischen und politischen Verhalten der Griechen in

Machtpolitik blind war,[4] so wenig stand für ihn die Überlegenheit der griechischen Freiheit über die orientalische Despotie zur Diskussion. Der Mann, der den wegen seiner perserfreundlichen Gesinnung abgesetzten Spartanerkönig Demaratos vor Xerxes seine Landsleute stolz als Männer loben lässt, die als Freie allein dem Gesetz gehorchten und ihm gemäß selbst angesichts der Übermacht der Feinde eher fielen als flohen,[5] war derselbe, der die ἰσηγορία, das bei den Athenern geltende Recht des freien Wortes, als die Wurzel ihres entschlossenen Freiheitskampfes benannte.[6] Man würde Herodot missverstehen, wenn man in ihm einen athenischen Nationalisten sähe. Gerechter wird man ihm, wenn man ihm eine panhellenische Gesinnung zugesteht.[7]

Doch trotz dieser eindeutigen und verständlichen Parteinahme für die Sache der griechischen Freiheit bemühte sich Herodot in seiner Darstellung beiden Seiten ohne Hass und Vorurteile gerecht zu werden. Geschichte ist erinnerte Vergangenheit, sie aber lebte für Herodot noch wesentlich im λόγος λεγόμενος, in der mündlichen Erzählung.[8] Wo er auf unterschiedliche λόγοι gestoßen war, gab er sie in der Regel wieder, teils ohne eigene Stellungnahme,[9] teils mit knapper, teils mit begründeter Zustimmung[10] oder Ablehnung.[11] Grundsätzlich betrachtete er es als seine Pflicht, alles zu be-

---

VII.9.β, aber auch den Tadel, den ihm Artabanos, der Sohn des Hystaspes und Regent während der Abwesenheit des Königs, in VII.11.η wegen unverdienter Herabsetzung des Gegners erteilt, weil er dadurch den König dazu bewegen wolle, den Feldzug gegen die Griechen zu eröffnen.

4 Vgl. IX.114–121 und dazu Bichler, in: ders./ Rollinger, Herodot, 84.

5 VII.104.4–5; vgl. auch 102 und dazu Schadewaldt, Anfänge, 153.

6 V.78.

7 Vgl. dazu z. B. Meister, Herodotos (DNP 5/1998), 469–475, bes. 473.

8 Vgl. z. B. VII.189,1: λέγεται δὲ λόγος und weiterhin I.1; 2.1; II.142.1; 147.1; 150,1 vgl. auch I.87.1; 94;2; II.3.1; II.136: II.99 mit II.14.21; 147.1; 150.1.

9 Vgl. z. B. I.1.1; 2.1; III.85–87; III.120–121 mit dem Kommentar 122.1: πάρεστι δὲ πείθεσθαι ὁκοτέρῃ τις βούλεται αὐτέων; V.85.1–88; VII.229–231.

10 Vgl. z. B. II.4.1, mit Zustimmung in 4.5; II.118.1 mit der begründeten Zustimmung in 120.

11 Vgl. z. B. II.20–25 mit der Vorstellung und Verwerfung der unterschiedlichen Hypothesen über die Ursache der Nilschwelle und der begründeten Darlegung der eigenen Deutung; IV.5–11 mit den drei λόγοι über die Entstehung der Skythen, einen, den die Skythen selbst, einen, den die Hellenen erzählen, und einen dritten, dem Herodot am meisten zustimmt, ohne seine Gewährsleute zu nennen, dazu Bichler, Welt, 101–104; VII.148–152 mit zwei Versionen über die Gewinnung der Argiver für die persische Sache und einer weisen Schlussbemerkung über seine Unlust, die Sache zu entscheiden; VII.229–231 mit zwei Versionen über das Schicksal der beiden Spartaner, die dem Tod an den Thermopylen entgingen;

richten, was er über ein Ereignis erfahren hatte. Das bedeutete aber keineswegs, dass er sich verpflichtet fühlte, alles, was erzählt wird, zu glauben.[12] So widerlegte er z. B. das nach seiner Überzeugung unberechtigte Gerücht ausführlich, dass die Alkmeoniden den Persern nach der Schlacht von Marathon ein verräterisches Zeichen gegeben hätten.[13] So ist Herodot nicht nur, wie ihn Cicero trotz seines Vorbehaltes gegen dessen *innumerabiles fabulae* nannte, der *pater historiae,* der „*Vater der Geschichtsschreibung*",[14] sondern auch der erste kritische Historiker geworden.[15]

2. Herodots Leben

Es liegt in der Natur der Sache, dass die Nachrichten über die Vita Herodots nur spärlich und meist spät sind.[16] Er selbst erklärt im Vorwort seiner „Erkundungen" (ἱστορίαι),[17] dass er aus Halikarnassos, dem heutigen Bodrum stamme.[18] Nach dem bei Gellius erhaltenen Zeugnis der Schriftstellerin Pamphilia von Epidauros, einer Zeitgenossin des Kaisers Nero,[19] wäre er 53 Jahre vor dem Ausbruch des Peloponnesischen Krieges und mithin 484 v. Chr. geboren.[20] Nach der Auskunft der *Suda* hießen sein Vater Lyxes und

---

III.1.5–3.3 mit unterschiedlichen Nachrichten über die Abkunft des Perserkönigs Kambyses und mit einem Vermerk über die Unglaubwürdigkeit der dritten in 3.1: λέγεται δὲ καὶ ὅδε λόγος, ἐμοὶ μὲν οὐ πιϑανός); VII.214.1: ἔστι δὲ ἕτερος λεγόμενος λόγος; 214.2: οὐδαμῶς ἔμοι γὲ πιστός (mit folgender Begründung); 220.1: λέγεται δὲ καὶ ... ταύτῃ καὶ μᾶλλον τὴν γνώμην πλεῖστός εἰμι mit dem Beweis in 221; VIII.118.1: ἔστι δὲ καὶ ἄλλος ὅδε λόγος λεγόμενος; 119.1: οὗτος δὲ ἄλλος λέγεται λόγος ... οὐδαμῶς ἔμοιγε πιστός (folgt die Begründung).

12 VII.152.3.

13 Vgl. VI.115 mit 121–131, mit der pointierten Huldigung an Perikles im letzten Satz von 131.2, dazu Schadewaldt, Anfänge, 151.

14 Cic.leg.1.5.

15 Zu seiner Stellung in der Geschichte der Historiographie vgl. Momigliano, Stellung, 137–156, bes. 139–140.

16 Josef Feix hat in seiner Ausgabe, II, 1272–1289 die wichtigsten zusammengestellt, zu Leben und Werk Herodots vgl. auch Meister, Herodotos, 469–476.

17 Zur Bedeutung der Worte ἵστωρ „Zeuge", „Augenzeuge", ἱστορέω „"bezeugen" bzw. „durch Verhör der Augenzeugen vermitteln" und ἱστορία „Verhör der Augenzeugen", „Erkundung" vgl. Pohlenz, Herodot, 44.

18 I. Prol. Vgl. aber auch den Hinweis von Hude z. St. auf Aritstot.Rhet.III.9; der ihn als Thourier bezeichnet, was vermutlich für den Zeitpunkt der Komposition des ganzen Werkes zutrifft.

19 Vgl. zu ihr Baumbach (DNP 9/2000), 212–213.

20 Gell.noct.att.XV.23; Test. 3 Feix.

seine Mutter Dryo, Namen, die seine karische Herkunft ausweisen. Beide sollen vornehmer Abkunft gewesen sein.[21] Sein Vetter väterlicherseits Panyasis (oder nach anderer Überlieferung: der Bruder seiner Mutter und mithin sein Onkel) war ein Deuter von Wunderzeichen und Erneuerer der epischen Dichtkunst, der nicht nur ein vierzehn Bücher umfassendes Herakles-Epos, sondern auch ein solches über die Jonische Geschichte, die *Ionika*, verfasst hat.[22] Die Herakleia erfreuten sich dank ihres Materialreichtums und ihrer Homernachfolge bei den Literaten und Dichtern bis in die frühe römische Kaiserzeit großer Wertschätzung, so dass Panyasis zusammen mit Homer,[23] Hesiod,[24] Peisander[25] und Antimachos[26] zu den fünf großen Epikern gerechnet wurde. Dagegen sollte sein Geschichtswerk bald in den Schatten des Werkes seines Vetters treten.[27] Sucht man ein Vorbild für den Reichtum der von Herodot verarbeiteten Stoffe und seine Hochachtung vor den göttlichen Orakeln und Wunderzeichen, von denen sogleich zu reden ist, wird man sich an seinen Vetter Panyasis und selbstverständlich auch an Homer zu erinnern haben; denn noch der Geschichtsschreiber Herodot war als großer Erzähler ein Epiker.

Die eigentliche Vita Herodots ist schnell erzählt:[28] Wegen seiner Feindschaft mit dem Dynasten Lygdamis,[29] dem Sohn des Pisindelis und Enkel der von ihm hoch geschätzten Königin Artemisia,[30] verließ er seine Vaterstadt Halikarnassos und zog nach Samos, wo er seine Kenntnis des Jonischen Dialekts vertiefte, der für sein Werk kennzeichnend ist. Dort soll er bereits mit der Niederschrift seiner Historien begonnen haben. Nach der

21 Suda, Test. 1 Feix.

22 Suda, Test. 2 Feix. Zu Panyasis ca. 505/500–455/50 vgl. Latacz, Panyas(s)is, 276–278.

23 Zu den homerischen Epen vgl. Lesky, Geschichte, 29–101; Dihle, Literaturgeschichte, 19–32 bzw. Latacz, Homeros, 686–699.

24 Vgl. zu ihm Lesky, Geschichte, 113–130; Dihle, Literaturgeschichte, 33–41, West, Hesiod Works, 30–33 bzw. Green (DNP5/1998), 506–510.

25 Zu Peisander von Rhodos vgl. Lesky, Geschichte, 131 bzw. Fornaro (DNP 9/2000), 479–480.

26 Zu dem Ende des 5./Anfang des 4. Jh. v. Chr. lebenden, aus Kolophon stammenden Epiker und Elegiker Antimachos, der u. a. ein umfangreicheres Epos über den Zug der Sieben gegen Theben verfasst hat, vgl. Lesky, Geschichte, 712–714; Dihle, Literaturgeschichte, 260–261 bzw. Fantuzzi (DNP1/1996), 759–760.

27 Vgl. dazu Lesky, Geschichte, 131.

28 Vgl. dazu Rollinger, in: Bichler/ders., Herodot, 111–113.

29 Vgl. zu ihm Kierdorf (DNP 7/1999), 551.

30 Dass er sie als eine kluge und tatkräftige Persönlichkeit verehrte, zeigt ihre durchweg positive Zeichnung in VII.99; VIII.68–69.87–88.101–102 und 107; vgl. zu ihr Hünemörder (DNP 2/1997), 59.

um 450 erfolgten Vertreibung des Lygdamis und dem Eintritt der Stadt in den Delisch-Attischen Seebund soll er nach Halikarnass zurückgekehrt, aber trotz seiner Mitwirkung am Sturz des Tyrannen wegen Streitigkeiten mit seinen Mitbürgern nach Thurioi (oder Thurion) ausgewandert sein. Diese Stadt wurde 444/43 auf Betreiben Athens als panhellenische Kolonie und Nachfolgerin des 510 v. Chr. zerstörten Sybaris unter Beteiligung des Philosophen Protagoras[31] und eben auch Herodots gegründet.[32] Dort soll er sein Werk nach dem Zeugnis des älteren Plinius 443 verfasst haben.[33] Beide Nachrichten lassen sich miteinander verbinden und verbessern, wenn man in Betracht zieht, dass das neun Bücher umfassende Werk, dem nicht nur zahllose Anhörungen mündlicher Zeugen, sondern auch mehrere ausgedehnte Reisen zugrunde liegen,[34] nicht in wenigen Jahren verfasst werden konnte. Eingestreute Hinweise auf Ereignisse aus den ersten beiden Jahren des Peloponnesischen Krieges (431 – 404) bezeugen, dass Herodot jedenfalls nicht vor 429/28 gestorben ist.[35] Da sich zwei Orte um die Ehre seines Grabes

---

31 Vgl. Diog.Laert.IX.50 = 80 A 1 DK.

32 Suda, Test.1 Feix; zur Gründung der Stadt vgl. Muggia (DNP 12/1/2002), 515–516.

33 Plin.nat.hist.XII.18, Test.10 Feix.

34 Seine Ortskenntnisse z. B. von Athen und Attika, Sparta, Ägina, Delphi und den Thermopylen belegen, dass er das griechische Mutterland bereist und sich dabei die Kenntnis der Schlachtfelder der Perserkriege erworben hat. Dasselbe gilt für Kleinasien und das Schwarze Meer; vgl. IV.17 – 18. Eine ausgedehnte Reise unternahm er nach Ägypten, wo er den Nil bis nach Elephantine und zum ersten Nilkatarakt erkundet hat; vgl. II.29 mit II.99; zu III.11 – 12 vgl. Kienitz, Geschichte, 73, der die Reise erst nach dem Kalliasfrieden 449/48 für möglich hält. Ob Herodot die Kyrene von Ägypten oder von Thurioi aus besucht hat, lässt sich nicht entscheiden, vgl. II.32. Allein um die Frage der Abkunft des Herakles und des Alters seiner kultischen Verehrung zu klären, hat er eine Reise nach Tyros und anschließend Thasos unternommen (II.44). Eine weitere führte ihn nach Babylon I.178 – 187, vgl.182.1, wo er auch die Euphratschlingen nördlich der Stadt besichtigt hat, I.185.2. Dabei konnte er die Vorzüge der persischen Reichsstraßen nutzen. Die Frage, wie er seine Reisen finanziert hat, lässt sich nur spekulativ beantworten. Feix II, 1299, denkt an Handel.

35 Der in VII.233 erwähnte Überfall auf Plataiai erfolgte Anfang 431, vgl. Thuc. II.2 – 5., die von Herodot VII.137 berichtete Gefangennahme und Hinrichtung der auf dem Wege zum persischen König befindlichen Spartaner Nikolaos und Aneristos nach Thuc.II.67 im Sommer 430. Die Mitteilung IX.73.3, dass die Spartaner Delion in dem *„viele Jahre nach diesem (Perser-) Krieg“* ausbrechenden Kampf zwischen Sparta und Athen das ganze Attika verwüsteten, während Dekelea verschont blieb, blickt bereits auf einige Jahre des Archidamischen Krieges zurück, der 421 durch den Nikiasfrieden beendet wurde.

streiten, Pella und Thurioi,[36] müssen wir offen lassen, wo er sein Leben beschlossen und seine letzte Ruhe gefunden hat.

Während seiner Aufenthalte in Athen[37] soll Herodot dem damaligen Literaturbetrieb entsprechend gegen Entgelt aus seinem Werk vorgelesen haben. Der junge Thukydides soll (so will es die Legende) als Besucher einer solchen Lesung zu Tränen gerührt worden sein. In Athen hat er jedenfalls Sophokles (496/5 – 406/5) so tief beeindruckt, dass der Dichter ihm 431 ein Epigramm widmete.[38] Die Hochachtung des Jüngeren für den Älteren spiegelt sich darin, das Sophokles in seiner letzten, erst nach seinem Tode 404 aufgeführten Tragödie *Ödipus auf Kolonos* in 337 – 340 Herodot II.35 zitiert.[39] Aber schon in der *Antigone* findet die umstrittene Erklärung der Heldin in 905 – 912, dass sie für den Bruder tat, was sie nie um eines Gatten oder Kindes willen getan hätte, ihre Parallele in der Novelle von der Frau des Intraphernes in Hdt. III.119, die sich, vor die Wahl gestellt, das Leben ihres Bruders und nicht das ihres Gemahls oder ihrer Kinder ausbittet, weil nur jener unersetzbar sei.[40]

Wir werden alsbald davon zu handeln haben, dass die Überzeugung des Historikers, dass menschlicher Erfolg zum überheblichen Übermut, zur Hybris führen und dadurch den φθόνος θεῶν, den „Neid" und d. h. den gerechten Unwillen der Götter,[41] erwecken kann, keine Besonderheit seines Denkens gewesen ist; denn diese Überzeugung wurde auch von seinen älteren und jüngeren Zeitgenossen Simonides, Aischylos, Bakchylides, Pindar

---

36 Suda, Test. 1 Feix. Vgl. auch das Epigramm auf seinem thurischen Grab bei Stephanos von Byzanz Ethn. s.v. Thourioi, Test 19 Feix: *„Herodots Leiche, des Lyxessohnes, deckt hier die Erde,/ Herr der Geschichtsschreibung war er in altjonischer Art./ Dorischer Heimat entstammt er, entfloh er unleidger Schmähsucht,/ Thurion wählte er dann als neue Heimstadt* (πάτρην) *sich aus.*".

37 Vgl. dazu Feix, II, 1291.

38 Plut.mor.785B; Test.17 Feix.

39 Vgl. mit Schadewaldt, Anfänge, 147 Hdt.II.35:2: *„Bei ihnen* (den Ägyptern) *gehen die Frauen auf den Markt und treiben Handel, während die Männer zu Hause sitzen und weben.*" mit Soph.Oed.Col.337 – 341, wo der blinde König zu seinen Töchtern sagt: *„O, beide richten sich nach altem Brauch/ Ägyptens in Gesinnung und in Lebensart!/ Denn in den Häusern bleiben dort die Männer stets/ am Webstuhl sitzend, während die Gefährtinnen/ draußen sich mühen um des Lebens Unterhalt.*" Übers. Willige/Bayer, Sophokles 601 – 603.

40 Vgl. Schadewaldt, Anfänge, 147 – 148.

41 Zum Begriff vgl. Pohlenz, Herodot, 110: *„Er kann je nach der Einstellung des Sprechenden sehr verschiedene Vorstellungen umfassen, von dem notwendigen Einschreiten gegen menschliche Überhebung bis zum gemeinen Neide".* Zur Verwendung im zuerst genannten Sinn bei Herodot vgl. Pohlenz, 114 – 115; zur Diskussion Dodds, Greeks, 30 – 31 = Griechen, 19 und Lloyd-Jones, Justice, 68 – 70.

und Sophokles geteilt.[42] Eine universalgeschichtliche Perspektive, die einer Ereignisabfolge einen Sinn als einer Etappe auf dem Weg zu einem Ziel der Geschichte zuschreibt, dürfen wir bei Herodot so wenig wie bei einem anderen vorchristlichen Historiker suchen. Dagegen finden sich bei ihm sehr wohl Partialteleologien,[43] die ihren Episoden wie dem Ganzen seiner Darstellung einen paradigmatischen Sinn verleihen, indem sie die Leser am Gelingen und Scheitern menschlichen Handelns teilnehmen lassen und dem Werk (wie es Thukydides für das seine in Anspruch genommen hat) dadurch den Wert eines κτῆμα εἰς ἀεί, eines Besitzes für immer, verleihen (Thuc.I.22.4).[44] Denn sie können ihn zu der Einsicht führen, dass sich, was sich einst zugetragen hat, gemäß der Konstanz der menschlichen Natur auch zukünftig wiederholen kann.

3. Das Werk

In epischer Breite bereitet Herodot vor seinem Publikum in den ersten fünf Büchern die Vorgeschichte des Entscheidungskampfes zwischen Orient und Okzident bis zum Scheitern des Jonischen Aufstandes aus, um ihn dann im sechsten dem ersten Höhepunkt in Gestalt des Sieges der Athener über die von Dareios gegen sie entsandte Armee bei Marathon entgegenzuführen. Darauf folgt im siebten der Tiefpunkt der Einnahme der von König Leonidas und seinen dreihundert Spartanern heldenhaft und aussichtslos verteidigten Thermopylen durch das Heer des Xerxes, ein Triumph der Unterstellung des Lebens des Einzelnen unter das Wohl des Volkes und Staates.

Sollte das
ὦ ξεῖν, ἀγγέλλειν Λακεδαιμονίοις ὅτι τῇδε
κείμεθα τοῖς κείνων ῥήμασι πειθόμενοι.[45]

---

42 Vgl. dazu Fränkel, Dichtung, 346–370, 537–549; Wolf, Rechtsdenken I, 340–424; II, 172–335; Lloyd-Jones, Justice, 79–128.

43 Schulte-Altedorneburg, Handeln, 122.

44 Zum aristotelischen Verständnis der Historie als Anleitung zum Verständnis von geschichtlichem Handeln und tragischem Scheitern, vgl. Aristot.Po.9 mit Rh.1360a35–37, zu der Berechtigung der Annahme, dass er dabei auch Herodot im Auge hatte, vgl. Pol.1459a24–27 mit Hdt.VII.166, und zum Ganzen Schulte-Altedorneburg, Handeln, 119–124.

45 VII.228.2. In Friedrich von Schillers Nachdichtung lautet die Inschrift: „*Wanderer kommst du nach Sparta, verkündige dorten/ du habest uns hier liegen gesehen, wie das Gesetz es befahl.*“ Philologisch getreu aber hat sie Feix II, 1047 so übersetzt:

einem Geschlecht fremd geworden sein, dass es um der *Freiheit* willen Pflicht sein kann, das eigene Leben hinzugeben, verdienen diese Verse es umsomehr, in Erinnerung gerufen zu werden. Aber schon im achten Buch konnte Herodot von dem Sieg der athenischen Flotte über die Übermacht der vereinigten Einheiten des ganzen Perserreiches bei Salamis und damit die Wende des Krieges berichten, den sie nach der Zerstörung ihrer Stadt und seiner Tempel errungen hatten. Der veranlasste Xerxes, nach Sardes zurückzukehren. Mit den letzten Seiten des neunten Buches ist das Ziel erreicht: das von Mardonios geführte persische Expeditionskorps wurde von den Griechen unter Anführung des Spartanerkönigs Pausanias bei Plataiai vernichtet. Nachdem bei Mykale auch die gewaltige Flotte des Großkönigs und das zu ihrem Schutz bestimmte Landheer durch den anderen Spartanerkönig Leotychidas geschlagen war, konnten sich auch die jonischen Städte erheben und das persische Joch abschütteln. Während die Spartaner in die Heimat zurückkehrten, setzten die Athener über den Hellespont, belagerten und eroberten die auf der Chersones gelegene Stadt Sestos und kreuzigten den frevelhaften persischen Statthalter Artayktes. Sein Ahnherr Artembares hatte einst dem Kyros nach dem Sturz des Mederkönigs Astyages vergeblich geraten, die Perser in ein fruchtbareres Land zu führen. Kyros aber hatte entschieden, dass sie in ihrem mageren Land blieben, weil weichliche Länder weichliche Männer hervorbrächten (IX.122). Der griechische Zuhörer und Leser aber sollte sich mit ihm sagen: „*Wohl uns, dass wir ein karges Land bewohnen, das tapfere Männer hervorbringt!*“[46]

Der große Sammler geschichtlicher Erinnerungen und reichlich eingefügter Auskünfte über geographische,[47] militärische[48] und ethnographische[49] Verhältnisse anderer Völker und Länder[50] folgte dabei dem epischen

„Fremdling, melde daheim Lakedaimons Bürgern: Zur Stelle/
Lagen wir hier, ihrem Befehl, den sie uns gaben, getreu.“

46 Zum sinnvollen Abschluss des Werkes vgl. Bischoff, Warner, 78–83 = ders., in: Marg, Herodot, 661–687.

47 Vgl. die Schilderung fremder Ländern z. B. II.2–34 (Ägypten); IV.37–45 (Asien. Libyen und Europa); IV.47–59 (das Land der Skythen); IV.168–197 (Lybien); V.52–53 (die Straße von Sardes nach Susa).

48 Vgl. die Beschreibung des Heeres, mit dem Xerxes nach Europa übersetzte, seiner Heere und Flotten in VII.61–99, wobei die Zahlen der Heeresstärke etwa um das Zehnfache übertrieben sind.

49 Vgl. dazu Bichler, Welt, 29–60.

50 Vgl. z. B. I.93–94 (der Lyder), I.131–140.1(der Perser); I.196–199 (der Babylonier); I.216 (der Massageten); II.35–98 (der Ägypter, mit der Beteuerung, dass der Bericht bis dahin auf eigener Anschauung, eigenem Urteil und eigener Untersuchung beruht, während er bei seiner folgenden Darstellung der ägyptischen

Herkommen, indem er zumal in den ersten fünf Büchern neu eingeführte Personen, Länder und Völker in mehr oder weniger ausführlichen Exkursen behandelte,[51] ohne darüber den Faden zu verlieren, den er dann vom sechsten bis zum neunten Buch mit nur geringen Abweichungen festhielt.[52] Am auffälligsten ist der große Exkurs über Ägypten, seine geographische Eigenart sowie die Sitten, Religion und Geschichte seiner Einwohner bis zum Vorabend der Eroberung des Landes durch den Perserkönig Kambyses (II.2–182), den er zwischen dessen Feldzugsplan in II.1 und seiner Verwirklichung in III.1–16 eingeschoben hat.[53] Seine lebendige Erzählweise, die sich reichlich der Sage, Novelle, Anekdote und Wundergeschichte bedient und von Dialogen und Reden zur Charakterisierung der Helden und Aufdeckung der Motive ihres Handelns ebenso Gebrauch macht,[54] hat seinem Werk eine Frische verliehen, der sich auch der moderne Leser, sofern er sich ein jugendliches Herz bewahrt hat, nicht zu entziehen vermag.

4. Die transzendente Tiefendimension des Werkes

Im Vordergrund der Darstellung Herodots steht das Handeln der Menschen, aber seinen Horizont bildet das Handeln der Götter, die den Menschen ihren Willen verschlüsselt in Orakeln und Vorzeichen kund tun und die wahren Herren ihres Schicksals sind. Dieser Glaube hat es Herodot ermöglicht, im immanenten Geschichtsverlauf eine transzendente Tiefendimension zu entdecken, der ihm in der Fülle der Ereignisse einen übergreifenden Sinnzusammenhang erschloss.[55] So wird bei Herodot das Streben nach eigener Erkundung und rationalen Wertung des Berichteten durch einen Glauben ausbalanciert, für den auch das verantwortliche Handeln des Menschen der Schicksalsleitung des Gottes unterworfen ist, der nicht duldet, dass er sich über die ihm gesetzten Grenzen erhebt. Darin war er wie seine älteren und jüngeren Zeitgenossen Aischylos, Pindar und Sophokles dem sittlichen Ideal des Maßes verpflichtet, dem die im Pronaos des Apollon-

„Geschichte" folgt); IV. 25–27 (der Issedonen); (IV.2.60–82 (der Skythen); IV.168; 186 (der Libyer); V.3–8 (der Thraker); VI.56–60 (der Spartaner); vgl. dazu ausführlich Bichler, Welt, 29–109.

51 Vgl. dazu auch Pohlenz, Herodot, 44–54.

52 Zum Aufbau vgl. Pohlenz, 85–91 und Bichler, in: ders./Rollinger, Herodot, 13–26.

53 Vgl. dazu Bichler, Welt, 145–178.

54 Vgl. dazu auch Thuc.I.22.1.

55 Vgl. dazu Focke, Herodot, 54–58 = Marg, Herodot, 35–39; vgl. dazu auch unten, 27–36.

tempels in Delphi eingemeißelten Maximen der Weisen, das μηδὲν ἄγαν und das γνῶθι σαυτόν, das „*Nichts zu sehr!*“ und das „*Erkenne dich selbst!*“ verpflichtenden Ausdruck gaben.[56] Dem entspricht die Einsicht, die Herodot dem Artabanos, dem Vetter des Xerxes, in der entscheidenden Beratung über die Eröffnung des Feldzuges gegen Athen in VII.10.2ε-ζ vortragen lässt, um den König von seinem Vorhaben abzubringen: „*Du siehst, wie der Gott alle überragenden Geschöpfe mit seinem Blitz trifft und nicht zulässt, dass sie sich überheben, während ihn die kleinen nicht reizen. Du siehst, wie er seine Blitze immer in die größten Häuser und höchsten Bäume schleudert. Denn der Gott pflegt alles, was sich überhebt, zu stürzen. So wird auch ein großes Heer von einem kleinen geschlagen, wenn die neidische Gottheit Schrecken (im Heer) verbreitet oder Donner erdröhnen lässt, wodurch es auf eine seiner unwürdigen Weise umkommt. Denn Gott lässt es nicht zu, dass ein anderer groß von sich denkt außer ihm selbst* (οὐ γὰρ ἐᾷ φρονέειν μέγα ὁ θεὸς ἄλλον ἢ ἑωυτόν).“[57]

Im 1. Buch am Ende seines einleitenden Berichtes über die vorgeschichtlichen Zwiste zwischen Asien und Europa angekommen und mit der Überleitung zu der Geschichte des Kroisos als des ersten historischen Feindes der Hellenen beschäftigt, hatte Herodot programmatisch erklärt (I.5.4): „*Ich will dann fortschreiten in meinem Bericht, indem ich ohne Unterschied die kleinen und die großen Städte der Menschen besuche. Denn solche, die einst bedeutend* (μεγάλα) *waren, sind meistens unbedeutend* (σμικρά) *geworden, und solche, die zu meiner Zeit bedeutend waren, sind früher unbedeutend gewesen. Da ich nun weiß, dass menschliche Größe und Herrlichkeit* (εὐδαιμονία) *niemals Bestand hat, will ich beider ohne Unterschied gedenken.*“ Vergessen werden sollen also nicht nur die großen Taten der Hellenen und Barbaren, sondern auch nicht die Unbeständigkeit des Glücks. Denn wer ihrer gedenkt, verfällt nicht der Hybris und vertreibt auf diese Weise nicht die überirdischen Mächte, die über seinem Glücke wachen. Der Versuch, für ein so tief gegründetes Werk das Interesse des Theologen zu gewinnen, bedarf mithin keiner weiteren Rechtfertigung.

5. Der Gyges – Logos (I.7–15)

Besonders überschaubar tritt dem Leser Herodots theologische partiale Teleologie in den beiden miteinander verzahnten Logoi von den Lyderkönigen Gyges (I.7–15) und Kroisos (I.6.26–91) entgegen, nach welcher der

56 Vgl. Plat.Prot.343a 5-b 3; Paus.X.24.1 und dazu Giebel, Orakel, 48–51.
57 Vgl. dazu auch unten, 36–39.

φθόνος θεῶν, der *„Neid der Götter“*, dafür sorgt,[58] dass alle Hybris der Menschen zu Fall kommt. Obwohl dieser Gedanke auch dem Logos von dem Tyrannen Polykrates von Samos (III.39–46.120–126)[59] und nicht zuletzt dem die drei letzten Bücher überspannenden vom gescheiterten Feldzug des Xerxes gegen die Athener den höheren Zusammenhang gibt,[60] beschränken wir uns im Folgenden auf den Gyges- und den Kroisos-Logos, der zusammen mit dem in ihn eingefügten Solon-Atys-Logos die theologischen und zugleich anthropologischen Leitgedanken Herodots hinreichend deutlich erkennen lässt. Dabei wird die besondere Aufmerksamkeit dem von ihnen gespiegelten Verhältnis zwischen göttlicher Schicksalslenkung und menschlichem Handeln gelten. Sollte sich dabei die Übermacht der μοῖρα, des Verhängnisses, über die Handlungsfreiheit des Menschen abzeichnen, so wird uns darin keineswegs eine antiquarische Merkwürdigkeit, sondern ein relevanter Beitrag zum Problem der menschlichen Willens- als Wahlfreiheit begegnen. Denn die Vorstellung von der Willensfreiheit ist nur als Wahlfreiheit mit der Notwendigkeit oder dem Schicksal kompatibel,[61] es sei denn, man wollte die Startbedingungen der konkreten Existenz des Menschen wie Platon und seine Nachfolger als Folge seiner vorhergehenden Inkarnationen deuten.

Der Logos vom lydischen König Gyges in I.7–15 stellt insofern die notwendige Voraussetzung für den Kroisos-Logos dar, als er die Herrschaft der mit jenem zur Regierung kommenden Dynastie der Mermnaden,[62] deren letzter Vertreter Kroisos war, auf fünf Generationen begrenzt, so dass sich in Kroisos das ihnen bestimmte Schicksal erfüllte. Die Geschichte ist schnell erzählt:[63] Gyges, der Sohn des Daskylos, war seinem Herrn, dem König Kandaules aus der Dynastie der Herakliden als Leibwächter so eng verbunden, dass der ihn dazu überredete, vermeintlich gefahrlos die ausnehmende Schönheit seiner Frau bei ihrer abendlichen Entkleidung im

---

58 Zur Begriffsgeschichte vgl. Pohlenz, Herodot, 110–111, der zeigt, das die Wortverbindung *„ganz verschiedene Vorstellungen umfassen“* kann, *„von dem notwendigen Einschreiten gegen menschliche Überhebung bis zum gemeinen Neide.“*

59 Vgl. dazu Schulte-Altedorneburg, Handeln, 163–175.

60 Vgl. dazu Pohlenz, Herodot, 120–163; Schulte-Altedorneburg, Handeln, 176–205 und unten, 31–39.

61 Zur Determination des „Willens“ und der Kompatibiliät von Wahlfreiheit und kausalen Handlungsbestimmungen vgl. Jedan, Willensfreiheit, bes. 154–175 und Kaiser, Glück, 17–30 und 52–62.

62 Vgl. zu ihnen Högemann (DNP 8/2000), 6.

63 Vgl. zum Folgenden auch Stahl, Gyges-Tragödie, 385–400 und Schulte-Altedorneburg, Handeln, 126–131.

königlichen Schlafgemach zu betrachten. Allein die Königin erkannte den sich aus dem Raum schleichenden Gyges und stellte ihn am nächsten Morgen vor die Alternative, entweder für seinen Frevel zu sterben oder seinen Herrn zu ermorden. Gyges wählte die zweite Möglichkeit und wurde so zu ihrem Gemahl und zum König der Lyder. Nachdem das delphische Orakel ihn in seinem Königtum bestätigt hatte, erkannten die Lyder seine Herrschaft an (I.8–13).[64]

Die „objektive Seite" der Dichtung besteht bei Herodot darin, dass die Herakliden vor 22 Generationen aufgrund eines Orakelspruchs (θεοπρόπιον) die Königsherrschaft über Lydien erhalten hatten (I.7.1–4). Kandaules, der letzte Vertreter des Geschlechts, brüstete sich der Schönheit seiner Gemahlin vor Gyges und fädelte die zu seiner Ermordung führende Intrige ein, *„weil er dem Verderben verfallen musste"* (χρῆ γὰρ Κανδαύλῃ γενέσθαι κακῶς) (I.8.2). Mit anderen Worten: Er handelte subjektiv freiwillig, denn *„Die eigene Art ist des Menschen Daimon"*,[65] objektiv aber aus schicksalhafter Verblendung. Sein Schicksal vollzog sich mithin durch die von ihm in Gang gesetzte, dann aber seiner Kontrolle entglittene Handlung. Gyges wurde trotz seiner Blutschuld durch das delphische Orakel bestätigt. Freilich soll die Pythia hinzugefügt haben, dass die Herakliden an den Nachkommen des Gyges im fünften Gliede gerächt würden und ihnen so die τίσις, die Genugtuung,[66] zuteil würde (I.13.2). Im Sein selbst waltet eine ausgleichende, göttliche Gerechtigkeit, die sich nicht unbedingt am Schuldigen selbst, sondern erst an seinen Kindern oder Kindeskindern vollzieht.[67] Entsprechend hatte schon Solon erklärt, dass alles unter dem Einfluss der Selbstüberhebung (ὕβρις) und der Verblendung (ἄτη) Vollbrachte endlich der τίσις, der Strafe, der ausgleichenden Gerechtigkeit des Zeus verfalle (fr.1.17–32 Diehl):[68]

---

64 Anders wird die Geschichte von Plat.Rep.359b 6–360b2 und noch einmal anders von Xanthos, Frag.Hist.Jac.90.44–46 erzählt, vgl. dazu Stahl, 386–387.

65 Heraklit DK 22 B 119: Ἦθος ἀνθρώπῳ δαίμων. Vgl. dazu Kirk/Raven/Schofield, Philosophie, 232–232.

66 Zu τίσις als Rechtsbegriff vgl. Wolf, Rechtsdenken I, 228.

67 Zu der entsprechenden Vorstellung im Alten Testament vgl. Ex 20,5b; Dtn 5,9 und Ex 34,6–7 und dazu Kaiser, Gott III, 242–245.

68 Übersetzung Pohlenz, Gestalten, 69–70. In Solons „Eunomia" (frg. 3 Diehl) ist es die Dike, die als göttliche Macht in der Geschichte das Gericht des Zeus vollstreckt; vgl. dazu Wolf, Rechtsdenken I, 193–198.

Zeus hat bei jeglichem Tun das Ende vor Augen. Urplötzlich
wie im Frühling der Wind Wolken am Himmel zerteilt,
der aus der Tiefe der Wellen des endlos wogenden Meeres
aufwühlt und auf dem Land fruchtbare Felder verheert,
prächtige Saaten zerstört und dann zum Sitze der Götter
kehrt, zu der Höhe; es strahlt wieder die Helle herab,
über den fetten Gefilden erglänzt aufs neue der Sonne
herrliche Kraft, und es ist nirgends ein Wölkchen zu sehn –,
also kommt die Vergeltung (τίσις) *des Zeus; nicht bei*
einzelnen Taten,
wie ein sterblicher Mann, brauset er zornmütig auf,
doch auf die Länge der Zeit entgeht ihm keiner, der frevelt,
und es kommet zuletzt jegliche Schuld an den Tag.
Einer zahlet sofort, der andere später, und wenn er
selber der Strafe entrinnt, nicht vom Verhängnis (μοῖρα) ereilt:
einmal kommt es doch, und die Kinder, die schuldlosen, büßen (τίνουσιν)
für die Taten des Ahns oder ein künftig Geschlecht.“

Das von Sophokles dem Chor in der *Antigone* in den Mund gelegte berühmte Wort, das auf den Preis der Macht des Zeus folgt, der ohne zu altern auf den Höhen des Olymp im marmornen Lichtglanz herrscht (604–609), scheint wie auf das Schicksal des Gyges gemünzt zu sein (620–625):[69]

Ein berühmtes Wort aus
Wissendem Munde lautet:
Es erscheint schnell gut, was schlecht ist,
Dem, welchen ein Gott das Herz
In Verblendung führte.
Ach, kurz ist die Frist, dass ihn verschont das Unheil.

Es ist auffallend, dass auch Herodot in solchen Zusammenhängen die sachlich unbestimmte Rede von der Gottheit (ὁ θεός) vorzieht, statt gemäß der Tradition Zeus als Lenker des Schicksals zu nennen. Nur einmal, in dem Gespräch zwischen Kroisos und Kyros vor dessen Angriff auf die Massageten in I.207.1 lässt er seinen Helden den Schleier lüften und Kroisos erklären, dass ihn Zeus in die Gewalt des Persers gegeben habe. In ähnlicher Weise lässt er auch die delphische Pythia reden, ohne zu erwähnen, dass Apollon durch ihren Mund spricht (I.13.1). Besitzt es also in beiden Fällen seinen Grund lediglich darin, dass es für ihn und seine Adressaten so selbstverständlich war, dass Zeus der Lenker des menschlichen Schicksals und Pythia nichts als der Mund des Apollon ist, dass er die Götter in diesen Fällen nicht jedesmal

69 Übersetzung Weinstock, Sophokles, 285–286.

ausdrücklich mit ihren Namen benannte?[70] Oder zeigt sich darin eine Zurückhaltung des Historikers Herodot, die den Menschen ganz entzogene Sphäre des Göttlichen allzu bestimmt zu benennen, sofern es die geschichtlichen Umstände nicht erfordern?[71] Zur Unterstützung dieser Möglichkeit braucht man nur an die berühmte Strophe des Zeus-Hymnus des Aischylos im Einzugschor im *Agamemnon* zu erinnern, um zu erkennen, dass die naive Rede von den Göttern den Gebildeten problematisch zu werden begann.[72] Diese Scheu schloss nicht aus, dass Herodot ganz unbefangen von den Göttern wie Zeus, Hera, Poseidon, Athene, Apollon, Artemis, Ares, Aphrodite, Demeter und Hermes redete, wenn es der geschichtliche Kontext erforderte.[73] Eine solche konkrete historische Situation lag auch in I.87.1 vor: Wenn Kroisos auf dem brennenden Scheiterhaufen gerettet werden wollte, so konnte er nur einen konkreten Gott und unter den waltenden Umständen keinen anderen als Apollon anrufen. Denn ein Gott hört nur, wenn man ihn mit seinem Namen anredet. Wenn man aber nicht weiß, wer im konkreten Fall zuständig ist, so wendet man sich an die unbekannten Götter.[74] In ihrer zusätzlichen Antwort an die Lyder in I.13.2 lässt die Pythia die Götter überhaupt aus dem Spiel und spricht statt dessen davon, dass den Herakliden im fünften Glied die Buße (τίσις) zuteil würde. Da von keinem Fluch der Herakliden über die Merimnaden die Rede ist, sind

---

70 Dasselbe gilt wohl, wenn in VIII.36 bei der Gottesbefragung in Delphi wegen der Sicherung der Schätze des Heiligtums vor den anrückenden Persern nur von „dem Gott" die Rede ist. Jedermann wusste, dass kein anderer als Apollon in Frage kam. Ob die damaligen Adressaten bei den Blitzen, die vom Himmel herab fuhren, als die Perser den dem Temenos Apollons nordöstlich vorgelagerten Tempel der Athene erreichten, nicht unwillkürlich an Zeus dachten, bleibe dahingestellt. Mit den zuckenden Blitzen, dem Felssturz vom Parnass und den aus dem Tempel der Athena Pronoia erschallenden Stimmen und Kriegsgeschrei in VIII.37 wird eine unheimliche Szene geschildert, die ganz allgemein den göttlichen Schutz der Heiligtümer zu erkennen geben soll. Zum Apollonheiligtum vgl. Michael Maass, Delphi, 89–216, zu dem der Athena Pronoia in der Marmaria 217–231.

71 Zu der entsprechenden Zurückhaltung der attischen Redner vgl. Parker, Polytheism, 105.

72 Vgl. auch das: „*Zeus, wer er auch sein mag, ist ihm dies/ Lieb als Nam und steht ihm an,/ Ruf ich so ihn betend an./ Nicht beugt mir sich sonst Vergleich-/ Alles wäg ich prüfend ab-/Außer Zeus selbst, wenn ich Grübelns vergebliche Last soll/Wälzen mir von Herz und Seel.*" in Aischyl.Ag.160–166. zit. in der Übersetzung von Werner, Aischylos, 226–228. Vgl. aber auch die unten, 20, zitierten V.176–184.

73 Vgl. das Namensregister bei Feix, Herodot II, 1355–1426.

74 Vgl. Paus.I.1.4; Apg 17,23 und dazu Roloff, Apostelgeschichte, 259.

es die Schicksalsmächte bzw. Zeus als Wahrer des Rechts,[75] als welchen ihn Solon in dem gerade zitierten Hymnos gepriesen hat.[76]

6. Der Kroisos-Logos (I.46–58.75–91)[77]

Damit ist bereits der tragische Bogen für den Kroisos-Logos gespannt: Denn er ist der fünfte Mermnade auf dem lydischen Thron. An ihm also muss sich der Gottesspruch erfüllen: er muss seinen Thron verlieren (I.91.1), wobei sich der Gott auch in seinem Fall seines Wunschdenkens bedient. Nachdem der Perserkönig Kyros den Schwiegervater und Bundesgenossen des Kroisos, den Mederköng Asytages entmachtet hatte, so dass er Grenznachbar des Lyders geworden war, schien es Kroisos angebracht, einen Präventivkrieg gegen Kyros zu eröffnen. Denn er hoffte, den Perserkönig zu besiegen und auf diese Weise seinen Schwiegervater zu rächen und zugleich sein eigenes Reich zu vergrößern (vgl. I.46.1 mit 73.1–2). Um sicher zu gehen, dass er in dieser Sache ein wahres Orakel erhielte, stellte er vorab sieben Orakelstätten[78] eine Frage, deren Beantwortung in der Tat ein übernatürliches Wissen verlangte (I.46.2–47.1). Nachdem dabei lediglich das Orakel des Amphiaros und das Delphische die Frage richtig beantwortet hatten, sandte er beiden und zumal dem Orakel von Delphi überaus kostbare Geschenke (47.2–54.2). Gleichzeitig legte er beiden die Frage vor, ob er gegen die Perser zu Felde ziehen und dazu ein Heer von Bundesgenossen anwerben solle. Beide gaben ihm die Auskunft, dass er, wenn er gegen die Perser zöge, ein großes Reich zerstören werde (I.53.2).[79] Doch um sicher zu gehen, legte er

---

75 Vgl. Hes.erg. 1–8.

76 Zur Gerechtigkeit des Zeus in der Odyssee, bei Hesiod und in der Frühen Lyrik vgl. Lloyd-Jones, Justice, 28–54.

77 Vgl. zum Folgenden zumal Regenbogen, Geschichte, in: ders., Schriften, 101–124 = Marg, Herodot, 373–403; Marg, Selbstsicherheit, 290–301; Schulte-Altedorneburg, Handeln, 145–158 und weiterhin Rosenberger, Orakel, 160–165.

78 Zu den Orakelstätten des Zeus in Dodona und des Zeus Ammon in der Oase Siwa vgl. ausführlich Parke, Oracles, 1–79 und 194–241; zu den Orakeln des Amphiaros in der Nähe von Oropos Schachter (DNP 1/1996), 608, zu dem des Trophonios in Lebadeia Käppel (DNP 12/1/2002), 875–876; zu Orakelstätten des Apollon in Abai vgl. Rathbone (DNP 1/1996), 4–5; zu dem in Didyma, vormals Branchidai, vgl. Tuchelt (DNP 3/1997), 544–549, und zu dem in Delphi ausführlich Maass, Delphi, und knapp Giebel, Orakel, 7–28.

79 Aristot.Rhet. 1407a 38 überliefert es in der heute meistens zitierten Form: Κροῖσος Ἅλυν διαβὰς μεγάλην ἀρχὴν καταλύσει („*Wenn Kroisos den Halys überschreitet, wird er ein großes Reich zerstören*").

dem Orakel in Delphi auch noch die dritte Frage vor, ob seine Herrschaft lange bestehen bleiben würde. Die in ihrer Metaphorik ebenso originelle wie zweideutige Antwort lautete (I.55.2):

> *„Aber erst, wenn ein Maultier zum König der Meder wird,*
> *dann, zartfüßiger Lyder, beschließe zum Hermes*
> *zu fliehen, zögere nicht und scheue dich nicht, ein feiger* (κακός) *zu sein.*

Es ist nachzuempfinden, dass Kroisos sich diesen Spruch zu seinen Gunsten auslegte, weil ein Tier nicht König über Menschen werden kann. So aber wurde ihm der Vormarsch über den Halys zum Verderben; Zwar fiel die Schlacht zwischen den beiden Heeren unentschieden aus. Aber als sich Kroisos nach Sardes zurückzog, um dort die Ankunft der Spartaner und weiterer Bundesgenossen zu erwarten, kam Kyros dem zuvor und eroberte den Burgberg nach nur vierzehntägiger Belagerung, wobei Kroisos gefangengenommen und vor Kyros geführt wurde: So hatte sich denn das Orakel erfüllt und Kroisos sein eigenes mächtiges Reich zerstört (I.86.1).

An dieser Stelle verbindet sich der große Bogen des Kroisos-Logos mit dem in ihn eingefügten kleinen, der mit der Solon-Episode beginnt und mit dem Tode des Adrastos, des unfreiwilligen Mörders Atys, des gesunden der beiden Söhne des Kroisos, endet (I.29–45). Denn nachdem Kyros den besiegten König zusammen mit zweimal sieben lydischen Knaben mit Fesseln gebunden auf einen Scheiterhaufen gelegt hatte,[80] erinnerte sich der

80 Herodot gibt dafür in I.86.2 drei Gründe an: entweder habe der Perserkönig das Beste seiner Beute den Göttern opfern, ein Gelübde erfüllen oder erproben wollen, ob einer der Götter den gottesfürchtigen Kroisos retten würde. Nach Bakchylides Epin.3.23–70 hätte sich Kroisos angesichts der Zerstörung seiner Stadt selbst mit seiner Gemahlin und seinen Töchtern auf den Scheiterhaufen gesetzt und dabei Apoll der Treulosigkeit beschuldigt und sich den Tod gewünscht, um dann den Holzstoß durch einen persischen Sklaven anzünden zu lassen. Als die Flammen hoch aufschlugen, hätte Zeus selbst den Brand gelöscht und Apoll ihn mitsamt seinen Töchtern zu den Hyperboräern entrückt, um ihn dafür zu belohnen, dass er mehr als jeder andere dem Gott Gold gesandt hätte: *„Preisen kann ein jeder dich/ der nicht mit Neid sich mästet, als / Gottgeliebt, Rossefreund und tapfren Kämpfer, zep-/ terbegabt vom Gastgott Zeus.“* Aber der Dichter lässt von Anfang an keinen Zweifel daran, dass Apoll den König beschützt hat (23–29): *„So hat auch den Herrscher des rossbänd-/genden Lydiens einst, als der/ Ihm verhängte Urteilsspruch/ von Zeus erfüllt und Sardes vom/ Perserheer genommen war- so hat den Kroi-/ sos der goldschwerttragende/ Beschützt: Apollon.“* Zitiert nach Werner, Bakchylides, 75. Vgl. auch die Amphora des Myson Paris, Louvre G 197, abgebildet bei Arias und Hirmer, Vasenkunst, Taf. Nr. 131–132 mit der Beschreibung 71 bzw. John Boardman, Vasen, Abb.171. Die Amphore zeigt auf der Vorderseite den auf einem Thron sitzenden König, der in der Linken das

Lyderkönig an das Wort, das Solon zu ihm gesagt hatte, dass niemand von den Lebenden glücklich sein könne. Da rief er dreimal in die Stelle hinein laut dessen Namen aus. Damit erweckte er die Neugier des Kyros, dem er nun auf seine Nachfrage die ganze Geschichte von seiner Begegnung mit Solon erzählte. Dabei hob er hervor, dass Solons Wort nicht nur ihm, sondern allen Menschen gelte. Daraufhin überlegte sich Kyros, dass auch er nur ein Mensch sei und er einen anderen, der ihm an Glück nicht nachgestanden hatte, lebend dem Feuer überantworten wollte. Und da er die göttliche Vergeltung (τίσις) fürchtete, befahl er, das Feuer zu löschen und Kroisos samt den anderen Opfern vom Scheiterhaufen herabzuholen. Doch da die Flammen höher schlugen, als dass sie die Männer des Kyros löschen konnten, rief Kroisos Apoll unter Hinweis auf seine ihm geweihten Gaben um Rettung an, worauf sich am heiteren Himmel und bei absoluter Windstille plötzlich Wolken am Himmel zusammengezogen hätten und ein solches Unwetter ausgebrochen sei, dass die Flammen erstarben und Kroisos gerettet wurde (I.86–87.2). Als Kyros auf diese Weise erkannt hatte, dass der König der Lyder in der Tat ein gottgefälliger (θεοφιλής) Mensch sei, ließ er ihn losbinden, um ihn zu fragen, warum er gegen ihn zu Felde gezogen sei, statt sich ihm zum Freunde zu machen. Kroisos aber antwortete: „*Mein König, dies habe ich zu deinem Glück* (εὐδαιμονία), *aber zu meinem Unglück* (κακοδαιμονία) *getan; schuldig daran aber war der Griechengott, der mich dazu veranlasst hat, zu Felde zu ziehen. Denn niemand ist so unvernünftig, dass er den Krieg dem Frieden vorzieht; in ihm nämlich begraben die Kinder die Väter, in jenem aber die Väter die Kinder. Aber dies war wohl einem göttlichen Wesen* (δαίμων) *lieb, dass es so geschehen ist*“ (I.87.3–4).

Daraufhin ließ Kyros den Gefangenen losbinden und überaus rücksichtsvoll behandeln. Doch nachdem Kroisos dem Kyros selbstlos seine Weisheit als Ratgeber bewiesen hatte, erbat er sich von ihm die Gnade, dem Gott der Griechen, den er unter den Göttern am meisten verehrt habe, die Fesseln, mit denen er vorher gebunden war, zu übersenden und bei ihm anzufragen, ob es sein Brauch (νόμος) sei, die zu betrügen, die ihm am meisten Gutes getan hätten (I.90.2). Nachdem er Kyros den Vorwurf dahingehend erklärt hatte, dass ihn die Orakel des Gottes zu seinem Feldzug gegen die Perser verleitet hätten, erteilte ihm Kyros großzügig die Erlaubnis. Als die Boten in Delphi ihren Auftrag ausgeführt hatten, erhielt er von der Pythia eine dreifache Auskunft (I.91). Die erste lautete, dass es selbst einem Gott unmöglich sei, dem verhängten Schicksal (πεπρωμένην μοῖραν) zu

---

Zepter trägt und in der Rechten eine Schale hält, mit der er eine Opferspende vollzieht, während ein Sklave den Holzstoss anzündet.

entgehen. Daher habe auch Kroisos den Spruch erfüllen und den Frevel des Gyges büßen müssen (I.91.1).[81] Die zweite lautete, dass das Unglück nach dem Wunsch des Apollon Loxias erst die Nachkommen des Gyges und nicht ihn selbst erreichen sollte:

> *„Aber er vermochte die Moiren (Μοίρας) nicht zu berücken. Was sie zugestanden haben, das hat er ihm zuliebe auch wahr gemacht. Denn drei Jahre hat er die Einnahme von Sardes aufgeschoben, und so soll Kroisos wissen, dass er um diese Jahre später gefangengenommen worden sei, als ihm bestimmt gewesen sei. Außerdem habe er ihm, als er brannte, Beistand geleistet (91.2–3).“*

Die dritte kam dann auf die ihm erteilten Orakel zu sprechen:

> *„Was aber das ihm erteilte Orakel betreffe, so mache er unzutreffende Vorwürfe; denn Loxias habe ihm vorhergesagt, dass er, wenn er gegen die Perser zöge, ein großes Reich zerstören würde. Wollte er gut beraten sein, so hätte er schicken und erneut anfragen müssen, ob der Gott sein oder des Kyros Reich meine. Er habe den Spruch nicht verstanden und nicht nachgefragt und müsse sich daher die Schuld selbst zuschreiben. Auch den letzten Spruch, den Loxias über das Maultier sagte, habe er missverstanden. Denn Kyros selbst sei mit dem Maultier gemeint gewesen; denn er stamme von zwei ungleichen Eltern ab, einer edleren Mutter und einem geringeren Vater; denn sie sei eine Mederin und eine Tochter des Astyages, des Königs der Meder, gewesen; er aber sei ein ihnen untertaner Perser gewesen und habe seine Herrin geheiratet, obwohl er ihnen allen unterlegen gewesen sei (91,4–6).“*

In 91.1 war von den Moiren die Rede. Bei ihnen handelt es sich um Personifikationen der μοῖρα, des „Teils“ und damit der Grenze, die jedem Sterblichen bei seiner Geburt von den Göttern bestimmt wird (Hom. Od.XIX.592–593). Nach der *Ilias* besaß allein Zeus die Macht, sich über die μοῖρα oder αἶσα, das einem Menschen bestimmte Teil oder Schicksal, hinwegzusetzen und gegebenenfalls sein Leben zu verlängern. Aber da er mit einem solchen Engriff die geltende Weltordnung gestört hätte, deren Garant er war, musste er selbst dann darauf verzichten, von dieser Macht Gebrauch zu machen, wenn es ihm wie im Fall des Sarpedon schmerzlich war (Hom. Il.XVI.439–461).[82] Herodot aber lässt die Pythia erklären, dass selbst ein Gott dem bestimmten Schicksal, der πεπρωμένη μοῖρα, nicht entgehen

---

81 Was Pohlenz, Tragödie, 141, über Aischylos sagt, gilt auch für Herodot, dass das moderne Entweder-Oder zwischen Schickung und Verantwortung für ihn nicht bestand. Am deutlichsten wird das Tragische in einem Fall wie dem des Todes des Atys, des Sohnes des Kroisos, vgl. dazu unten, 22–23.

82 Vl. Die Kerostasie Hom.Il.XXII.208–24: Hier wirft Zeus die Kere, die Todeslose für Hektor und Achill in die Schalen der goldenen Waage, wobei sich die Schale Hektors senkt, worauf ihn Apoll, der ihn bis dahin beschützt hat, verlässt.

kann. So scheinen hier die Moiren[83] selbst über den Göttern (außer Zeus?)[84] zu stehen, was sich darin zeigt, dass Apoll nichts gegen den Spruch vermag.[85] Daher habe Kroisos das ihm bestimmte Schicksal erfüllen müssen. Gleichzeitig aber habe er seinen Fall selbst verschuldet, weil er das erste Orakel selbstgewiss auf die Niederlage seines Gegners bezogen und das zweite falsch verstanden habe. Ohne es zu wissen und zu wollen, habe er also den Schicksalsspruch erfüllt, indem er selbstgewiss die im ersten Orakel vorausgesagte Vernichtung auf das Perserreich, statt auf sein eigenes bezogen und gar nicht erst auf den Gedanken gekommen ist, eine weitere Anfrage zu stellen, welches Reich der Gott meine. Die gleiche Selbstsicherheit habe ihn auch daran gehindert, gründlicher über den Sinn des Mauleselorakels nachzudenken. Und so habe ihn das über ihm schwebende, unabwendbare Verhängnis erreicht, wobei er, ohne es zu wissen oder zu wollen, dessen Werkzeug gewesen sei. Wenn es der Gott will, so verfällt der Mensch der Verblendung.[86] Aber trotzdem ist es des Menschen Schuld, wenn er das zweideutige Wort des Gottes aufgrund seiner überheblichen Selbstsicherheit

83 Sie trugen die Namen Klotho (die Spinnende), Lachesis (die Losung), und Atropos (die Unabwendbare) und bestimmten das Schicksal der Menschen bei ihrer Geburt, vgl. Hes.Theog.217–222 und 901–906 und zu ihrer Funktion bei Olaton die Er-Erzählung rep.616b-621d: In ihr stellt Lachesis den auf ihre nächste Inkarnation wartenden Seelen die Lose zur Auswahl, die über die Art ihrer nächsten Inkarnation entscheiden, um nach ihrer Wahl jedem einen Dämon als Hüter ihres Lebens und Vollstrecker des Gewählten mitzugeben. Der habe sie dann zu Klotho geführt, die gerade die Spindel der Notwendigkeit drehte, die aus den acht planetarischen Sphärenkreisen besteht, um das erwählte Los an ihr zu befestigen. Dann seien sie zur Spinnerei der Atropos geleitet worden, um das angesponnene unabänderlich zu machen. Nach dem Trunk aus der Lethe, dem Fluss des Vergessens, erwache dann der Mensch zu seinem nächsten Leben. Jedem wird mithin sein Schicksal gemäß seiner Wahl zu Teil, über dessen Unabwendbarkeit die Fixsterne, Planeten, Sonne und Mond wachen, vgl. dazu Adam, Republic II, 445–450 zu Rep.616d-c. Die Freiheit des Willens ist damit auf die Wahl der Lebenslose zwischen den Inkarnationen beschränkt. Daher liegt die Schuld bei den Wählenden, während der Gott unschuldig ist (617e 4–5).

84 Zum Zusammenwirken der Notwendigkeit oder Ananke mit Zeus vgl. Eurip. Alc.978–979 und dazu Wildberg, Hyperesie, 31.

85 Zu dem inhärenten Widerspruch zwischen der Vorstellung vom Schicksal und der Allmacht der Götter vgl. Nilsson, Geschichte I, 364–368.

86 Vgl. Aischyl.Pers.93–100, Übers. Werner (1996), 17: *„Doch dem Trugwerk, das ein Gott spinnt,/Wer, der Mensch ist, entschlüpft ihm?/Wer wohl getraut wohl hurtigen Fußes/ Sich den sichren Sprung der Rettung?//Denn gar liebreich zu sich her lockt/ Dich Verblendung (Ἄτα) in ihr Fangnetz,/ Dessen Strickwerk zu entschlüpfen/Keinem Sterblichen vergönnt ist“.*

falsch auslegt.[87] Denn weil die Fehldeutungen seine Fehldeutungen und die Unterlassungen seine Unterlassungen gewesen sind, trägt er selbst die Schuld an seinem Sturz. Der Spruch des Schicksals vollzieht sich durch das Handeln des Menschen; aber der Mensch kann ihm nicht nur nicht entrinnen, sondern muss es sogar herbeiführen. Aber das ändert nichts daran, dass er selbst die Schuld trägt und nicht der Gott. Herodot lässt sich Kroisos mit dieser Auskunft zufrieden geben: „*Als er das hörte, erkannte er, dass die Schuld seine eigene sei, nicht aber die des Gottes* (ὁ δὲ ἀκούσας συνέγω ἑωῦτοῦ εἶναι τὴν ἁμαρτάδα καὶ οὐ τοῦ θεοῦ)" (I.91.6). Das entscheidende Wort, das Kroisos durch sein Leid gelernt hat, fällt erst in I.207.1–2. Hier bekennt der König zu Beginn seines dem Perserkönig erteilten Rates, wie er es im Krieg mit den Massageten halten solle, dass ihm selbst seine bitteren Leiden zur Lehre geworden seien.[88] Wenn Kyros einsähe, dass er nur ein Mensch sei, der nur über Menschen gebiete, dann möge er sich merken, dass sich alles Menschliche im Kreislauf vollziehe und es nicht dulde, dass immer die gleichen glücklich seien. Damit akzeptiert er die Mahnung, die ihm Solon einst erteilt und die er damals abgelehnt hatte, wovon sogleich zu handeln ist. Kroisos hatte durch sein Leid gelernt. Vorher aber dürfte der Hinweis darauf angebracht sein, dass Herodot das Thema „*Durch Leid Lernen*" (πάθει μάθος) Aischylos verdankt. Denn in dem bereits zitierten Chorlied in seinem *Agamemnon* heißt es:[89]

Zeus, der uns der Weisheit Weg,
Leitet, der dem Satz: ‚Durch Leid
Lernen!' vollste Geltung leiht.
Klopft statt des Schlummers an das Herz
Reugemut Mühsal an: selbst sich Sträu-
benden kommt Besonnenheit.
Götter geben solche Gunst, Ge-
waltherrn auf des Weltensteuers Thron.[90]

---

87 Man wird sich an den Satz Heraklits DK 22 B 93 erinnern: „*Der Herr, dessen Orakel zu Delphi ist, spricht nicht aus und verbirgt nicht, sondern gibt ein Zeichen (be-deutet* [σημαίνει]). Übers. Snell, Heraklit, 31.

88 τὰ δέ μοι παθήματα ἐόντα ἀχάριτα μαθήματα γέγονε (I.207.1).

89 Übers. Werner, Aischylos, 229.

90 Zu den Beziehungen zwischen der Darstellung Herodots der Schlacht bei Salamis zu den „Persern" des Aischylos vgl. Pohlenz, Herodot, 116–118.

7. Der Solon-Kroisos-Atys-Logos (I.30 – 43)[91]

Wir überlassen Kroisos seinem weiteren Schicksal als Berater der Perserkönige und blenden in die Zeit seines höchsten Glücks zurück: Damals besuchte ihn Solon, der auf Reisen gegangen war, damit die Athener seine vortrefflichen Gesetze nicht sogleich wieder veränderten. Nachdem ihm die Diener des Königs am dritten oder vierten Tage seine überaus großen und reichen Schätze gezeigt hatten, fragte ihn Kroisos, ob er auf seinen Reisen bereits den glücklichsten Menschen gefunden habe. Darauf gab der Athener zwei den König ebenso verblüffende wie enttäuschende Antworten; denn statt ihn selbst als den glücklichsten zu preisen, sprach er dieses Geschick erst einem gewissen Athener Tellos zu: Er habe in einer blühenden Stadt gelebt, wackere Söhne gehabt und von ihnen allen gesunde Enkel gesehen, ehe er eine Schlacht zugunsten Athens entschied und anschließend mit seinem Tode krönte. An zweiter Stelle benannte er das Bruderpaar Kleobis und Biton: Beide sahen gut aus und waren Sieger in Wettkämpfen. Als ihrer Mutter, der Priesterin der argivischen Hera, die Stiere fehlten, die sie zum Tempel der Göttin fahren sollten, spannten sich ihre beiden Söhne vor den Wagen und brachten sie so an ihr Ziel. Daraufhin bat die Mutter die Göttin, sie möge ihren Söhnen zum Lohn das Beste verleihen, was ein Mensch erlangen kann. Darauf aber seien beide eingeschlafen, um nicht mehr zu erwachen. Beider Standbilder standen nicht nur zu Herodots Zeiten im Heiligtum in Delphi, sondern sind auch heute noch dort zu besichtigen (I.30 – 31).[92] „*An ihnen zeigte der Gott auf, dass der Tod für den Menschen besser als das Leben ist* (I.31.3)." So ist denn der glücklichste Mensch nach Solons Ansicht der, der rechtzeitig stirbt, ehe er großes Leid erfahren hat.[93] Diese tragische Sicht des Lebens hat niemand auf eine eindringlichere Formel gebracht als Sophokles im Chorlied des *Ödipus auf Kolonos* (1224 – 1238):[94]

Nicht geboren zu sein, das geht
über alles; doch wenn du lebst,
ist das zweite, so schnell du kannst,
hinzugelangen, woher du kamst.
So bald schwindet die Jugend hin,
leicht, von Sorglosigkeit beschwingt:
wer dann lebt noch von Mühsal frei,
wer in steter Bedrängnis nicht?

---

91 Vgl. zu ihm auch Schulte-Altedorneburg, Handeln, 133 – 145.
92 Vgl. Boardman, Plastik, Abb. 70 und dazu 34.
93 Vgl. auch Solon, fr. 19.15.18 (Diehl).
94 Übers. Wilhelm Willige, Sophokles, 655.

Und Missgunst, Aufruhr, Zwietracht, Krieg,
Morde! Und das immer gescholtne kommt dann hinzu als
Letztes: das kraftlose, freundlose Alter,
ungesellig, bei dem die gesamten
Übel der Übel hausen.

Das hier Gesagte entspricht genau der Erklärung, die Solon dem durch sein Beispiel befremdeten König gibt: Weil er weiß, dass die Gottheit (τὸ θέον) durch und durch neidisch (φθερόν) und wankelmütig (ταραχῶδες) ist (I.32.1), weiß er auch, dass das ganze Leben des Menschen des Zufalls (συμφορή) ist (I.32.4). Gewiss könne ein Reicher die Schläge des Schicksals leichter verkraften als ein Armer. Der wird mit ihnen sicher nicht so leicht fertig. Aber wenn sie ihm eine εὐτυχέα τύχη, ein glücklicher Zufall fern hält, er gesund, ohne Leid und glücklich mit seinen Kindern und wohlgestaltet ist und dann auf gute Weise sein Leben beendet, so sei er wahrhaft glücklich zu preisen. πρίν δ' ἄν τελευτήσῃ, ἐπισχεῖν μηδὲ καλέειν κω ὄλβιον, ἀλλ' εὐτυχέα („*Ehe einer stirbt, muss man sich aber zurückhalten und ihn nicht einmal glücklich, sondern nur vom Schicksal begünstigt nennen.*" I.32.7). Und wiederum hat Sophokles diese Einsicht in dem Schlusschor des *Oedipus Rex* in unvergesslicher Weise zur Sprache gebracht und Friedrich Hölderlin sie kongenial übertragen (1528–1530):[95]

Darum schauet hin auf jenen, der zuletzt erscheint, den Tag,
wer das sterblich ist, und preiset glücklich keinen, ehe denn er an
des Lebens Ziel gedrungen, Elend nicht erfahren hat.

Keinem Menschen kann es nach Solons Überzeugung so gehen, dass bei ihm alles zusammentrifft, was zum Glück gehört. Aber einen König, der besitzt, was er braucht und sein Leben glücklich beendet, den könnte man glücklich preisen. „*Bei allem, was geschieht, muss man auf das Ende und den Ausgang achten. Denn schon vielen versprach der Gott die Glückseligkeit, um sie dann in tiefes Elend zu stürzen* (I.32.9–33.1)."

Kroisos hielt Solon für einen Toren und entließ ihn ungnädig. „*Aber nach Solons Abreise traf Kroisos von Gott her furchtbare Vergeltung* (νέμεσις) (I.34.1)".[96] Er träumte, sein Sohn Atys,[97] der im Gegensatz zu seinem taubstummen Bruder[98] gesund und allen seinen Altersgenossen überlegen war, würde tödlich von einer ehernen Lanzenspitze getroffen. Daher ließ er

95 Übers. Willige, Sophokles, 377.

96 Zur Nemesis, der Vergeltung als Antwort auf die menschliche Hybris vgl. Nilsson, Geschichte I, 735–740 und Stenger, Nemesis (DNP 8/2000), 818–819.

97 Zum Atys-Logos vgl. auch Schulte-Altedorneburg, Handeln, 138–145.

98 Vgl. I.85.4.

ihn im Gegensatz zu den bisherigen Gepflogenheiten nicht mehr das Heer anführen und alle Waffen aus seiner Nähe entfernen. Als er ihn gerade verheiraten wollte, traf an seinem Hof ein flüchtiger phrygischer Königssohn namens Adrastos ein, der unbeabsichtigt seinen Bruder erschlagen hatte. Kroisos gewährte ihm die erbetene Reinigung und nahm ihn gastlich in seinem Hause auf. Als nun ein gewaltiger Eber von den Bergen herunterkam und die Felder verheerte und ihm niemand beizukommen vermochte, bedrängten Boten der betroffenen Bauern den König, seinen Sohn mit der Jagd auf den Eber zu beauftragen. Als sich Kroisos weigern wollte, erklärte ihm Atys, dass der Eber Hauer, aber keine eiserne Lanzenspitze besäße. Und so ließ ihn Kroisos ziehen, nicht ohne ihm Adrastos zu seinem Schutz beizugesellen. Doch gerade so erfüllte sich der Traum: Denn die Lanze des Adrastos verfehlte den Eber und traf Atys tödlich. Der König aber tröstete den Prinzen, der ihm sein Leben zur Sühne anbot, mit der Auskunft, nicht er sei schuldig, sondern einer der Götter, *„der mir schon lange vorher vorausgesagt hat, was geschehen werde“* (45.3). Der Leser der Geschichte soll erkennen, dass Kroisos sein Unglück dadurch verursacht hat, dass er sich selbst überhoben und dadurch den *„Neid des Gottes“* herausgefordert hat, der es nicht duldet, *„dass jemand anderes sich für groß hält außer ihn selbst.“* (VII.10.1.ε-ζ). Und so bewährte sich die Lehre Solons, die ein breites Echo in der griechischen Dichtung gefunden hat.[99] Seiner Warnung können wir die des Simonides an die Seite stellen (fr.20):[100]

> Sei, der du ein Mensch bist, nie der Meinung, dass du wissest,
> *was morgen kommt,*
> *Noch siehst du im Glück einen, wie lang er darin sein wird, denn*
> *So schnell ist das Fortschwirren selbst nicht der breitflügligen*
> *Fliege wie der Wechsel des Glücks.*

8. Epilog

Das tragische Selbst- und Weltverständnis der Griechen ist die eine Seite, aber so, wie auf die drei Tragödien jeweils eine Komödie folgte, entsprach ihr zumindest bei denen, die in die Mysterien von Eleusis eingeweiht waren, ein

99 Vgl. Aischyl.Ag.928–930; Soph.Trach.1–3; Ant. 583; Eur.Andr.100–103 und Tro.509–510.

100 Übers. Werner, Simonides, 27.

Wissen, das getrost das ewige Stirb und Werde annehmen ließ und das Pindaros so besang:[101]

Glücklich, wer jenes erschaut, eh er hinabging;
Weiß er doch des Lebens Ende,
Weiß auch den von der Gottheit gegebenen Anfang.

101 Fr. 121 Bowra, Tusc.115, Übers. Werner, Pindar, 153; vgl. auch Cic. leg.XIV.36 und dazu auch Kaiser, Geheimnis, 43–56.

Hybris, Ate und Theia Dike in Herodots Bericht über den Griechenlandfeldzug des Xerxes (Historien VII-IX)

1. Eine theologische Einladung zu einem Ausflug auf das Feld der griechischen Geschichtsschreibung

Bekanntlich hat der dänische Religionsphilosoph *Søren Kierkegaard* in seiner 1849 erschienenen Schrift „Die Krankheit zum Tode" die Sünde als die Verzweiflung *„vor Gott oder mit dem Gedanken an Gott"* bestimmt, *„verzweifelt nicht man selbst sein zu wollen, oder verzweifelt man selbst sein zu wollen."*[1] Es sind die misslingende Absolutsetzung des eigenen Selbst und ihr Gegenteil, die absolute Verneinung des eigenen Selbst, die dem Menschen den freien Blick auf seine endliche Situation rauben, ihn ängstigen und zu einem unglücklichen und deshalb gefährlichen Wesen machen. Dabei steht das sich selbst Wollen, wie *Wolfgang Pannenberg* angemerkt hat, als solches nicht in unserer Wahl; denn noch im Ekel vor sich selbst realisiert der Mensch sein Selbstsein in der Verzweiflung. Seine Sündhaftigkeit besteht in der Regel auch nicht in der *„ausdrücklichen Empörung gegen den Gott der Religion, sondern in der Angst um sich selbst und in der Maßlosigkeit seiner Begierden."*[2] Das Tor zur Freiheit aber besteht in der Überwindung der Angst vor dem eigenen Tode und mithin in der Annahme der eigenen Endlichkeit im gelassenen Dasein oder der Gnade als der Gewissheit der unverlierbaren Nähe Gottes als des tragenden Grundes von Existenz und Welt als Antwort auf das radikale Gottvertrauen, die πίστις, den „Glauben". Aus ihm erwachsen die klare Sicht auf das Handlungsfeld und die brüderliche Bereitschaft zum Mit-sein. Dabei sei angemerkt, dass die Liebe zu sich selbst der vornehmste Ausdruck des zur Natur des Menschen gehörenden Selbsterhaltungstriebes und in ihrer von Selbstvergötzung freien Form die Voraussetzung der Liebe zum Nächsten ist.[3] Doch ebenso bleibt daran zu erinnern, dass unser Glaube angesichts der innerlich gewissen und äusserlich

1 Kierkegaard, Krankheit, 71.
2 Pannenberg, Theologie II, 289–299, Zitat 299.
3 Vgl. Frankfurt, Gründe, 103–105.

unübersehbaren Endlichkeit ein angefochtener Glaube ist[4] und die Selbstliebe jederzeit in Selbstüberhebung mit all ihren schädlichen Folgen für den Betroffenen wie für die Gemeinschaft umschlagen kann. Daher gilt die Mahnung Jesu an seine Jünger im Garten Gethsemane „*Wachet und betet, damit ihr nicht in Versuchung geratet; denn der Geist ist willig, aber das Fleisch ist schwach!*"[5] über die Zeiten hinweg allen Menschen. – Wenn ich im Folgenden versuche, den verehrten Jubilar und bewährten Freund statt zu einer Reise auf das Feld der biblischen zu einem Ausflug auf das der griechischen Geschichtsschreibung in Gestalt der *Historiai*, der „Erkundungen" Herodots und zumal seiner theologischen Auslegung der Katastrophe des Feldzuges des persischen Großkönigs Xerxes gegen die Griechen einzuladen, so hoffe ich damit zu zeigen, dass das von dem Vater der Geschichtsschreibung von dem tragischen Dichter Aischylos übernommene Deutungskonzept in Gestalt des unauflösbaren Dreiklangs von menschlicher Hybris (ὕβρις), gottgewirkter Verblendung (ἄτη) und Wiederherstellung des Rechten (θεῖα δίκη) mit dem hintergründigen dunklen Mollton in Gestalt des Glaubens an das seit alters wirkende gottbestimmte Verhängnis, die Moira (μοῖρα), geeignet ist, uns auch heute noch vor allen Formen privater und öffentlicher Hybris zu warnen und auf diese Weise an die dem Menschen gesetzten Grenzen und (*e contrario*) an die ihm durch das Evangelium angebotene Gnade zu erinnern.[6] Denn was ist die Hybris anderes als eine Überheblichkeit, welche den Einzelnen und ganze Völker und Staaten mit sich reißt, um dann im Abgrund zu enden? Und wie könnte man ihr entrinnen ohne die geschenkte Entscheidung des Gottvertrauens?

2. Aischylos *Perser* als Vorlage für die Theodizee im Xerxes-Logos Herodots

Als Herodot (ca. 484–429/8) daran ging, in den Büchern VII-IX seiner Historien von dem Höhepunkt der Perserkriege in Gestalt der großen Siege zu berichten, welche die Athener und Spartaner mit ihren Verbündeten über

4 Vgl. dazu Ratschow, Glaube, 241.

5 Mk 14,38 par Mt 26.40.

6 Dass der dtr Darstellung der Königszeit der tragische Aspekt nicht fehlt, zeigt Nielsen, Tragedy, 161–164. Das genetische Problem müsste freilich angesichts der komplexen Vor- und Entstehungsgeschichte des sog. DtrG differenzierter behandelt werden; vgl. dazu z. B. die Referate von Schmitt, Arbeitsbuch, 242–267; Gertz, Komposition, 288–308 und Braulik, Theorien, 191–202.

die gewaltige Flotte und das riesige Heer des Xerxes in der Seeschlacht bei Salamis 480 v. Chr. und der Landschlacht bei Plataiai im folgenden Jahr errungen hatten, konnte er an die Deutung anknüpfen, die Aischylos (ca. 525–456/5)[7] der Niederlage bei Salamis in seinen *Persern* gegeben hatte. Sie waren nur acht Jahre nach der Schlacht bei Salamis an den Großen Dionysien[8] des Jahres 472 in Athen aufgeführt worden. In ihnen finden wir bereits den Dreiklang von Hybris, Götterneid und Verblendung, der nebst dem erfüllten Götterspruch und den falschen Ratgebern auch der Darstellung des Historikers ihren übergreifenden Zusammenhang und ihre Deutung sichert.

3. Hybris, Ate und Theia Dike in Aischylos *Persern*

Um das nachzuweisen, reicht es aus, wenn wir uns die Verflechtung von Aufbau und Deutung in Aischylos' *Persern* vergegenwärtigen. Die Tragödie umfasst 1076 Verse und gliedert sich deutlich in vier Teile: 1.) das Vorspiel der Beratung der Ältesten und der Königinmutter Atossa vor dem Palast des Großkönigs in Susa (1–248), 2.) die Meldung des Boten im Dialog mit den Ältesten und der Königin (249–531), 3.) die Beschwörung des Geistes des toten Königs Dareios (532–851) und 4.) der Schlussteil, in dessen Mitte die Klage des als ein Bild des Jammers heimgekehrten Königs Xerxes über den Verlust seiner Flotte und seines Heeres steht (852–1076).[9]

Der 1. Teil wird durch den Chor der Getreuen (πιστοί), der in Susa gebliebenen Räte des Königs[10] eröffnet (1–64), in dem Atossa ihrer Sorge um die πᾶσα γὰρ ἰσχὺς Ἀσιατογενὴς „die ganze Kraft Asiens" (V. 12) Ausdruck verleiht. Schon in der 3. und 4. Strophe und in der Antiphon (101–113. 93–100) wie in der anschließenden Parodos (65–139) kommen sie indirekt auf die Hybris und direkt auf die ἄτη, die Verblendung, zu sprechen:[11] Die von den Göttern vor Zeiten ermächtigte Μοῖρα, die schick-

7 Zu seinem Bios vgl. z. B. Lesky, Dichtung, 65–70 oder Lossau, Aischylos, 11–15.

8 Zu Art und Alter der Städtischen Dionysien vgl. Deubner, Feste, 138–142, Parker, Religion, 92–96; ders., Polytheism, 317–318; zur Aufführungspraxis Blume, Einführung, 14–25 und Latacz, Einführung, 41–44.

9 Vgl. dazu die ausführliche Aufbauanalyse bei Lesky, Tragische Dichtung, 80–84.

10 Vgl. dazu Högemann, Vorderasien, 347–348.

11 Zum Gedanken der Verblendung in der Bibel vgl. Jes 29,9; 23,14; 44,18; Mt 23,16; Joh 12,40; Röm 11,10; 2 Kor 4,4 und 1 Joh 2,11.

salsmächtige „Zuteilerin“,[12] hätte den Persern verhängt, sich den Türme zerstörenden Landkriegen zu weihen, sie aber hätten es nun gelernt, sich den dünngeflochtenen Schiffstauen anzuvertrauen (101–113). Der Rat der Getreuen ist voll schwerer Vorahnungen, denn sie wissen, dass kein Mensch der List der täuschenden Gottheit entgehen kann, sondern er sich in dem Netz der Ἄτα (Ata), der Verblendung stiftenden Unheilsgöttin, verfängt: (93–100):[13]

δολόμητιν δ' ἀπάταν θεοῦ
τίς ἀνὴρ θνατὸς ἀλύξει;
τίς ὁ κραιπνῷ ποδὶ πηδή-
ματος εὐπέτεος ἀνάσσων;
φιλόφρων γὰρ παρασαίνου-
σα τὸ πρῶτον παράγει
βροτὸν εἰς ἄρκυας Ἄτα,
τόθεν οὐκ ἔστιν ὑπὲρ θνα-
τὸν ἀλύξαντα φυγεῖν.

Doch dem täuschenden Trug des Gottes,
Welcher sterbliche Mensch entgeht ihm?
Wer ist es, der mit seinem flinken Fuße
dem sicheren Sprunge gebietet?
Denn gar freundlich kosend lockt den
Menschen Verblendung ins Netz,
dem unverletzt zu entschlüpfen
keinem Sterblichen möglich ist.[14]

Die Königinmutter Atossa berichtet den Ältesten bei ihrem Erscheinen von ihrer Furcht, dass der gewaltige Reichtum, den die Götter ihrem verstorbenen Gemahl Dareios verliehen hatten, durch ihren Sohn gefährdet sei. Im Hintergrund des Themas von dem leichtsinnigen Sohn steht das Motiv des φθόνος θεῶν (*phótonos theōn*), des „Neides der Götter“,[15] das später der Bote in seinem Bericht über die vernichtende Niederlage der Perser in der Seeschlacht bei Salamis als deren Ursache nennt: Der König ahnte weder etwas von der List des Hellenen noch vom Neid der Götter, als er auf die ihm von einem Boten überbrachte Nachricht vertraute, dass die griechische Flotte während der Nacht die Flucht ergreifen würde. Daher brachte er seine eigene in Unkenntnis des von den Göttern Verhängten in eine Aufstellung (361–

12 Zum Konzept der Moira und der Moiren vgl. Nilsson, Geschichte I, 361–368; bei Homer Adkins, Merit, 17–23, bei Aischylos Nilsson, Geschichte I, 750–751 bzw. die Übersicht von Henrichs (DNP 8/2000), 340–343.

13 Text nach Murray.

14 Übersetzung Werner, Aischylos, 17.

15 Zum „Neid“ oder „Ausgleich der Götter“ vgl. Pohlenz, Herodot. 112–115.

373), die sie zu einem manövrierunfähigen Opfer der Griechen machte (406–432). Der Chor, der nach dem Abgang des Boten auf die Klage Atossas und ihre Bitte, den geschlagenen Sohn gütig zu empfangen, in seiner eigenen das Übermaß der Katastrophe und ihre Folgen hervorhebt, bekennt sich eingangs dazu, dass auch dieses Geschehen von Zeus kommt: Es war Zeus, der König, der selbst das hochfahrende und männerreiche Heer der Perser zugrundegerichtet hat (532–536).

Als Dareios schließlich erscheint, den Atossa und die Ältesten aus der Unterwelt herauf beschworen hatten, um ihn um einen rettenden Rat anzuflehen, beweist er seine in einem langen Leben errungene Weisheit, indem er die einstige Genossin seines Lagers zunächst mit der Erinnerung daran tröstet, dass zu leiden der sterblichen Menschen Teil ist und sie, je länger sie leben, je vielfältigere Leiden erfahren (706–708).[16] Die Ursache für die Niederlage des Sohnes aber erkennt er in seiner Verblendung (725, vgl. 750–751), die ihn mit jugendlicher Überheblichkeit, mit seiner Hybris durch den Brückenschlag über den Hellespont die Götter und zumal Poseidon herausfordern ließ (vgl. 744–752 mit 781).[17] In seiner unerfahrenen Jugend (so fügt Atossa erklärend hinzu) hatte er sich mit schlechten Männern und d. h. falschen Ratgebern umgeben, die ihn zur Hybris verführten (753).[18] In dem allen vollziehe sich freilich nach dem Wissen des Dareios ein seit alters bestimmtes Schicksal, ein alter Götterspruch,[19] den Zeus an seinem Sohn vollstreckt habe (739–741).[20] Und so sei auch der Untergang des persischen Landheeres bei Plataiai bereits eine beschlossene Sache: in ihm würde die

16 Vgl. auch Simonides frg. 10 (Diehl); 21 (Page), 26 (Edmonds); Tusc. 27,3–4: „Doch nichts ist frei von Leid und Schädigung bei Menschen." Werner, Bakchylides, 32–33. – Die Rede des Dareios schließt in 840–842 mit der Ermahnung zum *carpe diem:* Auch im Leid darf der Mensch nicht vergessen, dass es für ihn am besten ist, sich des vergänglichen Glücks zu erfreuen, das ihm der jeweilige Tag gewährt: „*Ihr, liebe Greise, lebt denn wohl; und auch im Leid/ Gebt eurer Seele Freude, wie der Tag sie bringt,/Dieweil den Toten Reichtum nicht mehr frommen kann.*" Übers. Werner, Aischylos, 63. Vgl. dazu auch Kaiser, Carpe diem, 247–274.

17 Zu dem durchaus nicht über alle Zweifel erhabenen eigenen Verhalten des Dareios in Gestalt seines Brückenbaus über den thrakischen Bosporus (IV.83.87–88) und seines gegen den Rat des Artabanos unternommenen und letztlich fehlgeschlagenen Feldzuges gegen die Skythen (mit der riskanten Schiffsbrücke über den Istros IV.89.97–98.136–141) vgl. IV.83.87–89. Zur Ausgestaltung des Berichts über den Feldzug des Dareios gegen die Skythen durch Herodot als Vorgriff auf den Feldzug des Xerxes vgl. Bichler, Welt, 292–297.

18 Zum Begriff der Hybris und seiner Geschichte vgl. Nilsson, Geschichte I, 738–740.

19 Von dem zuvor im Stück nicht die Rede war; vgl. aber V.101–103.

20 Zum Problem der Schuld in der griechischen Tragödie vgl. Schmitt, Wesenszüge, bes. 41–43.

Hybris in Gestalt der Niederbrennung griechischer Tempel und der Entweihung von Götterbildern ihre Strafe erleiden (800–817). Die Leichenhaufen der dort gefallenen Perser aber sollten noch nach Generationen wortlos bezeugen, dass Zeus alle, die der Hybris verfallen, zur Rechenschaft zieht und dadurch die Perser warnen, noch einmal die Hellenen anzugreifen (819–828):[21]

ὡς οὐχ ὑπέρφευ θνητὸν ὄντα χρὴ φρονεῖν.
ὕβρις γὰρ ἐξανθοῦσ' ἐκάρπωσε στάχυν
ἄτης, ὅθεν πάγκλαυτον ἐξαμᾷ θέρος.
τοιαῦθ' ὁρῶντες τῶνδε τἀπιτίμια
μέμνησθ' Ἀθηνῶν Ἑλλάδος τε μηδέ τις
ὑπερφρονήσας τὸν παρόντα δαίμονα
ἄλλων ἐρασθεὶς ὄλβον ἐκχέῃ μέγαν.
Ζεύς τοι κολασττὴς τῶν ὑπερκόμπων ἄγαν
φρονήμάτων ἔπεστιν, ἔυθυνος βαρύς.

Dass übers Maß ein Mensch nicht heben soll den Sinn.
Denn Hochmut, aufgeblüht, bringt Frucht im Ährenkorn
Der Schuld, draus tränenreiche Ernte mäht der Herbst.
Wenn solche Schuld ihr schaut und Strafe solcher Schuld,
Gedenkt Athens und Griechenlands, dass keiner je,
Missachtend seines Daseins gottgesandtes Los,
Fremdes begehrend, fortgießt eignes großes Glück!
Denn Zeus, Zuchtmeister über allzu unbezähmt
Hochmütigen Sinn, waltet des Rechts, ein strenger Wart.[22]

---

21 Zur überragenden Rolle des Zeus als Bewahrer der gottgegebenen Weltordnung bei Aischylos vgl. Lloyd-Jones, Justice 84–103 und jetzt zumal Lossau, Aischylos, 119–139, bes. 119–127. Wie schwierig es ist, sich Aischylos mittels der Suche nach einer philosophischen Definition der Gerechtigkeit anzunähern, zeigt Havelock, Concept, 272–295, der am Ende beklagt, dass man in keinem Drama des Aischylos erfahre, was Gerechtigkeit eigentlich sei, und man also auf eine philosophische Deutung warten müsse. Dagegen fand Wolf, Rechtsdenken I, 340–344, dass gerade das Ungesagte bei Aischylos das Wichtigste ist, weil das Gerechte bei ihm darin besteht, nicht sein Recht nach der Weise der Götter zu behaupten und zu fordern, sondern Götter, Menschen und Dinge das sein zu lassen, was sie sind. Das aber sei in Wahrheit das Schwerste.

22 Übertragung Werner, Aischylos, 62 und 63.

4. Xerxes und seine Ratgeber oder die Macht der Verblendung[23]

Der um eine Generation jüngere Historiker hat offensichtlich die *Perser* des Aischylos gekannt und benutzt, als er seine eigene Darstellung verfasste. Dabei fällt besonders auf, dass er bei seiner Deutung des Geschehens auf das gleiche theologische Konzept wie der Dramatiker zurückgreift, indem auch er die menschliche Hybris, ihre göttliche Beantwortung durch die Verblendung und ihre Bestrafung durch Zeus als den Wahrer des Rechts zu den über den Verlauf der Geschichte entscheidenden Faktoren erklärt. Bei seiner Darstellung konnte der Historiker freilich anders als der Tragiker nicht auf den Wechsel zwischen den Monologen und Dialogen der *dramatis personae* und des Chors zurückgreifen, da er von der Gattung her auf Bericht und Dialog beschränkt ist. Daher ist es nicht überraschend, dass das bei Aischylos nur eine Nebenrolle spielende Motiv der Berater bei ihm eine zentrale Funktion erhalten hat. Denn indem er es ausbaute und zwischen schlechten Ratgebern und besonnenen Warnern unterschied, besaß er ein plausibles Mittel, seine Geschichtsdarstellung mittels der ihnen in den Mund gelegten Dialoge mit dem jeweiligen Helden oder Antihelden theologisch zu deuten.[24] Demgemäß führte er auch in seiner Darstellung von dem Kriegszug des Xerxes gegen Hellas wiederholt Dialoge ein, um auf diese Weise zu zeigen, dass der König wiederholt vor der Wahl stand, den Feldzug überhaupt bzw. seine gefährlichen Niederlagen zu vermeiden, so dass er selbst den Untergang seiner Flotte und seines Heeres verschuldet hat.

Den Plan zu einem Griechenlandfeldzug hatte Xerxes von seinem Vater Dareios geerbt.[25] Schon er hatte beschlossen, sich für die bei Marathon er-

23 Zu der Xerxes von Herodot zugewiesenen Rolle als abschreckendes Beispiel für das von ihm als gültig betrachtete Weltgesetz, dass „Hybris mit dem Absturz in die Tiefe endet", vgl. Erbse, Studien, 74–92, Zitat 91.

24 Vgl. dazu Bischoff, Warner, 31–53.

25 Aischylos stellt Dareios als den weisen Vater und Mehrer des Reiches dem jungen, törichten Sohn gegenüber, dem er mit Recht vorwerfen kann, dass ihn ein Daimon am richtigen Denken verhindert habe, so dass er eine Brücke über den Hellespont baute (Pers. 721–725). Daher finden die dunklen Seiten seiner Regierung bei ihm keine Erwähnung. – Der Historiker Herodot hat keine Ursache, sie zu unterdrücken. Bei ihm erfahren wir, dass die Expedition des Dareios gegen die Skythen allein durch seine Machtgier ausgelöst worden ist, er selbst gegen den Rat des Artabanos eine Brücke über den Thrakischen Bosporos (IV.83–89) und anschließend eine weitere über den Istros geschlagen hat, was beinahe mit einem Fiasko geendet hätte (IV.136–139); vgl. dazu Bichler, Welt, 292–297.

littene Niederlage seines Heeres zu rächen.[26] Zunächst durch einen Aufstand der Ägypter daran gehindert, war er bereits gestorben, ehe er auch nur diesen beendet hatte (VII.1.4).[27] Xerxes aber, so lässt uns Herodot wissen, spürte zunächst durchaus kein Verlangen, gegen Griechenland zu ziehen, sondern führte stattdessen den Feldzug gegen die abtrünnigen Ägypter zu Ende (VII.5.1). Erst als er Ägypten unterworfen hatte (VII.7), hätte er sich die Frage gestellt, ob er den Feldzug gegen die Griechen tatsächlich unternehmen sollte,[28] obwohl ihn Mardonios, der Sohn des Gobyras, in den zurückliegenden Jahren beständig zu ihm zu überreden versucht hätte. Herodot führte das seinen Personalisierungstendenzen gemäß darauf zurück, dass Mardonios ein betriebsamer Mann gewesen sei, der sich nichts dringender gewünscht habe, als Hyparch, Satrap über Griechenland zu werden (VII.6.1). Herodot lässt ihn die Rolle des verhängnisvollen Ratgebers gleich zweimal an entscheidender Stelle spielen: Erst lässt er Mardonios den König zum Feldzug gegen Hellas anstacheln, dann aber nach der verlorenen Schlacht bei Salamis[29] dazu überreden, mit einem großen Teil des Heeres in die Heimat zurückzukehren, so dass er selbst von ihm den Auftrag erlangte, mit den restlichen 300000 Mann Hellas zu unterwerfen (VIII.100).[30] Tatsächlich aber sollte er auch diese Männer in der Schlacht bei Plataiai ins Verderben führen.[31] Die Fürstin von Karien Artemisia[32] soll den König zur Zustimmung zu diesem Plan mit dem nicht gerade menschenfreundlichen, aber realistischen Argument bewegt haben, dass es für ihn vorteilhaft sei, diesen Rat anzunehmen, denn gelinge der Plan, so sei es sein Verdienst,

26 Schon die Ziele des Dareios waren umfassender und zielten zumindest auf die uneingeschränkte Herrschaft über die Ägäis ab; vgl. III.135–136; IV.44–45 und zur Sache Frye, History, 104–105: und ausführlich Bichler, Welt, 288–318.

27 Zu dem 486 aufgebrochenen Aufstand vgl. Kienitz, Geschichte, 66–67.

28 Bichler, Welt, 317 hebt mit Recht hervor, dass der Handlungsspielraum des jungen Königs angesichts des vom Vater geplanten gewaltigen Unternehmens von vornherein begrenzt war.

29 Zur Überlistung des Xerxes durch einen von Themistokles gesandten Boten und ihre Folgen vgl. VIII.75–76, zum Verlauf der Seeschlacht VII.84–86, zur Person des Themistokles Kinzl (DNP 12/1/2002), 306–307 und zur Lage der südwestlich vom Piraeus gelegenen Insel und ihrer Geschichte Külzer, Salamis (DNP 10/2001), 1242–1243.

30 Dabei unterstellt Herodot, dass Mardonios Xerxes diesen Vorschlag gemacht habe, um der Strafe für den verhängnisvollen Plan zu dem Feldzug zu entgehen und es daher für ihn das beste sei, sich neuen Gefahren auszusetzen und dabei entweder zu siegen oder unterzugehen (VIII.100.1).

31 Zum Verlauf der Invasion des Xerxes in Mittelgriechenland vgl. Welwei, Athen, 51–76.

32 Vgl. zu ihr Hünemörder (DNP 2/1997), 59.

misslinge er aber, so sei es doch kein Sieg für die Griechen, weil sie nicht ihn, sondern nur einen seiner Untertanen geschlagen hätten (VIII.102).

Ist Mardonios für Herodot der Typ des schlechten Ratgebers, so stehen ihm als Gegentypen vor allem Artabanos, der Vater des Hystaspes (VII.10)[33] und in eigentümlicher Doppelrolle der König der Spartaner Demaratos als die guten zur Verfügung. Der Spartaner war seinerzeit zu Dareios geflohen und später an der Einsetzung des Xerxes zu seinem Nachfolger nicht unbeteiligt (vgl. VII.3). Herodot lässt Artabanos (wovon alsbald genauer zu handeln ist) von Anfang an versuchen, den König von dem geplanten Feldzug abzuhalten. Den Spartaner lässt er dann während des Feldzuges Xerxes über das hohe Risiko belehren, das er angesichts der Genügsamkeit und Tapferkeit der Griechen mit einem gegen sie gerichteten Unternehmen eingehe (VII.101–105).[34] Auch sonst zeichnet Herodot sein Bild als das eines Mannes, der Xerxes vergeblich zuverlässige Informationen übermittelt und vernünftige Ratschläge erteilt hat;[35] denn der König sollte sich in allen Fällen gegen sie entscheiden. Auch in der letzten Ratsversammlung vor der Schlacht bei Salamis, in der Herodot die Karische Fürstin Artemisia den König warnen lässt, durch eine Schlacht seiner landgewohnten Perser gegen die seeerfahrenen Griechen seine bisherigen Erfolge aufs Spiel zu setzten, lässt er Xerxes dem entgegengesetzten Rat der Mehrheit folgen und sich für das Gefecht entscheiden (VIII.67–65).[36] Für die schwere Niederlage der persischen Flotte im Sund von Salamis im engeren Sinne macht Herodot dann die persischen Offiziere verantwortlich, die dem von Themistokles[37] listenreich als Boten zu ihnen geschickten Sklaven Sikinnos glaubten, dass die Griechen angstvoll an ihre Flucht dächten. So versuchten sie, die griechische Flotte in dem Sund einzuschließen und beraubten sich bei der am nächsten Morgen entbrennenden Schlacht der Möglichkeit, ihre Übermacht in dem engen Sund zur Geltung zu bringen (VIII.75–76).[38]

33 Vgl. dazu unten, 37–39.

34 Vgl. dazu Schadewaldt, Anfänge, 216–217 und ausführlicher Schulte-Altedorneburg, Handeln, 198–200.

35 VII.209.234: bei und nach der Schlacht an den Thermopylen; VII.235: vor der Schlacht bei Salamis (mit dem Bruder des Königs Achaimenes als Gegenspieler 236); zu seinem Verrat des geplanten Feldzugs an die Spartaner VII.239.2–4 und zu seiner Warnung an den verbannten Athener Theokydes das unheildrohende Vorzeichen in der Ebene von Eleusis, das dem König einen furchtbaren Schlag verkündete, dem König mitzuteilen, VIII.65, und dazu Bischoff, Warner, 67–71.

36 Vgl. dazu Schulte-Altedorneburg, Handeln, 200–205.

37 Zu Themistokles' Darstellung und Beurteilung vgl. Erbse, Studien, 106–112.

38 Anders als Aischylos erwähnt Herodot Xerxes in diesem Zusammenhang nicht.

In vergleichbarer Weise stellt Herodot auch Mardonios zwei Warner in der Gestalt der beiden Feldherren Tritantaichmenes, des Sohnes des Artabanos (VII.82; VIII.26) und Artabazos, des Sohnes des Pharnakes und Befehlshabers der Parther und Chorasmier, an die Seite (IX.41.66). Von Tritantaichmenes berichtet Herodot, er habe, als er nach dem persischen Sieg bei den Thermopylen von einem griechischen Überläufer gehört hätte, dass die Griechen bei den olympischen Spielen um einen Kranz von Ölbaumblättern kämpften, im Blick auf die bevorstehenden Kämpfe einen Weheruf über Mardonios ausgerufen, der sie gegen Männer führe, denen es nicht um handgreifliche Gewinne, sondern um den Erweis ihrer Bestform, ihrer ἀρετή gehe, was ihm beim König den Vorwurf der Feigheit, der δειλία (deilía) eingetragen habe (VIII.26.2–3). Artabazos aber habe Mardonios vor der Schlacht bei Plataiai[39] den Rat gegeben, die Stellung am böotischen Asopos[40] zu räumen, sich in das sichere Lager bei Theben zurückzuziehen und von dort den Sieg kampflos mittels reichlich unter den Griechen verteilter Geschenke zu gewinnen. Mardonios aber habe diesen Vorschlag, trotz der negativen Omina in den Wind geschlagen und angeordnet, künftig nicht mehr auf sie zu achten, zumal keiner der auf seiner Seite stehenden griechischen Feldherren den Mut besessen hätte, seine Frage zu beantworten, ob ihnen ein den Persern Unheil verheißender Spruch (λόγιον) bekannt sei, während er selbst ihn sehr wohl kannte, aber (da er ihn auf die Plünderer des delphischen Heiligtums bezog) durch entsprechendes Verhalten außer Kraft zu setzen gedachte (IX.41–42). Herodot merkt zunächst an, dass sich der Unheil verkündende Spruch eigentlich auf die Illyrer und Encheleer[41] bezogen hätte,[42] um dann in IX.43.2 tatsächlich einen den Perser geltenden

39 Zur Lage und Geschichte der südböotischen Stadt am Nordausläufer des Kithairon in der Nähe des Asopos vgl. Freitag (DNP 9/2000), 1093–1094.

40 Vgl. zu ihm Funke (NEP 2/1997), 102.

41 Bei beiden handelt es sich um Völkerschaften, deren Wohnsitze im Norden von Epirus bzw. nördlich davon liegen, vgl. Šašel Kos, übers. Sauer (NEP 5/1998), 941.

42 Zu dem „wiederverwendeten" Orakel vgl. Harrison, Divinity, 143–144; zu Herodots grundsätzlicher Einstellung zu Orakeln und Sehersprüchen vgl. VIII.77.1 und dazu Klees, Eigenart, 72–87 und Harrison, 130–157 und zu dem in seiner Zweideutigkeit typischen Kroisos Orakel I.53 mit 86–87 und 91, dazu auch Kaiser, Grenzen, 9–36, bes. 19–25 = oben, 1–24, bes. 15–20. Aber Herodot waren natürlich auch eindeutige Anfragen bekannt, über die aufgrund einer Alternativfrage entschieden wurde (vgl. z. B. II.18; V.43; VI.35.3–36.1; VIII.169). Insgesamt kann man die Behandlung der Orakel in seinen Erzählungen mit Harrison, Divinity, 157 dahingehend kennzeichnen, dass sie „*with their implicit messages of the proper response to divination and reminders of the miraculous fulfillment of earlier prophecies, themselves serve to reinforce belief in divination.*"

Spruch des Bakis zu zitieren. Der bleibt für uns einer der schattenhaften Herausgeber von Orakelsammlungen aus spätarchaischer Zeit, die im Griechenland des 5. Jh. v. Chr. Verbreitung fanden.[43] Die Folge war jedenfalls, dass Mardonios sich selbst und das persische Herr dank seiner Überheblichkeit in die katastrophale Niederlage von Plataiai führte,[44] während der spartanische König Pausanias den schönsten Sieg errang (X.64,1), um anschließend bei einem Bankett, auf dem er persische und spartanische Speisen auftragen ließ, die Torheit der Perser zu demonstrieren, die selbst so üppig lebten und die Griechen ihres dürftigen Lebens berauben wollten (IX.82).[45] Artabazos aber hatte seine 40000 Mann nur scheinbar in die Schlacht und in Wahrheit nach Phokien geführt, von wo aus er den Rückmarsch zum Hellespont antrat (IX.66 und 89). Am gleichen Tage, an dem das Gros des persischen Landheeres bei Plataiai den Tod fand, soll auch die Mannschaft der restlichen persischen Flotte in ihrem Lager bei Mykale[46] geschlagen und ihre Schiffe von den Griechen unter der Führung des Spartaners Leotychidas verbrannt worden sein (vgl. IX. 90.1 mit 96,1–107.1). Herodot hatte schon die Mitteilung über den Rückmarsch des Artabazos zum Anlass genommen, auf die eigenartige Koinzidenz aufmerksam zu machen, dass die Niederlage der Perser bei Plataiai am selben Tage wie die in Mykale stattgefunden hätte (IX.90.1).[47] In ähnlicher Weise hatte er seine Leser auch in VII.166 darüber informiert, dass sich die Sizilianer erzählen, dass die Niederlage der Karthager in der Schlacht bei Himera am selben Tag wie die der persischen Flotte bei Salamis erfolgt sei.[48] Auch wenn Herodot diese Notizen nicht kommentiert, lässt sich unschwer ihre

43 Zu Bakis vgl. die Artikel „Bacis“ bzw. „Bakis“ von Graf (OCD[3] /1996), 230–231 bzw. (DNP 2/ 1997), 413–414 und zum hier zitierten Bakis-Spruch auch Klees, Eigenart, 80–82.

44 Vgl. VII.175–177.223–224, vgl. 228 und zur Lage und geschichtlichen Bedeutung des einzigen im Altertum zur Verfügung stehenden Passes für Heerzüge von Nord- nach Mittelgriechenland zur Verfügung stehenden Küstenpasses am Nordfuß des Kallidromos Meyer u. a. (DNP 12/1/ 2002), 427–431.

45 Vgl. den Rat des Vorfahren des Artayktes an die Perser, den Kyros gut hieß und dadurch die Perser in seinen Tagen vor der Verweichlichung rettete (IX.122).

46 Zu dem Gebirgszug an der Westküste Kleinasiens vgl. Blümel/Lohmann (DNP 8/ 2000), 570.

47 Zu den Schlachten bei Plataiai und Mykale vgl. auch Welwei, Athen, 67–76 und zu ihrer universalhistorischen und zugleich für die weitere griechische Geschichte tragischen Bedeutung bes. 75–76.

48 Zu der Schlacht bei Himera und ihren Zusammenhängen vgl. Welwei, Athen, 76–80.

Bedeutung als Hinweise auf die geheime göttliche Führung und Fügung der Freiheitskämpfe der Hellenen verstehen.[49]

Doch kehren wir noch einmal in die Zeit unmittelbar vor der Schlacht bei Plataiai zurück: Auf einem damals von dem Thebaner Attaginos für Mardonios sowie 50 vornehmen Persern und 50 Thebanern gegebenem Festmahl, habe einer der Perser dem ebenfalls eingeladenen Thersandros aus Orchomenos geraten, sich rechtzeitig in Sicherheit zu bringen, denn von all den Persern, die hier säßen, und ihrem Heere würden in kurzer Zeit nur noch wenige leben. Auf die Frage des Thersandros, ob man das nicht Mardonios melden müsse, habe der Perser geantwortet: „*Gastfreund, was von dem Gott her geschehen muss, kann ein Mensch unmöglich abwenden. Auch würde dem, der die Wahrheit sagt, niemand glauben.*“ (XI.16.4).

Göttliche Schicksalslenkung und menschliche Entscheidung schließen einander nicht aus, sondern sie wirken so zusammen, dass sich der Wille der Gottheit erfüllt. Daher wird der Rat, der sich in der Folge als der richtige erweist, abgelehnt, während der falsche befolgt wird. Dass an dieser Wahl die Hybris des Wählenden schuld ist, hebt Herodot unübersehbar hervor, in dem er in der von Xerxes einberufenen Ratsversammlung seiner Großen den Plan des Königs mit der Warnung seines Vetters Artabanos konfrontiert.

5. Der König in der Entscheidung zwischen dem guten und dem schlechten Ratgeber

Scheinbar stellen wir die Dinge auf den Kopf, wenn wir erst jetzt auf die Versammlung eingehen, auf der sich Xerxes anlässlich des von ihm geplanten Feldzuges gegen Hellas in einer Versammlung mit den Großen seines Reiches[50] (VII.8–11) beriet. Aber da wir hier auf das Herzstück der theologischen Deutung des ganzen Geschehens stoßen, sei es gleichsam wie eine Summe am Ende der Darstellung behandelt. Herodot hat die zu Worte kommenden Personen wirkungsvoll auf drei beschränkt: auf den König, auf Mardonios als Befürworter der Pläne des Königs und Artabanos als Warner vor dem ganzen Vorhaben.

Herodot lässt den König seinen Plan im Vollgefühl seiner Macht und der relativen Berechtigung seines Vorhabens als Bestrafung der Athener wegen ihres Eingreifens in den Jonischen Aufstand und ihres Sieges über das von

---

49 Vgl. auch Harrison, Divinity, 66–67.

50 Zur persischen Heeres- und Reichsverwaltung vgl. Högemann, Vorderasien 1992, 339–351.

Datis und Artaphrenes geführte persische Expeditionskorps bei Marathon vortragen.[51] Dabei macht er deutlich, dass Xerxes' eigentliche Absicht unumwunden der Gewinnung der Weltherrschaft (oder bildlich ausgedrückt: den Himmel des Zeus zur persischen Grenze zu machen) gegolten habe (VII.8.γ1–3-):[52]

> *„Denn die Sonne wird kein Land bescheinen, das an das unsere grenzt; vielmehr werde ich sie alle im Bunde mit euch zu einem einzigen Lande vereinen, indem ich durch ganz Europa ziehe. Wie ich höre, steht es so: Es bleibt keine Stadt und kein Volk mehr auf der Welt, das sich uns widersetzen könnte, wenn erst einmal die beseitigt sind, die ich eben erwähnt habe. So werden die denn das Joch der Knechtschaft tragen, die es uns gegenüber verschuldet haben, die andern aber ohne Schuld."*

Schuld oder Unschuld der Völker und Städte seien also letztlich nicht die entscheidenden Gründe für den Feldzug gewesen, sondern der Wille zur Weltherrschaft.

Dann lässt Herodot Mardonios, den Sohn des Gobryas und Vetter des Xerxes, das Vorhaben zunächst mit der Staatsnotwendigkeit begründen, die es nicht dulde, eine den Persern zugefügte Schmach nicht zu rächen. Dann aber lässt er ihn auf die völlig unvernünftig erscheinende Eigenart der griechischen Strategie hinweisen, für den angesagten Kampf die schönste Ebene ausfindig zu machen, so dass beide Seiten die größten Verluste hätten, und das wegen Lappalien, die sich unter Menschen einer Sprache mittels Herolden und Boten beilegen lassen müssten (VII.9.β.1–2). Kein Zweifel: hier vernehmen wir Herodots eigene Kritik an seinen Landsleuten, die sich in Kriegen gegenseitig schwächen, statt sich – wie es in dem folgenden Feldzug (mit Mühen!) der Fall war – gemeinsam gegen ihre äußeren Feinde zu wenden. So lässt er Mardonios den Schluss ziehen, dass die Griechen, die sich ihm bei seinem eigenen Vorstoß nach Makedonien nicht zu einer Schlacht gestellt haben,[53] im Falle ihres Antretens gegen die vereinten Land- und Seestreitkräfte der Perser keine Chance hätten, sondern lernen müssten, *„dass wir die besten Krieger der Welt sind."* Dem unbeschränkten Machtwillen des Königs steht mithin das beste und größte Heer aller Zeiten zum Kampf gegen einen zahlenmäßig unterlegenen und strategisch törichten Gegner zur Verfügung, so dass nach menschlichem Ermessen der Sieg sicher sein musste.

Doch selbst wenn es sich nach menschlicher Meinung so verhält, stellt sich den Alten die Frage, wie es dann um das Göttliche steht. Sie lässt Herodot Artabanos, den Bruder des Dareios, seinem Neffen beantworten

---

51 Zu den geschichtlichen Zusammenhängen vgl. Welwei, Athen, 27–39.

52 Übers. Feix, Herodot II, 885.

53 Vgl. VI.45.

(VII.10). Aber auch er fällt nicht gleich mit der Tür ins Haus, sondern weist zunächst auf die Risiken derartiger Feldzüge hin, wie sie Dareios auf seinem Skythenzug erfahren musste, während es nun gegen die Griechen gehe, die zu Wasser und zu Lande gleichermaßen als die tüchtigsten (ἄριστοι) gälten. Besonders riskant wäre der geplante Feldzug aber schon deswegen, weil die Griechen im Fall einer Niederlage die von Xerxes geplante Brücke über den Hellespont abreißen könnten, wie es Dareios beinahe mit der Schiffsbrücke über den thrakischen Bosporus widerfahren wäre.[54] Angesichts dieser Gefahren möge der König die Entscheidung vertagen. Doch da Xerxes auf einer sofortigen Entscheidung bestanden hätte, habe Artabanos schließlich das entscheidende Argument ins Feld geführt, dass der Plan des Xerxes, sich die Weltherrschaft zu sichern, dem Gott als Hybris erscheinen müsse, so dass er ihn scheitern lasse (VII.10.ε-ζ): „*Du siehst, wie der Blitzstrahl der Gottheit die höchsten Geschöpfe trifft und nicht duldet, dass sie sich in ihrem Hochmut überheben* (φαντίζεσθαι), *während ihm das Kleine nichts ausmacht. Du siehst, wie seine Geschosse immer in die größten Gebäude und derartige Bäume einschlagen. Denn Gott pflegt alles zu stürzen, was sich überhebt* (φιλέει γὰρ ὁ θεὸς τὰ ὑπερέχοντα πάντα κολούειν). *So wird auch ein großes Heer von einem kleinen geschlagen in folgender Art: wenn nämlich der neidische Gott Panik im Heer verbreitet oder einen Donner erdröhnen lässt,*[55] *wodurch es in einer Weise umkommt, das seiner selbst unwürdig ist. Denn Gott duldet nicht, dass ein anderer außer ihm stolz sei* (οὐ γὰρ ἐᾷ φρονέειν μέγα ὁ θεὸς ἄλλον ἢ ἑωυτόν)." Der König folgte dem Rat des Mardonios und gab den Befehl zum Feldzug, nachdem seine inneren Zweifel durch ihn (und vorübergehend selbst Artabanos) verblendende Träume besiegt worden waren.[56] Doch als er an der den Hellespont überspannenden Brücke thronte und angesichts des riesigen, sieben Tage und sieben Nächte lang über sie ziehenden Heeres[57] bei dem Gedanken weinte, dass von all diesen Menschen nach 100 Jahren niemand mehr lebte (VII.45–46.2), erklärte ihm Artabanos, dass es noch Jammervolleres in dem kurzen Leben der Menschen gäbe, weil es keinem erspart

---

54 Vgl. IV.89.137–142.

55 Vgl. VII.42 und 43.2. Zu den Unheil ankündenden, von Xerxes missachteten Vorzeichen vgl. Bichler, Welt, 333–336.

56 Vgl. VII.12–19 und dazu Pohlenz, Herodot, 115 und ausführlicher Harrison, Divinity, 132–135 bzw. Schulte-Altedorneburg, Handeln, 187–193.

57 Das Heer bestand nach VII.60–99 aus 1 700 000 Infanteristen, über 80 000 Reitern, 1207 Trieren und 3000 Lastschiffen mit einer Besatzung von insgesamt 517 610 Mann. Durch Verdopplung der Zahl des Heeres mittels des von Herodot einfach auf die gleich groß angesetzte Zahl des Trosses kommt man auf die gigantische Zahl von 5 283 220 Mann; vgl. dazu Bichler, Welt, 325–327.

bleibe, öfter als einmal zu wünschen, lieber tot zu sein als zu leben, wenn ihm Krankheiten und Unglücksfälle das Leben als zu lang erscheinen ließen: „*So ist der Tod für den Menschen in seinem mühevollen Dasein eine sehr erwünschte Zuflucht. Diese Gottheit, die uns die Süßigkeit des Lebens kosten ließ, zeigt sich darin als neidisch*" (VII. 46.4).[58] Auch die Einwände, dass es auf dem Meer nirgends einen Hafen gäbe, der groß genug sei, die ganze Flotte bei einem Unwetter aufzunehmen und das Land das riesige Heer auf die Dauer nicht ernähren könne, (VII.49) lässt Herodot den König unter Verweis auf die großen Taten seiner Vorgänger mit einem selbstbewussten „*Große Ziele wollen unter großen Gefahren erreicht sein* (μεγάλα γὰρ πρήγματα μεγάλοισι κινδύνοισι ἐθέλει καταιρέεσθαι)" wegwischen (VII.50.3), um dann Artabanos als seinen Statthalter nach Susa zurückzuschicken und sich selbst mit seinem Heere auf den verhängnisvollen Marsch nach Hellas zu begeben – ein Mann, der zu Großes erstrebte und deshalb von dem Gott, der nicht duldet, dass jemand größer ist als er selbst, gezüchtigt wurde. Und so lässt Herodot Themistokles in seiner Verhandlung mit den Bundesgenossen nach der Schlacht bei Salamis gleichsam die Summe aus dem ganzen Kriege ziehen: Dass sie einen so ungeheuren Menschenstrom abgewehrt hätten, verdankten sie am Ende nicht ihrer eigenen Leistung, sondern „*Göttern und Heroen, die nicht zugeben wollten, dass Asien und Europa einen einzigen Herrscher haben, und noch dazu einen so gottlosen Frevler* (ἀνόσιόν τε καὶ ἀτάσθαλον), *der Heiligtümer ebenso behandelte wie Menschenbesitz, der Götterbilder verbrannte und umstürzte, der sogar das Meer geißeln ließ und in Ketten legte*" (VIII.109.3).[59]

---

58 Übers. Feix, Herodot II, 915; vgl. auch die Antwort Solons auf die Frage des Kroisos nach dem glücklichsten Menschen in I.31–32 und die Antwort des Amasis an Polykrates III.40 und dazu Kaiser, Grenzen, 25–29 = oben, 21–24; zum Neid der Götter Pohlenz, Herodot, 110–115; zum Motiv der Kürze des Lebens auch Schadewaldt, Anfänge, 215–216 und zur „Fatalität der Macht und der Weisheit des Verzichts" bei Herodot Rollinger, in: Bichler/Rollinger, Herodot, 106–108.

59 Übers. Feix, Herodot II, 1137. Zum Brückenbau über den Hellespont vgl. Aischyl. Pers.745 ff.; Hdt.VII.25.34–36 (vgl. auch den Durchstich des Athos VII.22–24); zur Zerstörung der Akropolis von Athen VIII.52–53 (vgl. aber auch 54) und der anderen dortigen Heiligtümer IX.13.2. Das Heiligtum von Delphi sollen die Götter dagegen selbst beschützt haben vgl. VIII.35 mit 37.

6. Der Dichter und der Historiker als erinnernder Warner

Die Annahme, dass der Dichter die Athener mit seiner Tragödie nicht allein deshalb an die große Zeit von Marathon erinnerte, dass sie ihrer mit Stolz gedächten, sondern auch um sie davor zu warnen, das von den Älteren Erreichte nicht durch hybride Neuerungen und egoistisches Machtstreben aufs Spiel zu setzen, liegt angesichts der theologischen Deutung des Geschehens und der Eindrücklichkeit, mit welcher er die Folgen der Niederlage für das Perserreich und zumal für den König in den ausgedehnten Schlussklagen hervorhebt, auf der Hand. In diesem Sinne sind sie *„ein Paradigma bestrafter Maßlosigkeit.*“[60] Dem Leser Herodots aber soll sich die Lehre einprägen, dass einst große Stätten der Menschen klein und vormals kleine groß geworden sind und es für Menschen kein beständiges Glück gibt (I.5.4).[61] Dass die eigentliche Ursache für den Niedergang der Mächte in menschlicher Hybris und gottgewirkter Verblendung zu suchen ist, welche die Gottheit verhängt, um den Frevler zu stürzen, bildet die unüberhörbare Grundmelodie, die sich durch das ganze Werk zieht. Der heutige Leser braucht sich nur an die Geschichte des zurückliegenden Jahrhunderts zu erinnern, um zu erkennen, dass die darin liegende Warnung bis heute ihre Berechtigung nicht verloren hat. Oder um Richard Bichler, dem die Herodotforschung so viel verdankt, zum Abschluss das Wort zu geben:[62] *„Das menschliche Vermögen ..., den Gewinn der Erkenntnis in der Tat zu nutzen, scheint bescheiden. Herodot dürfte sich darüber nicht viele Illusionen gemacht haben. Seine historische Kunst entlässt uns reich beschenkt und bezaubert mit ihrer Liebenswürdigkeit, doch sie warnt uns vor allzuviel Zuversicht in unsere Fähigkeit, unser politisches Geschick weise zu gestalten.*“

60 Lossau, Aischylos, 35; vgl. auch Latacz, Tragödie, 137: *„Es ist selbstverständlich, dass sich die Athener – wenn auch vor Hybris gewarnt und daher verhalten und wohl auch leise schaudernd – in diesem indirekt gespiegelten Bild der Heimatstadt mit tiefem Stolze wiederfanden.*“

61 Vgl. Bichler, Welt, 377–383.

62 Bichler, Welt, 383.

Von Ortsfremden, Ausländern und Proselyten – Vom Umgang mit den Fremden im Alten Testament

1. Vom „Verweilenden“ und „Beisassen“

Fragt man nach dem Status und Schicksal der Fremden im Alten Testament, so geht man am besten von der Unterscheidung zwischen den Einheimischen oder Reinen (אֶזְרָחִים)[1] den „Andersartigen“ oder „Fremden“ (זָרִים), den „Ausländern“ (נָכְרִים) aus.[2] Eine schillernde Stellung nehmen die als „Verweilende“ oder „Fremdlinge“ (גֵּרִים) bezeichneten ein, obwohl sie unter den genannten in den Rechtsbüchern am häufigsten erwähnt werden: denn bei ihnen kann es sich ebenso um ortsfremde Israeliten bzw. Juden wie zumal in nachexilischer Zeit um Ausländer handeln, die ihren Wohnsitz in der persischen Provinz Jehud genommen hatten. Anders verhielt es sich in der Königszeit; denn solange das Land zusammenhängend von Einheimischen bewohnt war, wird es sich auch bei den „Verweilenden“ in der Regel um zum eigenen Volk gehörende Ortsfremde gehandelt haben, die aus diesem oder jenem Grund ihre Heimat verlassen und in der Fremde ihr Auskommen gesucht hatten.[3]

Nach den biblischen Erzählungen handelt es sich bei den *gērîm* vor allem um Menschen, die wegen einer bevorstehenden oder eingetretenen Hungersnot in die Fremde zogen, um dort ihr Leben zu fristen. So sollen der Erzvater Abraham nach Gen 12,10 wegen einer solchen nach Ägypten und sein Sohn Isaak nach Gen 26,1 in die Philisterstadt Gerar ausgewichen sein. Die Josefnovelle in Gen 37 – 50* lebt von diesem Motiv: es ist in ihr kunstvoll zum Hintergrund einer Führungs- und Fügungsgeschichte geworden, in der Gott dafür sorgt, dass die Stammväter Israels die schlechten Zeiten in Ägypten überleben (Gen 50,20). Das Motiv der Hungersnot besaß in einem von Dürren, Mißernten und Heuschreckenplagen heimgesuchten Land[4]

---

1 Vgl. GesB[18], Lfg. 1 (1987), 31 sub voce אזרח mit Lfg. 2 (1995), 312 sub voce זרח* $_2$.

2 Auf das Problem der אִשָּׁה נָכְרִיָּה, der „fremden Frau“, kann im vorliegenden Zusammenhang nicht eingegangen werden; vgl. dazu Maier, Frau, und Tan, Foreignness.

3 Das Wort bezeichnete in der Königszeit einen sozialen Typus, aber keine Gestalt fremdländischer Herkunft, Bultmann, Fremde, 93.

4 Vgl. z. B. Am 7,1 – 4; Jes 15,6; Jer 23,10; Joel 1,9 – 12.17 – 20; 2,3 – 9.

offenbar eine besondere Plausibilität. Denn auch die Elia- und Elisa-Erzählungen bedienen sich seiner: So flieht Elia wegen einer bevorstehenden und drei Jahre anhaltenden Dürre nach dem in der Nähe von Sidon liegenden Sarepta (I Reg 17,9), während Elisa einer in dem nördlich von den Bergen Gilboa gelegenen Sunem lebenden Witwe angesichts einer bevorstehenden siebenjährigen Dürre[5] den Rat erteilt, in die Fremde zu ziehen, woraufsie sich an die Küste ins Land der Philister begab (II Reg 8,1–2). Auch der Erzähler der Ruterzählung hat dieses Motiv zur geographischen Grundlage seiner Lehrerzählung von der Ehe einer Moabiterin mit einem Mann aus Bethlehem gewählt (Rut 1,1).[6] Das Alte Testament weiß aber auch davon zu berichten, dass kriegerische Ereignisse Menschen zur Flucht in ein anderes Land zwingen, wo sie als Fremdlinge leben (II Sam 4,3; Jes 16,3–4). Gewährte ihnen die Ortsgemeinde Gastrecht, so waren sie nicht mehr Fremdlinge, sondern „Beisassen" (תָּשָׁבִים).

2. Die Versorgung der Fremdlinge, Witwen und Waisen

Natürlich stellt sich die Frage, wovon diese Fremdlinge und Beisassen lebten bzw. welchen Beruf sie ausübten, da sie weder Felder noch Obstgärten besaßen. Am einfachsten dürfte sie sich beantworten, wenn sie über handwerkliche Kenntnisse verfügten, die für die Ortsgemeinschaft unentbehrlich waren; denn damit dürfte ihr Aufenthaltsrecht unbestritten und ihr Lebensunterhalt grundsätzlich gesichert gewesen sein.[7] Weniger gesichert war ihr Auskommen, wenn sie sich ihren Unterhalt als Tagelöhner (שָׂכִיר) verdienten, weil sie damit zumal auf die in der landwirtschaftlichen Saison anfallenden Arbeitsmöglichkeiten bzw. auf eine Beschäftigung als Hilfsarbeiter vermutlich zumal bei Bauhandwerkern angewiesen waren. Weil der Tagelöhner aus der Hand in den Mund lebte, sollte ihm sein Lohn nach Lev 19,13 am Abend jedes Arbeitstages ausgezahlt werden (vgl. Mt 20,1–15). Grundsätzlich sollte jedoch nach dem dtn Rechtsbuch allen, die keine Äcker, Obst- oder Weingärten besaßen,[8] das Recht auf die Nachlese (לֶקֶט / עֹלֵלוֹת) zustehen. Als solche werden in Dtn 24,19–21 die die drei klassischen *personae miserae* des Altertums darstellenden Personenkreise der Fremdlinge,

5 Vgl. Gen 41, 29–31.
6 Vgl. dazu Grätz, Zuwanderung, 294–309.
7 Vgl. dazu Knauf, Umwelt, 59.
8 Zur Feldbestellung, Ernte sowie zum Obst- und Weinanbau vgl. Nötscher, Altertumskunde, 173–189.

der Witwen und der Waisenkinder bezeichnet. Um ihr Überleben zu sichern, sollten die Bauern weder die auf ihren abgeernteten Feldern vergessene Garbe (עֹמֶר) einfahren, noch den bereits geschüttelten Ölbaum (זַיִת) ein weiteres Mal schütteln noch in ihrem Weingarten (כֶּרֶם) eine Nachlese halten, weil das Verbliebene den *personae miserae* gehören sollte (Dtn 24,19–21).[9] Die Ährenleserin, die hinter den Schnittern hergeht und aufsammelt, was ihren Händen entfallen ist (Rut 2,3), dürfte in jenen Zeiten ein gewohntes Bild gewesen sein. Die Mittellosen mußten sich mit dem begnügen, was die Besitzer auf ihren Feldern und in ihren Gärten übrig gelassen hatten. Dass die Armen und Besitzlosen etwas Nennenswertes finden, ist das Anliegen der eben genannten Bestimmungen.

Nach dem dtn Rechtsbuch wurde der Fremdling insofern in die kultische Gemeinde integriert, als er in die Ruheforderung des dekalogischen Sabbatgebots eingeschlossen war (Dtn 5,12–15)[10] und samt den Witwen und Waisen an den Festmahlzeiten der drei Erntefeste teilnehmen durfte (Dtn 16,9–15).[11]

Das perserzeitliche „Heiligkeitsgesetz" (Lev 17–26) enthält in Lev 25 eine Anordnung über ein zyklisch alle sieben Jahre zu begehendes Sabbatjahr. In ihm sollten die Felder nicht bestellt und die Obstbäume und Weinstöcke nicht beschnitten werden, damit auch das Land Jahwe zu Ehren einen Sabbat feiern konnte (V.1–5). Dagegen durfte alles, was in diesem Jahr von selbst gewachsen war, von den Besitzern, ihren Knechten und Mägden, den Tagelöhnern, den Beisassen, den Fremdlingen und dem Vieh verzehrt werden (V.6–7).[12] Einfacher, weil weniger Anlässe zum Streit um den Nießbrauch bietend, dürfte die Bestimmung in Dtn 26,12 zu handhaben gewesen sein, nachdem in jedem dritten Jahr der Zehnte des Ertrags den Leviten, dem Fremdling, der Waise und der Witwe gegeben werden sollte.[13] In Zeiten, in denen es noch keine staatlichen Beihilfen für Arbeitslose, Arme, Witwen und Waisen gab, waren diese Personenkreise auf den guten Willen ihrer Umwelt angewiesen. Einklagbar dürften die hier vorgestellten Hilfsmaßnahmen zunächst kaum gewesen sein. Sie appellierten an eine Solidarität, die über die

9 Vgl. dazu ausführlich Bultmann, Fremde, 35–45.

10 Vgl. dazu Bultmann, Fremde, 60–74. Die Begründung in Dtn 5,15 dafür ist die gleiche wie in Dtn 24,18, vgl. dazu unten, 58–59.

11 Vgl. dazu Bultmann, Fremde, 55–60; zu den drei Pilgerfesten Harran, Temples, 290–300 und zur Teilnahme am Passamahl unten, 57.

12 Zu den V.1–5 als Grundschicht und 6–7 als redaktioneller Ergänzung vgl. Karl Elliger, Leviticus, 343–344; Grünwaldt, Heiligkeitsgesetz, 92.

13 Vgl. dazu Bultmann, Fremde, 53–54.

eigene Gruppe hinausging und (wie wir sogleich sehen werden) durch ihre religiöse Sanktion ihre Wirksamkeit erhielt.

3. Die Rechtstellung der Fremdlinge, Witwen und Waisen

Besonders gefährdet war die Rechtsstellung der *personae miserae*, der Fremdlinge, Witwen und Waisen.[14] Um das zu verstehen, müssen wir einen kurzen Blick auf die Organisation der Rechtspflege werfen, die sich von der uns gewohnten dadurch unterschied, dass sich eine das Land abdeckende staatliche Gerichtsorganisation (entgegen der biblischen Darstellung in I Reg 4–5, nach der sie bereits Salomo eingeführt hätte) erst allmählich entwickelt hat. Eine durchorganisierte staatliche Verwaltung setzt eine entsprechend verbreitete Schriftkultur voraus. Eine solche hat sich ausweislich der Schriftfunde im Nordreich Israel nicht vor der Mitte des 9. und im Südreich Juda nicht vor der Wende vom 9. zum 8. Jh. v. Chr. entwickelt. Hatten die Könige bis dahin das Land mittels verwandter oder befreundeter Barone regiert, so entstand nun ein im Vergleich zu modernen Verhältnissen lockeres Netz von königlichen Beamten, die das Land verwalteten.[15] Von einer königlichen, das ganze Reich überziehenden Gerichtsorganisation konnte trotzdem noch lange nicht die Rede sein. Die königliche Rechtsprechung war prinzipiell auf die eigene Familie, die Hofbeamten und den Heerbann beschränkt.[16] In den Städten und Dörfern bestand die herkömmliche Art der Rechtspflege durch das Gericht der Ältesten im Tor auch weiterhin fort.[17] Rechtsfähig und zum Vortrag und zur Verhandlung einer Streitsache berechtigt waren nur die grundbesitzenden freien und wehrfähigen Männer. Sie gehörten zu den (אֶזְרָחִים), den „Sprösslingen" oder Autochthonen. Ihnen standen die Witwen und unmündigen Waisen gegenüber, die nach dem Tode ihres Gatten bzw. Vaters auf die Vertretung ihres Rechts durch seine ältesten nächsten Verwandten angewiesen waren, aber auch die Ortsfremden, die ohne Unterschied auf ihren etwaigen besonderen Rechtszustand als „Andersartige" (זָרִים) oder in ihrer sozialen Sonderstel-

14 Vgl. dazu Fensham, Widow, 129–139 und zuletzt Feller, Widow, 231–253.

15 Vgl. dazu Jamieson-Drake, Scribes, 136–151 mit den Tafeln und Diagrammen 160–216 und Niemann, Herrschaft, 257–268 und 273–275.

16 Vgl. dazu Niehr, Rechtsprechung, 66–80; Gertz, Gerichtsorganisation, 72–81 und 96 bzw. knapp Braulik, Deuteronomium II, 126–127.

17 Vgl. z. B. Dtn 21,19; 25,7 Am 5,15; Prov 22,22; Hi 5,4; 31,21; Thren 5,14; Sach 8,16 und dazu Köhler, Rechtsgemeinde, 143–169 bes. 146 bzw. knapp Rösel (NBL II/2001), 897–899.

lung gemäß als „Verweilende" oder „Fremdlinge" (גֵּרִים) bezeichnet wurden, und schließlich die „Ausländer" (נָכְרִים). Ein utopisches Gegenmodell dazu stellt das Richtergesetz in Dtn 16,18–20 vor:[18] Nach ihm sollte die traditionelle Gerichtsbarkeit der Ältesten durch in den Provinzialstädten amtierende Richter (שֹׁפְטִים) und ihnen untergeordneten Sekretäre der Militär- und Gerichtsverwaltung (שֹׁטְרִים) ersetzt werden (Dtn 16,18).[19] In der Folge der Zentralisation des Kultes auf Jerusalem (Dtn 12) mußte auch die vorher an den Lokalheiligtümern ausgeübte kultische Gerichtsbarkeit komplizierter Mord-, Eigentums- und Körperdelikte auf ein priesterliches Obergericht in Jerusalem übergehen, das aus einem (bzw. dem Hohen) Priester und einem Richter bestehen sollte und sich als solches im Laufe der Perserzeit durchgesetzt hat (vgl. Ex 22,6–10 mit Dtn 17,8–13).[20] In der vorausgehenden Zeit handelt es sich also normaler Weise um die Familiengerichtsbarkeit des *pater familias* und das Gericht der Ältesten im Tor, das in der nachexilischen Zeit auf die „Häupter der Vater-Häuser" (רָאשִׁים בֵּת אָבוֹת) übergegangen ist (Esr 10,16).[21]

Der Ablauf einer solchen Rechtsversammlung im Tor läßt sich an der Erzählung in Rut 4 von der Auslösung des Ackers des Elimelek durch Boas und der damit verbundenen Pflicht, dessen Schwiegertochter Rut zu heiraten, ablesen:[22] Wer eine Rechtssache zur Verhandlung bringen wollte, begab sich am frühen Morgen in das Stadttor, durch das zu dieser Zeit die zum größten Teil von der Landwirtschaft lebenden Einwohner auf ihre Felder und in ihre Gärten zogen. Er setzte sich dort gegebenenfalls auf eine der Innenbänke der Torkammer und erwartete dort seinen Kontrahenten. Dann forderte er zehn der Ältesten der Stadt auf, ebenfalls Platz zu nehmen, worauf die mündliche Verhandlung mit wechselseitigen Streitreden begann, die schließlich durch den Schiedsspruch der Ältesten beendet wurde. Außer in Fällen des Talionsrechts[23] und der Blutsgerichtsbarkeit im Todesrecht[24]

18 Zum utopischen Charakter des Deuteronomiums als Preisgabe des Staats zugunsten der Idee eines heiligen Volkes vgl. Perlitt, Staatsgedanke, 182–198, bes. 197–198 = ders., Wort, 236–248, bes. 248.

19 Vgl. Gertz, Gerichtsorganisation, 86 und 96 mit Braulik, Deuteronomium II, 126–127.

20 Gertz, Gerichtsorganisation, 72–81 und 96 und Braulik, Deuteronomium II, 126–127.

21 Zur Bedeutung von „Vater-Haus" als Bezeichnung der Großfamilie vgl. Fechter, Familie, 211–217.

22 Köhler, Rechtsgemeinde, 143–169, bes.147.

23 Vgl. Ex 21,23–25; Dtn19,21; Lev 24,19–20 und dazu Eckart Otto, Ethik, 73–81 bzw. ders., Geschichte, in: ders., Kontinuum, 224–245.

24 Vgl. dazu Otto, Ethik, 32–47.

gab es keinen Strafvollzug. Stattdessen gab es einen sozialen Druck und die Furcht, durch ein weiteres rechtswidriges Verhalten den Zorn Gottes herauszufordern. Aktiv rechtsfähig waren nur die Grund und Boden besitzenden männlichen, keiner Vormundschaft unterstehenden Vollbürger, die das Recht zur Ehe, zum Kult, zum Krieg und zur Rechtspflege besaßen. Mithin waren die *personae miserae* darauf angewiesen, ihr Recht von einem Anderen verteidigen zu lassen. Bei den Witwen wird das der älteste noch lebende Bruder oder Schwager, bei den Waisen der älteste noch lebende Onkel und bei den Beisassen ihr Gastgeber gewesen sein, während der Fremdling zusehen mußte, ob sich jemand fand, der sich seiner Sache annahm.

Es bedarf keiner großen Phantasie um zu erkennen, welche Konflikte sich in allen genannten Fällen zwischen den eigenen Interessen des Rechtsvertreters und denen seines „Mandanten" ergeben konnten[25] und wie leicht es sein konnte, eine zweifelhafte Sache zu einer für den Vertreter günstigen Lösung zu bringen, wenn man das erforderliche „Begrüßungsgeschenk" (šōhad) in die richtigen Hände legte. An einschlägigen Ermahnungen und Wahrsprüchen, auf Bestechung zu verzichten, fehlt es weder im Deuteronomium noch in den Psalmen oder im Spruchbuch.[26]

Im Richterspiegel in Dtn 16,18–20 heißt es in V.19: *„Du sollst das Recht nicht beugen. Du sollst keine Person ansehen und keine Bestechung* (שֹׁחַד) *annehmen."* Nach der (späten) Tempeleinlaßliturgie Ps 15,5 gehört der Verzicht auf Zinsnahme und passive Bestechlichkeit zu den Bedingungen einer heilvollen Gottesbegegnung im Tempel. In Prov 17,23 aber stellt der Weise fest: *„Ein Geschenk aus dem Busen nimmt der Frevler an, um die Pfade des Rechts zu beugen."*

Die wirksamste Hemmung, sich im Verfahren gegen einen Elenden durch Rechtsbruch zu bereichern, lag in der Überzeugung, dass die Gottheit sein Rechtswahrer ist und sein Schreien im Himmel hört, so dass sein Zorn den Bedrücker der Elenden vernichtet (Ex 22,22). Weil der Gott Israels ein Gott ist, der das Recht liebt (Ps 37,28; Jes 61,8), ist er der oberste Rechts-

---

25 Der rechtlichen Sicherung der Witwen und Waisen diente die Bestimmung über die Leviratsehe in Dtn 25,5–10: Nach ihr sollte der älteste noch lebende Bruder des Verstorbenen seine Schwägerin heiraten und deren etwaige Kinder versorgen, wobei die aus dieser Verbindung hervorgehenden weiteren Kinder als solche des Verstorbenen gelten sollten; vgl. dazu Martin Staszak (NBL II/1995), 626–627.

26 Vgl. Jes 1,23; 5,23; Ez 22,12; Mi 3,11; Ps 15,5; 26,10; Prov 15,27; 17,23; 18,16; 19,6 und 21,14.

wahrer derer, die sich ihr Recht nicht selbst verschaffen können. So heißt es in der „Ägyptisierenden Lehre" (Prov 22,17–24,22)[27] in Prov 22,22–23:

Beraube keinen Geringen, weil er gering ist,
und zertritt nicht den Elenden im Tor;
denn Jahwe wird ihren Rechtsstreit führen
und ihren Räubern das Leben rauben.

Unter der Voraussetzung, dass es sich beim Fluch wie beim Segen um wirkmächtige Worte handelt,[28] werden die zwölf Selbstverfluchungen in dem Fluchritual in Dtn 27,15–26 verständlich, mittels dessen sich die Gemeinde von unerkannten Übeltätern in ihrer Mitte zu reinigen suchte. In ihm lautet der 5. Fluch: „*Verflucht ist, wer das Recht des Fremdlings, der Waise oder Witwe beugt. Und alles Volk soll sagen: Amen.*" In dem vorletzten der Reihe in V.25 aber heißt es: „*Verflucht ist, wer sich bestechen läßt, ein unschuldiges Leben zu töten! Und alles Volk soll sagen: Amen!*"[29]

Die konkreten Bestimmungen zum Rechtsschutz der *personae miserae* in Dtn 24,17–18 appellieren dagegen an die zwischen den Elenden und den Besitzenden bestehende fundamentale Solidarität: Sie verbieten es, weder das Recht eines Ortsfremden (גֵּר) noch das einer Waise zu beugen und das Gewand einer Witwe zu pfänden.[30] Zur Begründung erinnert V.18 daran, dass Israel einst selbst עֶבֶד, Sklave in Ägypten gewesen ist, aus dem es Jahwe, sein Gott, erlöst hat: „*Und erinnere dich daran, dass du ein Sklave in Ägypten gewesen bist und dich Jahwe dein Gott von dort befreit hat. Daher befehle ich dir, entsprechend zu handeln.*" Wer selbst durch seinen Gott aus Not und Gefahr erlöst ist, der ist dazu verpflichtet, denen beizustehen, die sich in ihr befinden.[31] Hier zeichnet sich eine heilsgeschichtliche Spielart der „Goldenen Regel" ab,[32] die in ihrer negativen Fassung: „*Was du nicht willst, was man dir tu, das füg auch keinem andern zu!*" in Tob 4,16 als Rat des Vaters an seinen Sohn begegnet und in ihrer positiven in Mt 7,12 die konkreten Lehren der Bergpredigt mit einem „*Alles, was ihr nun wollt, dass es euch die Menschen tun, das sollt auch ihr ihnen tun.*" beschließt. Dieser Satz fasst nach Mt 7,13 das Gesetz und die Propheten zusammen.

---

27 Zur Herkunft der Sammlung aus vorexilischer Zeit vgl. Römheld, Wege, 183–184.
28 Vgl. dazu Schottroff (NBL I/1991), 683–685 und Vetter (NBL III/2001), 552–555.
29 Zur Herkunft und Eigenart vgl. Bultmann, Fremde, 130–132; Levin, Verheißung, 110–113 und Braulik, Deuteronomium II, 202.
30 Vgl. Ex 22,25–26 und dazu Zehnder, Umgang, 395–360.
31 Vgl. auch Mt 6,12.
32 Vgl. zu ihr umfassend Dihle, Regel.

4. Die Lehren der Katastrophe des Reiches Juda, die Isolationsparänese, das Banngebot und die Forderung der Endogamie

Doch ehe wir die sich hier abzeichnende Humanisierung des Verhältnisses zu den Fremden weiterverfolgen, müssen wir einen Blick auf eine Bestimmung richten, die das Verhältnis zwischen Juden und Nichtjuden grundsätzlich verändert hat. Kurz nach der Mitte des 8. Jh. war die Syrische Staatenwelt unter die Vorherrschaft des Neuassyrischen Reiches geraten. Der Versuch der Könige des Nordreiches Israel, ihren Vasallenstatus aufzukündigen, endete 722 mit der Eroberung und Zerstörung ihres Reiches durch den assyrischen Großkönig Sargon II. – Hiskia, der König von Juda, der sich im Jahre 705 dem Aufstand der Philister angeschlossen hatte, konnte seinen Thron im Jahr 701 knapp durch seine Kapitulation retten, die durch innerassyrische Wirren ermöglicht wurde. Daher konnte sein Reich in der langen Regierungszeit seines Nachfolgers Manasse (691–639) dank seiner den assyrischen Königen gehaltenen Vasallentreue eine Nachblüte erleben.[33]

Doch in den letzten Jahrzehnten der assyrischen Vorherrschaft entwickelten judäische Hofbeamte in Auseinandersetzung mit der assyrischen Königs- und Vertragsideologie eine sog. Jahwe-Allein-Bewegung, die im Gegensatz zu dem Anspruch der assyrischen Könige und damit des Gottes Assur die Alleinverehrung des eigenen Gottes zum Programm erhoben hat und schließlich in eine auch von den Priestern aufgenommene Bundestheologie umgesetzt wurde.[34] Das Deuteronomium und das vielschichtige Deuteronomistische Geschichtswerk mit ihrer Deutung des Exilsgeschickes als einer Folge des Abfalls von Jahwe und ihrer Verheißung einer neuen Blütezeit Israels als Antwort auf seinen vollkommenen Gehorsam gegen die Gebote seines Gottes sind die geschichtsmächtigen Früchte dieser Bewegung. In ihren Kreisen dürfte vermutlich bereits in einem längeren zeitlichen Abstand zu dem 587 erfolgten Untergang des Reiches Juda die sog. Isolationsparänese in Dtn 7,1–26* verfaßt worden sein,[35] die das Verhältnis zwischen Juden und Nichtjuden in der Form einer rückwärtsgewandten Utopie zu regeln sucht, während sie die Gegenwart meint.[36]

33 Vgl. dazu Kinet, Geschichte, 151–163 bzw. Berlejung, Geschichte, 133–147.

34 Zur Geschichte der atl. Bundestheologie vgl. zuletzt Koch, Vertrag, mit der Zusammenfassung 314–323 und zur Ausgestaltung des Bundesgedankens umfassend Groß, Zukunft und knapper Kaiser, Gott III, 11–38.

35 Vgl. dazu Veijola, 5. Buch Mose, 195–196.

36 Zum geschichtlichen Hintergrund vgl. Kinet, Geschichte, 179–187.

Als das persönliche Eigentum Jahwes sei Israel ein geheiligtes Volk, das ihm allein von allen Völkern angehöre (V.6). Der im ganzen Buch vorausgesetzten Situation der Abschiedsrede Moses am Ostufer des Jordans vor dem Einmarsch in das gelobte Land gemäß[37] wird Israel aufgefordert, an den ihm von seinem Gott ausgelieferten, im Westjordanland ansässigen Völkern den Bann zu vollziehen und d. h. sie auszurotten.[38] Es liegt in der Logik der hier geforderten vollständigen Abgrenzung, dass sie im gleichen Atemzuge verbietet, mit ihnen Verträge zu schließen oder sich mit ihnen zu verschwägern (V.2–3).[39] Nur als ein Volk, das sich von seinem Gott als dem Herrn der Geschichte erwählt und gegen seine Gebote zu unbedingtem Gehorsam verpflichtet weiß, konnte es die Zeiten überleben und sich nicht in seinen Gastvölkern auflösen. Das in Dtn 7,3 ausgesprochene Verbot, sich mit anderen Völkern zu verschwägern, wird in V.4 mit dem negativen religiösen Einfluß begründet, den eine einem anderen Volk angehörende Frau auf die Kinder ausüben würde: Da die Mütter in der Regel die entscheidende Rolle in der religiösen Erziehung der Kinder spielen, würden nichtjüdische Mütter ihre Kinder nicht im Geiste der israelitischen, sondern in dem der eigenen Religion erziehen und dadurch ihren Abfall von Jahwe bewirken.[40]

Ein geschichtlicher Rückblick zeigt, dass diese Forderung in ihrer Programmatik eine Neuerung darstellt. Denn nach der Überlieferung besaßen Könige wie Salomo und Ahab fremde Frauen: In I Reg 11,1–13 wird eine ältere, der Verherrlichung Salomos dienende Nachricht, nach der er wie einer der Großkönige der damaligen Zeit siebenhundert Frauen und dreihundert Konkubinen besessen und Höhen für Kamosch, den Gott der Moabiter und Milkom, den Gott der Ammoniter errichtet hätte (V.3a und 7*), durch summarische Angaben über die Herkunft seines Harems aus den umliegenden Völkern ergänzt und dadurch zu einem abschreckenden Beispiel für die Übertretung von Dtn 7,3 ausgestaltet.[41] Auf sichererem Boden steht die Überlieferung, dass König Ahab von Israel mit Isebel, einer Tochter des Königs Ittobaal von Sidon verheiratet war (I Reg16,31). Die

37 Vgl. Dtn 1,1–5 mit 34,1 und dazu Perlitt, Deuteronomium V/1, 6–7.

38 Vgl. die Beispiel- bzw. Lehrerzählung in Jos 7 von Achans Diebstahl von gebanntem Gut und dazu Fritz, Josua, 78.

39 Zum literarischen Befund des Kapitels vgl. Pakkala, Monolatry, 96–98 , dem sich Veijola, 5. Buch Mose, 195–199 angeschlossen hat.

40 Auf die prophetischen Fremdvölkerorakel können wir im vorliegenden Zusammenhang nicht eingehen. Sie benötigten eine gesonderte Behandlung; zum Vergleich zwischen biblischen und griechischen Fremdvölkersprüchen vgl. Hagedorn, Foreigners, 432–448.

41 Vgl. dazu Würthwein, Könige I, 131–135.

Deuteronomisten haben in der Folge alles getan, um die Überlieferung von Ahab und Isebel ihrer Ideologie gemäß zu übermalen.[42] Glücklicher Weise besitzen wir in Ps 45 ein Lied auf die Hochzeit eines Königs (von Israel?)[43] mit einer Prinzessin aus Tyros, das belegt, dass man in vorexilischen höfischen Kreisen keine religiösen Gründe kannte, die eine solche Verbindung verboten hätten, ja, wir dürfen wohl verallgemeinernd sagen, dass in vorexilischer Zeit die Ehe zwischen einem Israeliten und einer Frau fremder Herkunft nicht als religiöses Vergehen bewertet wurde. Der „kleine Mann" wird freilich zu allen Zeiten in den durch eine ganze Reihe von Tabubestimmungen abgesicherten Bahnen eine Braut aus seiner Sippe gewählt haben.[44]

In der frühperserzeitlichen Priesterschrift gilt es als selbstverständlich, dass bereits die Erzväter Frauen aus der eigenen Sippe geheiratet haben und mithin Anhänger der Endogamie gewesen sind. So wird in Gen 27,46–28,9 berichtet, dass sich die Erzmutter Rebekka durch die Ehe ihres Ältesten Esau mit einer „Tochter Heths" so im Herzen verletzt fühlte, dass Isaak in der Folge Jakob nach Mesopotamien schickte, damit er dort eine Tochter seines Schwagers Laban zur Frau gewänne (Gen 27,46–28,9).[45] In einer vorwiegend bäuerlichen Gesellschaft diente die endogame Ehe der Sicherung des Grundbesitzes der Sippe (Num 36,6–10).[46]

Die in der vorliegenden Form sekundär ausgestalteten Berichte darüber, dass sowohl Esra, der Schreiber des Gesetzes des Himmelsgottes,[47] wie der Statthalter Nehemia in der 2. Hälfte des 5. Jh. in Jerusalem nicht nur auf die Einhaltung des Verbots der Ehe mit einer Ausländerin, sondern auch auf die anderer kultischer Gebote dringen mussten, setzen voraus, dass es seine Zeit brauchte, bis sich die Tora in ihrem ganzen Umfang in der persischen Provinz Jehud als geltendes Recht durchsetzte. Die Esralegende unterstellt, dass die Tora ihre verbindliche Gestalt in den Kreisen der Nachkommen der nach der

---

42 Vgl. dazu Würthwein, Könige II, 201–204 und zur sekundären dtr Ausgestaltung der altisraelitischen Erzählung von der Revolte Jehus und der Ermordung der Königin in 2 Kön 8,28–10,17 ebd., 324–340 und ders., Revolution, 28–48

43 Vgl. dazu Seybold, Psalmen, 184–188.

44 Vgl. Lev 18,1–20 mit dem durch „Predigten" gerahmten Kern in den V.7–17 und V.18–23 und zur Analyse und Auslegung Gerstenberger, 3. Buch Mose, 225–232.

45 Zum literarischen Befund vgl. Levin, Jahwist, 214 und zur Sache auch Westermann, Genesis II, 547.

46 Vgl. dazu auch oben, 46, Anm. 25.

47 Zur Eigenart des Esrabuches als einer in legitimatorischer Absicht verfassten Geschichtsfiktion, die als solche zur historischen Rekonstruktion der Ereignisse in der Provinz Jehud des 5. Jh. nur mit äußerster Vorsicht benutzt werden sollte, vgl. Grätz, Edikt, 279–280.

Zerstörung Jerusalems 587 deportierten Schreiber erhalten und durch sie in der alten Heimat als verbindliche Rechtsurkunde bekannt gemacht worden ist (Esr 6–8), spiegelt darin aber wohl eher hellenistische, als perserzeitliche Verhältnisse wieder.[48] Dabei fällt auf, welche große Rolle das Thema der Trennung der Judäer von ihren fremden Frauen in den legendären Erzählungen Esra 9–10 und Neh 9–10 spielt. Nach Esr 9–10 hätten sich die Männer der Gemeinde nach Esras öffentlichem Bußgebet wegen ihrer Übertretung des Verbotes, fremde Frauen zu heiraten, eidlich dazu verpflichtet, diese zu entlassen.[49] Nach der Bundesschlußerzählung in Neh 9–10 hätten sich die Vertragschließenden nicht nur zur Endogamie, sondern auch zur Sabbatheiligung und Versorgung der Priester und Leviten verpflichtet.[50] Kompliziert wird die Sache, wenn es darum geht, in Neh 13 zwischen Tradition und Redaktion zu unterscheiden und die Frage zu beantworten, ob der älteste Kern in Esr 10 oder in Neh 13 zu suchen ist. Nach dem in Neh 13 vorliegenden und jedenfalls redaktionell erweiterten Bericht hätte der Statthalter Nehemia (433–428 v. Chr.) nach seiner Ankunft in Jerusalem festgestellt, dass eine ganze Reihe von Gesetzesbestimmungen, darunter auch das Verbot der Verheiratung der Söhne mit fremden Frauen, nicht eingehalten worden sei (Neh 13,23–31). Wie immer man die Frage nach dem Grundbestand der Denkschrift Nehemias in c.13 beurteilen mag, so steht doch fest, dass das Thema der Scheidung von fremden Frauen vermutlich vom 5. bis zum 3. Jh. v. Chr. aktuell geblieben ist.[51]

48 Grätz, Edikt, 264–266.

49 Nach der Analyse von Pakkala, Ezra, 302, vgl. 82–135 stammt nur eine schmale Grundschicht der Esra-Erzählung aus der 2. Hälfte des 5. Jh.

50 Zum Charakter der beiden Kapitel als später Fortschreibung vgl. Pakkala, Ezra, 180–211, mit der Zusammenfassung 210–211, zum Problem Lange, Töchter, 295–312, der auch die einschlägigen Texte aus den in Qumran gefundenen Schriftrollen behandelt, die zeigen, dass die Ablehnung der Mischehen im frühhellenistischen Judentum weit verbreitet war, weil sie der Sicherung der religiösen und kulturellen Identität diente, vgl. bes. 309 und 311.

51 Nach der Minimallösung von Wright, Identity, 212 und 242 gehörten jedenfalls die V.4a.6a.7abα.8.9b.14aα.23.25.30b zu der Gedenkschrift Nehemias. Kellermann, Nehemia, 53–55 hatte die V.23a.24a und 25 als vorchronistischen Kern betrachtet. Vgl. weiterhin auf der einen Seite Pakkala, Ezra, 212–224, der die ganze Szene als eine auf Esr 9–10 zurückgreifende Konstruktion beurteilt, und auf der anderen Schunck, Nehemia, 383–385, bes. 384, der lediglich mit einer jüngeren Glossierung des Kapitels rechnet. Die radikalste Lösung für die Bücher Esra und Nehemia hat Becker, Esra/Nehemia, 4–5 vorgelegt, indem er beide als chronistisch beurteilte.

Auf eine freundliche Weise illustriert und unterstreicht das aus dem späten 3. oder frühen 2. Jh. v. Chr. stammende Tobitbuch[52] die Wichtigkeit des Endogamiegebots für das Judentum in der Diaspora: In ihm wird erzählt, dass der aus seiner Heimat Thisbe in Obergaliläa nach Ninive deportierte fromme Tobit seinem Sohn Tobias, dem er wegen der Einforderung ausgeliehenen Geldes nach Medien schickt, den Rat erteilt, sich wie die Patriarchen eine Frau in der eigenen Verwandtschaft zu suchen (Tob 4,12 GI):[53]

> *„Hüte dich, Kind, vor jeder Unzucht und nimm dir vor allem eine Frau aus dem Samen deiner Väter, aber nimm keine fremde Frau, die nicht aus dem Stamme deines Vaters stammt, weil wir Söhne von Propheten sind. Noah, Abraham, Isaak, Jakob, unsere Väter von Ewigkeit an bedenke, mein Kind, dass sie alle Frauen von ihren Brüdern nahmen und durch sie ihre Kinder gesegnet wurden, und dass ihr Same das Land erben wird.“*

Und so sollte es auf wunderbare Weise geschehen: In seiner Base Sara sollte er dank Gottes Vorsehung, Fügung und Führung (durch den Erzengel Rafael) auf abenteuerliche Weise die ihm bestimmte Braut finden (vgl. Tob 3,7–17; 7,1–8,21) und mit ihr glücklich zu seinen Eltern zurückkehren (Tob 11,15b-18).[54]

---

52 Vgl. dazu Groß, Tobit/Judit, 9; Ego, Tobit, 899; Fitzmyer, Tobit, 51–52; dagegen denkt Engel, Tobit, in: Zenger, 286 an das 4.–2. Jh., während Rabenau, Studien, 183–190 zwischen der Grunderzählung aus dem 3. Jh. und drei zwischen 147 und dem letzten Drittel des 2. Jh. entstandenen Erweiterungen unterscheidet.

53 Vgl. dazu Rabenau, Studien, 46–48 bzw. knapp Groß, Tobit, 26–27 oder Fitzmyer Tobit, 48.

54 Die Söhne sollen also nur innerhalb ihrer Verwandtschaft heiraten. Wie aber steht es mit den Töchtern? Ist die schöne Jüdin Ester, die der persische König zu seiner Gemahlin erkürt (Est 2), so dass sie den Mordbefehl Hamans gegen alle Juden im Reich rückgängig zu machen vermag (Est 8), wirklich nichts anderes als die Gestalt einer Dichtung, in der sich die Sehnsüchte und das Wissen der Diasporajuden um ihre bedrohte Existenz spiegeln (Loader, Ester, 209; zur Zeitstellung vgl. auch Wahl, Esther, 45–47) oder verbirgt sich in ihr auch eine Erinnerung daran, dass schöne jüdische Mädchen von prominenten Nichtjuden geheiratet wurden? Auf höchster Ebene wäre das ja beinahe noch 75 n. Chr. geschehen, als die faszinierende Prinzessin Berenike ihren Bruder König Agrippa II. bei seinem Staatsbesuch nach Rom begleitete und im kaiserlichen Palast als Geliebte des Kronprinzen Titus residierte, der sie jedoch vor dem Tode seines Vaters in ihre Heimat zurückschickte, weil die Römer kein Verständnis dafür ausgebracht hätten, wenn ihr Kaiser ausgerechnet eine Jüdin geheiratet hätte, Smallwood, Jews, 385–388.

5. Das Gemeindegesetz und die Folgen der Abgrenzung von den Völkern

Seinen deutlichsten Ausdruck hat die dtr Isolationsforderung in dem jedenfalls in seiner vorliegenden Gestalt nachexilischen Gemeindegesetz in Dtn 23,2–9 gefunden.[55] Es lautet:

„2 Keiner, dessen Hoden zerquetscht oder dessen Harnröhre abgeschnitten ist, darf in die Gemeinde Jahwes eintreten. 3 Kein Bastard (מַמְזֵר) darf in die Gemeinde Jahwes eintreten, auch in der zehnten Generation darf er nicht in die Gemeinde Jahwes eintreten. 4 Kein Moabiter und Ammoniter darf in die Gemeinde Jahwes eintreten, auch in der zehnten Generation darf er nicht in die Gemeinde Jahwes eintreten, niemals 5 weil sie euch nicht mit Brot und Wasser begegnet sind auf dem Wege eures Auszuges aus Ägypten[56] und er[57] gegen dich Bileam, des Sohn Beors aus Pitor in Aram Naharajim[58] gedingt hat, um dich zu verfluchen. 6 Aber Jahwe, dein Gott, beschloss, Bileam nicht zu erhören, sondern Jahwe, dein Gott, verwandelte dir den Fluch in einen Segen, weil Jahwe, dein Gott dich liebte. 7 Du sollst ihr Heil und ihr Glück all deine Tage lang niemals suchen. 8 Du sollst den Edomiter nicht verabscheuen, denn er ist dein Bruder. Du sollst den Ägypter nicht verabscheuen, denn du bist ein Fremdling in seinem Lande gewesen. 9 Was die Kinder betrifft, die ihnen geboren werden, so darf die dritte Generation in die Gemeinde Jahwes eintreten.“

Das Gesetz ist nicht aus einem Guss: Seine ältesten Bestimmungen könnten in V.2 und V.3 vorliegen: Sie machen die Zeugungsfähigkeit eines Mannes zur Voraussetzung der Zulassung zur Gemeindeversammlung

---

55 Die von Rost, Vorstufen, 8–11 als Belege für die Verwendung von qāhāl in vordtn Zeit angeführten Belege lassen sich heute nicht mehr als solche in Anspruch nehmen. Grundsätzlich gilt noch immer das Urteil von Hossfeld und Kindl (ThWAT VI/ 1987), 1211–1212, dass sich die Forschung darüber einig ist, dass dieser Text stufenweise entstanden ist, aber die Ansichten über die zeitliche Ausdehnung des Wachstumsprozesses umstritten sind. Der Begriff des Qahal scheint nach dem Befund in der priesterlichen Sprache beheimatet zu sein. Im dtn Gesetz spielt er nur noch in der nach Veijola, 5. Buch Mose, 230 von DtrN formulierten und DtrB in den Kontext eingeführten Erzählung in Dtn 9,1–10,11 in 9,10 und 11,4 eine Rolle. Zum Wachstum des Gesetzes vgl. Braulik, Deuteronomium II, 169–170; Nielsen, Deuteronomium, 216–220 und zur vorausgehenden Diskussion Preuß, Deuteronomium, 142–143.

56 Vgl. aber Dtn 2,26–27.

57 Balak, der König der Moabiter, vgl. Num 22,4–21 und weiterhin 22,22–18 und 23,1–24,25.

58 Aram Naharajim ist Landschaftsbezeichnung für das Land zwischen dem Oberlauf von Euphrat und Tigris.

(קָהָל), während die folgenden die Abkömmlinge eines jüdischen Vaters und einer heidnischen Mutter für zehn Generationen (und das heißt de facto: für immer) ausschließt. Jude ist nach bis heute geltendem Grundsatz nur, wer eine jüdische Mutter hat. Auf der nächsten Redaktionsstufe wurde festgelegt, Glieder welcher Nachbarvölker aus dem Qahal ausgeschlossen bleiben und welche in ihn aufgenommen werden dürfen: Von dem Ausschluß der östlichen Nachbarn in V.4 wurden nach V.8 nur die Edomiter als Angehörige eines Brudervolks (vgl. Gen 25,21–26) und von den südwestlichen die Ägypter als solche des einstigen Gastvolks ausgenommen. Dabei bezieht sich die Bestimmung in V.9, nach der ihre Nachkommen erst in der dritten Generation aufgenommen werden dürfen, auf beide Völker.[59] Die Moabiter und Ammoniter wurden zunächst nur durch V.4 apodiktisch (wegen ihres angeblichen inzestuösen Ursprungs, Gen 19,30–38?) ausgeschlossen und nach V.7 jede ihnen geleistete Begünstigung untersagt. Spätere Leser gaben sich damit nicht zufrieden und verlangten nach einer ausdrücklichen Erklärung für diese Verbote. Daher fügte einer von ihnen eine heilgeschichtliche Erklärung in V.5a ein. Ein weiterer erkannte, dass diese Dtn 2,26–27 widersprach. Daher fügte er V.5b-6 hinzu, ohne sich daran zu stören, dass die Bileamgeschichte keinerlei Beziehung zu den Ammonitern besitzt. Eine Aufnahme der Philister und Phönizier schien überhaupt nicht zur Debatte zu stehen, so dass sie in dem Gesetz stillschweigend übergangen werden konnten. Wenn die nördlichen und nordöstlichen Nachbarn Israels unerwähnt bleiben, so verweist das vermutlich auf den judäischen Horizont des Ganzen. Eine wirksame Kontrolle der Bestimmungen über die Aufnahme von Fremden setzte eine flächendeckende und zugleich zentralisierte religiöse Rechtsprechung voraus, die sich in Juda kaum vor der späten Perserzeit durchgesetzt haben dürfte.

Dass diese Grenzziehung nicht nur Beifall, sondern auch Einspruch erfuhr, zeigt im Blick auf die Moabiter die Ruterzählung. Denn in ihr wird die Moabiterin Rut, die Schwiegertochter der Witwe des Elimelech aus Bethlehem Naemi, nicht nur in einem Akt der Leviratsehe von dem Judäer Boas geheiratet, sondern auch zur Urgroßmutter des Königs David. Die historische Novelle hinterfragt die Notwendigkeit des Verbots, eine Moabiterin zu heiraten und läßt das dritte Glied aus dieser Verbindung zum König von Juda aufsteigen.[60] Wenn man Fremde genauer kennenlernt, bleibt einem nicht verborgen, dass es auch unter ihnen anständige, treue und

59 Driver, Deuteronomy, 262.

60 Vgl. dazu Fischer, Rut, 61–65, die 65 auf die bewusste Antithese zu der Erzählung von der Brautschau Isaaks in Gen 24 hinweist.

fromme Menschen gibt, ja, mehr noch, dass sie gottesfürchtiger als die eigenen Frommen[61] und zur Umkehr bereiter als das eigene Volk sein können.[62]

6. Neue Blicke auf die Fremden in der Perserzeit und ihre Folgen

In der Königszeit hatten es die Bewohner der beiden israelitischen Reiche abgesehen von fremden Königsboten[63] in ihrem Alltag mit Ausländern nur in Gestalt von Händlern[64] und vermutlich auch einzelnen Fremden, die sich als „Fremdlinge“ oder „Beisassen“ dem Schutz einer Ortsgemeinde unterstellten,[65] zu tun. Dagegen verbreiteten die immer wieder in das Land einfallenden Heere fremder Eroberer „Schrecken ringsum“[66], weil sie Städte niederbrannten,[67] Frauen und Jungfrauen schändeten,[68] die Heiligkeit ihrer bzw. ihres Tempels (587 v. Chr.) missachteten[69] und die Gefangenen nackt[70] in die Fremde verschleppten.[71] Das änderte sich in der Perserzeit (532–332) als einer Epoche, in der die Bewohner der Provinz Jehud an dem Frieden und dem das Reich umspannenden Handeln teilhatten und in der Folge davon auch einen anderen Eindruck von den Ausländern als Menschen bekamen.[72]

---

61 Beispiel: Der Philisterkönig von Gerar in Gen 20, vgl. dazu Fischer, Erzeltern, 171–172.

62 Beispiel: Die Erzählung vom Propheten Jona; vgl. dazu Kaiser, Wirklichkeit, 41–53.

63 Vgl. II Reg 18,13–36 par Jes 36,1–21.

64 In dieser Beziehung darf man den Rückschluss von perserzeitlichen Gegebenheiten auf Verhältnisse der Königszeit wagen, vgl. Neh 13,15–19 mit 10,32.

65 Vgl. dazu ausführlich unten.

66 Vgl. Jer 6,25; 20,3; 46,4; 49,25.

67 Vgl. II Reg 25,9 par Jer 39,7 und weiterhin Jer 21,10; 32,29; 38,23; zur Verschonung der Städte nördlich von Jerusalem durch den babylonischen König Nebukadnezar vgl. Weippert, Palästina, 698.

68 Thren 5,11.

69 Thren 1,10; 2,6–7.

70 Jes 20, 2–4.

71 Vgl. z. B. den Bericht des assyrischen Großkönigs Sanherib über seinen 3. Feldzug nach Syrien in Galling, Textbuch[3], 67–69 bzw. Borger (TUAT I/4/1984), 388–390. Zu den Deportationen im Zusammenhang mit der Eroberung Jerusalems vgl. Jer 52,28–30 und zur Zuverlässigkeit der Angaben William McKane, Jeremiah II, 52.

72 Vgl. dazu die Überblicke bei Kinet, Geschichte, 187–203; Berlejung, Geschichte, 150–178; Gerstenberger, Israel, 35–115 oder Williamson, Studies, 3–92 und

Wie sehr man die Sicherheit zu schätzen wusste, welche das Judentum unter der Oberherrschaft der persischen Großkönige besaß, zeigt sich daran, dass anders als im Fall der Ägypter, Assyrer und Babylonier, von den Nachbarvölkern ganz zu schweigen, kein einziges Orakel gegen die Perser in den Prophetenbüchern überliefert ist. Auch nur der Gedanke an eine grundsätzliche Ausrottung der Fremden in der Provinz Jehud lag den für die Verwaltung des religiösen Schrifttums ihres Volkes verantwortlichen priesterlichen und levitischen Schreibern fern: Sie konnten vor der Notwendigkeit, mit Fremden Handel zu treiben, kaum die Augen verschließen, sondern höchstens veranlassen, dass es am Sabbat unterblieb.[73]

Daher verlangte das dem Deuteronomium vorgeschaltete und damit seine andersartigen Bestimmungen aufhebende Heiligkeitsgesetz in Lev 19,33–34 ausdrücklich, einen ausländischen Fremdling (גֵּר) nicht zu bedrücken und auszunutzen (vgl. Ex 22,20), sondern ihn wie einen im Lande Geborenen, einen „Reinen" (אֶזְרָח) zu behandeln und ihn[74] zu lieben wie sich selbst, weil auch die eigenen Vorfahren einst Fremdlinge in Ägypten gewesen seien.[75] Unter „Lieben" ist hier nicht der bloße Gefühlsakt, sondern eine sich in entsprechenden Handlungen äußernde Zuwendung gemeint, die den anderen als Menschen sich gleich stellt und daher im Handel mit ihm gleiche Maße und Gewichte verwendet (Lev 19,35–37; 24,22).[76] Der Fremde erscheint hier als jemand, zu dem man in Geschäftsverbindungen als Händler und Handwerker steht. Als Gegenleistung wird von ihm erwartet, dass er Rücksicht auf die von allen Bewohnern des Landes und also auch von ihm zu fordernde Heiligkeit nimmt, die als Bedingung für ein heilvolles Leben galt (Lev 19,2; 26,1–13), und also alle Handlungen unterläßt, welche das Land verunreinigen (Lev 17,10.13.15; 20,2; 24,16) und damit die heilvolle Zuwendung Jahwes zu seinen Bewohnern gefährden (Lev 26,14–38*).[77] Angesichts dieser Forderungen könnte sich der Schluß nahe legen, dass es sich bei dem גֵּר, dem „Fremdling" im Heiligkeitsgesetz bereits um einen

speziell zu den Statthaltern, Hohenpriestern und Schreibern Kratz, Judentum, 93–119.

73 Dafür sind die tyrischen Händler in Neh 13,16–20 ein kleines, aber gewiss signifikantes Beispiel.

74 Vgl. das sich auf den zum Volk gehörenden Nachbarn beziehende Liebesgebot in Lev 19,18 und zu ihm umfassend Mathys, Nächsten.

75 Vgl. dazu auch Grünwaldt, Heiligkeitsgesetz, 248 und Rüterswörden, Liebe, 229–238.

76 Vgl. dazu Grünwaldt, 249.

77 Zum literarischen Befund vgl. Elliger, Leviticus, 367–369 mit Grünwaldt, Heiligkeitsgesetz, 112–130 bzw. 346–374.

Proselyten handelt. Dass das ein Kurzschluß wäre, belegt die Novellierung des Gesetzes über den Schuldsklaven in Lev 25,39–44.[78] Denn es unterscheidet deutlich zwischen zweierlei Sklaven, dem einstigen Schuldsklaven, der nun wie ein Tagelöhner oder Beisasse behandelt werden soll (V.40), und dem leibeigenen Sklaven, den man sich entweder bei den Nachbarvölkern (V.44) oder unter den Kindern und Nachkommen der fremden Beisassen (הַתּוֹשָׁבִים הַגָּרִים) kaufen soll. Handelte es sich bei ihnen bereits um Proselyten, so wären sie Glieder des Bundesvolkes gewesen und hätten damit auch der Schutzbestimmung unterstanden, dass kein Israelit Sklave eines Menschen sein darf, weil alle Israeliten Sklaven Gottes sind (V.42).

Daher besteht Ramírez-Kidd mit Recht darauf, dass das Heiligkeitsgesetz von den Fremden im Lande die Respektierung der Gesetze verlangt, welche seine Verunreinigung verbieten, ohne dass sie damit bereits als Proselyten betrachtet wurden. Es geht vielmehr um den Grundsatz, dass gleiches Recht für die Juden wie die Fremden im Lande gelten soll. Damit besaßen die Fremden jedoch weder in ihrer bürgerlichen noch in ihrer religiösen Stellung die gleichen Rechte wie die Landeskinder.[79]

Erst wenn sich der Fremdling beschneiden ließ und dadurch zum Proselyten geworden war, durfte er am Passamahl teilnehmen (Ex 12,48): „*Und wenn der Fremdling, der bei dir weilt, das Passa für Jahwe halten will, so muß er sich und alles Männliche beschneiden, dann darf er sich daranmachen es für Jahwe auszurichten und wie ein Einheimischer im Lande sein, aber kein Unbeschnittener darf davon essen.*“ Der erklärende Zusatz in V.49 ist keine Globalbevollmächtigung für alle Fremden, sondern erklärt, warum die Beschneidung die Voraussetzung für die Teilnahme am Paschamahl ist: „*Eine Weisung* (תּוֹרָה) *soll für den Einheimischen wie für den Fremdling, der sich in eurer Mitte befindet, gelten.*“[80] Doch erst wenn aus dem Fremdling durch

78 Zu Lev 25,39–55* als Novellierung der älteren Bestimmungen über den Schuldsklaven in Ex 21,2–11* und Dtn 15,12–18 vgl. Chirichigno, Debt-Slavery, 302–343.

79 Ramírez-Kidd, Alterity, 48–71,vgl. bes. 68–71.

80 Vgl. Num 9,14; vgl. auch dieselbe Auskunft zur Opferpraxis in Num 15,14–16. G übersetzt gēr „Fremdling“ in allen drei Fällen mit προσήλυτος „Proselyt.“ Dem Biblischen Hebräisch fehlt ein entsprechender *terminus technicus*. Die Vielzahl der in Sach 2,15; Jes 14,1; 56,3.6; Est 8,17; 9,27; Jdt 14,10 und Tob 1,8 (G II) verwandten Worte spiegelt die terminologische Unsicherheit einer Übergangsperiode, Ramírez-Kidd, Alterity, 64–65. – Zum Charakter von Ex 12,43–51 als einer nachpriesterlichen Ergänzung vgl. Scharbert, Exodus, 54–55 und Gertz, Tradition, 58, und zu Num 9,1–14 als einem nachpriesterlichen Midrasch Kellerman Priesterschrift, 124–133; Scharbert, Numeri, 40: „*eine Gesetzesnovelle zur Paschaordnung.*“

die Beschneidung ein Proselyt geworden war,[81] durfte er am Passamahl teilnehmen und erst als solcher galten auch für ihn die Schutzbestimmungen gegen den Verkauf in die Sklaverei.

Bei dem Fremden (נָכְרִי), der nach I Reg 8,41.42b-43 aus der Ferne nach Jerusalem kommt, um zum Tempel hin zu beten, handelt es sich um einen Heiden, der nur den speziellen äußeren Vorhof betreten durfte.[82] Um ihn an dem todeswürdigen Verbrechen zu hindern, den inneren Vorhof zu betreten, der ausschließlich den Juden vorbehalten war, befand sich im Herodianischen Tempel an der entsprechenden Schranke eine Verbotstafel.[83] In der späteren Terminologie (die erstmals in der griechischen Übersetzung des Danielbuches in der Version des Theodot in Dan 8,33 belegt ist), handelt es sich bei einem solchen Ausländer um einen „Gottesfürchtigen".[84] – Das gibt uns Anlass, daran zu erinnern, dass sich um den Kreis der um die Proselyten erweiterten Gemeinde zunehmend ein weiterer derer legte, die zwar den Herrn fürchteten und seine Gebote hielten, aber trotzdem von dem offiziellen Übertritt zum Judentum, der die Beschneidung alles Männlichen in ihrem Hause zur Folge gehabt hätte, absahen.[85]

In der jüngeren Einfügung Dtn 10,14–20[86] wird die Liebe und damit dem Kontext nach auch die Versorgung des aus dem Ausland stammenden Fremdlings zu einer zentralen religiösen Verpflichtung, die dem Gebot, Jahwe als den Gott aller Götter allein zu dienen, an die Seite gestellt wird. Auf die feierliche Erinnerung an die Erwählung in den V.14 und 15 folgt in V.16 die Ermahnung, die Israeliten sollten die Vorhaut ihres Herzens beschneiden und ihren Nacken nicht länger verhärten. An sie schließt sich in den V.17–18 eine Begründung an, die Jahwe als den Gott vorstellt, der allmächtig und unbestechlich ist und für die Elenden sorgt: „*Denn Jahwe, euer Gott, er ist der Gott der Götter und der Herr der Herren, der große Gott, der starke und furchtbare Gott, der keine Person ansieht und keine Bestechung annimmt, der der Waise und der Witwe Recht verschafft und den Fremden liebt, um ihn zu ernähren und zu bekleiden.*" Als dem einen Gott liegen Jahwe außer den Israeliten auch die Menschen anderer Völker am Herzen: Er will, dass ihnen

81 Zur entsprechenden Übersetzung des *gēr* in Ex 12,49 und Num 9,14 vgl. die vorausgehende Anm.

82 Vgl. dazu Hentschel, 1 Könige, 61.

83 Text bei Galling, Textbuch, 91, vgl. b.T.Mid.II.iii.fol. 35 und vor allem Jos. Ant. Jud.XV.417. Einen Grundriss des herodianischen Tempels bietet Zwickel, Tempel, 43 Abb.13.

84 σεβόμενοι τὸν κύριον τὸν θεόν „Gott den Herrn Fürchtende."

85 Vgl. dazu Goldenberg (TRE 27/ 1997), 521–525, bes. 521–522.

86 Zu dem Einschub Dtn 10,14–11,1 vgl. Veijola, 5. Buch Mose, 255–258.

allen ihr Recht zuteil wird.[87] Daher sollten es die Israeliten nach V.19 ihrem Gott gleich tun und den Fremdling ebenfalls lieben und d. h. ihn mit dem, was er für sein Leben braucht, versorgen, da Israel selbst Fremdling in Ägypten gewesen sei. An diese Mahnung schließt sich abrundend in V.20 die andere an, Jahwe zu fürchten, ihm zu dienen, ihm anzuhangen und bei seinem Namen zu schwören. So wird hier das Gebot der Liebe zu dem schwächsten Glied des Volkes mit dem ersten Gebot verbunden, wie es auch für Jesus selbstverständlich war (Mk 12,29–31).

7. Die Reaktion der Völker auf die Sonderstellung Israels und sein Überleben als Bundesvolk Jahwes

Auch wenn die Forderung nach einer endogamen Ehe im Laufe der weiteren Jahrhunderte dahin abgemildert wurde, dass ein Jude nur eine Jüdin heiraten darf und nur der zur Gemeinde gehört, der eine jüdische Mutter besitzt, blieb der Grundsatz unangetastet, dass zwar Handel mit Nichtjuden, aber kein Zusammenleben und keine verwandtschaftlichen Beziehungen zwischen Juden und Nichtjuden erlaubt sind. Das führte zusammen mit der Verpflichtung auf die Reinheits- und Speisegebote in der Diaspora unausweichlich zu einer gesellschaftlichen Isolation der Juden, die ein ambivalentes, aber aufs Ganze gesehen vorwiegend negatives Echo bei den Gebildeten der hellenistisch-römischen Zeit provozierte. Dabei war und ist der Pöbel zu allen Zeiten bereit, wenn ihn Fanatiker aufstacheln, Menschen fremder Herkunft zu verachten, ihnen den Lohn ihres Fleißes zu mißgönnen und den eigenen Minderwertigkeitsgefühlen durch Mißhandlungen, Raub, Mord und Todschlag Erleichterung zu verschaffen.[88] Halten wir uns an die Gebildeten der Hellenistisch-Römischen Welt, so konnten sie die Juden wegen ihres strengen Haltens der Sabbatruhe,[89] ihrer Speisevorschriften für

87 Veijola, 5. Buch Mose, 257: „*Die Stelle bestätigt indirekt die monotheistische Sicht des Verfassers* (V.17): *In seiner über Israel hinausgehenden Liebe zum Fremden erweist sich Jahwe als der Gott schlechthin.*"

88 Die mindest unterschwellige Gefährdung der Juden in der Diaspora spiegelt sich im Esterbuch. Besonders eindrücklich wird sie durch die systematische Judenverfolgung belegt, die 38 n. Chr. mit Billigung des römischen Statthalters Avillius Flaccus in Alexandrien stattfand; vgl. Philo.Flacc.62–70 und Jos.Ant.Jud. XVIII.257–260, dazu Smallwood, Jews, 235–255 und den Überblick bei de Lange/Thomas (TRE III/ 1987), 115–119.

89 Vgl. dazu grundsätzlich de Lange/Thomas, 119–121 und die speziellen Belege bei Feldman/Reinhold, Life, 366–373.

abergläubisch und wegen ihrer Beschneidung für verstümmelt verachten und wegen ihrer freiwillig akzeptierten Isolation von allen Völkern des allgemeinen Menschenhasses bezichtigen. Darüber hinaus liefen über die Art ihrer Gottesverehrung, die sich so weitgehend von der ihren unterschied, die wildesten Gerüchte um.[90] Andererseits konnten sie die Juden wegen ihrer bildlosen Verehrung eines einzigen Gottes, ihrer Gerechtigkeit, ihrer Weisheit und ihrer wechselseitigen Hilfsbereitschaft bewundern.[91]

Insgesamt aber gehörten für die Gebildeten der Antike auch die Juden zu den als Barbaren bezeichneten Fremden, eine Bezeichnung, der sich noch die Bürger des Imperium Romanum der Kaiserzeit zur Verdeutlichung des Gegensatzes zwischen ihrer eigenen zivilisierten und der übrigen Welt bedienten.[92] Blicken wir auf die Juden, so haben sie anders als die griechisch-hellenistische Welt in der biblischen Zeit keinen Begriff wie den der Barbaren als Bezeichnung aller Fremden entwickelt; denn für sie waren nicht Bildung und zivilisatorische Güter, sondern die Kenntnis und Befolgung der Thora als Ausdruck des angemessenen Verhaltens zu dem einzigen wahren Gott das entscheidende Kriterium für die Beurteilung von Menschen und Völkern. Erst im nachbiblischen Judentum bildete die Rede vom גּוֹי, vom Heiden ein religiöses Äquivalent für die griechisch-hellenistische vom Barbaren.[93]

Als sich in der hellenistischen Zeit die kulturellen Kontakte zwischen Judentum und Hellenismus dank der Einbeziehung des jüdischen Tempelstaates als eines ἔθνος, erst in den Verband des ptolemäischen und dann des seleukidischen Reiches verstärkten, wuchs die Anziehungskraft der modernen internationalen hellenistischen Kultur:[94] Von einem Kranz hellenistischer Städte umgeben[95] erschien es manchen Mitgliedern der Oberschicht und nicht zuletzt solchen aus dem hohepriesterlichen Geschlecht der Zadokiden angebracht, die Verfassung Jerusalems und die väterliche Religion zu modernisieren und dadurch die Schranke zur hellenistischen Umwelt aufzuheben. Entsprechendes ahnte schon der Jerusalemer Weise Jesu Sirach voraus, der ein deutliches Empfinden für die Unterschiede zwischen Elementen der fremden Kultur besaß, die ohne Schaden für das Judentum

---

90 Belege bei Feldman/Reinhold, 361–365.373–377.377–381 und 384–387.

91 Belege bei Feldman/Reinhold, 108–113. 113–114. 119–120.

92 Dihle, Begegnung, 39.

93 Vgl. die Belegstellen in Jastrow, Dictionary I, 220 sub voce.

94 Vgl. dazu Haag, Zeitalter, 43–95 bzw. Berlejung, Geschichte, 172–185 und zu den kulturellen Beziehungen Hengel, Judentum, 108–143; Schürer/Vermes II, 1–84 und Haag, 105–111.

95 Vgl. dazu Schürer/Vermes, History II, 85–183.

aufgenommen werden konnten, und solchen, die auf keinen Fall aufgegeben werden durften.[96] Daher ermahnte er die Zadokiden, die Stellung des Hohen Priesters keinesfalls zu gefährden,[97] und seine Schüler, an der Thora festzuhalten. Dabei konnte er die stoische Konzeption des Weltbürgers, die auf der Teilhabe aller Menschen an der göttlichen Vernunft, dem göttlichen λόγος beruht, in angemessener Zeit aufnehmen und zugleich begrenzen: Er leugnete nicht, dass Gott seine Weisheit über all seine Werke ausgegossen und also auch allen Menschen an ihr teilgegeben hat, aber er unterstrich im gleichen Atemzug, dass der Herr den größten Anteil an ihr denen verliehen hat, die ihn lieben, und das sind nach Dtn 12,12–13 bekanntlich die, die seine Gebote halten (Sir 1,1–10).[98] Entsprechend erklärte er die Thora zum Inbegriff aller Weisheit (Sir 24,1–23)[99] und die Furcht des Herrn zu ihrer Wurzel und Krone (Sir 1,11–20).[100] So gelang es ihm, die Sonderstellung Israels unter den Völkern als dem Volk, dem Gott das Gesetz des Lebens gegeben hat (Sir 17,11; 45,5), zu rechtfertigen.[101] Aber in seinem tiefsten Herzen hoffte auch er, dass sich das, was die Propheten verheißen hatten, eines Tages erfüllen würde (Sir 36,22).[102]

Seinem politischen Rat blieb der Erfolg versagt; denn der Zadokide Jason erkaufte etwa zehn Jahre später das Amt des Hohenpriesters von dem Seleukiden Antiochos IV., um dann mit der Hellenisierung der Erziehung zu beginnen und die Umwandlung der Rechtsstellung Jerusalems in eine Polis vorzubreiten (II Makk 4,7–15).[103] Er wurde jedoch durch den Bruder seines Schatzmeisters Menelaos verdrängt, der beim König die Einstellung des täglichen Opfers erwirkte und einen Altar für den Bel Schamin, den Herrn des Himmels, im Tempel aufstellte (vgl. II Makk 4, 23–24 mit Dan 9,27;

---

96 Vgl. dazu Marböck, Weisheit, 160–173 und Kaiser, Weisheit, 140–143.

97 Vgl. Sir 45,25e-26 und 50,1–24,* bes. 50,24c-f., dazu Marböck, Hohepriester, in: ders., Frömmigkeit, 155–168.

98 Vgl. Marböck, Weisheit, 17–34 und besonders Wicke-Reuter, Providenz, 188–206.

99 Vgl. dazu Marböck, Weisheit, 44–96; ders., Verständnis, in: ders., Gottes Weisheit, 52–57, ders. Sir 24, in: ders., Gottes Weisheit, 73–87; Wicke-Reuter, Providenz, 206–223 und Kaiser, Glück, 30–49.

100 Zur Gottesfurcht als Kern der Religion Ben Siras vgl. Wischmeyer, Kultur, 278–281.

101 Vgl. dazu Marböck, Verständnis, in: ders., Gottes Weisheit, 52–72; Wicke-Reuter, Providenz, 188–223; Reiterer, Akzente, 851–871, bes. 869–871 und Witte, Gesetz, 71–87.

102 Zur Ursprünglichkeit von Sir 36,1–22 vgl. Marböck, Gebet, 149–166.

103 Vgl. Hengel, Judentum, 503–511 und 515–527 und dazu Bringmann, Reform, 66–69 bzw. ders., Geschichte, 101–111.

11,31).[104] Es war das Verdienst der Makkabäer oder Hasmonäer Judas und seiner Brüder Jonatan und Simon, dass der Tempeldienst wiederhergestellt und mittels ihres geschickten Wechsels zwischen Partisanenkriegen, offenen Kriegen und diplomatischen Verhandlungen in den Jahren von 167–141 die staatliche Unabhängigkeit für ein größeres Israel zurückgewonnen wurde,[105] der erst Pompejus der Große mittels der Eroberung Jerusalems im Jahre 63 v. Chr. ein Ende bereitete.[106] Mochte das Reich der Hasmonäer wie das des Herodes und seiner Söhne untergehen, die Jüdischen Aufstände zwischen 65 und 135 mit katastrophalen Folgen für die betroffenen Juden zusammenbrechen, so blieb das über die Welt verteilte Judentum doch bis zum heutigen Tage das Volk, dessen Daseinsrecht sich auf den Gehorsam gegen die göttliche Weisung gründet und das sich als das von Gott erwählte Volk von den anderen Völkern geschieden weiß.[107]

104 Vgl. dazu Bringmann, Reform, 66–96 bzw. ders., Geschichte, 101–111.
105 Vgl. dazu Bringmann, Geschichte, 113–130.
106 Vgl. dazu Bringmann, Geschichte, 161–166.
107 Vgl. dazu Bringmann, Geschichte, 238–289.

Politische und persönliche Freiheit im jüdisch-hellenistischen Schrifttum des 1. Jh. v. Chr.

1. Das griechische Verständnis der Freiheit

Das Verständnis der Freiheit als Autonomie eines Einzelnen oder eines Staates besitzt seinen Ursprung in der griechischen Polis. Sie verstand sich gegenüber anderen Städten und Herrschaften als selbständig, wobei sich ihre Politen keinen anderen Herren als dem Gesetz und dem Walten der Götter untertan wussten. Natürlich besitzen die griechischen, diese Selbstbestimmung als ἐλευθερία und ἐλεύθερος bezeichnenden Worte ihre Vorgeschichte. Denn zunächst kennzeichneten sie die Zugehörigkeit zur einheimischen Bevölkerung und dann die zum Adel. Durch die Verallgemeinerung des Moments der Unabhängigkeit im Gegensatz zur Gebundenheit der Abhängigen, der δοῦλοι, haben beide schließlich die uns geläufigen Bedeutungen als „Freiheit" und „frei" gewonnen.[1]

Welch hohes Gut die Freiheit der Polis darstellt, wurde den Griechen zweimal in ihrer Geschichte bewusst: Das erste Mal, als es ihnen 480 und 470 gelang, die gewaltigen, ihre Freiheit bedrohenden Streitkräfte der persischen Könige Dareios und Xerxes zu besiegen.[2] Das zweite Mal, als die Athener 339 ihre Freiheit im Kampf mit dem makedonischen König Philipp II. in der Schlacht bei Chaironeia verloren hatten. Darin zeichnet sich bereits ab, dass es zumal die athenische Polis war, in der sich griechisches Freiheitsbewusstsein und griechische Freiheiten paradigmatisch für den ganzen hellenischen Kulturkreis verwirklicht hatten.

Kein geringerer hat dem hohen, in den Perserkriegen auf dem Spiel stehenden Gut der Freiheit so überzeugenden Ausdruck gegeben wie Aischylos in seinen *Persern.* Er lässt einen Boten der persischen Königinmutter Atossa die Nachricht von der Niederlage ihres Sohnes Xerxes in der Seeschlacht bei Salamis überbringen und dabei von einem Ruf berichten, der die Flotte der Athener zum höchsten Einsatz herausgefordert und ihr dadurch den Sieg verliehen hätte (Aischyl.Pers. 403–405):

1 Vgl. dazu Nestle, Eleutheria, 5–39 und zur Gesamtentwicklung Pohlenz, Freiheit.
2 Vgl. dazu Welwei, Athen, 31–41 und 51–76.

„... *Ihr Söhne der Hellenen, auf!*
Befreiet unser Vaterland! Auf, auf, befreit
Die Kinder, Weiber, unsrer Stammesgötter Sitz,
Der Vorfahrn Gräber, nun für alles gilt der Kampf!“[3]

In diesen Sätzen liegt beschlossen, was für die Griechen den Wert eines freien Volkes ausmachte: ein durch keine fremde Verfügungsgewalt eingeschränktes Wohnen und Leben im eigenen Land, die Unantastbarkeit ihrer Kinder und Frauen als dem Inbegriff ihrer fundamentalen Lebensgemeinschaft sowie die Unversehrtheit der Tempel ihrer Götter und der Gräber ihrer Ahnen. Die im Hintergrund stehende allgemein griechische Lebensregel hat hundert Jahre nach Aischylos der Philosoph und Rhetor Isokrates auf die Formel gebracht (Isokr.or.I.16):

Τοὺς μὲν θεοὺς φοβοῦ, τοὺς δὲ γονεῖς τίμα, τοὺς δὲ φίλους αἰσχύνου, τοῖς δὲ νόμοις πείθου („Fürchte die Götter, ehre die Eltern, achte die Freunde, gehorche den Gesetzen.“).

Den entscheidenden Beitrag, den die Athener in den oben genannten Abwehrkämpfen geleistet hatten, führte sie zu dem stolzen Selbstbewusstsein, mit ihrer demokratischen Verfassung (πολιτεία) das Vorbild für die anderen hellenischen Staaten zu sein. Seit den Tagen des Kleisthenes hatten sich schrittweise die drei demokratischen Freiheiten der ἰσονομία, der Gleichheit vor dem Gesetz, der ἰσομοιρία, der Gleichberechtigung in der Leitung der Polis, und der ἰσηγορία, der Redefreiheit, in ihrer Stadt entfaltet.[4] Sie zeichneten die Polis in den Augen ihrer Bürger vor den anderen griechischen Staaten aus. So konnte Thukydides Perikles in seiner berühmten Grabrede auf die im ersten Jahr des Archidamischen Krieges Gefallenen erklären lassen, dass die athenische πολιτεία eher ein Vorbild für als eine Nachahmung ihrer Nachbarn sei, weil in ihr die persönliche der politischen Freiheit entspräche. Daher verargten es die Athener niemandem, das zu tun, was ihm gefiele, während sie gleichzeitig die geschriebenen und die ungeschriebenen Gesetze ehrfürchtig hielten (Thuk.II.37.2–3).[5] Die Verteidigung dieser Freiheiten schiene es wert zu sein, für sie das Leben einzusetzen. In diesem Sinne konnte Perikles den Lebenden zurufen, den Gefallenen nachzueifern, die Freiheit (τὸ ἐλεύθερον) für das Glück und die

3 Übers. Werner, Aischylos, 35.

4 Vgl. dazu Pohlenz, Freiheit, 21–50; zum geschichtlichen Zusammenhang Bleicken, Demokratie, 338–370 und 627–638; Welwei, Polis, 140–250; ders., Athen, 1–27. 91–95 und 136–139.

5 Zu den apologetischen Untertönen der Rede vgl. Pohlenz, Freiheit, 35–37, zu den pädagogischen Sonnabend, Thukydides, 85–91, bes. 90.

Mannhaftigkeit (τὸ εὔψυχον) für die Freiheit zu halten, um daher die Gefahren des Krieges zu verachten (Thuk.II.43.4). Daher sicherte die Autonomie der Polis die ihrer Politen, so dass sie nicht nur an ihr eigenes Glück, sondern auch an das der Polis zu denken hatten, ohne das ihr eigenes keinen Bestand haben konnte. Dieses Verständnis der Freiheit als einer wechselseitigen Beziehung zwischen der Polis und ihren Politen sollte weiterhin das griechische und das neuzeitliche Freiheitsbewusstsein nachdrücklich beeinflussen und hat so z. B. noch Hegels Rechtsphilosophie bestimmt.[6]

2. Der Abgesang auf die politische Freiheit und die stoische Verinnerlichung der Pflicht

Den Abgesang auf die hellenische Freiheit hielt Demosthenes in seinem Epitaphion auf die 338 in der Schlacht bei Chaironeia gefallenen Athener (Demosth.Or LX.23–24): In dem Augenblick, in dem sich die Seelen der Männer, die zum Kampf um die Freiheit von ganz Griechenland (ἡ πάσης τῆς Ἑλλάδος ἐλευθερία) gegen Philipp II. von Makedonien angetreten waren, von ihrem Leibe trennten, hatte nach seiner Überzeugung Griechenland seine Ehre und Würde (ἀξίωμα) verloren.[7]

Mochten die Städte auch weiterhin den Schein der politischen Autonomie und Autarkie aufrecht erhalten, in dem sie die hellenistischen Monarchen jeweils unter Hinweis auf die Verknechtung durch ihre Rivalen unterstützt oder Titus Q. Flaminius gar den zuvor von den Makedoniern unterworfenen Gebieten Griechenlands auf den Isthmischen Spielen des Jahres 196 v. Chr. die Freiheit verkündet haben,[8] so änderte das nichts an der Tatsache, dass die Zeit der wahren Freiheit der Poleis vorüber war und sie sich

6 Vgl. dazu Taylor, Hegel and Modern Society, passim und zu den Problemen des gegenwärtigen Freiheitsverständnisses Di Fabio, Kultur, passim.

7 Zur Echtheit des Epitaphions vgl. Lesky, Geschichte, 678 und Engels (DNP 3/1997), 469; zur Bedeutung der Schlacht bei Chaironeia für Demosthenes und seiner weiteren, auf die Autonomie Athen gerichteten Politk vgl. Bengtson, Geschichte, 295–304; Habicht, Athen, 19–27; Welwei, Athen, 328–330.

8 Polyb.XVIII.46 und dazu Bengtson, Geschichte, 466–468; Errrington, Rome, 244–289, bes. 272–274. Zur eingeschränkten Bedeutung der Erklärung der Freiheit für die zuvor den Makedonen unterstehenden griechischen Landschaften Jones, City, 113 und zum Beispiel für die römische Einmischung in die Verwaltung des von Athen den Römern übergebenen Delos Habicht, Athen, 255.258.

mit den ihnen erst durch die Könige und dann durch den römischen Senat gezogenen Grenzen ihrer Zuständigkeit zu begnügen hatten.[9]

So war es ganz natürlich, dass sich in der hellenistischen Welt das Interesse des Einzelnen auf die Frage konzentrierte, ob es für ihn angesichts der Übermacht die sich in den Wechselfällen des politischen wie des privaten Lebens manifestierende Macht des Schicksals Glück und Freiheit geben könne. Der Beantwortung dieser Grundfragen haben sich die drei hellenistischen Philosophien der Akademie, der Stoa und des Kepos auf unterschiedliche Weise angenommen und sie jeweils auf die für sie charakteristische Weise gelöst.[10]

Unter ihnen dürfte die stoische Verinnerlichung im Horizont einer Ethik der Pflicht den nachdrücklichsten Eindruck auf die kommenden Jahrhunderte hinterlassen haben. Frei war für den Stoiker letztlich nur der Weise (SVF I, frg.222). Denn er allein folgt dem auch in seinem eigenen νοῦς, seinem eigenen Verstandesvermögen wirkenden göttlichen λόγος, der im ganzen Kosmos wirkenden Weltvernunft (SVF II, frg. 1038) und stimmt daher dem notwendigen äußeren Gang der Welt zu (SVF III, frg. 549; vgl. II frg. 975), an dem er nichts zu ändern vermag (SVF I, frg. 527).[11] Oder um es kurz und knapp mit Seneca epist.107.11 zu sagen: „*ducunt volentem fata, nolentem trahunt* (Das Schicksal führt den Bereitwilligen, den Unwilligen ziehen sie).“[12] Bekanntlich haben Kohelet[13] und Ben Sira[14] die für die hellenistische Epoche typische Frage nach dem Glück aufgenommen und in einer für sie charakteristischen Weise beantwortet. Dabei wurde bei Ben Sira unter stoischem Einfluss aus der stoischen Weltvernunft die göttliche

---

9 Vgl. dazu generell Jones, City, 95–112 bzw. Derow, Rome, 290–323, bes. 319–323; Koester, History, 45–53; zu den Verhältnissen im Seleukidenreich Musti, Syria, 205–209 und zur wechselvollen Freiheit Athens seit 323 Habicht, Athen, 47–103.

10 Vgl. dazu Long, Philosophy, 61–74, 198–209 und Forschner, Glück, 22–79.

11 Vgl. dazu Text und Übersetzung des Zeus-Hymnos des Kleanthes bei Thome, Cleanthes, 34–41.

12 Vgl. dazu Inwood, Seneca, 157–160 und zur Sache Pohlenz, Stoa I, 93–106; Long, Philosophy, 179–209; Stough, Determinism, 203–232; Forschner, Ethik, 98–113, ders., Glück, 45–79; Kaiser, Determination 251–270, bes. 260–268 = ders., Gottes Weisheit, 107–115, bes. 115–123; Wicke-Reuter, Providenz, 13–14.

13 Vgl. dazu Kaiser, Determination, 253–260 = ders., Gottes Weisheit, 108–115; Ludger Schwienhorst-Schönberger, Glück, 251–273 und 274–332; Kaiser, Botschaft, 48–70, bes. 66–70 = ders., Gottes Weisheit, 126–148, bes. 144–148.

14 Vgl. dazu Kaiser, Carpe diem, 247–274, bes. 265–272; Wahl, Lebensfreude, 271–283.

Weisheit (Sir 1,1–10) und aus dem mit ihr identischen Weltgesetz (SVF III, frg. 314–315)[15] die den Juden am Sinai gegebene Tora zum Inbegriff der Weisheit (Sir 24,1–22*.23; 17,11–15).[16] Die Übernahme der stoischen Verinnerlichung des Glücks stand dagegen im Widerspruch zum biblischen Realismus des Weisen.

3. Die begrenzten Aspekte der politischen Freiheit im Alten Testament

Wenden wir uns den biblischen Schriften zu, so suchen wir in ihnen vergeblich nach einer der griechischen analogen Idee der Freiheit. Halten wir uns zunächst an das vorexilische Juda, so war es nach seiner Regierungspraxis eine partizipatorische Monarchie,[17] in der der König gewisse Entscheidungen in Übereinkunft mit den Notablen traf, die als Vertreter der freien, rechtsfähigen und wehrpflichtigen Grundbesitzer, des עַם הָאָרֶץ oder „Volkes des Landes“ fungierten.[18] Nach der die Staatsdoktrin vertretenden Königsideologie war der Reichsgott und König Jahwe Zebaoth der Beschützer des Königs (Ps 110) und damit zugleich der Rechtswahrer des Landes (Ex 22,21–26; Prov 22,22–23). Dem König war dagegen die unmittelbare Wahrnehmung der zweiten Aufgabe als seinem Sohn (Ps 2,7) und d. h. seinem irdischen Stellvertreter übertragen. Kamen König und Volk der Forderung nach, ihrem Gott zu dienen und das Recht zu wahren nach, so war dem Lande Wohl, Heil und Sicherheit vor seinen Feinden beschieden (Ps 72).[19] Entsprachen sie diesen grundlegenden Forderungen nicht, so bekamen sie den Zorn ihres Gottes zu spüren.

In der Perserzeit trat nach der Wiedererrichtung des Tempels an die Stelle des Königs der Hohepriester als Garant für den wirksamen Vollzug des Sühne schaffenden Kultes und letzte Rechtsinstanz der zum Gehorsam gegen die Tora vom Sinai/Horeb verpflichteten Rechtsgemeinschaft Israel. Eigentlicher Regent war mithin Jahwe als der Gott des Himmels und Juda mithin *idealiter* eine Theokratie, deren Funktionieren die Chronikbücher in

15 Cic.leg. I.6.18: *„lex est ratio summa, insita in natura, quae ubet ea quae facienda sunt prohibetque contraria.“*

16 Vgl. dazu Wicke-Reuter, Providenz, 188–223; Kaiser, Bedeutung, 330–335 = ders., Athen, 24–29.

17 Vgl. dazu Kessler, Staat, 202–206.

18 Kessler, Staat, 199–201.

19 Vgl. dazu Kaiser, Gott III, 39–44.

der Weise einer in die Königszeit zurückprojizierten heuristischen Utopie beschreibt. Praktisch aber kann man die Jerusalemer Bürger-Tempelgemeinde insofern als eine partizipatorische Monarchie ansprechen, weil sich der Hohepriester des Rates der חֹרִים und der סְגָנִים, der Edlen und der Ortsvorsteher bediente. Aus diesem zunächst inoffiziellen Gremium hat sich vermutlich im Laufe der Ptolemäerzeit die offizielle γερουσία, der Ältestenrat, als Vertreter der Priesterschaft und des Landadels (und später der Religionsparteien) entwickelt, die erstmals durch den von Flavius Josephus (Ant.XII.138–144) zitierten Erlass des Seleukiden Antiochos III. urkundlich bezeugt ist.[20]

Die Wiederherstellung seiner politischen Autonomie konnte das exilische wie das nachexilische Israel nur von einem rettenden Eingreifen seines Gottes erwarten. Demgemäß identifizierten die hinter den deuterojesajanischen Prophetien stehenden Leviten den Befreier der nach Babylonien verbannten Judäer mit dem Achämeniden Kyros II. als dem Gesalbten und mithin Werkzeug Jahwes (Jes 41,25–29; 44,24–28 und 45,1–7).[21] Andererseits machten die Deuteronomisten und Deuteronomiker die Sammlung und Rückkehr der Verbannten und die Heimkehr der Diaspora durch Jahwe von dem Gehorsam gegenüber dem dtn Gesetz als der Auslegung des Dekalogs abhängig (Dtn 30,1–20),[22] zu dem das Israel aller Zeiten und an allen Orten dank des von Mose am Vorabend der Landnahme im Lande Moab geschlossenen Bundes verpflichtet war (Dtn 26,16–19; 29,9–14; vgl. Dtn 11). Unter diesen geschichtlichen Voraussetzungen gab es auch für das Judentum des exilisch-nachexilischen Zeitalters keinen Boden für eine Befreiungstheologie im Sinne der Aufforderung zu einem aktiven Kampf um die Wiederherstellung der staatlichen Autonomie. Wohl aber besaß das Judentum dank des ganz Israel einschließenden Anspruchs der Tora auf unbedingten Gehorsam eine praktische Isonomie, eine Gleichheit aller vor dem Gesetz.[23] So konnte Flavius Josephus in seiner Verteidi-

20 Zur Diskussion über die Echtheit vgl. Marcus, Josephus Vol. 7 (LCL 365), 743–764.

21 Zum kontrovers beurteilten literarischen Problem vgl. Hermission, Einheit, 287–312= ders., Studien, 132–157; Kratz, Kyros, 148–217; van Oorschot, Babel, 308–312 und zuletzt Berges, Jesaja 40–48, 28–45.

22 Vgl. dazu Hossfeld, Grundgesetz, 46–59.

23 Daran ändert auch die Tatsache nichts, dass ein späterer, vermutlich erst hellenistischer Historiker in Esr 4,15 die syrischen Notablen den Mauerbau Nehemias als ein Zeichen der אֶשְׁתַּדּוּר, des Strebens nach Selbstbestimmung der Juden bezeichnen lässt; zum Alter der aramäischen Urkunden des Esrabuches vgl. Schwiderski,

gungsschrift des Judentums gegen Apion mit Recht feststellen, dass die Juden zum Nachgeben bereit seien, solange sie ungestört dem väterlichen Gesetz anhangen könnten, aber bis zum Letzten Widerstand leisteten, wenn man ihnen dieses nehmen wolle (Jos.Ap.II. 272–273).

4. 'Ελεύθερος in der Septuaginta

Diesem Ergebnis entspricht der sprachliche Befund in der Septuaginta. Von den insgesamt neunzehn für das Adjektiv ἐλεύθερος aufgeführten Belegen geben bei Einrechnung des griechischen Sirachbuches vierzehn das hebräische Adjektiv חָפְשִׁי[24] bzw. das Substantiv חֹפֶשׁ wieder.[25] Es entspricht einerseits dem biblischen חֻפְשָׁה in Lev 19,20, das die Septuaginta mit ἐλευθερία übersetzt. Alle drei Begriffe bezeichnen primär einen ehemaligen Schuldsklaven als schuldenfrei.[26] Wie wir alsbald sehen werden, bedeutet lediglich das חֹפֶשׁ in Sir 7,21 tatsächlich Freilassung.[27] Die restlichen Belege für ἐλεύθερος beziehen sich mit Ausnahme von Jer 36,2 G par 29,2 M, wo es שָׂר (Beamter, Vornehmer) wiedergibt, auf die vorexilisch nicht bezeugten חֹרִים, bei denen es sich nach Neh 2,16 um Angehörige der Nobilität handelt, die hinter den Priestern und vor den Gemeindevorstehern rangieren.[28] In Neh 13,17 werden sie als חֹרֵי יְהוּדָה, die Edlen Judas bezeichnet. Sprachlich entspricht die Rede von ihnen dem vorklassischen griechischen Sprachgebrauch von ἐλεύθερος und ἐλευθερία in der Zeit der Adelsherrschaft. Insgesamt handelt es sich bei der Verwendung der beiden Worte in der Septuaginta um eine *interpretatio Graeca* bzw. *Hellenistica*, die zumal den Begriff der Schuldenfreiheit durch den der persönlichen Freiheit ersetzt.

Handbuch, 375, 382 und zum Begriff Willi, Freiheit, 533–546, bes. 546. Ich danke Herrn Kollegen Willi für den freundschaftlichen Hinweis auf seine Studie.

24 Vgl. Ex 21,2.5.26.27; Dtn 15,12. 13.18; I Reg (G) = I Sam 17,25; Hi 39,5; Ps 87 (G) = Ps 88,5; Jer 41 (G) = 34,14.16. Hi 3,19 wird von G frei wiedergegeben und dabei das חפשי eigenartig mit δεδοικώς übersetzt; Kepper/Witte, Septuaginta Deutsch, 1011: „*Klein und Groß ist dort/ und der Diener, der seinen Herrn fürchtet.*"

25 Sir H^A 7,21.

26 Willi, Freiheit, 333–338.

27 Vgl. dazu unten, 72–73.

28 Vgl. weiterhin Neh 4,8.13; 6,17; 13,17 und Koh 10,17.

5. Der Umgang mit Sklaven

5.1. Schuldsklaverei im AT und in der hellenistisch-jüdischen Literatur des 2. Jh. v. Chr.

Wenden wir uns der jüdisch-hellenistischen Literatur des 2. Jh. v. Chr. zu, so erweist sich ein Rückblick auf das biblische Schuldsklavenrecht in Ex 21,2–6, Dtn 15,12–18 und Lev 25,39–55 als angebracht, weil wir nur auf diesem Hintergrund den Bericht des Aristeasbriefes über die von Pseudo-Aristeas erwirkte Freilassung der jüdischen Sklaven im Ptolemäerreich wie die eigentümliche Verwendung des Wortes חָפְשׁ bei Ben Sira richtig einzuordnen vermögen. Die biblischen Bestimmungen weisen in ihrer Abfolge eine zunehmende Tendenz zur Humanisierung auf, die sich als Folge der dtn Bruderethik und der levitischen Theologisierungstendenzen des Heiligkeitsgesetzes beurteilen lassen.[29] Im Bundesbuch wie im Deuteronomium wird die Dienstbarkeit des „Hebräischen Sklaven" auf sieben Jahre begrenzt. Daneben wird die Möglichkeit vorgesehen, dass sich der Sklave nach Ablauf dieser Frist für das Verbleiben im Besitz seines Herren entscheidet. Nach dem Heiligkeitsgesetz[30] widerspräche es dagegen dem Rechtsanspruch Jahwes, einen Israeliten in die Sklaverei zu verkaufen, weil alle Israeliten seine Knechte sind (Lev 25,42). Daher darf ein überschuldeter Israelit bis zur Restitution seiner Unabhängigkeit im 50. oder Jobel-Jahr[31] nicht als עֶבֶד, als Sklave, sondern nur als גֵּר, als „Verweilender" bzw. als תּוֹשָׁב, als „Beisasse" oder Tagelöhner behandelt werden.

5.2. Der Sprachgebrauch in Berichten über den Freikauf oder die Freilassung Versklavter

Daher dürfte die Versklavung eines Juden durch einen anderen Juden im 2. Jh. v. Chr. eigentlich kein Problem mehr gewesen sein. Doch ergab sich als Folge des im Heiligkeitsgesetz erhobenen Rechtsanspruchs Gottes auf die Israeliten als Glieder seines Eigentumsvolkes (vgl. auch Dtn 7,6) die Forderung, die Freilassung versklavter Juden von Nichtjuden zu betreiben. Daher besitzt die einschlägige Erzählung am Anfang des Aristeasbriefes über

29 Vgl. dazu Chirichigno, Slavery, 345–357 und Otto, Restitution, 126–129 und 151–160.

30 Vgl. dazu Ramírez-Kidd, Alterity, 48–71, bes. 68–71 und oben, 57.

31 Vgl. dazu Albertz (NBL II/1995), 346–347.

die angeblich durch den Briefschreiber erzielte Freilassung der von Ptolemaios I. aus Juda nach Ägypten verschleppten und versklavten Juden durch Ptolemaios II. paradigmatischen Charakter:[32] So eben sollte sich ein Jude verhalten, wenn er die Möglichkeit besaß, die Freilassung versklavter Glaubensbrüder zu erwirken.[33]

Der Bericht steht in Arist 2,3–4 philologisch auffällig nicht unter der Überschrift der ἐλευθέρωσις, der Freilassung, sondern der ἀπολύτρωσις, der Entlassung. Demgemäß ist auch in dem Bericht von der anschließenden Verhandlung mit dem König und in seinem nachfolgenden Erlass über die Befreiung aller jüdischen Sklaven in seinem Reich nur vom ἀπολύειν, entlassen (Arist 15,6; 22,8, 24,7) bzw. von der ἀπόλυσις, der Entlassung (14,7; 16,7; 19,7) die Rede. Erst am Ende des Berichts wird in 27,3 festgestellt, dass mit ihren Müttern auch viele Kleinkinder (ἐπιμαστίδια τέκνα) freigelassen wurden, und dabei das Verb ἐλευθεροῦν gebraucht. Auch wenn der Erzähler sich den König später in einem Brief an den Hohenpriester seiner Tat rühmen lässt, legt er ihm ein ἠλευθρώκαμεν in den Mund (37,1).

Offensichtlich soll der Leser des Aristeasbriefes durch die differenzierte Wortverwendung den Eindruck gewinnen, dass der Erzähler zwischen der offiziellen Rechtssprache der Prolemäer und der freien Rede zu unterscheiden weiß. Obwohl es unbestreitbar ist, dass sich Pseudo-Aristeas in dem im Wortlaut zitierten Erlass in Form und Ausdruck eng an den Sprachgebrauch älterer offizieller Erlasse anlehnt,[34] lässt sich in den erhaltenen, die Freilassung von Sklaven betreffenden Rechtstexten der Ptolemäerzeit kein Gebrauch von ἀπόλυσις oder ἀπολύτρωσις nachweisen. Die Verwendung von ἀπολύσις und ἀπολύειν bleibt in den Papyri auf die Entlassung aus dem Militärdienst oder das Ausscheiden von Beamten am Ende ihrer Amtszeit bzw. verallgemeinernd auf die Befreiung aus beklemmenden Situationen beschränkt.[35] / ἀπόλυσις

32 Zur Diskussion über die Datierung des Aristeasbriefes vgl. Denis, Introduction, 105–110; Meisner, Aristeasbrief, 37–43 und Goodman, in: Schürer/Vermes III/1, 679–685.

33 Zu jüdischen Sklaven im hellenistischen Herrschaftsbereich vgl. Hengel, Juden, 116–121 und ders., Judentum, 79–81 und 487–489.

34 Vgl. Scholl, Corpus I. Text Nr.1–114.

35 Vgl. Preisigke, Fachwörterbuch, 28 s.v. und Kissling (WGPU IV), 252. Zum Sprachgebrauch von λυθρόω und λύθρωσις vgl. Preisigke (WGPU II), 42. In den wenigen erhaltenen Freilassungsurkunden wird der Akt der Freigabe mit ἀψίημι bzw. ἀπολύω bezeichnet; vgl. Scholl, Ἀπελεύθεροι, 39–42. Für freundliche Beratung bedanke ich mich bei Herrn Dr. Joachim Hengstl vom Institut für Rechtsgeschichte und Papyrusforschung der Universität Marburg.

Dieser Zurückhaltung gegenüber dem griechischen Freiheitsbegriff entspricht (nach den erhaltenen Fragmenten) auch der Sprachgebrauch des Artapanos in seinem Mosesroman. Auch er greift in seiner Nacherzählung der ägyptischen Plagen statt auf ἐλευθεροῦν auf ἀπολύειν zurück.[36] So lässt er Moses dem ägyptischen König in frg. 3,22–23[37] erklären, er selbst sei nach Ägypten gekommen, weil der Herr der Welt ihm (scl. dem König) gebiete, die Juden zu entlassen (ἀπολῦσαι τοὺς 'Ιουδαίους). Doch um diese göttliche Forderung durchzusetzen, mussten nach Artapanos erst vier Plagen über die Ägypter kommen. Zwar hatte der König unter dem Einfluss einer plötzlichen Nilschwelle als der zweiten Plage bereits erklärt, dass er die Juden in einem Monat ziehen lassen wolle (μετὰ μῆνα τοὺς λαούς ἀπολύειν) (3,29/685.17). Doch bis es dazu kam, bedurfte es zwei weiterer Plagen, deren schwerste und letzte, ein nächtliches Hagelwetter und Erdbeben, zahlreiche Ägypter tötete und so den König tatsächlich davon überzeugte, dass es das Beste sei, die Juden zu entlassen (ἀπολῦσαι τοὺς 'Ιουδαίους) (3,34/686,2–3).[38] So gewinnt der Leser den Eindruck, dass der griechische Freiheitsgedanke selbst bei den in der ägyptischen Metropole Alexandrien lebenden Juden im 2. Jh. v. Chr. kein sonderliches Echo auslösen konnte, weil sie sich als Glieder der jüdischen Nomokratie verstanden, der göttlichen Weisung untertan waren und vom Gehorsam gegen sie eine von Gott selbst bewirkte Erlösung erwarteten.

5.3. Über die Freilassung eines gebildeten Sklaven bei Jesus Sirach

Dagegen weht uns ein leichter, aus der hellenistischen Welt kommender Hauch an, wenn wir uns dem Rat zuwenden, den Ben Sira in 7,21 seinen Adepten erteilt:

> *Einen gebildeten Sklaven* (עֶבֶד מַשְׂכִּיל) *liebe wie dich selbst,*
> *du sollst ihm die* חֹפֶשׁ *nicht vorenthalten.*

Wir wiesen oben bereits darauf hin, dass der hier gebrauchte *terminus technicus* für die Freilassung eines Schuldsklaven חֹפֶשׁ der biblischen חֻפְשָׁה entspricht.[39] Dieses Wort erhält durch seine Beziehung auf einen normalen,

36 Zu seiner Zeitstellung vgl. Walter, Jüdisch-hellenistischer Historiker, 125: jedenfalls vor 100 v. Chr.; Schwemer (DNP 2/1997), 45: 3.–2. Jh. v. Chr.

37 FrGrHist Jac 727 F 3.22.

38 Doch ehe daraus weitere Schlüsse gezogen werden können, müsste der hellenistische Sprachgebrauch von ἀπολύω κτλ. genau untersucht werden.

39 Vgl. dazu oben, 69.

nicht dem Schuldrecht unterliegenden Sklaven die positive Bedeutung der „Freilassung." Entsprechend hat der Syrer es angemessen mit חִירוּתָא „Freiheit" wiedergegeben.[40] Darüber hinaus dehnt Ben Sira das Gebot aus Lev 19,34, einen im Lande lebenden Ausländer wie sich selbst zu lieben,[41] auf einen nichtjüdischen gebildeten Sklaven, einen עֶבֶד מַשְׂכִּיל aus.[42] Auf einen solchen kommt Ben Sira noch einmal in dem Wahrspruch 10,25 zu sprechen:

Wenn Edle (חוֹרִים) einem gebildeten Sklaven dienen,
beschwert sich ein Weiser nicht.

So wie Ben Sira in 7,21 die nationale Schranke zugunsten der Menschenliebe überschreitet,[43] wertet er in 10,25 die Klassenschranke ab, die den Sklaven in der alten Welt selbstverständlich von den Freien trennte und ihm seinen Platz tief unter ihnen anwies. Darüber hinaus verdient es Beachtung, dass hier zum ersten Mal in einem biblischen Text ein frei geborener Edler (חר) einem Sklaven (עבד) gegenübergestellt wird. In den Augen Ben Siras entscheiden mithin nicht Geburt und soziale Stellung, sondern Bildung oder Unbildung über den Wert eines Menschen. Dahinter dürfte seine eigene Erfahrung als Aufsteiger stehen, die ihn skeptisch gegenüber dem Stolz der Reichen stimmte und ihn veranlasste seine Schüler zur Vorsicht im Umgang mit diesen zu ermahnen (Sir 13,1–14,2).

Die Gegenüberstellung des Sklaven mit dem Freien hat sich, wie TestJos.1,5 und TestAbr I.19,7 belegen, in der Folge wie selbstverständlich im

40 In diesem Zusammenhang sei wenigstens darauf hingewiesen, dass Ben Sira in 15,1–20 zum ersten Mal im biblischen Kontext eine explizite Begründung für die sittliche Handlungsfreiheit des Menschen und damit zugleich für seine Verantwortlichkeit vor Gott gegeben hat; vgl. dazu Wicke-Reuter, Providenz, 106 und 139 und Kaiser, Göttliche Weisheit, 291–306, bes. 297–304 = ders., Offenbare Gott, 24–59, bes. 50–54 bzw. ders, Determination, 1–51, bes. 38–47.

41 Vgl. dazu Mathys, Nächsten, 40–45.

42 Vgl. Lev 25,44–46.

43 Der Begriff der φιλανθρωπία bezeichnet in III Esr 8,10 in dem Berufungsschreiben des Artaxerxes an Esra und in II Makk 14,9 in dem Bericht des Hohenpriesters Alkimos vor Demetrios I. die großzügige herrscherliche Gesinnung, in II Makk 6,22 dagegen ganz allgemein die freundliche Meinung, derer sich der Schriftgelehrte Eleasar bei den mit der Durchführung des Zwangsopfers Beauftragten erfreute. Dass ein Gerechter ein φιλάνθρωπος zu sein habe, wird Weish 12,18 als Lernziel der erinnernden Vergegenwärtigung des Verhaltens Gottes bezeichnet; vgl. Helmut Engel, Weisheit, 208. Dort auch ein knapper Hinweis auf die Bedeutung der Philanthropie in der griechischen Ethik als Achtung der Menschenwürde auch des Unterlegenen, Schwächeren oder sogar Straffälligen. Charakteristische Belege in Liddell/Scott, Lexicon, s.v.

hellenistischen Judentum eingebürgert. So berichtet Test XII Jos1,5: ἐπράθην εἰς δοῦλον καὶ ὁ κύριος ἠλευθέρωσέ με (Ich wurde zum Sklaven verkauft, aber der Herr hat mich befreit).[44] Und in TestAbr I 19,7 erklärt der Tod, dass er durch sieben Äonen hindurch die Welt misshandle und alle, Könige und Herrscher, Reiche und Arme, Sklaven und Freie in den Hades hinabführe.[45]

6. Freiheit im 1. und 2. Makkabäerbuch

Wenn wir uns abschließend der Verwendung des griechischen Freiheitsbegriffs in den Makkabäerbüchern zuwenden, ist eine vorausgehende Erinnerung daran angebracht, dass der Aufstand der Makkabäer zunächst nicht der politischen Befreiung von der Herrschaft der Seleukiden, sondern der Wiederherstellung der jüdischen Religionsfreiheit und damit der Reinigung des Tempels und dem ungehinderten Gehorsam gegen die Tora galt.[46] Das weitergehende Ziel der politischen Autonomie des jüdischen Staates setzten sich die Makkabäer erst nach der Wiedereinweihung des Tempels angesichts der Gunst der Umstände, die sich aus den inneren Streitigkeiten um die Thronfolge des Seleukidenreiches ergab.[47]

Diese Zweipoligkeit des Wirkens der drei Söhne des hasmonäischen Landpriesters Mattathias mit den Namen Judas, Jonathan und Simon spiegelt sich in der doppelten Rahmung der Darstellung des I Makk wieder.[48]

---

44 Becker (JSHRZ III/1), 118; zur Entstehung des griechischen Testaments der Zwölf Patriarchen vgl. ebd., 23–28; zu den frühjüdischen Weisheitsüberlieferungen in den Testamenten vgl. Küchler, Weisheitstraditionen, 431–441 und zur weiteren Diskussion Kee, Testaments, 777–778 und dagegen Hollander/de Jonge, Testaments, 85.

45 Janssen, Testament Abrahams, 250. Zur Herleitung der Schrift aus jüdischen Kreisen, ihrer nachträglichen christlichen Bearbeitung und ihrer Datierung Ende 1. bis Anfang 2. Jh. n. Chr. vgl. Janssen, 198–201; Denis, Introduction 36–37 und besonders Sanders, Testament, 872–876.

46 Vgl. dazu auch Kippenberg, Religion, 89; zur Stärke, Bewaffnung und Taktik der jüdischen Aufständischen Baruch Bar-Kochva, Judas, passim, und zum Verhältnis der Essener zu den Hasmonäern, Stegemann, Essenes, 83–116, bes. 114–126 und 148–158; vgl. auch ders., Essener, 213–219.

47 Zu den politischen Zusammenhängen vgl. Habicht, Seleucids, 324–387, bes. 346–350; Schürer/Vermes, History I, 125–199, Bringmann, Reform; ders., Geschichte, 113–137 und zu den politischen und ökonomischen Intentionen der jüdischen Reformer auch Kippenberg, Religion, 82–88 bzw. Kessler, Sozialgeschichte, 173–184.

48 Zu ihrer Eigenart und Genese vgl. dazu Schunck (TRE 21/1991), 736–745.

Das Programm für den äußeren, die Gesamtdarstellung umfassenden Rahmen bildet die Klage des Mattathias über das Elend seines Volkes und der Heiligen Stadt in I Makk 2,7–13. Dabei gibt V.11b mit seiner Klage, dass Jerusalem aus einer Freien zu einer Sklavin geworden sei (ἀντὶ ἐλευθέρας ἐγένετο εἰς δούλην), das Thema für die Gesamtdarstellung vor. Sie erreicht ihr eigentliches Ziel in der Feststellung des Volkes in I Makk 14,26, dass Simon und seine Brüder die Feinde vertrieben und es befreit haben (καὶ ἔστησαν αὐτῷ ἐλευθερίαν). Dieses Urteil erfährt dann in dem von Antiochos VII. Sidetes an den Hohenpriester und Ethnarchen Simon gesandten Brief in I Makk 15,2–9 seine Unterstreichung, indem er Simon die ihm von seinem Vater Demetrios II. gewährten Freiheiten, die das Joch der Heiden von Israel genommen hatten (vgl. I Makk 13,36–41), bestätigt und in V.7 erklärt, dass Jerusalem und das Heiligtum frei sein sollten (Ἱερουσάλημ δὲ καὶ τὰ ἅγια εἶναι ἐλεύθερα). Dadurch bilden 2,11 und 15,7 den thematischen Rahmen des ganzen Buches: Am Anfang steht die Klage über den Verlust und am Ende (sehen wir von der Nachgeschichte Simons und der Schlussbemerkung über seinen Nachfolger Johannes [Hyrkanos] in 15,10–16,24 ab) der Bericht, dass die Makkabäer Israel wieder seine Freiheit erstritten und der Seleukide Jerusalem ausdrücklich für frei erklärt hatte.

Das Programm zumal für den inneren Rahmen der Judasvita bildet dagegen die Abschiedsrede des Mattathias in 2,50–68. In ihr steht in V.50 die an die Söhne gerichtete Mahnung, für das Gesetz zu eifern, ihr Leben für den Bund der Väter hinzugeben und dadurch unsterblichen Ruhm zu erlangen, betont am Anfang. Sie leitet nach dem heilsgeschichtlichen Rückblick und dem prophetischen Ausblick der V.51–63[49] in V.64 zu der an die Brüder gerichteten Aufforderung über, Simon als ihren Vater und Judas als ihren Heerführer zu betrachten. Und sie steht in den V.67–68 in der erweiterten Form, an den Heiden Vergeltung zu üben, am Ende seiner Rede: Der Eifer für das Gesetz als der Bundesverpflichtung Israels, die Rache an den Feinden und der unsterbliche Ruhm, der denen winkt, die dies alles vollbracht haben, bilden mithin die Leitmotive, unter denen die folgende Judasvita gelesen werden will. In der Mitte der Abschiedsrede aber steht in den V.50–63 die Erinnerung daran, dass die als treu erfundenen Väter von

49 Die Aufforderung des Mattathias an seine Söhne in V.62–63, dass sie sich vor den Worten eines sündigen Mannes nicht zu fürchten brauchten, weil auch er der Regel unterliegt, dass der, der sich heute überhebt, morgen verwest, besitzt de facto die Bedeutung einer Prophetie. Denn auf die Kunde von der Niederlage des Lysias und der Restitution und Befestigung des Jerusalemer Tempels hin erschrickt Antiochos IV. nach 6,8–16 so, dass er stirbt; vgl. dazu auch Goldstein, I Maccabees, 241–242.

Abraham bis zu Daniel sämtlich Ruhm und einen ewigen Namen erlangt haben (V.51–60). So steht auch über dem Kampf der Brüder die Gewissheit (V.61), dass alle, die auf Gott hoffen, nicht zu Schanden werden.

Mit diesem Rückverweis auf die Väter erhält die Judasvita zugleich ihre heilsgeschichtliche Einordnung: In Judas wie später in Simon hat Israel noch einmal seine Retter gefunden, die ihm Ruhe von seinen Feinden verschafft haben (vgl. 7,10 mit 14,4). Denselben Zweck erfüllen die kurzen, Judas Makkabaios in den Mund gelegten Kriegsansprachen und Gebete mit ihren Rückverweisen auf Gottes einstige Heilstaten an Israel. Damit dienen sie zugleich der Kennzeichnung der Frömmigkeit des Makkabäers als der Voraussetzung seiner Siege. Das Grundmotiv wird bereits in seiner vor der Schlacht bei Beth Horon gegen Seron gehaltenen Kriegsansprache in 3,18–22 angeschlagen: Über den Ausgang des Kampfes wird nicht die Zahl der Kämpfenden, sondern der Beistand des Himmels (und d.h.: Gottes)[50] entscheiden. Weiterhin erinnert Judas die Seinen vor der Schlacht gegen Gorgias, den Feldherrn und „Freund" Antiochos IV., bei Emmaus daran, dass der Himmel einst die Väter vor der Streitmacht des Pharao errettet hat (4,9–11). Und vor der Schlacht bei Beth Zur gegen den Reichsverweser Lysias ruft er den Retter Israels an, der Goliath in die Hand Davids und die Philister in die Gewalt Jonathans gegeben hat (4,30–34). Und schließlich betet er vor der Entscheidungsschlacht gegen Nikanor zu dem Gott, der einst die Lästerungen der Boten Sanheribs mit der Vernichtung seines Heeres bestraft hat (7,41–42). So legt der Bericht den Lesern die Einsicht nahe, dass Judas und die Seinen dank ihres Gottvertrauens und des ihnen daher zuteil gewordenen göttlichen Beistands in der Nachfolge der Väter die Übermacht der Feinde gebrochen haben. So hat sich in Judas Siegeslauf das Bekenntnis seines Vaters Mattathias bewährt, dass keiner, der auf den Herrn hofft, zu Schanden wird (2,61). Damit der Leser nicht meint, dass der Tod Judas in der Schlacht das Gegenteil beweise, lässt der Erzähler ihn sich vor seinem letzten, von vornherein aussichtslosen Kampf ausdrücklich weigern zu fliehen und seinen verbliebenen Getreuen erklären, dass sie, wenn ihre Zeit gekommen sei,[51] mannhaft für ihre Brüder sterben und keinen Flecken auf ihre Ehre kommen lassen sollten (9,10). So, prägt der Erzähler es den Lesern ein, stirbt

50 Um die Heiligkeit des Gottesnamens zu gewährleisten, legt sich der Erzähler größte Zurückhaltung auf und spricht in 2,61 statt von Gott entweder wie in 2,62 einfach von „ihm" oder wie in 3,18 und 4,50 vom Himmel. In der direkten Anrede des Gebets, wie sie in 4,30; 7,37 und 7,41–42 vorliegt, wird Gott als Retter Israels (4,30), oder wie in 7,27–38 und 7,41–42 einfach mittels der Verbform in der 2.sing. masc. Angerufen.

51 Vgl. II Sam 7,12; Hi 14,5; Ps 31,16 und auch Koh 9,12.

ein Frommer gottergeben, wenn seine Zeit gekommen ist. In seinem Leben wie weiterhin in dem seiner Brüder aber hat sich die Mahnrede ihres Vaters bewahrheitet, dass sie mit ihrem Kampf für das Gesetz und zur Rache an den Feinden Ruhm in ganz Israel und bei allen Völkern gewinnen würden (vgl. 5,63 mit 14,4.20–21). Israel klagte freilich über Judas Tod wie einst David über Jonathan: *„Wie ist der Held gefallen, der Retter Israels!“*[52] So ist in der Judasvita nicht nach griechischer Art von der Befreiung, wohl aber nach dem Vorbild des Richterbuches von der Rettung Israels die Rede.[53]

Die Erwartung, dass sich diese Zurückhaltung gegenüber dem Freiheitsmotiv in dem hochhellenistischen II Makkabäerbuch wesentlich geändert hätte, wird einigermaßen enttäuscht: In ihm begegnet es nur ein einziges Mal, allerdings an hervorgehobener Stelle: In der Erzählung von dem Gelübde des von schrecklichen Leiden heimgesuchten Antiochos IV. in II Makk 9,13–17 heißt es in V.14,[54] dass der König in seinen Todesängsten dem Herrn im Gebet versprochen habe, die Stadt für frei zu erklären (ἐλευθέραν ἀναδεῖξαι), gegen die er ausgezogen war, um sie dem Erdboden gleich und zu einem Massengrab zu machen (V.15). Außerdem hätte er gelobt, den Tempel reich zu beschenken und zum Judentum überzutreten (V.16–17). Doch die Reue, so prägt es der Erzähler dem Leser ein, kam auch in diesem Fall zu spät: Denn der Mörder und Gotteslästerer, der so viele Menschenleben vernichtet hatte, hätte nun auch sein eigenes unter den schrecklichsten Plagen bewenden müssen.

Abgesehen von diesem legendären Gebet des Seleukiden begegnet das Befreiungsmotiv in dem Buch nur noch in dem angeblich von Nehemia nach dem Feuerwunder bei der Altarweihe gesprochenen Gebet in II Makk 1,24–29. Es steht in dem vieldiskutierten zweiten, an die Juden in Ägypten gerichteten Einleitungsbrief 1,10–2,18.[55] In ihm heißt es in 1,27: „Führe unsere Brüder in der Zerstreuung wieder zusammen, befreie (ἐλευθέρωσον)

52 Vgl. II Sam 1,19.27 mit I Makk 9,21.

53 Auch in der Darstellung Jonathans und Simons bleibt das biblische Kolorit unübersehbar. So wird dem Leser z. B. in 14,2 durch die verbale Nähe zu I Reg 5,5; Mi 4,4 und Sach 3,10 der Gedanke nahe gelegt, dass am Ende des Kampfes der Brüder ein Friede in Israel einkehren wird, wie es ihn seit den Tagen Salomos nicht mehr erlebt hatte und wie er die Heilszeit kennzeichnen sollte. Denn ein jeder saß unter seinem Weinstock und seinem Feigenbaum, und es gab niemanden, der sie aufschreckte. Zur historiographischen Eigenart von I Makk vgl. Doron Mendels, Writings, 35–42.

54 Zum fiktiven Charakter des in 9,19–27 folgenden Briefes vgl. Habicht, 2. Makkabäerbuch, 246–247 Anm. 18–25a.

55 Zur Diskussion vgl. Schürer/Vermes, History III/ 1, 533–534.

die unter den Heiden Versklavten, sieh auf die für nichts Geachteten und Verabscheuten: so sollen die Heiden erkennen, dass du unser Gott bist." Hier wird zum ersten Mal die göttliche Sammlung und Zurückführung der Diaspora als ein göttliches Befreiungshandeln bezeichnet. Aber der hellenistische Sprachgebrauch ändert nichts an dem traditionellen Charakter der Erwartung, dass der Herr selbst der Erlöser seines Volkes sein wird.

7. Freiheitskampf des Judas Makkabaios bei Flavius Josephus

Wenden wir uns abschließend der Darstellung der Kämpfe des Judas Makkabaios bei Flavius Josephus zu, so tritt uns der Held in einem ganz dem hellenistischen und römischen Geschmack entsprechenden Gewand eines Freiheitskämpfers entgegen. Als Beispiel dafür sei dessen Fassung von Judas Rede an die Mitkämpfer vor der Schlacht bei Emmaus zitiert (Jos.Ant. XII.302–304):[56]

> „*Es gibt für euch keine Zeit, in der es notwendiger ist als in der gegenwärtigen, meine Gefährten, beherzt zu sein und die Gefahren zu verachten. Denn wenn ihr jetzt tapfer kämpft, werdet ihr die Freiheit gewinnen, die bei allen Menschen ein um ihrer selbst willen geliebtes Gut ist, für euch aber am wünschenswertesten, weil sie euch das Recht gibt, die Gottheit zu verehren. So liegt es denn gegenwärtig bei euch, sie zu empfangen und ein glückliches und gesegnetes Leben zurück zu gewinnen oder das aller schandbarste Schicksal zu erleiden und ohne Nachkommen eurer Art zu bleiben. So kämpft denn, wohl wissend, dass auch die, die nicht kämpfen, sterben müssen, und seid überzeugt, dass die, die für solche Güter wie die Freiheit, das Vaterland und die heilige Scheu verdienenden Gesetze eintreten, ewigen Ruhm erwerben. So seid denn bereit und im Geiste gefasst, dass ihr morgen bei Tagesanbruch zum Kampf mit den Feinden antretet.*"

Dürfen wir also mit der Feststellung schließen, dass Josephus der Vater der jüdischen Befreiungstheologie gewesen ist? Schon das Motiv seines Werkes, seinem geschlagenen Volk die Achtung der Sieger abzunötigen, lässt uns zögern. Seine Charakterisierung des Makkabäers als einem den griechischen und römischen gleichwertigen Freiheitshelden dient dazu, den apologetischen Nachweis zu führen, dass sich nicht allein die Römer des „*Moribus antiquis res stat Romana virisque* (Sitte und Macht von alter Art bauen den römischen Staat)" (Cic.rep. V.I.1)[57] rühmen können,[58] und dass sich die

56 Vgl. dazu Feldman, Portrayal, 137–163 und zur Zeichnung des Mattathias bes. 140–142.

57 Übers. Karl Büchner, 239.

Juden immer dann machtvoll erheben und bis zum Letzten kämpfen, wenn man sie zwingen will, die Tora zu verleugnen (Jos.Ap. II.272–273). Daher ist in seinen Augen auch sein besiegtes Volk der Ehre wert. Mose gab seinem Staatswesen die Form der Theokratie, indem er alle Herrschaft und Autorität in die Hände Gottes legte (Ap.II.165). In seinen Gesetzen bildet die εὐσέβεια, die Frömmigkeit, keinen Teil der ἀρετή, sondern diese ist umgekehrt ein Teil von jener. Insgesamt aber verdanken die Juden nach Josephus' Überzeugung ihrem Gesetz eine wunderbare Eintracht: Denn da sie alle ein und dieselbe Meinung über Gott besitzen und sich weder in ihrer Lebensweise noch in ihren Sitten von einander unterscheiden, ist ihnen eine vollendete Harmonie der Gesinnung eigen (Ap.II.179).[59]

Aus dieser Überzeugung heraus konnte das Judentum auch das katastrophale Ende der beiden jüdischen Aufstände des 1. und 2. Jh. n. Chr. und die nachfolgende erneute Zerstreuung unter die Völker als das um das Gesetz seines Gottes versammelte Volk überleben. Dazu aber bedurfte es des griechischen Freiheitsethos nicht.

---

58 Vgl. dazu Bernd Schröder, Gesetze, 159–175. Ich verdanke den Hinweis auf diese Studie Martin Hengel.

59 Vgl. dazu Schröder, Gesetze, 137–151, bes. 150–151 und unten, 233–234.

Geschichte und Eschatologie in den Psalmen Salomos

1. Das Ziel der vorliegenden Studie

Das Ziel der vorliegenden Studie über die Psalmen Salomos ist sehr bescheiden: Obwohl die Übersetzungen mit der nötigen textkritischen Sorgfalt erfolgt sind, dient sie weder der Vorstellung neuer Lesarten noch der Aufstellung neuer Hypothesen über die Herkunft der Lieder. So wird in ihr auch die Streitfrage, ob die Dichtungen pharisäischen Ursprungs sind, nicht erneut diskutiert. Dem Stand der gegenwärtigen Forschung dürfte es am ehesten entsprechen, wenn man diese Frage unter Verweis auf die durch die Textfunde in Chirbet Qumrân erschlossene Breite der eschatologischen Strömungen im späthellenistischen Judentum offen lässt.[1] Stattdessen wendet sich die Studie nach der Mitteilung der üblichen Grundinformationen über die Textüberlieferung und die ältesten Bezeugungen zunächst noch einmal der Frage nach dem historischen Hintergrund und damit dem zeitlichen Rahmen der Komposition zu. Obwohl sie kaum noch strittig ist, erscheint es als sinnvoll, noch einmal die Argumente und die antiken Zeugnisse zu präsentieren, die für die Entstehung der achtzehn hier versammelten Lieder zwischen maximal 69 und bald nach 48 v. Chr. sprechen. Aus der anschließenden Kompositionsanalyse der Psalmen ergibt sich ihre planmäßige und klare Gliederung. Die einzelnen Psalmen und die ganze Komposition bezeugen die Absicht, einer sich als Gerechte verstehenden Jerusalemer Gruppe gesetzestreuer Juden den angefochtenen Glauben an Gottes Gerechtigkeit im Leben der Großen, der Völker und des Einzelnen zu stärken. Dazu will der Erweis dienen, dass sie oder ihre Eltern und Großeltern Zeugen dessen geworden sind, dass auch heute noch Gottes Gerechtigkeit in der Geschichte waltet. Deshalb konnten sie gewiss sein, dass sich auch die Weissagungen über das Kommen eines Königs aus Davids Geschlecht zu der von Gott bestimmten Zeit erfüllen und Jerusalem zum Mittelpunkt der Völkerwelt würde. Unverbunden damit wird den Gerechten das ewige Leben und den Sündern der ewige Tod verheißen. Viel-

1 Vgl. Wellhausen, Pharisäer, 112–131 und Schüpphaus, Psalmen, 127–132 mit z. B. Wright, Pharisees, 136–154; ders., Psalms, 642 und Atkinson, Background, 220–222.

leicht gelingt es dem vorliegenden Aufsatz, diesem Juwel unter den nachbiblischen Schriften vermehrte Beachtung und neue Freunde zu gewinnen.

2. Die Textüberlieferung und Bezeugung der Psalmen Salomos

Die Psalmen Salomos sind eine Komposition von achtzehn Liedern. Ihr Text ist in elf, teilweise fragmentarisch erhaltenen griechischen Handschriften aus dem 11. bis 16. und in fünf syrischen aus dem 10. bis 16. Jh. n. Chr. überliefert. Unter ihnen gelten für die griechische Textüberlieferung der Codex Vaticanus Gr. 336 (R) und für die syrische der Codex Rylands Syr. MS 9 (16 h 1), fols. 31b-56b aus dem 16. Jh. als die Hauptzeugen. Es wird heute fast allgemein angenommen, dass die Psalmen ursprünglich auf Hebräisch verfasst und dann in ein stark semitisierendes Griechisch übersetzt worden sind. Ob die syrische Übersetzung von der griechischen abhängig ist oder die von ihr mit der griechischen geteilten Fehler auf solche der hebräischen Vorlage zurückgehen, ist noch nicht abschließend geklärt. Die maßgebliche Ausgabe des griechischen Textes hat Otto von Gebhardt 1895[2] und die des syrischen W. Baars 1972 vorgelegt.[3] Die Beurteilung der Bedeutung des syrischen Textes für die Textgeschichte der Psalmen Salomos hat sich im letzten Jahrhundert mehrfach gewandelt. Die von Karl Georg Kuhn 1937 vertretene These, dass der Syrer direkt von dem hebräischen Original abhänge,[4] hat Joachim Begrich ein Jahr später durch die andere ersetzt, dass die syrische Version von einer griechischen Vorlage abhängig sei, die auf denselben Text wie die von Gebhardt bevorzugte griechische Handschrift R zurückgehe.[5] Die 1982 von Robert R. Hann vorgelegte Studie führte dagegen zu dem Ergebnis, dass der griechische Text grundsätzlich besser als der syrische ist und dieser auf den hexaplarischen Text zurückgeht, der Syrische aber trotzdem als ein nicht zu vernachlässigender Zeuge zu berücksichtigen ist.[6] Den im Folgenden gebotenen Übersetzungen liegt in der Regel der griechische Text zugrunde, wobei in Zweifelsfällen der syrische zu Rate gezogen worden ist.

2 Die Psalmen Salomos. Die Psalmen Salomo's zum ersten Male mit Benutzung der Athoshandschriften und des Codex Casanatensis herausgegeben (TU 13/2).

3 The Old Testament in Syriac According to the Peshitta Version IV/6.

4 Die älteste Textgestalt der Psalmen Salomos auf Grund der syrischen Übersetzung neu untersucht u.s.w.

5 Der Text der Psalmen Salomos, vgl. das Schema auf 162.

6 Manuscript History, 97–114, vgl. bes. 113.

Die Bezeugung der Psalmen Salomos geht bis in das 5. Jh. n. Chr. zurück, in dem sie im Inhaltsverzeichnis des Codex Alexandrinus im Anhang zum Neuen Testament hinter dem Clemensbrief und getrennt von diesem als ὁμοῦ βιβλία (zusammen mit den Biblischen) aufgezählt werden.[7] Doch ist es nicht sicher, ob sie tatsächlich in der Handschrift enthalten waren. Ihr Fehlen in den offiziellen Bibelhandschriften wird als Folge ihrer auf der Synode zu Laodicea im Jahre 363 n. Chr. erfolgten Einordnung unter die ἀντιλεγόμενα („Schriften, die umstritten, in vielen Kirchen aber anerkannt sind") zu betrachten sein, unter denen sie denn auch in den Verzeichnissen im Ps. Athanasius (PG 28, col.432) und in der Stichometrie des Nicophorus (PG 100, col. 1057) aufgezählt werden.[8]

3. Die literarische Eigenart der Lieder und der paränetische Zweck der Komposition

Ehe wir die beiden Psalmen vorführen, an denen sich der historische Hintergrund und die Entstehungszeit der Komposition ablesen lassen und dann diese selbst vorstellen, seien einige Bemerkungen zur literarischen und sprachlich-stilistischen Eigenart der in ihr vereinigten Lieder gemacht: Sämtliche Gedichte lehnen sich lose an die klassischen Gattungen der biblischen Psalmendichtung an,[9] ohne sich an deren Aufbauprinzipien und Motivschatz zu binden. Ob sie nun wie z. B. der 1. Psalm als Klage Jerusalems, der 2. als Bittklage mit angeschlossenem Danklied, der 3. als Hymnus eines Einzelnen oder der 6. als Makarismos stilisiert sind, besitzen sie sämtlich einen lehrhaften Charakter. Ihre Sprache und Motive werden in einer typisierenden Weise durch biblische Wendungen bestimmt.[10] Inhaltlich kennzeichnend für sie ist die spätweisheitliche Gegenüberstellung zwischen dem Gerechten und den Frevlern oder Sündern.[11] Aus dem Gesagten geht hervor, dass ihr oder ihre Verfasser zu den Schriftgelehrten gehören. Die von ihnen verfassten Lieder gehören insofern der nachkultischen

7 Jellicoe, Septuagint, 183.

8 Schneemelcher, Apokryphen I, 1–64. bes.43.

9 Vgl. zu ihnen z. B. Kaiser, Einleitung[5], 330–341 bzw. ders., Grundriss III, 11–23 oder Zenger, Einleitung[7], 360–363.

10 Vgl. dazu die Nachweise bei den Übersetzungen sowie umfassend Viteau, Psaumes de Salomon.

11 Vgl. dazu Kaiser, Sittlichkeit, 115–139, bes. 126–136 = ders. Weisheit, 18–42, bes, 26–39; van Oorschot, Gerechte, 225–238; Kaiser, Gott III, 258–286; ders., Anweisungen, 25–31.

Psalmendichtung an, als sie nicht zum Vortrag im Tempelkult,[12] sondern zur Erbauung und Belehrung einer frommen Gruppe bestimmt waren, der sie einzeln oder als Lesedrama in der Synagoge (PsSal 17,16) vorgetragen worden sein dürften, damit sich ihre Mitglieder mit den in den Liedern angesprochenen Gerechten bzw. Armen[13] identifizierten:[14] In diesem Sinne sind die Psalmen Salomos Gruppendichtungen wie sie im Psalter einzelnen Sängergilden zugeschrieben werden[15] und in der Deuterojesajanischen Sammlung ihren innerbiblischen Höhepunkt erreicht haben.[16] Die Überschriften der Psalmen 2–18 ahmen die des biblischen Psalmenbuches nach. Sie fehlen in der Syrischen Übersetzung und dürften spät sein.[17]

Es war die Absicht der Psalmen Salomos den angefochtenen Glauben ihrer Gemeinschaft zu stärken: Ihre Frommen sollten sich weder durch die Existenz der Frevler, Sünder, Gesetz- oder Gottlosen (wie ihre Gegner abwechselnd bezeichnet werden)[18] irritieren noch durch Leiden das Vertrauen auf Gottes Gerechtigkeit rauben lassen, sondern diese als Züchtigungen anzunehmen lernen, durch die sie Gott auf ihre unerkannten Sünden hinweisen und ihnen damit die Möglichkeit der Sühne eröffnen will, damit sie auf dem Weg der Gerechten bleiben, der zum ewigen Leben führt (vgl. PsSal 3,3–8.11–13; 9,5–8; 14; 15; 18,4–5). Dabei sollten sie die Hinweise darauf, dass Gott seine Gerechtigkeit nicht nur zu ihren Lebzeiten in dem Sturz der Hasmonäer wie in dem schmachvollen Tod des Eroberers (vgl. PsSal 2; 8 und 17), sondern auch in ihrer eigenen Rettung aus allen Nöten erwiesen hatte (vgl. PsSal 7,1–3 mit 13,1–4), in ihrem Streben nach Gerechtigkeit in der Hoffnung auf das ewige Leben befestigen (vgl. PsSal 3,11–12; 13,11–12; 14; 15,10–13). Wie differenziert diese Psalmen ihr Thema behandeln, wird das Folgende lehren.

12 Vgl. dazu Stolz, Psalmen, 18–29.

13 Zur Selbstbezeichnung der Frommen als Arme vgl. Ro, Armenfrömmigkeit, bes. 200–206.

14 Vgl. auch Füglister, Verwendung, 319–384.

15 Vgl. dazu Zenger, Einleitung[7], 353–354.

16 Vgl. dazu Berges, Jesaja 40–48, 38–43.

17 Vgl. dazu Karrer, Gesalbte, 262–264.

18 Zum Problem des Verhältnisses zwischen den gesetzestreue Frommen und den zum Bundesvolk gehörenden Sündern in den PsSal vgl. Schnelle, Gerechtigkeit, 367–371 und Atkinson, Theodicy, 554–562, bes. 561.

4. Deutung der Geschichte in den Psalmen Salomos

4.1. Die Eroberung Jerusalems durch Pompejus und der Sturz der Königsherrschaft der Hasmonäer als Erweis der Gerechtigkeit Gottes (PsSal 2,1–9)

Die paränetische Absicht der Sammlung tritt besonders deutlich in den Texten hervor, die einen Einblick in den geschichtlichen Hintergrund der Lieder ermöglichen. Die einschlägigen Anspielungen im 2., 8. und 17. Psalm verweisen nach heute wohl einhelliger Ansicht am deutlichsten auf die Ereignisse vor und nach der Besetzung Jerusalems durch den römischen Imperator Gnaeus Pompejus im Jahre 63 v. Chr., die nach dem im Jahre 66 von ihm errungenen Sieg über Mithridates den Abschluss seiner Maßnahmen zur Neuordnung des Vorderen Orients bildeten.[19] In ihren Rahmen lassen sich auch der 7. und 13. Psalm einfügen, von denen der erste vor[20] und der zweite nach seinem Einzug in Jerusalem und der Eroberung des Tempels[21] verfasst sein könnten. Bei dem 13. Psalm hängt die Datierung nicht davon ab, ob man in V.5 die bezeugte Lesart ἀσεβής beibehält oder zugunsten des von Otto von Gebhardt gemachten Vorschlages in ein εὐσεβής abändert;[22] denn in beiden Fällen bleibt es dabei, dass es sich um ein Danklied für die Rettung aus Kriegsnot handelt.[23] – Bei den Psalmen 4,[24] 12[25] und 15[26]

19 Schüpphaus, Psalmen, 74–82 datiert PsSal 1; 2; 4; 5; 7; 8; 9; 11; 12 und 17 nach der Eroberung Jerusalems durch Pompejus; zum geschichtlichen Verlauf vgl. Gelzer, Pompejus, 80–107; Christ, Krise, 268–283 und ders., Pompejus, 66–82.

20 Vgl. V.3: „Züchtige uns nach deinem Willen, aber gib uns nicht den Heiden preis."

21 Vgl. V.1–2: „Die Rechte des Herrn hat mich bedeckt, die Rechte des Herrn hat uns verschont. Der Arm des Herrn hat uns gerettet vor dem umgehenden Schwert, vor dem Hunger und Tod der Sünder." Und dazu Atkinson, Background, 118–119.

22 Dafür spricht, dass der überlieferte Text von V.5a sich nicht mit dem von V.5b verträgt, weil zwischen einem Gottlosen und einem Sünder allenfalls ein relativer Unterschied besteht.

23 Nickelsburg, Literature, 204–209 behandelt die PsSal 1; 2; 8; 9; 11; 17 und 18 als „Psalms of the Nation", während er auf 209–212 die restlichen Lieder 3; 4; 6; 10; 13; 14; 15 und 16 als „Psalms of the Righteous and the Pius" würdigt.

24 Vgl. V.1: „Warum sitzt du, Gottloser, im Rat der Frommen …"; vgl. z. B. Holm-Nielsen, Psalmen, 69 Anm. 1a-b mit Atkinson, Background, 104, der den βέβηλος oder Ruchlosen mit Aristobulos II. identifiziert, der nach seiner Machtübernahme im Jahre 67 von den Frommen abgelehnt worden sei.

25 Vgl. V.1: „Herr, rette meine Seele vor dem Gesetzlosen und Bösen, vor der Zunge des Frevlers und des Verleumders, die Lug und Trug redet." Und dazu z. B. Holm-Nielsen, Psalmen, 87 und Prigent, Psaumes, 977 mit Atkinson, Background, 106–107, der den Psalm zwischen 67–63 v. Chr. ansetzt.

dürfte eine generalisierende Deutung einer historischen Fixierung vorzuziehen sein, da sie für eine konkrete Datierung keine eindeutigen Anhaltspunkte enthalten. Identifizierte man den Gottlosen aus 4,1 mit Aristobulos oder Hyrkanos, käme dafür die Zeit nach dem Tode der Königin Salome Alexandra in Frage, womit das Jahr 67 v. Chr. die oberste Grenze für die Entstehung der Lieder bildete.[27] Im Folgenden werden zunächst nur die Ps 2, 8 und 17 behandelt, die für die Datierung der Sammlung von entscheidender Wichtigkeit sind.

Die ältere, z. B. von Frankenberg vertretene Ansicht, dass der Eroberer Jerusalems mit Antiochos IV. gleichzusetzen sei,[28] besitzt nur noch forschungsgeschichtliches Interesse. Ein Durchgang durch das 2. Lied und die in ihm enthaltenen historischen Anspielungen reichen aus, um die Richtigkeit der *opinio communis* zu belegen:[29] Nach 2,1–9 hat ein fremder Eroberer das befestigte Heiligtum erobert, so dass ausländische Soldaten den Altar betraten und dadurch entweihten. Diese Ereignisse werden in V.4–5 als Antwort des Herrn auf die Sünden der Jerusalemer gedeutet, die das Heiligtum durch gesetzeswidrige Opfer befleckt hätten. Gottes Missfallen äußerte sich nach V.6 weiterhin darin, dass ihre Söhne und Töchter zu schimpflicher Gefangenschaft deportiert wurden (PsSal 2,1–9):

1 *In seinem Übermut stürzte der Sünder mit dem Widder feste Mauern,*
und Du hast es nicht verhindert.
2 *Es bestiegen Deinen Altar fremde Völker,*
im Übermut betraten sie (ihn) mit ihren Sandalen,
3 *weil die Söhne Jerusalems das Heiligtum des Herrn befleckt,*
die Opfer durch Gesetzlosigkeiten entweiht hatten.
4 *Darum sprach er: „Werft sie weit weg von mir,*
ich habe an Ihnen kein Gefallen.“
5 *Die Schönheit ihrer*[30] *Herrlichkeit wurde von Gott verachtet,*
sie wurde ganz und gar zu Schanden.
6 (Ihre) *Söhne und Töchter* (gerieten) *in schimpfliche Gefangenschaft,*
im Siegel der Hals, gezeichnet unter den Völkern.

26 Vgl. V.1: „In meiner Drangsal rief ich den Namen des Herrn an, ich hoffte auf die Hilfe des Gottes Jakobs und wurde gerettet; denn die Hoffnung und Zukunft der Armen bist, Gott, du.“ Vgl. dazu Atkinson, Background, 114, der den Psalm nach der nach dem Tod der Alexandra Salome erfolgten Machtergreifung des Aristobulos ansetzt, während Holm-Nielsen, Psalmen, 94 und Prigent, Psaumes, 981 auf eine Datierung verzichten.
27 Vgl. Atkinson, Background, 103–104.
28 Frankenberg, Datierung, 11–12; 29–32; 49–50 und 60–62.
29 Vgl. dazu ausführlich Atkinson, Background, 21–30.
30 Nämlich: Jerusalems.

7 *Nach ihren Sünden hat er sie behandelt,*
als er sie in die Hände der Sieger auslieferte.
8 *Denn er hatte sein Antlitz mitleidlos von ihnen abgewandt,*
von Alt und Jung samt all ihren Kindern,
weil sie sämtlich Böses getan hatten, ohne zu gehorchen.
9 *Da wurde der Himmel unwillig und ekelte sich die Erde vor ihnen,*
denn kein Mensch auf ihr hatte wie sie gehandelt.

Die zeitgenössischen Leser waren hinlänglich mit den Verhältnissen des jüdischen Tempelkultes vertraut, um den Rückschluss zu ziehen, dass sich hinter den Jerusalemern die dortige Priesterschaft und genauer ein Hoherpriester und seine Anhängerschaft verbergen, denn er war für den Vollzug des Opferkultes nach den Bestimmungen der Tora verantwortlich. Fragt man, welche heidnische Große und welchen Hohenpriester der Sänger meint, so scheiden der Seleukide Antiochos IV. (175–164) und der Hohepriester Menelaos jedenfalls aus: Zwar soll schon der Seleukide im Sommer 169 auf der Rückkehr von seinem ägyptischen Feldzug das Allerheiligste des Jerusalemer Tempels betreten und unter aktiver Teilnahme des Hohenpriesters Menelaos (172–163) den Tempelschatz geplündert (II Makk 5,15–17) und kein anderer als dieser ihn ein Jahr später zur Einstellung des legalen Jahwekultes in Juda verleitet haben (I Makk 1,46–62; Dan 9,27; 11,31).[31] Aber da der Seleukide seinen Tod nicht (wie es PsSal 2,26–31 voraussetzt) an der ägyptischen Küste, sondern im Herbst 164 (?) auf einem Feldzug in die Persis und Elymais unweit des heutigen Isafan gefunden hat,[32] kann er nicht mit dem übermütigen Sünder von PsSal 2,1 bzw. dem Drachen von 2,25 und Menelaos nicht mit dem zu seiner Zeit amtierenden Hohenpriester identifiziert werden, auf den samt seinem Anhang in 2,3.6 angespielt wird. Dagegen lassen sich alle Anspielungen auf geschichtliche Ereignisse in PsSal 2, 7, 8, 13 und 17 unschwer auf dem Hintergrund der Inbesitznahme des jüdischen Königreiches durch Pompejus deuten.

Da die den Hintergrund der Psalmen bildende Geschichte der beiden Hasmonäer Hyrkanos II. und Aristobulos II. in den 60er Jahren v. Chr. vermutlich nur Spezialisten vertraut sein dürfte, sei sie hier nach dem Bericht

31 Grundlegend für diese Rekonstruktion der in den Makkabäerbüchern verschleierten Vorgänge Bickerman(n), Gott, 50–86 = ders., God, 32.60; dann Hengel, Judentum, 503–554 und nicht zuletzt Bringmann, Reform, 97–140, vgl. ders., Geschichte, 101–111.

32 Vgl. Polyb. XXXI.9 und dazu Habicht, Seleucids, 350–352, bes. 352.

des Flavius Josephus zusammenfassend nacherzählt:[33] Aristobul war der jüngere Sohn des jüdischen Königs Alexander Jannaios und der Alexandra Salome. Nach dem Tod ihres Gemahls im Jahre 76 v. Chr. stützte sich die Königin auf die von ihm verfolgten Pharisäer (Ant. XIII. 408–410; Bell. I.110–112), ohne dass dadurch die Macht der Sadduzäer gebrochen wurde.[34] Aristobulos nutzte die Chance und stellte sich auf die Seite der Aristokraten, für die er bei seiner Mutter die Sicherung der Festungen erwirkte (Ant. XIII. 411–418; Bell. I. 113). Als sie im Jahre 67 v. Chr. sterbenskrank wurde, setzte er sich in den Besitz der Festungen des Landes und proklamierte sich als König, obwohl sein älterer Bruder Hyrkanos II. bereits von Alexandra Salomo als Hoherpriester und König eingesetzt worden war (vgl. Ant. XIII.408 mit Bell. I.120). Nachdem Aristobulos seinen Bruder in einer Schlacht bei Jericho besiegt hatte, in der die Soldaten des Hyrkanos zu ihm übergelaufen waren, kam es vorübergehend zu einer Einigung zwischen beiden, wobei der Ältere auf seine Ämter verzichtete, um in Jerusalem ein königliches Leben als Privatmann zu führen (Ant. XIV. 4–7; Bell. I.120–122). Aber auf den Rat seines Vertrauten, des Idumäers Antipater, floh er aus Jerusalem nach Petra zu dem König der Nabatäer Aretas, mit dessen Hilfe er Aristobulos besiegte und in Jerusalem im Tempelbezirk einschloss. Nur das Eingreifen des von beiden bestochenen, aber sich von Aristobulos mehr versprechenden römischen Legaten Scaurus, den Pompejus im Jahre 65 nach Syrien geschickt hatte, rettete Aristobulos: Der Römer verlangte den Abzug des Hyrkanos und seiner arabischen Helfer, worauf Aristobulos die Abziehenden verfolgte und besiegte (Ant. XIV.8–33; Bell. I. 123–130). Als Pompejus im Frühjahr 63 nach Damaskus gekommen war, riefen ihn einerseits Hyrkanos und Antipater und andererseits Aristobulos um Hilfe an, während Abgesandte des jüdischen Volkes die Wiederherstellung der herkömmlichen jüdischen Theokratie erbaten. Da Aristobulos den Römer durch sein stolzes Auftreten gekränkt hatte, ergriff er die Partei des Hyrkanos, worauf sich Aristobulos in die Festung Alexandreion[35] zurückzog. Als ihn Pompejus aufforderte, sämtliche Festungen an ihn auszuliefern, zog er sich nach Jerusalem zurück. Als Pompejus mit seinem Heer bei Jericho angelangt war, kam Aristobulos zu ihm und machte ihm große Versprechungen für den Fall, dass er sein Königtum bestätigte. Doch als er diese auf

33 Vgl. dazu auch Schlatter, Geschichte II, 178–180; Schürer/Vermes I, 236–241; Sacchi, History, 266–275; Bringmann, Geschichte, 161–167.

34 Vgl. dazu Schürer/Vermes, History I, 230–232 und Sacchi, History, 264.

35 Auf dem heutigen Qarn Sartabe am Südostrand des Gebirges etwa 10 km südwestlich von der Einmündung des Jabbok in den Jordan gelegen.

Drängen seiner Anhänger nicht hielt, ließ ihn Pompejus verhaften (vgl. Ant. XIV.34–57 mit Bell. I. 131–141). In Jerusalem bestanden die Anhänger des Aristobulos auf die Verteidigung der Stadt, während die des Hyrkanos Pompejus die Tore öffneten. Daraufhin zogen sich die Anhänger des Aristobulos in den Tempel zurück (Jos. Ant.Jud. XIV. 58–59; Bell. I.142;). Erst nach einer drei Monate währenden Belagerung ist es Pompejus gelungen, den Tempel zu erobern. Josephus berichtet über den Endkampf und die anschließenden Maßnahmen des Römers so (Ant. XIV.66–79):[36]

> „66 *Und als die Stadt im dritten Monat am Tage des Fastens, in der 179. Olympiade, als Gaius Antonius und Marcus Tullius Cicero Konsuln waren, brachen die Feinde ein und schlachteten die Juden im Tempel ab,* 67 *ohne dass die gerade mit den Opfern beschäftigten davon abließen, die heiligen Zeremonien zu vollziehen; noch ließen sie sich durch die Furcht für ihr Leben durch die große Zahl der bereits erschlagenen zur Flucht nötigen, sondern hielten es für besser, was immer sie erleiden würden, am Altar auszuharren als eines der Gesetze zu übertreten.* 68 *Das aber ist keine bloße Geschichte, um eine vermeintliche Frömmigkeit zu preisen, sondern eine Wahrheit, die alle bezeugen, welche die Taten des Pompejus beschrieben haben, unter ihnen Strabo*[37] *und Nikolaos*[38] *und, überdies, Titus Livius, der Verfasser der Römischen Geschichte.*“[39]

Nachdem die stärkste Belagerungsmaschine auch den größten Turm zum Einsturz gebracht hatte, strömten weitere römische Truppen ein:

> 70 *So gab es überall ein allgemeines Morden. Denn etliche Juden wurden von den Römern, andere durch andere*[40] *erschlagen; etliche stürzten sich selbst in den Abgrund oder verbrannten sich selbst, nachdem sie ihre Häuser angesteckt hatten, weil sie das Geschehene nicht zu ertragen vermochten.* 71 *Es fielen von den Juden rund 12000, von den Römern aber nur wenige. Unter denen, die gefangen wurden, befand sich auch Absalom, der Onkel und zugleich der Schwiegervater des Aristobulos. Und es war keine geringe Sünde, die gegen den Tempel begangen wurde, der vor dieser Zeit unbetreten und ungesehen war.* 72 *Denn Pompejus und nicht wenige seiner Männer betraten ihn und sahen, was für andere Menschen außer für die Hohenpriester unerlaubt zu sehen ist. Doch obwohl der goldene Tisch sich dort befand und die heiligen Lampen und die Libationsgefäße und eine große Menge von Räucherwerk und überdies, in den Speichern der heiligen Dinge zweitausend Talente, berührte er aus Frömmigkeit nichts davon und handelte auch in dieser*

---

36 Vgl. auch Jos. Bell.I. 142–158.

37 Strab. XVI.2.40 (C 762–763).

38 Nikolaos von Damaskus war der Hofhistoriker und Philosoph Herodes des Großen. Von seinen Historiai, die Strabo als Quelle dienten, sind die Teile über die jüdische Geschichte nicht erhalten; Meister (DNP 8/ 2000), 921–922.

39 Leider sind die Bücher XCI-CV, in denen er die Zeit des Pompejus behandelte, nicht erhalten; vgl. Fuhrmann und Schmidt (DNP 7/ 1999), 377–382.

40 Gemeint sind Angehörige der jüdischen Gegenpartei.

Hinsicht in einer seines Charakters würdigen Weise. 73 Am nächsten Tage gab er den Tempeldienern den Befehl, den Tempel zu reinigen und Gott die gebräuchlichen Opfer darzubringen. Das Amt des Hohenpriester übergab er Hyrkanos, weil er sich ihm auf mannigfache Weise nützlich erwiesen und die Juden im ganzen Land daran gehindert hatte, auf Aristobulos Seite in den Krieg einzugreifen. Aber die für den Krieg verantwortlichen (Juden) ließ er mit dem Beil hinrichten. Weiterhin ehrte er den Faustus und die anderen, die mutig den Wall bestiegen hatten, gebührend für ihre Heldentaten. 74 Und er machte Jerusalem den Römern tributpflichtig, und entzog ihren Einwohnern die Städte in Koile Syrien, die sie früher unterworfen hatten, und unterstellte sie einem eigenen Praetor; und er beschränkte das ganze vorher so mächtige Volk auf seine eigenen Grenzen.

In 75–76 folgt eine Aufzählung seiner weiteren Maßnahmen zum Wiederaufbau bzw. der Rückgabe palästinischer Städte an ihre Bewohner. Dann folgt eine Schuldzuweisung für und ein Bericht über die Folgen der Katastrophe:

77 Für dieses Unglück, welches die Jerusalemer erlitten, waren die Streitigkeiten zwischen Hyrkanos und Aristobulos verantwortlich. Denn wir verloren die Freiheit, wurden den Römern untertan und wurden gezwungen, das Land, das wir mit unseren Waffen erworben und den Syrern abgenommen hatten, diesen zurückzugeben. 78 Darüber hinaus trieben die Römer von uns in kurzer Zeit mehr als 10000 Talente ein; und die königliche Würde, die zuvor den Hohenpriestern gegeben war, die es aufgrund ihrer Herkunft waren, wurde nun zu einer Ehrung gewöhnlicher Männer. … 79 Dann übergab Pompejus Koile Syrien samt dem Rest Syriens bis zum Euphrat Fluss und Ägypten dem Scaurus und zwei Legionen, um dann den Marsch nach Kilikien anzutreten, um schleunigst nach Rom zu gelangen. Und er führte Aristobul in Ketten zusammen mit dessen Familie mit sich; denn der hatte zwei Töchter und ebenso viele Söhne. Aber einer von ihnen, Alexander, war entkommen, während der jüngere Sohn, Antigonos, zusammen mit seinen Schwestern nach Rom gebracht wurde.[41]

Dieser Text bietet uns den Schlüssel zum Verständnis von PsSal 2,1–6. Die sich in ihm und im 8.[42] und 17. Psalm[43] spiegelnde leidenschaftliche Ablehnung des hasmonäischen priesterlichen Königtums dürfte grundsätzlicher Art gewesen sein, vermutlich, weil die Frommen die Verbindung der beiden Ämter des Königs und des Hohenpriesters in einer Person für unstatthaft hielten, da sie die Anforderungen verletzte, die an die priesterlicher

41 Zum Schicksal der drei Hasmonäer und ihren vergeblichen Versuchen, ihr Königtum zurück zu gewinnen, vgl. z. B. Schürer/ Vermes I, 267–286; Sacchi, History, 273–283 oder Bringmann, Geschichte, 168–181.

42 Vgl. dazu unten, 93–97.

43 Vgl. dazu unten, 119–121.

Reinheit gestellt wurden.[44] In der Gefangensetzung und Deportation des Aristobulos II. und seiner Familie und in der schimpflichen Ermordung des römischen Imperators im Herbst 48 v. Chr. sah der Dichter eine Offenbarung der Gerechtigkeit Gottes, zu der er sich im 2. Psalm in zwei Schritten bekannte: Zunächst erklärte er in der auf die Klage in PsSal 2,1–14 folgenden Gerichtsdoxologie das von Gott an den den Hasmonäern und Jerusalemern vollzogene Gericht als Erweis seiner Gerechtigkeit (PsSal 2,15–18):

15 *Ich gebe Dir Recht, o Gott, mit aufrichtigem Herzen,*
denn an Deinen Gerichten erkennt man Dich als gerecht, o Gott.
16 *Denn Du hast den Sündern nach ihren Taten vergolten*
und nach ihren Sünden, die allzu schwer.
17 *Du hast ihre Sünden aufgedeckt, dass Dein Gericht erschiene,*
Du hast das Gedenken an sie auf Erden ausgelöscht.
18 *Gott ist ein gerechter Richter, der keine Person ansieht.*

4.2. Der schmachvolle Tod des Pompejus als Erweis der Königsherrschaft Gottes über die Völker (PsSal 2,19–37)

Dann aber folgt in PsSal 2,19–25 eine Bittklage über die Jerusalem durch die Heiden zugefügte Schmach, die Gott abschließend dazu aufruft, nicht zu zögern, sondern die Vergeltung auf das Haupt der Feinde zu bringen und „*den Hochmut des Drachens*“[45] und d. h. des Pompejus in Schmach zu verwandeln.[46] Darauf folgt sogleich in den V.26–31 der Bericht über die Erhörung, die in der der schmachvollen Ermordung des Römers an der Küste Ägyptens bestand. Vermutlich ist der Leser zunächst so beeindruckt, dass er es vergisst, sich darüber zu wundern, dass zwischen dem, was in den V.1–18 Berichteten und den V.26–31 ein Zeitraum von 15 Jahren liegt (PsSal 2,26–31):[47]

44 Zur Ablehnung durch die Pharisäer vgl. Ant. XIII. 288–292. XIII.372–383 nebst 400–407 und dazu Sacchi, History, 259–263 bzw. Bringmann, Geschichte, 145–147, zu der Distanzierung der Essener vom Jerusalemer Tempelkult Stegemann, Essener, 206–226 und 231–245.

45 Zu V.25b und 26b vgl. mit Holm-Nielsen, Psalmen, 66, Ez 32,5.

46 Zur Korrektur der überlieferten Lesart vgl. Holm-Nielsen, Psalmen, 66 Anm. 25c.

47 Vgl. dazu unten, 92.

26 *Es dauerte nicht lange, bis Gott seine Schande zeigte,*
durchbohrt auf den Bergen Ägyptens,
verachteter als der Geringste im Land und auf See.
27 *Sein Leib trieb auf den Wellen in großer Schande,*
und es gab niemanden, der ihn begrub,
weil er ihn in (seiner) Schande verachtete,
28 *Er bedachte nicht, dass er (nur) ein Mensch ist,*
und er bedachte nicht das Ende.
29 *Er sagte: ‚Ich werde der Herr der Erde und des Meeres sein!'*
und erkannte nicht, dass Gott groß ist,
mächtig und gewaltig an Stärke.
30 *Er ist König im Himmel*
und richtet Könige und Mächte.
31 *Er richtet mich auf zur Herrlichkeit*
und lässt entschlafen die Stolzen zu ewigem Verderben in Schande,
weil sie ihn nicht erkannten.

So führt der Vorbeter in PsSal 2 seine Frommen von der Klage über den durch seine Priesterkönige selbstverschuldeten Sturz Jerusalems und die Anerkennung der Katastrophe als Gottes gerechtem Gericht über eine erneute Klage über den Hochmut der Römer und den Erhörungsbericht zu einem Mahnruf in den V.32–37, der die Lehre aus dem zuvor Berichteten zunächst für die Großen der Erde zieht, indem er sie zu der Einsicht auffordert, dass das Gericht über die Erde nicht bei ihnen, sondern bei dem Herrn als dem wahren König und gerechten Richter liegt (vgl. V.32).[48] Dann aber werden die gottesfürchtigen Frommen als die eigentlichen Adressaten des Psalms dazu aufgefordert, Gott den Herrn als den zu fürchten, der sich ihrer im Gericht erbarmen und den Sündern vergelten würde, die sich an ihnen als den Gerechten vergangen hätten. Gott hat also seine Gerechtigkeit ebenso vor den Völkern wie seinem eigenen Volk und zumal seiner Frommen offenbart (PsSal 2,32–37):

32 *Doch jetzt, seht, ihr Mächtigen der Erde, das Gericht des Herrn;*
denn er ist ein großer und gerechter König, der richtet, was unter dem Himmel ist.
33 *Preist, Gott, die ihr den Herrn mit Einsicht fürchtet,*
denn denen, die ihn fürchten, gilt sein Erbarmen im Gericht,
34 *so dass er zwischen dem Gerechten und den Sündern unterscheidet,*
indem er den Sündern in Ewigkeit nach ihren Werken vergilt.

48 Vgl. dazu auch Karrer, Gesalbte, 253.

35 *Und er wird sich des Gerechten erbarmen vor der Bedrückung durch den Sünder*
und dem Sünder vergelten, was er dem Gerechten angetan.
36 *Denn der Herr ist denen gütig, die ihn geduldig anrufen,*
und er handelt nach seinem Erbarmen an seinen Heiligen,
damit sie allezeit vor ihm in Kraft stehen.
37 *Gelobt sei der Herr in Ewigkeit von seinen Knechten!*

Es bedarf nach dem Gesagten nur eines Blickes in die zahlreichen Zeugnisse der antiken Historiker über die ehr- und treulose Ermordung des Pompejus,[49] um zu erkennen, dass hinter PsSal 2, 25–31 ein entsprechendes, wenn auch dichterisch ausgestaltetes Wissen um sie steht: Als sich Pompejus nach der am 9. August 48 verlorenen Schlacht bei Pharsalos dazu entschloss, vor den Nachstellungen Caesars in Ägypten Zuflucht zu suchen, wurde er bei der Ausschiffung vor der ägyptischen Küste auf Betreiben der Ratgeber des Königs Ptolemaios XII. ermordet, wie es Plutarch ausführlich schildert (Plut. Pomp. 78–80):

„Pompejus hatte sich nach der verlorenen Schlacht von Pharsalos auf die Flucht vor Caesar nach Ägypten eingeschifft, da er auf die Dankbarkeit Ptolemaios XII. rechnete, dem er zum Thron verholfen hatte. Aber die Berater des Königs hielten es für das Sicherste, ihn zu töten, um der Rache Caesars zu entgehen. Statt eines Prunkschiffes legte daher an der auf der Rede von Pelusium liegenden Triere des Pompejus ein Beiboot an, in dem der Ägypter Achillas mit einigen Römern saß, um ihn an Land zu setzen. Während die Männer im Boot Pompejus schweigend empfingen, las dieser seine Rede durch, die er an Ptolemaios richten wollte. Als er nach der Hand seines Adjutanten Philippus, eines Freigelassenen, griff, um leichter aufzustehen, durchbohrten ihn Achillas und ein gewisser Salvius mit dem Schwert. So endete er einen Tag nach seinem 59. Geburtstag 48 v. Chr. … Dem Leichnam des Pompejus schlugen sie den Kopf ab, und den Rumpf warfen sie nackt aus dem Boot und ließen ihn zur Augenweide für solche, die nach so etwas Verlangen trugen. Aber Philippus blieb bei ihm, bis die Leute sich an dem Anblick gesättigt hatten. Dann wusch er den Leichnam mit Meerwasser, wickelte ihn in eins seiner eigenen Kleidungsstücke, und da er sonst nichts hatte, sah er sich am Strande um und fand die Trümmer eines kleinen Bootes, zwar alt und morsch, aber doch ausreichend, um für einen nackten und nicht einmal vollständigen Leichnam zur Not einen Scheiterhaufen herzugeben. Als nicht viel später Caesar in das von einer so argen Freveltat besudelte Ägypten kam, wandte er sich von dem, der ihm den Kopf des Pompejus brachte, als von einem Verfluchten ab; aber den Siegelring des Toten nahm er in Empfang und weinte dabei. … Achillas und Ptheinos ließ er hinrichten. … Die

49 Vgl. Caes. bell.civ. III.103–104; Plut. Pomp.78–80, vgl. 90; App. bell.civ.II.84–86; Dio Cass. XLII.2–5; Vell.Pat.II.53; Lucanus. bell.civ.560–566; ferner Cic. div.II.22 und Sen. brev.vit.XIII.2; dazu Gelzer, Pompejus, 218–222; Huss, Ägypten, 709–712 und Christ, Pompejus, 163–167.

Überreste des Pompejus empfing (seine Gattin) *Cornelia und ließ sie zu* (ihrem Landgut in den albanischen Bergen) *Albanum bringen und dort beisetzen.*“[50]

4.3. PsSal 8 oder noch einmal: Der Sturz der Hasmonäer als Gottes gerechtes Gericht

Es ist durchaus auffallend, dass der kunstvoll komponierte PsSal 8 noch einmal hinter das am Ende des 2. Psalms Berichtete in das Jahr 63 v. Chr. zurückkehrt: Es handelt sich bei ihm um eine hochdramatische Komposition,[51] die in den V. 1 – 7 durch einen Bericht durch den von einem mächtigen Heer verursachten Kriegslärm in Jerusalem einsetzt, der den Zeugen des Geschehens erbeben lässt, der sich aber daran erinnert, dass die Angreifer Vollstrecker eines Gerichtes des Gottes sind, der sich seit der Schöpfung von Himmel und Erde als gerecht erwiesen hat (PsSal 8,1 – 7):

1 *Drangsal und Kriegslärm hörte mein Ohr,*
den Schall der Trompete,[52] *die von Mord und Verderben kündet.*[53]
2 *Den Lärmen von vielen Völkern wie der eines starken Stromes,*
wie der Sturm eines mächtigen Feuers, das durch die Steppe fährt.[54]
3 *Da sprach ich in meinem Herzen: „‚Wehe', Gott wird ‚uns'*[55] *richten.“*
4 *Lärm hörte ich in Jerusalem, der heiligen Stadt.*
5 *Meine Lende brach, als ich ihn hörte;*[56]
es wankten meine Knie, in Furcht geriet mein Herz,[57]
meine Gebeine zitterten[58] *wie Flachs.*
6 *Ich sagte: „Sie werden ihre Wege in Gerechtigkeit lenken!“*
7 *Ich bedachte die Urteile Gottes seit der Erschaffung von Himmel und Erde,*
ich erklärte Gott für gerecht in seinen Gerichten seit uralter Zeit.[59]

Damit ist das Thema benannt: Es geht im Folgenden darum, den Nachweis dafür zu erbringen, dass der Sturz der Hasmonäer die Folge ihrer übergroßen Sünden gewesen ist und Gott selbst die Heiden herbeigerufen hat, um sein

50 Übers. Ziegler, Plutarch, Griechen und Römer III, 249 – 251.
51 Vgl. dazu auch oben, 93 – 98.
52 Vgl. Jer 4,5.
53 Vgl. Jer 4,19 – 21.
54 Vgl. Jer 4,11 – 12 und Jes 29,6.
55 Vermutlich las der griechische Übersetzer, der ποῦ bietet ein 'ôj oder 'ajjê; vgl. Holm-Nielsen, Psalmen, 78 Anm. 3b.
56 Wörtlich: „Hören.“
57 Zu V. 4 vgl. Jes 21,3; zu V. 5a-b vgl. Nah 2,11.
58 Vgl. Jer 23,9.
59 Vgl. PsSal 1,7 und 4,5.

gerechtes Gericht an ihnen zu vollziehen. Entsprechend folgt in den V.8–13 eine stereotpye Anklage gegen die Sünder, die in V.8 unter die Überschrift gestellt wird, dass Gott ihre Sünden aufgedeckt hat. An sie schließt sich in den V.14–22 ein Bericht darüber an, dass die Sünder in ihrer von Gott gesandten Verblendung ihren eigenen Feinden die Tore Jerusalems geöffnet und dadurch ebenso den Tod vieler Jerusalemer wie ihre eigene Deportation bewirkt haben. Das Thema der Gerechtigkeit Gottes in seinem Handeln in der Geschichte aus den V.7 und 8 aufnehmend, folgt in den V.23–26 eine Gerichtsdoxologie der Gemeinde, an die sich in den V.27–34 eine kollektive Bittklage anschließt, die Gott angesichts der Macht der Heiden um Israels Erlösung bittet und mit einem Vertrauensbekenntnis zu ihm als dem ewigen Retter endet.

Die Anklage in den V.8–14 besitzt dank ihrer Stereotypie eine gewisse Mehrdeutigkeit: Denn die Sünder werden nicht namentlich genannt, sondern lassen sich nur aufgrund der gegen sie gerichteten Vorwürfe identifizieren. Dabei hängt es von der Auslegung von V.9a ab, ob sich die V.9–14 durchgehend oder nur die V.11–12 auf Sünden der Priesterschaft beziehen. Sofern V.9a mit der Fortsetzung in V.9b geheime, von der Tora verbotenen sexuelle Kontakte im Auge hat,[60] könnten sich die V.9–10 auf generelle Verhältnisse in der Stadt und V.10b speziell auf Scheidungs- und Eheverträge beziehen. Da sich die Rede von unterirdischen Verstecken in V.9a bei dieser Deutung schwer verstehen lässt, verdient der Hinweis auf die Existenz von Geheimgängen im Tempelberg Beachtung, von denen inzwischen zwei durch Grabungen an der Südmauer des Tempelbergs nachgewiesen sind. Denn damit liegt es nahe, schon V.9 speziell auf den sexuellen Libertinismus der Priester zu beziehen, die sich nicht an die Bestimmungen der Tora halten.[61] In der Konsequenz könnte man dann in V.10b an eine priesterliche Manipulation des Ordals zur Überführung der Ehebrecherin (Num 5) denken.[62] Doch sind beide Vorschläge nicht über alle Zweifel erhaben. Sicher ist jedenfalls, dass die V.11–12 die Habsucht der Priester am Beispiel des Tempelraubs[63] und ihre rituelle Unreinheit beim Vollzug der Opfer auf-

60 Vgl. Lev 18,7; vgl. auch CD IV.14–21.
61 Vgl. dazu Atkinson, Background, 65–66.
62 Vgl. den entsprechenden Vorschlag von Wright, Psalms, 659 Anm.f., aufgenommen von Atkinson, Background, 75–76.
63 Durch die Einlieferung von Wertgegenständen in den Tempel vertraute man sie dem Schutz der Gottheit an. Daher war Tempelraub ein Frevel, vgl. II Makk 3,10–12. Zur Bankfunktion der antiken Tempel vgl. Rosenberger (DNP 12 A/2002), 128–129.

grund eines vorausgegangenen Beischlafs mit einer menstruierenden Frau[64] anprangern.[65] Damit ist das abschließende Urteil in V.9 hinreichend begründet, dass sich die Jerusalemer Priesterschaft mit dem allen schlimmer als die Heiden verschuldet hat (PsSal 8,8–13):

8 *Gott hat ihre Sünden vor der Sonne aufgedeckt,*
die ganze Erde erkannte die gerechten Urteile Gottes.
9 *In unterirdischen Verstecken brachen sie die Gesetze zum Zorn;*
der Sohn vereinigte sich mit der Mutter, der Vater mit der Tochter.
10 *Sie trieben Ehebruch, ein jeder mit der Frau seines Nächsten.*[66]
Sie schlossen untereinander eidliche Verträge darüber ab.
11 *Sie beraubten Gottes Heiligtum,*
als gäbe es keinen Löser.[67]
12 *Sie betraten den Altar des Herrn in aller Unreinheit*
und befleckten durch Blutfluss[68] *die Opfer als wären sie gewöhnliches Fleisch.*
13 *Da gab es keine Sünde, mit der sie die Heiden nicht übertrafen.*

In den V.14–22 folgt der Bericht über das törichte Verhalten der Herrscher des Landes und d.h. der beiden Hasmonäer, die dank der von Gott bewirkten Verwirrung ihres Geistes durch ihr Verhalten gegenüber dem namentlich nicht genannten, aber eindeutig gemeinten Pompejus die Katastrophe auslösten, die sie um ihre Herrschaft brachte, namenlose Leiden in der Stadt und die in PsSal 2,6 erwähnte Deportation zur Folge hatte. Wie oben bereits angedeutet, wird dabei nicht zwischen Aristobulos und Hyrkanos, ihrer Anhängerschaft und ihren Kindern unterschieden. Es geht dem Dichter nicht um das historische Detail, sondern um den Nachweis, dass es sich bei den hier in typisierender Weise benannten Ereignissen um Folgen der Verblendung der sündigen Herrscher handelt. Das Umwerben des Römers durch die beiden Hasmonäer, die beide von ihm die Bestätigung ihres königlichen Anspruches erhofften, und die Öffnung der Tore Jeru-

64 Vgl. Lev 21,1–15.

65 Ein Blick auf den oben bereits erwähnten dreigliedrigen Lasterkatalog in CD IV.15–21, der Unzucht, das Streben nach Reichtum und Befleckung des Heiligtums als die drei Netze bezeichnet, mit denen Belial Israel zu fangen versucht, mag im vorliegenden Rahmen ausreichen, um daran zu erinnern, dass solche Polemiken und Abgrenzungen im späthellenistischen Judentum geläufig waren, vgl. dazu und zu weiteren Parallelen in den Qumranschriften Atkinson, Background, 66–76.

66 Vgl. PsSal 4,4–5.

67 Gemeint ist der Besitzer oder berechtigte Erbe, der sein Geld im Tempel deponiert hat. Zu G κληρονόμου λυτρουμένου als Wiedergabe eines hebr. gôʾēl vgl. ausführlich Atkinson, Background, 56 n.1.

68 Gemeint ist eine Verunreinigung durch Berührung einer menstruierenden Frau, vgl. Lev 15,19–24.

salems durch die Anhänger Hyrkans werden in V.16–18 in einer Szene zusammengezogen.[69] Generalisierend wird in V.19 die Inbesitznahme der Festungen des Landes und in V.20 die Hinrichtung der Führer und Weisen im Rat berichtet, wobei Aristobulos die Festungen schon vor dem Einzug des Pompejus in Jerusalem hatte ausliefern müssen und es sich bei den Hingerichteten um dem Sieger in die Hände gefallene Ratgeber des Aristobulos handelt.[70] Ebenso undifferenziert und denunzierend berichtet V.21 von der auf die Eroberung des Tempels folgenden Deportation *„ihrer Söhne und Töchter, die sie in Schande gezeugt hatten."* Dabei bleibt wie in PsSal 2,6 unerwähnt, dass Aristobulos selbst und seine Familie deportiert wurden. Die Geschichte interessiert nur als Paradigma für die Bestrafung der Sünder, daher kommt es dem Dichter nicht auf historische Genauigkeit, sondern poetische Eindrücklichkeit an (PsSal 8,14–22):

14 *Deshalb mischte Gott für sie einen Geist des Irrtums*[71]
und tränkte sie mit einem Becher unvermischten Weins, sie zu berauschen.
15 *Vom äußersten Ende der Erde führte er einen heran, der gewaltig schlägt.*
Er entschloss sich zum Krieg gegen Jerusalem und gegen ihr Land.
16 *Es gingen ihm die Herrscher des Landes mit Freuden entgegen,*
sie sagten zu ihm: „Gesegnet sei dein Weg, wohl an, ziehe ein im Frieden!"
17 *Sie ebneten ihm raue Wege für seinen Einzug,*
sie öffneten die Pässe nach Jerusalem, bekränzten ihre Mauern.
18 *Er zog ein wie ein Vater in das Haus seiner Kinder im Frieden,*
er setzte seine Füße mit großer Sicherheit.
19 *Er besetzte ihre Festen und die Mauern Jerusalems;*
denn Gott geleitete ihn sicher wegen ihres Irrens.
20 *Er erschlug ihre Führer und jeden Weisen im Rat*
er vergoß das Blut der Bewohner Jerusalems wie unreines Wasser.
21 *Er führte ihre Söhne und ihre Töchter fort, die sie in Schanden gezeugt.*
22 *Sie hatten nach ihrer Unreinheit gehandelt wie ihre Väter,*
hatten Jerusalem befleckt und was dem Namen Gottes geheiligt war."

Derselben Gesinnung wie die Gerichtsdoxologie in PsSal 2,15–18 gibt die in 8,23–26 Ausdruck. In ihr bekennt sich die Gemeinde dazu, dass Gott durch seine Gerichte unter den Völkern gerechtfertigt ist. Der katastrophale Untergang des Reiches der Hasmonäer wird damit als ein Glied in die Kette der Gottesgerichte eingeordnet, an die sich der Dichter (und damit die Rezipienten) in V.7 erinnert. Die Doxologie führt aber über die in 2,15–18

69 Vgl. dazu oben, 90.
70 Vgl. dazu oben, 89.
71 Vgl. Jes 29,9–10; Jer 25,15.27; 51,7.

hinaus, indem sie in diesem Gericht in V.26b ausdrücklich einen weiteren Akt der Züchtigung erkennt, mit der Gott Israel richtet (PsSal 8,23–26):[72]

23 *Gerechtfertigt ist Gott in seinen Gerichten unter den Völkern der Erde,*[73]
und die Frommen Gottes sind wie schuldlose Lämmer in ihrer Mitte.[74]
24 *Gelobt sei der Gott, der die ganze Erde in Gerechtigkeit richtet.*[75]
25 *Fürwahr, o Gott, du zeigtest uns Deine Gerichte in Deiner Gerechtigkeit,*
unsere Augen sahen Deine Gerichte, o Gott.[76]
26 *Wir rechtfertigen*[77] *Deinen in Ewigkeit geehrten Namen,*
denn Du bist der Gott der Gerechtigkeit, der Israel durch Züchtigung richtet.[78]

Dann beendet eine Bitte um Gottes Erbarmen das Lied, in dem sich die Gemeinde unter seine verdiente Züchtigung beugt und ihn als ihren Erlöser und ihre Hoffnung darum bittet, sie nicht den Heiden preiszugeben, und ihm ihre Treue gelobt, weil sie von der Güte seiner Gerichte überzeugt ist und sie seine erneute Hilfe mit ihrer beständigen Treue zu ihm als dem Retter beantworten werde. So beschließt ein Gotteslob aus dem Munde der Frommen den ganzen Psalm (PsSal 8,27–34):

27 *Wende, o Gott, uns deine Barmherzigkeit zu*
und erbarme dich unser![79]
28 *Führe zusammen die Zerstreuung Israels mit Barmherzigkeit und Güte,*[80]
denn Deine Treue ist mit uns.
29 *Doch wir verhärteten unseren Nacken,*
aber du bist es, der uns züchtigt.[81]
30 *Übersieh uns nicht, unser Gott,*
damit uns die Heiden nicht verschlingen,[82] *als gäbe es keinen Erlöser.*
31 *Doch du bist unser Gott von Anfang an,*
und auf Dir (ruht) *Herr, unsre Hoffnung.*[83]

---

72 Zur Rolle der Züchtigung der Frommen durch Gott in den PsSal vgl. Atkinson, Theodicy, 562–573.
73 Vgl. 2,10.15.
74 Vgl. Ps 44,23.
75 Vgl. 18,3; Gen 18,25; Ps 94,2.
76 Vgl. auch 9,2.
77 G hat vermutlich ein duratives hebräisches Imperfekt als Aorist missverstanden.
78 Vgl. auch 18,4–5.
79 Vgl. auch 7,8 und 18,1–4.
80 Vgl. 9,2 und 11,4, ferner 17,21–27.
81 Wörtlich: „unser Züchtiger."
82 Vgl. Hab 1,13.
83 Vgl. 9,10; 15,1 und 17,3a.

32 *Wir aber wollen nicht vor Dir weichen,*[84]
denn Deine Gerichte an uns sind gütig.[85]
33 *Uns und unseren Kindern* (gelte) *dein Wohlgefallen in Ewigkeit,*
Herr, unser Retter,[86] *wir werden nimmer mehr wanken in ewigen Zeiten.*

Blicken wir auf die PsSal 2 und 8 zurück, so bestätigt sich unsere These, dass die Erinnerung an Gottes Gerechtigkeitserweise in der Geschichte im Dienst der Tröstung des angefochtenen Glaubens der Frommen steht: Derselbe Gott, der seine Frommen aus Barmherzigkeit züchtigt, steht auch hinter dem Sturz des Hasmonäerreiches und dem Schrecklichen, was sich in Jerusalem ereignet hat.

5. Die Psalmen Salomos als Komposition

5.1. Der vordere äußere und innere Rahmen: PsSal 1–2

Die Komposition der Psalmen Salomos erhält ihre formale Geschlossenheit durch die Voranstellung des 1. Liedes als Prolog und den Abschluss durch das 18. Lied als Epilog. Auf diesen äußeren Rahmen folgen als innerer die PsSal 2 und 17. In der Mitte der ganzen Komposition steht PsSal 8, so dass der Hintergrund der zum Untergang des hasmonäischen Königsreiches führenden Ereignisse die innere Komposition gliedert. PsSal 1 beginnt mit der Klage über ein plötzliches Kriegsgeschrei, das Jerusalem aus seiner vermeintlichen Sicherheit aufgeschreckt hat und öffnet damit den Vorhang zu einem Drama, dessen geschichtlicher Hintergrund sich dem Leser rückwärts schreitend in den PsSal 2, 8 und 17 enthüllt.

Setzen wir bei dem Prolog in PsSal 1 ein: Erschrocken wird Jerusalem dessen inne, dass der Reichtum ihre Kinder zu hybrider Selbstüberhebung verführt hatte, so dass sich diese mit heimlichen Sünden befleckt, damit die Heiden übertroffen und selbst das Heiligtum geschändet hatten (PsSal 1,1–8):

1 *Ich*[87] *riefzum Herrn in meiner tiefen Bedrängnis,*[88]
zu Gott, als (mich) die Sünder bedrückten.
2 *Als plötzlich Kriegsgeschrei an meine Ohren drang,*
sagte ich: „Er wird mich erhören, denn ich bin voller Gerechtigkeit.“

84 Vgl. 5,7.
85 Vgl. 18,3–4.
86 Vgl. 17,3 und weiterhin Jes 60,16; Sir 51,1 und z. B. Lk 1,47; I Tim 1,1; Jud 25 bzw. Lk 2,11; II Tim 1,10.
87 Nämlich: Jerusalem, vgl. Bar 4,5–29 und Klgl 1,9–22.

3 *Ich dachte in meinem Herzen,*[89] *dass ich voller Gerechtigkeit sei,*
weil es mir gut ging und ich viele Kinder[90] *hatte.*[91]
4 *Ihr Reichtum erstreckte sich über die ganze Erde*
und ihr Ruhm bis zum Ende der Erde.
5 *Sie erhoben sich selbst zu den Sternen*[92]
sie dachten,[93] *sie würden nicht fallen.*[94]
6 *Sie überhoben sich dank ihrer Güter*
und <hatten keine Einsicht>.[95]
7 *Ihre Sünden (geschahen) im Verborgenen,*
so dass ich es nicht wusste.[96]
8 *Ihr gesetzloses Handeln übertraf das der Heiden vor ihnen:*[97]
Durch Entweihung entweihten sie das Heiligtum des Herrn.[98]

Damit ist der Vorhang für das in der Leiderzählung in PsSal 2,1–14.19–21 Berichtete aufgezogen, worüber oben bereits ausführlich gehandelt ist:[99] Ein als Sünder bezeichneter Fremder kann mit seinen Legionären und Brechmaschinen zum Angriff gegen die Mauern des Tempelbezirkes antreten, Fremde können den Altar betreten, den die Jerusalemer selbst längst befleckt hatten, ihre Söhne und Töchter Jerusalems gefangen und deportiert werden, weil der Herr die Sünden der Jerusalemer heimsuchen wollte (2,1–14). Gott aber habe seine Gerechtigkeit vor aller Welt offenbart (2,32–37), dass er nicht nur die sündigen Jerusalemer, sondern in Erhörung des Beters auch den „*Hochmut des Drachens*", des hybriden fremden Eroberers ein schmachvolles Ende nehmen ließ (2,22–31).

88 Vgl. Ps 18 (G 17),7a.
89 Vgl. Ps 30(G 29),7.
90 Vgl. Jes 54,1.
91 Vgl. zu V.3b Dtn 7,13.
92 Vgl. Jes 14,13.
93 Wörtlich: sagten.
94 Vgl. Ps 10,6.
95 G liegt vermutlich eine Verlesung von Hebr. *hēbîʾû* und *hēbînû* zugrunde, vgl. von Gebhardt, Psalmen, 92 z. St und Holm-Nielsen, Psalmen, 62, der sich auf Delitzsch beruft; vgl. aber auch Wright, Psalms, 651 z. St., der an G festhält und das absolute „sie brachten" auf Opfer bezieht, so auch Scholtissek/Steins, Psalmen Salomos, in: Septuaginta Deutsch, 916.
96 Zur Form vgl. Traut, Lexikon, 337.
97 Vgl. II Chr 36,9; 8,13.
98 Vgl. 2,3; 8,12; Lev 8,9; Ez 5,11; 23,38: Götzendienst; 2,13 mit Lev 20,10–21: Blutschande. Zur Bedeutung des Kultes in den PsSal vgl. Knibb, Essays, 388–406; bes. 390–392.
99 Vgl. oben, 84–93.

5.2. Teil I. PsSal 3–7: Von den Gerechten und den Sündern

Vermutlich ist das 2. Lied als das in seiner überlieferten Fassung jüngste Lied zusammen mit dem Prolog vor das 3. Lied gestellt, so dass es als ein selbständiger Text zwischen dem Prolog und dem die Psalmen 3–7 umfassenden ersten Teil der Komposition steht. Die kleine Sammlung selbst beginnt mit dem lehrhaften Hymnus eines Einzelnen, der das Los des Gerechten mit dem des Sünders konfrontiert und den Frommen das ewige Leben im Licht des Herrn verheißt: (PsSal 3,1–10):

1 *Warum schläfst du, meine Seele und lobst du nicht den Herrn?*
Ein neues Lied singt Gott,[100] *der Lob verdient.*
2 *Singe und sei wach, da er erwacht ist;*
denn gut ist ein Lied für Gott aus gutem Herzen.
3 *Die Gerechten gedenken stets des Herrn,*
um die Gerechtigkeit der Gerichte des Herrn zu bekennen.
4 *Der Gerechte achtet es nicht für gering, wird er vom Herrn gezüchtigt;*
denn er hat stets am Herren Wohlgefallen.
5 *Strauchelt der Gerechte, so gibt er Gott Recht;*
Er fällt, und er wartet, was Gott für ihn tun wird.
(Er schaut aus, woher ihm Hilfe kommt).[101]
6 *Die Festigkeit der Gerechten (kommt) von Gott, ihrem Retter,*
im Hause des Gerechten weilt nicht Sünde um Sünde.[102]
7 *Der Gerechte untersucht beständig sein Haus,*
um Unrecht zu tilgen, (das) durch seine Übertretung (geschehen ist).
8 *Er sühnt unwissentliche Sünden durch Fasten und Demütigung seiner Seele*[103]
der Herr aber reinigt jeden Frommen und sein Haus.
9 *Strauchelt der Sünder, dann verflucht er sein Leben,*[104]
den Tag seiner Geburt und der Mutter Wehen.
10 *Sünde auf Sünde häuft er*[105] *in seinem Leben;*
fällt er, so ist sein Fall schlimm, und er steht nicht wieder auf.

Während sich der Gerechte der ihn reinigenden Züchtigung des Herrn demütig unterwirft, verflucht der Sünder sein Leben und sündigt weiter, so dass er seinem ewigen Untergang entgegengeht, während die Gottesfürchtigen zum ewigen Leben auferstehen. Damit ist festgestellt, dass zwischen dem Los des Gerechten und des Frevlers ein ewiger Unterschied besteht, wie

---

100 Vgl. Jes 42,10; Ps 33,3; 40,4; 96,1; 98,1 und 149,1.
101 Vgl. auch Ps 121,1b.
102 Vgl. auch Jes 30,1b.
103 Vgl. Hi 1,5, ferner Ps 35,13–14.
104 Vgl. Jer 20,14–15 und Hi 3,3–12.
105 Jes 30,1b.

es die V.11–12 als *summary appraisal* auf den Punkt bringen: Der Sünder wird für immer vergessen, während die, die den Herrn fürchten, zum ewigen Leben auferstehen (PsSal 3,11–12):

11 *Das Verderben des Sünders währt ewig,*[106]
bei der Heimsuchung der Gerechten wird seiner nicht gedacht.[107]
12 *Das ist das Teil der Sünder in Ewigkeit;*
aber die den Herren fürchten, erstehen zum ewigen Leben,[108]
sie leben im Lichte des Herrn, das nimmer erlischt.

Das Thema das Gegensatzes zwischen den Frommen und den Frevlern wandelt der folgende 4. Psalm in eigenartiger Weise ab: Er setzt in den V.1–5+8c mit der Anklage eines Entweihten, eines „Befleckten" oder „Weltkindes" (βέβηλος) ein,[109] der heuchlerisch als strenger Richter in der Versammlung der Frommen auftritt, während er heimlich Unzuchtsünden begeht und die Menschen zur Ungerechtigkeit verführt, um dann nach den V.6–8b sein Leben und das aller Heuchler zu verwünschen. Daran schließt sich, durch V.9 mit dem Vorausgehenden verklammert, in den V.10–13 die Fortsetzung der Anklage des Gottlosen und in den V.14–18 eine weitere gegen ihn gerichtete leidenschaftliche Verwünschung an, die in den V.19–22 verallgemeinernd auf die bezogen wird, die den Menschen zu gefallen suchen (ἀνθρωπαρέσκοι). Dann folgt in den V.23–25 ein *summary appraisal.* Es besteht aus einem Glückwunsch für alle, die den Herrn in Unschuld fürchten (V.23), einer Verwünschung aller hochmütigen Übeltäter (V.24) und einer an den Herrn gerichteten Bitte, dass seine Barmherzigkeit bei allen bleibe (V.25).[110] Hier sei lediglich die einleitende Anklage der V.1–5+8c wiedergegeben (PsSal 4,1–5+8c):

1 *Warum sitzt du, Weltkind, im Rat der Frommen,*[111]
obgleich dein Herz weit von dem Herrn entfernt ist
und du mit Übertretungen den Gott Israels erzürnst?
2 *Überragend*[112] *in Worten, überragend* <im Urteilen>[113] *über alle,*
hart in Worten, die Sünder zu verurteilen im Gericht.[114]

---

106 Vgl. 2,34b;14,9; 15,12–13.
107 Vgl. 13,11.
108 Vgl. 13,11
109 Zu den Versuchen, den Gottlosen zu identifizieren, vgl. Atkinson, Background, 138–141.
110 Zu den redaktionsgeschichtlichen Problemen vgl. unten, 138–141.
111 Vgl. Ps 1,1; 50,16–17.
112 S: „gefürchtet bist du".

3 *Auch ist seine Hand unter den Ersten wider ihn*[115] *wie im Eifer,*[116]
während er selbst in viele Sünden und Unzucht verstrickt ist.
4 *Seine Augen sind auf jedes* <unkeusche>[117] *Weib* (gerichtet),[118]
seine Zunge ist lügnerisch bei eidlichen Absprachen.[119]
5 *In der Nacht und im Verborgenen sündigt er,*[120] *als würde er nicht gesehen,*
mit seinen Augen redet er jede Frau an um sündiger Abmachung willen;
Schnell schlüpft er in jedes Haus mit Frohsinn als wäre er harmlos.

Der 5. Psalm setzt als ein individuelles Loblied auf Gottes Barmherzigkeit ein, dank der er sich als Zuflucht der Armen erweist. Da Gott der Geber aller Gaben und Herr über des Menschen Schicksal ist,[121] bleibt dem Notleidenden kein anderer Weg, als solange zu seinem Gott zu rufen, bis er sein Schweigen aufgibt und ihm antwortet, indem er ihm hilft (PsSal 5,1–4):

1 *Herr Gott, ich preise Deinen Namen mit Jubel*
inmitten derer, die deine gerechten Gerichte kennen;
2 *denn Du bist gütig und barmherzig, die Zuflucht des Armen.*
Schweige mir nicht, wenn ich zu Dir schreie!
3 *Denn keiner beraubt einen Gewaltigen,*
und wer könnte etwas von allem, was Du geschaffen hast, nehmen,
wenn Du nicht gibst?
4 *Denn der Mensch und sein Los (liegen) bei Dir auf der Waage,*
er vermag nichts zu dem, was Du, Gott, ihm bestimmt hast, hinzuzufügen.

---

113 Vgl. S: „mit deinen Zeichen". Doch ist das griechische σημείωσις im Kontext schwer verständlich. Holm-Nielsen, Psalmen Salomos, 69 z. St erwägt eine Verlesung von Hebr. *to'ar* mit *taw* (vgl. Ez 9,4.6 M mit G)? Als Gegensatz zu „Worten" würde „Gestalt, stattliche Erscheinung" jedenfalls passen. Doch noch besser erscheint es, mit einem *'ôtot* in der hebr. Vorlage zu rechnen und dieses mit „Schreiben" bzw. „Briefen" zu übersetzen; vgl. dazu Jastrow, Dictionary I, 36a-b s.v. *'ôt.* Vgl. aber auch Kittel, Psalmen Salomos, S.134, der mit „Gebärden" und ähnlich Scholtissek/Steins, Psalmen Salomos, 919, die mit „Gesten" übersetzen. Ansprechender Prigent, Psaumes, 961 Anm. zu V.2, der „signe" im Sinne von „décision" („Entscheidung, richterlicher Spruch") interpretiert. Damit ist der Parallelismus zu V.2b hergestellt.

114 Vgl. immerhin Jos. Ant.XX.199.

115 Nämlich: den Sünder.

116 Vgl. Dtn 17,7.

117 Lies mit S, vgl. Holm-Nielsen, Psalmen, 70 z.St.

118 Vgl. 8,9–10.

119 Vgl. Lev 19,12 und Ps 24,4.

120 Vgl. 1,7; 8,9.

121 Zu der eigentümlichen kontextuellen Gebrochenheit der prädestinatianischen Aussage vgl. Meier, Mensch, 325–328 und seine Hinweise zu 8,5 auf 328–330 und zu 16,5 auf 330–332.

Das Thema dieses einleitenden Bekenntnisses zu Gott als dem Herrn und barmherzigen Helfer des Armen und Lenker des menschlichen Schicksals findet in dem lehrhaften Bekenntnis zu ihm als dem Ernährer alles Lebens in den V.9–15 seine Aufnahme. Dazwischen steht in den V.5–8 ein Gebet, das in eigentümlicher Weise von einer allgemeinen, in der 1. Person Plural formulierten Doppelbitte in den V.5–7 zu einer speziellen in der 1. Person Singular wechselt.[122] Dabei versichern die Beter in V.5, dass sie grundsätzlich in ihrer Not zu dem Gott rufen, der sie erhört, weil sie mit ihm in einem besonderen Treueverhältnis stehen. V.6 begründet die Bitte um Aufhebung eines von ihm verhängten anhaltenden Unglücks damit, dass seine Dauer die Beter zur Sünde verleiten könnte. Doch wird dieser Hinweis in V.7 sogleich durch die Versicherung aufgehoben, dass sie sich auch durch Abweisung ihres Betens nicht davon abhalten lassen würden, zu ihm zu kommen und d.h. zu ihm zu beten. Im Kontext gewinnen diese Verse lehrhaften Charakter, indem sie die Leser dazu ermuntern, auch in schweren Tagen nicht von ihrem Beten abzulassen und darauf zu vertrauen, dass er sie zu seiner Zeit erhören wird. Die letzte, in der 1. Pers. Singular formulierte Bitte von V.8 zieht aus dem in den V.5–7 Gesagten die Folgerung und lässt den einzelnen Beter versichern, dass er sich, wenn er hungert, an Gott wendet und von ihm versorgt wird (PsSal 5,5–8):

5 *In unsrer Not rufen wir Dich um Hilfe an,*[123]
und Du weist unsre Bitte nicht zurück;
denn Du bist unser Gott.
6 *Lasse Deine Hand nicht auf uns lasten,*
damit wir wegen unserer Not nicht sündigen.
7 *Und wenn Du Dich nicht zu uns wendest, lassen wir nicht ab,*
sondern kommen zu Dir.
8 *Denn wenn ich hungere, schreie ich zu Dir, o Gott,*
und Du gibst mir.

Mit der Spezialisierung der generellen Aussagen auf den Fall des hungernden Beters ist der Übergang zu den V.9–11 geschafft, die Gott in den V.9–11 als den Versorger alles Lebens preisen und damit den Gebetswunsch in V.12 vorbereiten, er möge als der dafür allein zuständige die Seele des Armen erfreuen und ihm in seinem Erbarmen die Hand öffnen (PsSal 5,9–11):

---

122 Zum redaktionsgeschichtlichen Problem des Psalms vgl. unten, 141–145.
123 Vgl. Ps 17,7 (G) mit 18,6 (M.).

9 *Die Vögel und die Fische, Du nährst sie;*[124]
indem du Regen den Triften gibst, damit junges Grün sproßt,
10 *bereitest Du Nahrung in der Steppe für alles, was lebt,*
und wenn sie hungern, erheben sie ihr Antlitz zu Dir.
11 *Könige und Herrscher und Völker, Du nährst sie, o Gott;*
und wer ist des Armen und Bedürftigen Hoffnung wenn nicht Du, Herr?
12 *Und Du wirst erhören; denn wer ist gütig und freundlich außer Dir?*
Erfreue die Seele des Geringen, indem Du Deine Hand in Barmherzigkeit öffnest!

Die V.13–15 stellen die Kargheit und Lieblosigkeit menschlichen Helfens der Güte und Freundlichkeit des Gottes gegenüber, der die ganze Erde versorgt und daher auch den, der auf ihn hofft, keinen Mangel leiden lässt (PsSal 5,13–15):[125]

13 *Die Güte des Menschen ist sparsam und* <herzlos>[126],
und wenn er sie ohne Murren wiederholt, so ist es ein Wunder.
14 *Aber Deine Gabe ist groß, voller Güte und reichlich.*
und niemand hofft auf Dich, dem es an Gaben mangelt.
15 *Der ganzen Erde gilt, Herr, Deine Barmherzigkeit und Güte.*

Doch mit der in den V.16–17 folgenden Gratulation nimmt der Gedanke eine erneute Wendung, denn in ihnen wird der Mensch glücklich gepriesen, dem Gott nur soviel gibt, wie er zum Leben braucht, weil der Mensch im Überfluß leicht dem Sündigen verfällt. Den Segen Gottes erkennt man also nicht daran, dass er einem im Übermaß, sondern mit Maßen gibt. Damit hat der überaus reflektierte Dichter sein eigentliches Lehrziel erreicht. Es besteht darin, den Frommen zu versichern, dass sie nicht nur keinen Grund zu murren haben, wenn ihnen Gott nicht mehr gibt, als sie zum Leben brauchen, sondern dass darin ein Akt seiner besonderen Barmherzigkeit liegt, weil er sie auf diese Weise hindern will, dass sie ihn und seine Gebote in ihrem Wohlleben vergessen (PsSal 5,16–17):

16 *Wohl dem, an den Gott in hinreichendem Maße gedenkt;*
denn hat der Mensch Überfluss, versündigt er sich.
17 *Ausreichend ist das Zugemessene in Gerechtigkeit,*
denn darin (besteht) der Segen des Herrn, sich in Gerechtigkeit zu sättigen.

---

124 Zur Interpunktion vgl. Holm-Nielsen, Psalmen, 74.

125 Vgl. auch Sir 18,13.

126 Lies nach dem Vorschlag von Gebhardts, Psalmen, 106 z.St.

Der Wahrspruch in V.18a generalisiert die Lehre dahingehend, dass die, die den Herrn fürchten, sich seiner Güte freuen sollen. Dann aber lenkt V.18b mit seiner Bitte, seine Güter mögen in seinem Reich über Israel kommen, den Blick auf den erhofften Anbruch der Heilszeit, in der das Königtum Gottes sich auf dieser Erde vollendet und in der niemand Not leiden wird. Daher preist die abschließende Benediktion in V.18 die Herrlichkeit des Herrn, der Israels König ist und bleibt (PsSal 5,18–19):[127]

18 *Freuen sollen sich der Güter, die den Herrn fürchten,*
und Deine Güte (komme) über Israel in Deinem Reich!
19 *Gepriesen sei die Herrlichkeit des Herrn, denn er ist unser König!*

Die Erhörungsgewissheit will auch der folgende 6. Psalm einprägen, indem er dem Manne Glück wünscht, der von Herzen den Namen des Herrn anruft, weil der seine Wege ebnet und seine Werke behütet, so dass er furchtlos schlafen und den Namen des Herrn erwachend preisen kann. Nicht erst im Leben der kommenden Welt, sondern schon jetzt und hier erfährt der Fromme Gottes Segen, weil der Herr seine Gebete erhört (PsSal.6,1–6):

1 *Glücklich der Mann,*[128] *dessen Herz bereit ist, des Herren Namen anzurufen;*
wenn er an den Namen des Herrn denkt, wird er gerettet.
2 *Seine Wege werden vom Herrn geebnet*
und die Werke seiner Hände vom Herrn beschützt.[129]
3 *Seine Seele wird nicht durch den Anblick der Bösen erschreckt,*
zieht er durch Ströme und das Tosen der Meere, gerät er nicht in Angst.[130]
4 *Erhebt er sich aus dem Schlaf,*[131] *so preist er den Namen des Herrn,*
in der Festigkeit seines Herzens verherrlicht er den Namen seines Gottes.
5 *Er bittet vor dem Angesicht des Herrn für sein ganzes Haus,*[132]
der Herr aber erhört das Gebet eines jeden, der Gott fürchtet.[133]
6 *Und jede Bitte einer auf ihn hoffenden Seele erfüllt der Herr.*[134]
Gelobt sei der Herr,[135] *der Barmherzigkeit übt an denen, die ihn*
in Wahrheit lieben.[136]

127 Vgl. auch die Schlussdoxologien in 2,37; 4,25; 6,6b; 8,34; 9,11; 10,8; 11,9; 12,6; 13,12 und 17,46, die vermutlich Folge einer übergreifenden redaktionellen Bearbeitung sind.
128 Zum Makarismos vgl. PsSal 10,1 und z. B. Ps 1,1; 32,1; 40,5; 84,6; 112,1 und 140,5.
129 Vgl. Ps 90,17.
130 Vgl. auch Ps 46,4.
131 Vgl. Dtn 6,7 und b.Ber. I.i.
132 Vgl. auch Hi 1,5.
133 Vgl. Prov 15,29 und z. B. die Bitten Ps 17,14; 143,1.
134 Vgl. Ps 91,15 und 38,16.
135 Vgl. 2,37.
136 Vgl. 10,3; 14,1, vgl. auch 3,12.

Blicken wir zurück, so erkennen wir, dass die PsSal 3 – 6 eine kleine Lehre für das richtige Leben des Frommen sind. Das 3. Lied prägt ihm ein, dass Gott den Gerechten züchtigt, um ihn zu seinem ewigen Heil zu führen, und grenzt ihn damit scharf von den Frevlern ab. Das 4. tröstet ihn angesichts von Heuchlern, welche die Maske des Gerechten tragen, mit dem Glückwunsch, dass die den Herrn in Unschuld fürchten, von ihm aus der Gewalt der Sünder und Frevler befreit werden. Das 5. lehrt ihn, seinen Gott in allen Nöten und zumal, wenn er hungert, anzurufen und darin, dass er ihm nur soviel gibt, wie er zum Leben braucht, Gottes besondere Barmherzigkeit zu erkennen, die ihn vor Sünden bewahren will. Das 6. aber fordert ihn auf, zu keiner Zeit vom Gebet abzulassen, weil Gott das Gebet des Gottesfürchtigen erhört. Es sind, so können wir zusammenfassend sagen, die geduldigen Beter, die im Vertrauen auf ihren Gott weder in dieser Zeit noch in der Ewigkeit zu kurz kommen, weil Gott sie in diesem Leben behütet und ausreichend versorgt und sie im kommenden zum ewigen Leben auferwecken wird (3,12b-c).

5.3. PsSal 8 als Mitte der Komposition und seine Rahmung durch PsSal 7 und 9.

PsSal 8 bildet mit seinem Rückblick auf die Ereignisse, die dem Angriff des Pompejus auf Jerusalem vorausgegangen sind, und seiner Bitte, Gott möge sich Israels erbarmen und es aus seiner Zerstreuung sammeln, den Mittelpunkt der ganzen Komposition. Er greift geschichtlich hinter den 2. Psalm zurück und weist in doppelter Weise auf den 17. voraus, der die Frage nach der Ursache für den Fall des hasmonäischen Reiches von seiner Wurzel her beantwortet und in die Verheißung des Königs aus dem Davidsgeschlecht mündet, der Israel befreien und sich die Völker der Erde unterwerfen wird. PsSal 8 wird seinerseits durch den 7. und 9. Psalm gerahmt. Dabei bittet PsSal 7 um Bewahrung vor dem Überfall der Heiden, während Ps 9 mit einem Rückblick auf das göttliche Strafgericht der Exilierung und Zerstreuung Israels unter die Völker einsetzt und mit dem Vertrauensbekenntnis zur ewigen Dauer des Abrahambundes und damit zugleich der Barmherzigkeit Gottes über das Haus Israel endet. Der Psalm, der das jüngste Gottesgericht über sein Volk rechtfertigt, steht so zwischen dem Gebet um Rettung vor den Heiden und dem Bekenntnis zur Bundestreue Gottes zu seinem Volk.

Der 7. Psalm ist ein Klagelied, das durch einen Einzelnen im Namen seiner Gemeinschaft eröffnet wird. Es könnte kurz vor dem Angriff der

Römer auf Jerusalem im Jahre 63 v. Chr. verfasst worden sein.[137] In ihm überwiegt das Vertrauen auf Gottes Hilfe die Furcht vor dem nahenden Unglück. Mag sein Volk auch derzeit von ihm geschlagen und gezüchtigt werden, so bleibt er doch sein Helfer, der sich am verheißenen Tage des Hauses Jakobs erbarmen wird. Damit ist die Verbindung ebenso mit dem 8. wie dem 17. Psalm hergestellt. (PsSal 7,1–8):

1 *Sei nicht fern von mir, Gott,*[138]
damit nicht über uns herfallen, die uns grundlos hassen.[139]
2 *Weil Du sie verstoßen hast, Gott,*
zertrete ihr Fuß nicht dein heiliges Erbe.[140]
3 *Züchtige uns nach Deinem Willen,*[141]
aber gib uns nicht den Heiden preis.
4 *Denn wenn Du den Tod*[142] *sendest,*
gibst Du ihm Befehl um unsertwillen.
5 *Denn Du bist barmherzig,*
und zürnst nicht, um uns zu vernichten.
6 *Wenn Dein Name in unsrer Mitte wohnt,*[143] *finden wir Erbarmen,*
und vermag kein Volk etwas wider uns.
7 *Denn Du bist unser Schild,*[144]
und wenn wir Dich anrufen, wirst Du uns erhören.[145]
8 *Denn Du wirst Dich über das Volk Israel*[146] *in Ewigkeit erbarmen*
und wirst (es) *nicht verstoßen.*
9 *Und wir* (sind) *dauernd unter Deinem Joch*
und unter der Geißel Deiner Züchtigung.
10 *Du wirst uns leiten zur Zeit Deiner Hilfe,*
um Dich des Hauses Jakobs zu erbarmen
an dem Tage, den Du ihnen verheißen hast.

So wie das 1. das 2. Lied prägen auch das 7. und 8. Israel ein, dass es sich vor allen Angriffen der von Gott verworfenen Heiden nicht zu fürchten braucht,

137 Vgl. dazu oben, 86–89.
138 Vgl. Ps 22,12a; 35,22b; 38,22b; 71,12a.
139 Vgl. auch Ps 35.19aα und 38,20aα.
140 Zur Übersetzung von V.2b vgl. Scholtissek/Steins, Psalmen Salomos, 921. Zur Sache vgl. auch 2,3; 8,12 und 17,22.
141 Vgl. V.9; 8,26 und 16,11.
142 Vermutlich steht im Grundtext „Pest", vgl. die Übersetzung von G zu Lev 26,25 und 2. Sam 24,13–15 und z. B. Viteau, Psaumes, 289 und Holm-Nielsen, Psalmen, 77 z.St.
143 Vgl. z. B. Dtn 12,5.11; Jer 7,12 und Neh 1,9.
144 Vgl. z. B. Ps 3,4; 18,31; 28,7; 84,10; 89,19 und die Rückübersetzung von Frankenberg, Datierung, 73.
145 Vgl. z. B. Ps 4,4; 102,3; vgl. 50,15 und 91,15.
146 Vgl. Ps 22,24; Jes 45,25; G: „Geschlecht", vgl. auch Frankenberg, Datierung, 73.

weil er sich ihrer zu seiner Züchtigungen bedient, die nichts an seiner ewigen Erwählung als dem Grund seiner Erlösung ändern. Das 8. Lied erinnert an die Leiden, die Gott über Jerusalem und das ganze Land gebracht hat, indem er die Hasmonäer verblendete und dadurch die Katastrophe des Reiches und den Tod vieler Jerusalemer herbeiführte.[147] So ist es alles andere als zufällig, dass der anschließende 9. Psalm den Blick auf die Exilierung Israels als das große Lehrstück der göttlichen Gerechtigkeit richtet: Was von dem Volk galt, gilt auch von dem Einzelnen: Jeder Mensch bestimmt mit seiner Entscheidung über sein Tun zugleich sein Ergehen, weil Gott in seiner Gerechtigkeit einem jedem nach seinem Tun vergilt. Dabei lässt er den Sündern Raum zur Umkehr, so dass er ihnen vergeben kann und sie nicht bestrafen muss. Daher stellen sich ihm die Beter als die reuigen und begnadigten Sünder vor: Als solche dürfen sie ihn anrufen, sie keinem weiteren Überfall ihrer Feinde auszuliefern, weil sie Abrahams Samen und damit die sind, um deretwillen der Herr den Bund mit den Vätern geschlossen hat (PsSal 9,1–11):

1 *Als Israel weggeführt wurde in die Gefangenschaft in ein fremdes Land,*
weil sie abgefallen waren vom Herrn, ihrem Erlöser,[148]
wurden sie verstoßen von dem Erbteil,[149] *das ihnen der Herr gegeben hatte.*[150]
2 *Unter alle Völker* (geschah) *die Zerstreuung Israels nach Gottes Wort;*[151]
damit Du gerechtfertigt würdest, Gott, in Deiner Gerechtigkeit aufgrund unsrer Sünden;
denn Du bist ein gerechter Richter über alle Völker der Erde.[152]
3 *Denn niemand, der Unrecht tut, kann sich vor Deiner Erkenntnis verbergen,*[153]
und die gerechten Taten der Heiligen sind vor Deinem Angesicht, Herr;
und wo könnte sich ein Mensch vor Deiner Erkenntnis verbergen?
4 *Unsere Taten* (geschehen) *nach unserer Wahl und dem Vermögen unserer Seele,*
Recht oder Unrecht zu tun mit den Werken unserer Hände,[154]
aber Du suchst die Menschenkinder in Deiner Gerechtigkeit heim.

---

147 Vgl. dazu ausführlich oben, 93–98.
148 Anspielung auf die Herausführung aus Ägypten.
149 Vgl. Jer 16,13, vgl. 22,26.
150 Vgl. Bar 1,15–22.
151 Vgl. Bar 2,1.
152 Vgl. Ps 7,9 und 2,18 und 4,24b.
153 Vgl. Sir 16,17–23.
154 Vgl. Sir 15,14–17.

5 *Wer Gerechtigkeit tut, erwirbt sich Leben beim Herrn,*
und wer Unrecht tut, verwirkt sein eigenes Leben,[155]
denn die Urteile des Herrn über einen Man und <sein>[156] *Haus sind gerecht.*
6 *Wem erweist Du Dich gnädig, Gott, wenn nicht denen, die den Herrn anrufen?*
Eine Seele in Sünden reinigst Du, wenn sie offen bekennt;
denn Schande liegt auf uns und unsren Gesichtern[157] *wegen allem.*
7 *Doch wem willst Du Sünden vergeben, wenn nicht den Sündern?*
Gerechte segnest Du und brauchst sie nicht ob ihrer Sünden zu bestrafen,
aber Deine Güte waltet über den reuigen Sündern.
8 *Doch nun: Du bist Gott und wir ein*[158] *Volk, das Du liebst;*
sieh und erbarme Dich, Gott Israels, denn wir sind Dein,
und entziehe uns nicht Dein Erbarmen, damit sie uns nicht bedrängen.
9 *Denn Du hast Abrahams Samen vor allen Völkern erwählt*
und auf uns Deinen Namen gelegt, Herr,
und Du wirst (uns) nicht für immer verstoßen.[159]
10 *Einen Bund hast Du mit unseren Vätern um unseretwillen geschlossen,*[160]
daher hoffen wir auf Dich in Umkehr unserer Seele.
11 *Die Barmherzigkeit des Herrn (sei) über dem Haus Israel für*
immer und ewig.[161]

5.4. Teil II. PsSal 10–16: Vom Trost der Hoffnung für die Gerechten

Es entspricht der paränetischen Absicht des Komponisten, dass er auf diese drei Lieder, die von Gottes Gerechtigkeit im Leben des Volkes handeln, sogleich im 10. Psalm ein solches folgen lässt, das den Menschen glücklich preist, den der Herr züchtigt und der seine Züchtigung demütig annimmt. Doch bleibt auch in ihm der Gedanke nicht bei dem Einzelnen stehen, sondern er wird sogleich generalisierend auf Israel ausgeweitet: Gott verwirklicht seinen Bund an Israel, indem er es heimsucht. So soll und kann das Lob Israels mit dem des Frommen zugleich erklingen, weil Gott beide in gleicher Absicht gemäß seiner Bundestreue heimsucht (PsSal 10,1–8):

155 Vgl. Dtn 30,19–20 und Sir 15,16–17.
156 Lies mit S.
157 Vgl. Ps 44,6 und Dan 9,7.
158 S: „dein Volk.“.
159 Vgl. von Gebhardt, Psalmen Salomos, 78 z.St. und zur Sache Ps 44 (G 43),24 und 77 (G 76),8.
160 Vgl. Gen 15,5 und 17,4–5; Sir 44,19–22.
161 Vgl. auch 4,25.

1 *Wohl dem Manne,*[162] *dessen der Herr mit Prüfung gedenkt*[163]
und mit einer Zuchtrute vom bösen Wege abhält;[164]
damit er von Sünden gereinigt wird und sie nicht vermehrt.
2 *Wer seinen Rücken den Schlägen darbietet,*[165] *wird gereinigt,*
denn der Herr ist denen gütig,[166] *die Zucht annehmen.*
3 *Denn er macht den Weg des Gerechten gerade und verdreht ihn nicht durch Züchtigung;*
denn das Erbarmen des Herrn (waltet) *über denen, die ihn in Wahrheit lieben.*[167]
4 *Und der Herr gedenkt seiner Knechte mit Erbarmen;*
wie es im Gesetz des Bundes für immer bezeugt ist:
Der Herr bezeugt sich auf den Wegen der Menschen, indem er sie heimsucht.[168]
5 *Gerecht und heilig*[169] *ist unser Herr in seinen Gerichten in Ewigkeit,*[170]
aber Israel preise den Namen des Herrn mit Freuden.
6 *Und die Frommen mögen ihm in der Versammlung des Volkes danken*[171]
weil Gott sich der Armen[172] *erbarmt zu Israels Freude;*
7 *denn gütig und barmherzig ist der Herr in Ewigkeit,*[173]
und die Versammlungen Israels[174] *sollen den Namen des Herren preisen.*
8 *Das Heil des Herrn* (komme) *über das Haus Israel zu ewiger Freude.*[175]

Diese Heilsgewissheit wird sogleich im folgenden 11. Psalm mit einer Ankündigung der Heimkehr der Zerstreuten zum Zion entfaltet, die sich auf eine Reihe entsprechender Heilsworte aus der Deutero- und Tritojesajanischen Sammlung stützt, und den Herrn abschließend darum bittet, nach seinen Worten zu handeln und Israel im Namen seiner Herrlichkeit aufzurichten (PsSal 11,1–9):

162 Zum Makarismos vgl. 6,1.
163 Vgl. Ps 94,12.
164 Wörtlich: „umzingelt." Zur Diskussion vgl. Holm-Nielsen, Psalmen Salomos, 84.
165 Vgl. Jes 50,6, aber auch Prov 19,29.
166 Vgl. 2,36; 5,2.12; 14,12 und 16,15.
167 Vgl. 4,25; 6,6 und 14,1.
168 Vgl. Kittel, Psalmen Salomos, 140 .
169 Holm-Nielsem, Psalmen, 85 merkt zur Stelle an, dass das Wort ὅσιος auf Gott bezogen in den PsSal nur hier vorkommt.
170 Vgl. 2,10.15; 3,3; 4,8; 5,1; 8,7.23.32.34; 9,5 und 17,10.
171 Vgl. Ps 22,23.26 und 150,1.
172 Vgl. 5,2.11; 15,1 und 18,2.
173 Vgl. 2,36; 5,2.12; 7,5 und 10,2.
174 Vgl. 17,12: Versammlung der Frommen; 17,43–44: Versammlungen der Stämme.
175 Vgl. 9,11; 11,9 und 12,6.

1 *Stoßt auf Zion in die Signaltrompete für die Heiligen,*[176]
verkündigt in Jerusalem die Botschaft der Freudenboten;[177]
denn Gott hat sich Israels erbarmt und sie besucht.
2 *Steige, Jerusalem, auf die Höhe*[178] *und sieh Deine Kinder*[179]
vom Osten und Westen hat sie der Herr auf einmal versammelt.[180]
3 *Sie kommen von Norden in der Freude ihres Gottes.*[181]
von den Inseln aus der Ferne[182] *hat sie Gott versammelt.*
4 *Hohe Berge hat er für sie zur Ebne erniedrigt,*[183]
die Hügel flohen vor ihrem Einzug.
5 *Die Wälder boten ihnen Schatten auf ihrem Zuge,*
duftende Wälder ließ Gott für sie sprießen,[184]
6 *damit Israel hinziehe im herrlichen Schutz*[185] *seines Gottes.*
7 *Bekleide Dich, Jerusalem, mit deinen herrlichen Kleidern,*[186]
lege dein heiliges Gewand bereit;
denn Gott hat Israel Gutes versprochen für immer und ewig,[187]
8 *Es tue der Herr, was er verheißen über Israel und Jerusalem,*
es richte der Herr Israel auf im Namen seiner Herrlichkeit!
9 *Die Barmherzigkeit Gottes* (walte) *über Israel für immer und ewig.*[188]

Doch ehe die Komposition mit dem 17. Psalm ihren Höhepunkt erreicht, folgen noch einmal fünf Lieder, um die Frommen trotz aller Anfechtungen auf dem rechten Weg zu bewahren. Am Anfang steht im 12. Psalm eine Bittklage um die Rettung des Gerechten vor der Zunge und d. h. den lügnerischen Verleumdungen der Gesetzlosen und Bösen. Mit ihren beiden letzten Versen leitet sie von dem Doppelwunsch, der Herr möge den Friedlichen behüten und seinem Haus Frieden geben, zu dem antithetischen Wunsch für die Frommen und die Sünder weiter: Über Israel, seinen Knecht, möge das ewige Heil des Herrn kommen, so dass die Frommen seine Verheißungen erben, während die Sünder fern vom Herrn zugrunde gehen (PsSal 12,1–6):

---

176 So übersetzen glücklich Scholtissek/Steins, Psalmen Salomos, 925.
177 Vgl. Jes 52,7 und 40,9.
178 Vgl. Jes 40,9.
179 Vgl. Bar 4,36–37.
180 Vgl. Jes 49,18.
181 Vgl. Jes 35,10 = 51,11.
182 Vgl. Jes 66,19.
183 Vgl. Jes 40,4 und Bar 5,7.
184 Vgl. Bar 5,8.
185 Wörtlich: „der Heimsuchung".
186 Vgl. 5,1–3 und als Hintergrund Jes 52,1.
187 Vgl. auch Bar 5,4.
188 Vgl. 9,11.

1 *Herr, rette meine Seele vor dem Gesetzlosen und Bösen,*
vor der Zunge des Frevlers und des Verleumders,
die Lug und Trug redet.
2 *Die Worte der Zunge des bösen Mannes sind von verschlagener List,*
wie ein Feuer <auf der Tenne>, *das* <Halme> *verzehrt.*[189]
3 <Seine Freude> (ist es), *Häuser mit seiner verlogenen Zunge anzustecken, mit verbrecherischer Freude Bäume*[190] *zu entflammen,*
Häuser zu vernichten durch den Streit listiger Lippen.
4 *Gott möge von den Unschuldigen die bedrängenden Lippen der Gesetzlosen entfernen;*
mögen die Gebeine der Verleumder zerstreut werden, von denen hinweg, die den Herrn fürchten;
5 *Bewahre, Herr, die sanftmütige Seele, welche die Frevler hasst,*
aber es leite der Herr den Mann, der Frieden in (seinem) *Hause übt.*[191]
6 *Das Heil des Herrn* (komme) *über Israel, seinen Knecht*[192] *in Ewigkeit;*
Und die Sünder mögen verschwinden auf einmal vor dem Antlitz des Herrn,[193]
aber die Frommen des Herrn mögen die Verheißungen des Herren erben![194]

Der folgende 13. Psalm antwortet auf diese Bittklage mit einem lehrhaften Danklied über die Rettung des Lebens der Gerechten[195] und einer kleinen Lehre über die unterschiedliche Art der Züchtigung der Frevler und der Gottlosen, die durch eine Verheißung des ewigen Lebens der Gerechten begründet wird. Sie rahmt ihrerseits eine Ankündigung der vollkommenen Vernichtung der Gottlosen. Da die V.5–9 das in 3,4–8 eingeführte Thema der göttlichen Züchtigung des Gerechten aufnehmen und ihren besonderen, von der Züchtigung des Gottlosen unterschiedenen Charakter hervorheben, seien sie hier mitgeteilt (PsSal 13,5–10):[196]

189 Vgl. zu den Konjekturen Kittel, Psalmen Salomos, 141 und zur Schwierigkeit des überlieferten Textes Holm-Nielsen, Psalmen, 86.

190 Oder „Bäume der Freude verbrecherisch abzuschlagen“? Zur Wendung „Bäume der Freude“ vgl. 1QH VIII.19–20.

191 Vgl. 3,6–7 und 6,5.

192 παῖς nur hier und in 17,21.

193 Vgl. auch Ps 68,3.

194 Vgl. 14,10.

195 Zur möglicherweise nach der Besetzung und Eroberung Jerusalems durch Pompejus erfolgten Enstehung des Liedes vgl. Atkinson, Background, 126.

196 Vgl. auch Sir 2,1–18.

5 *Der Gottesfürchtige geriet wegen seiner*[197] *Übertretungen in Schrecken,*
damit er nicht etwa mit den Sündern weggerafft würde;[198]
6 *denn das Ende der Sünder ist furchtbar,*
aber der Gerechte wird von dem allen nicht betroffen.
7 *Denn die Züchtigung der Gerechten aufgrund ihrer Unwissenheit*
gleicht nicht dem Ende der Sünder.
8 *Im Verborgenen wird der Gerechte gezüchtigt,*
damit sich der Sünder nicht über den Gerechten freut.
9 *Denn der Gerechte wird wie ein geliebter Sohn ermahnt,*
und seine Züchtigung ist wie die eines Erstgeborenen.
10 *Denn der Herr verschont seine Frommen,*
und tilgt ihre Übertretungen durch Züchtigung.

Die Züchtigung des Gerechten geschieht im Verborgenen: Sie endet nicht in einer allen sichtbaren Katastrophe, sondern erfolgt so, dass sie von den Außenstehenden gar nicht wahrgenommen werden und daher den Sündern keinen Anlass zu schadenfrohem Spott geben kann. Denn Gott will ihn dadurch auf ihm selbst verborgenen Sünden aufmerksam machen und so auf dem Pfad der Gerechtigkeit erhalten. Gott nimmt dabei gleichsam die Rolle des Vaters ein, der seinen Sohn züchtigt, weil er ihn liebt (Prov 13,24). Hat er ihn zurechtgewiesen, so ist seine Sündenschuld getilgt.[199]

Der in der Mitte der kleinen Komposition stehende 14. Psalm ist durch und durch lehrhaft. Er unterstreicht die Botschaft des vorausgehenden Liedes, indem er denen, die den Herrn wahrhaftig lieben, seine Züchtigung annehmen und nach seinen Geboten[200] bzw. seinem Gesetz wandeln,[201] das ewige Leben verheißt (PsSal 14,1–5):

1 *Treu ist der Herr denen, die ihn in Wahrheit lieben,*[202]
denen, die geduldig seine Züchtigung ertragen;[203]
2 *die in der Gerechtigkeit seiner Gebote wandeln,*[204]
in dem Gesetz, das er uns befahl zu unserem Leben.[205]
3 *Die Frommen des Herrn werden durch es in Ewigkeit leben,*[206]
der Lustgarten des Herrn,[207] *die Bäume des Lebens*[208] (sind) *seine Frommen.*

197 eigenen!
198 Vgl. Ps 26,9.
199 Vgl. aber auch 3,8.
200 Vgl. Dtn 10,11–12.
201 Vgl. Sir 17,11.
202 Vgl. Dtn 7,9 sowie 4,25 und bes. 6,6 und 10,3.
203 Vgl. 10,2, ferner 16,15.
204 Vgl. Ps 1,1–2.
205 Vgl. Sir 17,11; 45,5, ferner Bar 4,1.
206 Vgl. Lev 18,5.

4 *Ihre Pflanzung ist verwurzelt für die Ewigkeit,*
sie werden nicht ausgerissen alle Tage des Himmels.[209]
5 *Denn Israel ist das Teil und Erbe Gottes.*[210]

Hier werden die Frommen gleichsam als das Paradies, der Garten Gottes mit seinen Lebensbäumen, angesprochen, die für alle Zeit fest verwurzelt sind (V.3–4).[211] Anders geht es den Sündern, die sich sexuellen Vergnügungen hingeben und so *„an Moder ihre Lust haben"*: Sie laufen im Gegensatz zu den Frommen, die ein Leben in Freuden erwartet, unentrinnbar in ihr Verderben.[212] Denn Gott bleibt nichts verborgen, was die Menschen tun: er kennt ihre innersten Gedanken, noch ehe sie geschaffen wurden (PsSal 14,6–10):[213]

6 *Aber nicht so die Sünder und Gesetzlosen,*[214]
die den Tag in der Hingabe an ihre Sünden lieben.[215]
7 *Nach niedriger*[216] *Fäulnis* (steht) *ihr Verlangen,*
und sie gedenken Gottes nicht.[217]
8 *Doch die Wege der Menschen sind ihm allezeit bekannt,*[218]
und Kammern des Herzens kennt er,[219] *ehe sie wurden.*[220]
9 *Deswegen* (sind) *ihr Erbe Unterwelt und Finsternis und Verderben;*[221]
10 *aber die Frommen des Herrn erben ein Leben in Freuden.*[222]

Der 15. Psalm setzt das Thema in einem lehrhaften individuellen Danklied fort, um in seinem zweiten Teil noch einmal den Gegensatz zwischen dem Los des Frommen und dem der Gottlosen in diesem und dem künftigen

207 Vgl. Gen 2–3, weiterhin 12,3b.
208 Zur Formel vgl. z. B. Prov 3,18 und 11,30; zur Metapher auch Ps 1,3 und weiterhin mit Holm-Nielsen, Psalmen, 91 z. St. Ps 92,13; IV Makk. 18,16; I Hen 10,16; 93,2–5; Jes 61,3; 65,22; Ez 31,8–9.
209 Zur Formel vgl. Ps 89,30; Bar 1,11.
210 Vgl. Dtn 32, 9; Ps 78,71; PsSal 7,2; ferner 9,8.
211 Vgl. Philo.All.I.56–62 und Migr.37.
212 Vgl. PsSal 3, 9–12.
213 Vgl. auch Sir 16,17–23 (G).
214 Vgl. Ps 1,4.
215 Die Wendung „den Tag lieben" bedeutet nach ihrer Parallele in Ps 34,13 „das Leben lieben."
216 Zur Problematik des Wortes μικρότης vgl. Holm-Nielsen, Psalmen, 91 z. St.
217 Vgl. 4,21.
218 Vgl. 9,3 und Ps 1,6 sowie Ps 119,68; 139,3.
219 Vgl. Prov 20,27 und Weish 1,6–8.
220 Vgl. Ps 139,16.
221 Vgl. auch 15,10.
222 Vgl. 3,12; 10,8; 13,11 und 15,13.

Leben mit kräftigen Farben hervorzuheben. Dabei erklärt der Dichter im Aufgesang, dass jeder, der Gott aus fröhlichem und gerechtem Herzen lobt und damit gleichsam ein Erstlingsopfer darbringt, am Tage des göttlichen Zorns unversehrt bleiben wird, während die Gottlosen durch Feuer verbrannt werden. Denn anders als die zur Vernichtung bestimmten und entsprechend markierten Sünder tragen sie ein Zeichen, das sie als Gottes Schützlinge ausweist. Die Vorstellung von der Zeichnung der Gerechten, die sie vor den Gerichtsengeln bewahren soll, stammt aus Ez 9,1–11. Bei dem kontrastierenden Zug in V.9b, dass umgekehrt die Frevler ein Zeichen an ihrer Stirn tragen, dass sie den Verderbern frei gibt, handelt es sich um eine plastische Weiterentwicklung des biblischen Motivs[223] (PsSal 15,1–6):

1 *In meiner Drangsal rief ich den Namen des Herrn an,*[224]
ich hoffte auf die Hilfe des Gottes Jakobs[225] *und wurde gerettet;*
denn die Hoffnung und Zuflucht der Armen[226] *bist, Gott, Du.*
2 *Denn wer vermag* (etwas anderes), *o Gott, als Dich in Wahrheit zu preisen?*
Und was vermag ein Mensch sonst, als Deinen Namen zu preisen?[227]
3 *Einen neuen Psalm*[228] *mit Gesang aus fröhlichem Herzen,*
die Frucht der Lippen[229] *auf dem wohl gestimmten Instrument der Zunge,*
die Erstlingsgabe[230] *der Lippen aus frommem und gerechtem Herze*n:
4 *Wer dieses darbringt, der wird niemals vom Bösen erschüttert,*[231]
von der Flamme des Feuers und dem Zorn der Sünder wird er nicht erreicht;
5 *wenn der vom Antlitz des Herrn über die Sünder ergeht,*
um das ganze Wesen der Sünder zu vernichten.[232]
6 *Aber das Zeichen Gottes ist auf den Gerechten zum Heil.*[233]

Doch mit dieser Ermunterung der Frommen, Gott aus ganzem Herzen zu preisen und sich dadurch Gottes Schutz in diesem und im künftigen Leben zu sichern, gibt sich der Lehrer nicht zufrieden: Es bedarf der kräftigen Schilderung der Schrecken, welche die Sünder erwarten, um die Gerechten mit ihrem Los auf Erden zu versöhnen (V.7–13). Während die hier als Inbegriff aller Plagen aufgezählten Strafwerkzeuge Hunger, Schwert und

223 Vgl. dazu auch Kaiser, Gott III, 250–253.
224 Vgl. 1,1 und 5,5, ferner Ps 18,7; 120,1 und 50,15.
225 Vgl. auch 7,10.
226 Vgl. 5,2 sowie 10,6 und 18,2 und ferner z. B. Ps 62,6 und 90,1.
227 Zu anderen Deutungsmöglichkeiten vgl. Holm-Nielsen, Psalmen, 92 z. St.
228 Vgl. Jdt 16,2, sonst „neues Lied" PsSal 3,1; Ps 33,3; 40,4; 96,1 und 98,1.
229 Vgl. z. B. Hos 14,2; Prov 18,20; Jes 57,19 und 1QH I,28.
230 Zum ursprünglichen Sprachgebrauch vgl. Ex 23,19–20.
231 Vgl. Ps 15,5c und PsSal 8,33.
232 Zu den Problemen des Textes vgl. Holm-Nielsen, Psalmen, 92 z. St.
233 Vgl. Ez 9,4; Apk 7,3.

Tod die Gerechten fliehen,[234] werden ihnen die Sünder nicht entgehen und durch die Folgen ihrer Missetaten bis tief in die Unterwelt verfolgt, so dass sie spurlos verschwinden und ihre Häuser veröden. Zeitliches und jüngstes Gericht fließen in der Unheilsbeschreibung zusammen, um die Verheißung der Geborgenheit der Frommen in Gottes Barmherzigkeit um so heller erstrahlen und sie so durch die Hoffnung auf die künftige Seligkeit die Leiden der Zeit besser ertragen zu lassen (PsSal 15,7–13):

7 *Hunger und Schwert und Tod* (werden) *fern von den Gerechten* (sein),[235]
denn sie werden wie Verfolgte im Krieg vor den Frommen fliehen;
8 *sie werden aber die Sünder verfolgen und ergreifen,*
und die gesetzlos handeln, werden dem Gericht des Herrn nicht entrinnen.
9 *Wie von erfahrenen Kriegern*[236] *werden sie ergriffen;*
denn das Zeichen des Verderbens (wird) *auf ihrer Stirn* (sein).[237]
10 *Und das Erbe der Sünder* (werden) *Verderben und Finsternis* (sein),[238]
und ihre Freveltaten werden sie bis tief in die Unterwelt verfolgen.
11 *Ihr Erbteil wird nicht von ihren Kinder gefunden,*
denn die Freveltaten werden die Häuser der Sünder veröden.
12 *Und die Sünder werden am Gerichtstag des Herrn*[239] *für immer zugrunde gehen,*
wenn Gott die Erde mit seinem Gericht heimsuchen wird.[240]
13 *Aber die den Herrn fürchten, werden an ihm*[241] *Erbarmen finden*
und werden leben durch die Barmherzigkeit ihres Gottes;
aber die Sünder werden zugrunde gehen auf ewige Zeit.

Der die zweite Hälfte der Sammlung beschließende 16. Psalm ist ein Danklied eines Frommen dafür, dass ihn der Herr in Bedrängnis bewahrt und gerettet und also nicht zu den zur Verdammung bestimmten Sündern gerechnet hat (V.1–5).[242] Es ist des Menschen Sache, ohne Grübeln und

234 Zu der sog. „Heimsuchungstrias", die primär Schwert, Hunger und Seuche als die Strafwerkzeuge Jahwes aufzählt und damit das Schicksal der Bewohner einer belagerten Stadt schildert, die durch Hunger geschwächt der Seuche erliegen oder dem Schwert der Feinde zum Opfer fallen, vgl. Kaiser, ThWAT III, 174–175.

235 Vgl. 13,2.

236 Vgl. Cant 3,8 und I Makk 4,7.

237 Vgl. V.6.

238 Vgl. 14,9.

239 Vgl. Jes 34,8.

240 Vgl. aber auch 3,11.

241 Nämlich: dem in V.12a genannten Gerichtstag.

242 Zur Unsicherheit, den Psalm historisch einzuordnen, vgl. Atkinson, Background, 188. Auf den prädestinatianischen Hintergrund von V.5b hat Meier, Mensch, 330–332 mit Recht aufmerksam gemacht. In 5,4; 8,14 und 16,5 liegen weitere Hinweise für den Prädestinationsglauben der Trägergruppe vor. In den Qumranschriften

Auflehnen Gottes Willen zu tun. Und es ist Gottes verborgener Ratschluss, der über des Menschen Weg entscheidet. Um des Heils nicht verlustig zu gehen, bittet der Fromme seinen Gott daher abschließend, ihn auch ferner auf dem rechten Wege zu bewahren und ihm die Kraft zu geben, seine Züchtigungen zu ertragen (PsSal 16,6–15):

5 *Ich danke Dir, Gott,*[243] dass *Du Dich meiner annahmst zur Rettung,*
und Du mich nicht zu den Sündern gerechnet hast zum Verderben.
6 *Entferne Deine Barmherzigkeit nicht von mir, Gott,*[244]
noch die Erinnerung an Dich aus meinem Herzen bis zum Tode.
7 *Halte mich zurück, Gott, von der bösen Sünde*[245]
und vor jedem bösen Weib, das den Toren zu Fall bringt.[246]
8 *Auch soll mich die Schönheit einer gottlosen Frau nicht verführen*[247]
noch (die) *eines jeden, der nutzloser Sünde unterliegt.*[248]
9 *Gib Bestand dem Werk meiner Hände durch* <deine Beständigkeit>[249]
und bewahre meine Schritte im Gedenken an Dich.
10 *Meine Zunge und meine Lippen bewahre in Worten der Wahrheit,*
Zorn und unsinnige Wut halte fern von mir.
11 *Murren und Kleinmut in Trübsal entferne von mir,*
falls ich sündige, wenn Du zur Umkehr erziehst.
12 *Befestige meine Seele in heiterem Frohsinn;*
stärkst Du meine Seele, bin ich zufrieden mit dem, was mir gegeben.[250]
13 *Denn wenn Du mir nicht Kraft gibst,*
wer könnte es ertragen, würde er durch Armut gezüchtigt.[251]
14 *Wenn jemand durch seine Fäulnis*[252] *gestraft wird,*
prüfst Du ihn in seinem Fleisch und in Bedrängnis der Armut.
15 *Bleibt der Gerechte dabei geduldig, wird ihm Erbarmen zuteil vom Herrn.*

Blicken wir zurück, so erweisen sich auch die Psalmen 10–16 als eine sinnvolle Komposition: Auf das Gebet, um die Erlösung Israels als des Volkes

---

begegnet er in einer eigentümlichen dualistischen Gestalt, vgl. z. B. 1QS III.13-IV.26 und 1QH I.7–21; XIV.11–12.18–19; XV.14–21, dazu die physiognomischen Horoskope 4Q186 und 561 (4QHor.ar) und zur Sache Merrill, Qumran, passim und Lichtenberger, Studien, 184–200 und passim.

243 Vgl. Ps 118,21 und z. B. 1QH II.20 31; III.19.37.IV.5.

244 Vgl. 9,8b.

245 Biblisch: der großen Sünde, vgl. Gen 20,9; 39,9.

246 Vgl. z. B. Prov 2,16–20; 5,1–23; 6,23–35.

247 Vgl. Prov 6,25; Sir 9,8; 25,11.

248 Anspielung auf Homosexualität?

249 Hinter dem ἐν τόπῳ steht mit Kaminetzky bei Holm-Nielsen, Psalmen, 96 vermutlich ein *biměkônka*, vgl. auch Ps 90,17.

250 Vgl. 5,16–17.

251 Vgl. 10,1–3 und 14,1.

252 D.h. seinen zum Verfaulen bestimmten Leib.

des göttlichen Bundes mit Abraham im 10. folgt im 11. eine proleptische Ankündigung der Heimkehr des unter die Völker zerstreuten Volkes. Im 12. Psalm fleht der Beter Gott um Rettung vor Verleumdung durch den Gesetzlosen und Bösen an, während der 13. als ein lehrhaftes Danklied für die Rettung vor übermächtigen Feinden die Angefochtenen mit dem Hinweis auf das ewige Leben, das den Gerechten, und den ewigen Tod, der den Frevler erwartet, tröstet. Der 14. Psalm führt das Thema des Gegensatzes zwischen beiden noch einmal aus und endet mit der Versicherung der die Frommen erwartenden ewigen Freude. Der 15. ist ein Danklied für Rettung aus Bedrängnis und unterstreicht noch einmal das unterschiedliche Los des Sünders und des Gerechten. So rahmen das 13. und 15. Lied das 14., das die Mitte des zweiten Teils bildet. Dann beschließt der 16. die Reihe mit der Bitte um Bewahrung der eigenen Unsträflichkeit wie um die Kraft, die Züchtigungen des Herrn in Gestalt von Armut und Krankheit zu bestehen. Dem abschließenden Gebetswunsch im 12. Lied, Gott möge den behüten, der die Ungerechten hasst, und ihm Anteil an den Verheißungen für die Frommen geben, entspricht im 15. die Zusage, dass der Gerechte, der Armut und Krankheit standhält, beim Herrn Barmherzigkeit erlangen wird. So nehmen sich diese Lieder der äußeren und inneren Nöte der Frommen an, um ihnen ihre Leiden als väterliche Züchtigungen ihres Gottes zu deuten und ihnen durch die Hoffnung auf die Erlösung Israels und ihre Bestimmung zum ewigen Leben die Kraft zu treuem Aushalten zu geben; denn dann werden sie zu denen gehören, denen er seine Barmherzigkeit erweisen wird, weil sie ihn in Wahrheit lieben (vgl. PsSal 14,1 mit 4,25; 6,6; 10,3 und 16,15).

5.5. Der hintere innere und äußere Rahmen: PsSal 17 und 18

Damit ist alles gesagt, was zur Stärkung des angefochtenen Glaubens der sich als die Gerechten oder die Armen bezeichnenden Frommen zu sagen ist, bis auf das Eine, die Verheißung des Messias, welcher der 17. Psalm gewidmet ist. Er ist jedenfalls nach dem Jahr 63 und vor der vorübergehenden Erneuerung des Königtums der Hasmonäer durch den Sohn Aristobulos II. Antigonos in den Jahren 40–37 als Gegentext zum 2. Psalm verfasst worden[253] und war vermutlich von vornherein für seine jetzige Stellung be-

253 Atkinson, Background, 138–139, anders noch ders., Theodicy, 553, wo er das Jahr 30 v. Chr. als unterste Grenze annimmt; zur Herrschaft des Antigonos vgl. Schürer/Vermes, History I, 281–286; Sacchi, History, 281–283 bzw. Bringmann, Geschichte, 178–181.

stimmt. Dem zweistufigen Gericht erst an den Hasmonäern und dann an Pompejus in PsSal 2 entspricht in PsSal 17 das an den Hasmonäern und an den Völkern. Daher übergeht der Dichter stillschweigend das Ende des Imperators, weil es ihn in seinem Zweistufenplan gestört hätte. Dem angemaßten und sündigen Reich der Hasmonäer wird so das gerechte Reich des verheißenen Königs, des Sohnes Davids gegenübergesellt, der die Feinde aus dem Lande treibt und sich die Völker der Erde unterwirft.[254] Dagegen bleiben Amt und Stellung des Hohenpriesters in den Kämpfen[255] und der anschließenden messianischen Friedenszeit[256] anders als in den Qumranschriften und das jüngste Gericht anders als in PsSal 3,10–11; 13,11; 14,8–9; 15,10–13 in PsSal 17 und 18 unberücksichtigt: *„PsSal 17 ist kein apokalyptischer Text.“*[257] Religionsgeschichtlich ist PsSal 17 ein Zeugnis ersten Ranges für die nationale volkstümliche messianische Hoffnung:[258] An diesem Maßstab wurde Jesus von den Hohenpriestern, Pharisäern und Schriftgelehrten seiner Zeit gemessen.[259]

Der 17. Psalm beginnt in den V.1–3 mit einem kollektiven Bekenntnis zum ewigen Königtum des Herrn als dem Grund der Hoffnung auf die Rettung Israels und fährt dann in den V.4–6 mit einer kollektiven Bittklage über das Erstehen eines eigenmächtigen Königtums von Sündern fort, die nicht davor zurückscheuten, ihrer eigenen Sünden willen die Frommen aus dem Lande zu vertreiben (PsSal 17,1–6):[260]

---

254 Zur Messiaserwartung in den Qumranschriften vgl. Collins, Apocalypticism, 77–91 bzw. ders., Imagination, 157–166; zur Nachwirkung der Erwartung eines davidischen Messias im Neuen Testament 256–279 bzw. knapp Atkinson, Background, 178–179.

255 Vgl. z. B. 1 QM X.2-XIV.1; XV.4-XVI.1; XVIII.5-XIX.8 und zum Krieg der Söhne des Lichts mit den Söhnen der Finsternis Collins, Imagination, 167–174.

256 Vgl. z. B. 1QSa II.11–21; 1QSb III.18–28; CD XIII.23; XIV.18–19; XIX.33-XX.1; 4Q 541 Frag. 9 col.I. 1–7 und dazu Collins, Apocalypticism, 85–87.

257 Karrer, Gesalbte, 254.

258 Vgl. Bousset/Gressmann, Religion, 228.

259 Zu Jesu messianischem Wirken vgl. Hengel, Jesus, der Messias, 155–176, bes. 163–165 und 170–176 = ders., Studien, 259–280, bes. 267–269 und 274–289; ders./Schwemer, Jesus, 544–548 und 591–608, anders Becker, Jesus, 234–249 und 426–436, vorsichtig Kaiser, Weihnachten, 113–123.

260 Zum Aufbau des Psalms vgl. auch Ernst-Joachim Waschke, Psalmen Salomos 17, 37–39= ders., Gesalbte, 132–134; anders als bei ihm werden die V.7–10 hier als eine selbständige Einheit behandelt.

1 *Herr, du selbst* (bist) *unser König*[261] *für immer und ewig;*[262]
ja, in Dir, Gott,, rühmt sich unsre Seele.
2 *Und was ist die Lebenszeit eines Menschen auf Erden?*[263]
Entsprechend seiner Zeit (steht es) *für ihn auch* (um) *seine Hoffnung.*[264]
3 *Wir aber hoffen auf Gott,*[265] *unseren Retter;*[266]
denn die barmherzige Stärke unsres Gottes (währt) *in Ewigkeit,*
und die richtende Königsherrschaft unseres Gottes über die Heiden in Ewigkeit.[267]
4 *Du, Herr, hast David zum König über Israel erwählt,*[268]
und Du hast ihm geschworen für seinen Samen in Ewigkeit,
dass sein Königtum vor Dir nicht aufhören werde.[269]
5 *Aber wegen unserer Sünden standen Sünder wider uns auf;*
sie, denen Du keine Verheißung gegeben hast, griffen uns an und vertrieben uns,
sie raubten mit Gewalt, und sie priesen nicht Deinen ehrwürdigen Namen.
6 *In Herrlichkeit errichteten sie ein Königtum aufgrund ihres Hochmuts,*
sie verwüsteten den Thron Davids in <lärmendem >[270] *Übermut.*

Dabei ist zweierlei besonders zu beachten: Bereits V.1 legt die Rangordnung fest: Der eigentliche König Israels ist der Herr. Das schließt ein, dass nur ein von ihm erwählter König über Israel herrschen darf, wie es einst David war (V.4) und es der Messias Ben David sein wird (vgl. V.21 mit V.32). Damit ist das Königtum der Hasmonäer, die in den V.5–6 als eigenmächtige und hochmütige Usurpatoren angeprangert werden, von vornherein als illegitim gebrandmarkt. Daher bitten die V.7–8 vermutlich in Kenntnis des tatsächlich Geschehenen um ihre Vernichtung. Die futurische bzw. jussivische Formulierung der Bitte könnte also lediglich ein literarisches Stilmittel sein,

261 Vgl. 5,9b.

262 Vgl. 9,11.

263 Vgl. Ps 39,6–8; 90,10; 144,4; Sir 18,7–10.

264 Ob sich das ἐπ' αὐτόν, wie in der Übersetzung angenommen, auf den Menschen bezieht oder auf das vorausgehende χρόνος, lässt sich syntaktisch nicht entscheiden; vgl. z. B. die Übersetzungen von Atkinson, Background, 129 und Scholtissek/Steins, Psalmen Salomos, 928, die es wie wir auf den Menschen beziehen, während Holm-Nielsen, Psalmen, 97 es auf die Zeit bezieht; ebenso wohl Prigent, Psaumes, 984.

265 Vgl. Ps 39,8.

266 Vgl. 3,6 und 8,33.

267 Vgl. Ps 145,13.

268 Vgl. auch 9,9 zur Erwählung Abrahams.

269 Vgl. II Sam 7,12–16 mit Ps 89,20–39, bes. 36–38; 132,11–12; I Makk 2,57 Sir 45,25; vgl. Or.Sib. III.288.

270 Lies statt ἀλλάγματος mit Kittel, Psalmen Salomos, 145 ein ἀλαλάγματος; zur Diskussion vgl. Holm-Nielsen, Psalmen, 98.

um das in V.9 knapp Berichtete als Gebetserhörung auszugeben, wobei die kleine Gerichtsdoxologie in V.10 die Zuverlässigkeit der sich in ihrem Sturz erweisenden Gerechtigkeit Gottes unterstreicht (PsSal 17,7–10):

7 *Aber Du, Gott, wirst sie niederwerfen und ihren Samen von der Erde wegnehmen,*
indem sich ein Mann gegen sie erhebt, der unsrem Geschlechte fremd ist.
8 *Du wirst ihnen nach ihren Sünden vergelten, o Gott,*
so dass es ihnen ihren Taten gemäß ergeht.
9 *Gott hat sich ihrer nicht erbarmt,*
er hat ihren Samen aufgespürt und keinen von ihnen zurückgelassen.
10 *Treu ist der Herr in all seinen Gerichten, die er auf Erden vollzieht.*

Dann folgt in den V.11–20 eine Klage, an die sich in den V.21–43 eine Bitte um das Kommen des verheißenen Königs aus Davids Geschlecht (V.21) bzw. des Gesalbten (Messias) (V.32c) anschließt. Inhalt der Klage ist in den V.11–14 das hyperbolisch beschriebene Wüten des Gesetzlosen im Lande, der zwar die „Herrscher des Landes“ in den Westen und d. h. nach Rom deportiert,[271] aber gleichzeitig überheblich auftrat und an seinem Heidentum festhielt (PsSal 17,11–14):

11 *Der Gesetzlose entleerte unser Land von seinen Bewohnern,*
sie töteten Jung und Alt mitsamt ihren Kindern.
12 *In grimmigem Zorn*[272] *sandte er sie fort bis zum Westen,*
und die Herrscher des Landes (machte er) *schonungslos zum Spott.*
13 *In* (seiner) *Fremdheit handelte der Feind überheblich,*
und sein Herz war unserem Gotte fremd.
14 *Und alles, was er in Jerusalem tat,*
(geschah) *nach der Weise der Heiden in ihren eigenen Städten.*[273]

In den V.15–17 werden die Leiden der Angehörigen der konservativen Synagogen unter den Hasmonäern wiederum hyperbolisch beklagt, die zur Flucht der Frommen in die Wüste führte.[274] Die Folgen der das Land schändenden Gottlosigkeit werden in den V.18–19 typisierend und zugleich hoch poetisch als eine gewaltige Dürre beschrieben,[275] welche die Frommen „über die ganze Erde zerstreute.“ Als Ursache für all das Unglück, welches das Land und seine Frommen heimgesucht hat, benennt V.20 in

271 Zum geschichtlichen Hintergrund vgl. oben, 86–89.
272 Zum Text vgl. Holm-Nielsen, Psalmen, 99 unter 12a.
273 Wörtlich: „in den Städten ihrer Macht.“
274 Vgl. auch CD VI.4–5 und zum Rückzug der Qumrangemeinde in die Wüste García Martínez/Trebolle Barrera, People, 32–35.
275 Vgl. Dtn 28,23–24; Lev 26,16.

Wiederaufnahme von V.15 die vollkommene Sündhaftigkeit von Hoch und Niedrig (PsSal 17,15–20):

15 *Aber die Söhne des Bundes hatten sie inmitten des Völkergemischs übertroffen;*
es war niemand unter ihnen, der in Jerusalem Barmherzigkeit und Treue übte.[276]
16 *Da flohen, die die Versammlungen der Frommen*[277] *liebten,*
wie Sperlinge zerstreuten sie sich von ihrer Stätte.[278]
17 *Sie durchirrten Wüsten, um ihre Leben*[279] *vor dem Unheil zu retten,*
und kostbar galt in den Augen der in der Fremde Weilenden, wenn sie das Leben eines der Ihren gerettet.[280]
18 *Durch die Frevler wurden sie auf der ganzen Erde zerstreut,*
denn der Himmel hörte auf, die Erde mit Regen zu tränken.[281]
19 *Ewige Quellen aus den Tiefen hoher Berge wurden zurückgehalten,*[282]
denn unter ihnen war keiner, der Recht und Gerechtigkeit übte.[283]
20 *Von ihren Fürsten bis zum Geringsten*[284] (lebten sie) *in jeglicher Sünde:*
der König in Frevel, der Richter in Ungehorsam und das Volk in Sünde.

Damit ist die in den V.21–25 folgende Bitte, der Herr möge Israel seinen aus dem Hause Davids stammenden König[285] oder Gesalbten (V.32c) aufrichten, hinreichend vorbereitet. Ihr und der in den V.26–43 anschließenden Heilsbeschreibung kommt eine besondere religionsgeschichtliche Bedeutung als Zeugnis der jüdischen Messiaserwartung in den Kreisen der Frommen zu,[286] das nur ein gutes Menschenleben vor dem Auftreten Jesu verfasst worden ist und zeigt, an welchen Maßstäben Jesu messianischer Anspruch von der jüdischen Geistlichkeit gemessen wurde: Die Aufgabe des

276 Vgl. Ps 14,3 par 53,4.

277 Text: συναγογὰς ὁσίων: „die Synagogen der Heiligen/Frommen."

278 Vgl. Jos. Ant.XIII.372–373 und bes. 39–383.

279 Wörtlich: „Seelen".

280 Der umstrittene Sinn des Textes lässt sich nur umschreibend wiedergeben; ähnlich Atkinson, Background, 130; Scholtissek/Steins, Psalmen Salomos, 928; anders z. B. Kittel, Psalmen Salomos, 146: „*und köstlich schien es den Heimatlosen, das nackte Leben vor ihnen zu retten.*"

281 Vgl. 2,9.

282 Vgl. Ass.Mos. 10,6.

283 Vgl. V.15b.

284 Zum Text vgl. Holm-Nielsen, Psalmen, 101 Anm. 20a.

285 Karrer, Gesalbte, 253: „*Nur dass der Gesalbte Davids Sohn, nicht dass er Jahwes Sohn sei, lässt sich aussagen. Ps 2,7 und die Spitze von 2 Sam 7,14a werden nicht rezipiert.*"

286 Zu den messianischen Erwartungen in den Texten vom Toten Meer vgl. z. B. García Martínez, Messianic Hope, 159–189; Collins, Apocalypticism, 75–82 und ausführlich Zimmermann, Messianische Texte, bes. 470–480.

kommenden Königs aus Davids Geschlecht wird es vorab sein, Jerusalem von den Heiden zu säubern und durch sein bloßes Wort die feindlichen Völker samt ihren Fürsten zu vernichten: (PsSal 17,21–25):

21 *Siehe her, Herr, und richte ihnen auf ihren König, den Sohn Davids,*[287]
zu der Zeit, die du für Dein Erbarmen bestimmt hast, dass er über Israel,
deinen Knecht,[288] *herrsche,*
22 *und umgürte ihn mit Stärke,*[289] *ungerechte Fürsten zu zerschmettern,*[290]
Jerusalem von den Heiden zu reinigen, die (es) *vernichtend zertreten,*[291]
23 *mit weiser Gerechtigkeit*[292] *die Sünder aus dem Erbe zu vertreiben,*
zu zerschlagen den Übermut des Sünders wie des Töpfers Geschirr,[293]
24 *mit eisernem Stab sie ganz und gar zu zerschlagen,*[294]
frevelnde Völker durch das Wort seines Mundes zu vernichten,[295]
25 *damit die Völker bei seinem Drohen vor seinem Angesicht fliehen,*[296]
und zu züchtigen die Sünder wegen der Gedanken ihres Herzens.

Er wird der Inbegriff aller Verheißungen der Propheten sein. Denn seine Aufgabe werde darin bestehen, Jerusalem und das ganze Land für immer von den Fremden zu säubern, die Feinde zu zerschlagen, das eigene Volk zu reinigen und gemäß seiner Zugehörigkeit zu den zwölf Stämmen Israels neu im Lande anzusiedeln, um dann die Völker in weiser Gerechtigkeit zu regieren und ihnen Frondienste aufzuerlegen. Sein Ruhm werde alle Völker der Erde veranlassen, nach Jerusalem zu wallfahren und seine Herrlichkeit zu sehen und ihm die Zerstreuten als Gabe zu bringen (V.21–31). Entscheidend für seine Herrschaft aber werde sein, dass er sich nicht auf militärische Stärke und finanzielle Vorsorge für den Fall eines Krieges verlassen, sondern seine Hoffnung ganz auf Gottes Beistand gründen werde; denn ihm würde die wunderbare Macht verliehen, allein durch sein Wort jeden Widerstand zu zerbrechen und jeden Sünder auszurotten. So wird Gott selbst sein König sein (vgl. V.34 mit V.1 und V.46): Die Herrschaft des Gesalbten erfolgt in

287 Russel, Method, 317–318 hebt hervor, dass die PsSal die Hauptquelle für die Erwartung eines davidischen Messias sind und die Bezeichnung als solcher hier zum ersten Mal zur Bezeichnung des idealen Herrschers der Endzeit gebraucht wird, Zum neutestamentlichen Echo vgl. z. B. Mk 10,47 par Lk 18,38–39; Mt 9,27; Röm 1,3.
288 Vgl. z. B. Jes 41,8 und 49,3.
289 Vgl. Ps 18,33.40.
290 Vgl. Ps 2,9; 100,5–6.
291 Vgl. 2,2.19 und I Makk 3,45.
292 Vgl. Jes 11,2.
293 Vgl. Ps 2,9.
294 Vgl. Ps 2,9.
295 Vgl. Jes 11,4.
296 Vgl. Jes 30,17, ferner Ps 104,7.

Gottes Auftrag und mit Gottes Kraft, so dass ihn alle Völker fürchten, während er mit unermüdlicher Stärke seines Amtes waltet und durch den heiligen Geist geleitet und dank seiner weisen Einsicht tatkräftig die nötigen Entscheidungen fällt, so dass er als der wahre gute Hirte die Herde des Herrn in Treue und Gerechtigkeit weidet (PsSal 17,26–43):[297]

26 *Dann wird er ein heiliges Volk versammeln und in Gerechtigkeit leiten,*
und er wird die Stämme des durch Gott den Herrn geheiligten Volkes richten;
27 *und er wird nicht zulassen, dass ferner Unrecht in ihrer Mitte wohnt,*
und niemand darf bei ihnen wohnen, der Böses kennt;
denn er wird sie erkennen, dass alle Söhne ihres Gottes sind.
28 *Und er wird sie nach ihren Stämmen im Lande verteilen,*
und es wird kein Fremder und Ausländer mehr bei ihnen wohnen.
29 *Er wird Völker und Nationen in der Weisheit seiner Gerechtigkeit richten.*
Zwischenspiel (Sela)
30 *Und er wird Heidenvölker unter seinem Joche fronen lassen*
und den Herrn vor der ganzen Erde verherrlichen
und Jerusalem durch Heiligung reinigen, wie es am Anfang war,
31 *so dass Heidenvölker vom Rande der Erde kommen,*[298] *um seine Herrlichkeit zu schauen*
mit ihren[299] *erschöpften Söhnen als Gaben.*[300]
und um die Herrlichkeit des Herrn zu sehen, mit der sich Gott verherrlicht hat.
32 *Und er (wird) ein gerechter, von Gott belehrter König über sie sein;*
und in seinen Tagen wird es kein Unrecht in ihrer Mitte geben;
denn alle werden heilig und ihr König der Gesalbte des Herrn sein.
33 *Denn er wird nicht auf Pferd und Wagen und Bogen hoffen,*[301]
noch wird er sich Gold und Silber[302] *für* Kriege[303] *anhäufen,*
noch wird er seine Hoffnung auf Viele setzen für den Tag der Schlacht.
34 *Der Herr selbst* (wird) *sein König* (sein), *die Hoffnung des Starken* (ruht) *auf Gott,*[304]
und er wird alle Völker, die ihn[305] *fürchten, <züchtigen>.*[306]

297 Zum hier gezeichneten Messiasbild vgl. auch Atkinson, Theodicy, 572–574, Collins, Scepter, 49–73 und Waschke, Gesalbte, 127–140; zu den alttestamentlichen Erwartungen über die Völkerwallfahrt zum Zion und den Frondienst der Völker sowie das Wesen und Wirken des Messias vgl. auch Kaiser, Gott III, 156–165 und 188–219.

298 Vgl. Jes 2,3; 60,3.

299 Nämlich: Jerusalems.

300 Vgl. Jes 60,4.

301 Vgl. Dtn 17,16.

302 Vgl. Dtn 17,18.

303 Text: Singular.

304 Streiche das ἐλπίδι; zur Textstörung vgl. Holm-Nielsen, Psalmen, 104 z. St.

305 Nämlich: Gott.

35 *Er wird die Erde mit dem Wort seines Mundes*[307] *schlagen in Ewigkeit,*
(aber) *segnen das Volk des Herrn mit Weisheit in Freuden.*
36 *Und er selbst wird rein von Sünde* (sein), *um ein großes Volk zu regieren,*
um Herrscher zu züchtigen und Sünder mit der Kraft (seines) *Wortes*
auszurotten.[308]
37 *Und er wird nicht ermüden*[309] *in seinen Tagen bei seinem Gott;*
denn Gott hat ihn mächtig gemacht durch den heiligen Geist[310]
und weise an einsichtigem Rat mit Kraft und Gerechtigkeit.[311]
38 *Und der Segen des Herrn wird mit ihm sein in Kraft,*
so dass er nicht schwach wird.
39 *Seine Hoffnung* (ist) *auf den Herrn* (gerichtet),[312]
wer vermag (etwas) *gegen ihn?*[313]
40 *Mächtig in seinen Taten und stark durch die Furcht des Herrn, weidet er die*
Herde des Herrn in Treue und Gerechtigkeit[314]
und lässt nicht zu, dass eines von ihnen auf der Weide ermüdet.[315]
41 *Ohne Unterschied wird er sie alle führen,*
und es wird keinen Hochmut bei ihnen geben, einander zu unterdrücken.
42 *Dies ist die Hoheit*[316] *des Königs Israels, den Gott erwählt hat,*[317]
ihn über das Haus Israel zu setzen, um es zu erziehen.
43 *Seine Worte sind geläuterter als kostbarstes*[318] *Gold;*[319]
in Versammlungen[320] *richtet er die geheiligten Stämme des Volkes,*
seine Worte sind wie Worte von Heiligen[321] *inmitten geheiligter Völker.*

Mit dem Glückwunsch an die, die in jenen Zeiten leben werden, dem Gebetswunsch, Gott möge sich eilends über Israel erbarmen und von seinen unreinen Feinden befreien, sowie dem erneuten Bekenntnis zu Gott als dem ewigen König Israels schließt der Psalm (PsSal 17,44–46):

306 Text: „erbarmen", lies dem Kontext gemäß mit M. Schmidt bei von Gebhardt, Psalmen, 85 ἐλέγξει.
307 Vgl. V.25 und Jes 11,4.
308 Vgl. Jes 11,4.
309 Vgl. Jes 40,30–31 und 42,4.
310 Vgl. Jes 11,2.
311 Vgl. Jes 11,2–4.
312 Vgl. Ps 21,8.
313 Vgl. Ps 118,6 und Röm 8,31.
314 Vgl. Ez 34,23 und Joh 10,12.
315 Vgl. Jes 40,11.
316 Vgl. Ps 45,4 und 29,2; 93,1.
317 Vgl. Dtn 17,15.
318 Zu τίμιον als Glosse vgl. von Gebhardt, Psalmen, 87.
319 Vgl. Ps 12,7;18,31 und 19,11.
320 Vgl. 4,1; 10,7 und 17,16.
321 Nämlich: der Engel; vgl. Ps 89,6.8; Hi 5,1; 15,15; Dan 4,14; I Hen 1,9; 1QM XII.1.

44 *Selig sind, die in jenen Tagen leben,*[322]
um das von Gott bewirkte Heil Israels in der Versammlung der Stämme[323]
zu sehen.
45 *Gott lasse eilends sein Erbarmen auf Israel kommen,*[324]
er erlöse uns von der Unreinheit gottloser Feinde.
46 *Der Herr selbst* (ist) *unser König für immer und ewig.*[325]:

Damit hat sich der Themenkreis geschlossen: Als leuchtendes Gegenbild zu dem in den Ps 2 und 8 gezeichneten dunklen und nach der Überzeugung der Frommen illegitimen Königtum der Hasmonäer wird im 17. Lied das des erneuerten, ewigen Königtums Davids und der von ihm mit Gottes Kraft und Beistand herbeigeführten Heilszeit gezeichnet: Der König aus Davids Geschlecht wird in Gottes Kraft und mit Gottes Beistand Israel eine seiner Sonderstellung als Volk des wahren Gottes gemäße Stellung als Mittelpunkt der Völkerwelt verschaffen, wie es die Propheten verheißen haben. Damit ist in den Psalmen Salomos alles gesagt, woran sich der Gerechte erinnern muß, wenn er die Anfechtungen seines Lebens und seiner Zeit bestehen und den Glauben an Gottes Barmherzigkeit und Gerechtigkeit nicht verlieren will. Aber so wie der Prolog des 1. Liedes den Vorhang geöffnet hat, soll ihn nun auch das 18. Lied mit dem Vertrauensbekenntnis zu dem Gott schließen, dessen Güte über Israel in Ewigkeit waltet und der das Gebet des Armen erhört. Seine Gerichte sind Akte seiner Liebe zu Israel. Diesen Herrn fordert der Beter auf, Israel für den Tag seiner Barmherzigkeit zu reinigen, an dem er ihnen den Messias senden wird. Damit setzt der Dichter in V.5 einen vorsichtigen eschatologischen Akzent, indem er das Wirken des Gesalbten mit dem Endgericht verbindet.[326] Dann aber preist er unter Rückgriff auf 17,44–45 die selig, die diesen Tag erleben und durch die Züchtigung des Gesalbten des Herrn in Gottesfurcht leben werden. Abschließend aber lobt er in den V.10–12 den Gott, dem die Himmelslichter als Urbild aller Gottesfurcht gehorchen, indem sie ewig die ihnen befohlenen Bahnen ziehen. Was sich am Himmel seit Urzeiten in ewiger Wiederkehr vollzieht, soll auch auf Erden seine Heimstatt finden: ein Volk, das die Befehle seines Gottes in vollkommener Gerechtigkeit befolgt (PsSal 18,1–12):

322 Vgl. 18,6.
323 S: „der Völker".
324 Vgl. Bar 4,22 und Mk 13,20.
325 Vgl. V.1.
326 Vgl. dazu Karrer, Gesalbte, 254.

1 *Herr, Dein Erbarmen*[327] (waltet) *über den Werken Deiner Hände*[328]
in Ewigkeit,
Deine Freundlichkeit mit reicher Gabe über Israel.
2 *Deine Augen blicken auf sie*[329], *und keiner von ihnen wird Mangel leiden.*
Deine Ohren erhören[330] *das hoffende Gebet*[331] *des Armen.*[332]
3 *Deine Gerichte über die ganze Erde* (ergehen) *in Erbarmen,*[333]
und Deine Liebe (gilt) *dem Samen Abrahams,*[334] *den Kindern Israels.*
4 *Deine Züchtigung über uns* (ist) *wie die für einen erstgeborenen*
einzigen Sohn,
um gehorsame Seelen von unwissender Torheit abzuwenden.[335]
5 *Reinige,*[336] *Gott, Israel für den Tag des Erbarmens*[337] *und Segens*[338],
für den Tag der Auswahl, wenn sein Gesalbter die Herrschaft antritt.[339]
6 *Wohl denen, die an jenen Tagen leben,*
die Wohltaten des Herrn zu schauen, die er dem kommenden Geschlecht
bereiten wird[340]
7 *unter der Zuchtrute*[341] *des Gesalbten des Herrn*[342] *in der Furcht Gottes,*
in der Weisheit des Geistes und in Gerechtigkeit und Stärke.[343]
8 *um jeden anzuleiten in Werken der Gerechtigkeit in Gottesfurcht,*
um sie alle darzustellen vor dem Herrn:
9 *Ein gutes Geschlecht in Gottesfurcht an den Tagen*
der Barmherzigkeit![344]
Zwischenspiel! (Sela)
10 *Groß ist unser Gott und herrlich, der in der Höhe wohnt,*[345]
der die Leuchten auf ihrer Bahn zu bestimmten Zeiten von Tag zu Tag

327 Vgl. 2,33; 6,6; 8,27; 11,9; 13,12; 14,13 und 17,45.
328 Vgl. Dtn 32,6.
329 Nämlich: seine Werke.
330 Vgl. Ps 34,16.
331 Andere Deutungsmöglichkeit: des hoffenden Armen.
332 Vgl. auch 8,24.27–28, ferner 9,2;15,1.
333 Vgl. 5,15.
334 Vgl. 9,9, ferner Bar 3,37.
335 Vgl. 14,9 und weiterhin 7,9; 8,29; 10,1–3; 16,2–4.13.
336 Vgl. 3,8 und 17,22.30.
337 Vgl. 14,9.
338 Vgl. auch 17,38.
339 Vgl. auch 17,21.
340 Vgl. 17,44.
341 Vgl. auch 17,23.
342 Vgl. 17,32.
343 Vgl. 17,35.37, im Hintergrund steht Jes 11,4.
344 Ob die V.10–12 ursprünglich zu dem Psalm gehören, wird diskutiert; zum Befund in den Handschriften vgl. Atkinson, Background, 208.
345 Vgl. Jes 33,5 und 57,15.
346 Vgl. Gen 1,14–16.
347 Vgl. Ps 19,5–7; 74,16; 104,19; Jes 40,26 und 1QH I,8–12 und XII,5–11.

geordnet hat,[346]
so dass sie von dem Weg nicht abweichen, den Du ihnen befohlen hast.[347]
11 *In der Furcht des Herrn wandeln sie Tag für Tag,*
seit dem Tage, an dem sie Gott geschaffen hat und immerdar;[348]
12 *Und sie gingen nicht fehl seit dem Tage, an dem er sie erschuf,*
seit uralten Geschlechtern wichen sie nicht ab von ihren Wegen,
außer wenn Gott es ihnen auftrug durch den Befehl seiner Knechte.[349]

6. Rückblick und Ausblick

Blicken wir zurück: Von den achtzehn Psalmen enthalten sieben eine sichere bzw. mögliche Anspielung auf ein geschichtliches Ereignis,[350] während die anderen entweder zu allgemein gehalten sind, um den geschichtlichen Anlass zu ermitteln oder grundsätzlich mit dem unterschiedlichen Schicksal der Frommen und der Sünder beschäftigt sind und in ihrer Mehrheit Anweisungen für das Bestehen der Züchtigungen Gottes durch die Frommen geben.[351] Dabei wird die Lehre für das Leben mit der Lehre durch die Geschichte mittels des Gedankens der Züchtigung und Gerechtigkeit Gottes verbunden. Dieser nicht zufällige Wechsel zwischen der Erinnerung an eine schmachvolle Vergangenheit, der Lebensanweisung für das Verhalten vor dem Ende und die Verheißung der die Gerechten erwartenden Heilszeit verweist noch einmal auf die planvolle Komposition der Lieder. Sie appellierte an ihre Leser, in den jüngsten Ereignissen der Geschichte Jerusalems den Erweis für Gottes gerechtes Walten zu erkennen und trotz allen Ungemachs im eigenen Leben darauf zu vertrauen, dass derselbe Gott ebenso das Schicksal seiner Frommen wie das der Frevler in Gerechtigkeit leitet. Das sollte ihnen dazu verhelfen, in der Erwartung auf das Eintreffen der Israel gegebenen Verheißungen und in der Hoffnung auf die Auferstehung zum ewigen Leben ein im Leiden geduldiges und in Armut fröhliches Leben im Gehorsam gegen Gottes Gebote zu führen.[352] Vielleicht kann die Komposition der PsSal auch heute noch daran erinnern, dass der Glaube an Gottes

---

348 Vgl. Gen 1,14–19.

349 Vgl. Jos 10,12–14 (Josua) und II Reg 20,10–11 par Jes 38,7–8.

350 Vgl. PsSal 1; 2; 4 (?); 7; 8 und 17.

351 Vgl. PsSal 3; 5; 6; 10; 12; 13; 14; 15 und 16.

352 Auf die abschließende Frage, ob es sich bei den Psalmen Salomos um eine primäre oder sekundäre Komposition handelt, können wir in diesem Zusammenhang nur hinweisen; vgl. dazu die Probeuntersuchungen im anschließenden Beitrag. Eine erneute redaktionsgeschichtliche Untersuchung der Komposition ist wünschenswert.

Gerechtigkeit und die Hoffnung auf das ewige Leben die Seele gesund erhalten und ihr die Spannkraft geben, das eigene Leben auch in schwierigen Zeiten zu meistern: (PsSal 2,36):

> „*Denn der Herr ist denen gütig, die ihn geduldig anrufen,*
> *und handelt nach seinem Erbarmen an seinen Heiligen,*
> *damit sie allezeit vor ihm in Kraft stehen.*“

Beobachtungen zur Komposition und Redaktion der Psalmen Salomos

1. Das Buch der Psalmen Salomos und seine Probleme

Die sog. Psalmen Salomos nehmen in der späten Psalmendichtung des Zweiten Tempels schon deshalb eine Sonderstellung ein, weil sie in unverkennbarer Weise Ereignisse der jüdischen Geschichte aus dem zweiten Drittel des 1. Jh. v. Chr. als Erweise der Gerechtigkeit Gottes auslegen. Sie greifen auf diese Begebenheiten zurück, um damit ebenso die Wirklichkeit der Königsherrschaft Gottes über die Völker zu beweisen wie die durch das Gegenüber zu den Gottlosen angefochtenen Frommen in ihrer Hoffnung auf die Erlösung Israels und das ewige Leben zu bestärken, in der sie ein dem Gehorsam gegen die Weisung ihres Gottes entsprechender Lohn erwartet.

Fragt man sich, warum dieses einzigartige Zeugnis für den Glauben der Frommen an Gottes Gerechtigkeit so auffallend am Rande des Interesses der Forschung steht, so lassen sich dafür mehrere Gründe vorbringen:

1) scheint der griechisch und syrisch überlieferte Text auf ein hebräisches Original zurückzugehen, dessen Syntax in ungewöhnlicher Weise das Griechische der Übersetzung bestimmt. Dabei wird die Frage, ob und in welchen Grenzen die syrische Fassung als ein selbständiger oder ein von der griechischen abhängiger Textzeuge zu beurteilen ist, unterschiedlich beantwortet.[1]

---

1 The Old Testament in Syriac. Peshitta Institute Leiden IV/6. – Die Beurteilung der Bedeutung des syrischen Textes für die Textgeschichte der Psalmen Salomos hat sich im letzten Jahrhundert mehrfach gewandelt. Nachdem Karl Georg Kuhn, Textgestalt (1937), die These vertreten hatte, dass der Syrer direkt von dem hebräischen Original abhängig sei, hat Joachim Begrich, Text, 131–164 ein Jahr später (1938) die Frage dahingehend beantwortet, dass die syrische Version von einer griechischen Vorlage abhängig sei, die auf denselben Text wie die von Oscar von Gebhardt bevorzugte griechische Handschrift R zurückgehe, vgl. das Schema 162. Die Untersuchung von Robert R. Hann, Manuscript History (1982) führte nach 97–114, vgl. bes.113 zu dem Ergebnis, dass S auf den syrohexaplarischen Text zurückgeht. Zu dem differenzierten Urteil, dass G grundsätzlich besser als S, S aber trotzdem ein nicht zu vernachlässigender Textzeuge sei, kam Josef Trafton, Syriac Version (1985).

2) ist der Griechische Text nicht ohne semantische Dunkelheiten.[2]
3) widersprechen die Lieder allen Vorstellungen über die Gattungen der biblischen Psalmendichtung, weil sie unterschiedliche Formelemente in einem solchen Umfang miteinander verbinden, dass es dem aufmerksamen Leser nicht entgehen kann, dass diese Lieder im strengen Sinne keine Gebete, sondern Lehrdichtungen sind. Sie wenden sich an einen Adressatenkreis, der sich ihrer Führung anvertraut, sie nach mehrfacher Lesung in ihrem inneren Zusammenhang durchschaut und dann zu seiner Erbauung meditierend und betend bedenkt.
4) ist auch die beliebte und nicht unbegründete Annahme, dass die Lieder aus pharisäischen Kreisen stammen, umstritten.[3]
5) stellt sich dem Forscher angesichts ihrer abrupten Sprünge, ihres Spielens mit den unterschiedlichsten Formelementen und ihres gelegentlich geradezu manieriert erscheinenden Numeruswechsel die Frage, ob er daraus auf einen Kompositcharakter der Lieder zurück schließen darf oder diese Eigentümlichkeiten lediglich als Anzeichen später Dichtkunst und deren didaktischer Zielsetzung zu bewerten sind. Und obwohl diese Psalmen auf Schritt und Tritt ihre Abhängigkeit von der biblischen Sprache verraten,[4] ist es trotzdem nicht einfach, hinter ihrem griechischen Mantel den hebräischen Leib zu erkennen.[5]

2. Hinweise auf den Charakter der Sammlung als planvoller Komposition: Die Rahmenpsalmen 1 und 18 und die „Geschichtspsalmen" 2; 8 und 17

Schon die Tatsache, dass die achtzehn Lieder umfassende Sammlung durch eine als Prolog dienende Klage Jerusalems eingeleitet und einen lehrhaften Hymnus über Gottes ewige Barmherzigkeit als Epilog beschlossen wird, gibt

2 Als die maßgebliche Textausgabe gilt noch immer die von von Gebhardt, Psalmen Salomos (1895), an die sich die von Rahlfs (1935) in der Stuttgarter Septuaginta anschließt.

3 Vgl. dazu z. B. einerseits Maier, Mensch, 282–301; Schüpphaus, Psalmen, 127–137 und andererseits z. B. Wright, Pharisees, 136–154.

4 Vgl. dazu die umfassenden Nachweise bei Viteau, Psaumes de Salomon.

5 Vgl. dazu den Versuch, den hebräischen Text durch Rückübersetzung zu gewinnen, von Frankenberg, Datierung.

Anlass zu der Annahme, dass es sich bei ihr um eine bewusst gestaltete Komposition handelt.

Diese Vermutung findet bei der weiteren Kompositionsanalyse der Sammlung ihre Bestätigung: Die Lieder, die von Gottes Gerechtigkeitserweisungen in der jüngsten Vergangenheit handeln, stehen am Anfang (PsSal 2), in der Mitte (PsSal 8) und am Ende (PsSal 17). Durch die Voranstellung des Prologs (PsSal 1) und des Epilogs (PsSal 18) als dem äußeren Rahmen erhalten die Psalmen 2 und 17 die Funktion des inneren Rahmens. Bei den in PsSal 2, 8 und 17 vorausgesetzten geschichtlichen Ereignissen handelt es sich nach der *opinio communis* einerseits um die Besetzung Jerusalems und die Eroberung der Tempelfeste durch den römischen Imperator Pompejus Maximus 63 v.Chr.[6] samt ihren Folgen in Gestalt der Abschaffung des hasmonäischen Königtums und der Deportation des Königs Aristobulos II. mit seiner Familie nach Rom sowie anderseits um die Ermordung des römischen Feldherrn 48 v. Chr.[7] Durch die Anspielung auf diese Ereignisse in einer dem Verlauf entgegengesetzten Abfolge erhält die Sammlung eine beabsichtigte Offenheit auf Gottes letztes Handeln in der Geschichte hin: Der schmachvolle Tod des seine Rolle als Zuchtrute Gottes verkennenden Römers dient dem Dichter des 2. Psalms als Erweis für die Königsherrschaft Jahwes, die sich in seinem Gericht über die ganze Erde manifestiert und zugleich den Grund für die Frommen bildet, ihn beständig anzurufen, damit sie vor ihm in Ewigkeit bestehen. Der 8. Psalm geißelt die Leichtfertigkeit der Hasmonäer, die ihrem Bezwinger freudig entgegen gezogen waren[8] und damit ebenso das Blutbad im Tempel wie die Deportation des Königs und seiner Familie nach Rom ermöglicht hatten.[9] Der 17. Psalm aber enthüllt die grundlegende Schuld der Hasmonäer in Gestalt ihrer gegen Gottes allein der Dynastie Davids geltenden Verheißungen verstoßenden Usurpierung des Königsthrones.[10] Er gibt damit die an den Herrn als den ewigen König Israels gerichtete Bitte frei, zum Segen der Frommen den König, Sohn Davids, den υἱὸς Δαυιδ (V.21), den Gesalbten des Herrn, den χριστὸς κυρίου (V.32) zu senden: Er werde die ihm geltenden Verheißungen erfüllen und das Land von allen Fremden säubern und das von Sündern gereinigte Volk nach seinen zwölf Stämmen im Lande ansiedeln, um die Heiden mit der ihm von Gott verliehenen Gewalt zu unterwerfen und die Tribute ihrer Könige zu emp-

6 Vgl. PsSal 2,1–5.11–14 mit Jos. Ant.XIV.66–76 und dazu oben, 88–89.
7 Vgl. PsSal 2,24–25 mit Plut.Vit.Pompejus 78–80 und dazu oben, 92–93.
8 Vgl. PsSal 8,25–33 und dazu oben, 97–98.
9 Vgl. Jos. Ant XIV.58–60 und 79.
10 Vgl. PsSal 17,4–9 und dazu oben, 119–120.

fangen, so dass der Herr für immer und ewig als König über sein Volk herrscht.[11]

3. Die Ausfüllung des durch die Ps 2, 8 und 17 vorgegebenen Rahmens

Untersucht man die Ausfüllung dieses Rahmens, so zeigt es sich, dass sie mit vergleichbarer Sorgfalt wie jener komponiert ist: Vor dem in der Mitte der Sammlung stehenden 8. Psalm bittet das 7. Lied getragen von dem Vertrauen auf das Kommen des Tages seines ewigen Erbarmens Gott darum, bei den Seinen zu wohnen, so dass das Heidenvolk keine Macht über sie bekomme. Der 9. Psalm aber lenkt den Blick zurück auf die einst gemäß Gottes Wort erfolgte Exilierung Israels und seine seither währende Zerstreuung unter die Völker: Sie sind nach Gottes Wort erfolgt und weisen ihn als gerechten Richter ebenso über alle Völker wie über die Beter aus. Diese wissen sich daher aufgerufen, Gerechtigkeit zu üben und auf seine Vergebung zu vertrauen, die er denen gewährt, die ihn preisen und ihre Hoffnung auf seine Bundestreue gründen. Der in Psalm 8 geführte Erweis der Gerechtigkeit Gottes in der jüngsten Geschichte wird durch seine Rahmung in das Licht der Hoffnung auf die Erlösung bzw. den Erlöser Israels gerückt, der es den Heiden nicht zur Vernichtung preisgegeben hat und den Bekehrten in Israel seine ewige Barmherzigkeit zuwenden wird.

Die so gewonnene Ausrichtung auf das kommende Heil wird in dem 10. Psalm nur scheinbar durch eine Gratulation für den Mann unterbrochen, den der Herr züchtigt. Denn seine Züchtigung dient dazu, die Wege der Gerechten gerade zu machen, damit er sich ihrer in Ewigkeit erbarmen kann. Die Teilhabe am verheißenen Heil ist von der Gerechtigkeit vor Gott abhängig, die er durch seine Züchtigung als Reinigungsmittel befördert. Nachdem das gesagt ist, kann der 11. Psalm das Eschaton mit der Ankündigung der frohen Botschaft im Spiel mit deuterojesajanischen Verheißungen vorwegnehmen, um den Leser abschließend zu seiner eigenen Gegenwart zurückzuführen, in der dieses Ereignis erbeten sein will. Dann folgen in den Psalmen 12–16 fünf Lieder, die der Ermahnung und dem Trost der Frommen gelten. In ihrer Mitte steht der 14. Psalm mit seinem Bekenntnis zu der Treue des Herrn gegenüber allen, die ihn lieben und seine Gebote halten. Daher wird das Ende der auf sinnliche Lust gerichteten

11 Vgl. PsSal 17,1–4 mit V.34 und V.46.

Sünder das Totenreich sein, während die Frommen ein Leben in (ewiger) Freude erben. Um dieses Zentrum lagern sich als innerer Ring die Psalmen 13 und 15. Von ihnen versichert der 13. den Gottesfürchtigen, dass sie aus väterlicher Liebe gezüchtigt und dadurch ihre Übertretungen getilgt werden, so dass sie ewig leben, während die Sünder zugrunde gehen und für immer vergessen werden. Im 15. versichert der Sprecher den Adressaten aufgrund seiner eigenen Rettung aus Bedrängnis,[12] dass alle, die Gott in Wahrheit preisen, dem Zorngericht des Herrn entgehen, welches die Sünder verderben wird. Vielleicht können wir die Botschaft beider Lieder in dem Satz zusammenfassen, dass die, die Gott auch unter Tränen loben, die ewige Freude erben werden, die ihnen der 15. Psalm verheißt. Den äußeren Ring bilden die Psalmen 12 und 16: Von ihnen bittet der 12. um die Rettung der Frommen vor den Gesetzlosen, die den Frieden ihrer Häuser durch Verleumdungen zerstören, während der Beter des 16. Liedes dem Herrn dafür dankt, dass er ihn aus dem Sündenschlaf geweckt hat. Darum kann er ihn bitten, ihm beizustehen, dass er keinen weiteren Verlockungen zum Sündigen erliegt. Blicken wir auf die Psalmen 7–16 zurück, so wird deutlich, dass der geschichtliche und der zukünftige Erweis der Gerechtigkeit Gottes (Ps 8 und 17) die Gerechten mit einer Hoffnung erfüllen soll, zu der sie jedoch nur dann berechtigt sind, wenn sie im Gegensatz zu den Gottlosen am Gehorsam gegen die Tora festhalten, sich durch seine Züchtigungen unterweisen lassen und auf seine Barmherzigkeit vertrauen.

Dieses Ergebnis findet in der Kompositionsanalyse der verbleibenden Psalmen 3–6 bzw. 7 seine Entsprechung: In ihrer Mitte steht im 5. Lied ein lehrhaftes Bekenntnis zu dem Gott, der die Zuflucht der Armen ist[13] und die Bitte derer erhört, die ihn in ihrer Not anrufen und sich auch dann nicht davon abhalten lassen, wenn er ihr Flehen nicht sogleich erhört. Denn er ist der Gott, der alles Leben ernährt und die Hoffnung der Armen und Bedürftigen ist. Natürlich stellt sich dem Leser die Frage, ob die Armen und Bedürftigen die Kleinen Leute sind oder ob sich hinter ihnen die Frommen verbergen, die sich in ihrer Demut als solche bezeichnen. Wir werden uns mit diesem in seiner Komposition überaus komplizierten Lied alsbald genauer zu beschäftigen haben. Lesen wir es generalisierend im Sinne der V.5–6, so verheißt es denen, die nicht ablassen zu ihm zu rufen, Erhörung und volles Leben. Der innere, aus den Psalmen 4 und 6 bestehende Rahmen besteht in Psalm 4 aus einer Verwünschung eines heuchlerischen Richters bzw. aller

12 Atkinson, Background, 114 setzt den Psalm in die Zeit vor der im Jahre 63 v. Chr. erfolgten römischen Invasion an.

13 Zur Selbstbezeichnung der Frommen als „Arme" vgl. Ro (2002), 200–206.

Heuchler, die ebenfalls genauerer Würdigung bedarf, und in Psalm 6 aus einem Glückwunsch für den, der den Namen des Herrn anruft, weil er die Bitte eines jeden erfüllt, der auf ihn hofft. Der äußere Rahmen enthält im 3. Lied einen Lehrpsalm über den Unterschied, mit dem der Gerechte und die Sünder auf die Züchtigungen des Herrn reagieren: Sie dienen jenem zum Leben, diesen aber zum ewigen Verderben. Über den 7. haben wir bereits gehandelt und erkannt, dass er den Blick von dem Los des Einzelnen auf die Erlösung Israels von der Herrschaft der Heiden wendet, die erfolgen wird, wenn der Name des Herrn in seiner Mitte wohnt.

Mithin können wir diese Psalmensammlung mit Recht als eine kunstvoll gestaltete Komposition bezeichnen. Die Verknüpfung ihrer Lieder durch wiederkehrende Motive wie z. B. das des Erweises der Gerechtigkeit Gottes und seiner Zuwendung zu denen, die ihn lieben, seine Gebote halten, seine Züchtigungen annehmen und auf seine Barmherzigkeit hoffen, würde bei einer genaueren Analyse ebenso deutlich werden wie die Rolle der Gerichtsdoxologien als einem zentralen Leitmotiv der Sammlung. Wir müssen es uns im vorliegenden Zusammenhang versagen, die entsprechenden Nachweise zu führen.[14]

4. Das literarische Problem der Psalmen Salomos

Ob die so planvoll komponierte Sammlung literarisch einschichtig ist oder ihre gegenwärtige Gestalt einer redaktionellen Zusammenstellung und einer oder mehreren Bearbeitungen ursprünglich selbständiger Lieder verdankt, ist eine Frage für sich. So wäre zum Beispiel zu prüfen, ob die äußeren Rahmenpsalmen 1 und 18 und die auf die jüngste Geschichte zurückgreifenden Psalmen 2, 8 und 17 auf dieselbe Hand zurückgehen, die für die vorliegende Komposition verantwortlich ist, während sie sich bei den anderen Liedern teils bereits existierender, an die Frommen adressierter Lehrpsalmen bedient hat. Da sich diese Frage jedoch nur im Zuge einer umfassenden Analyse sämtlicher achtzehn Psalmen beantworten lässt, beschränken wir uns im Folgenden auf drei Probeuntersuchungen von einzelnen Liedern.

14 Vgl. dazu z. B. oben, 129–130.

5. Beispiel 1: Die Gerichtsdoxologie in PsSal 2,15–17(18)

Als erstes Beispiel sei PsSal 2 vorgestellt: Er besteht aus der Klage eines Ungenannten über die schmachvolle Eroberung und Entweihung des Tempels durch einen Fremden und die Gefangennahme der Söhne und Töchter der Sünder als göttliche Antwort auf ihre Vergehen in den V.1–14 und V.19–21. Diese Klage findet ihre organische Fortsetzung in der Bitte der V.22–25, der Herr möge den hybriden Eifer der Feinde und zumal ihres als „Drachen" bezeichneten Anführers vergelten. Darauf folgt in den V.26–32 der Erfüllungsbericht, der seinen schmachvollen Tod als gerechte Folge seiner Hybris und Erweis der richtenden Königsherrschaft Gottes bekannt gibt. Er endet mit einem an die Mächtigen der Erde gerichteten Aufruf einzusehen, dass Gott ein gerechter Richter über die Völker ist. Bei der Kompositionsanalyse des Psalms fällt zweierlei auf:

1) dass die Klage in den V.15–18 durch eine Gerichtsdoxologie unterbrochen wird;
2) dass auf die an die Machthaber der Erde gerichtete Aufforderung in V.32 in den V.33–37 eine weitere an die Gottesfürchtigen adressierte folgt, den Gott zu preisen, der zwischen dem Gerechten und den Sündern unterscheidet.

Es ist offensichtlich, dass der Psalm durch diesen Schluss seine lehrhafte Zuspitzung auf die Frommen erhält, deren Erbauung die ganze Sammlung ausweislich der Lieder gilt, die zwischen die Geschichtspsalmen eingestellt sind. Sollte der Psalm zunächst ohne Rücksicht auf seinen jetzigen Kontext gedichtet sein, so wären diese Verse dem Veranstalter der vorliegenden Sammlung zuzuschreiben. Bei diesem Potentialis müssen wir es bei dem beschränkten Umfang unserer Untersuchung belassen.

Sehen wir uns den Textbereich 2,13–25 genauer an: Die vorerst letzten Verse der das Lied eröffnenden Klage V.13–14 werden durch die V.15–17 unterbrochen. In PsSal 2,13–14 heißt es:

13 *Und die Töchter Jerusalems wurden preisgegeben nach deinem Urteil,*
weil sie sich selbst befleckt hatten durch ungesetzliche Vermischung.
14 *Daher leide ich in meinem ganzen Inneren Schmerzen.*

Dann folgt in den V.15–18 eine Gerichtsdoxologie, in welcher das letzte, asyndetisch angefügte Monokolon V.18 die literarische Brücke zu den folgenden Versen bildet (PsSal 2,15–18):

15 *Ich gebe Dir recht, o Gott, mit aufrichtigem Herzen,*
denn an Deinen Gerichten erkennt man Dich als gerecht, o Gott.
16 *Denn Du hast den Sündern nach ihren Taten vergolten*
und nach ihren Sünden, die allzu schwer.
17 *Du hast ihre Sünden aufgedeckt, dass Dein Gericht erschiene,*
Du hast das Gedenken an sie auf Erden ausgelöscht.
18 *Gott ist ein gerechter Richter, der keine Person ansieht.*

Dann aber wird in V.19–21 die Klage fortgesetzt, die sich mit ihrem begründenden „denn“ unmittelbar an V.14 anschließt:

19 *Denn die Heiden haben Jerusalem geschmäht und zertreten,*
sie zerrten ihre Pracht von ihrem herrlichen Thron.
20 *Sie legte einen Sack an statt ihrer kostbaren Kleider,*
einen Strick band sie um ihr Haupt statt eines Kranzes.
21 *Sie entfernte das herrliche Diadem, das Gott ihr umgelegt hatte,*
in Schande wurde ihre Pracht zu Boden geworfen.

Diese Klage findet in der Bitte der V.22–25 ihre sachgemäße Fortsetzung, die in der an Gott gerichteten Aufforderung mündet, die hybriden Angreifer ihre Untaten entgelten zu lassen (PsSal 2,25):

22 *Als ich das sah, da betete ich vor dem Angesicht des Herrn und sagte:*
„Lass es genug sein, Herr, deine Hand auf Jerusalem lasten zu lassen,
indem Du Heiden heran führst;
23 *denn sie trieben ihr Spiel und scheuten sich nicht in Zorn und grimmigem Wüten.*
Sie werden (ihr) ein Ende bereiten, wenn Du, Herr, sie nicht in Deinem Zorn schiltst.
24 *Denn nicht in (Deinem) Eifer handelten sie, sondern nach ihrem Begehren,*
um ihren Zorn auf uns durch Plünderungen zu ergießen.
25 *Zögere nicht, o Gott, ihnen auf den Kopf zu entgelten,*
um den Hochmut des Drachens in Schmach <zu wandeln>.“[15]

Die in den V.15–18 eingeschobene Gerichtsdoxologie zieht zwar die Summe aus der in der Klage in den V.8–13 über die Sünden der Jerusalemer enthaltenen Wertung, ist aber hinter ihnen überflüssig, da der Dichter bereits in den V.10 und 13 festgestellt hatte, dass die Leiden und Entehrungen der Jerusalemer die Vollstreckung der gerechten Urteile Gottes waren. Daher

15 Hinter dem εἰπεῖν steht nach Wellhausen, Pharisäe, 133 vermutlich ein *lĕhāmîr*, das zu *lāmîr* verkürzt und dann verkannt wurde.

liegt der Schluss nahe, dass die Gerichtsdoxologie von einem Theodizee-Bearbeiter in das Lied eingefügt worden ist.[16]

6. Beispiel 2: Das Problem des Numeruswechsels in PsSal 4,6–9

Der 4. Psalm setzt in den V.1–5 mit einer Anklage eines βέβηλος, eines Unreinen, Gottlosen oder „Weltkindes“ ein, der in V.1 direkt angesprochen und von dem ab V.3 in der 3. Person die Rede ist: Nach V.1–3 sitzt er als ein strenger Richter im Rat der Frommen, obwohl er selbst in Sünden und Unzucht verwickelt ist. Diesen Vorwurf präzisieren die beiden folgenden V.4–5 auf verführerischen Umgang mit lüsternen und ehrbaren Frauen.[17] Die unmittelbar an den Täter gerichtete Eingangsfrage ist offensichtlich rhetorischer Art und daher lediglich als ein Stilmittel zur Hervorhebung der Heuchelei des Bösewichts gedacht, ohne dass sich daraus weitergehende Schlüsse ziehen lassen (PSal 4,1–5):

1 *Warum sitzt, du Weltkind, im Rat der Frommen,*[18]
obgleich dein Herz weit von dem Herrn entfernt ist
und du mit Übertretungen den Gott Israels erzürnst?
2 *Überragend*[19] *in Worten, überragend* <im Urteilen>[20] *über alle,*
hart in Worten, die Sünder zu verurteilen im Gericht;[21]

---

16 Schüpphaus, Psalmen, 143–144 beurteilt die V.3–4.9.15-18.19-21.26–27.32–36 und 37 als Zusätze der Gesamtredaktion. Ihm ist jedenfalls darin zuzustimmen, dass der 2,15–18 entsprechende Abschnitt in 8,23–26 auf dieselbe Hand zurückgeht; denn er unterbricht dort ebenfalls den Zusammenhang zwischen V.14–22 und der Schlussbitte der V.27–34. Im Bereich 8,6–8 scheidet Schüpphaus, 146 die V.7 und 8b als redaktionelle Zusätze aus. Aber ich bin mir nicht sicher, ob hier nicht eher die V.6–7 den Einschub darstellen und ob nicht auch die V.33–34 redaktionell sind.

17 Zur weisheitlichen Gegenüberstellung zwischen dem Gerechten bzw. Getreuen und den Frevlern Kaiser, Gott III, 258–268.

18 Vgl. Ps 1,1; 50,16–17.

19 S: „gefürchtet bist du“

20 Vgl. S: „mit deinen Zeichen“. Doch ist das griechische σημείωσις im Kontext schwer verständlich. Holm-Nielsen, Psalmen, 69 z. St. erwägt eine Verlesung von *tō'ar* in *taw* (vgl. Ez 9,4.6 M mit G). Als Gegensatz zu „Worten“ würde „Gestalt, stattliche Erscheinung“ jedenfalls passen. Doch noch besser erscheint es, mit einem *'ôtôt* in der hebr. Vorlage zu rechnen und dieses mit „Schreiben“ bzw. „Briefen“ zu übersetzen; vgl. dazu Jastrow, Dictionary, 36a-b s.v. *'ôt.* Vgl. aber auch Kittel, Psalmen Salomos, 134, der es mit „Gebärden“ wiedergibt. Ansprechender Prigent, Psaumes, 961 Anm. zu V.2, der „signe“ im Sinne von „décision“ („Entscheidung, richterlicher Spruch“) interpretiert. Damit ist der Parallelismus zu V.2b hergestellt.

3 *auch ist seine Hand unter den Ersten wider ihn*[22] *wie im Eifer,*[23]
während er selbst in viele Sünden und Unzucht verstrickt ist.
4 *Seine Augen sind auf jedes* <unkeusche>[24] *Weib (gerichtet),*[25]
seine Zunge ist lügnerisch bei eidlichen Absprachen.[26]
5 *In der Nacht und im Verborgenen sündigt er,*[27] *als würde er nicht gesehen,*
mit seinen Augen redet er jede Frau an um sündiger Abmachung willen;
Schnell schlüpft er in jedes Haus mit Frohsinn als wäre er harmlos.

In den V.6–8 folgt eine zwei Bikola und ein Trikolon umfassende Verwünschung aller, die als Heuchler inmitten der Frommen leben. Dabei wechselt der Numerus auffällig zwischen der 3. Plur. und der 3. Sing. Masc. Während sich die Verwünschungen in den V.6a gegen die ἐν ὑποκρίσει ζῶντες, die Heuchler, in V.7a gegen die Menschendiener (ἄνθρωποι ἀνθρωπαρέσκοντες) und in V.8a gegen die Sünder (ἁμάρτωλοι) richten, gelten sie in den V.6b; 7b und 8c einem Einzelnen. Die Verwünschung wird hier mithin von dem einen in V.1–5 angeklagten Heuchler auf alle Bösewichter ausgedehnt. Dieselbe Technik wiederholt sich in V.9, der die Fortsetzung der Anklage gegen einen einzigen Sünder wiederum auf eine Mehrzahl ausdehnt (PsSal 6.8–9):[28]

6 *Gott rotte aus die in Falschheit leben unter den Frommen,*
es verderbe sein Fleisch und verarme sein Leben!
zum Gelächter und Spott über seine Taten,
8 *damit die Frommen als gerecht erkennen die Gerichte ihres Gottes,*
wenn er die Sünder aus den Augen des Gerechten fortschafft,
den Menschendiener,[29] *der mit List das Gesetz* <*übertritt*>[30].
9 *Ihre Augen (richten sich) auf Häuser von Leuten, in denen Ordnung herrscht,*
wie eine Schlange zu zerstören die Weisheit der Untadligen[31] *durch frevelhafte Reden.*

21 Vgl. immerhin Jos. Ant.XX.199.
22 Nämlich: den Sünder.
23 Vgl. Dtn 17,7.
24 Lies mit S, vgl. Holm-Nielsen, Psalmen, 70 z. St.
25 Vgl. 8,9–10.
26 Vgl. Lev 19,12 und Ps 24,4.
27 Vgl. 1,7; 8,9.
28 Schüpphaus, Psalmen, 33–34 sieht in diesem Lied von Schichtungen ab, weil er vermutet, dass der angeprangerte Einzelne von vornherein als exemplarischer Vertreter einer Gruppe zu verstehen ist.
29 Wörtlich: „Menschengefälligen". In G nur Ps 52 (M 53), 6.
30 Vgl. von Gebhardt, Psalmen, 101 z.St.
31 Vgl. Kittel, Psalmen Salomos , 135 z. St.

Es fällt auf, dass in V.8 ebenso wie in V.5 ein Trikolon vorliegt. Schaltet man die V.6–8b und 9 als Bearbeitungszusätze aus, so braucht man in V.8c nur statt des Akkusativs einen Nominativ zu lesen und der Satz schließt bruchlos an V.5 an:

Schnell schlüpft er in jedes Haus mit Frohsinn als wäre er harmlos.
<der Menschendiener>, *der mit List das Gesetz* <übertritt>[32].

Die V.10–13 setzen denn auch die Anklage gegen einen Einzelnen fort, um dann in den V.14–18 in eine Verwünschung zu münden, die ihm ein von Ängsten gepeinigtes, sorgenvolles, durch Hunger und Armut bestimmtes kinderloses Alter voraussagen. Doch damit nicht genug folgen in den V.19–22 weitere Verwünschungen gegen Menschendiener, Heuchler und Gottlose, die sachlich hinter dem einen Endpunkt markierenden V.18 durchaus als entbehrlich erscheinen. Der in V.22 ausgesprochene Ausrottungswunsch wird im zweiten Glied der antithetischen Zusammenfassung (*summary appraisal*) der V.23–24 wiederaufgenommen, dessen erstes in einem Glückwunsch für die besteht, die den Herrn in Unschuld fürchten. Dann beschließt V.25 das Lied mit einer direkt an Gott gerichteten Bitte, seine Barmherzigkeit möge bei allen sein, die ihn lieben (PsSal 4,23–25):[33]

23 *Wohl denen, die den Herren in ihrer Unschuld fürchten;*[34]
der Herr wird sie erretten vor den Betrügern und Sündern,
und er wird uns erretten aus allen Fallen der Frevler.[35]
24 *Gott rotte aus die in Hochmut jedes Unrecht begehen,*
weil unser Gott ein großer Richter und starker Herr in Gerechtigkeit ist.[36]
25 *Es komme, Herr, dein Erbarmen über alle, die dich lieben.*[37]

So wird der kritische Leser den Verdacht nicht los, dass es sich bei dem 4. Psalm primär um die Verwünschung eines gottlosen und heuchlerischen Mannes handelt, der in einem Ortsgericht einer Gemeinschaft von Gesetzestreuen als strenger Richter auftrat,[38] während er in seinem eigenen Leben den Anforderungen, die er als Richter stellte, in keiner Weise entsprochen hat. Ob das Lied sich in dieser Gestalt gegen einen konkreten Fall wandte oder von Anfang an typologisch gemeint war, lässt sich nicht mehr ent-

32 Vgl. von Gebhardt, 101 z. St.
33 Vgl. 6,6b und 14,1 sowie weiterhin 9,11; 11,9; 14,12b;10,8.
34 Vgl. 2,33.
35 Vgl. Ps 141,9.
36 Vgl. 2,10.18; 5,1; 9,2.5 und 10,5.
37 Vgl. 6,6; 10,3 und 14,1.
38 Vgl. z.B. 1QS VIII.1–5 und CD X.4–10.

scheiden.[39] Dagegen dürfte unser Verdacht begründet genug sein, dass das Lied durch die Einfügung der vorgezogenen Verwünschung in den V.4–8b, die pluralische Erweiterung der Anklage in V.19–22 eine generalisierende Bedeutung erhalten hat. Die weisheitliche Zusammenfassung in den V.23–24 ist durch V.23a stichwortartig mit den V.21b und 22b verbunden.[40] Daraus lässt sich der Schluss ziehen, dass die pluralische Bearbeitung der Vorlage gleichzeitig mit ihrer Einfügung in die Sammlung erfolgt ist. Die Prädikation Gottes in V.24 als eines großen, mächtigen und gerechten Richters besitzt in V.8 ihre Entsprechung in der an die Frommen gerichteten Aufforderung, Gottes Urteil für gerecht zu erklären. Daher legt sich die Annahme nahe, dass die generalisierenden Erweiterungen in Ps 4 im Zusammenhang mit der von uns in 2,15–18 vermuteten Theodizee-Bearbeitung stehen, die mithin als die für die vorliegende Komposition verantwortliche Redaktion im Auge behalten werden sollte. Trifft das Gesagte zu, so können wir ihr auch die Gerichtsdoxologie in 8,23–26 zuschreiben:

25 *Fürwahr, o Gott, Du zeigtest uns Deine Gerichte in Deiner Gerechtigkeit,*
es sahen unsere Augen Deine Gerichte, o Gott.[41]
26 *Wir rechtfertigen*[42] *Deinen in Ewigkeit geehrten Namen,*
denn Du bist der Gott der Gerechtigkeit, der Israel durch Züchtigung richtet.[43]
27 *Wende, o Gott, Deine Barmherzigkeit auf uns*
und erbarme Dich unser![44]
28 *Führe zusammen die Zerstreuung Israels mit Barmherzigkeit und Güte,*[45]
denn Deine Treue ist mit uns.

7. Beispiel 3: PsSal 5

Der 5. Psalm der Sammlung ist besonders kompliziert aufgebaut. Er setzt in den V.1–4 mit einem lehrhaften individuellen Hymnus ein, in dem der Beter einerseits die Gerechtigkeit der Urteile Gottes anerkennt und ihn in

39 Anders zuletzt Atkinson, Background, 96–104, vgl. bes. 103–104 der nach einer kritischen Durchsicht aller Identifikationsversuche für die Gleichsetzung mit Aristobulos II. plädiert.

40 Vgl. V.21–22: „*Doch sie gedachten Gottes nicht/und fürchteten Gott nicht bei all diesem,/ sondern reizten Gott zum Zorn und erbitterten* (ihn)*.// Er rotte sie von der Erde aus; weil sie unschuldige Seelen betrogen haben.*"

41 Vgl. auch 9,2.

42 G hat vermutlich ein duratives hebräisches Imperfekt als Aorist missverstanden.

43 Vgl. auch 18,4–5.

44 Vgl. auch 7,8 und 18,1–4.

45 Vgl. 9,2 und 11,4, ferner 17,21–27.

seiner Güte als Zuflucht des Armen preist (V.1–2a), andererseits aber bekennt, dass er wie die Menschen überhaupt darauf angewiesen ist, dass Gott seine Bitten erhört, weil sich der Mensch von sich aus nur das nehmen kann, was Gott ihm zuteilt (V.2b-4)[46] (PsSal 5,1–4):

1 *Herr Gott, ich preise Deinen Namen mit Jubel*
inmitten derer, die Deine gerechten Gerichte kennen;
2 *denn Du bist gütig und barmherzig, die Zuflucht des Armen.*
Wenn ich zu Dir rufe, so schweige mir nicht.
3 *Denn keiner beraubt einen Gewaltigen,*
und wer könnte etwas von allem, was Du geschaffen hast, nehmen, wenn Du nicht gibst?
4 *Denn der Mensch und sein Los (liegen) bei Dir auf der Waage,*
er vermag nichts zu dem, was Du, Gott, ihm bestimmt hast, hinzuzufügen.

Dann folgt in den V.5–7 ein lehrhaftes kollektives Klagelied, in dem die Beter Gott in den V.5a.6 einerseits darum bitten, ihnen in ihrer Not zu helfen und sie nicht durch eine zu schwere Belastung zum Sündigen zu veranlassen, ihm aber andererseits in V.5b versichern, dass er ihre Bitten erhört. In V.7 versichern sie abschließend, dass sie auch dann nicht aufhören würden, sich an ihn zu wenden, wenn er sich ihnen nicht zuwenden würde. Auf diese generellen Aussagen folgt in V.8 überraschender Weise das Bekenntnis eines Einzelnen, dass er sich, sollte er hungern, an Gott wenden und der ihm helfen würde (PsSal 5,5–8):

5 *In unsrer Not rufen wir Dich um Hilfe an,*[47]
und Du weist unsre Bitte nicht zurück;
denn Du bist unser Gott.
6 *Lasse Deine Hand nicht auf uns lasten,*
damit wir wegen unserer Not nicht sündigen.
7 *Und wenn Du Dich nicht zu uns wendest, lassen wir nicht ab,*
sondern kommen zu Dir.
8 *Denn wenn ich hungere, schreie ich zu Dir, o Gott,*
und Du gibst mir.

Mit der Spezialisierung der generellen Aussagen auf den Fall des hungernden Beters ist der Übergang zu den V.9–11 geschafft, die Gott allein als den Versorger alles Lebenden und zumal als die Hoffnung des Armen preisen,

46 Zu der eigentümlich gebrochenen prädestinatianischen Aussage vgl. Maier, Mensch, 325–328 und seine Hinweise auf 8, 5 in 328–330 und 16,5 in 330–332.

47 Vgl. Ps 17,7 (G) mit 18,6 (M).

dessen Gebete er nach V.12 dank seiner Barmherzigkeit erhört (PsSal 5,9–12):[48]

9 *Die Vögel und die Fische, Du nährst sie;*[49]
Indem Du Regen den Triften gibst, damit junges Grün sprosst,
10 *bereitest Du Nahrung in der Steppe für alles, was lebt,*
und wenn sie hungern, erheben sie ihr Antlitz zu Dir.
11 *Könige und Herrscher und Völker, Du nährst sie, o Gott*
Und wer ist des Armen und Bedürftigen Hoffnung wenn nicht Du, Herr?
12 *Und Du wirst erhören; denn wer ist gütig und freundlich außer Dir,*
die Seele des Geringen zu erfreuen, wenn Du Deine Hand in Barmherzigkeit öffnest?

Die V.13–15 stellen die Kargheit und Lieblosigkeit menschlichen Helfens der Güte und Freundlichkeit des Gottes gegenüber, der die ganze Erde versorgt und daher auch den, der auf ihn hofft, keinen Mangel leiden lässt (PsSal 5,13–15):[50]

13 *Die Güte des Menschen ist sparsam und* <herzlos>[51],
und wenn er sie ohne Murren wiederholt, so ist es ein Wunder.
14 *Aber Deine Gabe ist groß, voller Güte und reichlich.*
und niemand hofft auf Dich, dem es an Gaben mangelt.
15 *Der ganzen Erde gilt, Herr, Deine Barmherzigkeit und Güte.*

Doch mit der in den V.16–17 folgenden Gratulation nimmt der Gedanke eine erneute Wendung, denn in ihnen wird der Mensch glücklich gepriesen, dem Gott nur soviel gibt, wie er zum Leben braucht, weil der im Überfluss lebende Mensch leicht dem Sündigen verfällt. Den Segen Gottes erkennt man also nicht daran, dass er einem im Übermaß, sondern mit Maßen gibt. Damit hat der überaus reflektierte Dichter sein eigentliches, in V.4 bereits eingeführtes Lehrziel erreicht. Es besteht darin, den Frommen zu versichern, dass sie nicht nur keinen Grund zu murren haben, wenn ihnen Gott nicht mehr gibt, als sie zum Leben brauchen, sondern dass darin ein Akt seiner besonderen Barmherzigkeit liegt, weil er sie auf diese Weise daran hindert, ihn und seine Gebote im Wohlleben zu vergessen (PsSal 5,16–17):

---

48 Zur Annahme, die Verse bezögen sich auf eine durch die Belagerung Jerusalems durch Pompejus verursachte Hungesnot vgl. kritisch Atkinson, Background, 185–186.

49 Interpunktion mit Holm-Nielsen, Psalmen, 74 gegen von Gebhardt, z. St. geändert; dennV.9b gehört sachlich mit V.10, nicht aber mit V.9a zusammen, da die Fische kein Gras fressen.

50 Vgl. auch Sir 18,13.

51 Lies nach dem Vorschlag von Gebhardts, Psalmen, 106 z.St.

16 *Wohl dem, an den Gott in hinreichendem Maße gedenkt;*
denn hat der Mensch Überfluss, versündigt er sich.
17 *Ausreichend ist das Zugemessene in Gerechtigkeit,*
denn darin (besteht) der Segen des Herrn, sich in Gerechtigkeit zu sättigen.

Der Wahrspruch in V.18a generalisiert die Lehre dahingehend, dass alle, die den Herrn fürchten, sich seiner Güte freuen sollen. Dann aber lenkt V.18b mit seiner Bitte, seine Güte möge in seinem Reich über Israel kommen, den Blick auf den erhofften Anbruch der Heilszeit, in der das Königtum Gottes sich auf dieser Erde vollendet und in der niemand Not leiden wird. Daher gilt die abschließende Benediktion des 19. Verses der Herrlichkeit des Herrn, der Israels König ist (PsSal 5,18–19):[52]

18 *Freuen sollen sich der Güter, die den Herrn fürchten,*
und Deine Güte (komme) über Israel in Deinem Reich!
19 *Gepriesen sei die Herrlichkeit des Herrn, denn er ist unser König!*

Stellt man sich die Frage nach der literarischen Geschlossenheit des Liedes, so lässt sich vorab feststellen, dass die V.1–4 und 8–12 jedenfalls zusammengehören: V.8 nimmt die Rede der V.1–4 wieder auf; zudem sind die beiden Textblöcke durch die Feststellungen in V.2a und 11b zusammengehalten, dass Gott die Zuflucht des Armen bzw. die Hoffnung des Armen und Bedürftigen ist. Durch das Stichwort der ἐλπίς, der Hoffnung (vgl. V.14b), sind die V.13–15 mittels V.11b mit den V.9–12 verbunden. In V.1 erklärt der Beter, dass er den Namen des Herrn „*in der Mitte derer, die deine gerechten Urteile* (τὰ κρίματά σου τὰ δίκαια) *anerkennen*", preisen will. Die in der 1. Person des Plurals gehaltenen V.5–7 suchen demgemäß sein eigenes Gebet mit dem seiner Gemeinde zu verbinden. Sie nehmen mit dem Vertrauensbekenntnis in V.7, dass Gott sich nicht von ihrer Bitte abwenden wird, weil er ihr Gott ist (V.5b-c), die Bitte in V.2b auf, Gott möge auf sein Rufen hin nicht schweigen. Gleichzeitig ziehen sie mit der Bitte in V.6, Gott möge die Not nicht zu schwer auf ihnen lasten lassen, damit sie sich nicht versündigen, eine gewisse Grenze, die weiterhin keine Rolle spielt. So stellt sich auch bei diesem Liede die Vermutung ein, dass der Grundbestand des Psalms in dem individuellen Gedicht der V.1–4 + 9–17 vorliegt, das allen durch ihre Armut angefochtenen Frommen zur Lehre dienen sollte. Die später eingefügten V.5–8 generalisieren es sowohl im Blick auf die Beter wie

52 Vgl. auch die Schlussdoxologien in 2,37; 4,25 ; 6,6b; 8,34; 9,11; 10,8; 11,9; 12,6; 13,12 und 17,46, die einer übergreifenden redaktionellen Bearbeitung zu verdanken sein dürften.

auf die Anlässe, indem in ihnen statt vom Hunger in unbestimmter Weise vom Bedrängtwerden (θλίβεσθαι) die Rede ist. Der in V.9 genannte Hunger wird damit zu einem speziellen Paradigma für den allgemeinen der θλίψις, der Bedrängnis.[53] Die Generalisierung findet in dem verdoppelten Gebetswunsch der V.18 und in der Benediktion des V.19 ihren Abschluss, indem nun der einzelne Arme in den Kreis der Gottesfürchtigen einbezogen und der Blick auf das kommende Reich des Königs Israels gelenkt wird.

Eine endgültige Summe aus diesen Beobachtungen zu ziehen, wäre verfrüht; denn erst eine kritische Aufbauanalyse sämtlicher in dieser Kompositon vereinigten Lieder könnte sie rechtfertigen. Daher begnügt sich der Verfasser mit dem Ausdruck seiner Hoffnung, dass ihm mindestens der Nachweis gelungen ist, dass auch im Fall der Psalmen Salomos die kontextuelle wie die kompositionelle Analyse zu einem vertieften Verständnis der einzelnen Lieder wie der ganzen Sammlung beizutragen vermag. Und so mögen diese Seiten den Jubilar[54] grüßen, der sich um beides in zahlreichen Veröffentlichungen über das Psalmenbuch verdient gemacht hat.

53 Ähnlich Schüpphaus, Psalmen, 145, der jedoch weitergehend die V.5–7 als den ursprünglichen Anfang des 7. Liedes beurteilt.

54 Erich Zenger, dessen wir nach seinem plötzlichen Abscheiden im April dieses Jahres in Dankbarkeit gedenken. R.i.p.

Die Sibyllinischen Orakel und das Echo biblischer Prophetie und Ethik in ihrem Dritten Buch

1. Die Sibyllen als Zeugen für Christi Geburt, Leiden und Wiederkehr in Herrlichkeit

Der Kunstfreund unter den Besuchern der Sixtinischen Kapelle erinnert sich an die eigentümliche Gegenüberstellung von Sibyllen und Propheten, mit der Michelangelo die Podeste zwischen den Zwickeln des Gewölbes ausgefüllt hat: In ihnen wechselt jeweils eine Sibylle mit einem Propheten so ab, dass gleichzeitig immer eine Sibylle einem Propheten gegenübersitzt: Auf diese Weise wird die libysche Sibylle mit dem Propheten Jeremia, der Prophet Daniel mit der persischen, die cumäische mit dem Propheten Ezechiel, Jesaja mit der erithreischen und die delphische mit dem Propheten Joel konfrontiert, während an den Schmalseiten Jonas und Sacharja ihren Platz gefunden haben, der eine in einem Buche blätternd, der andere tief in seine Gesichte versunken. Die Buchrolle ist das Attribut der delphischen Sibylle und des Propheten Ezechiel, das geöffnete oder geschlossene Buch das der anderen Sibyllen und Propheten: Sie sind die Erleuchteten, die das Geheimnis der Geschichte von ihrem Anfang bis zu ihrem Ende kennen und damit vor Langem von dem Kommen des Gottessohnes in diese Welt, seinem erlösenden Leiden und seiner Wiederkunft kündeten.[1] Das *Dies irae* des *Thomas von Celano,* das bis zum Zweiten Vaticanum seinen festen Platz in der Totenmesse der römischen Kirche, dem Requiem, besessen hat und heute nur noch in ihren großen Vertonungen weiterlebt, hat der Sibylle neben David schon in der ersten Sequenz ihren Platz als Zeugin des kommenden Jüngsten Tages eingeräumt:

Dies irae, dies illa,
solvet saeclum in favilla:
Teste David cum Sibylla.[2]

---

1 Zum Bildprogramm Michelangelos in der Sistina vgl. De Vecchi, Michelangelo, 37–91; zum biographischen Hintergrund Forcellino, Michelangelo, 112–120.

2 „*Tag des Zornes/ jener Tag/ der die Welt in Asche auflöst:/ Nach dem Zeugen David und der Sibylle.*“

Hier ist freilich von der einen zum Typos der prophetischen Seherin gewordenen Sibylle die Rede, während Michelangelo fünf vorstellt, von denen die erste Afrika, die zweite Asien, die dritte Italien, die vierte Kleinasien und die fünfte Griechenland vertritt: Wenn weise Frauen vom fernen Osten bis zum Westen die Geburt Christi, sein irdisches Wirken, sein erlösendes Leiden und seine Rückkehr zu Gott dem Vater prophezeit haben und einmal ums andere an das kommende Weltgericht erinnert haben, so stützen sie damit für die Christenheit bis in die Frühe Neuzeit hinein das *Et iterum venturus est cum gloria judicare vivos et mortuos: cuius regni non erit finis* des christlichen Credos. Denn so heißt es im Christushymnus (Or.Sib.VI.1–12. 26–28):[3]

Singen will ich von Herzen von dem großen, berühmten Sohn
des Unsterblichen, dem seinen Thron zu nehmen gab der höchste Erzeuger
vor der Geburt, denn zum zweiten Mal trat er im Fleisch in die Welt und
ließ sich taufen im strömenden Wasser des Jordanflusses,
der seine bläulich gefärbten Wogen wälzt und rollt dahin:
er entstieg dem Feuer, der erste der Gott erblickte, den süßen
Geist, kommend in der Taube weißem Gefieder.
Aufblühn wird eine reine Blume, es strömen die Quellen.
Zeigen wird er den Menschen die Wege des Heils und die Pfade
zum Himmel hin und lehret sie alle mit weiser Belehrung,
führt sie zum Recht und bekehrt die verstockten Herzen des Volkes,
preisend laut die Abkunft vom himmlischen Vater.
....
Du glückseliges Holz, an dem Gott einstens gehangen,
nicht wird die Erde dich bergen, des Himmels Haus wirst du sehn,
wenn einst plötzlich, o Gott, erscheint dein flammendes Auge.

2. Von der Sibylle zu den Sibyllinischen Büchern

Doch als diese Bücher von der Kirche in Anspruch genommen wurden, hatte die Vorstellung von den Sibyllen bereits eine lange Geschichte hinter sich gebracht. Die älteste erhaltene Nachricht findet sich in den Fragmenten des Vorsokratikers Heraklit von Ephesos, dessen Blüte in die Wende vom 6. zum 5. Jh. v. Chr. fällt. In der Ausgestaltung durch Plutarch enthält sie freilich schon den ganzen Mythos von ihrem die Zeiten durchdringenden und überdauernden Wort: Die Sibylle ist eine Frau, deren Stimme mit rasendem Mund von Gott getrieben durch die Jahrtausende dringt (Heraklit Frg. 92 D/KRS 245/ Plutarch, de Pyth. Or. 6.397a):

3 Übers. Gauger, Weissagungen, 157.

Σίβυλλα δὲ μιανομένῳ στόματι (καθ' Ἡράκλειτον) ἀγέλαστα καὶ ἀκαλλώπιστα καὶ ἀμύριστα φθεγγομένη (χιλίων ἐτῶν ἐξικνεῖται τῇ φωνῇ διὰ τὸν θεόν).

„*Die Sibylle die* (nach Heraklit) *mit rasendem Munde Dinge äußert, die nicht zum Lachen* (nicht zu schminken und nicht zu verschönern) *sind*, (reicht mit ihrer Stimme doch über Tausende von Jahren hinweg, durch den Gott).[4]

Aus der einen Sibylle, von der auch Aristophanes[5] und Platon[6] noch sprachen, ist bei der Wanderung der Tradition von Osten nach Westen im Laufe der Jahrhunderte eine ganz Schar von Sibyllen geworden, die man seit dem Hellenismus in Katalogen anzuordnen pflegte.[7] Unter ihnen standen die kleinasiatischen von Marpessos in der Troas, von Erythrai in Jonien und die campanische von Cumae in besonderem Ansehen.[8] Schriftlich überliefert wurden zunächst nur einzelne Orakel.[9] Die später entstandenen Sammlungen derartiger Orakel, von denen die älteste in Athen angelegt worden ist (Hdt VII.6.3–5),[10] sind formal und inhaltlich dadurch gekennzeichnet, dass sie aus thematisch lose miteinander verknüpften Hexametern bestehen. Ihre Aussagen sind absichtlich in einer gewissen Un-

4 Zitiert nach Kirk/Raven/Schofield, Philosophen, 230 Anm. 32. Die Klammern bezeichnen die Worte, die nach ihrer Ansicht auf Plutarchs Interpretation zurückgehen und sind vom Verfasser gesetzt.

5 Aristoph.Pax 1095 und 1116. Zu den antiken Belegen vgl. Rzach, „Sibyllen", 2073–2101, bes. 2075–2076; Nikiprowetzky, Troisième Oracle, 1–4; Collins, Oracles, 1–2; Schürer/Vermes, History III/1, 618–6626; Merkel, Sibyllinen, 1043; Gauger, Weissagungen, 346–348 und Hagedorn, Überlegungen, 100–103.

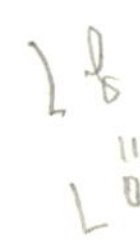

6 Plat. Phaidr. 244b in dem Lobpreis über die durch den Eros ausgelöste μανία: „*Denn bekanntlich haben ebenso die Prophetin in Delphi wie die Priesterinnen in Dodona im Wahnsinn viel Gutes in Griechenland gestiftet, für den Einzelnen und für die Gemeinde; waren sie aber bei Besinnung, dann leisteten sie nur wenig oder gar nichts. Und wenn wir die Sibylle nennen wollten und alle die anderen, die im Besitz göttlicher Sehergabe gar vielen Menschen mit ihren vielen vorausdeutenden Sprüchen den rechten Weg in die Zukunft wiesen, dann finden wir wohl kein Ende und sagen nur Altbekanntes.*" Übers. Buchwald, Platon Phaidros, 54–55.

7 Vgl. dazu Rzach, Sibyllen, 2076–2078; Nikiprowetzky, Troisième Oracle, 3–51 und jetzt zumal Gauger, Weissagungen, 33–379, der die wichtigsten Belege vorstellt. Zur sibyllinischen Traditionsbildung im hellenistischen Zeitalter vgl. Parke, Sibyls, 125–135 und knapp Koester, History, 163–165.

8 Vgl. dazu Rzach, „Sibyllen", 2081–2087. 2091–2095 und nur zur erythräischen Sibylle Schürer/Vermes, History III/1, 620–622.

9 Vgl. dazu Rzach, Orakel, 2103–2183, bes. 2104–2105 und Collins, Seers, 182–184.

10 Parke, Sibyls, 178–179.

bestimmtheit gehalten, so dass sie sich auf unterschiedliche Situationen beziehen lassen, womit sie ihren divinatorischen Ursprung zu beweisen scheinen.[11] Der Sache nach besaßen sie ihre Vorläufer nicht nur in den griechischen Orakelsprüchen, sondern auch in den politischen Prophetien der ägyptisch-orientalischen Welt[12] und nicht zu vergessen den biblischen Prophetenbüchern.

Besondere Bedeutung erlangten derartige Orakel seit der ausgehenden Königszeit auch für die Römer. Als die Sammlung sibyllinischer Orakel 83 v. Chr. mit dem Jupiter Tempel verbrannt war, nahm der Consul Cario den Wiederaufbau des Tempels vier Jahre später zum Anlass, sich nach Erythrai und andren sibyllinischen Zentren zu wenden, wodurch er über tausend Verse zusammenbrachte (Dionysios von Halikarnass IV.62).[13] Innerhalb der sibyllinischen Literatur nahmen die römischen *libri Sibyllini* ausweislich ihrer literarischen Bezeugung insofern eine Sonderstellung ein, als sie sich nicht nur ausnahmsweise mit politischen Voraussagen befassten, sondern auch Anweisungen darüber enthielten, mittels welcher Riten der *res publica* drohende Gefahren abgewendet werden könnten. Außerdem wurden sie geheim gehalten, so dass sie von den durch den Senat bestimmten Auslegern manipuliert werden konnten.[14]

Im hellenistischen Judentum Palästinas wurde der Platz der sibyllinischen Orakel in der Regel durch die apokalyptischen Schriften ausgefüllt, die jenseits der gegenwärtigen Zeit der Not und politischen Unterdrückung eine durch Gottes Eingreifen herbeigeführte Heilszeit verhießen. Anders verhielt es sich im Diasporajudentum: Wohl unter dem Einfluss der Alexandra des Lykophon wurde die literarische Gattung der sibyllinischen Orakel bereits um die Mitte des 2. Jh. v. Chr. als Mittel der Propaganda übernommen, um mit ihnen die Unsinnigkeit des Polytheismus und die Vorbildlichkeit des jüdischen Monotheismus samt der ihm entsprechenden durch die Tora bestimmten Lebensweise angesichts des bevorstehenden Jüngsten Gerichts zu propagieren.[15]

---

11 Vgl. dazu Collins, Oracles, 5–9; Schürer/Vermes, History III/ 1, 627; Parke, Sibyls, 15–17 und umfassend Gauger, Weissagungen, 423–436.

12 Vgl. dazu Collins, Oracles, 9–15; Collins, Seer, 5–9 und 203–208 sowie Gauger, Weissagungen, 335–344 und zu den antiken ägyptischen Prophetien und den antiken Widerstandsorakeln die Belege in 412–423.

13 Dion.Hal. ant. IV.62. In Übers. zitiert bei Gauger, Weissagungen, 396–397.

14 Vgl. dazu Rzach, Orakel, 2105–2117; Schürer/Vermes, History III/1, 628.632; Parke, Sibyls, 136–151 und Gauger, Weissagungen, 35–401.

15 Vgl. dazu Rzach, Orakel, 2117–2119; Collins, Development, 423–425 mit dem Hinweis auf die Alexandra des Lykophon, die aus den ersten Jahren des 2. Jh. v. Chr.

3. Die jüdischen und christlichen Sibyllinen

Die überlieferte Sammlung von in vierzehn Büchern gegliederten sibyllinischen Orakeln wurde im 6. Jh. n. Chr. von einem byzantinischen Gelehrten veranstaltet.[16] Von ihnen gehen die Bücher I-II im Kern[17] und die Bücher III,[18] IV[19] und V[20] im Wesentlichen auf jüdische Hände aus der Zeit

---

zu stammen scheint und mit den jüdischen Sibyllinen den extensiven Gebrauch von *vaticina ex eventu* gemeinsam hat. In ihr ist es die Seherin Kassandra, die Tochter des trojanischen Königs Priamos, die ebenso die Katastrophe Trojas, die Leiden der heimkehrenden Griechen, das Wiederaufleben der zerstörten Stadt im Römischen Reich, die Erneuerung des Kampfes zwischen Europa und Asien im siegreichen Zug Alexanders des Großen wie die schließlich erfolgte Versöhnung zwischen Griechen und Römern voraussagt; vgl. auch Parke, Sibyls, 16–17; Gauger, Weissagungen, 401–402 sowie die Artikel „Lykophon" von Konrat Ziegler (KP 3/ 1969), 815–816 und Bernhard Zimmermann (DNP 7/1999), 569 und zur Intention der jüdischen Sibyllinen Philipp Vielhauer, Geschichte, 422 und Hagedorn, Überlegungen, 104–105.

16 Vgl. Parke, Sibyls, 1; zur Überlieferungsgeschichte des Textes und seinen Ausgaben vgl. Geffcken, Oracula, X-LV; Rzach, Sibyllen, 2120–2122 und Nikiprowetzky, Troisième Oracle, 281–287.

17 Zu älteren Hypothesen vgl. Johannes Geffcken, Komposition, 47–53 und dann Collins, Development, 441–444 bzw. ders., Sibylline Oracles, 330–334; Merkel, Sibyllinen, 1043 und Gauger, Weissagungen, 346–348.

18 Vgl. dazu unten, 152–157.

19 Zur älteren Diskussion vgl. Geffcken, Komposition, 18–21, der hinter V.49–114 ein hellenistisches Orakel vermutet; Collins, Sibylline Oracles, 381–383 und Collins, Development, 427–429, der den älteren Bestand im Anschluss an Bousset, Beziehung, 40–41 mit Zustimmung Merkels, Sibyllinen, 1065 auf die V.49–101 begrenzt, eine jüdische Entstehung dieser antimakedonischen Weissagung für möglich, aber für das Verständnis als sachlich nicht entscheidend erklärt, und Gauger, Weissagungen, 454, der die Frage offen lässt. Darüber, dass das Buch als Ganzes mit seiner antirömischen Ausrichtung und seiner Anspielung auf den Vesuvausbruch 79 n. Chr. in V.130 und seiner entwickelten Nero-Legende in die 80er Jahre des 1. Jh. (Gauger, Weissagungen, 453) bzw. in das späte 1. Jh. n. Chr. (Collins, Development, 428) zu datieren ist, ist sich die Forschung einig. Zur antirömischen Polemik in Or.Sib.III vgl. Hades-Lebel, L'évolution, 763–766, wonach mit einer alexandrinischen Römerfeindlichkeit bei den Juden erst nach 38 n. Chr. zu rechnen ist; zu den Hintergründen Bringmann, Geschichte, 218–226 und zu den Problemen der Rechtsstellung der Juden nach dem Schreiben des Kaisers Claudius an die Alexandriner Kasher, Jews, 310–326.

20 Zur älteren Diskussion vgl. Geffcken, Komposition, 22–29; Rzach, Orakel, 2134–2140 und dann Collins, Sibylline Oracles, 436–438, der das Buch nicht vor 70 n. Chr. und nicht nach 132 n. Chr. datiert und seinen Verfasser im ägyptischen Judentum sucht. Allerdings muss man dann V.51 als späteren Zusatz beurteilen, weil

zwischen der Mitte des 2. Jh. v. Chr. und den letzten Jahrzehnten des 1. Jh. n. Chr. zurück.[21] Unter ihnen ist das Buch III das älteste und nach der Analyse von John J. Collins teils im zweiten Drittel des 2. Jh. v. Chr. und teils in den dreißiger Jahren des 1. Jh. n. Chr. entstanden.[22] Von diesen jüdischen Schriften wurden die Bücher I und II später christlich überarbeitet. Aus jüdischen Kreisen stammen jedenfalls auch die Bücher XI-XIV. Das VI Buch besteht aus einem Christushymnus. Auch die Bücher VII und VIII dürften als christliche Dichtungen zu betrachten sein.[23]

---

er sich auf die Herrschaft der drei Adoptivsöhne des Kaisers Hadrian bezieht, Merkel, Sibyllinen, 1066, ähnlich Gauger, Weissagungen, 455.

21 Vgl. dazu Collins, Oracles, 21–34; ders., Sibylline Oracles, 354–361; ders., Development, 430–436. Nach seiner in Oracles, 44–53; Sibylline Orcales, 355–356 und Development, 431–433 vertretenen Hypothese wäre das Buch im Umkreis des jüdischen Tempels in Leontopolis entstanden, womit sich Andrew Chester, Sibyl, 40–46 kritisch auseinandersetzt. Zur Genese des Buches vgl. weiterhin Merkel, Sibyllinen, 1059–1064, der sich Collins anschließt, und bes. Gauger, Weissagungen, 440–451, der sich vorsichtig mit einer Datierung des ganzen Buches zwischen 32/31 v. und 70 n. Chr. begnügt. Dass der Buchschluss III.809–829 mit seiner Zuweisung an eine babylonische Sibylle erst nachträglich erfolgt ist und es ursprünglich auf die erythräische zurückgeführt wurde, geht daraus hervor, dass Laktanz sein diesem Buch entnommenes Zitat der Erythräerin zuweist, Gauger, Weissagungen, 450–451 mit dem Zitat Laktanz, De ira dei 22,5–23,14 in Weissagungen, 253–259.

22 Zu den Büchern IX und X vgl. Merkel, Sibyllinen, 1046: Die Handschriften der Klasse Ω enthalten die beiden Bücher, wobei IX aus Abschnitten anderer Bücher kompiliert und X mit IV der Klasse Φ und Ψ identisch ist. Zu den Büchern XI-XIV vgl. Rzach, Orakel, 2152–2166. Zu ihnen bemerkt Geffcken, Komposition, 54: „*Die Dichtung der Sibyllen, die zu ihrer besten Zeit, im heidnischen Altertum, fast ganz politisch gewesen, kehrt somit nach langer Benutzung durch die religiöse Tendenz wieder zu ihrem Ausgangspunkt zurück, um sie dann durch das ganze Mittelalter wesentlich zu bewahren, ja, wer sich einen klaren Begriff von dem Stile der älteren Sibyllenpoesie machen will, den könnte man mit gutem Gewissen auf die Bücher XI-XIV hinweisen.*“ Zu ihrem jüdischen Charakter vgl. Collins, Development, 452–454 und knapp Nikiprowetzky, Troisième Oracle, 461.

23 Vgl. dazu Rzach, Orakel, 2149–2151; Kurfess, Sibyllinen, 498–593 bes. 500–502 bzw. Treu, Sibyllinen, 591–619, bes. 592–593, beide mit Übersetzung der christlichen Abschnitte und Bücher nebst der lateinischen Magierin Sibylla, wobei die Bücher VII und VIII vorsichtig als überwiegend christliche beurteilt werden. Zur christlichen Bearbeitung von I und II vgl. Geffcken, Komposition, 45–53; Collins, Sibylline Oracles, 406, 408 und 415–417; ders., Development, 444–445: Collins reduziert den christlichen Anteil in VIII auf die V.217–500 und schreibt die V.1–216 mit Vorbehalt einem jüdischen Autor zu, der in den V.131–138 eine pagane Vorlage einschalte. Zu I-II vgl. auch Gauger, Weissagungen, 438–439, zu VI-VIII 455–458, wobei er nach 451 ebenfalls mit einem jüdischen Substrat rechne. Den

Die jüdischen Sibyllinen bieten nicht nur eine willkommene Ergänzung unserer Kenntnis des geistigen Lebens des hellenistischen und frühkaiserzeitlichen Judentums zumal in Ägypten, sondern ermöglichen es dem Alttestamentler zu beobachten, in welcher Weise die eschatologische Botschaft der ihm anvertrauten Bibel in ihnen fortlebt. Allerdings lässt sich diese Aufgabe im vorliegenden Rahmen verständlicher Weise nur exemplarisch lösen. Als Beispiel sei daher das Buch III ausgewählt, weil es als das älteste der ganzen Sammlung gilt und daher zeitlich den jüngsten Redaktionen der alttestamentlichen Prophetenbücher am nächsten steht und in seinen ältesten Teilen mit den apokalyptischen Kapiteln des Danielbuches gleichzeitig ist.[24] So begegnen im 3. Buch der Sibyllinen nicht nur die Mythe vom Völkerkampf und der Völkerwallfahrt zum Zion,[25] sondern auch die Erwartung des Endgerichts[26] wie die Lehre von den ihm vorhergehenden vier Weltzeitaltern bzw. Weltreichen.[27]

4. Or.Sib. III, seine Komposition, Geschichtstheologie und Zeitstellung

Forschungsgeschichtlich hat die Hypothese von Johannes Geffcken aus dem Jahre 1902 das Verständnis des 3. Buchs bis zum Beginn der 70er Jahre des letzten Jahrhunderts bestimmt. Nach ihm lägen seine ältesten, etwa aus der Zeit um 200 stammenden Teile in den V.97–154 als Entlehnungen aus der Babylonischen und in den V.381–387 aus der Persischen Sibylle vor. Sie seien in der Zeit des 7. Ptolemäers bzw. Antiochos IV. um die V.162–178; 190; 194; 195; 211–326; 520–527; 608–615; 732–740 und 762–766 erweitert worden. Dann sei die Sammlung durch Fragmente einer erythräischen Sibylle in den V.179–189; 337–389; 388–488; 492–519; 573–607; 618–724; 741–761 und 767–795 aufgefüllt worden, die aus der Zeit zwischen 146 und 84. v. Chr. stammten. Schließlich sei das so entstandene Buch zur Zeit des Zweiten Triumvirats noch einmal um die V.48–62 erweitert worden.[28]

Text der ebenfalls christlichen Tiburtine Lateinisch und Deutsch in 310–329. Zur Rolle der Sibylle in der altchristlichen Literatur vgl. Parke, Sibyls, 152–173.

24 Zur Auslegungsgeschichte vgl. knapp Schürer/Vermes, History III/1, 632–633 bzw. ausführlich Klaus Koch, Buch, passim.

25 Vgl. dazu Kaiser, Gott III, 133–172.

26 Vgl. dazu Kaiser, Gott III, 308–342.

27 Vgl. dazu Koch, Buch, 182–210 und unten, 213–218.

28 Geffcken, Komposition, 1–17, bes. die Zusammenfassung 13.

Gegen diese komplizierte Analyse hat sich 1970 Valentin Nikiprowetzky mit der These gewandt, dass das Buch abgesehen von zwei kleinen späteren Ergänzungen als Ganzes aus der Zeit des Zweiten Triumvirats (43–39 v. Chr.)[29] stammte. Angesichts des kompilatorischen Charakters der antiken Spruchsammlungen und der inneren Spannungen und abrupten Brüche besitzt das literarkritische Modell Geffckens grundsätzlich den Vorzug gegenüber der Einheitshypothese Nikiprowetzkys.[30] Es bleibt jedoch zu fragen, ob sich sein kompliziertes Bild nicht vereinfachen lässt, wenn man mit John J. Collins davon ausgeht, dass zwar thematische und sachliche Spannungen mit der Form der Spruchsammlung als solcher verbunden sind, Wiederholungen bestimmter Formeln dagegen auf einen neuen Einsatz, wenn auch nicht notwendig auf eine andere Hand verweisen. Bei in anderen Zusammenhängen wiederkehrenden Versen dürfte es sich dagegen um Entlehnungen handeln. Vor allem aber lassen sich auffallende geographische und zeitgeschichtliche Unterschiede in den Texten als Hinweise auf eine unterschiedliche Entstehung auswerten.[31] Unter diesen Gesichtspunkten hat Collins grundsätzlich nachvollziehbar eine in den V.97–161; 162–195; 196–204; 545–676 und 675–808 vorliegende Grundschrift erschlossen, die aus dem 2. Drittel des 2. Jh. v. Chr. stammt und bis 70 n. Chr. durch zwei größere Einschaltungen erweitert sein dürfte.[32]

Lässt man die Perikopen des 3. Buches an seinem geistigen Auge vorüberziehen, so ergibt sich trotz mannigfacher Vorgriffe und Retardierungen ein kohärentes Geschichtsbild, das vom Turmbau zu Babel bis zum Jüngsten Gericht reicht. Dabei behandeln die V.97–161 die „*Vorgeschichte des dunklen Ablaufs der Weltgeschichte*".[33] Auf den Bericht von der durch Gott verhinderten Erstürmung des Himmels mittels des Turmbaus zu Babel und der anschließenden Scheidung der Völker nach ihren Sprachen folgt eine

---

29 Vgl. dazu Christ, Krise, 433–453.

30 Vgl. Nikiprowetzky, Troisième Sibylle, 195–226.

31 Collins, Oracles, 22–24.

32 Walter, Literature, 408; Delcor, Apocrypha, 488–489. – Bei der Rekonstruktion der Grundschicht des 3. Buches durch Collins fällt auf, dass er die V.1–96 nicht in die Analyse einbezogen hat. Das besitzt seinen Grund darin, dass die V.1–45 nicht mit dem Folgenden zusammengehören, sondern mit Alois Kurfess zusammen mit den bei Theophilus begegnenden Fragmenten zu dem verlorenen 2. Buch gehören und auch die V.46-96 zu einem verlorenen Buch gehören, Collins, Oracles, 21, ders., Sibylline Oracles, 354.

33 Merkel, Sibyllinen, 1061.

euhemeristische Erzählung[34] über das Zeitalter des Kronos und der Titanen, das mit dem ersten großen Krieg der Weltgeschichte endet. Abschließend wird eine Liste der acht nachfolgenden Weltreiche der Ägypter, Perser, Meder, Äthioper, des assyrischen Babylon, der Makedonen und dann noch einmal der Ägypter und schließlich der Römer geboten.

Die V.162–195 enthalten eine *Lehre von den vier Weltreichen*, nach der auf die Herrschaft des Hauses Salomos,[35] der Griechen und der Makedonen als letztes ein Reich im Westen mit vielen Häuptern und d. h. das römische Reich folgen.[36] Sie sollten freilich durch ihren Übermut, ihre Gott- und Sittenlosigkeit, die sich zumal in ihren homosexuellen Praktiken spiegelt, zu Fall kommen, wenn in Ägypten der siebte König aus makedonischem Geschlecht zur Herrschaft kommt. Dann sollte das Volk Gottes wieder erstarken. Da es sich bei der Erwähnung des siebten Makedonen um ein *vaticinium ex eventu* handeln dürfte,[37] muss man dem Sibyllisten entweder Gedankenlosigkeit zuschreiben oder abweichend von Collins zu mindest den Lasterkatalog der V.182b-191 als spätere Einfügungen betrachten, sofern man den ganzen Abschnitt nicht erst in das 1. Jh. n. Chr. datieren will.[38]

Die V.196–294 beginnen mit der Rechtfertigung der Sibylle dafür, dass sie erst Gottes Schlag gegen die Titanen und dann den Tyrannen und Königen der Griechen samt der Phryger den trojanischen Krieg und weiterhin den Persern und Assyrern, der Ägypten, Libyen, den Äthiopiern, Karern, Pamphyliern und schließlich allen Menschen Unheil weissagen müsse, wobei sich eine Weissagung so sicher wie die andere erfüllen werde. Anschließend sagt sie auch den Frommen, die um den Tempel Salomos herum wohnen, Unheil voraus (V.196–217). Darauf folgt in den V. 218–247 ein im Präsenz gehaltener Lobpreis auf die Frömmigkeit und sittliche Reinheit der aus dem Lande Ur in Chaldäa stammenden Männer[39] und in den V.248–264 ein *vaticinium ex eventu* von ihrer göttlichen Führung beim Auszug aus

---

34 Zu dem um die Wende vom 4. zum 3. Jh. v. Chr. wirkenden Gelehrten Euhemeros und seiner rationalistischen Mythenerklärung vgl. Fusillo, übers. T. Heinze (DNP 4/ 1998), 236–236.

35 Dessen Herrschaftsbereich soll sich nach den V.168–170 in phantastischer Weise auf Phönizien, die Inseln, die Pamphylier, Perser, Phryger, Karer, Mysier und Lyder erstreckt haben.

36 Zur Herkunft der Vorstellung von den vier Weltzeitaltern bzw. Weltreichen vgl. West, Hesiod, Works, 172–177 und zur Rezeption in der jüdischen Apokalyptik Hengel, Judentum, 330–336; Collins, Vision, 36–43; ders., Imagination, 98–101 und Kratz, Translatio, 197–225.

37 Zu seiner Identifikation vgl. unten, 155.

38 Vgl. dazu Hades-Lebel, L'image, 763–766.

39 Vgl. Gen 11,31.

Ägypten und der Offenbarung der Tora am Sinai. Daran schließt sich in den V.265–294 ein weiteres Orakel über die Zerstörung des Tempels und die Entvölkerung des Landes an, die sieben Dekaden währt, um dann vom Wiederaufbau des Tempels zu künden. Das Orakel wird in den V.288–289 sekundär (?) durch eine Weissagung vom Kommen des Messias aus Davids Geschlecht unterbrochen.

In den V.545–656 werden die Griechen aufgefordert, von ihrer Bilderverehrung zu lassen und sich dem Dienst des wahren Gottes zuzuwenden, um dem kommenden Unheil zu entrinnen, was sie aber zu ihrem Schaden erst nach diesem tun würden (545–572). Das gibt wiederum Anlass, im Kontrast zu der Gott- und Sitten- und sexuellen Zügellosigkeit der Heiden die Frömmigkeit und Reinheit der das Gesetz haltenden Juden zu preisen. Die Heiden würden sich dagegen durch ihr Verhalten selbst ins Unglück stürzen, das zur Zeit eines jungen Königs über Ägypten, dem siebten in der Reihe der makedonischen Herrscher ereilen werde (V.573–610). Bezieht man Alexander den Großen in die Zählung ein, so ist Ptolemaios VI. Philometor (180–145) gemeint, beginnt man mit dem ersten Ptolemäer, so kommt man auf Ptolemaios VII. Euergetes II. (145–116), der sich schon seit 169 v.Chr. als König verstand, aber erst 145 die offizielle Nachfolge seines Bruders antrat.[40] Doch statt von dem angekündigten Gottesgericht wird in den V.611–615 das Kommen eines adlergleichen Königs aus Asien angekündigt, der das ägyptische Königreich stürzen und seine Schätze über See abtransportieren würde. Dieses Ereignis scheint als Vorzeichen des Endes gemeint zu sein, denn ohne Überleitung verheißen die V.616–623, dass alle Menschen vor dem unsterblichen König das Knie beugen und anschließend eine paradiesische Zeit erleben werden. Die Abfolge der in den V.608–615 geweissagten Ereignisse legt es nahe, den adlergleichen König aus Asien mit dem Seleukiden Antiochos IV. zu identifizieren, der im 6. Syrischen Krieg im Frühjahr 168 v.Chr. vor den Toren der ptolemäischen Hauptstadt Alexandrien erschienen war, aber von den Römern zum Abbruch des Feldzuges gezwungen wurde.[41] Damit ist das letzte in der Grundschrift eine Rolle

40 Die Zahlen beziehen sich auf ihre Voll- bzw. Alleinherrschaft. Seit 170/169 bezeichnete sich auch Ptolemaios VII. bereits als König von Ägypten, Huß, Ägypten, 552–553. Ab 163 erhielt er aufgrund eines von ihm mit seinem Bruder Ptolemaios VI. geschlossenen Vertrags die Kyrenaika als Herrschaftsgebiet zugewiesen, Huß, 569, um dann nach dessen Tod im Sommer 145 nicht ohne innere Schwierigkeiten die offizielle Nachfolge anzutreten, Huss, 597–600: Zur Ausscheidung von Ptolemaios VII. Neos Philopator aus der Zählung vgl. Huß, 11.

41 Vgl. dazu Bengtson, Griechische Geschichte, 478 und ausführlich Huss, Ägypten, 544–561, bes. 548–555. Zur Diskussion der Identifikationen des aus Asien

spielende Ereignis ermittelt, so dass sie vermutlich noch im selben Jahre verfasst worden ist. Mithin hätte die Naherwartung, wie sie das Danielbuch für die gleichzeitigen Chasidim (den Ἀσιδαίοι von I Makk 2,42; 7,13 und II Makk 14,6) in Juda bezeugt, auch bei den Juden Alexandrias ihre Entsprechung besessen. Die Methode, den Voraussagen des Endes der Geschichte durch *vaticinia ex eventu* Glaubwürdigkeit zu verleihen, haben die jüdischen Sibyllinen mit den apokalyptischen Schriften gemeinsam. Wie brennend die Naherwartung auch in den Kreisen der alexandrinischen Sibylliniker gewesen ist, belegen die anschließenden V.624–656, die mit einer begründeten Mahnrede an den „listenreichen Sterblichen" (βροτὲ ποικιλόμητι) einsetzt, umzukehren und sich mit Gott zu versöhnen, ehe der große Krieg aller gegen alle ausbricht, der erst dann ein Ende finden wird, wenn Gott einen König aus Osten sendet, der die einen tötet und die anderen durch einen Treueschwur an sich bindet. Kein Zweifel: Dieser aus dem Osten kommende König ist der von den Propheten verheißene Messias, wie ihn PsSal 17 den Frommen in Jerusalem vorstellt.[42] – Die hier im Anschluss an Collins vorgestellte Grundschicht des 3. Buches (von deren restlichen 150 Versen alsbald zu handeln ist), skizziert den Ablauf der Weltgeschichte vom Turmbau zu Babel bis zum Eingreifen Roms in den 4. Syrischen Krieg und damit bis zum Jahr 168 v. Chr. Dass dieses Buch nicht nur durch kleinere oder größere Zusätze, sondern auch durch den Einschub der V.295–544 erweitert worden ist, überrascht den Alttestamentler nicht, der solche Einfügungen im Rahmen seiner redaktionsgeschichtlichen Forschungen geradezu als einen Normalfall zu betrachten gelernt hat.[43] Die in den oben genannten Versen enthaltenen historischen und kulturgeschichtlichen Anspielungen ermöglichen jedenfalls die Feststellung, dass das 3. Sibyllinische Buch seine Endgestalt zwischen dem 1. Jh. v. Chr. und vor dem Jahr 70 n. Chr. gefunden hat; denn einerseits bezeugen die V.464–469 seine Entstehung nach dem römischen Bundesgenossenkrieg der Jahre 91–89

kommenden Königs vgl. Rzach, Orakel, 2127–2128 mit Verweisen auf Dan 7,25; 8,23–25 und 11,36–45 und weiterhin Nikiprowetzky, Troisième Oracle, 196–197; Delcor, Apocrypha, 488; Collins, Oracles, 29–30 und 39–40; ders. Sibylline oracles, 375 gibt zwar zu, dass bei dem Motiv die Erinnerung an Antiochos IV. eine Rolle gespielt haben dürfte, will aber die Gestalt typologisch verstanden wissen; dem schließen sich Schürer/Vermes III/1, 637 an.

42 Vgl. dazu oben, 122–125.

43 Das große Beispiel dafür bildet das Jesajabuch; vgl. dazu Becker, Jesaja; van Oorschot, Babel; Berges, Buch und Zapf, Jesaja 56–66.

v. Chr.[44] und andererseits fehlt in ihm jede Anspielung auf die Zerstörung des Zweiten Tempels im Jahre 70 n. Chr.

5. Glaube und Sittlichkeit der Juden als Vorbild für die Völkerwelt in Or.Sib. III

Zweimal werden in Or.Sib. III Frömmigkeit und Sittlichkeit der Juden den Heiden als Vorbild hingestellt, und zwar in den V.218–247 und 573–600: Der erstgenannte Abschnitt dient zugleich der speziellen Einführung der Juden in das Orakelbuch. Er besteht in den V.218–233 als der *pars negativa* und den V.234–247 als der *pars positiva.* Sachlich dient der erste Teil der Abgrenzung der jüdischen Religionsausübung gegen kosmologische Spekulationen, mantische Praktiken und astrologische Rechenkünste ihrer heidnischen Umwelt, die beide in Dtn 18,9–13 und 4,19 (vgl. Hi 31,26–28) untersagt sind. Dagegen bleiben die ethischen Themen des Bilderdienstes und der Päderastie der zweiten Rede in den V.585–600 vorbehalten. Die erste Rede setzt so ein (Or.Sib. III.218–233):

218 *Uralt (?)*[45] *ist eine Stadt im Lande Ur der Chaldäer; daraus ist das Geschlecht der gerechtesten Menschen entsprossen, die stets guter Gesinnung und herrlicher Werke bedacht sind.*

220 *Denn nicht kümmert der Kreislauf der Sonne sie oder des Mondes, auch nicht die vielen Dinge im Schoße der Erde oder des Ozeans Tiefen in bläulich funkelnder Meerflut, nicht der Blitze Zeichen, noch auch der Vogelflugdeuter Vögel,*

44 Vgl. zu ihm Bengtson, Grundriss, 171–178 bzw. Christ, Krise, 179–182 und zur Frage, ob die V.350–380 auf den in den Jahren 89–88 durch Mithradates VI. von Pontus bewirkten Zusammenbruch der römischen Herrschaft über Kleinasien (vgl. dazu Bengtson, 178–183; Christ, 193–202) zu beziehen sind oder sie den von Kleopatra VIII. : zusammen mit Antonius unternommenen Krieg gegen Octavianus vor der Schlacht bei Actium im Auge hat (vgl. zu ihm Bengtson, 245–247; Christ, 455–461), ist umstritten; vgl. dazu Collins, Oracles, 57–64, der sich für die zweite Möglichkeit entscheidet. – Dass die V.484–488 auf die Zerstörung von Karthago und Korinth 146 v. Chr. anspielen (vgl. dazu Bengtson, 136–142), ist unbestritten. Eindeutigkeiten und Mehrdeutigkeiten gehören zur Eigenart der Sibyllinischen Bücher.

45 Zum Befund vgl. Geffcken, Oracula, 59 z. St. zur Einfügung des Namens Namens der babylonischen Stadt Kamarina auch Gauger, Weissagungen, 494–495 zu III.218.

225 *noch die Wahrsager oder die Zauberer oder Beschwörer, noch der schwätzenden Narren Trug mit ihren betörenden Worten.*[46] *Auch durchforschen sie nicht den Himmel nach Art der Chaldäer oder berechnen den Lauf der Gestirne.*[47] *Denn alles ist Trug nur, was die Sterblichen stets im Unverstand täglich erforschen,*
230 *ihre Seelen übend an Dingen, die niemals Nutzen gewähren. Und in der Tat, ja nur Irrtümer lehren sie elenden Menschen, und viel Jammer entsteht daraus den Menschen auf Erden, dass man abirrt vom richtigen Weg und den rechtlichen Werken.*[48]

Auf diesem dunklen Hintergrund nutzloser Spekulationen und verderblicher Künste soll sich nun das Leben des gesetzestreuen Juden, wie es die V.234–247 zeichnen, um so strahlender absetzen, weil es der natürlichen Sittlichkeit des Menschen entspricht und damit die jüdische, an das ewig gültige Gesetz Gottes gebundene Religion als die wahrhaft vernunftgemäße ausweisen. Denn dass Ungerechtigkeit und Habgier abartig sind und aus ihnen Kriege und Hungersnöte entstehen können, wussten die Alten längst vor der modernen Soziologie und Konfliktforschung. Dass Diebstahl und Raub zumal an einem Elenden verwerflich sind, die heimliche Versetzung des Grenzsteins ein Frevel und die Bedrückung der klassischen *personae miserae*, der nicht aktiv rechtsfähigen Witwen, Waisen und Fremden von Gott als ihrem Rechtswahrer heimgezahlt werden, galt auch bei den Alten als ungeschriebenes Gesetz.[49] Der das Ethos des Judentums bestimmende Gedanke der durch die Zugehörigkeit zum Volkes Jahwes begründeten Bruderschaft sollte am Ende der Tage von allen Völkern übernommen werden, wenn alle der göttlichen Weisung folgten (Jes 2,2–5 par Mich 4,1–5). So lautet das Lob der dem Gesetz ihres Gottes gehorsamen Juden (Or.Sib. III. 234–247):

234 *Jene sind immer bedacht auf Gerechtigkeit und auf die Tugend.*[50] *Und es gibt keine Habgier, die tausendfach Elende bereitet allen sterblichen Menschen,*

46 Vgl. dazu umfassend Jeffers, Magic, bes. 25–101 und z.B. Kaiser, Frömmigkeit, 105–134, bes. 112–130.

47 Vgl. Philo, de Abrah. 84; de migr. Abrah. 187–188; Lact. Div.Inst. 2.16.1, und zur antiken Astrologie umfassend Tamsyn Barton, Astrology, bes. 9–63.

48 Übers. Gauger, Weissagungen, 77.

49 Vgl. dazu Fensham, Widow, 129–139, Kessler, Sozialgeschichte, 116–119 und 176 sowie zu den ugaritischen Parallelen Loretz, Ugarit, 204–207.

50 Vgl. Prov 14,34; 11,5; Jes 56,1; Jer 22,3; Ez 18,1–32 und dazu Otto, Ethik, 249–263.

51 Vgl. Dtn 25,13–16; Lev 19,35–36; Jub 12,17.

52 Vgl. Dtn 5,19; Lev 19,11.

den Krieg und den schrecklichen Hunger. Sie haben richtiges Maß auf den Feldern und auch in den Städten,[51] *nimmer begehen sie Diebstahl des Nachts oder Raub aneinander,*[52] *treiben nicht Herden davon von Rindern, Schafen und Ziegen,*
nicht versetzt der Nachbar den Grenzstein vom Gute des Nachbars.[53] *Und ein begüterter Mann bereitet dem Armen nicht Kränkung, noch bedrängt er die Witwen*[54]*, stützt sie vielmehr nach Kräften, immer helfend mit Weizen und Wein und Öl, und ist allzeit*[55] *denen behilflich im Volke, die gar nichts nennen ihr eigen;*[56]
den Bedürftigen spendet er stets einen Teil seiner Ernte[57]*, so erfüllend Gebot mächtigen Gottes und sein gerechtes Lied: allen ja gab gemeinsam die Erde der himmlische Vater.*[58]

Dass sich die jüdische Sittlichkeit weithin zu ihrem Vorteil dadurch von der in den hellenistischen Großstädten herrschenden unterscheidet, dass der Jude den vom Gesetz verbotenen Ehebruch verabscheut,[59] die Leibesfrucht nicht abtreibt noch seine Kinder aussetzt (weil das älteste der ganzen Menschheit geltende Gebot „Seid fruchtbar und mehret euch!“ lautet),[60] unterbricht eigentümlich die Ankündigung vom Kommen der Heilszeit (III.741–761) und der ewigen Königsherrschaft Gottes (III.767–795) und könnte daher erst nachträglich eingefügt worden sein (III. 762–766):

Aber treibt euer Herz in eurer Brust zur Eile an: Fliehe der Götter ruchlosen Dienst; dem Lebendigen diene! Nimm dich in acht vor Ehebruch und scheue männliches Lager.
Nähre und morde nicht die Kinder, den eigenen Nachwuchs! Wer sich in solchem vergeht, dem wird der Unsterbliche grollen![61]

Es sind Regeln für das Zusammenleben einer nur durch seinen Glauben zusammengehaltenen und weithin unter die Völker zerstreuten Gemeinschaft, die auf ihre Selbsterhaltung bedacht sein muss. Die Kraft dazu gibt ihr die Gewissheit der Überlegenheit ihres eigenen bildlos verehrten unsichtbaren und einzigen wahren Gottes, dem sie in Lauterkeit ihres Herzens und

53 Vgl. Dtn 27,17; Prov 22,28; 23,10 und schon die Lehre des Amenemope IV.4–7, Shirun-Grumach, Amenemope, 222–250, bes. 228 und 231.
54 Vgl. Prov 22,22; Ex 22,20–26; Dtn 24,17; 27,19.
55 Vgl. Dtn 24,19–22; Lev 19,9–10.
56 Vgl. Sir 7,32–36; 29,8–11.
57 Vgl. Dtn 24,19–22; Lev 19,9–10.
58 Übers. Gauger, Weissagungen, 79. Vgl. auch z.B. Mt 6,9.26;18,35; 23,35.
59 Vgl. Ex 20,14 par Dtn 5,18.
60 Vgl. Gen 1,28; 9,1.7.
61 Übers. der bei Lact.ira dei 22.8 überlieferten V.763–766 Gauger, Weissagungen, 253.

Reinheit ihrer Sitten dienen, während in den hellenistischen Großstädten der Glaube an die alten Götter seine Kraft verliert und sich die Sitten auflösen. Aus diesem Geist und dieser Einsicht heraus fühlt sich ein Sibyllist zur Propaganda für den eigenen Glauben befugt und berufen.[62]

6. Der Endkampf um Jerusalem und das Jüngste Gericht nach Or.Sib.III. 652–731

Das besondere Interesse des Alttestamentlers verdient der Abschnitt Or.Sib. III.652–731, weil in ihm nicht nur die messianischen Weissagungen des Jesajabuches, sondern auch das aus den Psalmen und Prophetenbüchern bekannte Motiv von Völkerkampf und Völkerwallfahrt ein Echo gefunden haben. Der Anfang dieser Sequenz ist offensichtlich nicht aus einem Guss: Der Vorspann in den V.652–656 wird von seiner Fortsetzung in V.663 durch die V.657–662 getrennt, die den Reichtum des Tempels als Ursache für den Angriff der Völker auf Jerusalem erklären. Daher dürfte es sich in diesen Versen um eine nachträgliche Einfügung handeln, welche die V.663–695 auseinander reißt. Aber auch die V.653–656 bereiten als Vorspann zu dem Folgenden, in dem es Gott ist, der die gegen den Zion anstürmenden Völker im Zusammenhang mit einer weltweiten Katastrophe vernichtet, ihre Schwierigkeit. Bezieht man den König „von der Sonne" auf einen Ptolemäer,[63] ist sie größer, als wenn man die Worte ἀπ' ἠελίοιο als eine Kurzformel für den Sonnenaufgang versteht:[64] Denn dann handelt es sich um den Messias. Wie aber verbindet man damit das ab V.663 über die Vernichtung der anstürmenden Völker durch Gott Gesagte? Daher dürfte es geraten sein, die V.653–656 ebenfalls als einen Nachtrag zu beurteilen: Entweder hat hier ein Sibyllist einen Hinweis auf die traditionelle Rolle des Königs der Heilszeit als Sieger über die Völker vermisst, wie es in Jes 9,1–6; Ps 2,9 verheißen und in PsSal 17,21–43 breit entfaltet wird, und daher diese Verse eingefügt.[65] Oder es handelt sich um einen noch späteren Zusatz, der den Gedanken eines messianischen Zwischenreiches vermisste, wie er im IV.

62 Zur jüdischen Religionspropaganda vgl. Bousset/Gressmann, Religion, 81–86.
63 Vgl. die Erwägungen bei Collins, Oracles, 40–44, ders., Sibylline Oracles, 356–357, zustimmend Merkel, Sibyllinen, 1063–1064.
64 So z. B. Blass, Sibyllinen, 197; Nikiprowetzky, Oracles sibyllins, 1087 und Gauger, Weissagungen, 103.
65 Die messianische Deutung hat z. B. Nikiprowetzky, Oracles sibyllins vertreten.

Esra, Syrischen Baruch und der Offenbarung des Johannes am eindeutigsten bezeugt ist.[66] Die schwierigen Verse lauten (Or.Sib. III.652–656):

> 652 *Und dann wird Gott vom Aufgang der Sonne entsenden den König,*
> *welcher die ganze Erde befreit vom Übel des Krieges; töten wird er die einen, den andern erfüllen den Treueid.*[67] *Und all dies wird er nicht vollführen nach eigenem Sinne, sondern den edlen Beschlüssen des großen Gottes gehorchend.*[68]

Wären die Verse ursprünglich, so müsste in den anschließenden Versen von der Heilszeit und nicht vom Völkersturm gehandelt werden. Doch stattdessen folgt nach dieser reichlich konstruiert anmutenden Überleitung in Gestalt der V.657–662 in den V.663–709 eine Gerichtsankündigung, die mit der Prophezeiung einer erneuten Belagerung und Rettung Jerusalems einsetzt (Or.Sib.III.663–674):

> *Wiederum werden vereint die Herrscher der Heiden auf jenes Land anstürmen und so sich selber bereiten Verderben.*
> 665 *Denn das Haus des gewaltigen Gottes und trefflichste Männer trachten sie zu*
> *vernichten; sobald sie erscheinen im Lande, stellen*[69] *die schändlichen Herrscher im Kreis um die Stadt seinen Thron ein jeder, zur Seite noch jeder sein trotzige Volk. Und hernach wird Gott mit gewaltiger Stimme zu reden beginnen zur Menge,*
> 670 *welche gar zuchtlos und eitel, und über sie kommt das Gericht vom Großen*
> *Gott, und alle gehen elend zugrund von der Hand des Unvergänglichen. Aber vom Himmel über die Erde fallen feurige Schwerter, und nächtliche Flammen des Blitzes fahren leuchtend mitten hinein in die (kriegerischen) Männer.*[70]

Kein Zweifel, wenn Gott auf diese Weise selbst in den Kampf eingreift, sind die Angreifer verloren. Sein Gericht an den Völkern soll nach den V.675–697 alle Bereiche der Erde und zumal die Städte der Völker betreffen, die in Verblendung gegen seinen heiligen Tempel gezogen sind (V.687–688). In

66 Vgl. IV Esr 7,28–31; 12,31–34; SyrBar. 29,1–30,1; 40,1–4; Apk 20,1–3; vgl. dazu Satake, Offenbarung, 389–392. Als Anspielung auf das Zwischenreich hat Gauger, Weissagungen, 501 die Verse interpretiert.

67 Vgl. SyrBar.LXXII,2.

68 Übers. Gauger, Weissagungen, 103; zur Sache vgl. PsSal 17,54 und dazu unten.

69 Vgl. Jer 1,15 und Geffcken, Oracula, 82 und z.B. Blass, 198, Collins, Sibylline Oracles, 377; Merkel, Sibyllinen, 1103 und Gauger, Weissagungen, 103 z.St.; anders Nikiprowetzky, Troisième Sibylle, 323; ders., Oracles sibyllins, 1088, der mit den MS Φ und Ψ „opfern" liest.

70 Übers. Gauger, Weissagungen, 193.

der dadurch bewirkten Rettung Jerusalems aber geht es nicht allein um die Ehre Gottes, sondern zugleich um die seines Volkes, das er als Mittel zu seiner Offenbarung vor allen Völkern bestimmt hat (Jes 40,3–5+9). Der Sibyllist schwelgt geradezu in der Vorstellung, dass dieses ganze Spektakel in Strömen von Blut endet, während die Erde erbebt und alle Lebewesen unter dem Himmel, auf Erden und im Meer erschauern, die Berge zersplittern, die Ebenen von Sturzfluten überschwemmt werden und die Mauern der Städte fallen: Dadurch sollen die Betroffenen in ihrem Untergang erkennen, dass sie dem Gericht des unsterblichen Gottes zum Opfer gefallen sind (Or.Sib. III.675–697):

> *Aber in jenen Tagen wird Allmutter Erde erbeben, von des Unsterblichen Hand, und der Fisch in den Tiefen des Meeres, all die Tiere des Landes, zahlreiche Vögel des Luftreichs, alle Seelen der Menschen, die ganze Meerflut erschaudert vor des Unsterblichen Antlitz, und Furcht und Schrecken wird herrschen. Ragende Häupter der Berge und die gigantischen Höhen wird er zerreißen, und allen zeigt sich der Unterwelt Dunkel. Neblige Klüfte im hohen Gebirge erfüllen die Leichen. Aber vom Blute triefen die Felsen, und jeglicher Gießbach überschwemmt das Gefilde mit Blut. Und die herrlich gebauten Städte der feindlichen Männer zerfallen alle in Trümmer, weil sie nicht haben erkannt das Gesetz des gewaltigen Gottes, nicht sein Gericht, vielmehr verblendeten Sinnes ihr alle hobet im Ansturm die Lanze gegen den heiligen Tempel. Alle wird Gott dann richten durch Krieg und durch Schwert und durch Feuer und durch Regenflut, die alles verschlingt, und Schwefel fällt vom Himmel und vielverheerender Hagel von Steinen; Tod kommt über das Vieh. Und dann werden sie alle erkennen Gott, den Unsterblichen, welcher auf solche Weise Gericht hält: Wehruf und Heulen verbreiten sich über die endlose Erde aus dem Munde der sterbenden Männer; verstummend im Blute baden sie alle; es trinkt die Erde auch selber das Blut der sterbenden Menschen; es labt das wilde Tier sich am Fleische.*[71]

Zur Unterstützung der Glaubwürdigkeit dieses blutrünstigen Gemäldes tritt die Sibylle in den V.698–701 mit der Versicherung aus ihrer Verborgenheit hervor, dass sie nur das verkündigt, was ihr Gott selbst anzusagen befohlen hat. Daher könne an der Erfüllung ihrer Voraussagen kein Zweifel bestehen (Or.Sib.III.698–701):

> *Er, der große und ewige Gott, er hat mich dies alles*
> *künden geheißen, und das wird nicht unerfüllt bleiben*

71 Übers. Gauger, Weissagungen, 105.

noch ohne Vollendung, was er auch immer ins Herz mir gelegt;
denn untrüglich ist Gottes Geist in der Ordnung des Kosmos.[72]

Das große Gotteswunder aber sollte darin bestehen, dass Gottes Volk in dieser die ganze Welt treffenden Katastrophe als das einzige verschont bliebe, weil Gott nicht nur um Jerusalem, sondern auch um sämtliche von Juden bewohnten Städte und Dörfer einen feurigen Schutzwall errichten würde, so dass sie alle in sicherem Frieden leben könnten (Or.Sib.III.702–709):

Alle Söhne des großen Gottes dann rings um den Tempel werden im Frieden
leben, sich freuend an dem, was der Herrscher, Gott der Schöpfer, gerecht stets
richtend, ihnen gewähret,
705 *Selbst ja wird er sie schirmen allein und machtvoll beschützen, als ob er zög'*
eine Mauer ringsum von flammendem Feuer. Sicher werden sie leben vor
Feinden in Stadt und im Lande. Nimmer bedroht sie die Hand des
schrecklichen Krieges, Gott selber ist ja ihr schützend Hort und des Heiligen
Hand, der unsterblich.

Auf diese Weise würde die Errettung Israels angesichts des allgemeinen Sterbens für die Völker zum Erweis der Gottheit Gottes, so dass sie seine wahre und ausschließliche Gottheit anerkennen und nach Jerusalem ziehen und sich die biblischen Verheißungen erfüllen würden, nach denen auf den Völkersturm die Völkerwallfahrt folgen und alle Waffen auf Erden verbrannt werden sollen (Or.Sib.III.710–723):[73]

710 *Und dann werden die Inseln und Städte alle bekennen, wie der Unsterbliche*
liebt jene Männer; dann streitet ja alles für sie und steht ihnen bei, Himmel
und auch die Sonne,
713 *angetrieben von göttlicher Macht, und der Mond. Und es werden*
715 *ihrem Munde entströmen liebliche Worte in Hymnen: „Kommet, zur Erde*
nieder wollen wir uns alle werfen, flehn zum unsterblichen König, dem
großen und ewigen Gotte! Lasst zum Tempel uns senden; denn er allein ist der
Herrscher. Höchsten Gottes Gesetz lasst alle uns deutlich bekennen,
720 *denn der gerechteste ist er ja doch von allen auf Erden. Wir hatten irrend*
verlassen den Weg des unsterblichen Gottes, beteten Werke von Menschen-
hand an mit törichtem Sinne, Götzen und hölzerne Bilder von abgeschie-
denen Menschen.“[74]

---

72 Übers. Gauger, Weissagungen, 105.

73 Vgl. Jes 45,20–23*; 60,1–3; Mi 4,1–5 par Jes 2,2–5; Ps 96, dazu Kaiser, Gott III, 156–162.

74 Beachte die euhemeristische Erklärung der Entstehung der Götter als nach ihrem Tode vergöttlichter Heroen; vgl. dazu Fusillo, übers. T. Heinze (DNP 4/ 1998), 235–236.

7. Auf das Gericht folgt Heil: Die Heilsworte der Propheten und Psalmen werden sich erfüllen (Or.Sib.III.741–795)

Wir übergehen die nachträglich in den V.724–740 eingeschobene inhaltlich weiter ausgestaltete Dublette, die sich als solche schon durch die Wiederaufnahme von V.716 in V.725 verrät, und werfen abschließend noch einen Blick auf die in den V.741–806 nachfolgende, vermutlich mehrfach ergänzte Heilsbeschreibung. Sie verheißt den Menschen herrliche Zeiten, in denen die Allmutter Erde den Menschen alle Früchte in Überfluss schenkt und gleichzeitig ein universaler Friede auf Erden herrscht, wobei es für alle Völker nur noch das eine Gesetz gibt, weil Gott ihrer aller König ist, der in Ewigkeit herrscht. Der Lehrer wie der Leser der Hebräischen Bibel wird seine Freude daran haben, den aus seiner Bibel stammenden Motiven in hurtigen Hexametern neu zu begegnen (Or.Sib.III.741–795):

Wenn nun seine Vollendung auch dieser Glückstag erhält, dann wird zu den Menschen kommen der Anfang herrlicher Zeiten.[75] *Denn im Übermaß spendet die Allmutter Erde*[76] *den Menschen allen köstliche Frucht von Korn und Wein und von Öl, und süße Quellen lässt sie entspringen von weißlicher Milch;*[77] *dann*
750 *sind wieder Städte voll Reichtum und fetten Fluren; kein Schwert gibt's jetzt mehr auf Erden noch Kampfes Getöse; es wird fernerhin nicht tief aufstöhnend erschüttert die Erde; es herrscht nicht Krieg mehr dann auf Erden noch dürrer Misswachs, nicht Hunger mehr gibt es. Auch nicht erntevernichtenden Hagel, vielmehr wird auf Erden*
755 *überall herrschen ein tiefer Friede unter den Menschen: Und ein König wird Freund sein des anderen bis zu der Zeiten Ende, ein allgemeines Gesetz überall auf der Erde wird der Unsterbliche schaffen an Sternenhimmel den Menschen für alles, was von den armseligen Menschen getan wird.*
760 *Denn er selber allein ist der Gott, und es gibt keinen anderen;*
761 *er verbrennt das Geschlecht böswilliger Menschen im Feuer.*[78]
767 *Und dann wird er ein Reich für ewige Zeiten errichten*[79]
769 *unter den Frommen, denn ihnen allein verhieß er zu öffnen*

75 Ps 84,12–13.

76 Vgl. Sir 40,1d und zur Vorstellung von der Mutter bzw. Allmutter Erde in der griechischen Religion Nilsson, Geschichte I, 456–461, bes. 460 mit den Belegen Aisch. Choeph.128–129; Prom.88; Septem.16 ff.; Dan. Fr.44 (Nauck) und Eurip. Chrysippos fr. 839 (Nauck).

77 Vgl. Jes 35,5–7.

78 Vgl. Ps 11,6; 21,10; Jes 29,6; 66,15; Apk 19,19–20; 20,8–9.

79 Ps 145,13.

770 *Erde und Welt und der Seligkeit Tore, die Fülle der Freuden und unsterb-*
lichen ewigen Geist und frohe Gesinnung. Und man bringt von der ganzen
Erde Weihrauch und Gaben hin zu des großen Gottes Behausung, und da
wird kein Haus sein bei den Menschen noch späten Geschlechtern zur Kunde
als jenes,
775 *welches der Herrgott den gläubigen Männern zu ehren gegeben.*[80]
777 *Und über jeden Pfad im Gefild', über steinige Höhen, über die ragenden*
Berge und wilden Wogen des Meeres wird man schreiten und fahren in jenen
Tagen ohn' Fährnis.
780 *Kommet doch aller Friede der Guten über die Erde. Aber das Schwert ent-*
fernen des großen Gottes Propheten;[81] *denn sie selbst sind Richter, der*
Menschen gerechte Beherrscher.[82] *Auch der Reichtum unter den Menschen ist*
gerechter Besitz dann, und es gilt nur des großen Gottes richtende Herr-
schaft.[83]

Und selbstverständlich werden sich dann auch die Verheißungen aus Jes 11,6–9 erfüllen und Wölfe mit Lämmern weiden, Löwen Stroh fressen und kleine Kinder mit Ottern spielen, weil der Herr alle Gefahren von ihnen abwendet. So hat denn die Jungfrau Ziòn allen Grund zum Jubel (Or.Sib.III. 785–795):

785 *Freue dich, Jungfrau, denn dir hat gegeben Freude ohn' Ende der Herr, der*
den Himmel erschuf und die Erde. Wohnen wird er bei dir[84] *und ewiges Licht*
ist dein Anteil.[85] *Wölfe weiden und Lämmer in Bergen, in friedlicher*
Eintracht,[86] *das Gras, und Panther und Böcklein vereinigt, gehen auf die*
Weide.[87]
790 *Und die Bären lagern mit schweifenden Kälbern zusammen;*[88] *der fleisch-*
hungrige Löwe frisst so wie das Rind an der Krippe Stroh,[89] *und es führen am*
Zaume ihn noch unmündige Knaben. Denn ganz harmlos macht er auf
Erden das wilde Getier, und die Säuglinge schlafen mit Schlangen und
Natterngezücht zusammen ohne Gefahr; denn über sie hält Gott selber die
Hände.[90]

80 Vgl. Jes 2,2–5; Mi 4,1–5; 66; Ps 29,2; 96,7–10; PsSal 17,31.
81 Vgl. Jes 2,4; Mi 4,3.
82 Ps 7,9; vgl. Jes 11,3–4.
83 PsSal 17,1.46.
84 Vgl. Sach 2,14.
85 Vgl. Jes 60,19.
86 Vgl. Jes 11,6a; 65,25aα1.
87 Vgl. Jes 11,6b.
88 Vgl. Jes 11,7a; 65,25aα2.
89 Vgl. Jes 11,7b; 65,25aβ.
90 Vgl. Jes 11,8–9; 65,25b.

8. Rückblick und Ausblick

Der biblische Exeget, der eine lange exegetische Tradition im Rücken hat, die ihm ein sicher zu handhabendes und seinen Texten angemessenes Instrumentarium für seine literarkritischen und redaktionsgeschichtlichen Untersuchungen zur Verfügung stellt, wird sich bei seinen ersten Schritten auf dem Felde der Sibyllistik fühlen, als sollte er mit ungenagelten Schuhen über Glatteis marschieren. Gewiss sind ihm nicht nur die Phänomene des *vaticiniums ex eventu* sondern auch die, aus einer Prophetie eine weitere abzuleiten, und hier ein Wort nachzutragen, dort einen Gedanken fortzuschreiben, durchaus vertraut. Überdies hat er gelernt, Wiederaufnahmen als Hinweise auf eine möglicher Weise nachträgliche Einfügung zu verstehen. Aber trotzdem sind ihm die hier begegnenden Argumentationsketten, in denen sich ein Glied an das andere fügt und der Gedanke bald zurück und bald vorwärts springt, etwas Neues und Ungewohntes, zumal der Hexameter wie ein Strom alle Kieselsteine die Gedanken mit sich fortrollt. Aber nach einiger Zeit beginnt er, sich von dem ersten Zauber und der ersten Befremdung zu befreien, und die Texte in ihrer Abfolge mit der gewohnten Ruhe auf ihre Zusammengehörigkeit zu befragen und da oder dort eine vorsichtige Neubestimmung der literarischen Verhältnisse vorzunehmen. Wenn es dem Verfasser gelungen ist, bei seiner Leserschaft eine gesunde Neugier auf diese Orakelbücher zu erwecken und sie einerseits davon zu überzeugen, dass es sich bei ihnen um sprachliche Kunstwerke handelt,[91] die ihm Vertrautes im griechisch-hellenistischen Gewand neu präsentieren, und sie andererseits dazu zu verführen, sich ihrerseits an einer Überprüfung der bisher vorgenommenen Schichtungen zu versuchen, so hat dieser bescheidene Beitrag seine Aufgabe erfüllt.

91 Die poetische Übersetzung von Jörg-Dieter Gauger, an die sich der Verfasser fast durchgehend gehalten hat, hat bei ihm nicht wenig dazu beigetragen, ihm die Begegnung mit diesen Texten zu erleichtern.

„Niemals siegten unsere Väter durch Waffen…" Die Deutung der Geschichte Israels in Flavius Josephus Rede an die belagerten Jerusalemer Bell. Jud. V. 356–426

1. Die Krisen der Geschichte als Anlass der biblischen Geschichtsschreibung

Es waren drei tiefe Einschnitte in der Geschichte Israels, denen wir die biblische Geschichtsschreibung verdanken:

1) der Untergang des Nordreiches, der die Hofschreiber des Südreiches veranlasste, nicht nur eine Geschichte vom Anfang des Königtums in Israel und Juda zu komponieren, sondern auch Überlieferungen wie die Jakobs- und Josephs- und die Auszugsgeschichte aufzuschreiben.
2) der Untergang des Südreiches, der eine grundsätzliche Neubesinnung auf die Grundlagen des Glaubens an den in der Geschichte an seinem Volk Israel handelnden Gott verlangte. Dieser großen Aufgabe haben sich einerseits die Priester und andererseits die ehemaligen Hofschreiber und deren Nachkommen unterzogen. Die einen gaben ihm ein Geschichtswerk, das von der Schöpfung bis zur Stiftung des Heiligtums am Sinai reichte. Die anderen erzählten rückwärtsschreitend und etappenweise die Geschichte vom Ende des davidischen Reiches bis zum Auszug aus Ägypten noch einmal. Und schließlich wuchsen in der Perserzeit beide Werke zu einem einzigen Großgeschichtswerk zusammen, das von der Erschaffung des Himmels und der Erde bis zur sogenannten Begnadigung König Jojachins reichte (Gen 1-II Reg 25). Darüber hinaus gaben beide Kreise dem staatenlos gewordenen Volk eine Lebensordnung, die ihm auch angesichts seiner Zerstreuung unter die Völker das Gottvertrauen erhalten und ihm erneut zu Gottes Wohlgefallen und damit zu seinem Aufstieg zum Mittelpunktsvolk der Erde verhelfen sollte.[1]

1 Vgl. dazu die konkurrierenden Rekonstruktionen von Kratz, Komposition; Levin, Alte Testament; Otto, Tora bzw. ders., Mose, und zur Diskussion Witte, Anfänge, 52–83.

Vermutlich war es dann 3.) die Religionsverfolgung durch Antiochos IV. Epiphanes in den 60er Jahren des 2. Jh. v. Chr., der wir zumindest die Endgestalt der Chronik als einer Utopie der jüdischen Theokratie in der Form einer Geschichtserzählung verdanken.[2] All diese Versuche können wir mit dem von *Jan Christian Gertz* so glücklich gewählten Ausdruck als „*konstruierte Erinnerung*" bezeichnen.[3]

2. Die Deutung der Zerstörung des Zweiten Tempels im IV Esra Buch

Die größten Krisen des antiken Judentums stellten die Zerstörung des Zweiten Tempels im Spätsommer des Jahres 70 und die vollständige Jerusalems im Jahre 135 n. Chr. dar. Beide konnten jedoch zu keiner entsprechenden Erweiterung der Sammlung der jüdischen Bibel führen, da in diesem Zeitraum ihr Abschluss unter dem Gesichtspunkt der Entstehung ihrer Schriften bis zur Zeit Esras erfolgt war und ihr Wortlaut nunmehr als unveränderlich galt. Daher begannen die Schriftgelehrten, die mündliche Tradition der Gesetzeslehrer zu sammeln, weil es einer Auslegung der Tora bedurfte, um sie auf die konkreten Lebensverhältnisse anzuwenden. Das Ergebnis dieser Bemühungen liegt im babylonischen und palästinischen Talmud, der „Lehre" vor.[4] Sucht man nach einem theologischen Echo auf die Zerstörung des Zweiten Tempels, so liegt es nahe, an erster Stelle das IV Esrabuch zu nennen, in dessen visionären Dialogen Esra zunächst mit dem Erzengel Uriel um die Beantwortung der Frage ringt, warum Gott einem fremden Volk, das nichts von seinen Verheißungen hielt, erlaubt hat, so unsägliches Leid über sein Volk zu bringen (IV Esr 5,28–30). Die Antwort des Engels steht zunächst in der klassischen Tradition der Weisheit, indem sie auf die Unergründlichkeit des Handelns Gottes in seinen Gerichten verweist (IV Esr 5,35–40).[5] Dann aber hebt er an, Esra die Geheimnisse der Endzeit

2 Vgl. dazu Steins, Bücher, 249–262, bes. 256–260.

3 Vgl. Gertz, Erinnerung, 3–29 und zu den neuen Gesamtentwürfen über die Entstehung der biblischen Geschichtswerke Witte, Anfänge(n), 53–82.

4 Vgl. dazu umfassend (Strack)/ Stemberger, Einleitung.

5 Zur Einführung in die Probleme des Buches vgl. Collins, Vision, 195–212; zu den literarischen Problem ausführlich Brandenburger, Verborgenheit, 22–90 bzw. knapp Schreiner, 4. Buch Esra, 97–301, zum Verhältnis zwischen Form und Sache Harnisch, Prophet, 461–493 = ders., Rhetorik, 11–41 und zur Verborgenheit des Handelns Gottes in der Geschichte ders., Verhängnis, 19–58 und 142–178; Brandenburger, Verborgenheit, 161–186; Burkes, God, 193–201 und 212–219

zu enthüllen:[6] Die jetzige arge Welt bilde den nötigen Durchgang für die kommende. In ihre Herrlichkeit würde jedoch nur gelangen, wer das Jüngste Gericht bestünde. Die Bedingung dafür aber sei, dass er sich in dieser Welt bewährt und dem Gesetz getreu gelebt hätte (IV Esr 7,1–14, vgl. 7 26–44). Die Endzeit aber würde auf das Imperium Romanum als das letzte Weltreich folgen (IV Esr 11,1–12,3).[7] Dann aber würde der Messias als der Erlöser der Welt erscheinen, der alle Feinde seines Volkes vernichten, allen Kriegen unter den Völkern ein Ende setzen und in seinem ewigen Friedensreich auch die verlorenen zehn Stämme Israels versammeln würde (IV Esr 13,1–50).[8]

3. Die Deutung der Geschichte Israels durch die Rede des Josephus an die Jerusalemer

Neben diese apokalyptische Deutung hat der jüdische Historiker Flavius Josephus in seinen im letzten Drittel des 1.Jh. n. Chr. in Rom geschriebenen und auf Griechisch verfassten Geschichtswerken eine völlig andere Deutung gestellt.[9] An erster Stelle ist dabei seine Darstellung des Jüdischen Krieges in seinem gleichnamigen Werk zu nennen.[10] Er folgte in ihm dem Vorbild der großen griechischen Historiker wie Thukydides und Polybios.[11] Nach seiner Auskunft im Vorwort richtete sich dieses Werk an Menschen, die unter römischer Herrschaft leben. Damit werden zumal römische Intellektuelle gemeint sein. Eine ältere aramäische Version hätte er für innerasiatische Nichtgriechen (Barbaren) und d.h. wohl: für die östlichen jüdischen Ge-

bzw. knapp Schreiner, 4. Buch Esra, 302–304. Zur Rolle des *angelus interpres* Mach, Entwicklungsstadien,142–144.

6 Vgl. dazu Brandenburger, Verborgenheit, 186–201 und zum deterministischen Zeit- und Geschichtsverständnis Harnisch, Verhängnis, 250–259 und 270–306. bzw. knapp Schreiner, 4. Buch Esra, 304–306.

7 Zur historischen Auflösung der Zahlen und der vermutlichen Erweiterung der Vision im frühen 3. Jh. n.Chr. vgl. Schreiner, 4. Buch Esra, 389 Anm.10a oder Metzger, (OTP I), 520 und zur Entstehung des Werkes zwischen 95 und 100 n. Chr. Stone, Literature, 412 bzw. Metzger, 520.

8 Vgl. auch PsSal 17,26–43 oben, 124–125.

9 Zu seinem römischen Aufenthalt vgl. Cohen, Josephus, 232–242; Bilde, Josephus, 57–60, aber auch Siegert u.a., Vita, 183.

10 Zu seinen Tendenzen vgl. Attridge, Josephus, 195–196 und weiterhin ausführlich Mader, Josephus, bes. 145–157. Zu seiner älteren aramäischen Darstellung des *Bellum*, welche die Juden im Osten des Reiches vor antirömischen Ausschreitungen warnen sollten, vgl. Bell.I.3 und 6 und dazu Cohen, Josephus, 84–100.

11 Vgl. z.B. Jos. Bell.I.1–4 mit Thuk.I.13 und Pol.I,1–6.

meinden in Vorderasien geschrieben,[12] um sie nach der Zerschlagung des jüdischen Aufstandes von der Vergeblichkeit jedes weiteren Widerstandes angesichts der gewaltigen Macht der Römer zu überzeugen. In der nachfolgenden griechischen, allein überlieferten Fassung ging es ihm dagegen darum, auch Griechen und Römer von seiner Beurteilung der Vorgänge zu überzeugen.[13] Das schloss die Absicht ein, seine eigene im Jüdischen Aufstand gespielte Rolle in ein vorteilhaftes Licht zu rücken, diente aber vor allem dem Zweck, die Schuld für den Jüdischen Aufstand und sein tragisches Ende den Revolutionären zuzuschreiben, die er als Banditen (λησταί) und Tyrannen bezeichnete. Denn auf diese Weise hoffte er die Römer und zumal seinen hohen Gönner, den Caesar Titus glaubwürdig von der Schuld an der jüdischen Katastrophe frei zu sprechen. Darüber hinaus ging es ihm in dieser Schrift wie in seinen anderen Werken darum, die bei den Siegern tief sitzenden Vorurteile gegen sein gedemütigtes und zerschlagenes Volk zu bekämpfen und Achtung für es und seine Religion zu erwecken.[14] Diese Absicht tritt besonders deutlich in seinen anschließend verfassten *Antiquitates Judaicae*, in denen er die Jüdische Geschichte von der Schöpfung der Welt bis zur Eroberung Jerusalems durch die Römer im Jahre 70 erzählt, und in seiner Schrift *Contra Apion* oder *Über das Alter der Juden* hervor, die beide ihre Leser vom hohen Alter der jüdischen Religion und der beispiellosen Treue der Juden gegenüber dem ihnen am Sinai offenbarten Gesetz überzeugen sollten. Im *Bellum Judaicum* sah er sich überdies gezwungen sich gegen die Beschuldigung zu verteidigen, dass er sein Wirken als jüdischer Stratege in Galiläa in dem aramäischen Vorgänger unzutreffend dargestellt habe. In ihm zieht er aus der biblischen Geschichte die überraschende Lehre, dass Israel niemals durch Waffen, sondern stets durch Gottvertrauen und Stillehalten gesiegt hätte: „*Um es bündig zu sagen* (so erklärt er in Bell.V.390): *nie kam es vor, dass unsere Väter durch Waffen siegten oder ohne sie erfolglos waren, wenn sie sich zu Gott wandten, denn wenn sie sich untätig verhielten, so siegten sie, wie es* (ihrem) *Richter gefiel, wenn sie aber kämpften, so unterlagen sie.*“[15]

12 Vgl. Bell.I.6.

13 Nach einem Hinweis auf seine Vorläufer erklärt er in Bell.I.3: „*Aus diesem Grunde habe ich, Josephus, Sohn des Matthias, aus Jerusalem, ein Priester, der ich anfänglich die Römer bekämpfte und an den späteren Ereignissen notgedrungen teilgenommen habe, mir vorgenommen, denen, die unter römischer Herrschaft leben, in griechischer Übersetzung das darzulegen, was ich früher für die innerasiatischen Nichtgriechen in der Muttersprache zusammengestellt und übersandt hatte.*“ Übers. Michel/Bauernfeind, I,3.

14 Vgl. dazu auch Schröder, Gesetze, 159–175.

15 Vgl. Jes 30,15; vgl. Ex 14,14.

Diese Zeilen sind Teil der großen in Bell.V.356–426 mitgeteilten Rede, mit der er im Juni des Jahres 70 n. Chr. seine in Jerusalem von den Römern eingeschlossenen Landsleute davon zu überzeugen suchte, dass die sofortige Kapitulation das einzige Mittel zur Rettung der Stadt, des Tempels und ihrer aller Leben gewesen wäre, die jedoch die Anführer der Aufständischen mit einem so verhängnisvollen Ergebnis verweigert hätten.[16]

Die damalige Lage der Stadt und ihrer Angreifer sei mit wenigen Strichen skizziert:[17] Nachdem es dem Statthalter von Syrien Cestus Gallius misslungen war,[18] den im Sommer 66 n. Chr. angezettelten jüdischen Aufstand niederzuwerfen, hatte Nero im folgenden Jahr seinen bewährten Strategen Vespasian damit beauftragt, die Ruhe in Palästina wiederherzustellen. Schon im Laufe des Jahres 68 konnte Vespasian nicht nur den Aufstand in Galiläa, sondern auch im ganzen Land erfolgreich ersticken und es mit Ausnahme seiner Hauptstadt Jerusalem und der Bergfeste Masada besetzen. Doch noch ehe er sein Werk mit ihrer Eroberung krönen konnte, begab er sich zusammen mit seinem Sohn Titus nach Ägypten, wo er im Juli 69 durch den dortigen Statthalter Tiberius Alexander[19] zum Kaiser ausgerufen wurde.[20] Als sich die Verhältnisse in Rom geklärt und Vitellius, der letzte der vier Nachfolger Neros im Dezember 69 aus dem Weg geräumt worden war, begab sich Vespasian nach der Sicherung einer entsprechenden Hausmacht

16 Der Leser dieser Rede muss sich freilich daran erinnern, dass sie auch Josephus als ein Mittel zur Deutung des Geschehens gebrauchte, wie es in der antiken Geschichtsschreibung üblich war. Sie waren keine Protokolle dessen, was tatsächlich gesagt worden war. Im vorliegenden Fall zeigen die kunstvoll komponierten Reden hinlänglich, dass sie von ihm später als eine Zusammenfassung dessen aufgezeichnet worden sind, was er in verschiedenen Situationen gesagt hatte. Zur Funktion der Reden in der Antiken Geschichtsschreibung vgl. Grant, Klassiker, 42–43 (Herodot), 78–82 (Thukydides), 138 (Polybios), 146–147 (Cato Censorius), 160–161 (Caesar), 175–176 (Sallust und Cicero) und 190–191 (Livius). Zur Frage der Glaubwürdigkeit der Berichte von Josephus über den Jüdischen Krieg vgl. Bell.I,13–16 und VII.454–455, dazu Grant, 217–220.

17 Vgl. zum Folgenden ausführlich Schürer/Vermes, History I, 485–513; Smallwood, Jews, 293–330 bzw. Christ, Geschichte, 243–255 oder Bringmann, Geschichte, 249–260.

18 Vgl. zu ihm Schürer/Vermes, History I, 265.

19 Zu den Thronwirren im Rom dieses Jahres und dem Aufstieg Vespasians zum Kaiser vgl. ausführlich Weber, Josephus, 149–184 und 250–263. Zum vorübergehenden Wirken des Neffen von Philo von Alexandrien als Procurator der Provinz Judaea von ca. 46–48 vgl. Schürer/Vermes, History I, 456–457 bzw. Smallwood, Jews, 257–263.

20 Vgl. Tac.Hist.II.79–80; Suet.Vesp.6.3. Auf dieser Reise begleitete ihn nach Bell. IV.656–663, vgl. Vit. 415 und Ap.I.48, auch Josephus.

im Juli 70 nach Rom, um dort die Herrschaft über das Reich anzutreten. Sein Sohn Titus war indes schon im Frühjahr desselben Jahres mit seinen Legionen nach Judäa zurückgekehrt, um im April mit der Einschließung Jerusalems zu beginnen. Zwischen Mitte und Ende Mai war es seinen Truppen gelungen, im Westen der Stadt den Raum zwischen der Ersten und Zweiten Mauer zu besetzen, so dass seine Truppen am Fuße der Westmauer des Tempels Stellung beziehen konnten.[21] Es sollte den Eingeschlossenen jedoch noch einmal gelingen, die Römer für drei Tage aus der Stadt zu vertreiben. Aus diesem vorübergehenden Erfolg zogen die Verteidiger der Stadt den Schluss, dass die Römer nicht unbesiegbar seien. Daher ließen sie die ihnen von Titus zugestandene Besinnungspause ungenutzt verstreichen. Caesar hatte nämlich die Belagerung für vier Tage unterbrochen, um den Eingeschlossenen die überlegene Macht seiner Legionen mittels einer Parade seiner sämtlichen Truppen zu demonstrieren (Bell.V.342–355). Als die Jerusalemer keinerlei Anstalten zur Kapitulation trafen, ließ Titus die Belagerung fortsetzen und befahl, einen Erdwall gegenüber der Antonia und der Nordweststadt zu errichten, was die Verteidiger zunächst mittels ihrer dreihundert Schnellschusskatapulte und vierzig Wurfmaschinen zu verhindern suchten.[22] Daraufhin beauftragte Titus Josephus in sicherem Abstand um die Stadt zu ziehen und die Belagerten zur Kapitulation aufzufordern, ein Vorhaben, das er trotz vorübergehender Verwundung zum nicht geringen Ärger der Aufständischen fortsetzte (vgl. Bell.V.356–361 mit 543–547).[23]

---

21 Vgl. dazu die Karte in Görg/Lang (NBL II), 107 bzw. in Bringmann, Geschichte, 255.

22 Zu den Belagerungstürmen, Katapulten und Wurfmaschinen vgl. Welten, Geschichte, 111–113 und Weippert (BRL^2), 37–42.

23 Das einzige sichtbare Ergebnis seines Einsatzes war, dass eine ganze Reihe von Einwohnern ihr Hab und Gut verkaufte und unter Lebensgefahr die Stadt zu verlassen suchte (Bell.V.420–423). Zu der Strategie seines Erzählens bei der Behandlung dieses Unternehmens in V.556–560 vgl. Mader, Josephus, 48–51. – Josephus selbst wurde bei einem seiner weiteren Versuche, die Belagerten von der Sinnlosigkeit ihres Widerstands zu überzeugen, so von einem Schleuderstein getroffen, dass er bewusstlos zu Boden sank und von den Verteidigern in die Stadt entführt worden wäre, hätte Titus nicht unverzüglich für seine Bergung gesorgt (Bell.V.541–542). Daraufhin verbreitete sich in der Stadt das Gerücht, dass er tödlich getroffen sei. – Zum Zwiespalt des modernen Beurteilers von Josephus Verhalten vgl. Michael, Klassiker, 211–212: *„So wurde der größte jüdische Geschichtsschreiber zum Verräter an seinem Volk in seiner kritischsten Stunde. Zumindest war er zuwenig heldenhaft, um die Vorteile einer Kollaboration mit den Römern nicht ganz klar zu erkennen – obgleich es ganz nüchtern gesehen viel schwieriger wäre zu*

4. Der Weg des Josephus vom Verteidiger Galiläas zum Vertrauten Caesars

Dass die Belagerten Josephus als einen Verräter betrachteten, ist angesichts seiner Vorgeschichte verständlich. Denn im ersten Jahr des Aufstandes hatte Josephus, wenn schon nicht als Oberkommandierender, so doch als einer der drei Befehlshaber der jüdischen Truppen in Galiläa gewirkt.[24] Dabei war er nach dem Fall der von ihm zäh verteidigten Feste Jotapata am 23. Juli 67 in römische Gefangenschaft geraten.[25] Sein damaliger Konkurrent und Widersacher Johannes von Gischala war inzwischen zu einem der Anführer der beiden Parteien aufgestiegen, die nach der Darstellung von Josephus ebenso die Jerusalemer samt den dort zu Abertausenden zusammengezogenen Juden tyrannisierten wie die Stadt gegen die Römer verteidigten.[26] Josephus ver-

---

behaupten, er habe mit seiner Annahme, dass der Aufstand keinerlei Aussicht auf Erfolg hatte, unrecht gehabt."

24 Zu dem kritischen Vergleich der offensichtlich in wesentlichen Punkten abweichenden Darstellung seiner Position in Galiläa vgl. Bell. II.568 mit Vit.28–29 und dazu Cohen, Josephus, 181–231, bes. die Zusammenfassung 230–231 und Bilde, Josephus, 36–52.

25 Vgl. Bell.III.438–442 mit III.354 und dazu Cohen, Josephus, 228–230, zum religiösen Selbstmord als einer Sonderform des Martyriums und zu Josephus Verurteilung des in der Höhle von Jotopata von seinen Kameraden begangenen und von ihm angeregten Selbstmord Martin Hengel, Zeloten, 268–271; Josephus hatte die eingeschlossene Stadt schon am Anfang ihrer Belagerung verlassen wollen, war aber damals durch die in der Stadt maßgeblichen Männer daran gehindert worden, Bell.III.193–203. Als die Lage aussichtslos geworden war und er die Übergabe an den römischen Tribunen Nicanor erwog, hinderten ihn die Mitverteidiger daran, indem sie darauf bestanden, dass ihr Feldherr mit ihnen zusammen zu sterben habe, III.355–360. Als sich die Lage als unhaltbar erwiesen und er sich mit den letzten Verteidigern der Stadt in eine Höhle zurückgezogen hatte, schlug er ihnen vor, sich wechselseitig zu töten statt sich auf Gnade oder Ungnade den Römern zu ergeben. Aber (εἴτε ὑπὸ τύχης χρὴ λέγειν, εἴτε ὑπὸ θεοῦ προνοίας) „*soll man nun sagen durch Zufall oder durch göttliche Vorsehung*" blieben er und ein anderer Mitkämpfer übrig, worauf er sich vor Vespasian führen ließ (Bell.III.391–392). Der Historiker ist wohl beraten, diese Aussagen auf sich beruhen zu lassen, statt ihn als einen feigen Verräter erst an seinen Kameraden und dann an seinem Volk zu denunzieren; denn im Ergebnis hat Josephus mit seinem den eingeschlossenen Jerusalemern erteilten Rat, die Waffen niederzulegen und an die römische *clementia* zu appellieren, auf eine grauenvolle Weise recht behalten.

26 Vgl. zu seinem von ihm in Bell.II.585–594 und Vit.70–76.82–101 unterschiedlich dargestellten Wirken in Galiläa Cohen, Josephus, 221–227 und Bilde, Josephus, 36–52 und zu seinem Verhalten während der Belagerung und nach der Eroberung Jerusalems Smallwood, Jews, 310–327.

dankte seine Freilassung und jetzige Position als Günstling des römischen Caesars dem Umstand, dass er nach seiner Gefangennahme Vespasian im Beisein des Titus den Sturz Neros und beider Aufstieg zu seinen Nachfolgern vorausgesagt hatte: *„Du glaubst, Vespasian, in Josephus lediglich einen Kriegsgefangenen in die Hand bekommen zu haben, ich komme aber zu dir als Künder großer Ereignisse. Denn wäre ich nicht von Gott gesandt, so hätte ich gewusst, was das Gesetz der Juden bestimmt und wie es einem Feldherrn zu sterben geziemt. Zu Nero willst du mich schicken? Wozu denn? Werden die Nachfolger Neros bis zu deinem Regierungsantritt lange an der Herrschaft bleiben? Du, Vespasian, wirst Kaiser und Alleinherrscher, sowohl du wie dieser dein Sohn. Lass mich jetzt nur noch fester fesseln und für dich selbst aufbewahren, denn du, Caesar, wirst nicht nur mein Herr sein, sondern der über Erde und Meer und das ganze Menschengeschlecht. Ich bitte aber um eine noch schärfere Bewachung, damit du mich bestrafen kannst, wenn ich die Sache Gottes leichtfertig behandle“* (Bell.IV.399–402).[27]

Die Grundlage dieser Weissagung bildete nach Josephus' Darstellung eine Reihe von Träumen, in denen ihm Gott die bevorstehende Niederlage der Juden und die Bestimmung der Römer vorausgesagt hatte. Die Bedeutung seiner nächtlichen Impressionen aber hätte er erst angesichts der ihm durch den römischen Tribun Nikanor übermittelten Aufforderung Vespasians sich zu ergeben erkannt (III.351–354). Da er sich mit dieser Auskunft offensichtlich gegen den Vorwurf des Opportunismus und des Verrates seines eigenen Volkes an die Sieger sichern will, liegt der Verdacht nahe, dass es sich bei dieser Erzählung um eine apologetische Konstruktion handelt. Ob man ihn für berechtigt hält, hängt von der Gesamteinschätzung der Persönlichkeit des jüdischen Historikers ab und bleibt daher vermutlich auch weiterhin umstritten.[28] Meines Erachtens lag es für Josephus als einem weltkundigen Frommen nahe, auch die offensichtliche Weltherrschaft der Römer nicht unabhängig von dem Weltregiment Gottes zu denken und unter dem Eindruck ihrer in Galiläa demonstrierten Kampfkraft die Aussichtslosigkeit des jüdischen Aufstandes zu erkennen.[29]

---

27 Übers. Bauernfeind/Michel I, 377. Im Hintergrund dieser Weissagung stand nach Bell.IV.351–354 eine im Lichte der Schrift gedeutete Traumerfahrung, die ihm die Gewissheit gab, dass sich die τυχή (das Glück) ganz den Römern zugewandt hatte. Vgl. dazu Lindner, Geschichtsauffassung, 52–57; Gray, Figures, 37–41 und Gnuse, Dreams, 25–26 und zu Josephus Rede von der Tyche Stählin, Schicksal, 319–343, bes. 337–342, der ihm einen mit dem jüdischen Bekenntnis unvereinbaren Synkretismus vorwirft.

28 Vgl. dazu Gnuse, Dreams,135–142.

29 Vgl. die Rede König Agrippas II. in Bell.II.345–401.

Vespasian aber hat sich dieser Weissagung angesichts ihrer Erfüllung erinnert und daraufhin des Propheten ehrenvolle Freilassung angeordnet (Bell.IV.622–629).[30] In der Tat, was konnte ihm und seinem Sohn lieber sein als ein hoher jüdischer Offizier, dessen Botschaft lautete, dass Gott die Herrschaft über die Welt den Römern und ihm selbst das Imperium verliehen habe?

5. Das Verhältnis zwischen den Reden des Königs Agrippa II. und des Josephus

Eben das aber war der Kern der Botschaft, mit der er die Belagerten zur Kapitulation zu bewegen suchte. In geschickter Komposition hat Josephus seine Leser bereits darauf vorbereitet, die Vernünftigkeit dieses Arguments zu akzeptieren, indem er sie in der ersten der beiden großen Reden vorbereitete, die er dem jüdischen König Agrippa II.[31] zu Beginn des jüdischen Aufstandes in Bell.II.344–407 in den Mund gelegt hatte. Zusammen mit der des Verteidigers von Masada Eleazar, dem Sohn des Jairus, in Bell.VII.323–336 und 341–388 bilden sie das geschichtstheologische Rückrat von Josephus' Darstellung. Das Hauptargument Agrippas, dass der Widerstand gegen die Römer zu spät käme und angesichts ihres weltweiten Reiches sinnlos sei, wird von Josephus in seiner eigenen Rede an die Jerusalemer dahingehend ergänzt, dass Gott Rom die Weltherrschaft selbst übertragen habe.[32] Damit nahm er gleichsam in einer veränderten Situation die im babylonischen Exil dem Propheten Jeremia in den Mund gelegte Botschaft auf, dass nun nach Gottes Willen alle Völker dem König Nebukadnezar dienen sollten (vgl. Jer 27,5–6 mit 28,14).[33] Eleazar aber lässt er

30 Vgl. dazu Suet.Vesp.5.6–7: „... *unus ex nobilibus captivis Josephus, cum coiceretur in vincula, constantissime asservavit fore ut ab eodem brevi solveretur, verum iam imperatore.*" Ähnlich Cass.Dio.LXVI.1. Zur Gefangennahme und Freilassung des Josephus vgl. auch Bilde, Josephus, 53–54.

31 Zum Herrschaftsgebiet und Herrschaftsverlauf Agrippas II. vgl. Schürer/Vermes, History I, 471–483 bzw. Smallwood, Jews, 272–274 und passim, zum Verhältnis zwischen Titus und Berenike ebd., 385–387.

32 Vgl. dazu Lindner, Geschichtsauffassung, 22–23, hier 21 seine Gliederung der Rede: A II.345–347: Vorbemerkung über die Hör- und Entscheidungsbereitschaft der Anwesenden; B: II.348–399 Corpus der Rede. 1- Hauptteil 350–361a: Die Motive des Kampfes gegen Rom. 2. Hauptteil: 361b-399 Die Aussichten des Kampfes. C: Abschließender Appell 400–401.

33 Zur Entstehung von Jer 27 vgl. z. B. Nicholson, Preaching, 94–96; Caroll, Jeremiah, 531–532 und McKane, Jeremiah II, 705–708.

seine an die hoffnungslos Eingeschlossenen gerichtete Aufforderung, sich nicht lebend in die Hände der Sieger zu geben, damit begründen, dass sie sich von Anfang an gegen Gottes Vorhaben gestellt, sein Volk dem Untergang auszuliefern, und überdies allerlei Untaten gegen es begangen hätten, er aber ihnen jetzt als letzte Chance eingeräumt hätte, mit ihren Frauen und Kindern ungeschändet zu sterben. So fassen diese drei Reden Josephus' Deutung des Krieges bündig zusammen: Der Aufstand gegen die Römer war zugleich ein Aufstand gegen den Willen Gottes. Er wurde von einer kleinen Schar getragen, die im Gegensatz zur Mehrheit ihres Volkes den Krieg entfesselte und es durch ihr frevelhaftes Verhalten in die Katastrophe führte. Daher verdienen die unsäglichen Leiden des jüdischen Volkes das Mitleid und der heroische Tod der Besiegten den Respekt der Sieger.[34]

Um die Reden Agrippas in ihrem geschichtlichen und literarischen Kontext zu verstehen, bedarf es eines kurzen Blicks auf den Anlass für den Aufstand der Juden. Er wurde durch den Missbrauch provoziert, den die römischen Prokuratoren von Cumanus (48–52) über Antonius Felix (52–58 ?),[35] Festus (58?-62) und Albinus (62–64) bis zu Florus (64–66) mit ihrem Amt getrieben hatten.[36] In immer schamloserer Offenheit hatten sie es zur Befriedigung ihrer persönlichen Gelüste und ihres Gewinnstrebens ausgenutzt. Je deutlicher dabei die Verachtung ihrer jüdischen Untertanen zum Vorschein kam, desto mehr wuchs der innere Widerstand der Juden, den in Taten umzusetzen sich die jüdischen Parteien der Zeloten und Sikarier

---

34 Es kann dem Leser nicht verborgen bleiben, dass Josephus die religiösen Motive und Erwartungen der Aufständischen soweit es ihm möglich war zudeckte, um sie als Verbrecher abzustempeln; vgl. dazu ausführlich Mader, Josephus, 10–17, 52–54 und 101–103. Respekt verlangt er von dem Leser nur für Eleazar und die zusammen mit ihm in Masada Eingeschlossenen, die dem schrecklichen Los der Gefangenen den Freitod im Glauben an die Rückkehr der Seelen im Tode zu Gott vorzogen (VII.387–388). Übers. Bauernfeind/Michel, II/2, 145): „*Doch jetzt, solange diese Hände noch frei sind und das Schwert noch halten, sollen sie einen edlen Dienst leisten, nicht als Sklaven der Feinde lasst uns sterben, sondern in Freiheit wollen wir zusammen mit Frauen und Kindern aus dem Leben scheiden. Das ist alles, was die Gesetze uns befehlen, und um das uns Frauen und Kinder anflehen. Die Notwendigkeit dessen führte Gott selbst herbei, während die Römer ihrerseits gerade das Gegenteil erstreben, ja, sie fürchten sogar, es möchte einer von uns vor der Gefangenschaft sterben. Eilen wir also, ihnen anstelle der erhofften Lust an uns das Entsetzen angesichts des Todes und die Bewunderung für solche Kühnheit zu hinterlassen!*“

35 Über ihn lautete das Urteil von Tac. hist.V.9, dass er „*per omnem saevitatem ac libidinem ius regium servii ingenio exercuit* (*in jeglicher Form von Grausamkeit und Willkür das Recht eines Königs mit dem Geist eines Sklaven ausübte*).“

36 Vgl. dazu ausführlich Schürer/Vermes, History I, 1,455–470: Smallwood, Jews, 256–292 und knapp, aber instruktiv Goodman, Judaea, 753–755.

erfolgreich bemüht hatten.[37] Das Fass des Hasses kam zum Überlaufen, nachdem Florus im Ajjar (April/Mai) 66 nicht nur den Tempelschatz geplündert, sondern alsbald auch durch sein törichtes Verhalten eine Straßenschlacht in Jerusalem ausgelöst hatte, in dessen Verlauf die Aufständischen den Tempel besetzten und Florus sich nach Caesarea zurückzog, um dem glücklosen Statthalter der Provinz Syrien Cestus Gallius Bericht zu erstatten.[38] Auf die Kunde von diesen Ereignissen begab sich König Agrippa II. sofort nach Jerusalem, um die Jerusalemer davon zu überzeugen, dass ihr Aufstand jedenfalls scheitern würde und sie besser täten, sich beim Kaiser über die Misswirtschaft des Florus zu beschweren als zu den Waffen zu greifen (Bell.II.345–405).[39] Überzeugt davon, dass nur eine Minderheit der Versammelten zum Kampf entschlossen sei, erinnerte er sie unter anderem daran, dass ihre Vorväter und Könige, als es noch Zeit war, die Gelegenheit ihre Freiheit gegen Pompejus zu verteidigen, versäumt hätten. Wenn sie sich jetzt gegen die ererbte Knechtschaft auflehnten, müssten sie sich fragen lassen, ob sie, deren Hilfsquellen geringer als die ihrer Vorfahren seien, sich dem ganzen römischen Reich entgegenstellen wollten (Bell.II.356–357). Nachdem Agrippa ihnen ausführlich dessen Umfang und von so vielen Völkern willig ertragene Herrschaft geschildert hatte, machte er ihnen deutlich, dass sie weder auf die Unterstützung anderer Völker noch auf die ihres Gottes rechnen könnten.[40] Denn sollten sie das Sabbatgebot halten, so würden sie die Römer erneut wie einst Pompejus überrumpeln.[41] Sollten sie es aber brechen, so würden sie sich damit Gott selbst zum Feinde machen. Wer weder auf Hilfe von Gott oder Menschen rechnen könne, der liefere Frau, Kinder und Haus dem Untergang aus. Pardon würden ihnen die siegreichen Römer keinesfalls gewähren. Jene zu retten aber sei ihr Ziel, der Krieg dazu aber das untauglichste Mittel (Bell.II.390–401). So prägt Josephus seinen Lesern schon hier ein, was weiterhin die Leitlinie seiner Darstellung bildet, dass der Aufstand gegen die Römer von Anfang gegen Gottes Willen und vernünftig geurteilt ein aussichtsloses, notwendig in einer nationalen Katastrophe endendes Unternehmen war. Nur jugendlicher Leichtsinn oder blinder Fanatismus hätten sich über die in Agrippa ver-

---

37 Zur Entstehung und Geschichte der beiden Parteien vgl. Hayward, in: Schürer/Vermes, History II, 598–606.

38 Vgl. dazu Schürer/Vermes, History I, 455–485; Smallwood, Jews, 256–292 und Cohen, Josephus, 188–199.

39 Vgl. zu ihm Schürer/Vermes I, 471–483.

40 Bell.II.358–390.

41 Vgl. dazu Schürer/Vermes, History I, 236–242 und bes. 239.

körperte Stimme der Vernunft hinweg gesetzt und damit das ganze Volk und Land ins Verderben gerissen.[42]

6. Die Rede des Josephus in Bell. V. 362–419

6.1. Grundsatz: Gott steht auf der Seite der Römer (V.362–374)

Die von Josephus an die belagerten Jerusalemer gerichtete Rede in V.362–419[43] wird durch die Behauptung eingeleitet, dass die Römer bisher alles getan hätten, um die Heiligtümer ihrer Feinde zu retten, jene aber alles, um sie zu zerstören (V.363).[44] Dann erinnert er sie in der Nachfolge Agrippas daran, dass der Zeitpunkt, die Freiheit zu retten längst vertan und der Versuch, sie mit Gewalt zurückzugewinnen, nicht Ausdruck der Freiheitsliebe, sondern ein Akt selbstmörderischer Verblendung sei (365). Darauf folgt sein Hauptargument in Gestalt der These, dass Gott die Weltherrschaft den Römern übertragen habe (366–367): „*Vernünftiger Weise könne man allenfalls unbedeutende Herrscher missachten, aber nicht solche, denen die ganze Welt untertan sei. Was sei denn bisher der Herrschaft der Römer entgangen, abgesehen von einigen Gebieten, die ihre Hitze oder ihre Kälte unbewohnbar*

42 Josephus selbst war nach Vit.13–16 bereits mit 26 Jahren im Jahr 63 n. Chr. in diplomatischer Mission in Rom, wo er mit der Geliebten und späteren Frau Neros Poppaea bekannt wurde, dank deren Vermittlung es ihm gelang, die Freigabe der unschuldig angeklagten und nach Rom verbrachten Priester zu erwirken, vgl. dazu Bilde, Josephus, 30–31. Jedenfalls war er den Aufständischen nach seiner Darstellung von Anfang an als romfreundlich verdächtig, so dass er im inneren Tempelbereich Zuflucht suchte und ihn erst wieder nach der Ermordung des Anführers der Zeloten Menachem verließ (Vit.20–21). Wenn man in Jerusalem nicht auf seine Loyalität vertraut hätte, wäre er kaum als Stratege nach Galiläa entsandt worden. Dort scheint er im wesentlichen eine abwartende Politik betrieben zu haben, die ihm schließlich den Übertritt auf die römische Seite nahe legte. Dass er dazu durch ein prophetisches Erlebnis bestimmt worden ist, braucht man deshalb nicht zu bezweifeln; vgl. Bell.III.351–354 und dazu Bilde, Josephus, 44–45, 48–49, Siegert u. a., Vita, 171–172 und zu seinem sich auf Träume gründenden prophetischen Selbstverständnis Gray, Figures, 35–53 und Gnuse, Dreams, 24–26.

43 Zu ihrer Gliederung vgl. Lindner, Geschichtsauffassung, 25–26.

44 Dass Josephus das Bild der Römer und zumal das seines kaiserlichen Gönners Titus idealisiert, ist offensichtlich, vgl. dazu Grant, Klassiker, 215–216 und Goodman, Judaea, 718 mit der Kontrastierung der Aussagen über die Eroberung des Tempels in Bell.VI.214–266 und in Sulp.Sev. Chron.II.30.6–7 in Anm.32. Zu der von Josephus im Auge behaltenen römischen Leserschaft und seiner Verherrlichung der Flavier vgl. Mader, Josephus, 154–156.

mache? Überall habe sich das Glück ihnen zugeneigt, und Gott, der unter den Völkern die Herrschaft von einem zum anderen Volk übergehen lasse, stehe jetzt zu Italien.“[45] Die Vorväter, so folgert er weiterhin, hätten sich eben deshalb den Römern nicht widersetzt, weil sie wussten, dass Gott auf der Seite der Römer sei. Selbst wenn die Römer nicht in die Stadt eindrängen, wären die Jerusalemer dem Hungertod geweiht (V.369–371). Daher wären sie wohlberaten, wenn sie jetzt kapitulierten und auf die Milde der Römer vertrauten, denen eine menschenleere Stadt und ein verödetes Land keinen Vorteil brächten (372–374).

6.2. Fünf positive Beispiele für Israels Rettung durch Gott (V.375–390)

Doch als die Zuhörer ihn von der Mauer aus beschimpften und schmähten, rief er ihnen ihren vermeintlichen göttlichen Verbündeten in Erinnerung, gegen den sie nun ebenfalls Krieg führten. Entsprechend führte er sie an fünf positiven und vier negativen Beispielen durch die Geschichte Israels, um auf diese Weise seine zweite These zu begründen, dass Israel niemals durch eigene Waffen, sondern nur durch Gottes Hilfe gerettet worden sei.[46] Josephus eröffnete die positive Reihe mit dem Beispiel der Entführung Saras durch den ägyptischen Pharao. Die negative beendete er mit der Eroberung Jerusalems durch Antiochos IV. Epiphanes. Dabei entschied er sich, wo es ihm im Interesse seiner Absicht zu liegen schien, für midraschartige Ausgestaltungen der biblischen Erzählungen.

---

45 Übers. Michel/Bauernfeind, I, 165 und 166. Das κατὰ ἔθνος τὸν θεὸν ἐμπεριάγοντα τὴν ἀρχήν ist mehrdeutig: Es lässt sich ebenso auf das Konzept des Kreislaufes von Aufstieg und Niedergang im Leben der Völker beziehen, wie es z. B. Polybios unter dem Gesichtspunkt des Wandels der Verfassungen als Ursache für Aufstieg und Niedergang der Völker vertreten hat (vgl. Pol.VI.5.1–10.14; VI.6 und dazu VIII.57.1–10 sowie Grant, Klassiker, 130–132 samt 371 Anm. 36 mit den Nachweisen für die Vorgeschichte) wie auf das apokalyptische Konzept der *Translatio Imperii* in Gestalt der Abfolge von vier bzw. fünf Reichen beziehen, wie es Josephus aus Dan 2 und 7 nach Ant.XV.385–387 (vgl. X.208–210) bekannt war, obwohl er den Leser dort über die Vorläufigkeit auch des vierten Reiches bewusst im Unklaren lässt, um den Römern keinen Anstoß zu bieten. Zur iranischen Vorgeschichte des Konzeptes der Übertragung der Reiche und seiner Verbreitung im hellenistisch-römischen Judentum vgl. Kratz, Translatio, 197–217 und bes. 217–222.

46 Dass Josephus diese These auch bei seiner Behandlung des Propheten Jesaja in Ant. X vertreten hat, zeigt Peter Höffken, Hiskija, 37–48.

6.2.1. Das erste Beispiel: Die Rettung Saras aus der Gewalt des Pharao (V.379–381)

Das lässt sich besonders gut bei seiner Behandlung des ersten Beispiels erkennen, der Befreiung Saras aus der Gewalt des ägyptischen Königs in V.379–381. Denn anders als Gen 12,10–20 lässt er die Geschichte nicht in Ägypten, sondern in Palästina spielen: Der Pharao Nechao sei mit einem gewaltigen Heer in das Land eingefallen und hätte die Fürstin Sara geraubt. Abraham aber hätte trotz der ihm zur Verfügung stehenden 318 Vasallen den König nicht angegriffen, sondern seine Hände flehend gen Jerusalem erhoben. Daraufhin hätte Nechao Sara am nächsten Abend unberührt zu Abraham zurückgesandt und sich an der jetzt durch die Verteidiger der Stadt besudelten Stätte vor Gott gedemütigt. Dann aber hätte er das Land nach furchtbaren nächtlichen Erscheinungen fluchtartig verlassen und die von Gott geliebten Hebräer mit Gold und Silber beschenkt.

Otto Michel und Otto Bauernfeind haben nachgewiesen, dass sich Josephus hier eines Midrasch bedient,[47] der weit über die biblische Erzählung in Gen 12,10–20 hinausgeht und wesentlich freier als selbst das Genesis-Apokryphon aus der 1. Qumranhöhle mit der biblischen Geschichte umgeht, mit der seine Erzählung nur einzelne Züge teilt.[48] Schon der Name des Pharao Nechaos, eine Spielform von Necho, lässt stutzen.[49] Denn von den beiden Pharaonen dieses Namens regierte der erste um die Mitte des 7. und der zweite, in der Bibel allein in II Reg 23 par II Chr 35 erwähnte, von 610–598.[50] Indem die Ahnfrau als Fürstin eingeführt wird, erhält indirekt auch Abraham eine entsprechende Würde. Aus den 318 Knechten, über die er nach der Sondertradition von Gen 14 verfügte, sind bei Josephus *hýparchoi*, Vasallen, geworden, deren Zahl auf die Größe seines Landes zurückweist. Sein schon damals gen Jerusalem gerichtetes Gebet hat einen Erfolg, den er mit Hilfe seiner Untergebenen gewiss nicht hätte bewirken können: Der König bringt Sara unberührt zu Abraham zurück, um dann am heiligen Ort, der Stätte des Jerusalemer Tempels anzubeten. Seine Flucht nach schreck-

47 Vgl. dazu Michel/Bauernfeind, Jüdische Krieg II/1, 264, Anm.147 und 148.

48 Aramäischer Text von 1QGen.Ap.XIX.4-XX.34 mit Übers. und ausführlichem Kommentar bei Fitzmyer, Apocryphon, 58–67 und 107–143; Text und Übers. auch bei Beyer, Texte, 173–177 und nur die Übers. bei Maier, Texte I, 219–221.

49 Zu ihrer vermutlichen Entstehung unter dem Einfluss des Pharao Soan in Gen.-Ap.XX.14 und dem Schaon in Jer 46,17 vgl. Michel/Bauernfeind, Jüdische Krieg II/1, 264, Anm.147.

50 Nach II Reg 23,29–34 hat dieser Pharao den jüdischen König Josia in einer Schlacht bei Megiddo besiegt und anschließend getötet, um dann dessen Bruder Eljakim mit dem Thronnamen Jojakim zu seinem Nachfolger zu ernennen.

lichen nächtlichen Erscheinungen besitzt im 1QGen.Ap.XX.16 eine Entsprechung, sorgt dort allerdings dafür, dass Sara unberührt bleibt. Vielleicht ist der Erzähler dabei durch die elohistische Version der Geschichte von der Gefährdung und Bewahrung der Ahnfrau in Gen 20,1–18 beeinflusst, nach der Gott im Traum dem König von Gerar den Tod androht, sofern er Sara nicht zu Abraham zurücksendet.[51] Die nächtlichen *phantásmata* ersetzen die Plagen, mit denen Gott nach Gen 12,17 den Pharao auf seine Versündigung aufmerksam macht (und zugleich daran hindert, Sara zu nahe zu treten). Das Geschenk von Gold und Silber ist dort in XX.31 ein Geschenk des Pharaos an Sara, während in 33 festgestellt wird, dass Abraham mit zahlreichem Vieh, Silber und Gold nach Hause geschickt wurde. Bei Josephus erhalten die Hebräer die Pretiosen, ein Zug, der aus Ex 12,35 stammt, wo sie es auf dem Mose von Jahwe in 11,2 gegebene Anweisung hin von den Ägyptern vor ihrem Abzug verlangen. Das Motiv des erfolglosen Feldzuges des Pharaos aber beruht auf einer sachgemäßen Kombination von II Reg 23,29 bzw. II Chr 35,20, wo von Nechos Feldzug gegen die Assyrer die Rede ist, mit Jer 46, wo seinem Heere im Kampf gegen den neubabylonischen König Nebukadnezar die Niederlage prophezeit wird. So liegt in dieser Erzählung ein schönes Beispiel für die produktive Schriftauslegung des Midrasch und seiner Absicht vor, die wunderbare Bewahrung der Ahnfrau noch eindrücklicher als die Bibel zu erzählen. Diese Fassung empfahl sich Josephus schon deshalb, weil sie wesentlich eindeutiger als die biblische seine Grundthese bestätigen konnte, dass die Rettung Israels stets in Gottes Händen gelegen hätte.[52]

6.2.2. Das zweite Beispiel: Die Plagen und der Auszug aus Ägypten (V.382–383)

Bei seinem zweiten Beispiel in V.382–383, der Erzählung von den durch Gott gesandten Plagen, welche den Auszug der Kinder Israels aus Ägypten ermöglichten, legt Josephus gleich zu Anfang den Nachdruck darauf, dass sich die dort während 400 Jahren[53] durch fremde Herrscher bedrückten Israeliten nicht selbst mit Waffengewalt zur Wehr setzten, sondern auf Gott vertrauten.

---

51 Vgl. dazu Gnuse, Dreams, 142–144.

52 Das geht auch daraus hervor, dass er in Ant.I.161–165 die Geschichte ganz im Gefolge von Gen 12,10 erzählt hat.

53 Die runde Zahl von 400 Jahren stammt aus Gen 15,13, vgl. Jos. Ant.II.204 und Act 7,6. Nach Ex 12,40 wohnten die Israeliten 430 Jahre in Ägypten.

„Wer weiß nicht, wie Ägypten von allerlei Getier wimmelte und von Seuchen heimgesucht wurde, wie das Land keine Frucht mehr trug, das Wasser des Nils versiegte, wie die zehn Plagen aufeinander folgten und daraufhin unsere Väter unter bewaffnetem Geleit ohne Blutvergießen und Gefahr hinausgeführt wurden, weil Gott ihnen, seinem zukünftigen Priestervolk, selbst voranzog?"[54]

Das ist eine rhetorisch geschickte und mit Elementen des Midrasch versetzte Zusammenfassung der Erzählung von den ägyptischen Plagen und dem Auszug aus Ägypten, in Ex 7–13. Mit den Tieren aller Art spielt Josephus auf die Plagen mittels Fröschen, Stechmücken, Hundsfliegen und Heuschrecken,[55] bei den Krankheiten auf die Pest und die Tötung der Erstgeborenen an.[56] Bei dem „Versiegen des Nils" und d. h.: dem Ausbleiben der Nilschwelle handelt es sich um eine Rationalisierung der Verwandlung des Nilwassers in Blut.[57] Daraus schloss Josephus auf die Unfruchtbarkeit des Landes. Ebenso ist das Motiv zu beurteilen, dass die Israeliten aus dem Lande eskortiert wurden. Die seine Rekapitulation der Auszugserzählung abschließende Notiz von dem göttlichen Geleit wird von Josephus teleologisch gedeutet: Gott schafft sich auf diese Weise das Volk, in dessen Mitte er künftig wohnen will (Ex 29,43–46), von dem er priesterliche Heiligkeit und das heißt: Reinheit verlangt (Ex 19,5–6), so dass es einst für alle Völker Priesterdienste leisten kann (Sach 14,16–21). Als solches aber (so sollten die Adressaten weiterdenken) durften die Aufständischen den Tempel keinesfalls mit dem Blut Erschlagener besudeln.[58]

6.2.3. Das dritte Beispiel: Raub und Rückführung der Lade durch die Philister (V.384–386)

Als drittes Beispiel für seine These, dass Gott seinem Volke hilft, solange es nicht selbst zu den Waffen greift, dient die Legende von dem Raub und der Heimkehr der Bundeslade aus I Sam 5–6, die Josephus in V.384–386 wirkungsvoll auf ihre Grundelemente gekürzt und ausgestaltet hat. So setzt er mit der Feststellung ein, dass die Syrer (sprich: die Philister) und ihr Gott Dagon den Raub der heiligen Lade verwünschen mussten, als ihr Unterleib

---

54 Übers. Michel/Bauernfeind, II/1, 169.

55 Vgl. Ex 7,26–8,11: Frösche. 8,2–15: Mücken. 8,16–28: Hundsfliegen und 10,1–19: Wanderheuschrecken. Vermutlich wollte Josephus auch die toten Fische im Nil Ex 7,14–25 in die „Tiere aller Art" einbezogen wissen.

56 Vgl. Ex 9,1–7 und 11,4–6.

57 Vgl. Ex 7,19–22.

58 Zur antizelotischen Tendenz vgl. Michel/Bauernfeind, Jüdische Krieg II/1, 264–265 Anm.150.

verfaulte und ihre Eingeweide zugleich mit den Speisen abgingen,[59] bis sie die Lade zurückbrachten und unter Zymbelspiel und Paukenschlag das Heiligtum entsühnten.[60] So belegt diese Geschichte klar und deutlich, was Josephus den eingeschlossenen Jerusalemern einprägen will: „*Gottes Führung war es, die diesen Triumph unseren Vätern verschaffte, weil sie nicht die Waffen ergriffen, sondern Gott über ihre Sache entscheiden ließen.*"[61]

6.2.4. Das vierte Beispiel: Die Rettung Jerusalems vor Sanherib (V.387–388)

In ähnlicher Knappheit führt Josephus in V.387–388 als viertes Beispiel die Rettung Jerusalems vor dem assyrischen König Sanherib im Jahre 701 v. Chr. an: Auch sein Riesenheer sei nicht durch Menschenhand gefallen, sondern aufgrund betender Hände[62] durch den Engel Gottes in einer einzigen Nacht erschlagen worden. Als der König am Morgen 185000 Erschlage vorfand, sei er entsetzt geflohen, obwohl die Hebräer unbewaffnet waren und überhaupt nicht an seine Verfolgung dachten.[63]

6.2.5. Das fünfte Beispiel und letzte positive Beispiel und die Zwischensumme: Die Freilassung der Gefangenen durch Kyros und der Wiederaufbau des Tempels (V.389–390).

Als wirkungsvollen Abschluss der positiven Belege erinnert Josephus in V.389 die in Jerusalem Eingeschlossenen an die 70 Jahre nach ihrer Gefangennahme erfolgte Freilassung der nach Babylonien deportierten Juden durch Kyros: Er habe sie ihnen zur Ehre Gottes geschenkt, so dass sie zurückkehren und den Dienst im Heiligtum für ihren göttlichen Mitstreiter (σύμμαχος) wieder aufnehmen konnten.[64] Das Ziel des rettenden Eingriffes seines Gottes war (so will es Josephus seinen Adressaten einprägen), dass ihm sein Volk in seinem Heiligtum dient. Diese Feststellung sollte offensichtlich von den Eingeschlossenen als Kontrast zu den Ereignissen in Jerusalem verstanden werden, deren Zeugen sie geworden waren: die Zeloten hatten

59 In I Sam 5,6.9.12 wird als Strafe für den Raub eine Beulenpest genannt. Josephus spricht in Ant.VI.3 wesentlich rationaler von einer δυσεντερία, einer Durchfallerkrankung.

60 Von dieser musikalischen Eskorte ist in I Sam 6 nicht die Rede, vgl. aber II Sam 6,5.

61 Übers. Michel/Bauernfeind, II/1.

62 Vgl. das Gebet König Hiskias in II Reg 19,14–19 und 20.32–37 par Jes 37,14–20 und 21+33–38.

63 Vgl. II Reg 18,13.17–19,37 par Jes 36,1–37,38.

64 Vgl. Esr 1,1–5 mit 5,11–6,12.

die legitimen Hohenpriester abgesetzt und im Tempel auf so grausame Weise ermordet, dass ihre idumäischen Bundesgenossen die Stadt verließen, als sie über den wahren Hintergrund der Vorgänge unterrichtet worden waren.[65] Der Tod der einstigen Hohenpriester Ananos und Jesus, die vergeblich versucht hatten, Tempel und Stadt vor ihrer Vernichtung durch den sinnlosen Widerstand gegen die Römer zu bewahren, war in Josephus' Augen der Wendepunkt des Krieges: Gott hatte ihn zugelassen, weil er Stadt und Tempel von ihrer Befleckung durch Feuer reinigen wollte (Bell. IV.323–325).[66]

Nach diesen Belegen für seine These kann Josephus in V. 390 ebenso die Zwischensumme ziehen und wie zugleich zu seinen vier Gegenbeispielen übergehen und dem abschließenden Ergebnis vorgreifen: „*Kurz gesagt: Es liegt kein Fall vor, in dem unsere Väter mit der Waffe in der Hand etwas ausgerichtet oder waffenlos unterlegen wären, wenn sie ihre Sache Gott anheim stellten. Blieben sie wie Soldaten auf ihrem Posten,*[67] *so siegten sie gemäß der Entscheidung ihres Richters, ließen sie sich aber auf Kampf ein, so erlitten sie stets eine Niederlage.*“[68]

7. Die vier negativen Beispiele für Israels gescheiterte Selbsthilfe (Bell.V.391–398)

7.1. Das erste negative Beispiel: Die Folgen der Missachtung der Warnungen Jeremias durch Zedekia und die Reaktion der Jerusalemer auf die Rede des Josephus (V.391–393)

Das erste negative Beispiel von der Botschaft und Behandlung des Propheten Jeremia durch König Zedekia und das Volk dient Josephus dazu, seinen Adressaten die zu erwartenden Folgen für die Missachtung seiner jetzigen Rede einzuprägen: Obwohl Jeremia damals seine Hörer vor den katastrophalen Folgen einer Fortsetzung ihres Kampfes gegen die Babylonier gewarnt hätte, hätten sie ihm nicht nach dem Leben getrachtet, so dass er Zeuge der Eroberung der Stadt und der Zerstörung des Tempels geworden sei.

65 Vgl. IV.345–353. Zur Darstellung der Vorgänge, die zur Einladung und später zur Ernüchterung der Idumäer führten in IV.193–453 vgl. Mader, Josephus, 87–100.

66 Vgl. dazu auch Smallwood, Jews, 312–314.

67 Zur Übers. vgl. Michel/Bauernfeind, II/1, 265 Anm.156.

68 Übers. Michel/Bauernfeind, II/1, 169 und 171.

Doch ganz zu schweigen von den jetzt in der Stadt geschehenden Gesetzesübertretungen, schmähten und beschossen sie ihn wegen seiner Ratschläge zu ihrer Rettung, weil sie es nicht ertrügen, dass er sie an ihre Sünden erinnere und die Dinge mit Namen nenne. Welche Folgen das haben würde, brauchte er nicht erst zu sagen, denn es ergab sich aus dem Vergleich von selbst.

7.2. Das zweite negative Beispiel: Die Schändung des Tempels durch Antiochos IV. Epiphanes (V.394)

Als zweites Beispiel berichtet er in ungewöhnlicher Kürze und Abstraktion von den verheerenden Folgen eines angeblichen jüdischen Angriffs auf das vor Jerusalem lagernde Heer des Seleukiden Antiochos IV. Epiphanes. Bei ihm handelt es sich offensichtlich um den in I Makk 1,29–35 berichteten Überfall des Königs auf Jerusalem im Jahre 168 v. Chr., mit dem er auf den gescheiterten Versuch des seines Amtes entsetzten Hohenpriesters Jason reagierte, die verlorene Herrschaft zurückzugewinnen (II Makk 5,1–7). Wenn Josephus erklärt, die Juden seien in der Schlacht niedergemacht und die Stadt von den Feinden ausgeraubt worden, das Heiligtum aber für dreieinhalb Jahre verödet gewesen, so fasst er die Ereignisse vom Sommer 168 bis zur Wiedereinweihung des Tempels im Kislew 165 zusammen.[69] Dabei übergeht er seiner Absicht gemäß den erfolgreichen Freiheitskampf der Makkabäer völlig, weil er nicht in sein Konzept passte. Denn die Erinnerung an ihn hätte den Widerstandswillen der Zeloten ebenso stärken können wie die oben anders ausgelegte Erzählung von der Rettung Jerusalems vor dem Heer Sanheribs, in der Hiskia die Kapitulation im Vertrauen auf Gottes Hilfe ablehnt und dann tatsächlich gerettet wird.[70]

7.3. Das dritte negative Beispiel: Der Brüderkrieg zwischen Aristobulos II. und Hyrkanos II. und die erfolglose Verteidigung der Stadt gegen die Römer (V. 395–397)

Näher an den tatsächlichen Geschichtsverlauf kann sich Josephus bei seinem dritten Beispiel halten, das von dem Brüderkrieg zwischen den Hasmonäern Aristobulos II. und Hyrkanos II. handelt. Denn die Rivalität zwischen den

69 Zum Geschichtsverlauf vgl. Bringmann, Reform, 125–133.
70 Vgl. II Reg 18,17–19,19 dazu oben 183 und Lindner, Geschichtsauffassung, 31.

beiden Brüdern im Kampf um die Macht führte erst zur verhängnisvollen Einladung des römischen Imperators Gneaus Pompejus als Schlichter des Bruderzwistes, dann zur Belagerung und Eroberung des Tempels und anschließend zur Deportation Aristobulos II. nach Rom, der Zerschlagung seines Reiches, der Einsetzung Hyrkanos II. als Hohenpriester und der Eingliederung des Reststaates in die syrische Provinz.[71] Mit rhetorischem Schwung entrollt Josephus ein zur Abschreckung hinreichend vereinfachtes Bild, in dessen Spiegel die Adressaten die jetzt in der Stadt wütenden Parteikämpfe beurteilen sollen.[72] Dabei setzt er mit einer *praeteritio* ein, um dem Nachfolgenden mehr Gewicht zu geben (Bell.V.395–397):

> *„Warum soll ich die weiteren Ereignisse aufzählen? Aber wer hat die Römer eigentlich gegen unser Volk aufgeboten? Ist es nicht die Gottlosigkeit der Bewohner des Landes selbst? Wann fing denn für uns die Knechtschaft an? Begann sie nicht mit dem Bürgerkrieg unter unseren Vorfahren, als der Wahnsinn Aristobuls und Hyrkans und deren gegenseitige Eifersucht Pompejus zum Vorgehen gegen die Stadt trieben und Gott jene Menschen den Römern unterwarf, die der Freiheit nicht mehr wert waren? Diese mussten sich nach einer Belagerung von drei Monaten übergeben, obwohl die sich nicht derart wie ihr gegen Heiligtum und Gesetz versündigt hatten und über weit bedeutendere Mittel verfügten.“*[73]

7.4. Das vierte und letzte negative Beispiel: Die Niederlage des letzten hasmonäischen Königs Antigonos (V.398)

Mit einem einzigen langen Fragesatz ruft Josephus den Belagerten die Niederlage des letzten hasmonäischen Königs Antigonos in Erinnerung: Ihm war es im Jahre 40 v. Chr. gelungen, mit parthischer Hilfe den von den Römern dem Herodes, Sohn des Antipater, zugesagten judäischen Thron zu gewinnen, bis der römische Procurator der Provinz Syrien Sosius[74] von Herodes unterstützt nach relativ kurzer Belagerung Jerusalem eroberte und

71 Vgl. Bell.I.120–158; Ant.XIV.4–79 und bes. 77–79 sowie oben ausführlich, 86–90.

72 Zu den zurückliegenden Parteienkämpfen zwischen der Kriegspartei um Johann von Gischala, den durch Eleazar Ben Simon angeführten Zeloten und den gemäßigten Kräften der säkularen und der durch den Hohenpriester Annas angeführten hohepriesterlichen Aristokratie, in denen es zur Absetzung des Hohenpriesters und seiner Ermordung im Tempel gekommen war, und den nachfolgenden Rivalitäten und Kämpfen zwischen Johannes von Gischala, Eleazar Ben Simon und Simon Ben Giora, dem Anführer der Sikarier, vgl. Smallwood, Jews, 312–316.

73 Übers. Michel/Bauernfeind, II/1, 171.

74 Vgl. zu ihm Schürer/Vermes, History I, 252.

den König in Ketten nach Antiochia geführt und auf Befehl des Antonius hingerichtet wurde.[75] Josephus reduziert dieses Bild auf das niederschmetternde Ergebnis, dass Antigonos dem Angriff der von Herodes herbeigerufenen Römer erlegen, die sündigen Juden in Jerusalem eingeschlossen und die Stadt nach sechs Monaten erobert und gebrandschatzt wurde.

7.5. Die Lehre der Beispiele und das Ziel der Rede: Die begründete Aufforderung zur sofortigen Kapitulation (V.399–419)

Die Auswahl an positiven und negativen Beispielen, die Josephus zur Unterstützung seiner Grundthese aufgeboten hat, ist durchaus selektiv. Ihr hätten die Verteidiger zum Beispiel die Erinnerung an den Sieg Gideons über die Midianiter,[76] seine Aufnahme in die Weissagung von dem sieghaften Messias in Jes 9,1–6 und nicht zuletzt an ihren im Jahre 66 erfochtenen Sieg über den Statthalter Syriens C. Cestius Gallus entgegensetzen können.[77] Aber Josephus ging es in der ganzen Beweiskette in ihrer vorliegenden Gestalt darum, seine römischen Leser davon zu überzeugen, dass nicht das jüdische Volk als solches, sondern gottlose Rebellen und Verbrecher aus seiner Mitte den Krieg gegen die Römer entfacht und es dadurch in die Katastrophe geführt haben. Indem sie sich seiner Aufforderung verschlossen rechtzeitig zu kapitulieren und den Kampf fortsetzten, seien sie von Gott selbst bestraft worden. Hätten sie auf seine Stimme gehört, dass alle Versuche der Juden, die sie in ihrer Geschichte unternommen haben, sich mit Waffengewalt die Freiheit zu erkämpfen, gescheitert seien, und wären sie der Lehre gefolgt, dass die Hüter der heiligen Stätte alles dem Entscheid Gottes zu unterstellen hätten und auf keine Hilfe von Menschenhand vertrauen dürften, so wäre ihnen die gewaltige Katastrophe erspart worden, welche die Eroberung Jerusalems durch Titus im August des Jahre 70 über die Juden brachte (V.399–400):

> *„Niemals also wurde unserem Volke die Waffe in die Hand gegeben, vielmehr folgte unmittelbar auf jeden Krieg die Unterjochung. Nach meiner Meinung haben die Hüter der heiligen Stätte alles dem Richtspruch Gottes anheim zu stellen und stets,*

75 Vgl. Bell.I.274–375; Ant.XIV.370–491 und dazu Schürer/Vermes, History I, 281–286.

76 Vgl. Jdc 7.

77 Zur einseitigen Darstellung des Sieges der Aufständischen über Cestius Gallus in II.517–518 und der Niederlage bei Askalon in III.9–25, vgl. Mader, Josephus, 37–48.

wenn sie gnädiges Gehör bei dem höchsten Richter erlangen wollen, Menschenarm und -kraft zu verachten.“[78]

Anschließend hält Josephus den Jerusalemern in Bell.V.402 ein Sündenregister vor, um den Nachweis zu führen, dass die Verteidiger der Stadt keinesfalls mit Gottes Hilfe bei ihrem Endkampf rechnen konnten, nachdem sie mit ihren Taten fast alle durch Flüche sanktionierten Gebote übertreten hätten: Diebstahl, Hinterlist, Ehebruch hätte ihnen nicht genügt, sie hätten noch auf ganz neuartige Weise geraubt und gemordet.[79] Der Tempel selbst sei für solche Untaten benutzt und so von Juden besudelt worden, während ihm die Römer unter Absehen von ihren eigenen Sitten aus der Ferne ihren Respekt bezeugten (Bell.V.403): *„Und trotz alledem erwartet ihr nun wirklich Gott als Beistand, gegen den ihr derart gefrevelt habt? Aber natürlich, ihr seid sicherlich fromme Beter und ruft ‚mit heiligen Händen‘ euren Helfer herbei!“*[80]

Dann fährt er in 404–412 fort, ihnen vorzuhalten, dass sie sich den Römern gegenüber in einer weit besseren Lage als seinerzeit ihre Väter gegenüber den Assyrern befänden: Denn diese hätten zwar für das Versprechen, die Stadt zu verschonen, von ihrem König Geld genommen, ohne sich an die Abmachung zu halten. Die Römer verlangten dagegen nur den Tribut, den sie bis dahin von ihren Vätern erhalten hätten. Wenn sie ihn erhielten, so würden sie weder die Stadt plündern noch die heiligen Dinge berühren und ihnen die Freiheit ihrer Angehörigen, den Genuss ihres Besitzes und das Leben nach ihren heiligen Gesetzen garantieren. Dagegen sei es Wahnsinn damit zu rechnen, dass sich Gott in gleicher Weise gegen die Gerechten wie gegen die Ungerechten verhielte. Hätte ihm an der Freiheit der Juden gelegen, so hätte er die Römer wie einst die Assyrer sowohl in den Tagen des Pompejus wie des Sosius oder jetzt nach der Eroberung Galiläas durch Vespasian oder Titus Zug gegen Jerusalem jeweils sogleich heimgesucht. Dagegen hätten Pompejus und Sosius die Stadt im Sturm nehmen und Vespasian Kaiser werden können, während die Quellen in der Stadt bereits vor ihrer Einschließung durch Titus versiegt seien, während für ihn alle

78 Übers. Michel/Bauernfeind, II/1, 171.

79 Der Lasterkatalog entspringt der durchgehenden Tendenz von Josephus, die Aufständischen als frevelhafte Verbrecher zu brandmarken; vgl. Mader, Josephus, 52–54 und 101–103, der nachweist, welcher literarischen, auf Thukydides zurückgehender Pattern sich Josephus dabei bedient hat. Zu den inneren Auseinandersetzungen in Jerusalem vor Beginn der Belagerung durch Titus vgl. Smallwood, Jews, 312–316 und bes. Goodman, Judaea, 716–717, wo er der Behauptung des Josephes widerspricht, dass der Jüdische Staat während der Belagerung durch den herrschenden Bürgerkrieg zerfallen sei.

80 Übers. Michel/Bauernfeind, II/1, 173.

versiegten Quellen außerhalb der Stadt wieder zu fließen begonnen hätten. Aus dem allem erschließt Josephus, dass Gott aus seinem Heiligtum geflohen sei und bei denen stehe, gegen den die Juden jetzt kämpften (412). Angesichts des mannigfachen Unrechts, das heimlich oder offen in der Stadt begangen worden sei, sei jede Hoffnung auf Gottes Beistand vergeblich und die Flucht aus der Stadt das Gebot der Stunde (413–414). Diesen einzigen und letzten Weg zur Rettung preist Josephus den Belagerten abschließend noch einmal unter Aufbietung seiner ganzen rhetorischen Kunst und mit sich steigernder innerer Bewegung in 415–419 an:

> *„Aber ein Weg zur Rettung blieb für euch, wenn ihr wolltet, noch offen, ist doch die Gottheit zur Versöhnung mit denen bereit, die bekennen und umkehren. O, ihr Eisernen, werft die Waffen fort, nehmt Rücksicht auf euer zusammengebrochenes Vaterland, wendet euch um und betrachtet die Schönheit von dem, was ihr verraten habt: was für eine Stadt! Was für ein Tempel! Wie vieler Völker Gaben! Wer wird gegen dies alles die Flammen lenken? Gibt es einen der wünscht, dass es dies alles nicht mehr gebe? Und was kann dann überhaupt noch der Erhaltung wert sein, ihr unerbittlichen, die ihr mitleidloser als Steine seid? Doch wenn ihr auf dies alles mit unbeteiligten Augen blickt, so habt wenigstens Mitleid mit euren Familien. Jeder stelle sich seine Kinder und seine Frau und seine Eltern vor Augen, die über kurzem Opfer entweder des Hungers oder des Krieges werden. Ich weiß, dass ich eine Mutter, eine Frau aus keinem gemeinen Geschlechte und ein seit alters glänzendes Haus besitze, die an diesen Gefahren teilnehmen. Daher mag es schnell so erscheinen, als böte ich euch ihretwegen meinen Rat an. Tötet sie, nehmt mein eigenes Blut als Preis für eure Rettung. Auch ich bin bereit zu sterben, wenn ihr dadurch zur Einsicht kommt.“*

8. Statt eines Nachwortes

Die Opfer in der Stadt, deren Verteidiger bis zum Schluss auf eine Gotteswunder warteten und in der Regel lieber starben als sich ergaben, waren ungeheuer: Nach Bell.VI.420 betrug die Zahl der während des ganzen Krieges von den Römern gemachten Gefangenen 97.000, die der während der ganzen Belagerung Umgekommenen 1.100.000. Die zuletzt genannte Zahl ist gewiss übertrieben, bleibt aber immer noch hoch genug, wenn man die in der Stadt Eingeschlossenen mit Tacitus Hist.V.13.3 auf 600.000 herabsetzt.[81] Von diesen waren die meisten jüdischen Blutes, wenn auch in

81 „*multitudinem obsessorum omnis aetatis, virile ac muliebre sexus, sexcenta milia fuisse accepimus:arma cunctis, qui ferre possent, et plures quam pro numero audebant. obstinatio viris feminisque par ac si transferre sedes cogerentur, maior vitae metus quam mortis* (Die Zahl der Belagerten, allen Lebensaltern angehörig, männlichen und weiblichen Geschlechts, betrug angeblich 600.000. Waffen hatte jeder, der Waffen

der Mehrzahl keine Jerusalemer. Nach der Eroberung der Tempelstadt erschlugen die Legionäre alle Alten und Schwachen. Die Jungen und auf ihrer Lebenshöhe Stehenden trieben sie im Frauenhof des Tempels zusammen. Alle aktiven Teilnehmer an der Verteidigung der Stadt wurden ausgesondert und hingerichtet. Die Jüngsten und Schönsten von ihnen aber für den Triumph aufgespart. Von dem Rest schickte Titus alle über Siebzehnjährigen in Ketten nach Ägypten in die Bergwerke, viele andere verteilte er über die Provinzen, wo sie bei Gladiatorenspielen oder Tierkämpfen in den Arenen den Tod fanden. Die jünger als siebzehn Jahre alt waren, wurden in die Sklaverei verkauft. Während der Internierung im Frauenhof starben 11000 Mann an Entkräftung, teils, weil sie sich weigerten, sich helfen zu lassen, zum größten Teil aber weil es an Getreide fehlte (VI.414–419). Dazu kamen die Opfer der antijüdischen Pogrome in Damaskus und Ägypten, die nach VII.368–369 jeweils 18.000 beziehungsweise 60.000 Männer, Frauen und Kinder betrugen:[82]

> *„Wohin ist die große Stadt, die viele tausend Männer hatte, die für sie kämpften? Wo ist sie geblieben, die nach unserem Glauben Gott als Wohnplatz diente? Aus ihrem Fundament gehoben, wurde sie hinweggetan. Nur ein einziges Andenken, nämlich das an die Ermordeten ist von ihr übrig geblieben und wohnt noch in den Trümmern. Alte und jammervolle Männer sitzen an der Asche des Heiligtums, und dazu wenige Frauen, die von den Feinden aufgespart wurden, um an ihnen ihren schimpflichen Übermut auszulassen. Wer von uns hielte es aus das Sonnenlicht zu schauen, wenn er sich solches durch den Sinn gehen lässt, selbst wenn er den Rest seins Lebens ohne Gefahr verbringen könnte?"*

Mit dieser Klage lässt Josephus in VII.375–377 Eleazar den in Masada eingeschlossenen Männern den Abschied von ihrem Leben erleichtern. Und vielleicht zittert in dessen Wunsch in 379 auch das eigene Leid des Josephus über das furchtbare Ende des Aufstandes mit:[83]

> *„Wären wir doch alle gestorben, bevor wir sehen mussten, wie jene heilige Stadt unter den Händen der Feinde verwüstet wurde, und das Heiligtum, der Tempelbau selbst, in solch ruchloser Weise aus dem Boden gegraben wurde!"*

---

tragen konnte, und die Menge der Wagemutigen war unverhältnismäßig groß. Männer und Frauen zeigten die gleiche Verbissenheit und hatten bei dem Gedanken an eine zwangsweise Verlegung ihrer Wohnsitze größere Furcht vor dem Leben als vor dem Tod)." Text und Übers. Borst u. a., Tacitus Historien, 530–531. Vgl. dazu auch Smallwood, Jews, 327 Anm.152, die vermutet, dass Tacitus die Angaben aus dem römischen Armeebericht entnommen hat. Nach der Statistik von Ausbüttel, Verwaltung, 2, schätzte Beloch die Einwohnerschaft von ganz Syrien im Jahre 14 n. Chr. auf 6 Millionen, während man heute mit 3–4,3 Millionen rechnet.

82 Übers. Michel/Bauernfeind, II/2, 143.

83 Übers. Michel/Bauernfeind, ebd.

Der Frage, wie Gott das zulassen konnte, ist Josephus zuvorgekommen, indem er den Krieg gegen die Römer als Abfall von dem Gott bezeichnete, der ihnen die Weltherrschaft (auf Zeit!) verliehen hatte.[84] Im Blick auf die Zukunft seines Volkes aber hielt er sich an das prophetische Mahnwort in Jes 30,15: „Im Sitzen und Ruhen liegt euer Heil, in Stillehalten und Gelassenheit besteht eure Stärke!" Aus ihm zog er den Schluss, dass Gott nicht mit den Waffen, sondern mit denen ist, die auf seine Hilfe warten. Darauf in ihrem qualvollen Leben und Sterben zu hoffen, blieb auch den Überlebenden nicht versagt.

84 Angesichts seiner römischen Leser versagte es sich Josephus, die Lehre von den vier Weltreichen im Danielbuch über das vierte hinaus zu erläutern; das bedeutet nicht, dass er nicht auf das Reich Gottes als das letzte gewartet hatte. Aus der bei seiner Stellung als kaiserlicher Pensionär gebotenen Zurückhaltung heraus, verschweigt er entsprechend bei seiner Darstellung des Wirkens des Propheten Jeremia in Ant.X, dessen Prophezeiung, dass Jahwe Nebukadnezar die Herrschaft über die Völker nur für siebzig Jahre verliehen habe; vgl. Jer 27,1–8; 25,1–13(14) und 51,20–23, dazu Kaiser, Gott III, 108–117 und zur Behandlung der Weltreichlehre im Danielbuch durch Josephus, unten, 210–213.

Die eschatologische Prophetie im Danielbuch bei Flavius Josephus – Ein Beitrag zu seinem Selbstverständnis

1. Flavius Josephus, seine Werke und sein Leben

1.1. Die Antiquitates Judaicae im Rahmen seines literarischen Werkes

Die *Jüdischen Altertümer* des Flavius Josephus sind deutlich in zwei Teile geteilt: Die Bücher I-X behandeln die jüdische Geschichte von der Schöpfung bis zum Babylonischen Exil, die Bücher XI-XX die Zeit vom Tempelbau- und Heimkehrerlass des persischen Königs Kyros bis zum Vorabend des Ersten Jüdischen Aufstands. Das X. Buch, dessen Behandlung des Lebens und der Weissagungen Daniels im Mittelpunkt der folgenden Ausführungen stehen, nimmt mithin die Nahtstelle zwischen dem ersten und dem zweiten Teil des Werkes ein. Obwohl erst nach dem *Bellum Judaicum* geschrieben, stellen die *Jüdischen Altertümer* doch dessen Vorgeschichte dar. Auf sie sollte die Lebensbeschreibung, die *Vita*, folgen, die eine Apologie seines Lebens und eine teilweise Berichtigung der im *Bellum* gegebenen Darstellung seiner Rolle in diesem Krieg bietet. Sie tritt damit an die Stelle des in Ant. XX 267 angekündigten Werkes, welches den Kriegsverlauf und seine Folgen bis zum 13. Jahr des Kaisers Domitian (93/94 n. Chr.) schildern sollte. In ähnlicher Weise hat Josephus anschließend statt der vier geplanten Bücher über das Wesen Gottes nach jüdischem Verständnis und seine Gesetze (Ant. XX.268) das apologetische Werk *Contra Apionem* verfasst.

1.2. Zum Leben des Historikers bis zum Beginn des Jüdischen Aufstandes

Da er in Ant.XX.267 sein eigenes 56. Lebensjahr mit dem 13. des Kaisers Domitian identifiziert, fällt seine Geburt in das Jahr 37/38 oder das erste Jahr des Kaisers Gaius (Caligula).[1] Um uns einen Eindruck von der vielschichtigen Persönlichkeit des großen jüdischen Historikers zu machen und sie am

1 Zu seinem überzogenen Versuch, den Kult seines Bildes bei den Juden durchzusetzen, vgl. Bernett, Kaiserkult, 264–287.

Ende gerecht zu beurteilen, müssen wir uns vorab sein Leben vergegenwärtigen, wie es uns im *Bellum Judaicum* und in der *Vita* entgegentritt. Nach seinen eigenen Angaben stammte er väterlicherseits aus einer vornehmen Jerusalemer Priesterfamilie, während er mütterlicherseits mit dem Herrschergeschlecht der Hasmonäer verwandt war (Vit.1–6). Er berichtet weiterhin, dass er schon im Alter eines ἀντίπαις, eines kaum dem Knabenalter entwachsenen Jünglings von vierzehn Jahren über so erstaunliche Kenntnisse der Tora verfügte, dass ihn leitende Priester und führende Männer Jerusalems um Rat fragten (Vit.9). Mit 16 Jahren probierte er die Lebensweisen der Pharisäer, Sadduzäer und Essener aus, um sich dann nach einem dreijährigen Aufenthalt mit 19 für die politische Zusammenarbeit mit den Pharisäern zu entscheiden.[2] In seiner Vita bemerkt er dazu lediglich kurz, dass diese αἵρεσις, diese „Sondergruppe" der bei den Griechen als Stoa bezeichneten ähnlich sei (Vit.12). Mit sechsundzwanzig Jahren galt er in Jerusalem als so prominent und kompetent, dass er mit der heiklen Mission nach Rom geschickt wurde, die Freilassung von dem Statthalter Felix verhafteter und zum Prozess nach Rom überführter Priester zu erwirken. Josephus führte den ihm übertragenen Auftrag erfolgreich aus, indem er sich mit einem Schauspieler jüdischer Herkunft anfreundete, der ihm seinerseits den Zugang zu Poppaea, der einflussreichen Gemahlin des Kaisers Nero, verschaffte (Vit.13–16).[3] – Als er nach Jerusalem zurückkehrte, hatte dort die durch das Ungeschick der schnell einander ablösenden Procuratoren Albinus (62–64) und Gessius Florus (64–66) angeheizte antirömische Stimmung bereits eine so gefährliche Temperatur erreicht, dass Josephus es für unerlässlich hielt, seine Volksgenossen von ihrer militärischen Unterlegenheit gegenüber den Römern zu überzeugen. Als dann im Frühling des Jahres 66 der offene Aufstand ausgebrochen war, habe er sich aus Furcht um sein Leben als Asylant in den Inneren Tempelvorhof zurückgezogen. Erst als der temporäre Führer der Revolutionspartei Menachem durch Anhänger des Tempelhauptmanns und Anführers der Zeloten Eleazer getötet worden war,[4] habe er ihn wieder verlassen und sich nun der von den Hohenpriestern und Pharisäern angeführten Friedenspartei angeschlossen (Vit.17–22). Als jedoch der im September des Jahres 66 begonnene Versuch des Regenten der Provinz Syrien, des Legaten Cestius Gallus, den Aufstand mit seiner Legion

2 Vgl. dazu Josephus, Vita, hg. Siegert u.a., 21 und Mason, Josephus, 338–341, bes. 333 und 342–356, bes. 355–356.

3 Vgl. Suet. Vit.Nero.35; Tac. ann.XIII.45.1–46.3; XIV.59.1–61.63–65; XV.23; XVI.6 und zu Poppaea Goffin (DNP 10/2001), 149–150.

4 Bell.II.440–448; zu Eleazars Rolle vgl. Hengel, Zeloten, 397.

und zahlreichen Hilfstruppen niederzuwerfen, im November mit seiner vollständigen Niederlage endete, sei es unmöglich gewesen, sich weiterhin offen gegen die nun zur Mehrheit gewordenen aufständisch Gesinnten zu stellen (Vit.23–24).[5]

1.3. Seine militärische Mission in Galiläa

So sei es dazu gekommen, dass er im Herbst des Jahres von den führenden Männern in Jerusalem nach Galiläa geschickt wurde, um das Land in den Verteidigungszustand gegen die Römer zu versetzen (Vit.26–29).[6] Dort sollte er in der Tat ein bemerkenswertes Geschick in der Einrichtung einer Verwaltung[7] wie in der Vorbereitung der Landesverteidigung[8] einschließlich der Aufstellung und Einübung eines Heeres entfalten.[9] Andererseits versuchte er, den Einfluss seines fanatischen Gegenspielers Johannes von Gischala zu beschneiden,[10] der ihn für einen verkappten Römerfreund hielt, ihm daher nach dem Leben trachtete[11] und in Jerusalem seine Rückberufung betrieb, deren Aufhebung zu bewirken Josephus gelang.[12] In der Tat mussten seine Versuche, Besitz und Interessen des mit den Römern verbündeten Königs Agrippa II. nicht zu verletzen, ihn als einen Mann des Doppelspiels erscheinen lassen;[13] denn der jüdische König hatte als römischer Vasall alles getan, die Juden von der Sinnlosigkeit ihres Aufstandes zu überzeugen, und dann seine Truppen den Römern zur Verfügung gestellt.[14]

---

5 Bell.II.499–509; vgl. dazu Schürer/Vermes, History I, 487–489; Smallwood, Jews, 284–285 und Cohen, Josephus, 195–199.

6 Zur Rekonstruktion der galliläischen Mission vgl. Cohen, Josephus, 221–228.

7 Bell.II.570; Vit.79.

8 Bell.II.573–574; Vit.188.

9 Bell.II. 572–584; vgl. Schürer/Vermes, History I, 489–491; Smallwood, Jews, 302–306.

10 Bell.II. 585–594; zu seiner Rolle im Jüdischen Aufstand vgl. Hengel, Zeloten, 64–68, 381 und 303–304.

11 Bell.II. 614–619; Vit.84–96.

12 Bell.II. 620–630; Vit.189–335, bes. 189–203 und 309–335 und dazu Cohen, Josephus, 221–228.

13 Bell.II. 595–609; Vit.381–389.

14 Vgl. zu ihm Schürer/Vermes, History I, 471–483, bes. 476–478.

1.4. Die Selbstübergabe an die Römer in Jotapata und seine Rolle als Berater des Titus bei der Belagerung Jerusalems

Als im Frühjahr 67 der von Kaiser Nero beauftragte Legat Vespasian mit drei Legionen und zahlreichen Hilfstruppen zum Angriff auf Galiläa ansetzte,[15] war es nur noch eine Frage der Zeit, bis er das ganze Land unterworfen hatte. Da man Josephus aus Jerusalem keine Verstärkung schicken konnte,[16] zog er sich im Mai in die Festung Jotapata zurück, in der sich die Reste seiner Truppen versammelt hatten.[17] Trotz aller Verteidigungskünste wurde die Lage der ausgehungerten und von starken römischen Truppen eingeschlossenen Stadt so aussichtslos, dass Titus, der Sohn Vespasians, sie am 1. Tammuz erobern konnte.[18] Josephus selbst war es jedoch gelungen, sich in eine Höhle zu retten, in der sich bereits vierzig angesehene Männer mit ausreichendem Proviant verborgen hatten. Nachdem das Versteck verraten worden war, war er aufgrund seiner prophetischen Träume bereit, der mehrfachen Aufforderung des ihm bekannten und befreundeten Tribuns Nikanor zu folgen und sich zu ergeben. Da es ihm aber nicht gelungen war, seine Gefährten (ἑταῖροι) dazu zu überreden und sie auf ihrem ehrenhaften Tod durch eigene Hand bestanden, habe er im Vertrauen auf Gottes Schutz sein Leben riskiert und ihnen vorgeschlagen, sich wechselseitig in einer ausgelosten Reihenfolge zu töten. So geschah es. Aber als er, *„mag man dabei von einem Zufall oder von Gottes Vorsehung reden“*,[19] zusammen mit einem Kameraden übrig geblieben war, ergaben sich beide auf seinen Vorschlag hin den Römern.[20] Als er hörte, dass ihn Vespasian zum Kaiser senden wolle, bat er ihn um eine vertrauliche Unterredung, in der er ihm prophezeite, dass er an Neros Stelle den Thron besteigen würde. Eingedenk anderer Vorzeichen[21] und schließlich davon überzeugt, dass Josephus tatsächlich eine prophetische Begabung besaß, beschloss er, ihn zum Sondergefangenen zu machen

15 Bell.III.1–8. 29–34.64–69.
16 Bell.III.135–140.
17 Bell.III.141–142.
18 Bell.III.141–339.
19 Bell.III.391.
20 Bell.III 340–391; vgl. dazu Schürer/Vermes, History I, 492–494; Smallwood, Jews, 306–308 und Cohen, Josephus in Gallilee, 228–230.
21 Bell.III.404; vgl. Tac. hist.I.10.3. Zu der Bedeutung, die Josephus selbst Vorzeichen beilegte, vgl. Bell.VI.288–315, bes. 315: *„Etliche der Vorzeichen beurteilten sie (die Juden) zu ihren Gunsten, andere verachteten sie, bis sie durch die Eroberung ihres Vaterlandes und den eigenen Untergang von ihrem Unverstand überzeugt wurden.“*

und in seiner Nähe zu belassen.[22] Als aber Vespasian zwei Jahre später (als er das Land bereits bis auf die Festungen Machairos, Herodium und Massada erobert und die Umgebung von Jerusalem besetzt hatte) hörte, dass er in Alexandrien zum Kaiser proklamiert werden sollte, schenkte er Josephus die Freiheit.[23] Die Folge von dem allem war, dass Josephus den durch Titus zu Ende geführten Jüdischen Krieg in dessen Stab als Berater miterlebt hat. Nach der völligen Einschließung Jerusalems im April und Mai 70[24] versuchte er vergeblich, die Verteidiger von der Aussichtslosigkeit ihres Widerstands zu überzeugen.[25] So nahm die Katastrophe ihren Lauf: die Stadt wurde im August erobert, der Tempel ging in Flammen auf. Die Menschenverluste der Juden vor und nach der Eroberung waren unermesslich.[26]

1.5. Josephus als kaiserlicher Pensionär und Apologet seines Volkes

Josephus aber wurde vom Kaiser reichlich belohnt, erhielt das römische Bürgerrecht sowie eine Pension und wohnte nun in einem früher von Vespasian selbst bewohnten Haus in Rom (Vit.422–423). Nach dem Tod Vespasians (79 n. Chr.) gewährten ihm auch dessen Söhne und Nachfolger Titus (gest. 81 n. Chr.) und Domitian (ermordet 96) weiterhin ihre Gunst (Vit.428–429). In dem zwischen der Eroberung Jerusalems und dem Tod Domitians liegenden Vierteljahrhundert konnte er sich dank seines Vermögens und einer Bibliothek ganz der literarischen Tätigkeit als Historiker seines geschlagenen Volkes widmen. Als solcher hat er zunächst in einer knapperen aramäischen Fassung und dann in der uns vorliegenden griechischen des *Bellum Judaicum* I-VII, anschließend als Vorspann dazu und in teilweiser Überschneidung die *Antiquitates Judaicae* I-XX und schließlich als Verteidigung seiner Darstellung des Jüdischen Krieges seine *Vita* und statt eines geplanten vierbändigen Werkes über die Tora seine zweibändige Apologie des Judentums *Contra Apion*[27] verfasst. Bedenkt man, dass Jose-

22 Bell.III.392–408 und zu Josephus als Propheten Gray, Figures, 35–70.
23 Bell.IV.626–692.
24 Bell.V.106–108.130–135 und 466–467; Schürer/Vermes, History I, 501–504; Smallwood, Jews, 316–318.
25 Vgl. dazu ausführlich, oben, 178–189, bes. 187–189.
26 Vgl. dazu oben, 189–191.
27 Der Grammatiker und Lexikograph Apion, Sohn eines gewissen Poseidonios, wurde als Nachfolger Theons Haupt der alexandrinischen Grammatikerschule. Er besaß in Alexandrien Bürgerrecht und reiste 40 n. Chr. als Haupt einer Gesandtschaft zum Kaiser Caligula nach Rom, um dort die von Philo im Jahre 38 n. Chr. vorgetragenen

phus wohl erst im Jahre 93/94 das Schlusswort unter die *Antiquitates* gesetzt hat, ist es wahrscheinlich, dass er selbst sein letztes Werk erst nach dem Tod Domitians abgeschlossen hat.

1.6. Rückblick auf sein Leben und Wirken

Blicken wir zurück, so gewinnen wir den Eindruck, dass es sich bei Josephus um einen Mann handelt, der einen erstaunlichen Willen zum Überleben besaß, der sich nicht scheute, sich der jeweiligen Lage anzupassen und aus Einsicht in die Lage mehrfach die Partei zu wechseln, um nach dem schrecklichen Ende Jerusalems zur Feder zu greifen, um für sein unterlegenes Volk die Achtung der Gebildeten des Römischen Reiches zu gewinnen. Sucht man das alles auf einen Nenner zu bringen, so erscheint sein Charakter als in sich widersprüchlich, und widersprüchlich ist darum auch das Echo, das sein Leben und Werk gefunden hat, so dass man sich an Schillers berühmtes Wort im *Prolog zum Wallenstein* erinnert fühlt:

> *Von der Parteien Hass und Gunst verzerrt,*
> *schwankt sein Charakterbild in der Geschichte.*

Ob es den folgenden Ausführungen gelingt, seinem Charakter die Zweideutigkeit zu nehmen, sei dem Urteil der Leserschaft überlassen. Die Art und Weise wie Josephus das Leben und Wirken des biblischen Propheten Daniel nacherzählt hat, mag auf den ersten Blick befremdlich erscheinen, gibt aber im Endergebnis zumindest eine eindeutige Antwort auf die Frage, als wen er sich selbst verstanden hat.

2. Absicht, Zeitstellung und theologische Deutung der Geschichte in den *Antiquitates*

2.1. Von der Absicht und gebotenen Rücksicht des jüdischen Historikers

Josephus wusste, dass man seinem Volk in der hellenistisch-römischen Welt wegen seiner eigenartigen Sitten und Gebräuche, zu der auch die Verweigerung des *conubium* mit Fremden gehörte, mit Abneigung gegenüber stand.

Beschwerden über die Misshandlungen der Juden zu bestreiten, nachdem er im Konflikt zwischen den Griechen und Juden eine eindeutige Position gegen die Juden bezogen hatte; vgl. zu ihm Grieshammer (DNP 1/1996), 845–847.

Der ein halbes Menschenleben jüngere römische Historiker P. Cornelius Tacitus hat die Ursache für dieses Vorurteil auf die Formel gebracht, dass die Juden zwar einander unerschütterlich die Treue hielten, aber alle anderen Menschen feindlich hassten *(apud ipsos fides obstinata, sed adversus omnes alios hostile odium)*.[28] Der Judenfeind Apion, gegen den Josephus in seinem letzten Werk antrat, soll geradezu behauptet haben, dass die Juden bei dem Schöpfer des Himmels und der Erde einen Eid schwüren, *„keinem Nichtjuden Wohlwollen entgegenzubringen* (μηδένι εὐνοήσειν ἀλλοφύλῳ)."[29] Anlässlich der Einfügung kaiserlicher und prokonsularischer Urkunden zu Gunsten der jüdischen Religionsfreiheit in seine Darstellung erklärt Josephus Ant.XVI.175–178, dass es ihm in seinem Werk darum gehe, der Griechisch sprechenden Oberschicht des römischen Reiches zu beweisen, dass die Juden seit alters her von ihren fremden Herrschern nicht daran gehindert worden seien, nach ihren väterlichen Sitten zu leben, um so dem Hass entgegenzutreten, der in unverständigen Leuten Wurzeln geschlagen habe.

„Das Gerechte zu betreiben," so beschließt er in XVI.177–178 seinen Exkurs, *„aber ist für alle Menschen gleichermaßen am vorteilhaftesten, sowohl für Griechen als auch für Barbaren, mit dem aber befassen sich unsere Gesetze am meisten und, wenn wir ihnen aufrichtig die Treue halten, machen sie uns gegen alle Menschen wohlgesinnt und freundlich* (εὔνους καὶ φίλους) (178). *Daher haben auch wir das Recht, dasselbe von ihnen zu fordern, denn man darf den Unterschied der Lebensgewohnheiten nicht für etwas Unpassendes* (ἀλλότριον) *halten, sofern in ihnen ein Bemühen nach sittlicher Vortrefflichkeit* (καλοκαγαθία) *enthalten ist. Denn das ist allen Menschen gemeinsam und ist allein in der Lage, das Zusammenleben der Menschen* (τὸν τῶν ἀνθρώπων βίον) *zu sichern."*[30] So stellt Josephus dem den Juden zugeschriebenen Hass auf alle Menschen die sich aus ihrer Treue zur Tora ergebende Menschenfreund-

28 Tac. hist.V.1.

29 Jos. Ap.II 121.

30 Vgl. auch sein Summarium über die wahre Bedeutung der Tora Ap.293–294: *„Denn was ist schöner als unverbrüchliche Frömmigkeit? Was gerechter als den Gesetzen zu gehorchen? Oder was wohltätiger als ein harmonisches Zusammenleben, bei dem keiner danach strebt, sich im Unglück zu verfeinden oder im Glück freventlich aufzulehnen, sondern im Krieg den Tod zu verachten, sich aber im Frieden dem Handwerk und dem Landbau zu widmen, und davon überzeugt zu sein, dass jedes Ding all überall unter dem Auge und unter der Leitung des Gottes geschehe?"*

lichkeit oder Humanität entgegen, auch wenn er den Begriff der φιλανθρωπία vermeidet.[31]

Erinnert man sich daran, dass die Abfassung der Antiquitates in die Regierungszeit des Kaisers Domitian fiel, der mit eiserner Hand gegen tatsächliche oder imaginäre Staatsfeinde wie die Philosophen und fallweise auch die Christen vorging[32] und die den Juden auferlegte Sondersteuer rücksichtslos eintreiben ließ,[33] so wird verständlich, warum Josephus auf der Hut sein musste, weder das Selbstbewusstsein des Kaisers als des Inhabers der höchsten Ordnungsmacht des Reiches noch das der stolzen Römer zu verletzen. Gewiss waren die Tage vorbei, in denen die Dichter die Herrschaft des Kaisers Augustus als die Wiederkehr des goldenen Zeitalters gefeiert hatten.[34] Tacitus konnte die römische Herrschaft im nüchternen Rückblick als die Installation eines aus Gewalt und Unrecht geborenen Systems beschreiben, in dem nur weniges von den *bona libertatis*, den Segnungen der

---

31 Zu den im Alten Testament gezogenen Grenzen des Verkehrs zwischen Juden und Nichtjuden oben, 53–55.

32 Vgl. zu seiner Bedeutung als Herrscher, seiner Ausweisung der Philosophen aus Rom und seinen eher gelegentlichen als systematischen Verfolgungen von Christen Christ, Geschichte, 282–285.

33 Suet. Dom.12.2: „*praeter ceteros Iudaicus fiscus acerbissime actus est, ad quem deferebantur, qui vel[ut] inprofessi Iudaicum viverent vitam vel dissimulata origine imposita genti tributa non pependissent. Interfuisse me adulescentium memini, cum a procuratore freqentissimoque consilio inspiceretur nonagenarius senex, an circumsectus esset* (Besonders hart wurde die Judensteuer eingetrieben. Zu ihrer Zahlung wurden diejenigen herangezogen, die entweder wie Juden lebten, ohne sich dazu zu bekennen, oder jene, welche die ihrem Volk auferlegten Zahlungen nicht geleistet hatten, da sie ihre Herkunft verheimlichten. Ich erinnere mich, dass ich als ganz junger Mann dabei war, als von einem Procurator und seinen zahlreich versammelten Ratgebern bei einem neunzigjährigen nachgeprüft wurde, ob er beschnitten sei)." Übers. Martinet, Suetonius, 911.

34 Vgl. Gatz, Weltalter, 90–103 und zur 4. Ekloge Vergils, 87–103, vgl. Verg. ecl.IV 4–10: „*Ultima Cumaei venit iam carminis aetas; / magnus ab integro saeclorum nascitur ordo./ iam redit Virgo, redeunt Saturnia regna;/ iam nova progenies caelo demittitur alto./ tu modo nascenti puero, quo ferrea primum/ desinet ac toto surget gens aurea mundo,/ casta fave Lucina: tuus iam regnat Apollo* (Letzte Weltzeit ist nun da cumischen Sanges,/ groß aus Ursprungsreine erwächst der Zeitalter Reihe./ Nun kehrt wieder die Jungfrau, kehrt wieder saturnische Herrschaft, / nun wird neu der Spross entsandt aus himmlischen Höhen./ Sei der Geburt des Knaben, mit dem die eiserne Weltzeit/ gleich sich endet und rings in der Welt eine goldene aufsteigt,/ sei nur, Lucina, du reine, ihm hold; schon herrscht dein Apoll)" Übers. Götte, Vergil, 44–47.

Freiheit, übrig geblieben sei (Tac. ann.I.4.2).[35] Aber andererseits war erst Ende der 80er Jahre die Überzeugung in einer Inschrift verewigt worden, dass das Heil der ganzen Menschheit auf der Unversehrtheit des *princeps Domitianus* beruhe.[36] Sehen wir also zu, wie Josephus diese Situation als Historiker in seiner Bearbeitung der Danieltradition meisterte.[37]

2.2. Der theologische Leitgedanke in Ant. X: Die sich erfüllenden Prophetenworte

Das Buch X der *Altertümer* behandelt die Zeitspanne von der Belagerung Jerusalems durch den assyrischen König Sanherib bis zum Beginn der siebzigjährigen Brache des Landes, die der Prophet Jeremia vorausgesagt hatte (Jer 25,11). Dabei gaben zumal die Jesaja-Erzählungen dem Bericht über die Regierungszeit Hiskias[38] und die Jeremia-Erzählungen dem über die drei letzten der Könige von Juda[39] ihr theologisches oder wenn man so will geschichtsphilosophisches Gepräge. Am Beispiel des geblendeten Königs Zedekia, der zwar nach Babylon kommt und es doch nicht sieht, demonstriert Josephus die Untrüglichkeit des Prophetenwortes: Denn Zedekia wurde, wie es Jeremia vorausgesagt hatte,[40] gefangen nach Babylon verschleppt und konnte doch, wie es Ezechiel vorausgesagt hatte,[41] die Stadt nicht sehen. Weil die Weissagungen beider Propheten nicht überein zu stimmen schienen, hatte der König ihren Worten keinen Glauben geschenkt. Nun aber hatten sich beide erfüllt (vgl. Ant.X.106–107 mit 140–141):

> *„Diese Ereignisse nun, über die wir berichtet haben, machen es den Unwissenden hinreichend klar, wie verschiedenartig und vielfältig* (ποκίλη καὶ πολύτροπος) *die Natur Gottes ist. Denn er lässt alles, was er vorausgesagt hat, zu der bestimmten*

35 Vgl. Schmal, Tacitus, 63 und zu seinem nicht ganz eindeutigen Verhältnis zur *libertas* 156–162, bes. 160: „Er vermisst die republikanische *libertas*, aber er missbilligt allzu viel ‚Freimut'."

36 Vgl. Christ, Geschichte, 277.

37 Zu seinen ethischen und philosophischen Überlegungen als Historiker vgl. Villalba I Varneda, Method, 196–200, zu seiner Quellenbenutzung 260–266 und seinen Tendenzen 274–279.

38 Vgl. dazu Feldman, Studies, 376–377 und 389–391.

39 Vgl. Feldman, Studies, 455–462. Allerdings darf man die Kritik an Zedekia wegen seines Unglaubens an die Worte Jeremias und Ezechiels, die zu seiner Katastrophe führte, nicht übersehen, vgl. Ant.X.107 mit 141.

40 Vgl. Jer 34,3.

41 Vgl. Ez 12,13.

Stunde geschehen. Daran können wir die Unwissenheit und den Unglauben der Menschen erkennen, die sie verhindert haben, irgendeines der künftigen Ereignisse vorauszusehen, so dass sie unvorbereitet dem Unglück ausgeliefert waren.“

Damit haben wir den seine Schriften durchziehenden theologischen Leitfaden entdeckt, nach dem sich Gott zu allen Zeiten zu den Weissagungen seiner Propheten bekannt und dadurch als Herr der Geschichte erwiesen hat. Von hier aus fällt ein überraschendes Licht auf seine eigene Darstellung des Jüdischen Krieges, in der er sich selbst als den Mann vorstellt, der vor dem künftigen Kaiser wie den eingeschlossenen Jerusalemern als ein Prophet und Warner aufgetreten ist und dessen Worte sich in beiden Fällen erfüllt haben, dem Kaiser zum Segen, dem eigenen Volk zum Fluch.[42] Damit hat sich Josephus selbst in eine Reihe mit den großen Propheten seines Volkes gestellt: Wie Jeremia hatte er vergeblich versucht, Jerusalem vor der drohenden Katastrophe zu retten,[43] und wie Daniel war er dank seiner prophetischen Gabe in das Gefolge zweier künftiger Kaiser aufgenommen worden.[44] Setzt man nicht seinen Glauben an die Wahrheit und Wirksamkeit des von Gott eingegebenen Prophetenwortes voraus, versteht man weder sein Verhalten nach seiner Gefangennahme in Jotopata noch seine Reden an die eingeschlossenen Jerusalemer noch den eigentlichen Antrieb zu seiner Tätigkeit als Historiker: Es ging ihm nicht einfach darum zu berichten, wie es gewesen ist, sondern wie sich in der Geschichte Israels Gott mittels seiner Propheten durch alle Zeiten hindurch als mächtig erwiesen und wie auch er selbst in ihrer Reihe an herausgehobener Stelle als der (vorerst) letzte von ihnen gewirkt hat. Damit verband sich für Josephus widerspruchslos das bereits behandelte apologetische Anliegen. Daher handelt es sich in den *Antiquitates* nicht anders als im *Bellum Judaicum* nicht um eine lediglich pragmatische, sondern um eine apologetische[45] und zugleich theologisch-moralische Geschichtsschreibung.

42 Vgl. dazu oben, 173–175 u. 187–189.

43 Vgl. oben, 178–179.

44 Vgl. dazu die Einzelnachweise bei Gray, Figures, 70–79.

45 In Bell. werden zu diesem Zweck die religiösen Motive der Aufständischen heruntergespielt und stattdessen die These vertreten, dass Gott die Weltherrschaft den Römern übergeben hat, vgl. Mader, Josephus, 12–16.

3. Das Problem der Einfügung der biblischen Danielüberlieferung in Ant. X

3.1. Die Einordnung der Danielerzählungen in die Darstellung der Regierungszeit Nebukadnezars

Die Aufgabe, die Erzählungen und Prophetien des Danielbuches in seine Gesamtdarstellung der jüdischen Geschichte zu integrieren, stellte Josephus vor keine geringen Schwierigkeiten: Bekanntlich gehörte der junge Daniel nach Dan 1 zu den zur Zeit des judäischen Königs Jojakim nach Babylonien Deportierten, wo er nach Dan 2–4 dank seiner Gabe der Traumdeutung von König Nebukadnezar II. zum Fürsten über das ganze Land erhoben wurde. Während wir heute den legendarischen Charakter der Danielüberlieferung durchschauen, nahm sie Josephus seiner Herkunft und Zeitstellung gemäß beim Wort. Dann aber ergab sich die Schwierigkeit, wie er die Erzählungen von Daniels Pagenerziehung am babylonischen Hof und sein Wirken als königlicher Traumdeuter in den kriegerischen Verlauf der Ereignisse der Jahre 598 bis 597 einordnen könnte, ohne deren Ablauf störend zu unterbrechen und damit die Botschaft des Ganzen zu gefährden. Er löste das Problem, indem er die Danielerzählungen erst hinter den ihm als letztem bekannten und in das 23. Jahr datierten Feldzug des babylonischen Königs gegen Syrien und Ägypten einordnete.[46] Die Erzählungen von Nebukadnezars Anordnungen für die Erziehung seiner jüdischen Pagen in Dan 1, von seinem Traum von der aus viererlei Metallen gefertigten Statue in c.2, von den drei jüdischen Jünglingen im Feuerofen in c.3 und vollends die von der siebenjährigen Verbannung des Königs unter die Tiere in c.4 waren mit ihren konstruierten, auf den tatsächlichen Verlauf der Geschichte keine Rücksicht nehmenden biblischen Datierungen[47] schlechterdings nicht mit dem ge-

46 Leider lässt sich auch dieser bisher nicht verifizieren. Möglicherweise bezieht sich ein Fragment aus seinem 37. Jahr auf einen Feldzug Nebukadnezars gegen Ägypten, Vanderhooft, Empire, 88–89.

47 Zum konstruierten Charakter der Datierungen in Dan 1,1 und 1,2 vgl. Henze, Madness, 52–55. Es werden 1,1 ins 3. Jahr Jojakims M/G/θ; 2,1 ins 2. Jahr Nebukadnezars M/G/θ datiert; zu Nebukadnezars Feldzügen in seinem 1. bis 5. Jahr vgl. Vanderhooft, Empire, 81–82 bzw. zur Datierung der Ereignisse der frühen Regierungsjahre Nebukadnezars Grayson, Chronicles, 99–102, die seine Feldzüge bis zum 10. Jahr auflistet. Die biblischen Datierungen sehen im Danielbuch so aus: Dan 3,1 M datiert gar nicht, G/ θ ins 18. Jahr Nebukadnezars, in dem er die Belagerung Jerusalem begann; Dan 4,1 M/θ datieren gar nicht, G 4,1 ins 18. Jahr Nebukadezars; nach Dan 6,1 M/θ betrug das Alter Dareios des Meders 62 Jahre; in

schichtlichen Ablauf dieser Jahre vereinbar.[48] Zudem war der Platz des Propheten von der Regierung Jojakims bis zur Eroberung und Zerstörung Jerusalems im Jahre 587/86 bereits durch Jeremia und in geringerem Maße auch durch Ezechiel besetzt.

3.2. Die Gliederung der Danielerzählungen bei Josephus

Sehen wir uns Josephus' Gliederung der Danielerzählungen an, so stellt er sachlich ganz unvermeidlich die zur Zeit Nebukdanezars handelnden Erzählungen aus Dan 1–4 in X.186–218 an den Anfang. Dann folgt ein auf anderen Quellen beruhendes *Summarium* über die Regierung Nebukadnezars (219–228), dem sich ein weiteres über die seiner vier Nachfolger anschließt (229–232a). Um eine organische Verbindung zu der folgenden Geschichte vom Gelage Beltsazers (*Baltasares)* zu gewinnen,[49] die er in

---

G bleibt Artaxerxes der Meder ohne Altersangabe, Dan 7,1 M/G/θ datierten das Geschehen in das 1. Jahr Belsazers: Dan 8,1 M datiert die Vision Daniels in das 2. Jahr, G/θ in das 3. Jahr Belsazers; Dan 9,1 M/G/θ datieren das Bußgebet Daniels ins 1.Jahr des Dareios, des Sohns des Ahasver; 10,1 ins 3. Jahr des Kyros M/θ ins 3.Jahr, G aber ins 1. Jahr des Kyros; 11,1 M ins 1. Jahr des Dareios des Meders, G /θ ins 1.Jahr des Kyros.

48 Für das Angemessene der Einordnung der Danieltradition aus Dan 1–4 in das 23. Jahr Nebukadnezars durch Josephus seien schnell die sachlichen Gründe genannt: 1. setzt die Erzählung von der Fürsorge des Königs für die Erziehung seiner Pagen in Dan 1 eine friedliche Epoche in seinem Leben voraus. 2. verlangt die anschließende Geschichte von seinem Traum von den vier Weltreichen einen in die Jahre gekommenen König, der sich Gedanken über die Zukunft seines Reiches macht. 3. ist für sieben von ihm unter den Tieren verbrachten Jahren, wie sie Dan 4 berichtet, nur in einer längeren Friedenszeit Raum.

49 In seinem Summarium für Nebukadnezar beruft sich Josephus vor allem auf die Geschichte der Chaldäer (d. h. der Babylonier) des Berossus und die Geschichte von Indien bzw. auf die der Phönizier von Philostratos. Beltsazer, der seinen Vater Nabonid während dessen siebenjährigem Aufenthalt in der arabischen Oase Teima vertreten hat, scheint bei Berosus nicht erwähnt worden zu sein. Daher musste ihn Josephus mit Nabonid identifizieren, um in keinen Widerspruch mit den damals zugänlichen hellenistischen Geschichtsdarstellungen zu geraten; vgl. Ap.I.149–152, und zu Berosus Frg.Hist.Jac.III C 680 F 3 (Euseb. Arm.Chron.), 374. – Dass der siebenjährige Aufenthalt Nabonids in der Oase von Teima (vgl. die Inschrift aus Haran 2 A in Galling, Textbuch, 79–80 und dazu nebst zu der nach seinem Tode verfassten Schmähschrift ders., Wandlungen, 1–60, bes. 5–32 und Henze, Madness 57–63), auch die Phantasie der Juden beschäftigt hat, belegt der in Qumran gefundene, aber leider sehr fragmentarische Text 4QOrNab, das „Gebet des Nabonid". In ihm berichtet Nabonid, dass er einen zu den jüdischen Exulanten

X.232b- 248a berichtet, identifiziert er diesen mit dem letzten, in seiner Quelle genannten babylonischen König Nabonid. Die Geschichte selbst handelt beeindruckend von der geheimnisvollen Mene-Tekel Inschrift an der Wand des Königspalastes, die Daniel auf das Ende des Babylonischen Reiches und seine Aufteilung auf die Meder und Perser bezieht.[50] Aus dieser eigenartigen Konstruktion ergibt sich ein Nebeneinander von Dareios dem

gehörenden Wahrsager befragt hätte, seinen Traum zu deuten. Die Parallele zu Dan 4 ist so offensichtlich, dass sie alsbald bemerkt worden ist; vgl. dazu Meyer, Gebet; die kommentierten Texte samt Übersetzung und Kommentar auch in: García Martínez, Qumran, 116–136; nur die Textfragmente samt Übersetzung in: Texte aus Qumran II, hg. Steudel, 159–160 und zur Sache Kratz, Translatio, 99–111. Er sieht in Dan 4,1–34 eine Verbindung zwischen den primär selbständigen Überlieferungen von Nabonids Aufenthalt in Teima (4QOrNab/Dan 4,7–24*) und einer anderen vom Fall des babylonischen Reiches (Abydenossauszug/ Dan 4,26 ff.). 4QOrNab entspricht nach seiner Sicht der Dinge der pro-nabonidischen Darstellung in der Haran-Inschrift 2 (Galling, Textbuch, Nr. 47, 79–80; vgl. auch Müller, König, 109–119), die den Aufenthalt Nabonids in der Oase auf den Willen des Mondgottes Sin zurückführt und dem König im Traum die Weltherrschaft zuspricht, unterscheidet sich aber bereits dadurch, dass sie das Gebet und damit den Rückzug in die Oase als Folge einer Krankheit betrachtet. Dan 4,26 ff. gehöre dagegen in den Umkreis der antiköniglichen Propaganda. Die Grundfassung der Erzählung in Dan 4 aber liege in 4,1–5.31–34 vor und sei mit den Zusätzen 3,31–33 und 4,14b-30 in die Sammlung eingepasst. Er lässt es vorsichtig offen, ob die nachträgliche Anpassung im Geiste von 4QOrNab mit der Ersetzung des Er- durch den Ich-Berichtt auf eine Beeinflussung durch 4QOrNab oder eine entsprechende Überlieferung zurückgeht. Matthias Henze, der sich des Problems ebenfalls in umfassender Weise angenommen hat, dabei aber von den vorliegenden unterschiedlichen Fassungen des TM und der Griechischen Übersetzungen der LXX und Theodotion ausgeht, votierte angesichts der Tatsache, dass es ebenso fundamentale Übereinstimmungen wie Abweichungen zwischen beiden Texte gibt, für eine 4QOrNab und Dan 4 gemeinsame Vorlage. vgl. Henze, Madness, 63–69; zu einem ähnlichen Ergebnis kommt im Blick auf die beiden griechischen Zeugen Neef, Hybris, 59–89, vgl. bes. 80–87. – An der Tatsache, dass es sich bei der Erzählung von der Traumdeutung und des Königs Aufenthalt in einer Oase in Dan 4 um eine Übertragung einer ursprünglich vom König Nabonid handelnden Erzählung auf Nebukadnezar handelt, gibt es im Endergebnis kein Rütteln. – Zu 4QpsDanAr und den weiteren Fragmenten der pseudo-danielischen Literatur vgl. García Martínez, Qumran, 137–161, bes. die Zusammenfassung: „*Apart from the basic apocalyptic scheme and the common necessity of illuminating the presence with the hope of the happy end, the only thing that these works share with 4QpsDanAR ist the scheme of the four kingdoms. There is no other point contact.*“

50 Vgl. dazu Plöger, Daniel, 84–90 und Goldingday, Daniel, 112–118.

Meder[51] und Kyros dem Perser, die Josephus in 248b beide Babylonien erobern lässt.

Dann konnte er ohne Schwierigkeit mit der nach Susa an den Hof Dareios des Meders verlegten Erzählung in Dan 6 von Daniel in der Löwengrube in X.249–262 fortfahren, die er in 263–268 zur Unterstreichung der hohen Ehrenstellung Daniels kräftig um weitere Züge in 263–268 erweitert hat. Daran schloss er unter Übergehung von c.7 sogleich die Vision vom Kampf des Widders mit dem Steinbock aus c.8 an. Um einen glatten Anschluss zu gewinnen, brauchte er nur ihre in Dan 8,2 unter dem Einfluss ihrer sinnlosen zeitlichen Ansetzung in das 3. Jahr Beltsazers erfolgte visionäre Verortung in Susa ins Irdische zurück zu verlegen (X.269–275). Sein Bericht in X.276 über die Erfüllung dieser Weissagung in den Tagen des Seleukiden Antiochos IV. Epiphanes dient dann unter auffälliger Übergehung von Dan 9–12 als Einleitung zu der geschichtstheologischen und geschichtsphilosophischen Reflexion in X.277–281, mit der Josephus das X. Buch eindrucksvoll beschließt. Der Perserkönig Kyros selbst wird abgesehen von seiner Erwähnung in X.249 im ganzen Buch ausgespart, weil ihn Josephus für die Erzählung in XI.1–4 braucht, wonach er am Ende der von Jeremia in Jer 25,11 vorausgesagten siebzigjährigen Brache des Landes den Geist des Kyros erweckte, so dass er den Juden gestattete, zum Wiederaufbau des Tempels in die Heimat zurückzukehren.

3.3. Die Bearbeitung der Danielerzählungen durch Josephus

Deutlich treten dem Leser drei Strategien entgegen, deren sich Josephus bei seiner Bearbeitung der biblischen Danielüberlieferung bedient hat: 1.) die Adaption der Erzählung an andere prophetische Weissagungen; 2.) die Rationalisierung und ethisch-philosophische Deutung sowie 3.) die Ausstattung der Erzählung mit zeitgenössischen Zügen.

Ad 1: Weil Josephus davon überzeugt war, dass ein wahres Prophetenwort mit Gewissheit eintrifft, gab er ihm im Konfliktfall vor der biblischen

---

51 Zur Diskussion über die eigenartige Konstruktion eines Dareios des Meders vgl. Kratz, Translatio, 119–120 Anm.165, der aus ihr die Folgerung zieht, dass hinter ihm entweder der aus dem Dienst Nabonids zu den Persern übergelaufene Statthalter Gubaru oder aber unter Verkennung der Zeitstellung Dareios I. gemeint sei, auf den die Niederwerfung babylonischer Aufstände (vgl. Dan 5,30–6,1), die Reichsreform (vgl. Dan 6,2–3) und die Tätigkeit als Gesetzgeber (vgl. Dan 6,7–10. 26–28) zuträfen, was in der Tat die einfachste Lösung ist.

Geschichtserzählung den Vorzug.[52] Ein prominentes Beispiel dafür bildet in seiner Bearbeitung der biblischen Danielüberlieferung die Erzählung von Daniels und seiner drei Gefährten Erziehung zum königlichen Pagendienst: Aufgrund der Weissagung des Propheten Jesaja in Jes 39,7, dass etliche der Nachkommen des Königs Hiskia als Verschnittene im Palast des Königs von Babel dienen würden, stellt Josephus seinen Lesern Daniel und seine drei Gefährten in X.186–189 als zu den εὐγνέστατοι παῖδες, den edelsten Knaben ihres Volkes gehörend und zudem als συγγενεῖς, als Verwandte des Königs Zedekia (Sachchias) vor. Dann aber greift sogleich das 3. Prinzip: Sie hätten, so heißt es in freier Ausgestaltung der biblischen Vorlage, in der ἀκμή, in der Blüte ihrer Leiber gestanden und seien durch die Schönheit ihres Aussehens, die εὐμορφία τῶν ὄψεων, aufgefallen und deshalb zusammen mit anderen Jünglingen der unterworfenen Völker von Nebukadnezar zur Erziehung zum Hofdienst ausgewählt und einige von ihnen (und damit lenkt Josephus zur biblischen Weissagung zurück) zu Beschnittenen gemacht worden. Sie alle sollten (und damit wendet er erneut das 3. Prinzip an) in den γράμματα, den Wissenschaften der Chaldäer, in ihrer mantischen Weisheit, erzogen werden, bis sie den erwünschten Stand der Erkenntnis (σοφία) erreicht hätten, wie es denn auch geschah. Allerdings zeichneten sich Daniel

52 Ein besonders eindrückliches Exempel dafür bildet seine Behandlung des Sterbens und der Nachfolge König Jojakims. Josephus hat seinen in II Reg 24,6 berichteten friedlichen Tod zugunsten des ihm in Jer 22,19 prophezeiten Eselsbegräbnisses abgewandelt: Er lässt ihn dem König Nebukadaezar im Vertrauen auf sein gegebenes Wort die Tore Jerusalems öffnen, worauf der ihn wortbrüchig ermordet und seine Leiche über die Mauer geworfen hätte (X.96–97). Diese Änderung zog weitere nach sich, weil ihm nun dessen Sohn Jojachin nicht mehr als der natürliche Nachfolger die Stadttore auftun konnte, sondern ein von Nebukadnezar eingesetzter Vasall, dessen Macht der König sogleich dadurch verminderte, daß er dreitausend Judäer deportierte, deren einer der Prophet Ezechiel gewesen sei (X.98). Das Weitere stellt eine eigentümliche, in sich nicht ganz widerspruchsfreie Verbindung zwischen einer Haggada und der Notiz in II Chron 36,10 dar. Denn Josephus erzählt anschließend, Nebukadnezar habe befürchtet, Jojachin könnte ihm die Ermordung seines Vaters nachtragen und gegen ihn revoltieren, und habe deshalb eine Streitmacht gegen Jerusalem entboten. Um die Stadt nicht um seinetwillen leiden zu lassen, hätte Jojachin seine Mutter und seine Verwandten dem babylonischen Kommandanten gegen die eidliche Zusage ausgeliefert, daß weder ihnen noch der Stadt ein Leid geschehen würde. Aber diese Zusicherung hätten die Babylonier nicht länger als ein Jahr gehalten (vgl. II Chr 36,10), denn Nebukadnezar hätte nun eine zweite Deportation angeordnet, die außer ihm und seiner Mutter (die er nach X.100 bereits ausgeliefert hatte) und seinen Freunden alle jungen Männer und Handwerker, insgesamt 10832 Mann, betroffen hätte (X.101). Vgl. die in Jer 52,28–30 überlieferten Zahlen der Deportierten und dazu William McKane, Jeremiah II, 1358.

und seine drei Freunde Hananja (Ananias), Mischael (Misaelos) und Azarja (Azarias), die der König in Beltsazzar (Baltasaros), Sadrach (Sedraches), Misael (Misaelos) und Abed-Nego (Abdenago) umbenannt hatte, trotz ihres Beharrens auf pflanzlicher Diät sowohl in ihrer körperlichen wie ihrer geistigen Entwicklung vor allen anderen aus. Es dürfte sich erübrigen, für die Züge der Erzählung, die über Dan 1 und Jes 39,7 hinausgehen, nach einer besonderen Quelle zu suchen: Josephus stattet seine Helden ganz selbstverständlich mit solchen Qualitäten aus, wie man sie in seiner Zeit bei königlichen Pagen voraussetzte, wobei er auch ethnologischen Gesichtspunkten Raum gab.

Ad 2: Andererseits nahm er Rücksicht auf seine gebildete Leserschaft, indem er mirakulöse Züge rationalisierte und nach Möglichkeit mit einem philosophischen Einschuss ethisierte:[53] Das lässt sich in seiner Behandlung der Wundererzählungen von den drei Männern im Feuerofen (Dan 3) und Daniel in der Löwengrube (Dan 6) beobachten: Während Nebukadnezar nach Dan 3,23–24 statt der drei vier Männer im Feuer umhergehen sieht, von denen der vierte natürlich ein Engel war, der die drei vor der verbrennenden Hitze der Flammen beschützte, überstehen die drei nach Ant.X.214–215 die Gefahren, weil Gott ihre Leiber so stark machte, dass sie vom Feuer nicht verzehrt werden konnten:

> „*Und als sie überführt und sogleich in das Feuer geworfen waren, wurden sie durch die göttliche Vorsehung gerettet, so dass sie auf erstaunliche Weise dem Tod entrannen. (215) Denn das Feuer, in das sie geworfen waren, ergriff sie nicht, sondern rührte sie, wie ich glaube, angesichts ihrer Unschuld nicht an; denn es war kraftlos gegen die Jünglinge, die es umschloss, weil Gott ihre Leiber gekräftigt hatte, so dass sie dem bereiteten Feuer entkamen. Das ließ den König erkennen, dass sie gerecht und von Gott geliebt waren, so dass er sie weiterhin aller Ehren wert hielt.*“

Doch während Daniel in der biblischen Erzählung von der Löwengrube in Dan 6,22 dem König bekennt, dass Gott seinen Engel gesandt und der den Löwen den Rachen verschlossen habe, ist es bei Josephus in Ant.X.260 die von seinen Feinden verkannte göttliche πρόνοια oder Vorsehung, die ihn bewahrt hat, während jene aufgrund ihrer Bosheit den Löwen zum Opfer fielen, so dass sich auch hier Rationalisierung und Ethisierung verbinden (X.262):

> „*An den den Tieren vorgeworfenen Satrapen wurde es Dareios erkennbar, dass es die Gottheit (τὸ θεῖον) war, die Daniel gerettet hatte, denn die Löwen verschonten keinen von ihnen, sondern rissen sie in Stücke als wären sie schrecklich hungrig und der Nahrung bedürftig. Aber es war nicht, so glaube ich, der Hunger, welcher die*

53 Zu dieser Tendenz vgl. auch Villalba I Varneda, Method, 196–200.

Tiere gegen sie erregte, denn sie hatten erst vor kurzem sich im Überfluss an Fleisch gesättigt, sondern die Bosheit der Männer – denn sie wurde auch den vernunftlosen Tieren offenbar – die zu ihrer Bestrafung führte, wie es Gott beschlossen hatte.“

Ad 3: Zu den Zügen, die Josephus in Analogie zu zeitgenössischen Sitten und Gebräuchen einfügt, um die Würde seines Helden zu vergrößern, kann er sich wie im Fall der Umwandlung der 120 Satrapien des Reiches Dareios des Meders aus Dan 6,2–3 der Verdreifachung der Zahl bedienen, so dass jeder der drei Fürsten, zu denen auch Daniel gehörte, selbst zum Herrn über 120 Satrapien wurde (Ant.X.249).[54] Anders dürfte es sich dagegen bei der weiteren Ausgestaltung der hohen Stellung, die Daniel nach Dan 6,2–3 im medischen Reich eingenommen haben sollte, verhalten: Im Anschluss an die Nacherzählung von seiner Rettung aus der Löwengrube berichtet Josephus in X.263–266 von seiner weiteren Erhöhung durch König Dareios: Danach hätte sich Daniel auf Grund seiner hohen Stellung im Reich und seines Rufes als eines Gottesfreundes (θεόφιλος) in der medischen Stadt Ekbatana einen überaus stattlich angelegten, bewundernswerten und „*noch heute erhaltenen*“ Turm erbaut. In ihm würden „*bis heute*“ die Könige der Meder, Perser und Parther beigesetzt, und „*bis heute*“ sei ein jüdischer Priester mit der Aufsicht über das Bauwerk betraut. Hier liegt wohl zum einen eine entschuldbare Verwechslung medischer und persischer Turmbauten vor, die man einst für Königsgräber hielt, inzwischen aber als Feueraltäre betrachtet. Darüber hinaus hat die archäologische Forschung ergeben, dass die medischen Könige wie die persischen und parthischen in der Regel nicht in Mausoleen (wie z. B. Kyros der Große), sondern in Felsgräbern beigesetzt worden sind.[55]

---

54 Dabei liegt der Verdacht nahe, dass hierbei beide Autoren Dareios den Meder mit Dareios I. verwechselten, dem Hdt. III.89 die Einteilung des Perserreiches in 20 Satrapien zuschreibt. Nach Frye, History, 110 handelte es sich um keine völlige Neuerung, sondern um eine Reorganisation der Reichsverwaltung.

55 Bei den Gräbern der Könige der Meder, Perser und Parther handelt es sich in der Regel um Felskammergräber (vgl. die Felsgräber medischer Könige in Kizkapan und Dukkan-i-Daud, in: von der Osten, Welt, Taf. 38 und 39 und die der achämenidischen Könige in Naqsch i-Rustam, Taf. 44, und dazu Widengren, Religionen, 154). Kyros der Große ließ sich allerdings bei Pasargadai eine auf sieben Felsstufen errichtete monumentale hausförmige Grabkammer errichten; vgl. die Beschreibung bei Arr.An.VI.29.4–8 (vgl. von der Osten, Taf. 40). Dieser Grabtypus hat sich nach Widengren, 154 auch in der parthischen Zeit behauptet. Die beiden vor der Felswand in Naqsch i-Rustam liegenden rätselhaften monumentalen mehrstöckigen Türme (von der Osten, Taf. 44 und 47) stammen vermutlich aus achämenidischer Zeit. Dazu kommt ein jüngerer Turmbau bei Nurabad, welcher der parthischen Zeit angehört. Abbildungen derartiger Türme erscheinen auf Münzen einzelner Fürsten aus der Persis aus dem 3. Jh. v. Chr. Auf ihnen tragen sie auf den Zinnen drei

Zum anderen dürfte Josephus bei dem nach seiner Meinung von Daniel errichteten monumentalen Grabturm eine Beschreibung der Stadt Ekbatana vorschweben, wie sie Polybios X.27 bietet: Danach besaß die Stadt zwar keinen Mauerring, aber eine künstlich errichtete, stark befestigte Akra, unterhalb der sich ein überaus prunkvoller Palast mit sieben Stadien Umfang befand.[56] Ekbatana selbst diente nach Strabo von den medischen bis zu den parthischen Königen als Sommerresidenz. Obwohl die Dächer der Torbauten und Säulenhallen seit Alexander dem Großen mehrfach seiner goldenen und silbernen Ziegelplatten beraubt worden war, dürfte der Palast noch zu Josephus Zeiten ein prunkvolles Gebäude gewesen sein.[57] Beachtenswert ist auch die Angabe in Plinius nat. VI.116, nach der sich Ekbatana im Besitz der Magier befand. Da ihnen die Aufsicht und Pflege der Königsgräber der Meder und Perser anvertraut war,[58] ist es verständlich, dass Josephus angesichts der hohen Stellung des von ihm unterstellten jüdischen Bauherren Daniel die Magier als Grabwächter durch jüdische Priester ersetzte. Die jüdische Tradition lässt Daniel in der Regel in seiner Heimat sterben, aber noch der mittelalterliche Reisende Rabbi Benjamin von Tudela

Feueraltäre. Daher dienten diese Türme vermutlich als Feuertempel, in denen das heilige Feuer aufbewahrt wurde (von der Osten, 66). Zur Verehrung von Feuer und Wasser durch die Perser vgl. Hdt. I.131 und dazu Widengren, 122–125.

56 Die Beschreibung der Stadt in Hdt.I.98.4–6 ist durchaus phantastisch: „*Im ganzen hatte die Stadt sieben Ringmauern. In den innersten stehen der Königspalast und die Schatzhäuser. Der weiteste Mauerkreis gleicht in seinem Umfang etwa den Mauern Athens. Die Zinnen des ersten Rings sind weiß, die des zweiten schwarz, des dritten purpurrot, des vierten blau, des fünften hellrot. Also tragen die Zinnen aller dieser fünf Mauerringe eine farbige Bemalung. Die eine der beiden letzten hat versilberte, die andere vergoldete Zinnen.*“ Übers. Feix, Herodot I, 98–99.

57 Nach Pol. X.27 besaß die Stadt keinen Wall, sondern eine künstlich errichtete, stark befestigte Burg, unterhalb derer sich ein prunkvoller Palast von sieben Stadien Umfang befand, dessen Torgebäude und Säulenhallen mit goldenen oder silbernen Platten gedeckt waren, an denen sich seit Alexander dem Großen mancher fremde König bereichert hätte. Nach Strabo XI.13.1 und 4 diente Ekbatana den medischen, persischen und parthischen Königen als Sommerresidenz. Nach Plin. nat.VI.116 befindet sich die Stadt im Besitz der Magier. Der archäologische Befund entspricht der Beschreibung durch Polybios, weil bisher keine Spuren eines Mauerrings, aber eine zentrale Plattform gefunden worden sind. Allerdings sind der archäologischen Erforschung durch die Überbauung des Geländes durch die Stadt Hamadān Grenzen gesetzt; vgl. Calmeyer (DNP 3/1997), 932–933.

58 Vgl. Arr. an.VI 29.11.

erwähnt das prachtvolle Mausoleum Daniels, in dem er mit den babylonischen Königen begraben sei.[59]

4. Nebukadnezars Traum von den vier Weltreichen und seine Deutung

4.1. Die Behandlung von Daniels Traum nach Dan 2 und 4 in Ant. X.216–217

Josephus hat von den beiden in Dan 2 und 4 berichteten Träumen nur den ersten ausführlich behandelt. Bei dem zweiten belässt er es bei einer knappen, auf die Deutung und ihre Erfüllung begrenzte Inhaltsangabe (X.216–217).[60] Offensichtlich wollte er seiner Leserschaft nicht zu viel des Wunderbaren zumuten. Vermutlich empfand er auch die Diskrepanz zwischen dem Traum von dem gefällten Lebens- und Weltenbaum[61] und der Deutung auf die sieben Jahre, die Nebukadnezar unter den Tieren lebte, als zu groß. Dass er befürchtete, auch mit seiner Kurzfassung Anstoß zu erregen, zeigt sein apologetischer Zusatz in X.218, in dem er seine Leserschaft bittet, ihn nicht wegen der hier geschilderten Begebenheiten zu tadeln, die er entsprechend seinem bereits am Anfang des Werkes mitgeteilten Grundsatz wiedergegeben habe, bei seiner Übertragung des in den Hebräischen Büchern Berichteten ins Griechische nichts auszulassen und nichts hinzuzufügen.[62] Dass ihn die Nacherzählung der Stellung Daniels am babylonischen Hof besonders angelegen sein musste, darf man aufgrund der offensichtlichen Parallelen zwischen Daniels und seiner eigenen Rolle postulieren: Denn so wie Daniel als ein Mann aus königlichem Geblüt am Hof eines fremden Königs als Prophet diente, nachdem dieser sein Vaterland erobert hatte, war es auch Josephus selbst ergangen: Auch er lebte aufgrund seiner prophetischen Gaben am Hof fremder Herrscher, die Jerusalem zerstört hatten.[63]

59 Vgl. Ginsberg, Legends VI, 437 Anm. 20, nach dessen Urteil alle entsprechenden jüdischen Nachrichten auf die vorliegende Stelle in Ant.X.264–265 zurückgehen.

60 Vgl. dazu Gnuse, Dreams, 178–182.

61 Vgl. dazu Gnuse, Dreams, 182–184 und zur Herkunft und Wirkungsgeschichte des Motivs vgl. Metzger, Weltenbaum, 197–229 = ders., Ikonographie, 77–89 und ders., Kreuz, 1–31.

62 Vgl. Ant.I.17.

63 Vgl. dazu Gnuse, Dreams, 181.

4.2. Daniels Deutung der vier Metalle der Statue aus Dan 2 in Ant. X.195–215

Im Blick auf seine Bearbeitung des Berichtes über den ersten königlichen Traum von der aus vier Metallen zusammengesetzten Statue und seiner Deutung durch Daniel in X.195–215 gilt es zunächst festzuhalten, dass Josephus hier in ihren großen Linien der Erzählung in Dan 2 folgt: Nebukadnezar verlangt von seinen Weisen nicht nur die Deutung seines Traumes, sondern zur Kontrolle der Echtheit ihres Wissens auch seine Inhaltsangabe. Sollten sie zu beidem nicht in der Lage sein, so würde er alle Mantiker im Lande hinrichten lassen. Daniel hätte dann durch sein dem König über den Vogt Arjoch (Arioches)[64] als Zwischenträger übermitteltes Versprechen, beide Aufgaben zu lösen, einen Aufschub der bereits angeordneten Hinrichtung der Magier und damit auch seiner selbst und seiner Genossen bewirkt. Dann aber gibt es bei Josephus bereits die erste bemerkenswerte Abweichung: Denn nachdem Gott Daniel den Traum nach seinem und seiner Genossen nächtlichen Gebet offenbart hatte, heißt es bei Josephus (X.202) wohlweislich lediglich: „*Dann dankte er* (Daniel) *zusammen mit ihnen* (sc. seinen Freunden) *Gott, der sich ihrer Jugend erbarmt hatte*“. In Dan 2,20–23 preist Daniel dagegen den Gott, der Könige einsetzt und absetzt.[65]

4.3. Die Auslassung des auf das vierte Reich folgenden ewigen Gottesreiches in Ant. X.206–210

Josephus hielt es nicht für ratsam, den Schleier zu lüften, dass der Gott seiner Väter nach biblischer Lehre der Herrscher der Welt ist, der Könige und Reiche stürzen und einsetzen kann, geschweige, dass er seinen Lesern den vollen Text des Traumes und seiner Deutung mitteilte. Wir erinnern uns: Das von Nebukadnezar im Traum geschaute Standbild besaß einen goldenen Kopf, silberne Schultern und Arme, einen bronzenen Leib und eiserne Schenkel und mit Ton vermischte Füße und wurde von einem auf sie fallenden Stein zerschlagen, der zu einem Berg wurde und die ganze Erde füllte. Die Deutung sagt entsprechend voraus, dass auf das goldene Zeitalter des babylonischen Reiches ein silbernes, ein die ganze Erde umspannendes erzenes und ein eisernes, alles zermalmendes und zerbrechendes folgen werde,

64 Vgl. Dan 2,14.
65 Vgl. seine „Wiederaufnahme“ in Dan 3,28; 4,31–34 und 6,27–28.

das sich dann in ein stärkeres und ein schwächeres Reich aufspalten werde. Dann aber würde der Gott des Himmels alle diese Reiche zerstören und sein eigenes Reich errichten, das in Ewigkeit bliebe (Dan 2,36–45). Die Entschlüsselung der Reiche wird im Fortgang der Erzählungen selbst vollzogen; denn auf das babylonische Reich folgen in ihr das medische und das persische (Dan 5,28; 6,1; 11,2), dann aber das Alexanders des Großen, das nach seinem plötzlichen Tod in die vier Reiche der Diadochen zerfällt (Dan 8,21–22).

Josephus lässt Daniel in X.206–207 das Traumgesicht von der Statue zunächst gemäß Dan 2 beschreiben, verzichtet aber auf eine Unterscheidung zwischen den volleisernen Schenkeln und den halb eisernen, halb tönernen Füßen, sondern lässt beide aus Eisen bestehen. Dann aber ersetzt er den Stein durch einen losbrechenden Felsbrocken, der sämtliche Teile der Statue pulverisiert und die ganze Erde füllt. Auch so wird deutlich, dass er eine letzte weltbeherrschende Macht symbolisiert. Die Deutung des Traumbilds in 208–210 setzt ganz in Übereinstimmung mit dem biblischen Text das goldene Haupt mit Nebukadnezar und den Königen vor ihm gleich: Es stellt das babylonische Reich in seiner ganzen Kraft dar. Dann aber weicht Josephus von seiner Vorlage ab, indem er die silbernen Schultern und Arme auf zwei miteinander verbündete Könige bezieht, die das babylonische Reich zerstören würden. Aus X.248b geht hervor, dass damit Dareios der Meder und sein Verwandter, Kyros der Perser, gemeint sind. Ihre beiden Reiche aber würden durch einen aus dem Westen kommenden, in Bronze gekleideten König zerstört. Der Leser braucht nicht lange zu raten: Es ist Alexander der Große mit seiner schrecklichen Phalanx von Hopliten. Aber auch dieses Reich würde enden und durch eines ersetzt, das wie Eisen sei und dessen Herrschaft, so heißt es zweideutig εἰς ἅπαντα (dauernd/über alles) Macht besitzen werde. Der Kontext legte die zeitliche Deutung des εἰς nahe, was den Wünschen der Römer entsprach, aber es konnte auch lokal gemeint sein und also nur die Erstreckung des eisernen und d. h.: des römischen Reiches über die ganze Erde bedeuten.

4.4. Der unerklärt bleibende Fels, der alle Reiche zerschlägt, in Ant. X.210

Was aber ist dann mit dem Stein gemeint, der alle Reiche zerschlägt und die ganze Erde füllt? Josephus erklärt, dass er es nicht für gut fände, sein Geheimnis in diesem Zusammenhang zu erörtern, da man von ihm erwarte, dass er sich in dem vorliegenden Werk mit der Vergangenheit und nicht mit der Zukunft beschäftige. Sollte aber irgend jemand etwas Genaueres über die

Geheimnisse der verborgenen Dinge zu wissen verlangen, so möge er sich die Mühe machen und das Buch Daniel selbst studieren, dass er unter den heiligen Schriften (der Juden) finden könnte (X.210). So hat sich Josephus der schwierigen Aufgabe entledigt, die vier Reiche vorzustellen und das vierte und letzte mit dem Römischen zu identifizieren, ohne sein Gewissen zu verletzen.[66]

5. Die Lehre von Rom als dem vierten und letzten Weltreich in der urchristlichen und jüdischen Eschatologie des 1. und 2. Jh. n. Chr.

5.1. Die Lehre von den vier Weltreichen in den Evangelien

Josephus hat die von ihm vorgetragene Deutung der vier Weltreiche nicht erfunden, denn sie besaß in der 2. Hälfte des 1. Jh. n. Chr. ebenso im Judentum wie im Christentum seine Vertreter und wirkte nachweislich bis weit in das 2. Jh. n. Chr. fort. So lässt sich die Bekanntschaft mit ihr ebenso im Markus- wie im Matthäusevangelium nachweisen. In Mt 24,15 erklärt Jesus in seiner Rede von der künftigen Zerstörung Jerusalems und dem Ende der Welt, dass wer die von Daniel angekündigten Greuel der Verwüstung sähe, unverzüglich die Flucht ergreifen solle.[67] Die Beziehung auf die beiden Erwähnungen des „*Greuels der Verwüstung*“ in Dan 9,26–27 und 12,11 ist deutlich. Die Parallele in Mk 13,14 lässt dagegen einen ausdrücklichen Hinweis auf das Danielbuch aus, sondern spricht nur von dem „*Greuel der Verwüstung, der steht, wo er nicht darf.*“[68] Einen solchen Greuel stellte es in den Augen der Juden bereits dar, als heidnische Bewohner in der hauptsächlich von Juden bewohnten Stadt Jamnia einen Altar zu Ehren des Kaisers Gaius (Caligula) errichtet hatten, so dass sie ihn zerstörten. Das wiederum entrüstete den Kaiser so, dass er befahl, sein eigenes Standbild im Tempel zu Jerusalem zu errichten, was die Juden vollends als ein Greuel betrachten mussten. Doch gelang es König Agrippa I. mit Mühe und Not den Kaiser im Herbst 40 und damit kurz vor seiner Ermordung zur Zurücknahme des

66 Nach Fischer, Eschatologie, 179–183, hätte Josephus grundsätzlich ein distanziertes Verhältnis zu den messianischen Erwartungen seines Volkes besessen.

67 Vgl. dazu auch Koch, Danielrezeption, 107–113.

68 Lührmann, Markusevangelium, 213, zu dem hinter Mk 13 stehenden „apokalyptischen Flugblatt“ (Hölscher) vgl. 215; zur Entstehung des Markusevangeliums kurz vor der im August 70 erfolgten Eroberung Jerusalems vgl. Lohse, Entstehung, 85–87 bzw. Hengel/Schwemer, Jesus, 216–217.

Befehls zu bewegen.[69] Datiert man das Matthäusevangelium zwischen 90 und 100 n. Chr.,[70] so könnte sein Verfasser die Aufstellung der römischen Standarten im Vorhof des niedergebrannten Tempels als ein Greuel betrachtet haben.[71] Auf alle Fälle bezogen beide Evangelien die Weissagung von dem Vorzeichen des nahen Endes ausdrücklich auf das Danielbuch und damit war auch für beide das Imperium Romanum das letzte, der βασιλεία τοῦ θεοῦ, der Königsherrschaft Gottes vorausgehende Reich.[72]

5.2. Die Weltreichlehre in der jüdischen Apokalyptik des 1. Jh. n. Chr.

Als weitere Beispiele für die Verbreitung der danielischen Weltreichlehre in den jüdischen Apokalypsen des 1. Jh. n. Chr. seien hier nur die zweite Bilderrede I Hen 45,1–57,3,[73] die Vision vom Adler und vom Löwen in IV Esra

69 Vgl. Philo. Leg.188.198–348; Jos. Bell.II.184–187.192–203; Ant.XVIII.261–309 und dazu Schürer/Vermes, History I, 394–397 oder Smallwood, Jews, 174–179.

70 Vgl. Lohse, Entstehung, 91 bzw. Hengel/Schwemer, Jesus, 233–236, bes. 235.

71 Jos. Bell.VI.316. – Vgl. die Empörung der Juden über diesen Verstoß gegen das Bilderverbot, die der Versuch des Pontius Pilatus auslöste, als er nächtlich seine Truppen mit den Standarten mit dem Kaiserbild in Jerusalem einziehen ließ und die für ihn ganz unerwartet so hartnäckig war, dass sie ihn veranlaßte, die Standarten schleunigst aus der Stadt entfernen zu lassen, Jos. Bell.II.169–173; Ant.XVIII.55–59 und dazu z. B. Schürer/Vermes History I, 379–381 oder Smallwood, Jews, 161–162.

72 Vgl. dazu Lindemann (TRE 15/1986), 196–218, bes. 208–210 und Hengel/Schwemer, Jesus, 406–430.

73 In I Hen 45,1–57,3 sind es nur wenige Züge, die auf das Danielbuch zurückverweisen; vgl. dazu die Einzelnachweise bei Black, Enoch, 204–223 und vor allem Koch, Danielrezeption, 104–107. Die Weltreichlehre wird dagegen nicht entfaltet. Das ganze Interesse des Apokalyptikers gilt der Rettung der Auserwählten am Tag der Not und Bedrängnis und der Zerschlagung eines vergeblichen Angriffs der Parther und Meder auf die Stadt der Gerechten, vor deren Toren sie sich selbst vernichten. Die Anspielung auf das Kaiserbild spricht für seine Entstehung im Jahr 40 n. Chr. Dabei zeigt die danielische Formel, daß man bereits damals Rom als das letzte der vier Reiche vor dem Ende betrachtete. Die früher übliche Spätdatierung der Bilderreden und Herleitung aus christlichen Kreisen ist inzwischen zugunsten einer komplizierteren Entstehungsgeschichte in Frage gestellt worden. Nach Uhlig, Äthiopische Henochbuch, 573–575 dürfte ein Kern bereits aus makkabäischer Zeit und Teile der zweiten Rede aus dem 1. Jh. v. Chr. stammen und das Ganze im 1. Jh. n. Chr. abschließend redigiert und in Jüdischen Kreisen entstanden sein. Collins, Apocalyptic Imagination, 191–192 sucht die Verfasser der Bilderreden in einem geschlossenen, der Qumrangemeinschaft analogen Zirkel; vgl. auch Hengel, Juden-

11,1–12,3a samt ihrer Deutung in 12,3b-34 und die Vision von der Vernichtung eines Waldes, eines Weinstocks und einer Quelle in der Syrischen Baruchapokalypse 36,1–37,1 samt ihrer Deutung in 39,1–40,8 genannt.[74]

Wegen ihrer historischen Durchsichtigkeit sei hier die Vision vom Adler und Löwen aus dem 4. Esrabuch als Beispiel vorgestellt: In ihr sieht „Esra" einen aus dem Meer aufsteigenden Adler mit zwölf befiederten Flügeln und drei Köpfen, dessen rechte Flügel mindere Gegenflügel entsprechen, die auf der linken Seite sprießen. Die einander ersetzenden rechten Flügel und linken Flügelchen symbolisieren jeweils die Könige eines Weltreiches und ihre im Laufe der Zeit schwindende und am Ende der Reihe des Hauptflügels wieder zunehmende Macht, die nach drei weiteren Herrschern durch einen brüllenden Löwen gebrochen wird (IV Esra 11,1–12,3). Es reicht im vorliegenden Zusammenhang aus, die Deutung etwas genauer vorzustellen: Sie gibt mit ihrem Verweis auf das Danielbuch in 12,10–11 zu erkennen, dass der Adler das vierte von Daniel geschaute Reich bedeutet:

„*Das ist die Deutung der Vision, die du gesehen hast:* (11) *Der Adler, den du vom Meer aufsteigen sahst, das ist das vierte Reich, das in seinem Gesicht* [in Dan 7] *deinem Bruder Daniel erschienen ist.*"[75]

Der Adler besitzt zwölf einander ablösende Flügel auf der rechten Seite, drei Köpfe und acht Gegenflügelchen auf der linken. Dass es sich bei den Flügeln, Gegenflügeln und Köpfen um römische Kaiser handelt, geht daraus hervor, dass es von den sechs ersten großen Flügeln heißt, dass der zweite

---

tum, 321 Anm. 444. Dagegen tritt Vermes, in: Schürer/Vermes, History III/1, 259 für ihre Ansetzung im letzten Viertel des 1. Jh. n. Chr. ein.

74 Zur Syr. Baruch-Apokalypse vgl. Oegema, Apokalypsen, 58–85. – Wie lebhaft man sich im palästinischen Judentum schon in der 1. Hälfte des 1. Jh. n. Chr. den Endkampf zwischen Israel und den als Kittäer bezeichneten Römern vorstellte, zeigt (wenn man sich der Analyse von Davies, War Scroll, mit Lichtenberger, Studien, 25–26 anschließt) die Erweiterungsschicht in 1QM (XIV) XV-XIX: In ihr wird der König der Kittäer, d. h. der römische Kaiser, als Anführer des Heeres Belials vorgestellt (XV.1–3; vgl. XVI. 3). Ihm stellt sich Israel in der Zeit der Drangsal mit Hilfe des vom Erzengel Michael angeführten himmlischen Heeres so erfolgreich entgegen, so dass der Hauptpriester vor Sonnenuntergang Gott für den herrlichen Sieg danken kann (XVIII.1-XIX 8). – Die Diskussion über die Entstehungsgeschichte von 1QM ist jedoch noch nicht abgeschlossen, zumal einzelne Textfunde eine partielle Änderung der Rekonstruktion von Davies erforderlich machen; vgl. dazu Duhaime, War Scroll, 85 und Collins, Apocalypticism, 106–107. Ausdrücklich bezieht sich der zwischen 71–63 v. Chr. entstandene eschatologische Midrasch 4Q174. frg.1.II.3–4 mit seiner Ankündigung des Endkampfes gegen Belial auf Dan 12,20 zurück; vgl. dazu Steudel. Midrasch, 5–53. Text und Übersetzung bequem zugänglich in: Texte aus Qumran II, 197–199.

75 Übers. Schreiner, 4. Buch Esra, 389.

König doppelt so lange als die anderen zusammen regieren werde, was mit Übertreibung auf Augustus zutrifft, dessen 43 Regierungsjahre keiner der anderen Caesaren erreichen sollte (15).[76] Damit ist gesichert, dass die ersten sechs Flügel die Kaiser von Caesar bis zu Nero symbolisieren. Damit ist auch schon die Deutung der vier Flügelchen gesichert: Sie stehen nach der Meinung „Esras" für die vier Herrscher des Vierkaiserjahres 68/69 n. Chr. Die drei folgenden Herrscher aber werden durch die drei Köpfe des Adlers symbolisiert: Sie werden die Kraft des Reiches wiederherstellen, vieles erneuern und härter über die Bewohner der Erde herrschen, *„als alle, die vor ihnen dagewesen sind."* Unter ihrer Herrschaft würde der Frevel seinen Höhepunkt erreichen. Das Verschwinden der Adlerköpfe aber bedeute, dass einer von ihnen unter Qualen in seinem Bett sterben, der zweite durch das Schwert seines Bruders fallen und der dritte mit dem Schwert ermordet werde. So kann kein Zweifel daran bestehen, dass die drei Adlerköpfe mit den drei flavischen Kaisern Vespasian, Titus und Domitian identisch sind. Dass ihre Herrschaft von einem Juden als die bisher härteste beurteilt wurde, ist verständlich: denn Vespasian hatte Palästina im Jahre 69 erobert, Titus im Jahre 70 den Jerusalemer Tempel zerstört und Domitian rücksichtslos die den Juden zur Strafe für den Ersten Aufstand auferlegte Steuer eingetrieben.[77] Der Vergleich mit den antiken Nachrichten zeigt, dass der jüdische Weise über den Tod Vespasians unterrichtet war[78] und er auch die über die Ermordung des Titus durch seinen Bruder umlaufenden Gerüchte[79] und die Domitians durch Männer seiner nächsten Umgebung kannte.[80] Aus der Geschichte hinaus führt die Weissagung, dass der mit dem Löwen identische

---

76 Cäsar abgerechnet haben die Kaiser von Tiberius bis Nero 54 Jahre lang regiert.

77 Suet. Dom.12.2: *„praeter ceteros Iudaicus fiscus acerbissime actus est, ad quem deferebantur, qui vel[ut] inprofessi Iudaicum viverent vitam vel dissimulata origine imposita genti tributa non pependissent. Interfuisse me adulescentium memini, cum a procuratore freqentissimoque consilio inspiceretur nonagenarius senex,an cicumsectus esset* (Besonders hart wurde die Judensteuer eingetrieben. Zu ihrer Zahlung wurden diejenigen herangezogen, die entweder wie Juden lebten, ohne sich dazu zu bekennen, oder jene, welche die ihrem Volk auferlegten Zahlungen nicht geleistet hatten, da sie ihre Herkunft verheimlichten. Ich erinnere mich, daß ich als ganz junger Mann dabei war, als von einem Procurator und seinen zahlreich versammelten Ratgebern bei einem Neunzigjährigen nachgeprüft wurde, ob er beschnitten sei)." Übers. Martinet, Suetonis, 911.

78 Suet. esp.24.

79 Vgl. Suet. Tit.10.1; 11.1 mit 9.5 und Aur. Vict.10.5–6. Beide beurteilen ihn übereinstimmend als Liebling des ganzen Menschengeschlechts (Suet. Tit.10.1: *„amor ac deliciae generis humani"*; vgl. Aur. Vict.10.6).

80 Suet. Dom.17.1–3; Aur. Vict.17.7.

Gesalbte aus dem Samen Davids den letzten römischen Kaiser richten werde (IV.Esr 12,31–33).[81] Bei der Datierung kann man von 3,1 ausgehen, wonach die erste Vision 30 Jahre nach der Zerstörung des Tempels stattgefunden hätte. Damit kommt man auf die Zeit um 100 n. Chr., so dass das Werk vermutlich in den letzten Lebensjahren oder wenige Jahre nach dem Tode des Flavius Josephus verfasst worden ist. Als Entstehungsort wird Palästina Rom vorgezogen, ohne dass sich letzteres mit Sicherheit ausschließen lässt.[82]

5.3. Nachklang und Ausgestaltung der Lehre von den Weltreichen in der Offenbarung des Johannes

Ähnliches gilt auch für die Johannesapokalypse. In ihr kehrt das vierte Untier aus Daniel 7 in c.13 als siebenköpfiger Drache wieder, der durch ein zweites kleineres ersetzt wird. Die lange vertretene Deutung, dass mit der ominösen Zahl 666 in Apk 13,18 der Kaiser Nero gemeint sei,[83] ist inzwischen zugunsten des Kaisers Hadrian (117–138) angefochten worden: In seine Regierungszeit fällt die Zerschlagung des Zweiten Jüdischen oder Bar Kochba Aufstandes und die anschließende Neugründung der Stadt Aelia Capitolina auf den Trümmern Jerusalems.[84] Entsprechend wäre die Offenbarung zwischen 132 und 135 und Jahrzehnte nach dem Tod des jüdischen Historikers zu datieren. Auf die frohe Botschaft vom Fall der großen Hure Babylon oder Roms in Apk 18 ist nach 19,6–7 die Zeit für den Jubel einer himmlischen Menge gekommen, deren Halleluja dem Herrn und allmächtigen Gott gilt, der nun die Herrschaft angetreten hat. Damit könnte die Apokalypse enden, aber sie malt in den nächsten Kapiteln mit großer Phantasie immer neue Bilder von den Stadien der Endzeit mit ihrem tau-

---

81 Vgl. Gen 49,8–12.– Zur Lehre des 4. Esra von der Notwendigkeit des geschichtlichen Ablaufs in der Adlervision vgl. Harnisch, Verhängnis, 250–257.

82 Zum IV Esra, seinem Aufbau, seiner Zeitstellung und seinem Entstehungsort vgl. Oegema, Apokalypsen, 94–115.

83 Zur Auslegungsgeschichte der Zahl 666 vgl. umfassend Witulski, Johannesoffenbarung, 14–52, zu Hadrian als dem zweiten Nero Kreitzer, Hadrian, 92–115, bes. 99–115 und zur Möglichkeit, die Zahl 666 auf Hadrian zu beziehen Witulski, Johannesoffenbarung, 52 mit dem Ergebnis der ausführlichen Diskussion der Quellenlage in 346–350, bes. 347.

84 Vgl. Witulski, Johannesoffenbarung, 346–350 und zum geschichtlichen Verlauf des Aufstandes und seinen Folgen vgl. Schürer/Vermes, History I, 534–557 bzw. Bringmann, Geschichte, 272–289.

sendjährigen Zwischenreich, dem Kampf gegen den Satan und seine Verbündeten, bis endlich alle Lebenden und Toten gerichtet sind und das Neue Jerusalem in herrlicher Pracht und vollkommener Reinheit erstehen kann (Apk 19,11–21,27).[85]

Dieser eklektische Rundblick dürfte ausreichen, die oben aufgestellte These zu bekräftigen, dass die Lehre von den vier Weltreichen in der Abwandlung, wie sie uns bei Josephus begegnet ist, in Kontinuität mit der jüdischen und christlichen Apokalyptik des 1. und frühen 2. Jh. n. Chr. steht.

6. Zum Beschluss

Es dürfte deutlich geworden sein, warum Josephus in seinem an die gebildete römische Welt gerichteten Werk unmöglich Texte auslegen durfte, die im eschatologisch gesinnten Judentum seiner Tage auf die Ablösung des römischen Reiches durch das von ihrem Gott als dem Herrn der Welt herbeigeführte Gottesreich bezogen wurden.[86] Er musste den Felsbrocken, der nach Dan 2,34–35 das Standbild zerschmetterte, ungedeutet lassen und weiterhin Dan 7 und 9–12 stillschweigend übergehen. Dagegen konnte er sehr wohl die Vision vom Kampf zwischen dem Widder und dem Steinbock aus Dan 8 in sein Werk übernehmen (Ant.X.269–276), um an ihm noch einmal eindrucksvoll seine Leitthese zu demonstrieren, dass sich die göttlich inspirierten Prophetenworte mit schicksalhafter Notwendigkeit und, wie er an diesem Beispiel erklären kann, auf den Tag genau erfüllen: Denn der König, der dem jüdischen Volk seine auf den Gesetzen beruhende Regierung rauben und die Opfer für drei Jahre unterbinden sollte, war natürlich der Seleukide Antiochos IV. (276):

> *„Und das, was unser Volk durch Antiochos Epiphanes zu leiden hatte, hatte Daniel viele Jahre zuvor vorausgesehen und aufgeschrieben, was geschehen würde.“*

Dann aber fügt er hinzu:

> *„In derselben Weise hat Daniel auch über die Herrschaft der Römer geschrieben und dass von ihnen Jerusalem zerstört und der Tempel verwüstet würde. Alles dieses hat er so, wie Gott es ihm gezeigt hat, aufgeschrieben hinterlassen, damit die, welche es lesen und bemerken, dass es eingetreten ist, sich wundern, dass Daniel auf diese Weise von Gott geehrt worden ist.“*

---

85 Zur Vorstellung vom Millenium vgl. Satake, Offenbarung, 389–392.

86 Zu ihrer weltgeschichtlichen bis in die Gegenwart reichenden Bedeutung vgl. Koch, Europa.

Nur summarisch hat Josephus in X.276 erklärt, dass Daniel auch die Zerstörung Jerusalems durch die Römer vorausgesagt habe, so dass offen bleibt wie er Dan 7 und 11 ausgelegt hat. Im Rückblick kann man ihm bescheinigen, dass Josephus als der Mann schreibt, der sich als den zweiten Jeremia betrachtete und der die Botschaft vom Königtum Gottes als dem Ende aller Weltreiche zwar in seinen Schriften zurückhielt, aber kaum aufgegeben hat. Noch ehe seine römische Leserschaft darüber nachdenken konnte, auf welche Aussagen im Danielbuch sich Josephus eigentlich mit seiner Feststellung berief, dass Daniel auch die Zerstörung Jerusalems im Jahre 70 vorausgesagt habe, lenkte er sie ab, indem er die philosophische Konsequenz aus seinem Bericht über das Wirken des Propheten Daniel im Sinne einer Widerlegung der Leugnung der göttlichen πρόνοια oder Vorsehung und der Deutung des Weltprozesses als eines Spiels dynamischer Bewegungen durch die Epikureer zieht (279–280):[87]

> *„Wenn die Welt in dieser Weise führerlos wäre, würde sie wie Schiffe, die ihre Steuermänner verloren haben, in den Winden untergehen oder wie Wagen, die ihren Lenker verloren haben, zusammenstoßen und durch eine ungeplante Bewegung ihren Kurs verlieren und zerschellen. (280) Angesichts der Weissagungen Daniels scheinen mir daher die weit von der wahren Meinung abzuirren, die erklären, dass Gott sich in keinerlei Weise um die menschlichen Dinge kümmere* (τῷ θεῷ μηδεμίαν εἶναι περὶ τῶν ἀνθρωπίνων *πρόνοιαν).“*

Denn verliefe die Welt steuerlos, so wäre es unerklärlich, wieso alle Dinge sich so ereignet haben, wie sie der Prophet vorausgesagt hat. Aber als ein gebildeter Mann will er seine Meinung niemandem aufdrängen. Und so schließt er sein Buch und der Verfasser seinen Aufsatz mit dem Satz (281):

> *„Ich selbst habe über all das so, wie ich es vorfand und erkannte, geschrieben. Wenn aber irgend jemand eine andere Meinung darüber haben sollte, so soll ihm das unbenommen sein.“*

87 Zu den in rep. VIII.546a-c von Platon angewandten pythagoreischen Rechenkünsten für die unterschiedliche Qualität der Gezeugten vgl. Adam, Republic, 203–208.

Die Politeia der Juden nach Josephus Antiquitates IV.196–301

1. Josephus als Anwalt der Ehre seines Volkes

Man mag über den Mann, dem es auf zweifelhafte Weise gelungen ist, als Kommandeur der eingeschlossenen jüdischen Aufständischen in Jotapata die mit seinen Kameraden verabredete wechselseitige Selbsteinleibung zu überleben,[1] sich anschließend dem römischen Feldherrn Vespasian als gottgesandter Prophet zu empfehlen,[2] während der Belagerung Jerusalems durch Titus in dessen Stab mehrfach die Eingeschlossenen im Namen Gottes zur Übergabe aufzufordern,[3] um später seine Tage in Rom von Kaisers Gnaden zu verbringen,[4] denken wie man will: Dass er sich selbst als der Zweite Jeremias verstand oder doch verstanden wissen wollte, der wie jener vergeblich versuchte, sein Volk in einer aussichtslosen Lage vor dem Gang in die sichere Katastrophe zu bewahren,[5] sollte man nicht bezweifeln.[6] Dass er sich anschließend als Mitglied des Flavischen Hauses und römischer Staatspensionär in seinen Veröffentlichungen[7] darum bemühte, seinem schwer heimgesuchten und zerschlagenen Volk die Achtung der Sieger zu gewinnen, indem er ihnen dessen hohes Alter und die Einzigartigkeit seiner Religion als eine solche der praktischen Vernunft vorstellte,[8] macht auch ihn derselben würdig. Denn nichts ist ehrenhafter als vor einem übermächtigen Sieger für die Eigenart des eigenen Volkes einzutreten und jenen daran zu erinnern, dass es der Übermut der Repräsentanten der Weltmacht und der sektiererische, von ihm als verbrecherisch diskreditierte Fanatismus der Anführer der Aufständischen gewesen sind, die sein Volk in die schreckliche

1 Jos. Bell.III.328–391.

2 Bell.III.351–354.399–408; vgl. auch den knappen Bericht Vit.414, dazu Gray, Figures, 33–37 und Kaiser, Forfathers, 245–226 = oben, 173–175 bzw. 192–196.

3 Bell.V.362–419, dazu Kaiser, Forfathers, 249–258.

4 Vit.428–429 und dazu Siegert u. a., Leben, 183–184.

5 Vgl. Bell.VI.414–420; Tac. Hist.V.13.3; Bell.VII.368–377, dazu Kaiser, Forfathers, 258–260 = oben, 289–291.

6 Gray, Figures, 72–79 und dazu auch Kaiser, Prophetie, oben, 219.

7 Vgl. zu ihnen Attridge, Josephus, 185–232 bzw. knapp Schürer/Vermes, History I, 43–63 oder Mayer (TRE 17/ 1988), 258–264.

8 Jos. Ap.II.190–197.

Katastrophe getrieben haben, die nicht nur zur Zerstörung des hochgebauten Jerusalems samt seines Tempels, gewaltigen Menschenverlusten und der Versklavung so vieler Jünglinge und junger Männer durch den Sieger geführt hatte. Am Schluss seiner Apologie gegen Apion hat Josephus sich in II.190–197 zu seiner Überzeugung bekannt, dass die seinem Volk durch die Mittlerschaft des Mose von Gott erlassenen Gesetze ein Geschenk der Juden an die ganze Menschheit darstellen. Denn sie laden die Menschen dazu ein, *„ihre Genossen nicht zu hassen, sondern das Ihre mit ihnen zu teilen; so dass sie Feinde des Unrechts, Wahrnehmer des Rechts, Gegner von Knauserigkeit und Verschwendung sind, welche die Menschen lehren, selbständig und arbeitswillig zu sein, sich der Kriege um der Habsucht willen zu enthalten, aber mannhaft für ihre Gesetze einzutreten, unerbittlich im Bestrafen, gerade im Wortstreit, stets durch ihre Taten unterstützt. Denn wir halten sie für wirksamer als schriftliche Dokumente. Deshalb wage ich zu behaupten, dass wir den übrigen Menschen überaus zahlreiche und gute Gedanken vermittelt haben. Denn gibt es etwas Besseres als unverletzliche Frömmigkeit? Oder etwas Gerechteres als den Gehorsam gegen die Gesetze? Oder etwas Wohltätigeres als gegen einander gleich gesinnt zu sein,*[9] *im Unglück nicht voneinander zu lassen und im Glück sich nicht frevelhaft zu überheben; im Krieg den Tod zu verachten, im Frieden sich des Handwerks und des Ackerbaus anzunehmen, und davon überzeugt zu sein, dass alles und überall unter den Augen und unter der Leitung Gottes geschieht?“*[10]

2. Die Rezeption der Moseüberlieferung durch Josephus

Was liegt also näher, als Eckart Otto, der sich Zeit seines Lebens wie kaum ein anderer darum bemüht hat, die überaus komplizierte Entstehung der mosaischen Tora zu erhellen und verständlich zu machen, warum Moses zu der zentralen Gestalt des nachexilischen Judentums geworden ist,[11] durch einen Blick auf die Auswahl und Anordnung der Gesetze zu ehren, die Josephus ihnen im 4. Buch seiner *Antiquitates Judaicae* gegeben hat. Es wäre freilich nicht weniger reizvoll, sich an der von Josephus gebotenen legendären Ausgestaltung der Geburts- und Kindheitsgeschichte Moses zu er-

9 Wie sehr Josephus hier die innerjüdischen Verhältnisse im Blick auf seine römischen Leser idealisiert, zeigt ein Vergleich mit dem, was er z. B. Bell.IV.135–304 über die Machtkämpfe schon vor der Belagerung und in V.248–257, bes. 257 während derselben zu berichten hat, und dazu Smallwood, Jews, 312–316 und 318.

10 Zu seinem theokratischem Ideal vgl. mit Barcley, Apion, 333 Anm. 1190 auch Ap.II.160. 165–166. 180–181. 185 und 190–192.

11 Vgl. seine Zusammenfassungen in: Tora und ders., Moses.

freuen, die eigentümliche Parallelen zu der Erzählung vom Kindermord in Bethlehem in Mt 2 besitzt, geht es doch in beiden Fällen darum, dass ein König zu einem solchen Mittel greift, um der Weissagung zuvorzukommen, dass ein neugeborener Knabe seine Herrschaft vernichten würde.[12] Aber da die Behandlung der Ausgestaltung der Vita Moses durch Josephus und die seiner das Zusammenleben der Juden regelnden Gebote, die er unter dem Titel der πολιτεία, der Verfassung, zusammenfasst,[13] den gegebenen Rahmen überschreiten würde, beschränken wir uns darauf, letztere vorzustellen.

3. Die jüdische Verfassung nach Ant. IV.196–301

Josephus behandelt sie in Ant.IV.196–301. Ihr geht als Einleitung in 184–193 eine Abschiedsrede Moses voraus. In ihr verheißt Moses dem Volk auch weiterhin Gottes Schutz und Segen, sofern es nach seinem Gott verlangt und tugendhaft wandelt. Dabei würden ihnen der Priester Eleazar und Josua die besten Führer sein. Wenn sie sich aber nach der Landnahme zur Verachtung der Tugend verleiten ließen, würden sie das Wohlwollen Gottes verlieren und ihn zu ihrem Feinde machen, so dass sie ihr Land verlören und als Sklaven über den Erdkreis (οἰκουμένη) zerstreut würden.[14] Daher sollten sie im Gehorsam gegen die Gesetze ihre Feinde ausrotten und deren Heiligtümer zerstören, um das Andenken an sie zu vernichten und ihre eigene Treue gegen die väterliche Verfassung nicht zu gefährden.[15] Würden sie aber die von ihm nach Gottes Diktat aufgezeichneten Gesetze und die Verfassung als eine harmonische Ordnung (κόσμος) bewahren, so würden sie als die Glücklichsten unter allen Menschen gelten.[16]

An diese Rede schließt sich in 194–195 ein Bericht darüber an, dass Moses dem Volk das Buch mit Gesetzen zeigte, worauf es im Gedenken an die Gefahren, denen er sich im Eifer für ihre Rettung (σωτηρία) ausgesetzt hatte, aber auch angesichts der Wahrscheinlichkeit, dass es niemals wieder

12 Jos. Ant.II.205–206.

13 Ant. IV.194–196.

14 Vgl. Ant.IV.190–191 mit Dtn 28,15–68, bes. 63–68 und zu der von Eckart Otto 1996 eröffneten und mit zahlreichen Beiträgen weitergeführten Diskussion über das Verhältnis des Deuteronomiums zum assyrischen Vertragsrecht vgl. zuletzt Koch, Vertrag, und hier zum Verhältnis der Flüche in Dtn 28 zu Asarhaddons Nachfolgevertrag 209–244 und zur dtr Bundestheologie 252–264.

15 Vgl. Ant.IV.191–192 mit Dtn 7,1–7 und 12,2–3 und dazu Pakkala, Monolatry, 94–98.

16 Vgl. Ant.IV.193 mit Dtn 28,1–14; Lev 26,3–13.

einen solchen Führer und Fürsprecher bei Gott haben würde, untröstlich zu weinen begann. Moses aber hätte sie getröstet und ermahnt, die ihnen vorgestellte Verfassung zu halten. Worauf sich die Versammlung auflöste. Darauf folgen in 196–198 Vorbemerkungen, in denen Josephus über sein Verfahren und die Gründe seiner Auswahl Auskunft gibt: So erklärt er, dass er nun seinen Geschichtsbericht unterbreche, damit seine Leser lernten, welcher Art die Gesetze der Juden von Anfang gewesen seien: „*Alles ist hier geschrieben, wie er* (Mose) *es hinterlassen hat: nichts haben wir zur Ausschmückung* (ἐπὶ καλλοπισμῷ) *hinzugefügt, nichts, was Mose nicht hinterlassen hat.*“ Damit unterstreicht er, dass er der Tradierungspflicht gemäß Dtn 4,4 folgt, und kommt damit möglichen Einwürfen seiner Landsleute voraus (vgl. 197). Seine einzigen Neuerungen bestünden darin, dass er ihre durch die Abhängigkeit von den göttlichen Belehrungen bedingte unsystematische durch eine sachgemäße Anordnung (τὸ κατὰ γένος τάξαι) ersetzt habe.[17] Abgesehen davon habe er sich auf eine Auswahl der Gesetze beschränkt, welche die Verfassung beträfen, während er die anderen, die sich mit den wechselseitigen Beziehungen beschäftigten, einer künftigen Abhandlung „*Über Sitten und Gründe*“ (περὶ ἐθῶν καὶ αἰτιῶν) vorbehalte, eine Absicht, die er in abgewandelter Weise in seiner Schrift gegen Apion verwirklicht hat.[18] Wie weit Josephus sein Ziel erreicht und welche Rücksichten er in Vorstellung der Gesetze auf das Denken seiner jedenfalls überwiegend heidnischen Leserschaft genommen hat, wird sich zumal bei der Analyse der religionsrechtlichen Gesetze zeigen.

4. Der Aufbau der jüdischen Politeia in Ant. IV.199–301

Der Aufbau der in Ant.IV.199–308 vorliegenden Paraphrase der Gesetze ist folgender: Auf eine spezielle Einleitung, in der Moses noch einmal darauf hinweist, dass das künftige Glück des Volkes von seinem Gehorsam gegen die im folgenden genannten Gebote abhängt (IV.199), folgen als erstes in IV.200–213 die Gebote über die rechte Gottesverehrung. Daran schließen sich in 214–222 solche über Richter (214–218),[19] Zeugen (219)[20] und den

17 IV.197.

18 Vgl. zu ihr Attridge, Josephus, 227–231.

19 Vgl. Dtn 16,18, wo jedoch die Zahl der Richter nicht genannt wird; vgl. mit Feldman, Antiquities 1–4, 408 Anm. 648 Bell. II.570–571, wo Josephus berichtet, dass er in ganz Galiläa 70 Beamte und darüber hinaus in jeder Stadt 7 eingesetzt habe.

20 Vgl. Dtn 17,6; 1915.

besonderen Rechtsfall des Verfahrens bei einem unbekannten Mörder (220–222)[21] an. Weiterhin lassen sich 223–239 nur schwer unter einem übergreifenden Gesichtspunkt zusammenfassen; denn zunächst geht es um die Rechte des Königs (223–224).[22] Während 225 mit seinem Verbot, weder im eigenen noch im fremden Land die Grenzsteine zu verrücken, an die Unverletzlichkeit des Eigentums und damit unausgesprochen an Gott als dessen Wächter erinnert (vgl. Dtn 19,14; 27,17; Prov 22,10–11), folgen in 226–230 Tabubestimmungen zur Wahrung der natürlichen Ordnung und ihrer Unterschiede.[23] Daran schließen sich in 231–239 Bestimmungen an, welche die Versorgung der *personae miserae* mit Garten- und Feldfrüchten sichern sollen, wobei auch der sprichwörtlich gewordene Ochse, der da drischt, in 233 nicht vergessen ist.[24] Dabei bemüht sich Josephus jeweils darum, die Fürsorglichkeit Gottes für alle Menschen hervorzuheben, die es verbiete, wenn man den Bedürftigen z. B. den Genuss von Weintrauben verweigere, welche die Winzer zur Presse transportierten. Ihm gefiele es, wenn man die Zögernden ausdrücklich dazu einlüde, sich in Bescheidenheit mit dem Nötigen zu versorgen (235–238). Daher solle man dem, der sie daran hindere, vierzig Schläge mit dem Stock verabreichen, weil es sich für die, die in Ägypten und in der Wüste derartige Missgeschicke erlitten hätten, ziemte für die zu sorgen, die sich in gleicher Lage befinden (239). In 240–243 folgen Anordnungen über die Abgabe der Erstlinge[25] und die Verwendung des Zehnten.[26]

244–265 lassen sich als Familienrecht zusammenfassen, denn 244–259 behandeln Eheschließung und Ehescheidung[27] und 260–265 den Fall eines rebellischen Sohnes unter Heranziehung der Bestimmungen über die Aussetzung und Beisetzung von Hingerichteten überhaupt.[28] In 266–275 folgen Vorschriften über den Umgang mit Hab und Gut,[29] an die sich in 276

21 Vgl. Dtn 21,1–9.

22 Vgl. Dtn 17,14–20.

23 Vgl. Lev 19,19; Dtn 22,9–12; vgl. b.T.Kil.I.vi: *„Der Wolf und der Hund, der Dorfhund und der Fuchs, Ziegen und Rehböcke, Gemsen und Schafe, das Pferd und das Maultier, das Maultier und der Esel, der Esel und der Waldesel sind miteinander, obgleich sie einander ähnlich sind, Mischlinge.“* Goldschmidt, Talmud, I, 325. Zu dem Verbot, Wolle und Leinen in einem Gewebe miteinander zu verwenden, vgl. 208.

24 Vgl. Dtn 25,4; I Kor 9,9; vgl. I Tim 5,15.

25 Vgl. Dtn 26,1–4.

26 Vgl. Num 18,20–24; Dtn 14,22–23.

27 Vgl. Dtn 21,15–17; 22,13–21; Ex 22,15–17; 24,1–4; 25,5–10.

28 Vgl. Dtn 21,18–23.

29 Vgl. zum Borgen und Pfänden Lev 25,35–36; Dtn 23,20; 24,10–14; 24,6; zum Stehlen Ex 22,1–4; 21,1–6; zum Schuldsklaven Ex 21,1–6; Dtn 19,4–13 und Lev

assoziativ zwei weitere über die Verpflichtung anschließen, den richtigen Weg zu zeigen[30] und weder den Tauben noch den Stummen zu schmähen.[31]

277–284 behandeln die Bestimmungen über Körperverletzungen und ihre Verhütung,[32] 285–288 das Depositen- und Arbeitsrecht,[33] während 299 den Grundsatz einprägt, dass Kinder nicht für die Schuld ihrer Eltern und Eltern nicht für die Schuld ihrer Kinder haftbar gemacht werden dürfen.[34] Abrupt verbietet 289–291 den Verkehr mit Eunuchen, die sich freiwillig entmannt haben und dadurch gleichsam zu Mördern ihrer Kinder geworden sind: sie gehörten vertrieben.[35] Grundsätzlich aber sei es verboten, Menschen oder Tiere zu verschneiden.[36]

Nach einer Zwischenrede in 292–293, die dem Abschluss der Verfassung in friedlichen Zeiten und der Überleitung zu den Kriegsbestimmungen dient, folgen in 294–301 die Kriegsgesetze. Sie werden durch den Wunsch eingeleitet, dass die Juden ihr Land in Ruhe und Frieden bebauen könnten und es weder durch feindliche Einfälle noch durch innere Unruhen verstört würde. Wenn sie aber Kriege führen müssten, mögen es solche sein, die sich außerhalb ihres Landes abspielen. Bestünden aber ihre Feinde darauf, mit ihnen Krieg zu führen, so sollten sie im Vertrauen auf ihre Stärke und Gottes Beistand kämpfen (294–295). Die konkreten Bestimmungen in 298–300 lehnen sich weitgehend an das Kriegsgesetz in Dtn 20 an. Das Heer soll nur *einen* Führer besitzen[37] und aus den stärksten und mutigsten Männern bestehen.[38] Es darf bei der Belagerung keine frevelhaften Handlungen begehen.[39] Die Tötung der Feinde wird nun auf die Gegner im Kampf beschränkt und ausdrücklich der Unterschied zu der nur bei der Landnahme gültigen Anweisung alles Männliche zu töten hervorgehoben.[40]

25,39–56; zu gefundenen Gegenstände und verirrtem Vieh Ex 23,4–5 und Dtn 22,1–4.

30 Vgl. Dtn 27,18.
31 Vgl. Lev 19,14.
32 Vgl. Ex 21,12.18–19.22–23; Ex 21,28–29.35.33–34; 23,6–7.
33 Vgl. Ex 22,6–8; Dtn 24,14–15.
34 Vgl. Dtn 24,16.
35 Vgl. Dtn 23,2.
36 Vgl. immerhin das Verbot in Lev 22,24.
37 Das ungenannte Vorbild ist Josua.
38 Vgl. Dtn 20,5–9.
39 Vgl. Dtn 20,19–20.
40 Vgl. Dtn 20,13.

5. Die Religionsgesetzgebung in Ant IV. 200–213

So aufschlussreich es wäre, die ganze Gesetzgebung genauer auf ihren biblischen Hintergrund, ihre rabbinischen Parallelen und ihre Anpassungen an die Erwartungen der gebildeten Leserschicht hin zu befragen, so wenig lässt das der vorgegebene Rahmen zu. Stattdessen sei als Beispiel die einleitende Religionsgesetzgebung in 200–213 genauer unter diesen beiden Gesichtspunkten untersucht. In ihr bleiben die Gebote, den Herrn allein zu verehren, keine Götterbilder herzustellen, bei Gottes Namen keinen Meineid zu schwören und die Sabbatruhe zu halten, ausgespart, weil sie schon in dem Bericht über die Offenbarung des Dekalogs am Sinai in III.89–92 enthalten sind und daher wie das ganze Zweitafelgesetz (III.101) als bekannt vorausgesetzt werden.[41]

An der Spitze stehen in IV.200–204 die Gebote über den Tempel- und Altarbau an dem einen von Gott selbst erwählten Ort (200–201). Die „heilige Stadt" (ἱερὰ πόλις) soll auf dem schönsten Flecken des ganzen Landes Kanaan liegen und durch ihre Trefflichkeit (ἀρετή) alle anderen Städte überragen. Daher handelt es sich bei seiner Auswahl auch nicht um das Ergebnis menschlicher Überlegungen, sondern göttlicher Erwählung (200): „*Es soll eine* (einzige) *heilige Stadt an der schönsten und durch ihre Trefflichkeit hervortretenden Stätte des Landes der Kanaaniter geben, die Gott sich durch Prophetie auswählen wird, und in ihr soll ein Tempel stehen.*" Im Blick auf die Legitimation der Einzigartigkeit der Heiligen Stadt und des in ihr zu errichtenden einen Tempels zieht Josephus Dtn 12,5 und I Reg 8,16 zusammen: Dtn 12,5 bestimmt als den einen und einzigen Ort der Gottesverehrung den, den sich der Herr selbst erwählen wird. In I Reg 8,16 wird die Erwählung Jerusalems durch die Davids ersetzt, der seinerseits im Sinn hatte, dort dem Herrn einen Tempel zu bauen, was dann der prophetischen Verheißung gemäß sein Sohn Salomo tat (vgl. II Sam 7,12–13). Der Einzigartigkeit des Ortes lässt Josephus seine einzigartige Schönheit und Trefflichkeit entsprechen. Mit ästhetischen Aussagen hält sich das Alte Testament zurück. Immerhin wird das Jerusalem der Heilszeit in Jes 62,3 als eine „*schöne Krone in der Hand des Herrn*" bezeichnet. Wenn Plinius der Ältere die Stadt in nat.hist.V.70 als *clarissima urbium Orientis,* als die „berühmteste der Städte des Orients" bezeichnet, so bezieht er sich damit auf das Jerusalem, das bis zu

41 Zum Vergleich des biblischen Textes des Dekalogs mit seiner Wiedergabe durch Josephus vgl. Feldman, Antiquities 1–4, 253 mit den Anm.191–200. Sein Kommentar ist für jeden, der sich mit den Ant. IV beschäftigt, auf Schritt und Tritt unentbehrlich.

seiner Zerstörung im Jahre 70 dank der von Herodes dem Großen errichteten Prunkbauten von außerordentlicher Schönheit gewesen ist.[42] Bei dem Tempel soll ein gemäß Ex 20,25–26 (vgl. Dtn 27,5) aus unbehauenen Steinen errichteter stufenloser Altar stehen, der dank seiner Verputzung als wohlgefällig und sauber erscheint. Ob Josephus dabei wie in IV.307–308 an Dtn 27,4.8 dachte oder auf eigene Anschauung zurückgriff, bleibe dahingestellt. Dass die Steine des Altars und der Rampe mindestens zweimal im Jahre, zum Passah- und zum Laubhüttenfest, wenn nicht gar an jedem Vorabend des Sabbats geweißt wurden, wird in b.T.Mid.fol.36a III.iv berichtet.[43] Eindeutig legt Josephus in 201 darauf Wert, dass keine Stufen, sondern eine Rampe zu dem Altar führte. Den Grund dafür benennt Ex 20,26: Die Scham des das Opfer darbringenden Priesters darf bei dem Gang zum Altar nicht sichtbar werden. Wie sensibel das Judentum in dieser Beziehung gewesen ist, zeigt die Bestimmung in 1QS VII.12–14, dass ein Mann, der sich freiwillig seinem Nächsten nackend zeigt, sechs Monate, und wer bei einer Gestikulation seine Genitalien entblößt, dreißig Tage aus der Versammlung der Gemeinschaft ausgeschlossen werden soll.

Die in 201 enthaltene abschließende Zusammenfassung legt zusammen mit dem ersten Satz in 200 eine Klammer um das Tempel- und Altargesetz: „*In keiner anderen Stadt* [als der von Gott erwählten] *darf es einen Altar oder einen Tempel geben, denn Gott ist einer und das Volk* (γένος) *der Hebräer ist eines.*" Die Entsprechung zwischen der Einzigartigkeit Gottes, der von ihm erwählten Heiligen Stadt mit dem einzigen Tempel und seinem einen (Brandopfer-)Altar und dem einen, ihm allein dienenden Volk bildet die Grundlage für die ganze weitere Gesetzgebung. Alles, was sonst noch über den rechten, weil Gott wohlgefälligen Gottesdienst gesagt wird, bleibt an diese Voraussetzung gebunden und will von ihr her verstanden werden. So ist die kultische Verehrung an den Jerusalemer Tempel gebunden, während das tägliche Gebet geboten und sachgemäß an jedem Ort erlaubt ist.

Es folgen die Gebote über die Steinigung jedes Gotteslästerers (202)[44]und über die dreimalige Wallfahrt im Jahr zum Heiligtum (203–

42 Jos. Bell.I.401; Ant.XV.380–425 und dazu Bloendorn, Umgestaltung, 113–134.

43 „*Zweimal im Jahre weißte man sie, einmal zum Pesachfeste und einmal zum Hüttenfest, den Tempel einmal, zum Pesachfest. Rabbi* [Jehuda Ha-Nasî] *sagte, man weißte sie jeden Vorabend des Sabbaths mit einem Tuche, wegen des Blutes. Man kalkte sie nicht mit einer eisernen Kelle, weil sie sie berühren und untauglich machen könnte. Das Eisen wurde geschaffen, die Tage des Menschen zu kürzen, der Altar aber wurde geschaffen, die Tage des Menschen zu verlängern, und es gebührt sich nicht, das [das Leben] Kürzende über das [das Leben] Verlängernde zu schwingen.*" Übers. Goldschmidt, Talmud, XII, 325.

44 Vgl. Lev 24,16,

204).[45] Als Gründe für die Wallfahrten werden neben dem Gott geschuldeten Dank und der Fürbitte um seine künftigen Wohltaten auffallender Weise der engere Verkehr der Pilger bei den gemeinsamen Festmahlzeiten als Mittel genannt, sich mit denen bekannt zu machen und zu befreunden, die eine gemeinsame Abstammung und Lebensweise haben (204). Es sei daran erinnert, dass dieser Gedanke bei Platon eine Entsprechung besitzt: Nach den Nomoi sollten in der neu zu gründenden Musterstadt jeden Monat zwei Versammlungen und zwar je eine der Stadt und der zwölf Pylen an den Götteraltären stattfinden und dies nicht nur, um die Götter gnädig zu stimmen, sondern auch um die Freundschaft und Bekanntschaft und damit das Zusammenleben der zu einer Pyle gehörenden Bürger zu fördern (Plat. leg.738c 8-e 2 und 771c 7-e 1).[46]

Es folgen das Gebot über die Abgabe des Zehnten an Priester und Leviten (205)[47] und die Verbote einen Huren- oder Hundelohn zur Bezahlung von Opfern zu verwenden. Dabei unterscheidet Josephus zwischen dem Hurenlohn und dem Hundelohn (206): An dem sündhaft gewonnen Hurenlohn kann Gott kein Gefallen haben; denn Hurerei sollte es nach Dtn 23,18 überhaupt nicht in Israel geben. Den Hundelohn aber bezieht er anders als die modernen Erklärer der Grundstelle Dtn 23,19 nicht auf männliche Prostitution[48] bzw. auf eine mit dem Jahweglauben unvereinbare Einnahmequelle,[49] sondern auf das Geld, das jemand für das Belegen durch einen Wach- oder Jagdhund gewonnen hat. Dahinter steht die bis heute im Orient verbreitete und aus dem Alten Testament bekannte Missachtung des Hundes als eines unreinen, unterwürfigen und deshalb verachteten Tieres.[50]

Nur auf den ersten Blick ist es erstaunlich, dass er dann ein Verbot anführt, in anderen Städten anerkannte Götter zu lästern oder ihre Tempel auszurauben und sich an irgend einem ihrer Schätze zu vergreifen (207); denn es steht im offensichtlichen Widerspruch zu dem, was nach seinem

45 Vgl. Ex 23,14–17; 34,18–23; Dtn 16,1–16 und Lev 23.

46 Vgl. dazu den Kommentar von Schöpsdau, Platon Nomoi IV-VII, 307–308 und zur Sache Bobonich, Utopia, 428–432.

47 Vgl. Num 18,20–29.

48 Dtn 23,19. Bei dem Hurenlohn und dem Hundelohn dachte man in der Regel an den Ertrag gewerblicher Unzucht, wobei Hund nach V.18 als Bezeichnung für den Luden betrachtet wird; vgl. z. B. Driver, Deuteronomy, 265 und Nielsen, Deuteronomium, 219. Vgl. aber die folgende Anm.

49 Vgl. Stark, Kultprostitution, 146–147 und 156–158.

50 Eine Ausnahme bildet das Tobitbuch, in dem in Tob 5,17 (G I); 11,4 (G I/ II) der Hund als der treue Reisebegleiter des jungen Tobias erscheint, und im Gegensatz dazu z. B. KAI Nr. 195.3–4; 196.3; II Reg 8,13.

Bericht in 191–192 Mose den Israeliten vor der Eroberung Kanaans befohlen hatte.[51] Was in der Landnahmezeit aus Selbsterhaltungsgründen geboten war, soll also weiterhin nicht mehr im Verkehr mit anderen Völkern gelten. Hinter dem Verbot, keine Götter zu verfluchen, an welche die Bewohner anderer Städte glauben, dürfte formal die generalisierende Übersetzung von Ex 22,27 durch G stehen.[52] Der Sache nach geht es Josephus aber um die Heiligkeit des Wortes „Gott" an sich, die man auch dann verletzen würde, wenn man fremde Götter verspottete.[53] In ähnlicher Weise sah Philo in der Verspottung solcher Götter eine Verleitung dazu, nachlässig mit dem Wort „Gott" umzugehen.[54]

Denkt man an die damals für das Diasporajudentum bestehende Notwendigkeit, mit den Angehörigen anderer Religionen unter dem Schutzdach des Römischen Reiches einen erträglichen *modus vivendi* zu finden, ohne die eigene Überzeugung aufzugeben, erweist sich diese Anweisung als ebenso klug wie auf die multikulturelle und damit zugleich multireligiöse Situation unserer eigenen Gegenwart anwendbar. Josephus ging es bei diesem Gebot gewiss auch darum, das Judentum gegenüber Bezichtigungen zu entlasten, wie sie z. B. von Apion oder Tacitus erhoben worden sind. Apion machte den Juden den Vorwurf, dass sie bei dem Gott, der Himmel, Erde und Meer geschaffen hat, geschworen hätten, keinen Fremden und zumal keinen Griechen wohlwollend zu behandeln (Jos. Ap.II.121). Tacitus aber sagte ihnen nach, dass sie einen Hass gegen alle anderen Menschen besäßen (Tac. hist.V.5.1)[55] und alles als profan betrachteten, was Nichtjuden heilig sei, und alles als heilig, was bei diesen als profan gelte (Tac. hist.V.4.1).[56] Darüber hinaus stellt Josephus hier seinem Volke das Zeugnis aus, das ihr Verhalten in einen scharfen Gegensatz zu den sich in der Geschichte immer wieder ereignenden Tempelschändungen und Beraubungen setzte, wie sie sich nicht

51 Vg. dazu oben, 222.

52 Feldman, Antiquities 1–4, 403 Anm. 623.

53 Vgl. Ap.II.237: *„Gern hätte ich eine Untersuchung der Einrichtungen anderer Völker vermieden; denn es ist bei uns ein herkömmlicher Brauch, unsere eigenen zu bewahren, die der anderen aber nicht zu kritisieren. Denn unser Gesetzgeber hat es uns aus Achtung vor dem Wort „Gott" an sich ausdrücklich verboten, mit von anderen anerkannten Göttenr Spott zu treiben oder sie zu lästern.„*

54 Philo. Vit.Mos.II.38.205: *„Wir sollten es unterlassen, beleidigend von ihnen* [den Götterbildern] *zu reden, damit es sich niemand unter den Schülern Moses überhaupt angewöhnt. nachlässig den Namen Gottes auszusprechen.*

55 *„adversus omnes alios hostile odium"*. Zum Kontext vgl. Schmal, Tacitus, 59.

56 *„Profana illic omnia quae apud nos sacra, rursum concessa apud illos quae nobis incesta."* Vgl. auch die Zusammenstellung antijüdischer Stimmen antiker Intellektueller bei Feldman/Reinhold, Life, 347–396.

zuletzt im Sommer des Jahres 70 n. Chr. bei der Eroberung des Jerusalemer Tempels durch die Legionäre des Titus ereignet hatten.[57] Im Altertum galten die Tempel samt ihrem Inventar und Personal als Eigentum der Götter. Wer in ihnen Schutz suchte, stand unter dem Schutz des jeweiligen Gottes. Daher galten auch die im Heiligtum deponierten Schätze als sakrosankt. So errichteten die Städte z. B. im Tempelbezirk des Apollon in Delphi Schatzhäuser, welche die Funktion von Safes übernahmen, deren Reste noch heute zu sehen sind.[58] Daher galten Tempelraub[59] und Missachtung des göttlichen Asylrechts[60] als schwere Frevel.

Demgegenüber wirkt die folgende Bestimmung (208), dass niemand aus Wolle und Leinen zugleich gewebte Gewänder tragen dürfe, weil das ein Vorrecht der Priester sei, einigermaßen harmlos. Sie stellt der Sache nach eine Korrektur des in Lev 19,19 enthaltenen generellen Verbots dar. Vermutlich wusste Josephus aus eigener Anschauung (was durch b.T.Kil.IX.1 bestätigt wird),[61] dass die Priester bei ihrem Dienst im Heiligtum Gewänder aus Wolle und Flachs trugen. Also passte er das Gesetz dem tatsächlichen Befund an, wobei er sich darauf hätte berufen können, dass die Anweisung für die Herstellung der priesterlichen Gewänder Teil der Sinaioffenbarung ist.[62] In der offenbarten Tora kann es also keine widersprüchlichen Bestimmungen geben.

Das Gebot, dass der Hohepriester alle sieben Jahre am Laubhüttenfest die ganze Tora vor der ganzen Gemeinde einschließlich Frauen, Kinder und Sklaven verlesen solle,[63] begründet Josephus damit, dass es gut sei, wenn sich

57 Vgl. die Schilderung der Eroberung des Tempels Bell.VI.249–287, in der Josephus versucht, Titus von den Freveltaten rein zu waschen und die Ermordeten als Opfer ihrer eigenen Gutgläubigkeit gegenüber falschen Propheten darzustellen.

58 Vgl. dazu Maass, Delphi, 152–184.

59 Zum Tempelraub bei den Römern vgl. Latte, Religionsgeschichte, 279 und als Beispiel die Anklagen Ciceros gegen Verres (Cic.Ver.II/2); zur Eigenart und Zwiespältigkeit der Verresreden vgl. Seel, Cicero, 23–31. Zur Sache vgl. nicht zuletzt die Behandlung des Tempelraubs in Plat. leg. IX. 853d 5–855d 1 und dazu Morrow, City, 475.

60 Vgl. dazu umfassend Dietrich, Asyl, mit der Zusammenfassung 211–218 und weiterhin Nilsson, Geschichte I, 77–78; II, 88–90; Wissowa, Religion, 300 u. 474 bzw. den Überblicksartikel von Angelos Chaniotis (DNP 1/ 1997), 143–144.

61 Goldschmidt, Talmud, I, 338. Weitere rabbinische Zeugnisse bei Feldman, Antiquities 1–4, 405 Anm. 628.

62 Vgl. Ex 28.

63 Vgl. Dtn 31,9–13. Josephus macht aus den Priestern den Hohenpriester und gibt darüber hinaus an, dass er dabei auf einem erhöhten Podium steht, von dem er zu allen Versammelten hörbar reden kann; vgl. Neh 8,4.

die Gesetze in ihrer aller Herzen eingrüben und sie unauslöschlich in ihrem Gedächtnis bewahrt würden.[64] Denn das würde sie vor dem Sündigen bewahren, weil sie sich nicht herausreden könnten, dass ihnen die Gesetze unbekannt seien. Daher sollten auch die Kinder die Gesetze als die schönsten Lektionen und Ursache der Glückseligkeit (εὐδαιμονία) lernen (209 – 211).

Zweimal an jedem Tage, an seinem Beginn und wenn sich die Zeit des Schlafes naht, soll der nun direkt angesprochene Leser Gottes Gaben bezeugen, die er ihnen (den Israeliten) gewährt hat, als er sie aus Ägypten befreite. Dankbarkeit sei eine natürliche Eigenschaft: sie gebe zurück, was sie empfangen habe, und bilde einen Anstoß für das, was künftig geschehen würde, d. h.: sie veranlasse Gott dazu, seinem Volk auch künftig beizustehen (212). Da die jüdische Gebetsordnung ein dreimaliges Gebet an jedem Tage vorsieht[65] und am Morgen wie am Abend außer den Segensbitten, den Berakot, das Schema (Dtn 6,4 – 5) rezitiert werden soll,[66] geht es Josephus an dieser Stelle nicht um das dreimal am Tag, am Morgen, Mittag und Abend übliche Gebet, sondern um die morgendliche und abendliche Rezitation des Schema Dtn 6,3 – 5. Außerdem sollten seine größten Wohltaten auf die Türpfosten, das Haupt, die Arme und Hände geschrieben werden,[67] so dass sie allerorts das Zeugnis der Macht Gottes (ἰσχύς) und seines guten Willens (εὔνοια) an ihrer Stirn und ihren Armen tragen und sie allenthalben seine liebevolle Fürsorge für sie (τὸ περὶ αὐτοὺς πρόθυμον τοῦ θεοῦ) vor Augen haben (213). Es geht also um die מזוזות,[68] die Türpfosteninschriften, und die תפילין, die Gebetsriemen, die der fromme Jude vor dem Morgengebet an den Wochentagen zu tragen pflegt.[69]

64 Vgl. Dtn 30,14; vgl. dazu auch Witte, Zeichen, 723 – 742, bes. 730.

65 Vgl. Dan 6,9.11.12 (LXX). Entsprechend verlangt die Didache 8.2 – 3 von den Christen, dreimal am Tage das Vater unser zu beten; Niederwimmer, Diadache, 167 und 173.

66 Vgl. b.T.Ber.I.ii.fol.9b; I.ii.fol.10b; I.iv.fol.11a; Goldschmidt, Talmud, I, 36.45.47 und dazu Elbogen, Gottesdienst, 15 und 99 – 102.

67 Vgl. Dtn 6,6 – 8.

68 Vgl. Ex 13,9; Dtn 6,9; 11,20; b.T.Pes.I.i.fol.4a; Goldschmidt, Talmud, II, 320; b.T. Joma I.i. fol.11b; Goldschmidt, Talmud, III, 29.

69 Vgl. Ex 13,9; Dtn 6,8; 11,18; b.T.Meg III.viii.fol.24b, Goldschmidt, Talmud, IV, 101; Mt 23,5 und dazu Herrmann (NBL I/1995), 747 – 748.

6. Josephus Leistung als Apologet der Religion seines Volkes

Blicken wir zurück, so können wir dem jüdischen Historiker bescheinigen, dass es ihm gelungen ist, jüdische Gesetze und das in ihnen verankerte religiöse Brauchtum seinen gebildeten heidnischen Lesern als sachgemäß und vernünftig vorzustellen. Wo er über den Wortlaut der Tora hinausgeht, hat er doch nach einem biblischen Anknüpfungspunkt gesucht, und wo er sie korrigiert hat, konnte er sich vermutlich auf seine eigenen Kenntnisse stützen, mochte er sie eigener Erfahrung oder Berichten anderer verdanken. Als Spross eines vornehmen Priestergeschlechts und mütterlicherseits mit den Hasmonäern, den zur Königswürde aufgestiegenen Landpriestern,[70] verwandt, gehörte er dank der Stellung seines Vaters und seiner ungewöhnlichen, schon als Fünfzehnjähriger bewiesenen Auffassungsgabe und Kenntnis der Tora[71] und seiner Fähigkeit, mit Einheimischen wie Fremden umzugehen, zu der in dieser Beziehung eher schmalen Jerusalemer Oberschicht, so dass er schon mit 26 Jahren (63/4 n. Chr.) erfolgreich in einer heiklen Mission nach Rom geschickt wurde, bei der er die Gunst der Poppaea Sabina gewann,[72] einer skrupellosen Schönheit, die Nero gerade zu seiner Gemahlin erhoben, aber schon nach zwei Jahren brutal ermordet hatte (Tac.Ann.XV.23).[73] Wie groß das Vertrauen war, das die leitenden politischen Kreise in Jerusalem Josephus entgegenbrachten, geht daraus hervor, dass sie ihn zwei Jahre nach seiner diplomatischen Mission zu Beginn des Jüdischen Aufstandes nach Galiläa entsandten, wo er sich der Rückberufung entzog und auf seine Weise eine zweideutige Rolle als einer der Anführer des Aufstandes spielte,[74] der Sorge trug, es sich weder mit dem König Agrippa II. zu verderben[75] noch von den Römern übersehen zu werden. Als Mensch bleibt er eine schillernde Persönlichkeit, als Historiker und Literat nicht nur ein unentbehrlicher Zeuge für die jüdische Geschichte der hellenistischen und römischen Epoche, sondern auch ein Mann, der sein ins Unglück gestürztes Volk als Opfer von Selbsttäuschungen in Schutz nahm.[76] Dass er bestrebt war, den gebildeten Lesern seiner Zeit zu beweisen, dass die jüdische Religion keineswegs menschenfeindlich ist und ihre befremdlichen Fröm-

70 Vit.1–2; Bell.I.3.

71 Vit.7–9.

72 Vit.13–16, vgl. auch Ant.XX.195.

73 Vgl. zu ihr Görgemanns (DNP 10/2001),149–150.

74 Zu den Differenzen seiner Darstellung über seine Mission in Vit.28–413 und Bell.II.568–646 vgl. Harold W. Attridge, Josephus, 187–192, bes. 190–192.

75 Vgl. Bell.II.345–406.523–526 mit 595–597.

76 Vgl. Bell.VI.193–200.

migkeitsäußerungen eine vernünftige und erzieherische Absicht besitzen, haben wir hier nur an einem schmalen, wenn auch zentralen Ausschnitt seiner Darstellung der jüdischen Verfassung, des jüdischen πολίτευμα zu zeigen versucht.

7. Die Apologie der jüdischen Religion durch Josephus in der geistigen Situation seiner Zeit

Josephus lebte in einer Zeit, in der die Epikureer die Welt von den Göttern verlassen wähnten, die sich in ewiger Seligkeit selbst genössen, so dass sie es ihnen gleich taten, indem sie sich dem öffentlichen Leben entzogen, um im Kreise der Freunde ein harmonisches und schmerzfreies Leben zu führen.[77] Andererseits stellten sich die Stoiker leidenschaftslos in die Stürme der Zeit, um dort ihre Pflicht zu tun, weil sie sich von dem Weltgeist durchdrungen wussten, der das All ebenso leidenschaftslos wie notwendig regiert.[78] Daneben gab es viele, die sich in zunehmender Weltangst den Geheimkulten zuwandten, um des ewigen Lebens gewiss zu werden.[79] Andererseits mündete die in bloßer Observanz ersterbende Bauernreligion der Römer in dem Kult des Genius des Kaisers und des Reiches, um die von innen und außen bedrohte Einheit des Reiches zu sichern.[80] Dagegen wussten sich die über Orient und Okzident zerstreuten Juden im Glauben an den einen Gott geeint, der es erwählt und ihm die Tora geschenkt hatte, und damit den anderen Völkern überlegen: Denn ein Volk, das den lebendigen Glauben an seinen Gott verloren hat, hört damit auf, ein Volk zu sein. Und so konnte Josephus (ohne dem Römer zu nahe zu treten) den divergierenden Meinungen der Philosophen stolz die Einzigartigkeit des jüdischen Lebens gegenüberstellen:[81]

> *„Bei uns kann man keinen Unterschied der Lebensweise entdecken. Wir alle handeln in jeder Beziehung gleich, bekennen in Übereinstimmung mit dem Gesetz, dass Gott*

---

77 Zu den Lehren Epikurs vgl. Erler, Epikur, 40–60 und zu denen des römischen Epikureers Lukrez Bonelli, 110–127, zu seiner Religionsfeindlichkeit 122–127 und zum Preis, den der Epikureer für seine Angstlosigkeit bezahlte, Weinstock, Tragödie, 122–127.

78 Zur stoischen Physik als Theologie vgl. Wicke-Reuter, Providenz, 13–54 und zu der in ihr begründeten „unhumanen Humanität" Weinstock, Tragödie, 142.

79 Zu den Religionen und Mysterien fremder Götter in römischer Zeit vgl. Nilsson, Geschichte II, 622–679.

80 Zur Loyalitätsreligion der Kaiserzeit vgl. Latte, Religionsgeschichte, 312–326.

81 Vgl. auch Hanzen, Nomothetik, 527–534.

über alle Dinge wacht. Und was unser tägliches Leben betrifft, dass alles sein Ziel in der Frömmigkeit besitzt, kann man selbst von den Frauen und Sklaven vernehmen."[82]

82 Ap.II.181.

Der Mythos als Grenzaussage

1. Die Eigenart des mythischen Denkens und die Mythenkritik der Antike[1]

Die Mythen der Alten muten uns heute oft als spielerisch, wenn nicht gar verspielt an. Das macht für uns ihre Faszination und zugleich ihre Fremdheit aus. Denn während das neuzeitliche Denken die Einheit der Welt in einem endlosen und im Ergebnis offenen Prozess rekonstruiert, setzt sie das mythische Denken voraus.[2] Es wurzelt in einer Geisteshaltung, in welcher der Mensch noch nicht scharf zwischen sich als Subjekt und seiner Welt als Objekt unterscheidet. Daher erfährt er alles als lebendig, was ihm als mächtig begegnet, es mag ihn verwundern, beseligen oder erschrecken.

1 Ende meines Tübinger Sommer-Semesters 1949 hat mir Adolf Köberle vorgeschlagen, unter seiner Begleitung eine Dissertation über das Thema „Der Mythos als religiöse Kategorie" zu erarbeiten. Nach fast einjährigen Vorstudien gab ich ihm das Thema zurück, weil ich zu der Einsicht gekommen war, dass es mich überforderte, weil mir die zu seiner sachgemäßen Bearbeitung erforderlichen religions- und philosophiegeschichtlichen Kenntnisse fehlten. Als ich meine Tübinger, von Artur Weise, Hellmut Brunner und Otto Rössler begleitete Dissertation über die mythische Bedeutung des Meeres in Ägypten, Ugarit und Israel (BZAW 78, 2. Aufl. Berlin 1962) im Mai 1956 Adolf Köberle als dem damaligen Dekan der Theologischen Fakultät überreichte, bat ich ihn, sie als eine Vorstudie zu dem mir von ihm gestellten Thema zu betrachten. Es hat meine Gedanken durch die zurückliegenden Jahrzehnte begleitet. Der vorliegende Aufsatz sucht ihre Bilanz zu ziehen. Er sei dem Andenken von Adolf Köberle, der mich auf das Thema aufmerksam machte, Hellmut Brunner, bei dem ich an ägyptischen Texten die Eigenart des Mythos zu verstehen lernte, Otto Rössler, der mir als Philologe bei der Bearbeitung der ugaritischen Mythen mit seinem reichen Wissen beistand, und Artur Weiser, der mir als seinem Assistenten großzügig die meiste Arbeitszeit für meine eigenen Forschungen einräumte und stets bereit war, die auftretenden Probleme mit mir zu besprechen, in Dankbarkeit gewidmet.

2 Zum Gegensatz zwischen mythischem und modernem wissenschaftlichen Denken vgl. Cassirer, Philosophie II, 79–80; zum mythischen Denken der alten Ägypter Frankfort, Religion, 3–29, Kirk, Myth 263–268; und zum Grundsätzlichen weiterhin Hallpipe, Grundlagen, passim; Piaget, Einführung, und Hachmann, Friedhof, 17–31. Für die freundschaftlichen Hinweise auf Piaget und Hallpipe danke ich Rolf Hachmann und Hermann Passow.

Wo wir Heutigen mühsam ein Ergebnis unseres Denkens und Forschens auf seine Verträglichkeit mit den bereits vorliegenden vergleichen, gibt der Mensch des mythischen Zeitalters unbekümmert um den größeren Zusammenhang seine bildhaft symbolischen Antworten.[3] Sein Denken ist anders als das unsere nicht perspektivisch, sondern aspektivisch. So kann sich z. B. in einem altägyptischen Text der Sonnengott rühmen, dass er selbst entstanden sei und sich aus seinem Vater Nun, dem Urmeer, erhoben habe[4]. Für uns schließt die eine Aussage die andere aus: Wer einen Vater hat, kann nicht der Schöpfer seiner selbst sein und umgekehrt. Für den mythisch denkenden Menschen handelt es sich um komplementäre Urteile, die einander ergänzen. Da die Sonne sich ohne jede Hilfe Morgen um Morgen über dem Niltal erhebt, muss sie ihr eigener Schöpfer sein. Da sie im Osten über dem Meere bzw. dem Nil aufsteigt, muss das Urmeer sein Vater sein. Die Richtigkeit der Antwort hängt von der jeweils gestellten Frage ab, die dem mythisch denkenden Menschen ein bestimmter Aspekt von dem stellt, was ihm zwischen Himmel und Erde begegnet. Der Vielzahl dessen, was sich als mächtig erweist, entspricht die Vielzahl der Götter und Geister. Die Grenze zwischen ihnen und den Menschen ist fließend, weil alles am göttlichen Leben teilhat. Daher war der Mythos Kunde vom Dasein und Wirken einer den Menschen einschließenden kosmischen Wirklichkeit,[5] in der Götter und Halbgötter je ihre eigenen Bereiche besitzen und die Grenzen zwischen phantasievollem Spiel und letztem Ernst des vorstellenden Denkens fließend blieben. In diesem Zusammenhang gilt es sich freilich zu vergegenwärtigen, dass der Menschen nie ernster bei der Sache ist, als wenn er spielt.[6] Daher wäre es gänzlich verkehrt, die überlieferten Mythen als Tändeleien kindlich gestimmter Gemüter zu erklären. Denn ihre Überzeugungskraft beruhte auf ihrer Fähigkeit, Welt und Existenz evident auszulegen. Die ihnen anhaftende Unbestimmtheit verlor sich erst, als ihnen begnadete Dichter eine sich weiterhin behauptende Gestalt verliehen. Das geschah in der Regel erst, als das symbolische, präoperative Denken seine Kraft zu verlieren und die Götterdämmerung ihren ersten Schatten zu werfen begann.

---

3 Vgl. dazu Frankfort, Religion, 1–22, ders., in: Frühlicht = Orient, 9–36 und zum aspektiven Denken Brunner-Traut, Frühformen, 7–14.

4 Vgl. dazu auch Kaiser, Bedeutung, 10–13.

5 Vgl. dazu Krüger, Einsicht, 56.

6 Huizinga, Homo, 144–146 und zum Unterschied zwischen Kultspiel und Kinderspiel Jensen, Mythos, 68–71.

So machte sich in der griechischen Welt seit dem vorgerückten 8. Jh. v. Chr. eine neue Rationalität bemerkbar,[7] welche die überlieferten Mythen zunächst ordnete, dann kritisierte und schließlich hinter sich ließ. Die ihrer selbst gewiss gewordene Subjektivität entdeckte sich in ihrem Gegenüber zur Welt und erkannte damit zugleich die Verantwortlichkeit ihres Handelns.[8] Im Endergebnis waren es nicht länger die Götter, die ihnen Kraft gaben, Furcht einflößten oder sie verblendeten, sondern ihr eigenes Verhalten, das ihr Schicksal (mit)bestimmte.

Auch in Israel zeichnete sich diese Wende in der fast gleichzeitig einsetzenden Religionskritik der sog. Jahwe-Allein-Bewegung ab, als deren literarische Zeugen uns das Deuteronomium und die von ihm beeinflussten Geschichts- und Prophetenbücher erhalten sind.[9] Ihre religiös-sittliche Monolatrie trat in den Gegensatz zu dem für das mythische Denken charakteristischen Polytheismus und legte damit die Fundamente für den nachfolgenden ethischen Monotheismus. In der griechischen Welt steht am Anfang einer ähnlichen Geisteshaltung die Religionskritik des Xenophanes an den Göttern und Dichtern ein.[10] Schließlich erschien der vor das Forum der richtenden Vernunft gezogene Mythos als ein haltloses Produkt der Phantasie, das keinen nachprüfbaren Bezug zur Realität besitzt. So hat ihn der skeptische Philosoph des 2. nachchristlichen Jahrhunderts Sextus Empiricus in seiner gegen die Gelehrten gerichteten Schrift adv.math.I.263–264 im Gegensatz zur Historie und zur Dichtung rein negativ beurteilt.[11] Denn während die ἱστορία, die geschichtliche Erkundung, von wahren, tatsächlich geschehenen Ereignissen berichte und die Dichtung ihnen

7 Zum Logos im Mythos der homerischen Dichtungen und bei Homer und Hesiod vgl. Nestle, Mythos, 21–44 bzw. 44–52.

8 Vgl. dazu Adkins, Merit, 71–184 und zur besonderen Bedeutung von Simonides frg. 4 D in der Geschichte der griechischen Ethik Bowra, Poetry, 306–336.

9 Die Rede von der Jahwe-Allein-Bewegung geht auf den Aufsatz von Lang, „Die Jahwe-Allein-Bewegung"; in. ders., Hg., Gott, 47–83 zurück, vgl. dazu die weiteren Nachweise bei Kaiser, Athen, 137 Anm. 7.

10 Xenophanes. DK B 11; 14–16 sowie 23,36+25,24; = Kirk/Raven/Schofield Nr. 166–169, 183–184 und Nr. 170–172, 185–188 usw.; vgl. dazu Fränkel, Dichtung, 376–384, bes. 383: „*Xenophanes hat aus Frömmigkeit, um Gott erdenrein zu machen, ihn aus der Welt hinausgedrängt. Dafür hat er auch, aus ebenso entschiedener Weltlichkeit, unsere Welt von jeder Transzendenz frei gemacht, und damit der Empirie die Bahn eröffnet.*" Zur Sache vgl. weiterhin Guthrie, History, I, 370–380, Gerson, God, 17–20; Heitsch, Xenophanes, 14–18, bes. 16–17; Müller, Anfänge, 281–295, bes. 284–286 und Kaiser, Der eine Gott, 335–352 = ders., Athen, 135–152.

11 Vgl. zu ihm Zeller, Philosophie, III/2, 49–73,

analoge hypothetische behandle, ginge es im Mythos um solche, die nicht geschehen und falsch seien.[12]

2. Der Mythos als ψεῦδος λόγος oder als religiöse Kategorie? Das Beispiel Pindar

Gegen diese einseitige rationalistische Abwertung des Mythos sollte allerdings die Tatsache bedenklich stimmen, dass der Dichter, der nach unserer derzeitigen Kenntnis als erster den Mythos in den Gegensatz zum Logos gestellt hat, zugleich ein begnadeter Mythologe gewesen ist. Denn während das Wort bei Homer noch eine ganz neutrale Bedeutung als Wort oder Rede eines Anderen im Gegensatz zu dem, was man selbst gesehen hat, besaß,[13] wird der Mythos von Pindar in der 1. Olympischen Ode im Rahmen seiner Begründung für die von ihm in diesem Siegeslied gebotene eigene Version der Tantalos-Pelops-Überlieferung[14] als mit bunten Lügen geschmückt bezeichnet, der trügerisch über den wahrhaftigen Logos hinausgehe.[15] Denn nach der Überlieferung sollte Tantalos seinen Sohn Pelops geschlachtet und seinen olympischen Gästen als Speise vorgesetzt haben. Nachdem Demeter als einzige die ihr als Portion vorgelegte Schulter des Jungen gegessen hätte, sei die Untat zutage gekommen. Darauf sei der Junge von ihr zu neuem Leben erweckt worden, indem sie seine Reste in einen Topf gelegt kochte und seine von ihr verzehrte Schulter durch eine elfenbeinerne ersetzte. Dann aber hätte sich Poseidon in den Jungen verliebt und ihn wie zuvor Zeus den Ganymed in den Olymp entführt.

In Pindars Augen ist es Charis, die anmutige Nymphe selbst, die Unglaubliches glaubhaft erscheinen und daher (so müssen wir ergänzen) die Dichter unwahre Geschichten erzählen und ihre Hörer ihnen glauben lässt.[16]

12 Zur Geschichte des griechischen Wortes vgl. die Belegstellen LSJ, 1151 s.v. II, zur Phänomenologie des griechischen Mythos Hübner, Wahrheit, 95–198 und zur Sache weiterhin Burkert/Horstmann (HWPh 6/1984), 281–318 bzw. Hübner u. a. (TRE 23/ 1994), 597–665.

13 Hom. Od.III.93–94; IV.323–324, vgl. XII.450–453.

14 Vgl. zu ihr Jünger, Mythen, 287–310. Für den freundschaftlichen Hinweis danke ich Wolfgang Drechsler, Marburg und Tallinn.

15 Vgl. Nestle, Mythos, 157–165 und Fränkel, Dichtung, 546–549.

16 Vgl. dazu Bowra, Pindar, 29 und Pindars Urteil über Homer in N.7.22–24: „*Durch Trugwort und beschwingte Kunst ist ja etwas von/ Hoheit ihm ; und es betört/ die Dichtung und führt irre durch Märchen, Blinden Sinn.*“ Übers. Werner, Pindar, 259.

Erst später stünden dann einsichtsvolle Zeugen (μάρτυρες σοφώτατοι) auf, um die Sache wie Pindar selbst richtig zu stellen, denn (Z.35):

Es geziemt dem Manne, zu sprechen über Götter
Gutes nur; kleiner ist dann die Schuld.

Ob er die Kritik des Xenophanes[17] oder die Heraklits[18] an der Darstellung der Götter bei Homer und Hesiod kannte, entzieht sich unserer Kenntnis.[19] Der Sache nach nahm er sie wie später Platon auf,[20] ohne jedoch den traditionellen Glauben an die Götter durch einen philosophischen zu ersetzen.[21] Aus dem Grundsatz heraus, dass man über die Götter nur geziemend und das heißt: mit angebrachter Ehrfurcht reden darf, erzählte Pindar nun die Geschichte von Tantalos und Pelops neu:[22] Als Tantalus den Göttern ein Mahl bereitete, hätte sich Poseidon in den schönen, gerade aus der Badewanne kommenden Jungen mit der Elfenbeinschulter (die auch Pindar nicht übergehen konnte, da sie noch in seinen Tagen Elis gezeigt wurde) vermisst.

Daran, dass die Götter sich in schöne Knaben verlieben und mit den schönsten Mädchen als den Ahnfrauen der regierenden Geschlechter Söhne zeugen, nahm der Dichter keinen Anstoß. Knabenliebe war bei den Thebanern keine Schande, und wenn sich die mächtigen Götter einem Mädchen nahten, so war es für das aus dieser Verbindung entsprießende Geschlecht eine Ehre. So hat Pindar denn reichen Gebrauch von den überlieferten und bei Bedarf von ihm gereinigten Mythen gemacht, um aus ihnen Ehren und

17 Vgl. dazu oben, 237.

18 Vgl. dazu Heraklit frg.5; 14–15 und 93 (DK) = Nr. 241–244 Kirk/Raven/Schofield, Philosophen, 229–230 und dazu Guthries, History I, 473–476.

19 Auf die Möglichkeit, dass Pindar Xenophanes am Hofe des Tyrannen Hieron in Syrkus begegnen konnte, weist Jünger, Mythen, 329 hin; zum Unterschied zwischen Pindar und Xenophanes vgl. Nestle, Mythos, 161.

20 Plat. rep.X.595a-608b und dazu Guthrie, History, IV, 545–554.

21 Vgl. dazu Nestle, Mythos, 157. Der Überlieferung nach soll Pindar die große Göttin in Gestalt eines hölzernen Bildes in einem Feuerschein über die Berge wandeln gesehen haben. Andere wollen gehört haben, wie der Gott Pan einen von Pindar geliebten Paän sang, vgl. dazu den *Bios* bei Werner, Pindar, 496–497 bzw. „Pindars Herkunft in Versen"; ebd., 502–505. Beiden hat er jedenfalls neben seinem Haus in Theben ein Denkmal gesetzt, Bowra, Pindar, 49–50 und dazu frg.85 Bowra = frg.95 Snell, 76 bei Werner, 427: „*Pan, Arkadiens Betreuer, der /Allerheiligsten Räume Hort!/ Der Großen Mutter Begleitet, /Von ehrwürdigen Huldinnen voll/ Freude umhegt.*"

22 Vgl. dazu Bowra, Pindar, 56–59. Zur Aufgabe der Kunst, das Schreckliche in das Schöne zu verwandeln in Ol.12 vgl. Theunissen, Pindar, 442–482, bes. 470–475 und zur Einbindung der Eschatologie in Ol.2 796–800.

Lehren für die von ihm in seinen Epinikien besungenen Sieger in den gottgeweihten Spielen abzuleiten.[23] Während in Athen die Aufklärung den traditionellen Glauben an die Götter in Frage zu stellen begann, verkündete der 518 im böotischen Kynoskephalai geborene und in Theben ansässige Dichter innerlich unangefochten bis zu seinem jenseits der Mitte des 5. Jh. v. Chr. fallenden Tode den Ruhm der Sieger und zugleich die Ehre der griechischen Götter. Trotzdem war seine Frömmigkeit nicht mehr die Homers, denn die Götter waren ihm in ihrer Erhabenheit ferner gerückt. Daher drang er darauf, dass die Menschen ihnen gegenüber die angemessene Ehrfurcht bewahrten.[24] In vergleichbarer Weise hat auch Euripides in seinen Tragödien zwar an den überlieferten Mythen Kritik geübt, sie aber trotzdem in einer gereinigten Fassung auf die Bühne gebracht.[25]

Damit stellt sich die grundsätzliche Frage, ob und inwiefern der Mythos eine unverzichtbare Form religiöser Rede darstellt. Im Zusammenhang mit der Kernfrage nach Gottes Gerechtigkeit ist sie von besonderer Bedeutung, weil die Mythe vom Totengericht das bedeutendste Vermächtnis der griechischen Welt an das hellenistische Judentum darstellt und in den drei monotheistischen Weltreligionen des Judentums, Christentums und des Islam bis heute fortlebt. Wenn wir verstanden haben, unter welchen Voraussetzungen und Erfahrungen es zur Adaption dieser Mythe und der mit ihr verbundenen Vorstellungen in den jüdischen Apokalypsen gekommen ist, wenden wir uns Platons reflektiert gebrochenem Verhältnis zum Mythos zu, weil wir durch seinen Umgang mit dem Mythos seine unentbehrliche Funktion als religiöse Grenzaussage kennenlernen. Außerdem begegnen uns bei ihm dieselben orphisch-pythagoreischen Überlieferungen, die vermutlich auch hinter der biblischen Mythe vom Totengericht stehen.[26] Auf diese

23 Vgl. dazu ausführlich Nestle, Mythos, 157–167; Bowra, Pindar, 278–316; zur funktionalen Einbindung der Mythen in die Epinikien oder Siegeslieder vgl. Köhnken, Funktion, 226–232 und zur grundsätzlichen Würdigung seiner Lieder Jünger, Mythen, 319–336, bes. 324–326.

24 Vgl. dazu Jünger, Mythen, 329.

25 Vgl. dazu die abgewogene, aber mehr oder weniger herkömmliche Auskunft bei Lesky, Dichtung, 512–522 mit Wildberg, Hyperesie, 168–172.

26 Vgl. dazu Wacker, Weltordnung, 211–219, die mit Recht auf einzelne babylonische Elemente hinweist und doch vor allem auf die griechischen Parallelen für die Vorstellung vom unterschiedlichen Schicksal der Totengeister hinweist, für die Platons Jenseitsmythos im Phaidon das nächstverwandte Zeugnis ist. Zur orphisch-pythagoräischen, von Platon rezipierten Vorstellung vom Totengericht und deren vermutlich ägyptischen Ursprung vgl. Graf, Eleusis, 121–126, zu Pythagoräischem bei Platon und der Entstehung entsprechender Traditionen aus dem Platonismus Burkert, Weisheit, 74–85; ders., Mysterien, 56–74 und zu den von den Mysterien

Weise dürfte deutlich werden, welche Bedeutung der mythischen Rede als einer religiösen Kategorie zukommt.

3. Die Umgestaltung des altisraelitischen Totenglaubens durch die Rezeption der Mythe vom Totengericht

Die einschlägigen jüdischen Texte aus der hellenistischen Zeit gehören offensichtlich bereits einem monotheistisch gebrochenen, aber trotzdem noch binnenmythischem Denken an. Der für das mythische Denken an sich charakteristische Polytheismus hatte sich seit dem 7. Jh v. Chr. auf dem Hintergrund der Forderung nach der Alleinverehrung Jahwes und der mit ihr verbundenen Kritik an den fremden Göttern zum Monotheismus fortentwickelt, ohne dass darüber die mythische Aussage als solche problematisch geworden wäre. Im Zuge des in der Perserzeit einsetzenden „literarischen Paganismus“[27] konnte sich ein Glaube an das Wirken der Engel entwickeln, unter denen die Erzengel als die engsten Mitglieder des einst von den Göttern gebildeten himmlischen Hofstaates eine besondere Rolle spielten.[28] Aus dieser Geisteshaltung heraus konnten die in den Kreisen der Frommen zu suchenden Schreiber der frühhellenistischen Zeit den altisraelitischen Totenglauben mit der Vorstellung von einem differenzierten Zwischenzustand in der Unterwelt wesentlich verändern und dann den prophetischen Glauben an die bevorstehende Weltenwende durch die Aufnahme des Mythologems vom Totengericht neu bestimmen.[29] Für den alten Unterweltsgott Môt, der in Hi 18,14 als König der Schrecken erwähnt wird,[30] blieb in der umgestalteten Unterwelt zunächst kein Raum mehr; denn die Aufsicht über die Seelen der Toten führte nun der Erzengel Rafael.[31]

---

vermittelten verwandelnden Erfahrungen ebd. 75–97. Insgesamt liegt der Schluss nahe, dass die hinter I Hen stehenden jüdischen Weisen den altisraelitischen Totenglauben unter dem Einfluss der in den hellenistischen Mysterienkulten vermittelten Jenseitsvorstellungen modifiziert haben.

27 Niehr, Gott, 210–220.

28 Zur scharfen Trennung zwischen Jahwe und der Totenwelt vgl. Tromp, Conceptions, 197–210.

29 Vgl. dazu Hengel, Judentum, 360–369; Kaiser, Gott III, 313–316 und unten, 351–354.

30 Vgl. Niehr, Religionen, 35–36.

31 Vgl. I Hen 21,2–3 und 22,3, zu den Erzengeln Bietenhard, Welt, 107–108. – Dass sich die Unterwelt alsbald wieder mit dem Höllenfürsten und seinem Gefolge bevölkerte, steht auf einem anderen Blatt; vgl. dazu Bousset/Gressmann, Religion, 331–339; Russel, Method, 249–262; von der Osten-Sacken, Gott, 239–241.

Der altisraelitische Totenglaube, den wir nur in seiner biblisch gereinigten Form kennen, entsprach in seinen Grundzügen dem, was uns aus den einschlägigen Texten der verwandten westasiatischen Kulturen und den homerischen Epen bekannt ist.[32] Danach verlässt die Seele (נֶפֶשׁ) als die normaler Weise unsichtbare Trägerin der leib-seelischen Individualität im Augenblick des Todes den Leib, um als schattenhafte Totenseele in die Unterwelt hinab zu fahren, während das allgemeine Lebensprinzip in Gestalt der רוּחַ oder Atemseele zu Gott zurückkehrt, der sie gegeben hat (Ps 104, 2–3; Koh 12,8).[33] Aus der Überlagerung altsteinzeitlicher Vorstellungen vom lebenden Leichnam und der jüngeren Seelenvorstellung ergab sich die Vorstellung, dass der Übergang der Seele über den Totenstrom (Hi 33,18)[34] in die Unterwelt von dem *rite* vollzogenen Begräbnis abhängt.[35] Daher galt es als die schlimmste, weil die Postexistenz betreffende Strafe, einem Menschen ein Eselsbegräbnis zu geben und das heißt: ihn auf den Schindanger zu werfen (Jer 22,18–19) oder seine Gebeine aus dem Grabe zu reißen und zu Kalk zu verbrennen (Am 2,1). Denn das eine schloss das Ruhen im Kreise der Sippe aus (Gen 25,8; II Reg 22,51), während das andere zur vollständigen Vernichtung führte. Die נֶפֶשׁ des Unbestatteten geriet in den untersten und dunkelsten Teil der Scheol, der Unterwelt (Jes 14,15.19–20), in dem sich die unbeschnittenen Frühgeburten und die Schwerterschlagenen befanden, denen beiden kein rituelles Begräbnis zuteil wurde (Ez 32,29).[36]

Abgesehen von der kurzzeitigen Rückkehr in die Oberwelt in Folge einer mit bestimmten Riten verbundenen Totenbeschwörung, von der die Erzählung von Sauls Besuch bei der Frau in En Dor in einer mehrfach bearbeiteten Gestalt berichtet (I Sam 28,3–25),[37] rechnete man nur noch in Sonderfällen mit einer Entrückung, wie sie im Alten Testament allein von

32 Vgl. Kaiser, Tod, 25–60 und jetzt umfassend Fischer, Tod, 47–122 und zu den mit der Unterwelt verbundenen Vorstellungen immer noch Tromp, Conceptions, 129–196.

33 Vgl. dazu Kaiser, Gott II, 290–295.

34 Das Wort שֶׁלַח bedeutet hier nicht „Wurfgeschoss“, sondern den Unterweltsfluss, vgl. aber die Wiedergabe der Diskussion bei Loretz (UF 7/1975), 584–585, jetzt in HAL, 1405 als שֶׁלַח IV „Kanal, Wasserrinne“ geführt.

35 Vgl. dazu Kaiser, Tod, 44–48.

36 Vgl. dazu Eissfeldt, Schwerterschlagene, 1–8.

37 Vgl. dazu umfassend Tropper. Nekromantie, und weiterhin Jeffers, Magic, 168–189; Loretz, Nekromantie, 286–318; Niehr, Religionen, 64–66, und Fischer, Tod, 115–122.

Henoch (Gen 5,24) und Elia (II Reg 2,3.11) berichtet wird.[38] Ihr Ziel war anders als im Gilgamesch-Epos oder in den homerischen Hymnen keine Insel der Seligen, kein Elysium, sondern die himmlische Welt Gottes (II Reg 3,11). Die Unterwelt galt dagegen wie bei den archaischen Griechen und den alten vorderasiatischen Völkern als das Land ohne Wiederkehr (Hi 7,9).[39]

4. Die Umformung des altisraelitischen Totenglaubens durch die Hoffnung auf die Entrückung der Frommen in Ps 49 und 73

Die alttestamentlichen Texte, die über dieses Konzept hinausführen, stammen vermutlich erst aus hellenistischer Zeit. So finden sich in den Ps 49 und 73 Hinweise auf eine Entrückung der Frommen aus der Unterwelt.[40] Von beiden Liedern stellt zumal Ps 49 den Text- und Literarkritiker vor schier unlösbare Probleme. Alles spricht dafür, dass der Lehrpsalm eine längere Geschichte hinter sich hat, in deren Verlauf schließlicht das Bekenntnis zur Entrückung aus der Unterwelt durch Gott in V.16 eingefügt worden ist. Der Ps 73 erweist sich demgegenüber als geschlossener, doch besteht auch bei ihm der begründete Verdacht, dass die entscheidenden V.23–26 eine jüngere Korrektur der zunächst immanenten Lösung der durch das Glück der Gottlosen ausgelösten Glaubenskrise darstellen.

In Ps 49,16 bekennt der Weisheitslehrer, dass Gott seine נֶפֶשׁ aus der Gewalt des Todes befreien (פָּדָה) und ihn aus der Macht der Unterwelt entrücken (לָקַח) werde.[41] In ähnlicher Weise lautet das Vertrauensbekenntnis des Beters in Ps 73. Er erklärt in den V.23–24, dass er beständig bei Gott bleiben werde, der seine Rechte festhalten und ihn danach auf herrliche Weise (כָּבוֹד) entrücken werde (לָקַח). In beiden Psalmen geht es um die Überwindung der Anfechtung. In Ps 49 besteht sie in dem Reichtum der törichten Feinde des Lehrers. In dem Grundtext wird sie durch den ausführlichen Hinweis darauf gestillt, dass auch die Reichen sterben und in die Unterwelt wandern müssen. In dem Grundtext des 73. Psalms bekennt der Dichter, dass er das unberechtigte seiner durch das Glück der Gottlosen

38 Vgl. dazu ausführlich Schmitt, Entrückung, der auch die religionsgeschichtlichen Parallelen behandelt, und zur literarischen Schichtung von II Reg 2,1–18 Würthwein, Könige II, 273–274.

39 Vgl. dazu Tromp, Conceptions, 187–196.

40 Vgl. dazu die sprachlichen Nachweise für beide Psalmen bei Schmitt, Entrückung, 249–252 bzw. 304–309.

41 Vgl. dazu Kaiser, Gott III, 312.

ausgelösten Zweifel erkannte, als er sah, dass die gottlosen Toren in die Fallstricke Gottes geraten.[42]

Einem Späteren genügten diese Tröstungen nicht, weil sich die ideale biblische Entsprechung von Gerechtigkeit und Leben in den Grenzen des irdischen Lebens nicht verifizieren lässt. Doch statt Gott abzusagen, gab er der Gewissheit auf seine Rettung aus der Unterwelt Ausdruck. So fügte er in Ps 49,16 das Vertrauensbekenntnis ein:

Doch Gott wird meine Seele befreien
aus der Gewalt der Unterwelt; denn er wird mich entrücken.

Gleichgültig ob man das Wort נַפְשִׁי als poetischen Ersatz für das Personalpronomen betrachtet oder wörtlich nimmt, wird hier vorausgesetzt, dass sich die Seele in der Unterwelt befindet, ehe sie von dort entrückt wird. Das zeigt noch einmal, dass die Behauptung, dass nach dem Alten Testament mit dem Tode alles aus sei, die Sache missverständlich ausdrückt: Mag die Seele auch von dem, was auf Erden geschieht, gar nichts wissen (Koh 9,5–6) und allenfalls durch bestimmte, ihre Nachkommenschaft betreffende Schläge aus ihrer Apathie aufgestört werden (Jer 31,15),[43] so existiert sie trotzdem als eine Potenz, die Gott erneut aktualisieren kann. Dabei kann das Ziel der Entrückung im Horizont der alttestamentlichen Vorstellung von Gottes himmlischem Wohnsitz nur die himmlische Welt sein.[44]

In vergleichbarer Weise wurde nun auch in Ps 73,23–26 ein Vertrauensbekenntnis eingefügt, das dem Glauben an die Unverbrüchlichkeit der Gottesbeziehung des Frommen Ausdruck verleiht (Ps 73,23–24):

Doch ich bin immer bei dir;
denn du hältst meine rechte Hand.
Du führst mich nach deinem Plan
und entrückst mich danach auf herrliche Weise.

Hier wird hinter den Bericht des Beters in den V.16–22, dass er angesichts des Endes der Gottlosen zu der Einsicht gelangt war, dass er sich in seiner Anfechtung wie ein Narr benommen hatte, das Bekenntnis der Gewissheit der Treue Gottes über den Tod hinaus und damit im zukünftigen Leben entgegengestellt. Der Gott, in dessen Fallstricken sich die Gottlosen

42 Vgl. dazu Kaiser, Gott III, 311. Lies in V.17 עד ראתי מוקשי־אל („bis dass ich die Fallstricke Gottes sah“).

43 Vgl. auch Aristot. EN 1100a.29–30.

44 Das trifft auch für Ps 73,24 zu, wo die Versicherung des Beters in V.25, dass er weder die Himmlischen noch die Irdischen über seine Gemeinschaft mit Gott stellt, nicht dagegen spricht.

verfangen (V.17), ist für immer des Frommen Teil (V.26b).[45] Der Tod ist nicht das Ende der Gerechten, weil ihn Gott auf seine Weise entrücken wird. Diese Rettung betrachtet der Dichter hier weder als eine solche aus höchster Lebensgefahr (in der sich der Klagende bereits in der Unterwelt befindlich verstand),[46] noch wie im Fall Henochs und Elias als eine Entrückung zu seinen Lebzeiten. Sondern wie in Ps 49,16 handelt es sich auch hier um die Gewissheit seiner Entrückung nach seinem Tode aus der Unterwelt.[47] Auch wenn man das כָּבוֹד in V.24 statt adverbial lokal versteht, ändert sich nichts daran, dass hier ein Zeugnis der Erwartung vorliegt, dass die Seelen der Gerechten aus der Unterwelt in die himmlische Welt Gottes entrückt werden, wie es I Hen 104,1–4 ausdrücklich verheißt. Das hier seinen Ausdruck findende Denken bleibt damit im Bereich gegenständlichen Vorstellens, wie es dem Mythos eigen ist. Die Transzendenz im platonischen Sinne als ein ἐπέκεινα τῆς οὐσίας zu denken (Plat. rep. VI.509b 8–9), ist dem vorphilosophischen Denken verschlossen.[48] Andererseits ließ sich der Widerspruch zwischen dem religiös-sittlichen Sollen und dem faktischen Dasein, zwischen Tun und Ergehen nur mittels der Überschreitung der Todesgrenze auflösen: Das Mythologem besitzt daher ebenso eine tröstende wie eine ermahnende Funktion: Es tröstet die Angefochtenen mit der Verheißung der ewigen Gemeinschaft mit Gott und ermahnt sie, dies herrliche Ziel nicht durch frevelhaftes Handeln aufs Spiel zu setzen.

45 Vgl. dazu Kaiser, Gott III, 309–313.

46 Vgl. dazu Barth, Errettung, 91–122.

47 Die Ansichten der Ausleger sind ähnlich wie bei Ps 49,16 auch in diesem Fall gespalten. So bestreitet z. B. Barth, Errettung, 163 die eschatologische Deutung, während sie Seybold, Psalmen, 284 immerhin als möglich bezeichnet. Zenger, in Hossfeld/Zenger, Psalmen II, 350–351 referiert die unterschiedlichen Deutungsmöglichkeiten des לקח und übersetzt es mit „zu sich nehmen", was sachlich einem „entrücken" entspricht, vgl. schon ders., Nacht, 450–451. Zu den älteren Auslegungen vgl. die Übersicht bei Briggs, Psalmen II, 147. Er selbst spricht sich für die eschatologische Deutung aus. Für sie haben auch Duhm, Psalmen, 283, Kittel, Psalmen, 249; Weiser, Psalmen II, 350 und Schmitt, Entrückung, 283–288 plädiert.

48 Vgl. aber den jüdischen Religionsphilosophen Mose B. Maimon, Führer, 160–170 zu den Eigenschaften Gottes.

5. Die Mythe vom Totengericht und der Entrückung im I Henochbuch

Die ältesten literarischen Zeugnisse für diesen Glauben liegen im I Henochbuch, genauer in dem die ersten 36 Kapitel umfassenden Wächterbuch und in dem von c.92–104 reichenden Brief Henochs vor. Jenes stammt aus dem letzten Drittel des 3., dieser aus dem ersten des 2. Jh. v. Chr. Dabei setzt schon das Wächterbuch mit seiner Schilderung der unterschiedlichen Gelasse für die Totenseele in I Hen 22 die Vorstellung vom Totengericht voraus. Das religionsgeschichtlich Besondere des Kapitels liegt darin, dass es zwischen dem Tod und dem Totengericht einen Zwischenzustand der Seelen einfügt: Der endgültigen Scheidung im Totengericht entspricht bereits eine vorläufige im Zwischenzustand.

Das eigentliche Interesse der Beschreibung der unterschiedlichen Gelasse der Unterwelt in I Hen 22 liegt freilich in der überlieferten Gestalt nicht bei dem Zwischenzustand als solchem, sondern bei dem speziellen Geschick der Ermordeten. Ganz im Sinne von I Hen 1,9 versichert Henoch in der ihm in seinem Bericht über seine zweite kosmische Reise in den Mund gelegten Beschreibung der Unterwelt, dass ungesühnter Mord am jüngsten Tage seine verdiente göttliche Strafe finden wird. Daher steht die im überlieferten Text in den V.5–7 erwähnte Stimme des Klagenden für die Geister derer, die über ihre ungerächte Ermordung klagen (V.12), im Zentrum. Ihr Schicksal hängt mit dem der anderen Toten zusammen.[49] Entfernt man diese Verse, so bleiben drei unterirdische Gelasse für die drei Klassen der Totengeister zurück, der Gerechten, der Sünder und der Sündergenossen.[50] Von ihnen bewohnen die Geister der Gerechten eine von einer leuchtenden Quelle erhellte Höhle (V.2 und V.9), während die beiden anderen Höhlen in tiefem Dunkel liegen (V.2). Aus ihnen sollen die Geister der Sünder, die nicht bereits zu ihren Lebzeiten bestraft worden sind, vor dem göttlichen Tribunal erscheinen, während die Geister der Sündergenossen[51] weder bestraft noch aus ihrer Höhle befreit werden (V.11 und 13). Dass die Geister der Gerechten sich ebenfalls nur bis zum Jüngsten Tage in der Unterwelt befinden, wird als selbstverständlich vorausgesetzt und daher nicht erwähnt. Die Lücke schließt I Hen 104,1–6: Hier liegt das Interesse des Berichterstatters ganz bei den gerechten Frommen: Sie können furchtlos und unerschrocken ihrem

49 Vgl. dazu Wacker, Weltordnung, 179–184.

50 Vgl. dazu Kaiser, Gott III, 313–316.

51 Bei ihnen handelt es sich möglicher Weise um Juden, die sich mit Heiden gemein gemacht haben, Wacker, Weltordnung, 191.

Tod entgegengehen, weil ihre Geister von Gott nicht vergessen werden, sondern, am Ende in eine Lichtgestalt verwandelt, Genossen der Engel werden.[52]

So geht es in den eschatologischen Verheißungen der Spätzeit des Zweiten Tempels darum, die chasidisch gesinnten Gemeinschaften in ihrer Treue zur Tora durch die Hoffnung zu bestärken, dass ihre Geister zum ewigen, himmlischen Leben bestimmt sind, während die gottlosen Frevler ewige Pein erwartet. Das Danielbuch belegt diese Erwartungen für die Makkabäerzeit,[53] die Psalmen Salomos für das zweite Drittel des 1. Jh. v. Chr.[54] und die Weisheit Salomos für das ausgehende 1. Jh. v. oder frühe 1. Jh. n. Chr.[55] Darüber hinaus bezeugt die beachtliche Anzahl der in der 4. Qumranhöhle entdeckten Handschriftenfragmente des I Henochbuches, welcher Beliebtheit sie sich in den eschatologisch gesinnten Kreisen des Judentums vom Ende des 3. vor- bis zur Mitte des 1. nachchristlichen Jahrhunderts erfreuten.[56]

Dabei stellt sich im Blick auf die sich auf Offenbarungen des nach Gen 5,24 von Gott entrückten Urvaters Henoch berufenden Schriften die Frage, wie sie zu solchem Ansehen gelangten. Denn es ist kaum denkbar, dass den Zeitgenossen ihr pseudepigrapher Charakter völlig verborgen geblieben ist. Die Rezeption der pseudepigraphen Schriften scheint demnach nicht unter dem heute selbstverständlichen Gesichtspunkt der realen Verfasserschaft, sondern dem der Autorität erfolgt zu sein, der sie durch eine entsprechende Zuweisung unterstellt worden waren. Weil man die hier vorgetragenen Lehren als sinnvoll verstand, gab man sich mit ihrer Unterstellung unter eine anerkannte, in der Schrift bezeugte Autorität zufrieden.[57] Das bedeutet im Blick auf die hier behandelten Texte und Vorstellungen: Weil das Rätsel des fragmentarischen und oft genug im Widerspruch zu den biblischen Verheißungen stehenden Schicksals der Frommen wie der Frevler in ihnen eine Sinngebung erfuhr, wurden die Mythen vom End- und Totengericht angenommen, ohne sich an ihrem pseudepigraphen Charakter zu stoßen.

52 Zum Text von I Hen 104,6 vgl. Black, Enoch, 317 und 382.

53 Vgl. Dan 12,2–3 und dazu Kaiser, Gott III, 316–317.

54 Vgl. PsSal 3,11–12 und 13,11–12 und dazu oben, 101 u. 112.

55 Vgl. z. B. Weis 3,1–10; 5,15–23, zur Unsterblichkeit 1,13–15; 3,4; 4,1; 8,13–17; 15, 3 und dazu Reese, Influence, 62–71 und Neher, Weg, 75–90; Kaiser, Letzten Dinge, 75–91 = ders., Weisheit, 1–17 und unten, 358–362.

56 Vgl. dazu Milik, Enoch, 4–69 bzw. García Martínez, Qumran, 45–105 und zur Diskussion über Alter und Herkunft der Bilderreden I Hen 37–72 Uhlig, Äthiopische Henochbuch, 573–574.

57 Vgl. dazu Meade, Pseudonymity, 101–102.

Nach den über der Tora stehenden Segensverheißungen und Fluchandrohungen sollte den Gerechten ein glückliches und den Frevlern ein schreckliches Los zuteil werden (vgl. Dtn 28,1–14 mit 28,15–68; Ps 1). Diese Gleichung ging in der Wirklichkeit nicht auf. Überzeugt von der Gültigkeit der göttlichen Zusagen verlegte man ihre Bewährung auf den in absehbarer Zeit erwarteten Jüngsten Tag. So diente die Aufnahme der Mythe vom Totengericht und der Entrückung der Frommen in die ewige Gottesgemeinschaft ebenso als Trost für die angefochtenen Getreuen (חֲסִידִים) wie als Warnung an die selbstsicheren Gottesverächter (Weish 2,1–3,11).

6. Die Funktion des Mythos in Platons Phaidon

6.1. Platons gebrochenes Verhältnis zum Mythos am Beispiel des Phaidon exemplifiziert

Die Hebräische Bibel wie die späten, nicht mehr in sie aufgenommenen jüdischen apokalpytischen Schriften machen vom Mythos fallweise Gebrauch, ohne über seine Eigenart zu reflektieren: Selbst der biblische Rationalismus des dtn-dtr Traditionskreises gehört noch dem binnenmythischen Denken an. Der Unterschied zwischen religiöser Vorstellung und begrifflichem Denken ist für ihre zunehmend schriftgelehrten Schreiber noch kein Problem. Dagegen begegnet uns in Platon ein Denker, der um es weiß und daher ein ironisch-gebrochenes Verhältnis zum Mythos besitzt. Er kennt die Grenzen des vorstellenden Denkens. Trotzdem setzt er den Mythos dort ein, wo die operative Vernunft die Auskunft versagt. Das ist ebenso bei der Frage der Herkunft wie bei der nach der Zukunft des Menschen der Fall. Beide verschlingen sich bei ihm zu dem eigentümlichen Mythos von Tod und Wiedergeburt. Als Beispiel dafür soll der Dialog dienen, der von den letzten Stunden im Leben des Sokrates handelt und darüber berichtet, wie er seinen Getreuen zu erklären suchte, warum er seinem Tod gelassen entgegensah und wie auch sie dem ihren gelassen entgegensehen könnten.

6.2. Die Einführung und die Voraussetzung der Beweise für die Unsterblichkeit der Seele

Leider müssen wir es uns in diesem Zusammenhang versagen, die eigenartig gebrochene Stimmung des Phaidon nacherzählend zu vergegenwärtigen. Nur dies sei über die Szene gesagt, dass der Philosoph Phaidon aus Elis seinem Kollegen Echekrates aus Phleos von den letzten Stunden des Meisters als Augenzeuge berichtet. Phaidon war damals ein schlankwüchsiger Jüngling (Phaid. 102b5–6), dem Sokrates besonders zugetan war, so dass er gern mit seinen Locken zu spielen pflegte (89a9-b4).[58] Nun gedenkt der reife Mann des längst verblichenen Lehrers, der alle, die seinem Sterben beiwohnten, durch seine furchtlose Gelassenheit in Erstaunen setzte, so dass sie in eine unbegreifliche Stimmung gerieten, die zwischen Freude und Leid, Lachen und Weinen schwankte (58b1–59b2).

In der weithin durch Simmias und Kebes, die beiden Schüler des Philolaos von Theben, bestimmten Unterredung nehmen sehr bald zwei Thesen eine zentrale Stellung ein, die den Freunden des Weisen und natürlich dem Leser erklären sollen, warum Sokrates so gelassen in den Tod gegangen ist. Die erste besagt, dass jeder wahre Philosoph im Innersten zu sterben bereit sei (vgl. 61b7-c9 mit 64ac4–7). Die zweite begründet dies mit der Hoffnung, dass die Toten eine Zukunft besitzen, in der es den Guten besser als den Schlechten geht (63c4–7). Beide von Sokrates aufgestellte Thesen führen dazu, dass Simmias ihn zur Verteidigung seiner Ansichten auffordert, die weiterhin zu den drei Beweisen für die Unsterblichkeit der Seele führt.

Der Leser der von 63 bzw. 69 bis 115a reichenden Verteidigungsrede des Sokrates, die ein Gegenstück zu der in der Apologie darstellt, tut gut daran, auf die Unter- und Nebentöne zu achten. Platon lässt schon in 63b-c keinen Zweifel daran, dass die Furchtlosigkeit des Sokrates nicht auf einem Wissen, sondern auf einem Glauben und der von ihm gespeisten Hoffnung beruht. So erklärt Sokrates, dass er unrecht täte, den Tod ohne Murren willkommen zu heißen, wenn er nicht glaubte, zu anderen guten und weisen Göttern zu kommen und damit zugleich zu Verstorbenen, die besser als die Lebenden sind.[59] Dabei gesteht er sogleich ein, dass er letzteres freilich nicht ganz sicher behaupten könne, aber ersteres behaupten wolle. Aus diesem Glauben erwächst seine Hoffnung, dass es etwas für die Toten gibt. Mithin handelt es sich bei den nachfolgenden Beweisen um stützende Argumente für den Glauben daran, dass unser irdisches Leben kein Fragment bleibt, sondern sich in einen größeren Lebenszusammenhang einfügt.

Der dreifache Beweisgang basiert auf der in 64c 2–9 vorgetragenen und von Simmias akzeptierten und mithin als selbstverständliche Denkvoraussetzung zu betrachtenden These, dass es sich bei dem Tod um die Trennung von Leib und Seele handelt: „*das Gestorbensein wäre dies, dass der Leib von der Seele getrennt worden und für sich ist und dass die Seele vom Leib getrennt*

58 Vgl. dazu von Wilamowitz-Moellendorff, Platon II, 47–67, bes. 56–59.
59 Vgl. auch Plat. apol. 41a-c.

worden und für sich ist" (64c 5–8).[60] Dieser Satz lässt sich freilich unterschiedlich füllen. So wendet Kebes denn auch gegen die damit verbundene positive Erwartung des Sokrates in 69e 6–70a 6 ein, dass die These von dem künftigen Geschick der Seele bei den Vielen großen Unglauben finde. Denn nach ihrer Überzeugung fahre die Seele wie ein Hauch oder Rauch aus dem Leibe und verfliege.[61] Für den platonischen Sokrates steht (wie wir in 70c5–8 erfahren) dagegen aufgrund eines παλαιὸς λόγος, einer „alten Lehre", fest, dass die Seelen „*von hier kommen und dann dort sind und dass sie doch wieder hierher zurückkehren und aus den Gestorbenen entstehen.*"[62] Es handelt sich also nicht mehr um die homerische Seele als Vitalitätsprinzip mit ihrem schattenhaften Nachleben, sondern um eine Seele als substantiellen Inbegriff der Person des Menschen mit all seinen sensitiven und noetischen Fähigkeiten, die unzerstörbar eine Kette von Inkarnationen durchläuft.[63]

6.3. Der dreifache Beweisgang für die Unsterblichkeit der Seele

Damit ist das Motiv für den 1. Beweisgang in 70c 4–72d 10 bzw. (ziehen wir die stützenden Argumente vom Lernen als Anamnesis, als Wiedererinnerung, mit ein) bis 78b 1 gegeben: Da alles aus seinem Gegenteil entsteht, entsteht nicht nur aus dem Leben Tod, sondern auch aus dem Tod Leben. Denn andernfalls wäre am Ende alles tot. Also gebe es einen Kreislauf der Seelen. Es ist offensichtlich, dass der Beweis voraussetzt, was er beweisen will. Denn gesetzt, es verhielte sich so, dass es einen permanenten Umschlag aller Dinge in ihr Gegenteil gäbe, so wäre damit das Überdauern des Individuums noch nicht garantiert.[64] Mithin wird in dieser Argumentation die Fortdauer der individuellen Seele vorausgesetzt und lediglich in einen umfassenden analogen Prozess eingefügt. Offenbar war Platon sich dieser Schwäche be-

60 Zu der von Sokrates/Platon eingeschlagenen Methode, auf längere Reden zu verzichten und stattdessen eine knapp vorgestellte These zu diskutieren und sich auf diese Weise schrittweise der Wahrheit zu nähern, vgl. Heitsch, Beweishäufung, 497.

61 Vgl. auch Weish 2,2–4.

62 Vgl. dazu Ebert, Phaidon, 169.

63 Vgl. dazu von Wilamowitz-Moellendoff, Platon II, 61 und zur Frage, wie sich Platons Unsterblichkeitsglaube zum historischen Sokrates verhält, Jaeger, Immortality, 287–299. bes. 294 und Vlastos, Socrates, 53–55, die sie beide verneinen, aber auch Brickhouse/Smith, Socrates, 210–211, die sie unter Verweis auf Plat. apol. 40c 4–9 bejahen.

64 Zum Aufbau der Diskussion vgl. Ebert, Phaidon, 170.

wusst; denn er lässt ihn Sokrates (angeregt durch einen entsprechenden Hinweis des Kebes) sogleich durch das weitere, aus dem Menon bekannte Argument stützten (Men. 85b 8–86c), dass unser Lernen Wiedererkennen sei (72e 2–78b 1).[65]

Der zweite Beweisgang in 78b2–84b8 erschließt die Unsterblichkeit der Seele daraus, *dass alles Sichtbare Veränderungen erleidet, das eigentlich Seiende aber nicht.* Der Leib ist nun dem Sichtbaren und Sterblichen zugehörig, die Seele aber dem Unsichtbaren, Göttlichen und Unsterblichen.[66] Daher wird sie sich an den ihr gleich gearteten unsichtbaren und reinen Ort zu dem guten und vernünftigen Gott begeben, zu dem auch Sokrates' Seele *deo volente* alsbald aufbrechen muss (80d 5–8). Also wird die Seele nicht wie ein Rauch verwehen, sondern, wenn sie rein ist, in einen ihrem Wesen ähnlichen Bereich aufbrechen (80d 1).

Daraus lässt Platon seinen Sokrates ein unterschiedliches Los der Seelen der zu ihren Lebzeiten Schlechten, der nur durch Gewohnheit und Übung der bürgerlichen Tugend Nachstrebenden und der Philosophen ableiten, eine Gedankenführung, in der sich Humor und Ernst auf eigenartige Weise mischen. So sollen die Seelen der Schlechten der Erde verhaftet bleiben, um Grabmäler und Gräber spuken und umherirren, bis ihre Begierde sie antreibt, sich wieder mit einem entsprechenden Leib wie z. B. dem eines Esels oder Wolfes zu verbinden. Die Seelen, die aus Gewohnheit und Übung der Besonnenheit (σωφροσύνη) und der Gerechtigkeit (δικαιοσύνη) nachstreben, sollen sich später in geselligen und sanften Tieren inkorporieren. In das Geschlecht der Götter aber gelange dagegen niemand, der nicht vollständig rein abgegangen und der Weisheitsliebe ergeben war (81b 8–82c 1).[67] Daraus ergebe sich, dass die Seele der philosophisch Gesinnten sich nicht von Lust und Unlust, von ἡδοναῖς καὶ λύπαις umtreiben lässt, sondern dem Vernünftigen (τῷ λογισμῷ) folgt und das Wahre und Göttliche anschaut, von allen menschlichen Übeln erlöst zu dem ihm Verwandten gelangen werde (84a 1-b 8).

Blicken wir zurück, so erkennen wir, wie Platon hier den philosophischen Glauben an die Unsterblichkeit mit dem orphisch-pythagoreischen Reinkarnationsgedanken verbindet (vgl. 70b 5–8). Andererseits gehört der Gedanke der Reinigung auch zu den eleusinischen Mysterien. Der äußeren Reinigung der Mysten entspricht bei Platon freilich die innere Reinigung der

65 Vgl. dazu Heitsch, Beweishäufung, 514–515 und Ebert, Phaidon, 199–202.
66 Zu diesem „Ähnlichkeitsargument" vgl. Heitsch, Beweishäufung, 516–517.
67 Vgl. dazu auch Ebert, Phaidon, 270–271 und 290–296.

Seele durch die Philosophie, die dadurch den Rang der wahren Mystagogin erhält (69c3 –d2).

Platon gibt sich mit dem Erreichten nicht zufrieden, sondern lässt erst Simmias und dann Kebes weitere Bedenken vorbringen. Dabei vertritt Simmias die These, dass die Seele gleichsam eine ἁρμονία, eine harmonische Melodie, sei, die auf den Saiten des Leibes gespielt werde. Der aber sei eine Mischung aus Gegensätzlichem, und so löse sich die Seele durch Krankheit und Tod zusammen mit dem Leibe auf (85e3 – 86d3).[68]

Es ist erstaunlich, wie Platon Simmias seine Bedenken einleiten und Sokrates darauf reagieren lässt: Simmias begründet seinen Einspruch mit der Erklärung, er denke ungefähr so wie Sokrates, dass sich über das, was den Menschen nach dem Tod erwartet, in diesem Leben entweder gar nichts oder doch nur sehr schwer etwas Sicheres wissen lasse. Doch müsse man zumindest erreichen, die beste und unwiderleglichste unter den menschlichen Ansichten (λόγοι) herauszufinden und sich ihr im weiteren Leben anvertrauen (85c 1 – 4). Sokrates bescheinigt ihm daraufhin lächelnd, dass er richtig geredet habe, um dann in die Runde zu blicken und den, der eine bessere Ansicht wisse, herauszufordern (86d 4 – 6).[69]

Aber zunächst macht sich Kebes durch sein unruhiges Verhalten bemerkbar, so dass auch er die Möglichkeit erhält, seine Bedenken vorzutragen. Die von Sokrates entwickelten Beweise hätten ihn zwar überzeugt, dass unsere Seelen eine Präexistenz besitzen. Aber man wisse trotzdem nicht, ob sich ihre Kraft im Laufe der Inkarnationen nicht erschöpfe, so dass sie schließlich umkomme und sich der gute Mut angesichts des Todes als unverständig (ἀνόητος) erweise (86e6 – 88b9).[70]

So scheinen die von Sokrates vorgetragenen Beweise durch Simmias und Kebes erschüttert zu sein, was Platon Echekrates, der den Bericht des Phaidon unterbricht, ausdrücklich feststellen lässt (88c8-e3).[71] Sokrates aber habe, wie Phaidon weiterhin berichtet, auch in dieser Lage seine souveräne Ruhe bewahrt und mit Phaidons schönen Haaren gespielt (89a 9-b11). Simmias aber habe sich durch den Hinweis auf die zuvor erzielte Einigung darüber, dass der Glaube an die Reinkarnation auf dem Phänomen des Lernens beruhe, schnell zum Widerruf seines Einwurfes als einer unbegründeten Meinung bewegen lassen (91c6 – 92e 3). Das aber habe Sokrates nicht daran gehindert, die Behauptung, dass die Seele eine ἁρμονία sei, als

68 Vgl. dazu Heitsch, Beweishäufung, 518 – 519.
69 Vgl. dazu Ebert, Phaidon, 289 – 290.
70 Vgl. dazu Ebert, Phaidon, 290 – 296.
71 Vgl. dazu Ebert, Phaidon, 297 – 298.

unsinnig zu widerlegen. Denn wenn sie das wäre, ließe sich weder ihre Möglichkeit, unsittlich zu handeln, noch die, sich gegen den Leib zu wenden, erklären (92e 4–95a 2).[72]

Schwieriger sei es Sokrates erschienen, den Einwand des Kebes zu widerlegen, weil er ein Verständnis des Prozesses vom Werden und Vergehen voraussetze. Diese Aufgabe zu lösen, sei jedoch selbst den zeitgenössischen Naturphilosophen nicht gelungen. Daher lässt Platon Sokrates nach einer Vorbereitung am Beispiel von Urteilen über Schönheit, Größe und Kleinheit, Einheit und Zweiheit als Teilhabe an diesen Begriffen (99d4–102a2),[73] den *dritten, sich auf die Ideenlehre stützenden Beweisgang* antreten: Nach ihm schließe jede wesentliche Eigenschaft die ihr entgegengesetzte aus (102a10–107a7).[74] Sokrates verdeutlicht dann an einer Reihe von Beispielen, dass es Eigenschaften gibt, die sich nur als Teilhabe an einem wesentlich Anderen erklären lassen: So könne es Schnee nicht ohne Kälte und Feuer nicht ohne Wärme geben. Gleichzeitig seien zwar die Kälte nicht nur mit dem Schnee und die Wärme nicht nur mit dem Feuer identisch, beide aber doch jeweils an sie gebunden. Denn der Erfahrung gemäß gebe es keinen warmen Schnee und kein kaltes Feuer. In ähnlicher Weise hätten ungerade Zahlen am Ungeraden und gerade am Geraden teil. Demnach schließe eine essentielle Bestimmung ihr Gegenteil aus. Mithin lasse sich in analoger Weise auch die Seele nicht vom Leben trennen. Sie stehe daher im Gegensatz zum Tod und sei daher unsterblich (106b1-c7). Im Tode gehe daher nur das Sterbliche zugrunde, während das Unsterbliche und Unvergängliche dem Tode ausweiche und unversehrt von dannen ziehe (106e5–7).[75]

Kebes hätte sich dadurch überzeugen lassen (107a2–7), Simmias aber hätte erklärt, dass auch er zwar dem Vorgetragenen seine Zustimmung nicht verweigern könne (ἀπιστεῖν), er sich aber angesichts der Größe des Verhandelten und der unübersehbaren menschlichen Schwäche genötigt sehe, seinen Zweifel gegen das Gesagte zu bewahren (107a9-b 3). Wiederum ist die Reaktion, die Platon Sokrates in den Mund legt, erstaunlich: Denn statt Simmias wegen seiner Zweifel zu tadeln, gibt er ihm erneut Recht, um dann seine Hörer aufzufordern, die jeweils angewandten Prinzipien zu prüfen (107b4–9).[76] Damit räumt Platon ein, dass die bisher vorgebrachten Be-

72 Vgl. dazu auch Heitsch, Beweishäufung, 520 und Ebert, Phaidon, 307.
73 Vgl. dazu Ebert, Phaidon, 346–349.
74 Zur 2. Diskussion mit Kebes vgl. Ebert, Phaidon, 371–372.
75 Zum ganzen Beweisgang vgl. Heitsch, Beweishäufung, 521–528 und Ebert, Phaidon, 372–412.
76 Vgl. dazu Heitsch, Beweishäufung, 528.

weise nur vorläufigen Charakter besitzen.[77] Er hat denn auch in seinen späteren Schriften nicht mehr auf sie zurückgegriffen.

6.3. Der große Schlussmythos

Trotzdem steht für Platon die grundlegende Voraussetzung von der Seele als individuellem und zugleich unsterblichem Kern der Persönlichkeit so unerschütterlich fest, dass er Sokrates sogleich folgern lässt, dass die Seele besonderer Fürsorge bedarf, wenn sie unbeschädigt ihre gefahrvolle Reise in die Unterwelt bestehen wolle. Im Blick auf die letzten Fragen entscheidet am Ende der Glaube, auch wenn die Vernunft um sein Risiko weiß.[78]

Damit ist die Einleitung zu dem großen Schlussmythos gefunden.[79] In ihm hat Platon aus der Tradition wie Homer, dem orphischen Liedgut, dem Volksglauben sowie jonischen und pythagoreischen Lehren ein ebenso facettenreiches wie imponierendes Ganzes geschaffen.[80] Sein Aufbau ist durchsichtig: In den eschatologischen Mythos von den unterschiedlichen Schicksalen der Seelen ist eine halb mythische, halb realistische Beschreibung der Erde eingefügt.[81] Einerseits bildet dadurch die einleitende Erzählung vom Geleit der Seelen in die Unterwelt und dem unterschiedlichen Verhalten der guten und der schlechten Seelen und den für sie bestimmten Orten (107d5–108c8) den Aufhänger für die Einschaltung des großen Mythos über die Erde. Andererseits gehen in ihm Realität und Mythos so in einander über, dass der Schluss mit seiner Schilderung der vier, sich in den Tartaros ergießenden Ströme als der Landschaft, in der sich das Schicksal der Seele entscheidet, eine geographische Basis für die anschließende zweite Hälfte des eschatologischen Mythos bildet (108d4–113c8).[82] Dabei entspricht die Unterscheidung zwischen der wahren und der irdischen, von den Lebenden bewohnten Erde Platons im Werden begriffener Vorstellung vom Kosmos der Ideen als der gegenüber der sinnlichen eigentlichen Welt.[83] Der

77 Zu den Beweisgängen als Lehrstücke über den Nutzen der Dialektik vgl. Ebert, Phaidon, 418–419.

78 Heitsch, Beweishäufung, 529.

79 Zur Jenseitserzählung vgl. Ebert, Phaidon, 421–422.

80 Guthrie, History IV, 361.

81 Vgl. dazu Friedländer, Platon II, 276–299.

82 Zu Platons Mythen über die unterschiedliche Zukunft der Seelen vgl. Pieper, Mythen, 36–46, zum Gedankengang der vorliegenden Jenseitserzählung Ebert, Phaidon, 441–443.

83 Vgl. dazu Friedländer, Platon II, 278–279.

abschließende eschatologische Mythos legt aus paränetischen Gründen den Nachdruck auf das unterschiedliche Geschick der Seelen. Er dient, wie Sokrates in 114c6–8 ausdrücklich erklärt, der Ermahnung, um der großen Hoffnung willen ein tugendhaftes und einsichtiges Leben zu führen. So entwirft Platon in 113d1–114c6 ein Bild vom vierfachen Los der Seelen: Nach der Entscheidung der Totenrichter werden die weder Guten noch Schlechten zum acherusischen See eingeschifft, an dessen Ufern sie ebenso für ihre schlechten Taten büßen müssen wie sie für ihre guten belohnt werden. Die wegen der Schwere ihrer Frevel Unheilbaren werden in den Tartaros geschleudert, dem sie nicht mehr entkommen. Die schwer gefrevelt haben, aber noch heilbar sind, werden Jahr um Jahr zu den acherusischen Gewässern empor geschleudert, bis ihnen ihre Opfer verziehen haben. Aber die Guten, die ein lauteres Leben geführt haben, werden zu Siedlern auf der reinen und wahren Erde.[84] Die anderen aber kehren (wie schon im einleitenden Teil 107e2–4 gesagt war) nach einer angemessenen Zeit und langen Umläufen wieder von dort nach hier zurück. Die höchsten Regionen aber bleiben den Philosophen vorbehalten (114c2–6; vgl. 81a3–10).

6.4. Die Funktion der mythischen Aussagen im Phaidon

Aber Platon will nicht, dass seine Leser über der reichen Ausgestaltung der Mythe das kritische Denken vergessen. Daher lässt er Sokrates sogleich erklären, wie das Vorausgehende zu verstehen sei (114d 1–7):

> „*Zu behaupten, dass sich das alles so verhält, wie ich es dargelegt habe, ziemt sich für einen Vernunft besitzenden Menschen nicht. Dass es sich jedoch so ähnlich mit unseren Seelen und ihren Wohnungen verhalten muss, wenn anders die Seele unsterblich ist, das scheint sich auch mir zu ziemen und wert zu sein, dass man es zu glauben wagt, dass es sich so verhalte. Denn es ist ein schönes Wagnis, und man muss sich gleichsam selbst* (wie durch Zaubersprüche) *besprechen.*“

Offensichtlich ist Platon davon überzeugt, dass die Vernunft des Menschen nicht in der Lage ist, mehr als das Dass der Unsterblichkeit als wahrscheinlich erscheinen zu lassen. Schon die Scheidung zwischen dem Los der Guten und Schlechten stellt eher ein durch die mythische Überlieferung gespeistes Postulat als eine philosophische Einsicht dar. Platons Einsicht in diesen Sachverhalt gibt seinem Verhältnis zum Mythos einen eigentümlich gebrochenen Charakter: Es ist nicht mehr naiv, sondern reflektiert. Weil das

84 Zur Kugelgestalt der wahren Erde vgl. 108e5 und 110b6–7 und dazu den Exkurs von Ebert, „Die Entdeckung der Kugelgestalt der Erde“, Phaidon, 445–454.

fragmentarische Leben des Menschen der an ihn gestellten sittlichen Forderung weder im Guten noch im Bösen entspricht, bedarf die Existenz des Glaubens an die Unsterblichkeit als letzten Sinnhorizont. Ihn versuchte Platon auf vielerlei Weise als vernünftig zu erweisen, zum einen mittels der Gedanken, dass alles aus seinem Gegenteil und also das Leben aus dem Tod entsteht; zum anderen mittels der von ihm als evident betrachteten Hypothese, dass alles Lernen Wiedererinnerung (ἀνάμνησις) ist; zum dritten mittels des Hinweises darauf, dass die unsichtbare Seele im Gegensatz zum Sichtbaren steht und als solche an der Unvergänglichkeit teil hat; und viertens und letztens, mit der Tatsache, dass kein Ding eine seinem Wesen entgegengesetzte Eigenschaft annehmen kann und also auch die Seele als Prinzip des Lebens nicht in den Tod übergehen kann. Dabei folgerte er aus seinem Verständnis der Seele als tätiger Vernunft, dass ihr religiös-sittliches Verhalten über die Art ihres Fortlebens entscheidet. So ist das Bewiesene zugleich das Vorausgesetzte; denn die Seele ist für Platon von Anfang an ein unsterbliches und sittlich verantwortliches Wesen. Aber das sind am Ende nur Hinweise von unterschiedlichem Wahrscheinlichkeitscharakter, denen ohne den Glauben an die Unsterblichkeit keine letzte Beweiskraft zukommt. Aus der Verantwortlichkeit des Menschen ergibt sich für Platon eine analoge Wahrheit des Mythos vom unterschiedlichen Seelengeschick.[85] Am Ende des Er-Mythos der *Politeia* steht denn auch der Satz, der den Schlüssel für die ganze platonische Eschatologie liefert: Αἰτία ἑλομένου· θεὸς ἀναίτιος (Die Schuld liegt bei den Wählenden, Gott ist unschuldig).

Platons gebrochenes Verhältnis zum Mythos lässt sich nicht besser beschreiben, als es Gerhard Krüger in *Einsicht und Leidenschaft* vor mehr als

85 Vgl. Plat. Gorg. 523a1–3 und 527a58, dazu Dodds, Gorgias, 376–377, der die genannten Belegstellen so deutet, dass Platon Sokrates in ihnen den Mythos als Logos bezeichnen lässt, weil er in bildlicher Sprache die Wahrheit der Religion ausdrücke. Dafür verweist er auf Plat. leg. 872d7–3 5, wo Platon seinen Athener den Mythos von der durch Dike gelenkten Vergeltung des Mordes als μύθος ἢ λόγος bezeichnen lässt, der durch Priester vor alters verkündet sei; vgl. auch 865d6-e6. In 927a3–5 lässt er ihn direkt erklären, dass diese Geschichten ἀληθεῖς, wahre seien und man ihnen wie auch den Gesetzgebern glauben solle, vgl. auch Plat. epist. VII 335a2–5 und zur Sache Dalfen, Gorgias, 480–483, bes. 481: „*Mythen sind das notwendige Komplement des logos im Sinn des vernünftigen Denkens und des rationalen Diskurses. Sie sprechen von Dingen und Bereichen, zu denen rationales Denken keinen Zugang hat und über die nicht in der Sprache der Logik gesprochen werden kann. … Platons Jenseitsmythen im Gorgias, Phaidon und in der Politeia sind Schlussmythen; sie schließen die großen Schriften ab, in denen es um die Frage nach der richtigen Lebensführung, nach dem Verhältnis der Gerechtigkeit und der anderen* aretai *zur* eudaimonia, *nach der Ordnung der Seele und des Staates geht. Die Mythen haben das letzte Wort.*“

siebzig Jahren getan hat, indem er erklärte: Der platonische Mythos ist „*ein Spiel', insofern er, angesichts der zu sich selbst gekommenen Vernunft, den Anspruch, wißbare, nachprüfbare Wahrheit zu sein, ausdrücklich ablehnen und den naiven Glauben an den Mythos als eine adäquate Erkenntnis bekämpfen muß. Er ist dennoch ‚Ernst', indem er in Platons geschichtlichem Horizont die einzige vorhandene Form ist, in der das Übermächtige, religiöse Scheu Erregende überhaupt sagbar wird.*"[86] Darin hat sich der primäre Charakter des griechischen Verständnisses des Mythos als eines Gesagten, als einem λόγος, von dem es keine andere Erfahrungsmöglichkeit als die gibt, es gesagt zu bekommen, in verwandelter Weise durchgehalten.[87]

7. Mythos und Geschichte im Alten Testament

Lenken wir unseren Blick zurück zum Alten Testament als einem Ganzen, so stehen in seinem Zentrum drei Geschichtsmythen: 1. der von der Erwählung Israels in seinen Vätern; 2. der von seiner durch Jahwe erfolgten Verpflichtung auf seine Weisung und 3. der von der schuldhaften Verantwortung Israels für den Verlust seiner staatlichen Freiheit. Der erste deutet die Erkenntnis des wahren Gottes als einen Akt der Erwählung. Der zweite legt den Nachdruck darauf, dass diese Erkenntnis zugleich eine Verpflichtung enthält, während der dritte unterstreicht, dass die Erkenntnis Gottes zugleich einen Akt des Gerichtes darstellt, in dem der Mensch in seiner schuldhaften Uneigentlichkeit vor Gott zunichte wird.

Damit ist auch schon der phänomenologische Grund für die Übernahme der Mythe vom Totengericht gefunden,[88] der die Gültigkeit der Verantwortlichkeit des Menschen vor Gott als unaufhebbar bezeichnet. Als letzte phänomenologische Wurzel aber können wir mit Hegel auf die Andacht hinweisen, in der sich die Dialektik der Erhebung zu Gott als ein aktives und zugleich passives Geschehen vollzieht, weil in ihr die Erhebung des Menschen zu Gott und die Erhebung des Menschen durch Gott zusammen fallen. In dem in der Andacht beschlossenen Selbstverzicht erfolgt die Aufhebung des Endlichen durch das Unendliche.[89] Es ist diese Aufhebung des Endlichen selbst, die seine Absolutsetzung als Abfall und Hybris

86 Krüger, Einsicht, 56.
87 Vgl. Gadamer, Mythos, 163–169.
88 Vgl. dazu Pannenberg, Theologie III, 656–657 und Härle, Dogmatik, 641–642.
89 Vgl. dazu Hegel, Religion I, 210–213 und dazu auch Kaiser, Religionsphilosophie, 198–222, bes. 203–205 sowie Pannenberg, Problemgeschichte, 265–271.

und den unendlichen Schmerz der Gottesferne als schuldhafte Folge der Gottentfremdung aufdeckt und zugleich heilt.

Die Stimme, die Abraham zum Aufbruch ins Offene ruft, die Stimme, die mit Donnergewalt aus den Wolken des Sinai schallt, und die Stimme der prophetischen Deuter seiner Geschichte sind die eine Stimme des einen Gottes, welcher der Grund von Welt und Existenz ist. Mythisch unter die Bedingungen der Endlichkeit gestellt ist sie in diesem Buch der Bücher in der Geschichte gespiegelt. Damit werden die biblischen Zeugen der Kontingenz der Gottesereignung gerecht, die als solche im Widerspruch zum Anspruch der vermeintlich autonomen Vernunft steht, ihr eigener Meister zu sein. Das Ärgernis des biblischen Mythos ist mithin recht verstanden nichts Anderes als das Ärgernis der Kontingenz der Gottesereignung. Sein eigentlicher Sinn ist auch dort, wo er in die Zukunft ausgreift, die Korrektur der Einstellung zur Gegenwart als Zeit Gottes.[90]

Der Protest gegen diese Zumutung des Mythos ist nicht zuletzt dem durch die Geschichte des vergangenen Jahrhunderts widerlegten Glauben an die erlösende Allmacht der Vernunft entsprungen. Inzwischen ist dieses Pathos längst verflogen. Schon Hegel registrierte, dass in seiner Zeit die Sucht des Privatwohls und Genusses sowie ein subjektivistischer Moralismus im Vordergrund stünden, weil sie den Glauben an die Erkennbarkeit Gottes und damit einen objektiven Sinnhorizont für ihr Tun und Lassen verloren habe.[91] Heute ist es vollends offenbar, dass die technisch und ökonomisch instrumentalisierte Vernunft keine letzten Zwecke und Ziele kennt. Gleichzeitig ist es offensichtlich, dass die Technik unser Schicksal geworden ist, das wir bewältigen müssen, aber nicht rückgängig machen können.[92]

---

90 Vgl. aber auch, was Ebeling, Dogmatik III, 427 über die Intention eschatologischer Zukunftsaussagen zu bedenken gibt.

91 Hegel, Religion III, 94–95 und dazu das ähnliche, von ganz anderen Voraussetzungen kommende Urteil über die Folgen einer starren rationalistischen Philosophie von Hallpipe, Grundlagen, 571.

92 Zur Beschreibung ihrer Folge als Auflösung der personalen Gottesvorstellung, die nur noch metaphorisch verstanden werden kann, vgl. Müller, Problem, 65–68 = ders. Glauben, 307–309. Vgl. auch Heideggers Hinweise auf die Folgen der Technik als Seinsgeschick, in dem der Mensch im „Bestellen" aufgeht und sich selbst als den Angesprochenen übersieht, ders., Frage, 22–27, bes. 27. Und zur Folge der Vorherrschung des „Machens" bzw. der „Machenschaft", durch die der Mensch in den „Bezug der Unbezüglichkeit" gestellt wird und das „Erlebnis", als die Reduktion des Begegnenden auf das Vorhandene als Vorgestelltes die Verlassenheit des Menschen verhüllt, ders., Beiträge, 126–134 und dazu von Herrmann, Wege, 174–186, 278–279. In der gegenwärtigen Kultur des „Events" hat m.E. der subjektivistische Selbstbezug als Antwort und verbliebener Ausweg aus dem Ausgeliefertsein an die

Dem entspricht, dass uns auch die Naivität des Umgangs mit dem Mythos versagt bleibt.[93] Um ihn vor unserem kritischen Dreinreden zu bewahren, bedarf es der Interpretation.[94] Am Beispiel der Grundbotschaft des Alten Testaments haben wir gezeigt, dass eine solche existentiale Interpretation möglich ist. Dabei dürfte deutlich geworden sein, dass ihre Grenzen darin liegen, dass sie nicht anders kann, als aus der kontingenten Gottesereignung Israels die kontingente Gottesereignung überhaupt zu machen. Daher bedarf es der Hervorhebung, dass es das Privileg Israels war, diese Gotteserhebung in ihrem dreifachen Charakter zuerst zur Sprache gebracht und seiner Lebensordnung zugrunde gelegt zu haben.

Wenden wir uns den eschatologischen Mythen zu, so tendieren sie von Natur aus zum Allgemeinen, selbst wenn sie wie in der jüdischen und der an sie anschließenden christlichen Apokalyptik unter partikularem Aspekt geformt sind, denn es geht in ihnen um Ereignisse, die alle Menschen betreffen. Der Sache nach ziehen sie die Konsequenz aus der Eigenart der Gotteserhebung und der mit ihr verbundenen Aufdeckung des unendlichen Schmerzes über die Gottesentfremdung. Die Gotteserhebung gibt teil an der Unvergänglichkeit Gottes und verheißt das ewige Leben. Die Aufdeckung, dass der unendliche Schmerz Ausdruck der Zerrissenheit unseres je eigenen und zugleich unseres je gemeinsamen Daseins Folge der Gottentfremdung oder der Sünde ist, verweist auf das Gericht Gottes. Wie diese beiden Linien jenseits der Zeitlichkeit zusammenlaufen, vermag nur der Mythos anzudeuten, der mithin ebenso Dichtung wie Wahrheit ist. Er ist Wahrheit, soweit er die beiden Momente der Gotteserhebung enthält, und er ist Dichtung, soweit er sie in weltlicher Erfahrung entlehnte Vorstellungen kleidet.

---

operationale Vernunft ihren spezifischen Ausdruck erreicht. Zum angemessenen Umgang mit der Technik, die zwar in den Dienst genommen wird, aber trotzdem den Menschen nicht mehr beherrscht, wenn er sich in der Offenheit für das Geheimnis aufhält und der Welt und den Dingen in Gelassenheit begegnet, vgl. Heidegger, Gelassenheit, 9–26 und bes. 22–24 und zur Nähe Heideggers zu Meister Eckart vgl. von Herrmann, Wege, 371–386.

93 Bultmann hat in seinem großes Aufsehen und viele Missverständnisse erregenden Aufsatz „Neues Testament und Mythologie", 15–53, hier 17, mit vollem Recht erklärt, dass es unmöglich sei, „*ein vergangenes Weltbild durch einfachen Entschluss zu repristinieren*" und dies auch für das biblische Weltbild gilt.

94 Vgl. dazu ders., Zum Problem der Entmythologisierung, 128–137, hier 133: „*Nun besteht ein großer Unterschied von der Naturwissenschaft hinsichtlich der Stellung zum Mythos: Die Naturwissenschaft eliminiert ihn, die Geschichtswissenschaft hat ihn zu interpretieren. Sie hat die Frage nach dem Sinn des mythologischen Redens, das ja ein historisches Problem ist, zu stellen.*"

An der Grenze müssen die Denker schweigen und dürfen die Dichter reden.[95] Dabei dürfen sie darauf bauen, dass sie auch vom heutigen Menschen in einer tieferen Schicht ihres Bewusstseins verstanden werden, weil nicht nur unsere biologische, sondern auch unsere seelische Entwicklung eine Wiederholung der Stammesgeschichte ist. Demgemäß ist unser mythisch-symbolisches Denken zwar durch das operationale überlagert,[96] wartet aber auf seine Erweckung in der Feier der Gemeinde. Doch auch von ihr gilt wie von allem Reden von Gott: Es ist nur sinnvoll, wenn es Beter gibt, die sich in der Andacht zu Gott erheben und von ihm erhoben werden. Dabei verlieren die menschlicher Unvollkommenheit entsprechenden partikularen Ansprüche auf universale Geltung ihre Bedeutung, weil Gott alles in allem und in allen ist.

---

95 Zum Rückzug Gottes in der Dichtung der Gegenwart ins Namenlose vgl. Müller, Rückzug, 311–319.

96 Zu seiner Auswirkung auf die Rede von Gott vgl. Müller, Problem, 56–58, bes. 66 und 67 = ders., Glauben, 297–309, bes. 307–308.

Auf dem Weg zum pädagogischen Eros – Ein Versuch, Platons Symposion in seinem inneren Zusammenhang zu verstehen

1. Das Spiel mit den Zeiten in Platons Symposion

Der Leser wird von Platon im Symposion[1] zu einem eigenartigen Vexierspiel eingeladen, indem er uns der Fiktion nach aus zweiter Hand an einem Gastmahl teilnehmen lässt, welches Agathon, der Sieger im Tragödienwettkampf der Lenäen im Gemalion und d. h. im Januar/Februar des Jahres 416, einen Abend nach seiner Auszeichnung einem Kreis von engen Freunden gegeben hat.[2] An ihm nahmen außer dem Gastgeber und seinem Liebhaber (*ἐραστής*) Pausanias,[3] dem Arzt Eryximachos[4] und seinem Geliebten (ἐρώμενος) Phaidros[5] neben einer ganzen Reihe Ungenannter auch die beiden Singles Aristophanes[6] und Sokrates und schließlich der trunken in

1 Zur Rolle des Symposions bei den Griechen und der Bedeutung von Platons hier behandelter Schrift als Stiftung einer neuen literarischen Gattung vgl. z. B. von Wilamowitz-Moellendorff, Platon I, 278–281 bzw. knapp Jaeger, Paideia II, 246–247.

2 Zu den Lenäen (Διονύσια ἐπὶ Λεναί) vgl. ausführlich Deubner, Feste, 123–151 und jetzt auch Parker, Polytheism, 316–316, zur Organisation des dramatischen Wettkampfs Zimmermann (DNP 12/1/2002), 735–739 und zu Agathon als Tragödiendichter Lesky, Dichtung, 523–525.

3 Ein kaum von Platon erfundenes, aber sonst nicht belegtes Mitglied der athenischen Oberschicht.

4 Eryximachos, der Sohn des Akumenos, ein athenischer Arzt und Asklepiade wird in Plat. Prot.315a als Freund des Sophisten Hippias und im Phaidr.268a wie in sym. 177a als Freund des Phaidros erwähnt; vgl. dazu auch Nutton (DNP 4/1998), 110. Als Asklepiaden bezeichnete man die Ärzte aus der medizinischen Schule des Hippokrates im Asklepiosheiligtum auf der Insel Kos und weiterhin die Anhänger der hippokratischen Medizin; vgl. dazu Phillips, Medicine, passim und Krug, Heilkunst,159–163.

5 Phaidros, der Sohn des Pythokles, wurde um 450 v. Chr. geboren. Er wurde beschuldigt, an der Profanierung der eleusinischen Mysterien und der Verstümmelung der Hermen teilgenommen zu haben, die beide 415 durch Alkibiades angestiftet worden sein sollen. Er begab sich deshalb in die Verbannung, aus der er vor 404 nach Athen zurückgekehrt ist; vgl. Döring (DNP 9/ 2000), 717.

6 Zu dem athenischen Komödiendichter Aristophanes (ca 450–380) vgl. Lesky, Geschichte, 471–509 bzw. Montanari (DNP 1/1996), 1122–1133, zur politischen

das Haus eindringende Alkibiades teil.[7] Sokrates, der sich für das Fest gebadet und Sandalen angezogen hatte, statt nach seiner gewöhnlichen Weise barfuß zu gehen, traf auf dem Weg zu Agathons Haus seinen emsigen Verehrer und Nachahmer Aristodemos,[8] den er zu dem Gelage mitnahm, so dass er zum Gewährsmann der auf ihm gehaltenen Reden wurde. Dass Sokrates plötzlich selbstvergessen stehen blieb und den Schüler vorerst allein in Agathons Haus schickte (174d), sollte sich der Leser bis zum Schluss seiner Lektüre merken.[9] Aber nicht Aristodemos selbst lässt Platon davon berichten, sondern Apollodoros, einen anderen Schüler des Sokrates,[10] der dem Glaukon (dem Bruder Platons?)[11] seine Frage nach dem damals Geschehenen beantwortete, als der sich mit Männern, die eher nach Geld als nach Weisheit strebten, auf dem Weg von Phaleron[12] in die Stadt befand. Glaukon selbst habe zwar schon von einem anderen darüber gehört, der zwar wegen der bei dem Gelage gehaltenen Reden über die Liebesdinge bei einem gewissen Phönix, dem Sohn des Philippos, nachgefragt hätte, der ihn aber doch an Apollodoros verwiesen hätte, von dem sein eigenes, verblasstes Wissen rühre. Apollodoros kann sich freilich außer auf den Bericht des Aristodemos, auch auf Auskünfte berufen, die ihm Sokrates selbst erteilt hat. Es ist ein eigenartiges Spiel, das Platon hier mit dem Leser treibt, um ihn an die gebrochene Zuverlässigkeit des hier Berichteten zu erinnern. Dass er Apollodoros als eigentlichen Berichterstatter auswählte, ist kaum ein Zufall. Denn

---

Rolle seiner Stücke ausführlich Ehrenberg, Aristophanes, und zu seinem Verhältnis zu Sokrates 275–281.

7 Alkibiades, der Sohn des Kleinias und der Alkmeonidin Deinomache, lebte von etwa 450–404/3. Zu seiner Rolle als Idol der demokratiekritischen Jugend in Athen und seinem Leben vgl. Plut. Alkibiades und kritisch Lehmann (DNP 1/1996), 500–502 und Welwei, Athen, passim, zu seiner Darstellung in der Literatur zumal des 5. und 4. Jh. Gribble, Alcibiades, und zu seiner Charakterisierung noch immer Burckhardt, Kulturgeschichte IV, 215–220.

8 Über Aristodemos den Kleinen aus Kydatheon ist außer seiner Erwähnung in Platons Gastmahl 173b; 174a; 218b und 223b und Xenophons Memorabilien I.4 nichts bekannt. Nach Plat. symp.173b war er ein kleiner Mensch, der immer barfuß ging und damals einer der eifrigsten Verehrer des Sokrates war. Xen. mem.I.4.2–19 lässt sich Sokrates mit ihm über das Göttliche unterhalten.

9 Vgl. 220c3-d5 und unten, 288.

10 Aus Phaleron, vgl. zu ihm auch Plat. apol.34a; 38.b; Phaid.59a-b; 117d und Prot. 310a und 316b.

11 Glaukon, der Sohn des Ariston und Bruder Platons, gehört zu den Dialogteilnehmern in Platons Staat und im Parmenides.

12 Phaleron, eine flache Bucht östlich des Piräus, war vor dessen Ausbau der Haupthafen von Athen und im 5. Jh. durch eine Mauer mit der Stadt verbunden; vgl. Lohmann (DNP 9/2000), 727–728.

in der Apologie gehört er zu denen, die Sokrates unter den bei der Gerichtsverhandlung gegen ihn anwesenden Freunden benennt (apol.34a). Im Phaidon wird er am Anfang und Ende als schmerzlich betroffener Mitzeuge der letzten Stunden des Meisters erwähnt (vgl. Phaid.59a mit 117d). Daher musste dieser Gewährsmann dem Leser trotz der zwischen Bericht und Ereignis liegenden Zeit als vertrauenswürdig erscheinen.

Als 416 das hier ins Gedächtnis gerufene Gastmahl stattfand, war der 427 v. Chr. geborene Platon gerade 11 Jahre alt. Damals stand Alkibiades auf dem ersten Höhepunkt seines Ansehens. Aber schon ein Jahr später überredete er die Athener zu der verhängnisvollen Expedition nach Sizilien. Kurz vor seiner Abfahrt wurde er fälschlich der Profanierung der eleusinischen Mysterien und des Hermenfrevels bezichtigt und deshalb alsbald zur Gerichtsverhandlung nach Athen zurückberufen, in der auch Phaidros aus denselben Gründen verbannt wurde. Alkibiades freilich entzog sich der Verurteilung durch seine Flucht nach Sparta.[13] Als Platon Apollodoros dem Glaukon von dem Gastmahl berichten lässt, waren vermutlich sechzehn Jahre vergangen. Damals war Alkibiades nach seinem erneuten kometenhaften Wiederaufstieg und Sturz als athenischer Stratege[14] bereits vier Jahre tot. Denn er wurde auf Antrag der Dreißig[15] erneut aus Athen verbannt (Xen.Hel.II.3.42) und nachdem er sich nach Bithynien zurückgezogen hatte, auf Verlangen seiner Heimatstadt und des Spartanerkönigs Lysander auf den Befehl des persischen Satrapen Pharnabazos im Jahre 404/3 in Phrygien ermordet.[16] Die Tatsache, dass sowohl Kritias, der Anführer der „Dreißig" (und Onkel Platons) wie Alkibiades zu den Vertrauten des Sokrates rechneten, sollte ihm bei der 399 stattfindenden Verhandlung zum Verhängnis werden: Der Ankläger Anytos soll seine Beschuldigung, Sokrates habe die jungen Menschen durch seine Reden zur Verachtung der bestehenden Staatsordnung verführt, ausdrücklich mit seinem engen Verhältnis zu den beiden begründet haben (vgl. Xen.mem.I.2.9 mit 12).[17] So hat denn die Alkibiades im Symposion von Platon in den Mund gelegte Preisrede auf Sokrates nicht nur den Zweck, den Lesern Sokrates als den wahren Liebhaber und zum Göttlichen aufschauenden Erzieher vorzustellen, sondern ihn

13 Vgl. dazu Welwei, Athen, 201–207.

14 Vgl. dazu Welwei, 214–222, 225–228, 233–235.

15 Vgl. zu ihnen Welwei, Athen, 247–257.

16 Plut. Alkibiades XXXVIII.3-XXXIX.4; in XXXIX.5 kennt allerdings auch eine zweite Version, nach der Alkibiades ein Mädchen aus einer angesehenen Familie verführt haben und zur Rächung durch ihre Brüder ermordet worden sein soll.

17 Vgl. dazu auch Welwei, Athen, 256–257.

zugleich gegen den Vorwurf in Schutz zu nehmen, dass er an dem gesinnungslosen Verhalten des Alkibiades schuld gewesen sei.[18]

Aber der Leser darf sich bei der Lektüre des Symposions nicht allzu tief durch dieses Vorwissen um das tragische Ende des Alkibiades und des Sokrates beeindrucken lassen, sondern muss sich, will er das Buch recht verstehen, dem komödiantenhaften Ton des Ganzen hingeben. Der schließt nicht aus, dass die Redner im Scherz manches Wahre sagen, will ihn aber daran erinnern, dass vieles (wie Sokrates ironisch bemerkt) nur gesagt ist, nicht um wirklich den Eros zu preisen, sondern ihm alles mögliche beizulegen, damit der Gott als der schönste und beste erscheine (198e 2 – 199a 3).

Bei der Bestimmung der Abfassungszeit des Buches, das vermutlich vor dem Phaidros und der Politeia entstanden ist,[19] pflegt man sich auf 193a zu berufen und die hier erwähnte Zerstreuung der Arkader durch die Spartaner auf den Dioikismos, die Aufteilung der Bewohner des in das lakedämonische Bündnis gepressten Mantineia des Jahres 385 zu beziehen.[20] Ulrich von Wilamowitz-Moellendorff hat jedoch mit Recht darauf aufmerksam gemacht, dass die eigentliche Zerschlagung Arkadiens bereits 418 erfolgt ist, als die Spartaner nach der Schlacht bei Mantineia die arkadischen Städte einzeln in den Peloponnesischen Bund aufnahmen, womit die einheitliche Münzprägung aufhörte.[21] Erst 370 haben sich die Arkader unter der Führung von Mantineia wieder zu einem Bundesstaat zusammengeschlossen.[22] Die Frage kompliziert sich allerdings dadurch, dass mit dem Heer der Liebhaber, die Phaidros in 178e-179a erwähnt, eine Anspielung auf die erst um 378 aufgestellte Heilige Schar der Thebaner vorliegen könnte. Außerdem scheint 182b eine Anspielung auf den Königsfrieden des Jahres 387/86 zu enthalten.[23] Das Buch selbst gehört jedenfalls der mittleren Periode Platons an, also der Zeit nach der Rückkehr von seiner 1. Sizilienreise 387 v. Chr. und der damals erfolgten Gründung der Akademie und vor seiner 2., die von 367 – 365 stattfand. Man wird es am besten Ende der 80er oder Anfang der 70er Jahre einordnen, um Raum für die Vollendung der Politeia und des Phaidros vor seiner erneuten Abreise nach Sizilien zu behalten. Was sich 416 ereignet hat und spätestens ein Jahr vor dem Tod des Sokrates von Apollodoros

18 Vgl. dazu auch Welwei, Athen, 256 – 257.
19 Vgl. dazu auch Welwei, Athen, 256 – 257.
20 Erler, 193 und zur Aufteilung der Stadt Mantineia durch die Spartaner Bengtson, Geschichte, 264 – 265.
21 Vgl. von Wilamowitz-Moellendorff, Platon II, 176 – 178 und dazu Bengtson, Geschichte, 231 – 232.
22 Bengtson, Geschichte, 272.
23 Vgl. zu ihm Bengtson, 263 – 264.

berichtet wird, lag also zur Zeit der Abfassung des Buches fast ein Menschenleben zurück.

2. Die Abfolge der Reden

So belangvoll die jeweiligen Vor- und Zwischenreden im Rahmen einer Kommentierung des kunstvollen Aufbaus des ganzen Werkes sind, können wir sie doch im vorliegenden Zusammenhang nur gelegentlich berücksichtigen, da es in ihm zumal um die einzelnen Reden in ihrer Abfolge und ihre Bedeutung im Rahmen des Ganzen geht. Grundsätzlich dürfte Werner Jaeger mit seiner Deutung im Recht sein, dass die Reden der unterstellten Situation gemäß die sonst üblichen Ketten von Definitionsversuchen vertreten und wie Terrassen stufenartig zu der Rede des Sokrates bzw. der in ihr referierten der Diotima führen, ohne dass sich dabei ein strenges dialektisches Verfahren ergibt.[24] Wir werden abschließend zeigen, dass sie alle ihr *aliquid veritatis* besitzen.[25] Den äußeren Anlass bildet eine Nachfeier seines Sieges zu der Agathon eine Reihe von Freunde eingeladen hatte. Da die Teilnehmer (Sokrates ausgenommen)[26] noch alle unter dem reichlichen Weingenuß vom Vorabend litten, einigten sie sich darüber, an diesem Abend nur mit Maßen zu trinken und nach dem Vorschlag, den Eryximachos seinem Freunde Phaidros zu liebe gemacht hatte, Lobreden auf den Gott Eros zu halten. Den heutigen Leser wird es überraschen, dass weiterhin vor allem von der Knabenliebe die Rede ist und sie als die edelste Form aller Liebesverhältnisse gepriesen wird, bis sie schließlich in der Rede Diotimas in den pädagogischen Eros aufgehoben wird, als deren Urbild Sokrates in der Rede des Alkibiades gezeichnet wird.[27]

---

24 Jaeger, Paideia II, 249–250. Zur Diskussion vgl. Zehnpfennig, Symposion, XXII-XXIX mit dem Ergebnis XXIX: *„Die Vorredner haben in Eros ihren eigenen Trieb vergöttlicht. Ihre Liebe ist ‚selbstbezüglich' und damit unfruchtbar. Diotima aber macht deutlich, dass nicht die Liebe, sondern das von ihr Geliebte göttlich ist. Damit weist sie den Weg über die Selbstbezogenheit des Menschen hinaus, der sein Wirken überhaupt erst fruchtbar sein lässt.*"

25 Vgl. dazu unten, 286–287.

26 Vgl. 220a4–5 mit 223c2–6 und 223d8–12.

27 Historisch geht die Knabenliebe bei den Griechen auf die Initiation der geschlechtsreif gewordenen Jünglinge durch ihre älteren Gefährten zurück, die sie auf diese Weise für das Leben in der Gemeinschaft der Männer vorbereiteten. Als solche war sie in wohl in ganz Griechenland bis zum Ende des 7. Jh. v. Chr. gesellschaftsfähig, im Athen des klassischen Zeitalters jedoch auf die Oberschicht beschränkt; vgl. dazu Dover, Homosexualität, 162–187; Rheinsberg, Ehe, 163–215

Der Sitzordnung entsprechend[28] ergreifen zunächst der Reihe nach Phaidros, Pausanias, Eryximachos und Aristophanes das Wort. Indem Platon den eigentlich nach Pausanias auf der „Rednerliste" stehenden Komödiendichter Aristophanes wegen eines Schluckaufs hinter Eryximachos zurücktreten lässt, gibt er zu erkennen, dass dessen Rede eine Zäsur zwischen den vorausgehenden und den folgenden darstellt. Die Rede des Agathon ist vor allem hoch artifiziell, enthält aber trotzdem als wesentliche Einsicht, dass der Eros primär eine amoralische Größe ist, um deren sittliche Bändigung es Platon geht. An gedanklicher Tiefe wird die Rede des Aristophanes erst durch die der Diotima übertroffen. Aristophanes gibt dem Eros nach den vorausgegangenen rationalistischen Deutungen seine tief in der Natur des Menschen verwurzelte Leidenschaftlichkeit zurück. Sokrates aber berichtet, was ihn die Seherin Diotima von Mantinea[29] in seiner Jugend über die Liebe als ein Verlangen der Sterblichen nach Unsterblichkeit und als Zeugung im Fleisch wie im Geist gelehrt hat. Wer den Aufstieg von der Schönheit des einen Knaben zur Schönheit aller Knaben und dann die Schönheit an sich geschaut, der sei der wahre Erzieher, weil er seinen Liebling im Aufblick zum Göttlichen führe. Die spontane Lobrede des trunken in die nächtliche Gesellschaft einbrechenden Alkibiades aber zeichnet das Bild des Sokrates als des wahren Liebhabers, vor dem sich der abtrünnige Schüler schämt, weil er seinen Rat zwar verschmäht, ohne jedoch von ihm als Führer zum wahren Selbst loszukommen. Doch warten wir ab, was die einzelnen Redner zum Lob des Gottes bzw. des Sokrates beizutragen haben.

---

bzw. knapp Heitsch, Phaidros, 234–236 und zu ihrer Verteidigung durch Pausanias in Plat. symp.182a 7–185c 3 unten, 268–271.

28 Vgl. dazu die Skizzen bei Zehnpfennig, Symposion, 143 Anm. 26 und Erler, Platon, 195.

29 Die Gestalt dürfte von Platon erfunden sein. Obwohl sie nicht ausdrücklich als solche, als *mántis*, eingeführt wird, dürfte ein Spiel mit ihrem Namen bei ihrer Lokalisierung in Mantineia vorliegen; vgl. Sheffield, Symposium, 66 Anm. 33 und zur Diskussion Erler, Platon, 196, der die Frage als nicht sicher zu entscheiden offen lässt

3. Die Reden des Phaidros, des Pausanias und des Eryximachos[30]

3.1. Die Rede des Phaidros (178a 6–180b 8)

Mit *Phaidros* ergreift ein junger Mann das Wort, der ganz von der Liebe zu seinem Erasten, dem Arzt Eryximachos, dem Sohn des Akumenos, durchdrungen ist[31] und sich daher bemüht, Eros eingangs als den ältesten Gott und Urheber der größten Güter zu preisen.[32] Nichts aber sei ein größeres Gut (ἀγαθόν) für einen Jüngling als ein rechtschaffener Liebhaber (ἐραστὴς χρηστός) und für den Liebhaber ein entsprechender Liebling (παιδικά) (178c 1–5). Denn durch ihr Verhältnis würden beide durch Scham vor dem Schändlichen (ἐπὶ τοῖς αἰχροῖς αἰσχύνη)[33] und durch das Bestreben nach dem Schönen (ἐπὶ τοῖς καλοῖς φιλοτιμία) geleitet, so dass beide der Polis von größtem Nutzen seien (178d 1-e 3).[34] Ein Heer, das nur aus Liebhabern und ihren Lieblingen bestünde (wie die „Heilige Schar" der Thebaner),[35] wäre

30 Vgl. zu ihnen auch Krüger, Einsicht, 92–95, der sie unter der Überschrift „*Der neue Mythos*" behandelt.

31 Bereits in dem kurz vor Ausbruch des Peloponnesischen Krieges 432/1 spielenden Protagoras wird Phaidros in 315c2–3 zusammen mit Eryximachos als Besucher im Hause des Kallias anlässlich eines Besuches des Protagoras in Athen vorgestellt, an dem auch der Sophist Hippias teilnahm. In Platons gleichnamigem Dialog erscheint Phaidros als ein aufgeweckter Jüngling, der sich gerade für eine Rede des Lysias begeistert. Lysias, soll um 455 v. Chr. in Athen als Sohn des Syrakuser Bürgers Kephalos geboren, dann nach Thurii ausgewandert und 412 nach Athen zurückgekehrt sein, wo ihn später die Dreißig Tyrannen gefangensetzten. Es gelang ihm jedoch zu entkommen, so dass er später von der demokratischen Gegenrevolution, die er großzügig unterstützte, restituiert wurde und bis zu seinem Tode 380 als angesehener Redner in Athen wirken konnte; vgl. zu ihm Weißenberger (DNP 9/1999), 598–601.

32 Zu den in ihnen enthaltenen Anspielungen auf Hesiods Theogonie in 178b4, Akousilaos in 178b8, Parmenides in 178b.9 ff. und Homer in 179b1, die 178a6–180b8 zu einer literarischen Kollage machen, vgl. Sheffield, Symposium, 17.

33 Zur Bedeutung von Ehre und Scham als Grundwerten der altmediterranen Gesellschaften vgl. Hagedorn, Moses, 228–232.

34 Zur Bedeutung, die Platon der Freundschaft für die Polis zugewiesen hat, vgl. leg. I.628b 9–11 und dazu Kaiser, Gesetzgeber, 278–295, bes. 286 = ders., Athen, 63–80, bes. 71 und zu Platons Gedanken und Praxis der politischen Erziehung Gadamer, Staat, 249–262.

35 Vgl. Plut. Pelopidas XVIII und zur Schlacht bei Leuktra 371, in der Epaminondas mittels der schiefen Schachtordnung und Pelopidas mittels der 300 Männer der „Heiligen Schar" den Sieg über die Übermacht der Spartaner errang, ebd. XXIII und bes. 2–3, wo der Zusammenhalt der Liebenden in Not und Gefahr in ähnlicher Weise wie bei Plat. symp. 178e gepriesen wird.

unschlagbar. Denn keiner von beiden ließe den anderen in Not und Gefahr im Stich, und jeder wäre eher bereit, für ihn zu sterben, als ihn feige seinem Schicksal zu überlassen (178e 3 – 179b 3).[36] Die Götter aber hätten es lieber, dass ein Liebling (ἐρώμενος) seinen Liebhaber (ἐραστής) bewundert als den umgekehrten Fall. Denn der Liebhaber sei göttlicher als der Liebling, weil er gottbegeistert (ἔνθεος) sei. Und so zieme es sich auch, dass ihn der Liebling durch seine Bewunderung übertreffe. Daher hätten die Götter auch Achilles auf die Insel der Seligen entrückt, weil er gestorben sei, um seinen Liebling Patroklos zu rächen (180a 7-b 5).[37] Daher könne man mit Recht sagen, dass Eros nicht nur der älteste und verehrungswürdigste, sondern auch der wichtigste Gott für den Besitz der Tugend (ἀρετή) und die Glückseligkeit (εὐδαιμονία) im Leben und Tode sei (180b 6–8).

Halten wir im Blick auf die künftige Zusammenschau als Summe der Rede des Phaidros fest: Für den Geliebten ist der Besitz eines rechtschaffenen Liebenden das höchste Gute. Beider Scham voreinander lässt sie danach streben, einander an Tugend zu übertreffen, so dass sie gegebenenfalls bereit sind, füreinander zu sterben. Damit aber leisten sie ihren Beitrag zum Wohl der Polis.

3.2. Die Rede des Pausanias (180c 4 – 185c 3)

Pausanias, der Liebhaber des Agathon, nimmt das Wort als ein gestandener und erfahrener Mann, der wie alle Symposiasten (außer Sokrates, seinem Adepten Aristodemos und wohl auch dem „Aufsteiger" Phaidros) zur athenischen Oberschicht gehört. Er vertritt eine „aufgeklärte Sittlichkeit".[38] Er weiß um die Angefochtenheit der Knabenliebe und sucht sie mittels der Unterscheidung zwischen der mutterlosen Aphrodite Urania, der himmlischen Liebesgöttin, und der von Zeus und Dione abstammenden Aphrodite Pandemia, der allgemeinen Liebesgöttin,[39] und entsprechend zwischen der

36 Vgl. 220d 5-e2 und unten, 285.

37 Nach Hom. Il.XI.786–787 war Patroklos älter als Achill. Die Umdeutung des Verhältnisses geht auf Aischylos verlorene Achilles-Trilogie zurück; vgl. dazu Lesky, Dichtung, 149.

38 Krüger, Einsicht, 95–104. Zur Rede vgl. auch Sheffield, 18–20.

39 Platon lässt Pausanias hier mit der Mythe sein Spiel treiben, indem er die beiden Mythen über ihren Ursprung aus den Genitalien des Uranos (Hes. theog. 188–206) bzw. als Tochter des Zeus und der Dione (Hom. Il V.370–417) willkürlich mit der höheren Knabenliebe bzw. der niedrigeren zwischen Mann und Frau verbindet. Ihr Beiname als Pandemos in Athen charakterisierte sie freilich als Beschützerin der

eines himmlischen und eines irdischen Eros zu rechtfertigen (180c 4-e 4). Dabei stellt er den Grundsatz an den Anfang, dass keine Handlung an sich schön oder schlecht sei, sondern das eine oder das andere nur durch die Art ihrer Verrichtung werde. Dasselbe gelte auch für das Lieben (ἐρᾶν) und den Eros (180e 4–181a 6): Der Eros der Pandemia sei der, nach dem die Schlechten wahllos die Leiber von Frauen und Knaben als Mittel der eigenen Befriedigung liebten, wobei ihr Lieben abwechselnd schlecht oder gut sein könne (181a 7-c 2). Die himmlische Liebe aber gelte ihrer männlichen Herkunft her den Knaben, weil sie das von Natur Vernünftigere und Stärkere liebe. Entsprechend vergriffen sich ihre Jünger nicht an Kindern, sondern täten sich mit Jünglingen zusammen, die bereits Vernunft zeigten, was man daran erkennen könne, dass ihr Bart bereits sprosse. Kinder zu lieben müsse Männern ebenso verboten sein wie der Verkehr mit freien Frauen.[40] Werde die Knabenliebe also anständig (κοσμικῶς) und sittsam (νομικῶς) betrieben, so könne man sie gerechterweise nicht tadeln (181b 8–182a 6).[41]

Es folgt ein Referat über die unterschiedlichen Arten der Knabenliebe: Bei den Spartanern[42] und Athenern sei sie eine verwickelte Sache, bei den Eliern und Böotern aber eine ganz einfache: Denn bei ihnen gelte es schlechthin als schön, dass die Geliebten den Liebhabern zu willen seien, ohne dass die Sache bei diesen nur wenig wortgewandten Völkern durch eine umständliche und wortreiche Werbung kompliziert würde. Bei den Barbaren sei sie dagegen ganz verpönt, weil starke Freundschaften die unumschränkte Gewalt der Herrscher einschränke.[43] Doch in Athen verhalte es

ganzen Bürgerschaft; vgl. dazu Pirenne-Delforge (DNP 1/1996), 838–843, bes. 840.

40 Bei den Kindern wird das allerdings von Pausanias ganz utilitaristisch damit begründet, dass man bei ihnen die weitere Entwicklung ihres Leibes und ihrer Seele nicht voraussehen und daher alle an sie gewandte Mühe umsonst gewesen sein könne.

41 Es wirkt wie ein Witz, dass Sokrates in Xen. symp.VIII.6–11 die Lehre von den beiden Aphroditen vertritt und mit ihr die Liebe zwischen Kallias und Autolykos rechtfertigt.

42 Vgl. dazu auch Jaeger, Paideia II, 253, wo er darauf hinweist, dass Sparta der eigentliche Hort und stärkste Rückhalt der Knabenliebe in der griechischen Welt war, so dass die Päderastie mit dem Sturz Spartas als ethisches Ideal untergegangen sei, um nur noch im Kinädentum, der gewerblichen männlichen Prostitution, zu überleben.

43 Als Musterbeispiel wird in 182c auf das Liebespaar Harmodios und Aristogeiton verwiesen, die sich verschworen hatten, die Tyrannen Hippias und seinen Bruder Hipparchos, die Söhne des Peisistratos, zu ermorden. Es gelang ihnen allerdings nur den Hipparchos am sog. Leokorion zu erstechen. Harmodios fand auf der Stelle den Tod, Aristogeiton gelang die Flucht, doch wurde er ergriffen, gefoltert und hinge-

sich anders: Hier würde den Verliebten das verrückteste Verhalten nachgesehen, wenn es dem Versuch gälte, den Geliebten für sich zu gewinnen. Dem Geliebten aber würde es nicht als Schande angerechnet, wenn er in gutem Glauben an die Aufrichtigkeit der Werbung einem Liebenden zu willen gewesen und von ihm verlassen worden sei, nachdem der sein Ziel erreicht hatte. Andererseits zeige die Tatsache, dass Väter ihre Knaben von Aufsehern begleiten ließen, um die Annäherung eines Erasten zu verhindern, dass die Sache auch in Athen umstritten sei (182a 7–183d 3).

Dann aber wendet Pausanias den Grundsatz, dass nicht der Akt, sondern seine Durchführung über seinen Wert entscheide, konkret auf die Knabenliebe an: Schlecht sei der gemeine und unbeständige Liebhaber, der den Leib mehr als die Seele liebe. Denn sowie die Jugendblüte des Jünglings vergehe, flattere er zur nächsten und mache dabei seine sämtlichen Versprechungen zuschanden (183d 3-e 5). Der Liebhaber aber, der einen Jüngling um seines guten Charakters willen liebe, bleibe ihm sein Leben lang treu. In diesem Fall aber sei es Sitte, dass sich beide wohl prüften. Daher müsse der Liebhaber dem Liebling nachjagen, der Liebling aber vor ihm fliehen, bis beide erkennen, dass sie tatsächlich zusammengehören.[44] Als schimpflich aber gelte es, wenn ein Knabe seinen Liebhaber um eines äußeren Gewinns willen erhöre.[45] Dagegen gelte es als schön, wenn sich der Liebling seinem bewährten und um ihn verdienten Liebhaber gefällig erweise. Denn es sei recht und billig, dass der Liebling dem, der ihn weise und gut zu machen beabsichtige, auf jede Weise zu willen sei.[46] Habe ihn der Liebhaber getäuscht, so bringe ihm das keine Schande, sofern er sich mit ihm um keines äußeren Vorteils willen eingelassen habe. Und umgekehrt sei es auch schön, wenn sich der Liebhaber in seinem Liebling täusche: Denn auch er hätte sich jenem ja zugewandt, um ihn zur Tugend zu führen. „*So ist es denn in jedem Falle schön, um der Tugend willen seine Gunst zu gewähren* (χαρίζε-

---

richtet. Den Anlass für beider Tat soll der vergebliche Versuch des Hipparchos geboten haben, Harmodios dem Aristogeiton abspenstig zu machen und eine anschließende Zurücksetzung der Schwester als Korbträgerin in einem Festzug; vgl. Thuk. VI.54–59.1 und dazu Stein-Hölkeskamp (DNP 1/1996), 1109–1110 und die sog. Tyrannenmördergruppe bei Fuchs, Skulptur, 337–341 mit Abb. 374 und 375 bzw. Boardman, Plastik, Klassische Zeit, 37–40 mit Abb. 3–9.

44 Vgl. dazu Dover, Homosexualtität, 78–93.

45 Man unterschied zwar zwischen einem πεπορνευμένος, einem, der sich gewerbsmäßig zum Geschlechtsgebrauch verkauft, und einem ἑταιρικός, einem geliebten Partner, doch konnte der Vorwurf, der ἑταῖρος hätte sich seinem Liebhaber verkauft, in Athen zum Verlust der Bürgerrechte führen; vgl. dazu Dover, Homosexuality, 25–43.

46 Vgl. dazu Dover, Homosexualität, 86–93.

σθαι)“ (185b 4–5). „*Dies ist,*“ so fasst Pausanias seine Rede zusammen, „*die Liebe der himmlischen Göttin und selbst himmlisch und von höchstem Wert für die Polis wie für den Bürger, weil sie den Liebenden nötigt, viel Sorgfalt auf seine Tugend* (ἀρετή) *und auf den Geliebten zu verwenden. Allen anderen Arten von Liebe aber gehören der anderen Göttin an, der gemeinen. Das ist es, Phaidros, was ich so aus dem Stegreif über Eros beizutragen weiß*“ (185b 5-c 3).[47]

Das Resultat dieser Rede also lautet: Das Liebesverhältnis zwischen dem Erasten und dem Eromenos ist in seinem ganzen, auch sinnlichen Umfang gut und schön, wenn es von beiden Seiten durch Streben nach Tugend veredelt wird. Die sittliche Haltung der Liebenden rechtfertigt ihre Liebe. Der Gott Eros aber hat sich durch seine Teilung in das moralische Problem verwandelt, dem Guten und nicht dem Schlechten nachzustreben.[48]

3.3. Die Rede des Eryximachos (185e 6–188e 3)

Als dritter ergreift der Arzt Eryximachos, der Erast des Phaidros, das Wort.[49] Seine Rede wirkt im Kontext ein wenig pedantisch, weil er auf wissenschaftliche Klassifizierungen wert legt. Der Kontrast zum Überschwang der anderen Redner ist offensichtlich von Platon gewollt. Auch Eryximachos hält an der von Pausanias eingeführten Unterscheidung zwischen dem guten und dem schlechten Eros fest und bleibt damit auf der rationalistischen Ebene. Er gibt dem Problem jedoch über Pausanias hinausgehend eine kosmische Dimension. Die Aufklärung zielt bei ihm auf Welterkenntnis ab:[50] Es gebe, so sagt er, in der Tat eine zweifache Form des Eros, sie sei aber nicht auf die Seelen der Menschen beschränkt, sondern walte auch in allem übrigen. Das wolle er seinem Beruf gemäß am Leib des Menschen aufzeigen: Gesundheit und Krankheit seien einander unähnlich, das Unähnliche aber liebe das Unähnliche, und so gebe es einen Eros des Gesunden und einen anderen des Kranken. Entsprechend müsse man allem, was gut für den Leib sei, willfährig sein, und sich allem, was dem Leib schade, widersetzen. Dabei sei es die Aufgabe des Arztes, jeweils die schöne und die schlechte Liebe zu unterscheiden und dafür zu sorgen, dass der gute Eros die Oberhand gewinne. So sei die Heilkunst ganz vom Gott regiert, ähnlich aber verhalte es sich bei der Gymnastik und dem Ackerbau (185e 6–187a 1). Auch in der

47 Übers. Zehnpfennig, 35.
48 Vgl. dazu auch Krüger, Einsicht, 97–99.
49 Vgl. zu ihr auch Sheffield, 21–22.
50 Vgl. dazu auch Krüger, 105–119.

Musik gehe es um den Einklang, um die Harmonie zwischen hohen und tiefen Tönen, so dass sie die Wissenschaft vom Wirken des Eros in Harmonie und Rhythmus sei. Auch hier gebe es einen himmlischen und einen irdischen Eros, wobei der schöne himmlische Eros zur Urania, zur himmlischen Göttin, und der niedrige zur Polyhymnia gehöre,[51] die sich beide offenbar dadurch unterscheiden, dass der eine maßvoll ist, während der andere die Sinne aufreizt. Daher müsse man auch in der Musik wie in der Kochkunst zwischen den beiden Arten des Eros unterscheiden (187a-e).

Auf ähnliche Weise komme es im Gang der Jahreszeiten auf die richtige Mischung zwischen Warmen und Kaltem, Trockenem und Feuchten[52] und mithin den guten Eros an, wenn die Ernte gut ausfallen und die Menschen gesund bleiben sollen. Wenn sich aber der frevelhafte Eros zum Herrn aufwerfe, richte er in den Jahreszeiten viel Unheil in Gestalt von Krankheiten bei Menschen, Tieren und Pflanzen an. Mithin sei auch die Astronomie als die Wissenschaft von den Gestirnen und Jahreszeiten eine von den beiden Arten des Eros. Und schließlich hätten es auch die Opfer und die Mantik mit der Behütung und Heilung der Liebe zwischen Göttern und Menschen zu tun. Denn jeder Frevel entstehe, wenn man sich in Hybris über den anständigen guten Eros hinwegsetze und dem anderen in seinem Verhalten gegenüber den Eltern und den Göttern folge. So habe denn auch die Mantik die Aufgabe, beide Arten der Liebe zu beaufsichtigen und zu heilen. Sie ist mithin *„auch die Ursache der Freundschaft zwischen Göttern und Menschen vermöge ihrer Einsicht in die menschlichen Liebesregungen, die sich auf göttliches Recht* (θέμις) *und Gottesfurcht* (εὐσέβεια) *beziehen"* (188d 1–3).[53] Daher besitze der Eros, der sich bei uns wie bei den Göttern in Bezug auf das Gute in Besonnenheit (σωφροσύνη) und Gerechtigkeit (δικαιοσύνη) erweise, die größte Macht und bereite uns jede Glückseligkeit (εὐδαιμονία), setze er uns doch in die Lage, als Freunde miteinander und mit den Göttern zu verkehren Wer sich im Blick auf das Gute mit *Besonnenheit* und *Gerechtigkeit* vollende, der besitze bei Menschen und Göttern die größte Macht und verschaffe sich die größte Glückseligkeit, so dass wir nicht nur untereinander, sondern auch mit den Göttern befreundet seien (188d 4–9). *„Vielleicht habe ich bei meinem Preis des Eros vieles unbeachtet gelassen, doch gewiss nicht absichtlich.*

---

51 Zur Muse Polyhymnia, „der mit den vielen Gesängen", vgl. knapp Walde (DNP 10/ 2001), 61.

52 Zur hippokratischen Vier-Säftelehre und ihren kosmologischen Entsprechungen in der pythagoreischen Zahlenymbolik und der Elementenlehre des Empedokles vgl. Krug, Heilkunst, 48.

53 Übers. Zehnpfennig, 43.

Wenn ich aber etwas ausgelassen habe, dann liegt es an dir, Aristophanes, es zu ergänzen. Oder wenn du im Sinne hast, den Gott auf andere Weise zu verherrlichen, so verherrliche ihn, da ja auch dein Schluckauf aufgehört hat" (188 d 9-e 4).[54]

Kein Zweifel, Eryximachos ist trotz seines einer *captatio benevolentiae* entsprechenden Vorbehalts mit seinem Beitrag zufrieden, der das rechte Lieben in den großen Weltzusammenhang einordnet: Wie überall die Harmonie zwischen den Gegensätzen heilvoll vermittelt, sollen auch alle Menschen dem guten Eros folgen und nach sittlicher Vollkommenheit streben und dadurch in Freundschaft mit Göttern und Menschen leben. Die Welterkenntnis wird zum großen Rahmen der Sittlichkeit, denn auf die Rechtfertigung der (Knaben)liebe durch die Sittlichkeit läuft auch bei ihm am Ende alles hinaus. Es ist ein etwas pedantischer und humorloser, aber im Alltag sicher zuverlässiger Mann, der hier Kolleg gelesen hat und in seiner Solidität seinen Freund Phaidros gewiss in Notzeiten nicht im Stich lassen wird.

Halten wir fest: Der gute Eros hat wie der schlechte eine kosmische Dimension. Strebt der Liebende nach sittlicher Vollkommenheit, befindet er sich mit Göttern und Menschen in einer Harmonie, welche die ganze Welt durchwaltet.

4. Die Rede des Aristophanes (189c 2 – 193e 2)

Aristophanes erklärt noch vor Anfang seiner eigentlichen Rede, dass weder Pausanias noch Eryximachos wie die Menschen überhaupt bisher die wahre Kraft des Eros erkannt hätten; denn andernfalls hätten sie ihm als dem menschenfreundlichsten Gott als Beistand und Arzt der Menschen, der ihnen die größte Glückseligkeit schenkt, auch die herrlichsten Heiligtümer errichtet und auf den Altären die größten Opfer zubereitet (189c 2-d 5).[55] Um die unheimliche und zugleich beseligende Macht des Eros zu demonstrieren, erzählt er seinen schnell erfundenen, seiner Oberfläche nach komischen, seinem Kern nach aber tiefsinnigen Mythos: „*Zunächst müsst ihr die menschliche Natur und deren Geschick richtig kennen lernen. Unsere ehemalige Natur war nämlich nicht dieselbe wie jetzt, sondern eine ganz andere. Denn erstens gab es drei Geschlechter, nicht nur zwei wie jetzt, männlich und*

54 Übers. Zehnpfennig, 43.

55 Zum parodistischen Aspekt der Rede als Antwort auf die des Eryximachos vgl. Sheffield, 22 – 24.

weiblich, sondern es gab noch ein drittes dazu, ein gemeinsames dieser beiden, von dem jetzt nur noch der Name („Androgyn") übrig ist, es selbst aber ist verschwunden" (189d 3-e 2).[56] Der Komiker kann sich nicht genug tun, diese seltsamen Wesen zu beschreiben, die zwei Gesichter, vier Augen, vier Ohren, vier Arme und vier Beine besaßen, so dass sie sich wie Radschläger bewegten. Sie drohten nun den Himmel zu stürmen. Aber da die Götter nicht auf ihre Ehrenbezeugungen und Opfer verzichten konnten, beschloss Zeus sie nicht ausrotten, sondern in zwei Hälften teilen zu lassen. Das hatte zur Folge, dass sich jede Hälfte nach der anderen sehnte und sie, hatte sie diese gefunden, so fest umschlang, bis beide starben. Nun ließ Zeus ihre Geschlechtsteile nach vorn verlegen, so dass, traf eine männliche auf seine weibliche Hälfte, sie miteinander Kinder zeugten, und traf ein Mann auf seine männliche, sie beieinander ihre Befriedigung fanden und sich wieder ihren Geschäften zuwenden konnten. „*Seit so langer Zeit also ist die Liebe zueinander den Menschen angeboren. Sie führt das ursprüngliche Geschlecht wieder zusammen und versucht, aus Zweien Eins zu machen und die menschliche Natur zu heilen*" (191c 8-d 3).[57]

So suche nun jeder Mensch nach seiner Hälfte: Von den Mannweibern stammten die Männer und Frauen ab, die einander lieben, aber auch ehebrecherisch veranlagt sind. Wenn aber beide Schnitte von einer Frau seien, täten sie sich mit Frauen zusammen. Wenn nun jede auf diese Weise seine anderen Hälfte suche, liebten die männlichen Schnittstücke Männer,[58] nämlich die Männer Knaben und die Knaben Männer, um sich, hätten sie einander gefunden, daran zu erfreuen, beieinander zu liegen und einander zu umarmen. Obwohl manche derartige Knaben und Jünglinge als schamlos bezeichneten, seien sie in Wahrheit die trefflichsten, weil sie die von Natur männlichsten seien und daher mit Mut, Kühnheit und Männlichkeit das ihnen Ähnliche liebten. Ihre Vortrefflichkeit aber erwiese sich darin, dass sie sich zum Manne geworden einerseits der Angelegenheiten der Polis und andererseits wiederum der Knaben annähmen. Zur Ehe und Kinderzeugung aber ziehe es sie nicht, sondern nur um der Sitte (νόμος) willen ließen sie sich, wenn überhaupt, darauf ein; denn ein Liebhaber von Knaben und ein

56 Übers. Zehnpfennig, 45–47.

57 Übers. Zehnpfennig, 51.

58 Vgl. dazu Price, Love, 225–226, der darauf hinweist, dass die Griechen homoerotische Verhältnisse nicht als biologisch bedingt, sondern als Ergebnis einer Vorliebe betrachteten. Man dürfe also aus der komödiantischen Rede des Aristophanes keine modernen Rückschlüsse im Sinne einer konstitutionellen Veranlagung ziehen.

Freund von Liebhabern werde sich immer dem ihm Verwandten anschließen (191d 3–192b 5).

Die Frage ist nun, was die Menschen eigentlich erstreben, wenn sie am liebsten immer beieinander sein wollen. Aristophanes Antwort lautet: Ihr eigentliches Begehren sei letztlich nicht der Liebesgenuss als solcher, sondern das Verlangen, mit dem Geliebten so zu verschmelzen, dass sie aus zweien zu einem würden. Aus dieser Vorgeschichte der Menschen ergebe es sich, dass ihre Liebe das Verlangen und Trachten der Teile nach dem Ganzen sei (192b 5–193a 1). Das Ich bedürfe des Du. Und darin bestehe die geheime Antriebskraft der Liebe.

Doch scherzend fügt Aristophanes hinzu, dass wir Menschen darauf achten müssten, uns sittsam zu betragen, damit uns die Götter nicht noch einmal teilten und wir wie aus Grabplatten ausgeschnittene Gestalten halbiert herumgehen müssten. Wenn wir dagegen den Göttern die ihnen geschuldete Ehrfrucht erwiesen, würden nicht nur Pausanias und Agathon, sondern jeder den zu ihm passenden Liebling (*παιδικά)* finden und unser ganzes Geschlecht glücklich sein (193a 1-c 7). „*Wollen wir also dem Gott, der dafür die Ursache ist, Loblieder singen, dann ist es nur gerecht, den Eros zu besingen, der uns schon gegenwärtig den meisten Nutzen gewährt, indem er uns zu dem uns Verwandten führt, für die Zukunft aber das größte Glück bereitet, uns, wenn wir festhalten an der Ehrfurcht vor den Göttern, in unsere ursprüngliche Natur zurückzuversetzen und zu heilen und uns so glücklich* (μακάριος) *und selig* (εὐδαίμων) *zu machen*“ (193c 7-d 5).[59] Das war gewiss eine andere Rede als die des Eryximachos, die nicht zu verspotten, ihn der in seinem Humor überlegene Komödiendichter abschließend bittet (193d 6-e 2).

Das Resultat dieser „tragischen Komödie“[60] lautet: Jeder Mensch sucht sich in seinem Leben die zu ihm passende Hälfte. Der letzte, allen Liebenden verborgene Wunsch aber sei nicht das Beilager, sondern miteinander eins zu werden.[61]

---

59 Übers. Zehnpfennig, 55–57.

60 Krüger, Einsicht, 130.

61 Vgl. dazu den Kommentar von Wilamowitz-Moellendorff, Platon I, 288: „*Das brauchte nur ernsthaft verfolgt zu werden, um recht beachtliche Wahrheiten und sittlich und erzieherisch bestimmende Sätze zu gewinnen, die sich neben Diotimas himmelanstrebende Erotik wohl behaupten könnten. Von Aristophanes, nicht von Diotima führt der Weg zu der rechten Ehe und mit diesem zu einem gesünderen, also auch sittlich höherstehenden Ziele als die Zuchtanstalt eines guten Nachwuchses in Platons Staat.*“

5. Die Rede des Agathon (194e 3–197e 8)

Die Rede des Agathon ist zumal in ihrem überschwenglichen Schluss ein rhetorisches Feuerwerk sondergleichen, das wir bereits oben als solches gekennzeichnet haben.[62] Ihrem äußeren Prunk entspricht ein mäßiger geistiger Gehalt: Da Eros junge und schöne Menschen liebt, sei er selbst keineswegs der älteste, sondern der jüngste, schönste und zarteste Gott. Er ordne alles zur Schönheit und sei entsprechend auch für uns Menschen der Geber alles Schönen, ein Gedanke, der dann im Klingklang schöner Worte aufrauscht. Und wer sollte da in einem die schöne Rede liebenden Volk dem siegreichen Dichter nicht Beifall zollen, der Eros, den schönsten und besten Gott, so trefflich zu verherrlichen versteht (197b3-e5):

> „*Ein Vers kommt mir auf die Lippen, auszusprechen, was Eros uns beschert.*
> *Friede wirket er den Menschen:*
> *ohne Regung ruht die See,*
> *Stürme schweigen, Wogen sinken,*
> *Schlummer ohne Ach und Weh.*
> *Er befreit uns von Feindseligkeit und eint uns in Friedfertigkeit. So fühlen wir uns überall, wo er uns zusammenführt, er ist bei Festen und Tänzen und Schmäusen der Leiter der Feier. Höflichkeit zeugt er, Unverträglichkeit scheucht er, spendet Gefügigkeit, nie Ungefügigkeit, gnädig den Guten, ein Wunder den Weisen, bestaunt von den Göttern. Wem er fehlt, ersehnt ihn sich, wer ihn hat, besitzt das Glück. Vater des wohligen, üppigen Lebens, Vater von Liebreiz, himmlischem Hangen und Bangen. In Müh' und Gefahren, bei Wünschen und Raten lenkt er das Steuer, steht auf der Brücke, tritt uns zur Seite, rettend, erlösend. Über Menschen, über Göttern wahrt er des Weltenlaufes Ordnung und Eintracht, der herrlichste, mächtigste Führer. Ihm folge denn jedermann, einstimmend in die Akkorde, mitsingend das Lied, des Eros Lied, das der Götter, das der Menschen Herz und Sinn bezaubert.*“[63]

Fragen wir nach dem Beitrag dieser Prunkrede zum Ganzen so bringt auch sie einen in den vorausgehenden Beiträgen weiteren Aspekt des Eros zur Sprache, indem sie ihn als dank seiner mitreißenden Urgewalt als eine Macht jenseits von Gut und Böse feiert (195c-d 3).

62 Vgl. zu ihr auch Sheffield, Symposium, 25–36.
63 Nachdichtung von Wilamowitz-Moellendorff, Platon I, 293.

6. Die Rede des Sokrates (198a-212c 3)

Unbeschadet des allgemeinen Beifalls bleibt Sokrates skeptisch. Scheinbar gibt er sich, noch ehe er zu sprechen angefangen hat, geschlagen, weil er sich nach einer so kunstvollen Rede in der Manier des Gorgias[64] nur noch blamieren könne. In seiner Einfalt habe er gemeint, es ginge in diesen Reden darum, die Wahrheit über den Gegenstand des Lobes zu sagen. In der Tat aber sei es nur darum gegangen, die Sache so schön und großartig wie möglich auszuputzen. Er aber sei bereit die Wahrheit über den Gott zu sagen.[65] Mit einem für ihn typischen Frage- und Antwortspiel bringt er Agathon zu dem Geständnis, dass er nichts von der Sache des Eros verstehe (201b 11–12). In Wahrheit verhalte es sich nämlich so: Wenn Eros etwas begehre, so ermangle es ihm. Da er das Schöne und Gute begehre, so fehle ihm beides (201b-c).

Damit ist die Grundlage für die erste Rede der Mantikerin Diotima aus Mantineia gelegt, die Sokrates in seiner Jugend von ihr gehört haben will.[66] In ihr bestreitet sie in sokratischer Manier dem Eros wegen seiner Bedürftigkeit seine Göttlichkeit, da die Götter als glückselig und schön gelten. Da er weder schön noch gut sei, könne ihm nur eine Stellung zwischen den Göttern und Menschen zukommen, so dass er ein großer Dämon sei. Auf des Sokrates Frage nach seinen Eltern erzählt Diotima dann den spielerischen Mythos von seiner Zeugung: Als die Götter die Geburt der Aphrodite feierten und Schafferat (Poros),[67] der Sohn der Klugheit (Metis), trunken im Garten des Zeus schlief, habe sich ihm Penia, die Armut, zugesellt und von ihm den Eros empfangen. Daher sei Eros der ständige Begleiter der Aphrodite geworden, weil er von Natur aus ein Liebhaber des Guten und Schönen gewesen sei. Aber dank seiner Abstammung von der Mutter sei er zunächst immer arm,

64 Gorgias von Leontinoi (438–376) war als erfolgreicher Sophist und Rhetor tätig. Er kam 427 nach Athen und wirkte weiterhin teils dort, teils in Thessalien. Seine an der lyrischen Dichtung geschulte Sprache galt als vorbildlich. Sein Einfluss erstreckte sich nicht nur auf Rhetoren wie Isokrates und Schriftsteller wie Thukydides, sondern auch Politiker wie Perikles und Alkibiades standen unter seinem Einfluss; vgl. zu ihm Buchheim in der Ausgabe seiner erhaltenen Fragmente (PhB 404), VII-XXXIII bzw. Narcy (DNP 4/1998), 1150–1152. Platon lässt Sokrates 198c3–5 ein Wortspiel treiben, indem er dem Haupt des Gorgias die versteinernde Macht der Gorgo/Medusa zuschreibt; vgl. zu ihr Bremmer (DNP 4/ 1998), 1154–1156.

65 Vgl. dazu auch Sheffield, Symposium, 32–33.

66 Zur nachplatonischen Wirkung der Erfindung der Diotima als einer Offenbarung auf die Dämonologie vgl. von Wilamowitz-Moellendorf, Platon I, 299

67 „Poros" bedeutet eigentlich „Ausweg". Zur oben gebrauchten Übersetzung vgl. von Wilamowitz-Moellendorff, Platon I, 299.

unbehaust, schmutzig und der Bedürftigkeit Genosse gewesen. Dank seines Vaters aber jage er beständig als ein wahrer Philosoph dem Guten und Schönen nach, ohne doch je zu einem endgültigen Ziel seiner Wünsche und seiner Einsicht zu gelangen. Er stehe vielmehr als solcher zwischen Weisheit und Unverstand. Der Eros sei Sokrates aber nur deshalb so wunderschön erschienen, weil er den Geliebten mit dem Liebenden verwechselt habe (203a-204c 5).[68] Plato nimmt die kleine Unstimmigkeit in Kauf, dass Sokrates ja erst kurz zuvor dem Agathon das Gegenteil erklärt hatte, dass Eros nämlich weder gut noch schön sei.

Verwunderlich ist auch die Antwort, die Diotima Sokrates auf seine Frage gibt, welchen Nutzen Eros den Menschen gewähre (204c7–8). Denkt man an die Reden des Phaidros und Pausanias zurück, würde man sagen, dass er den Geliebten geneigt mache, dem Liebenden willig zu sein (χαρίσζεθαι). Aber von dieser profanen Ebene will Diotima ja die Gedanken über den Eros ablenken. Statt dessen führt sie Sokrates in einem kurzen Dialog zu der Einsicht, dass wer das Schöne oder das Gute (beide werden jetzt zu Wechselbegriffen) begehre, durch ihren Besitz glückselig werden wolle, einem Ergebnis, dem Sokrates zustimmt (204d 1–205a 3). Nachdem sich beide auch darüber geeinigt haben, dass (wie die Berufe der Menschen zeigen) nicht alle nach demselben streben, weist Diotima die Zielangabe des Aristophanes, dass alle ihre Hälfte suchten zugunsten der These zurück, dass die Liebe weder auf die Hälfte noch auf das Ganze gehe, soweit es nicht ein Gutes sei. Die Liebe gehe nämlich darauf aus, das Gute für immer zu haben. Auch diesem Satz stimmt Sokrates zu (205a 5–206a 13).[69]

Die Seherin aus Mantineia gibt jedoch dem Gedanken sogleich eine völlig andere Wendung, indem sie die Liebe mit dem Willen zur Geburt im Schönen identifiziert.[70]Alle Menschen seien dem Leib und der Seele nach fruchtbar, und ihre Natur strebte daher ab einem gewissen Alter danach zu zeugen. Das aber könne sie nur im Schönen, nicht aber im Hässlichen. Mann und Frau täten sich zeugend zusammen, um auf diese Weise an der Unsterblichkeit teil zu bekommen. Denn als die mit uns identischen können wir jedenfalls physisch nicht unsterblich sein.[71] Die Liebe wolle daher nicht das Schöne, sondern in dem Schönen zeugen. Da es ihr dabei um die Unsterblichkeit gehe, sei das Ziel der Liebe die eigene Unsterblichkeit (206b 1–207a 4). Wer aber das Göttliche von seiner Jugend an in seiner Seele trage, der

68 Vgl. dazu Sheffield, Symposium, 42–44.
69 Vgl. dazu Sheffield, Symposium, 53–55.
70 Vgl. dazu auch die Analyse von Price, Love, 25–35.
71 Zur Problematik in 206a-207a vgl. Irwin, Ethics, 306–308.

suche das Schöne, um in ihm zu erzeugen. Dabei erfreue er sich an schönen mehr als an hässlichen Leibern, vor allem aber an einer schönen und edlen Seele in einem schönen und edlen Leibe, um in der Gemeinschaft mit ihm unsterbliche Kinder zu zeugen, unter denen man sich vermutlich die Tugenden zu denken hat (209a 8-e 7).[72]

Nach dem Bericht des Sokrates habe Diotima das Thema bei einer anderen Gelegenheit erneut aufgenommen und ihn nach der Ursache der Liebe und des Verlangens befragt. Da habe sie ihm ausführlich erklärt, dass die sterbliche Natur nur mittels der Erzeugung eines auf den Alten folgenden Jungen Unsterblichkeit erlangen könne. Die nun mehr dem Leibe nach zeugungslustig seien, verliebten sich in Frauen, um mit ihnen Kinder zu zeugen. Die aber mehr der Seele nach zeugungslustig seien, wollten zeugen, was der Seele gezieme. Ihr aber ziemten Weisheit und alle anderen Tugenden, besonders aber Besonnenheit und Gerechtigkeit. Wer sie als ein Göttlicher seit seiner Jugend in seiner Seele trage,[73] suche, wenn seine Zeit gekommen sei, zu befruchten und zu zeugen und erwähle sich dazu schöne, edle und wohlgebildete Seelen, um sie in ein tugendhaftes Leben einzuführen. Daher sei ihre Gemeinschaft und Freundschaft fester als die von Eheleuten, zumal sie zusammen auch schönere und unsterblichere Kinder besäßen. Doch wenn Diotima anschließend auf Homer, Solon oder Lykurg verweist, die einen unsterblichen Namen errungen hätten, bleibt der Leser einigermaßen ratlos, was der Liebhaber, schöne Seelen zeugend, mit ihnen gemeinsam habe. Die Dame Diotima wird, so scheint es, immer beredter, aber nicht unbedingt klarer (207a 5–209e 4).

Doch noch ein drittes Mal setzt sie mit ihrer Unterweisung über die Liebe ein, indem sie zunächst konstatiert, dass Sokrates insoweit in ihre Geheimnisse hätte eingeweiht werden können, sie aber nicht wisse, ob er ihr auf dem Pfade zu den höchsten und heiligsten zu folgen vermöge. So zeigt sie ihm denn den Weg, der wie auf einer Stufenleiter von der Liebe zu einem schönen Knaben bzw. einem schönen Leib zu zweien und von zweien zu allen schönen Leibern führt. Zunächst werde er in seiner Jugend einen schönen Knaben lieben und auf den Pfad der Tugend führen. Dann aber werde er erkennen, dass die Schönheit des einen, von ihm geliebten Leibes mit der aller anderen identisch sei. Das aber würde seine Leidenschaft zu seinem ersten Liebling dämpfen, so dass er ein Liebhaber aller schönen Leiber würde. Dann aber

72 Vgl. dazu Sheffield, Symposium, 99–110.

73 Zum platonischen Verständnis des Göttlichen als Einheit in der Vielheit vgl. Gadamer, Göttliche, 154–170 bzw. unter dem Gesichtspunkt der Vergöttlichung des Menschen Roloff, Gottähnlichkeit, 200–206.

würde er erkennen, dass die Schönheit der Seelen wertvoller als die der Leiber sei, und einen kaum erblühten, nur wenig schönen Knaben, der eine wohlgestaltete Seele besitze, lieben und umsorgen und auf diese Weise besser machen. Dadurch aber würde er veranlasst, die Schönheit in den Sitten (ἐπιτηδεύματα) und Gesetzen (νόμοι) wahrzunehmen, um dann zur Erkenntnis der Schönheit in den Wissenschaften (ἐπιστῆμαι) überzugehen. Schließlich aber würde er einsehen, dass alles Schöne dank seiner Schönheit miteinander verwandt sei, so dass die Faszination durch die schönen Leiber die Kraft über ihn verlöre (210a4-c6). Am Ende dieses Erkenntnisweges aber stünde die Schau des Schönen an sich (210e2–5): „*Wer nämlich bis hierher in den Liebesdingen erzogen worden ist und das Schöne der Reihe nach und auf richtige Weise betrachtet, der wird, indem er nun der Vollendung in den Liebesdingen entgegen geht, plötzlich ein schönes von wundervoller Art erblicken.*"[74]

Mit dieser Schau des unwandelbaren, sich immer gleichbleibenden Schönen ist das Ziel aller vorausgehenden Mühen erreicht, die Einweihung abgeschlossen (210e 2–211a 5). – Damit ist der Liebhaber des Schönen an sich zum wahren Erzieher geworden, der die von ihm geliebten Schüler zur wahren Tugend führt und dadurch Gott selbst lieb und, „*wenn überhaupt irgend ein Mensch*" unsterblich wird (212a 6–8). Der wahre Erzieher begnügt sich nicht, einen einzigen Schüler zu lieben, sondern von der Leidenschaft für einen einzigen Schönen und Guten befreit, weiß er sich allen Schönen und Guten gleichmäßig verpflichtet, in ihnen das Göttliche zu erwecken und sie dadurch zur Erkenntnis der Tugend zu führen. Die Schönen und Guten, denen er durch den Vergleich seinen Aufstieg zur Erkenntnis des ewigen Schönen, Wahren und Guten verdankt,[75] sind daher nicht zum bloßen Material seines eigenen Erkenntnisfortschrittes degradiert, sondern bleiben seine Freunde,[76] denen er durch seine mäeutische Kunst des Fragens dazu verhilft, sich selbst zu erkennen (Theait. 150b 6–151d 6).[77]

Aber was ist unter der Schau des Schönen an sich, des αὐτὸ τὸ καλόν zu verstehen, an dem alles irdische Schöne und Gute teilhat, und wie erschließt es sich dem Menschen? Handelt es sich dabei um eine mystische Erfahrung oder eine sich *überraschend* dem Denken erschließende Einsicht? Nach 211d 8–212a 7 ist diese Schau jedenfalls kein normaler Sehakt, denn sonst be-

74 Übers. Zehnpfennig, 103, zum Aufstieg zum Schönen an sich vgl. ausführlich Sheffield, Symposium, 121–133.

75 Vgl. dazu Jaeger, Paideia III, 26–267.

76 Vgl. dazu Price, Love, 49–54.

77 Vgl. zu ihr Sedley, Midwife, 11 und 30–37.

dürfte es nicht des Hinweises in 212a 3, *„dass es sich nur dem erschließt, der es auf die Weise sieht, mit der man es sehen muss* (ὁρῶντι ᾧ ὁρατὸν τὸ καλόν)". Andererseits hat zwar alles Schöne an diesem Schönen an sich teil, doch während jenes entsteht und vergeht, wird es selbst dadurch weder vermehrt noch vermindert, sondern bleibt von ihm unberührt. Es besitzt weder irgendeine Gestalt noch handelt es sich bei ihm um eine Satzwahrheit, einen λόγος, noch um eine wissenschaftliche Einsicht, eine ἐπιστήμη, oder überhaupt eine wie immer geartete innerweltliche Größe (211a5-b5). In seiner unveränderlichen Identität mit sich selbst ist das Schöne an sich das Göttliche. Die Gottheit aber ist nicht zu greifen oder zu sehen, sondern nur mit dem Auge des Geistes zu *„schauen"*, indem man den Aufstieg des Schönen von dem einen zu den vielen auf alle Schönen und alles Schöne am Ende meditierend von der Einsicht überwältigt wird, dass alles Schöne an dem einen göttlichen Schönen teilhat.[78]

Der Gott Platons ist (wenn wir sein *opus postumum* in diesem Zusammenhang heranziehen dürfen) der Gott, der sich in der Vernünftigkeit der Welt offenbart, die den Menschen Gott zum Maß aller Dinge und damit auch seines Lebens zu machen lehrt, weil Gott das Maß aller Dinge ist (Plat. leg.716c 1–6).[79] Diesen Akt, aus der Vielheit der Wahrnehmungen durch Überlegung zu einer Einheit zu gelangen, der uns im Symposion als Wesen der Schau des Schönen an sich begegnet, hat Platon im *Phaidros* als einen Akt der Wiedererinnerung an die Dinge gedeutet (Phaidr.249b 5-c 4), welche die Seelen einst gesehen hatten, als sie mit den je ihrem Wesen entsprechenden Göttern im Wagen den Himmel umkreisten[80] und den überhimmlischen Ort mit dem Steuermann der Seele erschauten, an dem sich das farblose, gestaltlose und unertastbare wahrhaft seiende Sein (ἡ γὰρ ἀχρώματός τε καὶ ἀσχμάτιστος καὶ ἀναφὴς οὐσία ὄντως οὖσα) befindet (Phaidr.247c 3-d 1). Bei dieser Gelegenheit hätten die Seelen auch die Schönheit selbst (αὐτὸ τὸ κάλλος) gesehen (vgl. 250b 5-c 6 mit e 2). Wenn die Erinnerung in einem Menschen an diese himmlische Seelenreise noch frisch und er unverdorben sei, versetze ihn der Anblick eines gottgleichen Antlitzes oder Leibes, der die damals geschaute Schönheit auf gute Weise nachahme, in Schauer und Ängste, so dass er den Knaben wie einen Gott verehre und bereit sei, würde er sich damit nicht lächerlich machen, ihm wie einem Götterbild zu opfern (250e 1–251a 7). *„Also wählt jeder seine Liebe zu den Schönen nach seinem Charakter, und als wäre jener, den er sich wählt, selbst ein Gott, so formt er ihn für*

78 Vgl. auch Sheffield, Symposium, 149.
79 Vgl. dazu Kaiser, Gesetzgeber, 291–294 = ders., Athen, 76–80.
80 Vgl. dazu Wildberg, Theologie, 131–138.

sich wie ein Götterbild und richtet ihn her, um ihn zu ehren und bakchantisch zu feiern (Phaidr.252d 5-e 1)."[81] Habe er nun den Knaben für sich gewonnen, so versuche er, ihn nach bestem Vermögen durch Überredung und Erziehung zur Ähnlichkeit mit sich selbst und dem von ihm verehrten Gott zu führen (253b 5- c 2). Ob beide nun ihr weiteres Leben miteinander in Selbstbeherrschung verbracht oder gelegentlich doch dem Verlangen, beieinander zu liegen, statt gegeben hätten, ändere nichts daran, dass den Liebenden eine glückliche Zukunft sicher sei: Im ersten Fall seien ihnen Schwingen gewachsen, die sie in die himmlische Welt empor trügen: sie hätten ein Drittel der Wettkampfrunden gewonnen und d. h. der Inkarnationen erfolgreich hinter sich gebracht, die sie bis zu ihrer Versetzung in die lichten Höhen der göttlichen Welt zurücklegen müssten und seien mithin ihrer Erlösung ein wesentliches Stück näher gekommen (vgl. Pind. Ol.2.68–74). Aber auch die anderen dürften ein Leben im Licht führen und auf der gemeinsamen (Seelen-)Wanderung glücklich sein, bis auch sie einmal beflügelt würden. Dagegen müssten die Nichtverliebten, welche die Masse als Tugendbolde lobt (weil sie keine Knaben lieben), sich vernunftlos neuntausend Jahre auf oder unter der Erde herumtreiben (256e 3–275a 2). Allein die Liebe ist mithin der Schlüssel zu der dem Menschen verschlossenen Welt des Ewigen. Sie lässt in allem Schönen dieser Welt das Wahre, Schöne und Gute der ewigen Welt erkennen. Es dürfte deutlich geworden sein, dass die Eigenart der Schau des Schönen an sich und die Gewinnung der Unsterblichkeit, die den wahrhaft Liebenden nach dem *Symposion* zuteil wird, im Phaidros im Horizont des Reinkarnationsmythos ihre Erläuterung findet. Daher können wir mit Bestimmtheit sagen, dass die Schau des Schönen an sich noetischer und nicht optischer Art ist und die Unsterblichkeit in der seligen Gemeinschaft der Liebenden untereinander und mit dem Göttlichen besteht, die kein Ende nehmen wird.

So können wir zum Schluss der Rede der Diotima in 211d-212a zurückkehren, in der sie Sokrates erklärt, dass das Leben für den Menschen erst dann lebenswert sei, wenn er das Schöne selbst betrachte. Er würde es dann nicht mehr mit irgendeinem schönen Schmuckstück oder einem schönen Knaben oder Jüngling vergleichen wollen, deren Anblick ihn jetzt entzücke und mit denen immer zusammenzusein er wünsche. Stattdessen würde er nicht mehr Abbilder, sondern wahre Tugend erzeugen, so dass es ihm gebühre, von den Göttern geliebt zu werden und, wenn überhaupt ein Mensch es werden könne, unsterblich zu sein.

81 Übers. Heitsch, Phaidros, 38 und vgl. dazu seinen Kommentar 96–97.

Sokrates aber fügt hinzu, dass er der Rede der Diotima geglaubt habe und versuche, sie auch anderen glaubhaft zu machen, um zu diesem Besitz zu gelangen, wobei es für die menschliche Natur keinen besseren Helfer als den Eros gebe, den daher jedermann ehren solle. Er selbst ehre alles, was zur Liebe gehöre, übe sich vor allem darin und ermuntere andere dazu und preise die Macht und Tapferkeit des Eros (212b 1-c 3).

7. Die Preisrede des Alkibiades (214e 9–222b 7)

Doch schon bricht der volltrunkene, von Helfern gestützte Alkibiades herein, um Agathon zu bekränzen und dann Platz zu nehmen, ohne sogleich zu erkennen, dass er sich zwischen Agathon und Sokrates gesetzt hatte. In einer bis zur Peinlichkeit reichenden Redlichkeit des Betrunkenen hält er daraufhin eine Lobrede auf Sokrates, die ebenso seinen eigenen Charakter wie den des Sokrates enthüllt. Alkibiades tritt uns in ihr als ein einerseits von sich überzeugter und andererseits innerlich zerrissener Mensch entgegen, der aufgrund seiner Herkunft, seiner Mittel und Beziehungen, seines Mutes und seiner vollendeten Schönheit alle Herzen für sich zu gewinnen gewohnt ist, und doch an der Schwäche leidet, Anerkennung bei den Menschen und Macht über sie zu gewinnen zu suchen. Das aber ist ihm nach seinem jetzt vorgetragenen Bekenntnis bei seinen bisherigen Annäherungsversuchen an Sokrates gründlich misslungen.[82] Trotzdem stellt er Sokrates als Weisen und zugleich als den einzigen Mensch vor, der auch einen Alkibiades zur Selbstzucht hätte erziehen können.

Alkibiades eröffnet seine Rede mit dem Hinweis, dass er versuchen wolle, Sokrates durch Bilder zu loben.[83] Er gleiche nämlich von außen der Plastik eines Silens,[84] die, wenn man sie öffne, ein Götterbild enthalte.

82 Vgl. auch die Charakterisierung des Alkibiades in (Pseud) Plat. Alk.I.103b-104c (zur Problematik, den Alk I. für Platon zu reklamieren vgl. Gribble, Alcibiades, 260–262; anders Denyer, Alcibiades, 14.–26), dazu Gribbe, 220–222; Thuc.VI.12.2—3; 15.2–16.6; dazu Sonnabend, Thukydides, 75–78 und Gribble, 178–188 und 205–213 sowie zum Vergleich der Darstellung durch Thukydides und Platon Gribble, 258–259.

83 Zur dialektischen Funktion der Rede als Antwort auf die Frage, ob der philosophische Eros etwas mit dem praktischen Leben zu tun habe, vgl. Sheffield, Symposium, 206.

84 Vgl. zum Folgenden Sheffield, Symposium, 196–201; zu den Silenen vgl. Heinze (DNP 11/2001), 552–553 und zum Aussehen des Sokrates Xen. symp.V.4–7 und dazu Zanker, Maske, 38–45 mit den Abb. 19–23, bei deren letzter es sich um ein Bronzerelief aus Pompeji handelt, das Sokrates im Gespräch mit Diotima zeigt.

Sokrates selbst müsse ja zugeben, dass er dem Satyr Marsyas gleiche,[85] nur dass er die Menschen mit seinen Worten ganz anders bezaubere als dieser einst mit seinem Flötenspiel. Wer immer Sokrates reden höre, er sei Mann, Frau oder Knabe, würde von ihm hingerissen. Vernehme er selbst seine Stimme, so poche ihm sein Herz und vergieße er Tränen, weil seine Worte ihn davon überzeugten, dass es sich für ihn nicht länger zu leben lohne, wenn er sich nicht ändere. Denn Sokrates nötige ihn dazu, sich einzugestehen, dass ihm viel fehle und er, während er sich selbst vernachlässige, die Angelegenheiten der Athener besorge. Daher laufe er vor ihm davon und versuche jeder weiteren Begegnung auszuweichen. So befinde er sich Sokrates gegenüber in einem ganz eigenartigen Zustand; denn einerseits wünsche er, Sokrates wäre tot, andererseits aber wäre ihm das weit schmerzlicher als der gegenwärtige Zustand. Und so wisse er nicht, wie er es mit Sokrates halten solle (215a 4–216c 3).

Dass Sokrates innerlich einem mit Weisheit und Besonnenheit angefüllten Götterbild gleiche, gehe daraus hervor, dass es ihn völlig unberührt lasse, ob jemand schön oder reich sei oder er sonstige Vorzüge besitze. Er selbst habe einmal einen Blick in das Innere dieses Götterbildes getan und sofort gemeint, alles tun zu müssen, was Sokrates von ihm verlangte. Da er nun davon überzeugt gewesen sei, dass sich Sokrates wegen seiner Schönheit um ihn bemühe, habe er geglaubt, er brauche sich ihm nur gefällig zu erweisen (χαρίζεσθαι), um von ihm alles zu erfahren, was er von ihm wissen wolle. Und so habe er es so eingerichtet, dass Sokrates nach einem langen Mahl bei ihm übernachtete. Als Sokrates auf einem Polster neben dem seinen gelegen habe, habe er ihn angestoßen und ihm erklärt, dass er ihm in allem gefällig sein wolle, da ihm nichts wichtiger sei, als so trefflich wie möglich zu werden. Sokrates aber habe ihm erklärt, er wolle ihn täuschen und den Schein der Schönheit gegen wahre Schönheit eintauschen. Da habe er seinen Mantel

---

Aufklappbare Silenstatuetten, die innen ein Götterbild enthalten, sind bisher archäologisch nicht nachgewiesen

85 Bei Marsyas handelt es sich ursprünglich um einen phrygischen Flussgott, der als Silen dargestellt wurde. Nachdem Marsyas die von Athene entdeckte, aber wegen der Hässlichkeit des Gesichts bei ihrem Blasen weggeworfene Flöte aufgehoben und Apollon zum Wettkampf herausgefordert hatte, ließ ihn der Gott an einen Baum hängen und schinden, vgl. Ernst Badian (DNP 7/1999), 955–956 und dazu die Rekonstruktionen der von Myron geschaffenen Gruppe von Athene und Marsyas bei Fuchs, Skulptur, Abb. 388 bzw. Boardman, Plastik. Klassische Zeit, Abb. 61–64 und die hochhellenistische Gruppe mit dem aufgehängten Marsyas und dem das Messer für seine Häutung schleifenden Skythen bei Fuchs, Skulptur, 373 mit Abb. 413.

über Sokrates geworfen und seine Arme um den dämonischen Mann geworfen. Aber Sokrates habe ihn nur verspottet, er selbst aber sei am nächsten Morgen nicht anders aufgestanden, als hätte er die Nacht neben seinem Vater oder Bruder zugebracht (216e 5 – 219d 2).

Diesem Bild des selbstbeherrschten Erotikers stellt Alkibiades weiterhin das des allen Strapazen und Entbehrungen gewachsenen Kriegers an die Seite, der den Freund in Not und Gefahr nicht allein lässt, sondern unter Einsatz seines Lebens vor den andringenden Feinden schützt. So berichtet Alkibiades, dass er und Sokrates in dem Krieg gegen Potideia (432 – 429) Tischgenossen gewesen seien.[86] Dabei habe Sokrates, je nach der Verpflegungslage, ebenso ausdauernd hungern wie hingegeben genießen können. Im Trinken aber habe er alle übertroffen, ohne doch jemals betrunken gesehen worden zu sein (eine Eigenschaft, die Sokrates am Ende des Buches erneut beweisen wird). Als sich jedermann bei Frost so dick wie möglich angezogen habe, sei Sokrates barfuß und in seiner gewöhnlichen Kleidung hinausgegangen. Einmal sei er von einem Morgen bis zum nächsten regungslos stehengeblieben, um nachzudenken (220c3-d5), ein Verhalten, das er gerade erst knapper auf dem Wege zu Agathon wiederholt hatte.[87] Untadlig aber sei sein Verhalten als Soldat und Gefährte gewesen: Kein anderer als Sokrates habe ihn, als er in der Schlacht bei Potideia verwundet worden war, gerettet und dann auf die Tapferkeitsauszeichnung, die er deswegen für ihn beantragt hatte, zu seinen Gunsten verzichtet (220d5-e8). Bei der Flucht des athenischen Heeres nach der Niederlage bei Delion (424)[88] aber habe Sokrates seine Tapferkeit noch deutlicher erwiesen, indem er in voller Rüstung den Rückzug gedeckt und sich später, als Alkibiades neben ihm ritt, so ruhig umgeschaut, dass niemand ihn anzugreifen wagte (220e 8 – 221c 1).

Aber am treffendsten werde der Vergleich des Sokrates mit dem in dem Silen steckenden Götterbild, wenn man an seine zunächst lächerlichen Reden denke, in denen er von Lasteseln, Schmieden und Schneidern spräche, bis sich den Hörern plötzlich ihr tieferer Sinn erschließe. So sei nicht nur er selbst, sondern seien auch andere Jünglinge aus dem ἐρώμενος zum ἐραστής, aus dem Geliebten zum Liebhaber dieses Silens geworden. Erinnert man sich an die Behauptung des Phaidros, dass der ἐρώμενος einen rechtschaffenen ἐραστής mehr lieben müsse als der ihn,[89] so erkennt man, dass Alkibiades Sokrates als eine solchen Liebhaber vorstellt, den die von ihm

86 Vgl. dazu Welwei, Athen, 149 – 153 und 159 – 160.
87 Vgl. 174d 4 – 175a 9.
88 Vgl. dazu Welwei, Athen, 188 – 189.
89 Vgl. 180a 7-b 5 und oben, 268.

geliebten Jünglinge als den wahren Erzieher und besten Freund mehr zu lieben und schätzen lernen, als sie von ihm geliebt werden. So warnt denn Alkibiades am Schluss seiner Rede den neben ihm sitzenden Agathon halb im Scherz und halb im Ernst, sich zu hüten, dass es ihm nicht ebenso ginge (221c 2–222b 7).

8. Der gültige Gehalt der Freundesreden gemessen an Sokrates als dem wahren Liebhaber

Ehe wir einen knappen Blick auf den Epilog werfen, ist es angebracht, die Reden der Freunde noch einmal unter dem Gesichtspunkt an uns vorüberziehen zu lassen, ob sie grundsätzliche Aussagen über das Verhältnis zwischen dem ἐραστής und dem ἐρώμενος enthalten, die sich in dem von Alkibiades gezeichneten Bild des Sokrates wiedererkennen lassen und daher nach Platons Absicht als gültig betrachtet werden sollen. In der Rede des Phaidros sind es gleich zwei Züge, den ersten von der Umwandlung aus dem Liebhaber in den Geliebten haben wir gerade erwähnt (vgl. 180a mit 178c). Bei dem zweiten handelt es sich um die Feststellung, dass Liebhaber und Liebling einander im Kampfe nicht verließen und eher bereit seien füreinander zu sterben, als einander im Stich zu lassen (178e 3–179b 2).[90] Ganz entsprechend hat Alkibiades Sokrates als den gepriesen, der ihm, als er in der Schlacht bei Potideia verwundet war, das Leben gerettet habe (220d 5-e 2). Suchen wir nach einem entsprechenden Grundsatz in der Rede des Pausanias, so ist es der in 183d 8-e 6, dass ein gemeiner Liebhaber, ein ἐραστὴς πάνδημος, den Leib mehr als die Seele liebt, um dann dank seiner Unbeständigkeit seinen Liebling angesichts von dessen schwindender Jugendblüte zu verlassen. Der Liebhaber dagegen, der in ihm den rechtschaffenen Charakter (ἦθος χρήσιμος) liebt, bleibt ihm für das ganze Leben verbunden.[91] Das entspricht durchaus der Lehre Diotimas, dass es der Myste des wahren Eros lernen muss, seine Liebe nicht nur den leiblich, sondern auch den seelisch Schönen zu schenken, um sie besser zu machen (vgl. 210b 3-c 3 mit 216c 7–217a 2). Dass Sokrates aber die Jünglinge, mit denen er verkehrte, besser machen wollte, illustriert die Rede des Alkibiades, der sich in seiner Gegenwart seiner Unvollkommenheit bewusst wurde (216a 4-b 5). Schwerer ist es, in der Gelehrsamkeit des Eryximachos eine entsprechende Maxime zu entdecken. Denn sein medizinischer Grundsatz, dass sich im

90 Vgl. dazu oben, 267–268.
91 Vgl. dazu oben, 270.

Leibe das einander Entgegengesetzte liebe (186d 5–6), lässt sich auf den ersten Blick nur auf sein Verhältnis zu Phaidros anwenden; denn der jugendlich bewegte und für alle Anregungen offene Phaidros und der hölzerne dogmatisierende Doktor bilden ein Gegensatzpaar, wie es schärfer nicht gedacht werden kann. Erinnert man sich jedoch daran, dass ausgerechnet der wegen seiner Schönheit berühmte Alkibiades von dem hässlichen Sokrates geliebt wird und er ihn bis zur Umkehrung des Verhältnisses wiedergeliebt hat, bestätigt sich dieser Satz auch in der Rede des Alkibiades.[92] Überdies betont auch Eryximachos, dass der Eros, der sich im Blick auf das Gute in Besonnenheit und Gerechtigkeit vollende, dem Menschen Glückseligkeit verschaffe.[93] Das Gelingen des mythisch begründeten Ziels der Liebe des Aristophanes, dass jeder Mensch nach seiner anderen Hälfte suche und sich hinter der sinnlichen Vereinigung das Streben nach dem Einswerden der Liebenden verberge, wird immerhin von dem sittsamen Betragen gegen die Götter und – der Begründung für die einstige Teilung gemäß – von der Gerechtigkeit abhängig gemacht. Nur dem frommen und sittlichen Menschen würde das höchste Glück des vollkommenen Einswerdens mit seiner anderen Hälfte zuteil (192b 5–193a 1).[94] Die Überzeugung, dass die Wahrnehmung der sittlichen Verantwortung auch das Liebesverhältnis durchdringen muss, findet in allen Reden außer in der des Agathon seinen Ausdruck: In dem Klingklang seiner Worte verbirgt sich bei genauerem Zusehen das Wissen um die unheimliche, von der Moral unabhängige Macht des Eros (196b 4-d 4), die schon Sophokles mit dem Chorlied auf den Ἔρως ἀνίκατε μάχαν („*Eros, unbesiegter Streiter …* „) in der „Antigone" besungen hatte.[95] Platon weiß um diese Macht, wünscht sie aber sittlich zu binden. Wenn der junge Alkibiades im Vertrauen auf seine außerordentliche Schönheit die Liebe in den Dienst des Herrschaftswissens stellen wollte (217a2–219d2),[96] handelt es sich ebenso um eine Perversion der Liebe wie um ein Zeugnis des Glaubens an ihre Macht. Ihre Leidenschaftlichkeit, auf die Aristophanes, und ihre amoralische Unberechenbarkeit, auf die Agathon verweist, bilden den Hintergrund, auf dem sich der pädagogische Eros bewähren muss, den Platon durch den Mund der Diotima als die legitime Form der Knabenliebe proklamieren lässt. Im Phaidros gesteht er den Verliebten, sollten sie gelegentlich schwach werden, das Beilager zu

92 Vgl. 215a 3–216c 3 mit 216d 1–217a 2 und 222a 7-b 7.
93 Vgl. 188d 4–9 und oben, 272.
94 Vgl. dazu oben, 275.
95 Soph. Ant. 781–800.
96 Vgl. auch (Pseud) Plat. Alk.I. 113d.

(vgl. 255d 3–256a 6 mit 256b 7-d 3).[97] Im Symposion aber bleibt Sokrates von den Verführungskünsten des Alkibiades gänzlich unberührt: Um der Seele seines Schülers willen lässt er sich auf das Liebesspiel nicht ein, obwohl ihn der Anblick schöner Jünglinge sein Leben lang entzückt hat. Aber er hat sich in Selbstzucht, in σωφροσύνη, zu beherrschen gelernt und seine Liebe als der wahre Pädagoge als den Dienst verstanden, die Seele seiner Schüler zu reinigen und zu bilden, indem er ihnen im Gespräch dazu verhalf, ihr wahres Selbst zu finden (Theait. 150b 6–151d 6).

Denn dass der selbstbeherrschte Weise noch immer von dem Zauber der Jünglinge angezogen wird, ruft Platon dem Leser ins Gedächtnis, indem er das Buch beendend berichtet, dass das eigentliche Mahl in einem scherzhaften Geplänkel zwischen Alkibiades, Sokrates und Agathon endete, in dem Agathon seinen Platz wechselte, um sich auf dessen Aufforderung hin wieder unmittelbar neben Sokrates zu setzen. Alikibiades aber habe das mit einem: „*Da haben wir die Geschichte!*" quittiert. „*Wenn Sokrates anwesend ist, kann kein anderer etwas von den Schönen haben. Und wie geschickt hat er auch jetzt eine Ausrede gefunden, dass dieser hier neben ihm sitzen muss!*" (222c 1–223a 9). Dann aber sei eine große Menge lärmend eingedrungen und das Fest in einem Zechgelage untergegangen. Nach dem Bericht des Aristodemos, der dem Leser noch einmal als Gewährsmann und Begleiter des Sokrates in Erinnerung gerufen wird (223b 8), seien Eryximachos, Phaidros und andere fortgegangen, er selbst aber eingeschlafen (223b 2-c 1). Doch als er beim Krähen der Hähne erwacht sei, hätten Agathon, Aristophanes und Sokrates noch immer reihum aus großen Bechern getrunken. Sokrates aber hätte versucht, beide davon zu überzeugen, dass ein Komödiendichter auch in der Lage sein müsse, eine Tragödie zu dichten und umgekehrt der Tragödiendichter eine Komödie. Dann wäre er zusammen mit ihm[98] in das Lykeion gegangen,[99] um dort nach einem Bad den weiteren Tag zu verbringen und sich mit den Schönen und den Spröden zu unterreden (223c 2-d 12). Verweist Platon mit der Erwähnung des Themas der bis in den Morgen

97 Vgl. dazu Price, Love, 87–88 und zum pädagogischen Charakter des Eros auch im Phaidros Heitsch, Phaidros, 120.

98 Dem Berichtersatter Aristodemos.

99 Das Lykeion gehörte zu den drei berühmten Gymnasien, die Athen im 6. Jh. außerhalb der Stadt gründete und in denen die Epheben ihre Ausbildung erhielten. Es lag nach Auskunft der alten Quellen im Osten der Stadt im Bereich zwischen dem Syntagmaplatz bis hinein in den Nationalpark, in dem möglicher Weise die Fundamente des Apollon Lykeios gefunden worden sind. In ihm lehrte Aristoteles, vgl. dazu Traulos, Bildlexikon, mit dem Plan Abb. 379 auf 291 und 354–347 mit den Abb. 447–449.

dauernden Diskussion zwischen den drei standhaften Freunden auf den noch ausstehenden oder den bereits veröffentlichten *Phaidon* als das tragische Gegenstück zur Komödie des *Symposions?* Mit Sicherheit lässt sich die Frage nicht beantworten, weil beides möglich ist. Der Philosoph, der eben eine Komödie aufgeführt hat, vermag auch ergreifend vom Sterben des Sokrates zu berichten. Dass auch in seiner Komödie trotz ihres spielerischen Tons Ernst und tiefere Bedeutung nicht fehlen, dürfte dem Leser dieser Seiten deutlich geworden sein, ebenso aber auch, dass uns Platon mittels der Lobrede des Alkibiades Sokrates als das Urbild des wahren Pädogogen und Liebhabers vorstellt, der seine ἐρωμένοι zur wahren Tugend führt und daher an der Unsterblichkeit teilhat (212a).

„Was ist der Mensch und was ist sein Wert?“ Beobachtungen zur Anthropologie des Jesus Sirach nach Sir 16,24–18,14

1. Die Frage nach dem Wesen des Menschen im Alten Testament

Die Frage „Was ist der Mensch?“ wird in der Hebräischen Bibel dreimal in einem jeweils besonderen Zusammenhang gestellt. In Ps 8 ist sie im Rahmen eines Hymnus über den weltweiten Ruhm des Namens Jahwes Ausdruck dankbarer Verwunderung darüber, dass der Gott, der die Sternenwelt geschaffen hat, sich trotzdem des kleinen Menschen angenommen und ihn zu einem gottähnlichen Herrscher über die Tiere eingesetzt hat (Ps 8,5–7):

> 5 *Was ist der Mensch, dass du seiner gedenkst, und das Menschenkind, dass du dich seiner annimmst?*
> 6 *Du ließest ihn nur wenig an einem Gott mangeln und hast ihn mit Ehre und Hoheit gekrönt,*
> 7 *Du hast ihn zum Herrscher über deiner Hände Werk bestimmt und alles unter seine Füße gelegt.*

Aber ganz im Gegensatz dazu steht die Vergänglichkeitsklage,[1] die innerhalb der die V.1–10 umfassenden Königsklage des 144. Psalms überliefert ist.[2] Sie soll Jahwe als den Beschützer des Königs[3] dazu veranlassen, seine Bitte um Rettung vor seinen Feinden zu erhören (Ps 144,3–4):

> 3 *Jahwe, was ist der Mensch, dass du dich seiner angenommen, und das Menschenkind, dass du es beachtet hast?*
> 4 *Ein Mensch gleicht dem Hauch eines Windes, seine Tage wie ein flüchtiger Schatten.*

---

1 Vgl. z.B. Hi 7,1–2; 14,1–3; Ps 39,6–7; 90,3–10; 102, 12–13; 103, 14–16 und Jes 40,6–8.

2 Vgl. dazu Seybold, Psalmen, 530.

3 Seinem Kontext nach geht es im ersten Teil des Psalms um die Rettung des Messias aus den letzten Kämpfen vor dem Anbruch der Heilszeit.

Ein drittes Mal begegnet die Frage im Hiobbuch. Der Niedrigkeitsbearbeiter lässt sie den ältesten der drei Freunde, Eliphas, stellen, um sein selbstsicheres Unschuldsbewusstsein zu erschüttern (Hi 15,14–16):[4]

14 *Was ist der Mensch, dass er rein sein könnte, und gerecht, wer vom Weibe geboren?*
15 *Sieh, seinen Heiligen traut er nicht, der Himmel ist nicht rein in seinen Augen,*
16 *geschweige einem, der verabscheut und verdorben, der Mensch, der Sünden wie Wasser trinkt.*

Durch die Spannung zwischen diesen drei Aspekten wird das Wesen des Menschen bestimmt. Er besitzt Geist, hat damit die Wahl und verfügt über eine Welt, und lebt doch nur eine kurze Zeit, misst man sie an der Ewigkeit (Ps 90,2). Darüber hinaus ist ihm ein völlig sündloses Leben unmöglich. In dieser Grundsituation liegt für die biblischen Beter der Trost darin, dass Gott um die Vergänglichkeit des Menschen weiß und sich seiner daher wie ein Vater über seine Kinder erbarmt und denen die Treue hält, die ihn fürchten und seine Gebote halten (Ps 103,13–18):

13 *Wie sich ein Vater über seine Kinder erbarmt, erbarmt sich Jahwe über die, die ihn fürchten.*
14 *Denn er weiß, woraus wir gebildet sind, und denkt daran, dass wir Staub sind.*
15 *Der Mensch – seine Tage sind wie Gras, wie eine Feldblume, so blüht er,*
16 *fährt der Wind über ihn, ist er fort und kennt ihn seine Stätte nimmer.*
17 *Aber die Treue Jahwes währt von Ewigkeit zu Ewigkeit bei denen, die ihn fürchten, und sein Heil gilt Kindeskindern,*
18 *denen, die seinen Bund bewahren und an seine Gebote denken, um sie zu tun.*

2. Die Antwort auf die Frage nach dem Wesen des Menschen: Sir 18,1–14

Bedenken wir die Antwort, die der zu Beginn des 2. Jh. v. Chr in Jerusalem wirkende Weise Jesus Sirach gegeben hat,[5] wird sogleich deutlich, dass er die drei eben behandelten Texte kannte und seiner eigenen Lösung nutzbar

4 Zum literarischen Befund vgl. Witte, Leiden, 114–115 bzw. knapp zur Redaktionsgeschichte des ganzen Buches Kaiser, Buch Hiob, 104–122.

5 Vgl. dazu Marböck, Sirach/Sirachbuch (TRE 31/2000), 307–313 = ders. Frömmigkeit, 15-30 bzw. Kaiser, Apokryphen, 79–90 oder ders., Leben, 123–157. Zugrunde liegen der griechische Text von Ziegler, der hebräische von Beentjes und der syrische von Calduch-Benages, Ferrer und Jan Liesen außerdem wurden die

machte. Er stellt die Frage freilich ausdrücklich nur ein einziges Mal im Sinne der Königsklage in Ps 144,3–4, ohne darüber die anderen Aspekte zu vergessen. Den Rahmen dafür bilden die Lehreröffnung in 16,24–30, die das zweckvolle Handeln des Schöpfergottes preist, dessen kosmischen Werke für immer geordnet sind und der die Erde mit Leben erfüllt hat, und das beschreibende Gotteslob am Ende auf den allein gerechten Gott und Schöpfer aller Dinge, der sich trotzdem in seiner Barmherzigkeit des kurzlebigen Menschen annimmt und ihn wie ein guter Hirte zur Umkehr leitet in 18,1–14*. Aber es geht Ben Sira, auch wenn er vom Menschen an sich handelt, am Ende um den Menschen vor Gott und zwar um den Juden als Glied des vom Herrn auserwählten Volkes. Das entspricht seiner Absicht, heranwachsende Jünglinge seines Volkes vor der Skepsis gegen die eigene Herkunft zu bewahren, wie sie durch die Begegnung mit dem Hellenismus als geistiger und politischer Vormacht ausgelöst wurde. Er suchte dieser Aufgabe zu genügen, indem er sich nicht generell gegen dessen Einflüsse verschloss, sondern indem er sie dem eigenen Denken insoweit assimilierte, als es sich mit den Grundsätzen der jüdischen Religion vereinbaren ließ. Heute würde man ihn einen liberal-konservativen Denker nennen.[6]

Das zweigliedrige Lehrgedicht 18,1–14* lenkt den Blick in seinem ersten Teil in den V.1–7* auf den Herrn als den ewigen Schöpfer und Regenten der Welt, dessen Wirken so gewaltig und zugleich unergründlich ist, dass seine angemessene Rühmung den Menschen überfordert. Wer Gott rühmt, bleibt immer ein Anfänger![7] Der zweite Teil rückt in den V.8–10 zunächst die Nichtigkeit des Menschen in das Blickfeld: sowie man seine Lebenszeit auch nur mit einem Tag der Ewigkeit vergleicht,[8] erweist er sich als ein Leichtgewicht. Selbst wenn er das Höchstalter von 100 Jahren erreichen sollte,[9] schmilzt seine Zeit angesichts der Maße Gottes zu einem

Textsynopse von Vattioni und die Rekonstruktion des hebräischen Textes von Segal verglichen.

6 Vgl. dazu Hengel, Judentum, 252–275; Marböck, Weisheit, 160–173; Collins, Wisdom, 23–41; Skehan/Di Lella, Ben Sira, 8–16; Kaiser, Anknüpfung, 54–69, bes. 56.62 = ders., Weisheit, 201–216 und ders., Leben, 134–144 und nicht zuletzt Wicke-Reuter, Providenz, 275–285.

7 Vgl. auch Sir 42,15–43,33, bes. 43,27–33 und dazu Kaiser, Harmonie, 160–167.

8 Vgl. Ps 90,4; Sir 1,2.

9 Sirach bleibt damit um 20 Jahre hinter den 120 zurück, die nach Gen 6,3 die dem Menschen von Gott zugestandene obere Grenze seines Lebens ausmachen, übertrifft aber gleichzeitig die 70 und allenfalls 80 Jahre, mit denen der Dichter von Ps 90,10 rechnet; vgl. dazu Liess, Sättigung, 329–342, bes. 330–331 und zum quantifizierenden priesterschriftlichen Verständnis des Lebensalters in Lev 27,1–8 Pola, Auffassung, 389–408, bes. 403–405 und 407–408.

Nichts zusammen. Der Wassertropfen war für die Alten die kleinste flüssige Menge[10] und das Staubkorn die kleinste feste Masse;[11] beide galten daher in ihrer Vielzahl als Metapher für eine unabschätzbare große Zahl.[12] Hier werden sie zeitlich eingesetzt, um die verschwindende Kürze des Menschenlebens der Ewigkeit (Gottes), gegenüberzustellen. Drastisch und ähnlich lautet das Urteil über die Menschen in 17,32b: „alle Menschen sind Staub und Asche." Dann aber nimmt der zweite Teil in den V.11–14 auf der von Ps 103,13–17 gewiesenen Bahn eine Wende, indem er Gottes Barmherzigkeit als Folge seines Wissens und die Kürze der dem Menschen zugemessenen Tage Zeit (vgl. 17,2a) und der Bitterkeit seines Todes erklärt. Aus diesem Wissen heraus geht Gott langmütig und barmherzig mit den Menschen um; denn darum ist er bereit, ihnen ihre Sünden reichlich zu vergeben (V.11–12). Er geht ihnen wie ein guter Hirte nach, um sie zur Umkehr zu führen, damit er sich derer erbarmen kann, die seine göttliche Erziehung annehmen und sich darum bemühen, seine Satzungen zu halten (V.13–14). Und so heißt es in Sir 18,1–14:[13]

1 *Der ewig lebt, schuf das ganze All;*
2 *der Herr allein erweist sich gerecht.*[14]
4 *Keinem hat er es gegeben, seine Werke zu verkünden, und wer könnte seine Großtaten ergründen?*
5 *Seine gewaltige Macht, wer kann sie ermessen, und wer seine Gnadentaten ausschöpfen?*
6 *Man kann nichts abziehen noch hinzutun, noch kann man die Wunder des Herrn ergründen.*
7 *Käme ein Mensch ans Ende, finge er an, und hörte er auf, er wäre verlegen.*
8 *Was ist der Mensch und was ist sein Wert, was ist sein Glück und was ist sein Schaden?*
9 *Die Zahl der Tage des Menschen ist groß, wenn sie hundert Jahre beträgt.*[15]
10 *Wie ein Tropfen Wasser aus dem Meer oder ein Sandkorn sind die wenigen Jahre vor einem Tag der Ewigkeit.*
11 *Deshalb ist der Herr langmütig gegen die Menschen und gießt er sein Erbarmen über sie aus.*
12 *Denn er sieht und weiß, dass ihr Ende schlimm ist, daher vergibt er ihnen reichlich,*

---

10 Vgl. Jes 40,15aα.
11 Vgl. Jes 40,15aβ.
12 Vgl. Sir 1,2 und z. B. Gen 22,17; 32,13 mit Gen 13,16 und 28,14.
13 Vgl. dazu Prato, problema, 292–298 und Wicke-Reuter, Providenz, 175–180.
14 Die V.2b und 3 gehören zur G II-Tradition: „2b *Und außer ihm gibt es keinen./ 3 Er lenkt die Welt mit der Spanne seiner Hand, / und alles gehorcht seinem Willen,/ denn er selbst ist König von allen in seiner Macht, / er trennt unter ihnen was heilig und profan.*"
15 V.9c gehört zur G II-Tradition: „*Aber das Entschlafen ist für jeden ein Rätsel.*"

13 *Das Erbarmen des Menschen gilt seinem Nächsten, das Erbarmen des Herrn gilt allem Fleisch. Er überführt und züchtigt und belehrt und leitet wie ein Hirt seine Herde.*
14 *Er erbarmt sich derer, die Zucht annehmen und eifrig seinen Satzungen folgen.*

3. Die Zweckmäßigkeit der Welt als Schöpfung Gottes: Sir 16,24–30

Wie bereits bemerkt, beschließt der Hymnus die bereits in 16,24 einsetzende Lehre. Wenn wir ihre bisher übergangenen Teile von ihrem Anfang her nachzeichnen, gewinnt das Menschenbild des Weisen zusätzliche Züge, weil er in ihnen sowohl die Hoheit des Menschen als Ebenbild Gottes als auch seine Verantwortlichkeit und kreatürliche Sündhaftigkeit ins Auge fasst.

Der Neueinsatz wird in 16,24–25 mit einem begründeten, an den Sohn und d. h. Schüler gerichteten Aufmerksamkeitsruf eingeleitet, auf den in den V.26–30 eine Erinnerung an die Zweckmäßigkeit der kosmischen Schöpfungswerke Gottes folgt. Sie endet mit einem Ausblick auf die Vergänglichkeit alles Lebens und leitet damit zu 17,1–14 über (Sir 16,24–30):

24 *Höre, mein Sohn, und nimm meine Lehre an und richte dein Herz auf meine Worte.*
25 *Sorgfältig erwäge ich meine Gedanken, und mit Genauigkeit tue ich mein Wissen kund.*
26 *Als der Herr am Anfang seine Werke schuf und ihnen von ihrer Erschaffung an ihr Teil bestimmte,*
27 *da ordnete er ihre Aufgaben für immer und ihre Herrschaftsbereiche für alle Geschlechter. Sie werden weder hungrig noch ermüden sie, noch lassen sie ab von ihren Werken.*
28 *Keines von ihnen bedrängt seinen Nachbarn, und niemals widersetzen sie sich seinem Wort.*
29 *Danach blickte der Herr auf die Erde und füllte sie mit seinen Gütern.*
30 *Mit allerlei Arten von Leben bedeckte er ihr Antlitz, und zu ihr kehren sie zurück.*[16]

Die kosmischen Mächte gehorchen dem ihnen am Anfang von Gott erteilten Befehl für immer (vgl. Sir 39,16–31) und alles Leben auf Erden kehrt zu ihr zurück. Wie aber steht es um den Menschen, den er als sein letztes und ebenfalls sterbliches Geschöpf erschaffen hat?

16 Wörtlich: „ist ihre Rückkehr.“

4. Der Mensch als sterbliches Ebenbild Gottes: Sir 17,1–4

Die Antwort auf diese Frage gibt die in 17,1–14 folgende Lehrrede, die sich in drei, inhaltlich ihre besonderen Probleme enthaltende Strophen gliedert. In der ersten, die V.1–4 umfassenden ist vom Menschen als Gottes sterblichem Ebenbild, in der zweiten, die V.6–10 einnehmenden ist von der Vernunftbegabung des Menschen und seiner Bestimmung und in der dritten und letzten in den V.11–14 von Israels Verpflichtung zum Gehorsam gegen das ihm gegebene Gesetz des Lebens die Rede. Die erste Strophe lautet (Sir 17,1–4):

1 *Der Herr hat den Menschen aus Erde erschaffen und lässt ihn wieder zu ihr zurückkehren.*
2 *Er gab ihnen eine begrenzte Lebenszeit*[17] *und gab ihnen Macht über alles auf ihr.*
3 *Sich selbst gleich bekleidete er sie mit Stärke und machte sie nach seinem Bilde.*
4 *Er legte die Furcht vor ihnen*[18] *auf alles Fleisch, damit sie über Tiere und Vögel herrschten.*[19]

Das Erstaunliche an diesen Versen ist, dass Ben Sira hier weder die Sterblichkeit des Menschen noch seine Unterscheidungsfähigkeit zwischen Gut und Böse auf den Sündenfall der Ureltern zurückführt, sondern sie von Anfang an wie alle anderen Lebewesen auch als sterblich erschaffen (V.1b) und ebenso von Anfang an mit sittlichem Unterscheidungsvermögen ausgestattet betrachtet (V.7).[20] Wie ich anderwärts nachgewiesen habe, ist Ben Siras Anthropologie entscheidend durch die stoische Oikeiosis-Lehre bestimmt, nach der dem Menschen als solchem neben den vegetativen, die er mit Pflanzen und Tieren, und den sensitiven Fähigkeiten, die er mit den Tieren teilt, als die ihm eigentümliche Begabung die Kraft zum Denken als Teilhabe am göttlichen Logos verliehen ist.[21] Andererseits gibt Ben Sira in seiner Lehrrede vom doppelten Charakter der Frau als Unglück wie als Glück des Mannes in 25,1–26,18 in 25,24 zu erkennen, dass er die Mythe vom Sündenfall kennt. Er hat jedoch sonst keinen Gebrauch von ihr gemacht und

17 Zum Text vgl. Prato, problema, 273.

18 Zum Text vgl. Prato, problema, 274.

19 Die G II-Traditon bietet als V.5: „*Sie nahmen in Gebrauch die fünf Fähigkeiten des Herrn/ als sechste gab er ihnen teil an der Vernunft/ und als siebte das Wort als Deuter seiner Taten.*" Vgl. Prato, problema, 276–277.

20 Vgl. Collins, Wisdom, 58–60; Kaiser, Verständnis, 175–203 = ders., Athen, 275–293.

21 Vgl. dazu Kaiser, Oikeiosis-Lehre, 60–77, bes. 68–74.

seine Vorstellungen vom Wesen des Menschen auf andere Weise entfaltet. Innerhalb des mythischen Denkens wäre eine solche Doppelgleisigkeit der Argumentation nichts Auffälliges, da in ihm die einzelnen Gedanken nicht systematisch und perspektivisch miteinander verbunden werden, sondern ein aspekthaftes Denken vorherrscht. Es wird durch eine „*multiplicity of approaches*“, eine Vielzahl der Zugänge (Henry Frankfort) gekennzeichnet, so dass den unterschiedlichen Aspekten der Fragestellungen unterschiedliche, systematisch nicht aufeinander abgestimmte Antworten entsprechen.[22] Da sich aber bei Ben Sira keine weiteren Widersprüche finden, zögere ich, mehr zu sagen, als dass ihm in diesem Fall die Autorität der Schrift gelegen kam. So merkt er in 25,24 ganz im Gegensatz zu dem hier behandelten Text an (Sir 25,24):[23]

Von einer Frau stammt der Anfang der Sünde,
und um ihretwillen müssen wir sterben.

Diese Aussage steht unter seinen sonstigen Lehren über den Tod so vereinzelt da, dass man sie bei der Rekonstruktion seines Denkens übergehen kann. Denn auch in 40,11 heißt es in grundsätzlicher Übereinstimmung mit 16,30 und 17,1b-2:[24]

Alles, was aus der Erde, kehrt zur Erde zurück,
und was aus der Höhe, zur Höhe.[25]

Entscheidend war für Ben Siras Verständnis des Todes seine schicksalhafte Unentrinnbarkeit (Sir 14,17–19):[26]

17 *Es altert alles Fleisch wie ein Gewand, und nach uralter Satzung müssen sie sterben.*
18 *Wie sprossendes Laub am grünenden Baum, von dem eines fällt und anderes sprosst, so sind die Geschlechter von Fleisch und Blut, eines verscheidet und andres wächst nach.*
19 *All seine Werke vermodern gewiss, und was er geschaffen, das folgt ihm nach.*

---

22 Vgl. Frankfort, Religion, 4, zitiert und erläutert bei Kaiser, Mythische Bedeutung, 6; vgl. auch Cassirer, Symbolische Formen II, 39–48 und zum aspektiven Denken Brunner-Traut, Frühformen, 11–13.

23 Zum Thema und den Motiven in Gen 2 vgl. Mettinger, Eden-Narrative, 47–64.

24 Vgl. auch Koh 12,7 und Ps 104,29.

25 Während der Leib wieder zu Erde zerfällt, kehrt der göttliche Lebensodem zu dem im Himmel wohnend vorgestellten Gott zurück; vgl. dazu Kaiser, Verständnis, 186–187 = ders., Athen, 286–287.

26 Vgl. Hom. Il.VI.145–149; XXI.462–466 und dazu Kaiser, Verständnis, 284–285 bzw. ders., Oikeiosis-Lehre, 74–77.

Daher wäre es nach seiner Ansicht ein Zeichen mangelnder Weisheit, sich vor dem Tod zu fürchten, denn es bleibt keinem Geschlecht der Gang in die Unterwelt erspart (Sir 41,3–4):

3 *Fürchte dich nicht vor dem Tod, der dein Teil; bedenke, dass die vor dir und die nach dir mit dir (sind). Das ist das Teil für alles Fleisch von Gott,*
4 *warum verachtest du des Höchsten Weisung? Ob tausend Jahre, hundert oder zehn, es gibt keinen Einspruch in der Unterwelt.*

Halten wir also fest: Für Ben Sira ist alles Leben auf dieser Erde dem Tode verfallen und mithin auch das des Menschen; denn sein Leib ist zur Rückkehr zur Erde bestimmt, während seine schattenhafte Totenseele in die Unterwelt hinab fährt und sein Lebensodem zu Gott zurückkehrt. Der Mensch ist für Ben Sira von Anfang als ein sterbliches Ebenbild Gottes erschaffen (Gen 1,26a), vor dem Gott die Tiere in Furcht versetzt (Gen 9,2) und dem die Herrschaft über die Tiere der Erde und die Vögel der Luft verliehen ist (Gen 1,26b; vgl. Sir 17,2–4).

5. Der Mensch als das zum Gotteslob bestimmte Sprachwesen: Sir 17,6–10

6 *Er bildete*[27] *ihnen Zunge, Augen und Ohren und gab ihnen ein vernünftiges Herz.*
7 *Er erfüllte sie mit verständiger Einsicht und zeigte ihnen, was gut und was schlecht ist.*
8 *Er gab seine Furcht in ihre Herzen,*[28] *um ihnen die Größe seiner Werke zu zeigen,*[29]
9 *damit sie für immer*[30] *seine Großtaten verkündeten*
10 *und seinen heiligen Namen priesen.*

In dieser Strophe geht Ben Sira über das ältere biblische Denken hinaus, indem er in den V.6–7 die Voraussetzungen benennt, die den Menschen zum vernünftigen, zielgerichteten Handeln befähigen: Sie bestehen in seiner

---

27 Lies וַיֵּצֶר ; zum Text vgl. Prato, problema, 276 Anm.156.

28 Zur Diskussion des Textes vgl. Smend, Weisheit, 157–158 und Prato, problema, 279–280. Ich folge in V.8a der Lesart Zieglers, während Prato statt „Furcht“ die Variante „Augen“ bevorzugt; vgl. auch Georg Sauer, Jesus Sirach, 547 = ders., Ben Sira, 140; Skehan/Di Lella, Wisdom,270.

29 G II fügt als 8c ein: *„und bestimmte für alle Zeiten, seine Wunder zu rühmen.“*

30 Vgl. S, lies aber statt „in der Welt“ (בעלמא) mit Prato, problema, 280 ein לעולם.

Fähigkeit zu sprechen, die Dinge zu sehen und Geräusche und also auch Worte zu hören und zu verstehen. Es ist keineswegs zufällig, dass Ben Sira die Zunge und damit die Sprache an erster Stelle erwähnt: Denn der Vorzug des Menschen gegenüber den Tieren besteht darin, dass er ein vernünftiges Sprachwesen ist.[31] Sprachlichkeit und Denkfähigkeit sind zwei Seiten derselben Ausstattung des Menschen als eines vernunftbegabten Wesens. Ohne sie könnten ihm weder seine Augen noch seine Ohren die Welt erschließen noch könnte er den Anruf des Gottes vernehmen, der sich als der Unendliche dem endlichen Menschen offenbart. Als Organ des Denkens benennt Ben Sira der im Altertum vorherrschenden Ansicht gemäß das Herz,[32] das erst zögernd und unter Überwindung vieler Widerstände durch das Gehirn ersetzt worden ist.[33] Dagegen berücksichtigt er den Geruch, den Geschmack und den Tastsinn nicht.[34] Für ihn ist wichtig, dass der Mensch sprechen, sehen und hören kann und er *„ein Herz, um einsichtig zu werden"*[35] besitzt (Sir 17,6–7).

Diese Strophe erhält in den V.8–10 eine Zuspitzung, indem sie dem so ausgestatten Menschen die Bestimmung gibt, Gott zu fürchten und zu loben (vgl. Weish 13,1–9; Röm 1,18–24). Der Leser ist deshalb irritiert, weil in der geschichtlichen Zeit nur die Juden das Volk sind, welches den Herrn fürchtet und lobt. Aber es war sich der Unvergleichlichkeit seines Gottes mit allen Göttern der Welt so sicher, dass es darauf vertraute, dass in der mit dem Antritt seiner Königsherrschaft über die ganze Erde beginnenden Heilszeit alle Völker zum Zion wallfahren und dort den wahren Gott anbeten und alle

31 Vgl. dazu Kaiser, Oikeiosis-Lehre, 68–69. – Zum Verständnis des Menschen als Sprachwesen Heidegger, Erläuterung, 33–48 und dazu Schwöbel, Gespräch, 473–485, der erweiternd das Gespräch zwischen Gott und Mensch als anthropologische Konstituente zu bedenken gibt.

32 Zum Herzen als sensitivem und kognitivem Zentrum des Menschen bei Ben Sira vgl. z. B. Sir 3,29; 8,19; 12,16: 13,25–26; 14,20–21; 16,20–24; 21,17–26; 22,16–17; 23,2; 25,7; 30,16 und dazu Kaiser, Geschöpf, 1–22, bes. 2–3 = ders., Athen, 225–246, bes. 225–228 und ders., Oikeiosis-Lehre, 72–73.

33 Zu den psychophysischen Grundbegriffen Ben Siras vgl. Kaiser, Geschöpf Gottes, 1–19, bes. 5–7 = ders. Athen, 225–246, bes. 229–231. Zur Identifizierung des Herzens bzw. des Gehirns als Organ des Denkens und Empfindens im antiken Denken vgl. die Übersicht bei Ingemar Düring, Aristoteles, 537–541. Während z. B. Plat. Tim.73b-d die auf Alkmaion zurückgehende Ansicht teilte, dass das Gehirn als Zentrum der seelischen Vermögen zu betrachten sei, hat sie Aristoteles abgelehnt und die ältere, schon von Heraklit vertretene verteidigt, dass es das Herz sei, weil er das Hirn für das kälteste und überdies ein blutleeres Organ hielt; vgl. Aristot. part.an. II.7. 652a-27-29.

34 Vgl. aber Aristot. an.424b 22–24.

35 Syr: למסכלו Vgl. לבא.

Richter der Erde ihm dort huldigen werden (Ps 96,7 – 9). In diesem Sinne beschließt Ps 150,6 das ganze Psalmenbuch mit einem „*Alles, was Odem hat, lobe den Herrn!*" Da aber die Furcht Gottes der Weisheit Anfang und Ende ist und der Wandel in ihr seine segensreichen Folgen nach sich zieht,[36] verweist V.8 zunächst auf die vom Herrn selbst bewirkte Furcht seiner Herrlichkeit. Aus dem Gesagten ergibt sich, dass die V.6 – 10* zwar fundamental von allen Menschen reden, ihnen aber vorerst allein die Juden (und Proselyten) entsprechen.[37]

6. Israel unter dem Gesetz des Lebens: Sir 17,11 – 14

Damit ist die Weisheit umschrieben, die Gott am Anfang allem Fleisch und d. h. allen Menschen gegeben hat (1,10a). Sie alle sind Gottes Ebenbild, sie alle sind zur Herrschaft über die Tiere befähigt[38] und sie alle besitzen die Gaben akustischer und optischer Wahrnehmung und nicht zuletzt eine Zunge, um Worte zu bilden und in ihrem Herzen vernünftig zu denken und zu reden, Fähigkeiten, die sie ebenso zum gemeinsamen Leben in dieser Welt befähigen wie zur Furcht und zum Lob Gottes bestimmen. Aber die Sonderstellung Israels bewährt sich in der Geschichte eben im Gehorsam gegen die Wohl und Heil spendende Tora, die Ben Sira hier und in 45,5d als „Gesetz des Lebens" bezeichnet (Sir 17,11 – 14):

11 *Er gewährte ihnen Erkenntnis und ließ sie das Gesetz des Lebens erben.*[39]
12 *Einen ewigen Bund richtete er mit ihnen auf und offenbarte ihnen seine Gebote.*
13 *Ihre Augen sahen seine majestätische Herrlichkeit, und ihre Ohren hörten seine hehre Stimme.*
14 *Und er sagte zu ihnen: ‚Hütet euch vor allem Unrecht!' und befahl jedem sein Verhalten gegen den Nächsten.*

Hier ist also von denen die Rede, denen Gott vollen Anteil an seiner Weisheit und mithin die Tora gegeben hat (vgl. Sir 1,10 mit Dtn 10,12 – 13; 11,1) und damit von Israel. Sie wird in V.11b als das „Gesetz des Lebens"

36 Vgl. Sir 1,11 – 20 und dazu Becker, Gottesfurcht, 275 – 280; Haspecker, Gottesfurcht, passim und vor allem Wischmeyer, Kultur, 278 – 281.

37 Vgl. dazu Kaiser, Oikeiosis-Lehre, 68 – 72.

38 Vgl. dazu auch Kaiser, Gott II, 278 – 318 und zum Hintergrund der Vorstellung von der Herrschaft des Menschen über die Erde Rüterswörden, Dominium, 108 – 130, bes. 130.

39 G II fügt ein: „*damit sie wissen, dass, wer jetzt lebt, stirbt.*"

bezeichnet, weil Gott denen, die es befolgen, ein glückliches und gesegnetes Leben schenkt.[40] Israel ist das Volk, das er durch einen ewigen Bund[41] am Sinai/Horeb als das seine angenommen und zum Gehorsam gegen seine Gebote verpflichtet hat (V.12). Die Aussage in V.13, dass Israel dabei seine „Herrlichkeit“ (δόξα) gesehen und „seine gewaltige Stimme“ gehört hätte, spielt deutlich auf die unter Blitz und Donner erfolgte Theophanie am Gottesberg an, die hier auf ihre wesentlichen Züge reduziert wird.[42] V.14 ist keine allgemeine, sondern eine spezielle Zusammenfassung der Gesetzgebung am Sinai/Horeb: Während die griechische Übersetzung in V.14a von Enthaltung von allem Unrecht (πάντος ἀδικίας) spricht, scheint der Syrer ein hebräisches שָׁוְא vorauszusetzen, das in Sir 30,17 (HB) ein „nichtiges Leben“ und d.h. dem Kontext gemäß: ein armes und unglückliches Leben bezeichnet. Da sich das hebräische Wort zumal auf Götzendienst[43] und falsche Prophetie[44] bezieht, liegt die Annahme nahe, dass es sich in V.14a um eine Umschreibung des Ersten Gebotes handelt und entsprechend in V.14b um eine solche des 4.–10. Gebotes des Dekalogs handelt. Mithin wird in V.14 der Dekalog als die Summe der ganzen Tora betrachtet. Um die V.10–14 im Sinne unseres Generalthemas der Anthropologie Ben Siras zusammenzufassen, erfüllt sich das Wesen des Menschen, der auf Gott hin geschaffen ist, außer in der Furcht und dem Lob Gottes, im konkreten Gehorsam gegen seine Weisung, die er Israel als seinem erwählten Volk (vgl. V.17b) offenbart hat.[45]

40 Vom schöpfungstheologischen Kontext her, der bereits von der ersten Strophe her vorgegeben war, betont Witte, Gesetz, 71–87, bes. 86–87 den universalen Aspekt. Zur Sache vgl. Sir 1,16–20; 24,1–22.23 und zum Leben spendenden Charakter der Tora Dtn 28,1–12; 30,19–20; Ps 1 und 19.

41 Vgl. Ex 24,2–8, Dtn 26.16–19, vgl. Gen 17,7.

42 Vgl. vor allem Dtn 5,23–24 und dann Ex 19,16–19 und 24,15–18.

43 Vgl. z.B. Jes 1,13; Jer 15,18 und Hos 12,12.

44 Vgl. z.B. Ez 12,24; 13,6–9; Sach 10,2.

45 Insofern lag die von Philo Alexandrinus vollzogene Identifikation der Tora mit dem ungeschriebenen göttlichen Gesetz, das alle Menschen betrifft, in der Konsequenz dieser Anthropologie; vgl. dazu Termini, Part, 265–295, bes. 278–286.

7. Der Herr als der allwissende und gerechte Richter Israels: Sir 17,15–24*

Entspricht der Gabe des Gesetzes des Lebens die Israel gestellte Aufgabe, ihm zu gehorchen, so bedarf es der Erinnerung daran, dass Gott das Handeln seines Volkes wahrnimmt und sich kein Mensch vor ihm verborgen wähnen darf, wie es der Skeptiker in Sir 16,17 wähnt.[46] In Wahrheit sieht Gott alles, was Menschen auf Erden tun (Sir 39,19), daher bleiben weder ihre sündigen Taten unvergolten noch ihre barmherzigen unbelohnt.[47] Aber andererseits ist er nicht nur der, der die Sünder nach ihren Taten richten wird (V.23), sondern auch der, der ihnen Umkehr gewährt[48] und den Verzweifelten neue Hoffnung gibt[49] (Sir 17,15–24):

15 *Ihre Wege sind beständig vor ihm, sind nicht vor seinen Augen verborgen.*[50]
17 *Er setzte einen Regenten über jedes Volk, aber Israel ist des Herren Teil.*[51]
19 *All ihre Werke sind wie die Sonne vor ihm, seine Augen sind stets über ihren Wegen.*
20 *Ihre Frevel sind nicht verborgen vor ihm. Und all ihre Sünden sind vor dem Herrn.*[52]
22 *Das Almosen eines Mannes ist bei ihm wie ein Siegelring,*[53] *und er bewahrt seine Wohltat wie einen Augapfel.*[54]
23 *Später wird er sich erheben und ihnen vergelten und ihren Lohn auf ihr Haupt bringen.*
24 *Aber denen, die umkehren, gewährt er die Umkehr, und tröstet die, welche die Hoffnung verloren.*

---

46 Vgl. Ps 139,7–12 mit Ps 14 par 52.

47 Vgl. auch Sir 3,14–15 und Mt 5,7; 25,34–40 und zum Almosen Berger (NBL I/1991), 78–79.

48 Vgl. zumal Ez 18, bes. V.21–23, dazu Pohlmann, Hesekiel 1–19, 257–276, bes. 273–275, und zum Thema der Umkehr in beiden Testamenten Bernhard Lang (NBL III/2001), 953–958.

49 Vgl. Ez 37,11.

50 G II liest als V.16 und 17a: „*Ihre Wege neigen von Jugend an zum Bösen/ und sie können nicht ihre Herzen aus Stein/ in fleischerne Herzen verwandeln./ Denn bei der Teilung der Völker der Erde…*"

51 Vgl. Dtn 32,9a; Dan 10,13–21. G-II fügt als V.18 ein: „*Als Erstgeborenen nimmt er es in Zucht/ und gibt ihm Teil am Licht der Liebe, ohne ihn zu verlassen.*"

52 G II fügt als V.21 ein: „*Aber da der Herr gut ist und sein Gebilde kennt, / lässt er sie weder unbestraft noch lässt er sie allein.*"

53 Zum Siegelring als kostbarem Besitz vgl. Sir 49,11; Jer 22,24 und Hag 2,23.

54 Zum Augapfel als einem ebenso wichtigen wie schutzbedürftigem Körperteil vgl. Dtn 32,10; Ps 17,8; Prov 7,2 und Sach 2,12.

8. Der Aufruf zur Umkehr zu dem barmherzigen Gott: Sir 17,25–32

Daher ruft Ben Sira sogleich die Sünder zur Umkehr auf. Dabei erinnert er sie in der Nachfolge der Beter seines Volkes daran, dass Gott die Lebenden lieber als die Toten sind, die ihn nicht mehr loben können.[55] V.31 zeichnet ein realistisches Bild vom Menschen, dessen sinnliche Antriebe ihn am Tun des Guten hindern. Zwar ist der hier als böse bezeichnete Trieb (יֵצֶר) an und für sich ein neutrales zielgerichtetes Vermögen (vgl. Sir 15,14).[56] Aber da der Mensch von Fleisch und Blut ist, neigt er dazu, den sinnlichen Motiven den Vorzug vor den sittlichen bzw. religiösen zu geben, so dass Gottes vergeltendes Handeln in jedem Fall gerecht ist (vgl. V.23). Denn der Mensch kann als endliches Wesen nicht vollkommen sein (V.30). Bei der Behauptung in V. 31, dass die Helligkeit der Sonne in Gottes Augen dunkel erscheint und der Mensch seinem sinnlichen Trieb ausgeliefert ist, denkt Ben Sira vermutlich an Hi 15,15–16, wo Eliphas dem Freund erklärt, dass Gott nicht einmal seinen Heiligen traue und selbst der Himmel in seinen Augen nicht rein sei.[57] Abschließend aber stellt Ben Sira fest, dass der Mensch gemessen an dem Gott, der das himmlische Heer richtet, nur Staub und Asche und (so soll der Leser in Gedanken hinzufügen) daher auf Gottes Barmherzigkeit angewiesen ist (Sir 17,25–32):

25 *Kehre um zum Herrn und lasse ab von Sünden, bete vor ihm und gib weniger Anstoß.*
26 *Kehre um zum Höchsten und wende dich ab vom Bösen*[58] *und hasse grimmig, was gräulich ist.*
27 *Wer kann in der Unterwelt den Höchsten preisen statt derer, die leben und Lobopfer bringen?*
28 *Bei dem Toten, der nicht mehr lebt, endet der Lobgesang, Nur wer lebt und gesund ist, lobt den Herrn.*
29 *Wie groß ist das Erbarmen des Herrn und seine Vergebung für die, die sich zu ihm wenden.*

55 Zum Motiv vgl. Ps 6,6; 30,10; 88,11–13 und 115,17 und dazu Bernd Janowski, Konfliktgespräche, 243–248.

56 Vgl. Sir 15,14 und dazu wie zum stoischen Hintergrund Kaiser, Göttliche Weisheit, 299–301 = ders., Offenbare Gott, 52–54.

57 Vgl. dazu Witte, Leiden, 196–197.

58 Die G II-Tradition liest in V.26b: *„denn er selbst führt dich aus Finsternis ans Licht.“*

30 *Denn Vollkommenheit*[59] *kann es nicht bei den Menschen geben, weil kein Mensch unsterblich ist.*
31 *Was ist heller als die Sonne? – Doch sie dunkelt! Und böse ist der Trieb von Fleisch und Blut.*
32 *Er mustert selbst das Heer der Höhe,*[60] *doch alle Menschen sind Staub und Asche.*[61]

9. Das Lob des unergründlichen Gottes oder noch einmal: Sir 18,1–14*

Der Weise, der seine Lehrrede in 16,24–30 mit einem Lob auf den Gott eröffnet hatte, der seine Werke so aufeinander abgestimmt hat, dass sie ihren Zwecken genügen, hat in den anschließenden Versen die grundlegenden Antworten auf die Frage nach dem Wesen des Menschen gegeben: Er ist ein sterbliches und vernunftbegabtes Ebenbild Gottes (17,1–4), dessen Denkfähigkeit ihn zur Furcht Gottes befähigt und dessen Sprachlichkeit im Gotteslob ihr Ziel findet (17,6–10), was beides bislang nur in dem erwählten Volk Israel Wirklichkeit geworden ist (17,11–14). Denn obwohl der Mensch mit vernünftiger Entscheidungsfähigkeit ausgestattet ist, so dass er zwischen Gut und Böse zu unterscheiden vermag (15,11–20), ist auch der Israelit als endliches und daher unvollkommenes Wesen dem als bösem Trieb bezeichneten Hang verfallen, den Antrieben der Sinnlichkeit vor denen der Religion und der Sittlichkeit den Vorzug zu geben und dadurch zu einem Sünder zu werden, der auf Gottes Barmherzigkeit angewiesen ist (17,25–32). In dem die Rede beschließenden Hymnus preist Ben Sira den Schöpfer des Alls und Richter der Welt, dessen Werke in der Natur und in der Geschichte zu ergründen über die Fähigkeit des Menschen geht, weil er damit in seinen wenigen Jahren niemals an ein Ende käme. Doch gerade diesem kurzlebigen Menschen begegnet Gott als der gute Hirte mit Nachsicht und Erbarmen, um ihm Zeit zur Umkehr einzuräumen und ihn zu züchtigen und zu leiten, bis er erkennt, dass er ein Sünder ist, umkehrt und Gottes Weisungen hält. So mündet die ganze Lehrrede im Lobpreis auf den Gott, der sich derer, die zu ihm umkehren, erbarmt (18,1–14*). Sprachlichkeit sagten

59 Der Text ist schwierig. Wörtlich übersetzt lautet G: „Denn nicht kann alles bei den Menschen sein." Sauer, Jesus Sirach, 548; ders., Ben Sira, 144 hat das πάντα dem Kontext gemäß mit „Vollkommenheit" übersetzt; dem schließe ich mich an.
60 Vgl. Sir 24,2; 42,16–17; II Chr 18,18; Neh 9,6.
61 Vgl. Sir 10,9; 40,3 und weiterhin Hi 42,6, Dtn 28,24.

wir oben, kommt erst im Gotteslob zu ihrem wahren Ziel. Und so ist Ben Sira mit seiner Rede im doppelten Sinne zu ihm gelangt.

Die Furcht und die Liebe Gottes – Ein Versuch, die Ethik Ben Siras mit der des Apostels Paulus zu vergleichen

Ernst Käsemann in dankbarem Gedenken

1. Ben Sira und Paulus als Beispiel jüdischer und christlicher Ethik

1.1. Das Vorhaben

Wenn wir im folgenden versuchen, die Ethik Ben Siras mit der des Apostels Paulus zu vergleichen, geht es nicht um die Verurteilung des einen oder des anderen, sondern um die Beobachtung, wie sich das ethische Denken eines spätbiblischen jüdischen Weisen und eines vom Pharisäer zum Apostel Jesu Christi gewordenen Mannes zueinander verhält, was sie gemeinsam haben und was sie unterscheidet. Beiden ist der Glaube an Israels Erwählung und die Unverbrüchlichkeit der Offenbarung des Gotteswillens in der Tora gemeinsam. Für beide sind die Bücher der Hebräischen Bibel verbindliches Gotteswort. Aber während es für Ben Sira keine andere Offenbarung als die am Sinai/Horeb[1] und kein anderes Leben als dieses eine, durch Geburt und Tod begrenzte gibt,[2] ist für den Apostel Paulus die Sinai-Offenbarung in den Schatten der Christusoffenbarung getreten. Daher liegt das eigentliche Ziel des Lebens für ihn nicht in einem langen und glücklichen Leben in dieser Welt, sondern in der den Tod überdauernden Gemeinschaft mit dem in den Himmel zurückgekehrten Christus. Es geht daher im Folgenden nicht darum, Kataloge für die nach der Meinung des einen oder des anderen gebotenen oder empfehlenswerten Handlungen aufzustellen, sondern vielmehr um den Versuch, die Mittel und Motive zur Erreichung eines Gott wohlgefälligen Lebens im Horizont der von ihnen vertretenen Endziele heraus zu arbeiten. Dabei stellt sich bei beiden das Problem der menschlichen Verantwortung und damit der Wahl- und Handlungsfreiheit im Ho-

1 Zur Verbindung von Gott und Recht im Alten Testament unter dem Leitwort der Tora vgl. Kaiser, Gott I, 300–328, ders, Gott III, 39–48 und Otto, Tora, 49–58.

2 Vgl. dazu Kaiser, Verständnis, 175–192 = ders., Athen, 275–292.

rizont des Glaubens an die göttliche Erwählung. Gewiss kann man eine Ethik ohne Metaphysik treiben und daraus den Grundsatz ableiten, es auch bei der Bearbeitung historischer Quellen bei einer reinen Phänomenologie der gebotenen wie der verbotenen Handlungen zu belassen, nur wird man auf diese Weise weder den Texten noch der Sache gerecht, weil die menschliche Freiheit das metaphysische Problem schlechthin darstellt.

1.2. Das Ziel des Handelns nach Aristoteles

Ehe wir uns der Weisheit Ben Siras zuwenden, um zu beobachten, wie er Mittel und Ziel des menschlichen Handelns bestimmt, lassen wir uns durch Aristoteles' *Nikomachische Ethik* daran erinnern, dass die antike Ethik eudämonistischer Natur war. Sie war keine Lehre von den Pflichten des Menschen, sondern Anweisung zu einem gelingenden Leben und entsprach darin dem Grundverlangen des Menschen nach Glück. Daher beginnt Aristoteles seine Untersuchung mit der berühmten Feststellung, dass jede Kunst und jede Lehre, jede Handlung und jeder Entschluß nach einem Guten zu streben scheint. Daher könne man das Gute als das bezeichnen, nach dem alles strebt (EN 1094a 1–3). Er erläutert dieses Gute weiterhin dahin gehend, dass die Vielen und die Gebildeten, die πολλοί und die χαρίεντες, darin übereinstimmen, dass sie es als *Glückseligkeit,* als εὐδαιμονία bezeichnen und unter ihr das *Gut-Leben*, das εὖ ζῆν, und das *Gut-Handeln*, das εὖ πράττειν, verstehen (1095a 17–20). Die das ganze Werk füllende Antwort auf die Frage nach der angemessenen Füllung beider Zielbestimmungen ist doppelter Art, wie sie sich aus der Natur des Menschen als eines ζῷον πολιτικὸν καὶ λόγον ἔχον, als eines Vernunft besitzenden Gemeinschaftswesens, ergibt (pol. 1253a 1–10): Für den *Menschen als Gemeinschaftswesen* besteht das höchste Gut in der Verwirklichung der distributiven Gerechtigkeit (EN 1178a 9–14). Denn anders als die einzelnen Tugenden ist sie nicht allein auf den Handelnden, sondern auf die πόλις und damit auf Andere bezogen und daher nicht nur ein Teil der Tugend, sondern die ganze ἀρετή (1130a 8–10).[3] Für den *Menschen als Vernunftwesen* besteht das höchste Gut dagegen in der Tätigkeit, in der er der Gottheit als dem sich selbst denkenden unbewegten Bewegenden (vgl. Met. Λ1072a 19–1073a

3 Vgl. dazu z. B. Kenny, Ethics, 190–214; Forschner, Glück, 1–21, ferner Buddensiek, Theorie, 255–257 und zur allgemeinen Einführung in die aristotelische Ethik Guthrie, History VI, 331–400.

13 mit 1074b 15–1975a 10)[4] am nächsten kommt, in der denkenden Betrachtung, der θεωρία (EN 1178b 7–32). Dabei gehören für Aristoteles zum Glück in beiden Fällen ein Leben lang währende förderliche äußere Umstände, eine ἐκτὸς εὐημερία, die Gesundheit, ausreichendes Vermögen zum Unterhalt und den Besitz von Freunden einschließt (vgl. 1178b 33–1179a 11 mit 1177b 19–26). Das höchste menschliche Gut besteht für Aristoteles mithin nicht im Genießen, sondern „in einem Tätigsein der Seele gemäß ihrer Tugend, wenn es aber mehrere Tugenden gibt, in der besten und vollendetsten Tugend, und dies in einem ganzen Leben" (τὸ ἀνθρώπινον ἀγαθὸν ψυχῆς ἐνέργεια γίνεται κατ' ἀρετήν, εἰ δὲ πλείους αἱ ἀρεταί, κατὰ τὴν ἀρίστην καὶ τελειοτάτην. ἔτι δ' ἐν βίῳ τελείῳ; 1098a 16–18).

2. Die Begründung der Sittlichkeit bei Jesus Sirach

2.1. Weisheit als Mittel, die Furcht Gottes als Motiv und das gelingende Leben als Ziel des richtigen Handelns bei Ben Sira

Die Antwort Ben Siras auf das Ziel des menschlichen Handelns ist durch seine geistige Einbettung in die Überlieferung der biblischen Weisheit bestimmt. Für sie ist der Weise der Mann, der sich auf die Kunst des Lebens versteht, weil er Gott fürchtet und daher umsichtig handelt; denn einerseits ist die Furcht des Herrn der Anfang der Weisheit (vgl. Ps 111,10; Prov 9,10), und andererseits gilt: „Der Weise hat seine Augen im Kopf, aber der Tor wandelt in der Finsternis" (Koh 2,14a). Daher kann der in der Furcht des Herrn lebende und daher umsichtig handelnde Weise dessen gewiss sein, ein langes, gelingendes und von Gott gesegnetes Leben zu erlangen (Prov 3,13–18).[5] Dieser Voraussetzung gemäß sucht auch Ben Sira das Höchste Gut weder in einer der Verwirklichung der Gerechtigkeit geltenden politischen Tätigkeit noch in einer gelehrten und zugleich meditativen Kontemplation der Gottheit. Statt dessen sucht er seinen wohl zumal aus Jünglingen aus

---

4 Vgl. dazu Zekl, Metaphysik, 63.

5 Die Anfechtung dieser weisheitlichen Grundüberzeugung, wie sie in der Hiobdichtung und im Koheletbuch ihren Niederschlag gefunden hat, ist Ben Sira nicht unbekannt, wird aber von ihm mit allen Kräften zurückgewiesen; zur sog. Krise der Weisheit vgl. z. B. Crenshaw, Wisdom, 100–148 bzw. Blenkinsopp, Wisdom, 46–83 und zu Ben Sira Crenshaw, Problem, 47–64 und Kaiser, Harmonie, 146–167 und ders., Jesus Sirach, 24–42.

aufsteigenden Kreisen stammenden Schülern[6] diese traditionellen Erziehungsziele in einer zunehmend unter den Einfluss der hellenistischen Kultur geratenen jüdischen Lebenswelt neu zu vermitteln:[7] Er sucht sie zu Männern zu erziehen, die dem praktischen Ideal des jüdischen Weisen entsprechen, indem Gottesfurcht das Motiv ihres Handelns ist und das Streben, die göttlichen, in der Tora zusammengefassten Gebote zu erfüllen, sie zu einem in allen Lebenslagen umsichtigen und mithin weisen Verhalten anleitet. Ist die Betonung des Gesetzesgehorsams als Bedingung der Weisheit nicht gänzlich neu, so hat sie bei ihm jedoch einen bis dahin unbekannten Nachdruck gefunden, der den älteren Weisheitsschriften abgeht.[8]

Man mag sich bei seiner Empfehlung des Schreiberberufs als des körperlich am wenigsten anstrengenden und zugleich angesehensten Berufes an die Hochschätzung des βιὸς θεωρητικός bei Aristoteles erinnert fühlen, so speist sie sich trotzdem aus schlichteren und traditionelleren Quellen als die des Stagiriten.[9] Doch auch für den jüdischen Weisen bildet natürlicher Weise nicht ein vorübergehender Glückszustand, sondern ein Leben das Ziel des Handelns, das sich trotz aller als göttliche Prüfungen verstandener Leiden und Misserfolge[10] in einer von glücklichen Umständen begleiteten Dauer als von Gott gesegnet erweist (Sir 11,22–28):[11]

22 *Der Segen des Herrn ist das Teil des Gerechten und seine Hoffnung sprosst zur rechten Zeit.*
23 *Sage nicht: Was brauche ich noch, und was fehlt mir am Glück?*
24 *Sage nicht: Ich habe genug, und was könnte mir noch schaden?*
25 *Am guten Tage vergisst man das Unglück und am Tage des Unglücks das Glück.*
26 *Das Unglück der Stunde lässt das Glück vergessen, und das Ende des Menschen zeigt, wer er gewesen.*

---

6 Vgl. dazu Collins, Wisdom, 36–39; Wischmeyer, Kultur, 180–181 und Kaiser, Erziehung, 120–121, jetzt aber auch Ueberschaer, Weisheit, 160–193, der die Schüler im Kreise der Oberschicht und damit der angehenden Führungselite sucht, vgl. 193.

7 Vgl. dazu Hengel, Judentum, 252–275, Collins, Wisdom, 31–35; Kaiser, Erziehung, 131–143, zu den Grenzen seiner Pädagogik Wischmeyer, 296–301 und zum Curriculum jetzt ausführlich Ueberschaer, Weisheit, 213–251 und 393–395.

8 Vgl. dazu Blenkinsopp, Wisdom, 151–167; Marböck, Gesetz, 1–21 = ders., Gottes Weisheit, 149–166; Collins, Wisdom, 42–61; Kaiser, Göttliche Weisheit, 44–47 und ders., Bund, 79–81.

9 Vgl. dazu unten, 313–314.

10 Vgl. 2,1–6, dazu Calduch-Benages, Giogiello 28–44 und 45–63 und zum Problem auch Kaiser, Harmonie, 146–167 und ders., Jesus Sirach, 32–42.

11 Zur „Gerechtigkeit am Ende“ vgl. Marböck, Gerechtigkeit, 21–52, bes. 26–28.

27 *Denn leicht ist es für den Herrn am Tage des Endes, jedem nach seinem Tun zu vergelten.*
28 *Vor dem Tode preise glücklich keinen, denn an seinem Ende wird der Mensch erkannt.*[12]

Doch den Weg dazu bahnen Gottesfurcht und Weisheit. Demgemäß beginnt Ben Sira sein Lehrbuch in 1,1–10 mit einem *Lob der göttlichen Weisheit*, auf das in 1,11–30 ein Hohes Lied auf die Furcht des Herrn folgt.[13] Denn die göttliche Weisheit durchdringt den Kosmos und ist der Quell aller menschlichen Weisheit, die Furcht des Herrn aber ihre Wurzel, Fülle und ihr Kranz.[14] Dass sie darin dem alles durchdringenden λόγος der *Stoiker* entspricht, ist längst bemerkt worden: Ben Sira knüpft in seinem Lob der göttlichen Weisheit an das für die stoische Kosmologie und Pneumatologie grundlegende Konzept an und adaptiert es gleichzeitig dem biblischen Denken.[15] Das wird besonders in den beiden letzten Versen deutlich, in dem er den Gedanken der universalen Verleihung der Weisheit durch Gott an alle Menschen mit dem Erwählungs- und Bundesglauben seines Volkes ausgleicht (Sir 1,9–10):

9 *Er selbst hat sie (sc. die Weisheit) gebildet, gesehen und gezählt und ausgegossen über alle seine Werke.*[16]
10 *Sie ist bei allem Fleisch nach seiner Gabe, und er gab sie reichlich denen, die ihn lieben.*[17]

Das aber sind nach dtn.– dtr. Tradition die, die seine Gebote halten.[18] Die Frage, inwiefern alle Menschen Anteil an Gottes Weisheit besitzen, beantwortet der Weise in 17,1–10*. Dabei lässt sich in 17,1–10 und 17,11–22* die gleiche Spannung zwischen der kreatürlichen und daher allgemeinmenschlichen Ausstattung des Menschen und Israels Sonderstel-

12 Nach HA 26b-c.
13 Vgl. dazu Di Lella, Fear, 113–133 und weiterhin Haspecker, Gottesfurcht und zu ihrer fundamentalen Bedeutung im Denken des Siraziden prägnant Wischmeyer, Kultur, 278–281.
14 Sir 1,20.16 und 18.
15 Vgl. dazu Marböck, Weisheit, 93–94; ders., Gesetz, 1–21, bes. 20 = ders., Gottes Weisheit, 52–72, bes. 71; Collins, Wisdom, 54–61, bes. 61; Kaiser, Welt, 335 [35] = ders., Athen, 29 und bes. Wicke-Reuter, Providenz, 188–223.
16 Zu dem hinter dem von G gebotenen Trikolon stehenden Bikolon vgl. Segal, 3 z. St.
17 V.10c-d ist erst in G II bezeugt.
18 Vgl. Ex 20,6 par. Dtn 5,10; 6,5–6; 7,9; 10,12; 11,1.13.22; 13,4; 19,9; 30,6.16.20, weiterhin Sir 2,15–16; 7,30–31 und zur Sache Kaiser, Gott II, 54–65; Wicke-Reuter, Providenz, 160–165 und Calduch-Benages, Giogiello, 118–120.

lung als dem Volk der Tora wie in 1,1–10 beobachten. Es gehört zum Menschen als Kreatur, dass er nach Gottes Bild geschaffen (V.3) und zur Herrschaft über die Tiere bestimmt ist (V.4), dass er nicht nur die Sinnesorgane (V.6), sondern auch die Fähigkeit zu vernünftiger Einsicht und damit zur Unterscheidung von Gut und Böse besitzt. Sie wird von Ben Sira in diesem Zusammenhang so wenig wie der Tod als Folge des Sündenfalls erklärt (vgl. V.1–2 mit Gen 3,19), sondern als ursprüngliche Gabe Gottes verstanden (vgl. V.7 mit Gen 3,6).[19] Nach den V.8a-b und 9–10 ist es die Bestimmung aller Menschen, Gott zu fürchten und ihn angesichts seiner Großtaten zu preisen; weil er ihnen die Gottesfurcht mit dieser Absicht ins Herz[20] gelegt hat.[21] *De facto* leiten diese Verse jedoch zu der in den V.11–22 behandelten Sonderstellung Israels über. Dabei ist Israel nach den V.11–12 und 17 (vgl. Dtn 32,8) das mit der Tora als dem Gesetz des Lebens beschenkte[22] und durch den Bundesschluss am Sinai/Horeb zum Gehorsam auf es verpflichtete Eigentumsvolk des Herrn (Sir 17,11a-b.12.17b-c).[23]

11 *Er gewährte ihnen Erkenntnis und ließ sie das Gesetz des Lebens erben.*[24]
12 *Einen ewigen Bund richtete er mit ihnen auf und offenbarte ihnen seine Gebote.*
17 *Er setzte einen Herrscher über jedes Volk, aber Israel ist der Teil des Herrn.*

Israel ist sein Eigentumsvolk, dem er durch das Geschenk der Tora einen sicheren sittlichen Führer verliehen hat. Das Bundesgesetz vom Sinai ist in V.14 auffallend knapp formuliert und hat vermutlich in V.a bei dem Abstehen vom Bösen den Götzendienst und damit das Erste als das Hauptgebot und in V.b das Gebot der Nächstenliebe als Summe aller den zwischen-

19 Vgl. dazu Collins, Wisdom, 58, zum stoischen Hintergrund Kaiser, Oikeiosis-Lehre, 60–77 und zum hier vorliegenden Unterschied in der Beurteilung des Triebes zu Gen 6,5b und 8,21 Ueberschaer, Weisheit, 154.

20 Zum Herzen als Zentralorgan des Empfindens und Denkens bei Ben Sira vgl. Wischmeyer, Kultur, 212–213; Kaiser, Geschöpf, 6–7 = ders., Athen, 230–231 und Ueberschaer, Weisheit, 151–152.

21 Vgl. weiterhin Weish 13,1–8 und dazu Gilbert, critique, 13–52 und Kepper, Bildung, 147–195.

22 Vgl. Witte, Gesetz, 71–87, der 84–85 vom Kontext her den universalen Aspekt betont.

23 Vgl. Witte, Mose, 161–186 und zum Verhältnis zwischen 17,1–10 und 11–14 auch Ueberschaer, Weisheit, 157–158.

24 17,11c gehört zum späten, erst in G II bezeugten Zuwachs.

menschlichen Umgang regelnde Gesetzesbestimmungen im Sinn (Sir 17,14):[25]

Und er sagte zu ihnen: „Hütet euch vor allem Trug!"
und befahl jedem sein Verhalten gegen seinen Nächsten.

Poetischer wird das zwischen dem Herrn und Israel bestehende Sonderverhältnis in dem Selbstrühmungshymnus in c.24 ausgedrückt, der der personifizierten *Weisheit* in den Mund gelegt ist:[26] Nachdem sie sich in den V.3–6 auf ihre Herrschaft über alle Bereiche der Welt und alle Völker der Erde berufen hat, berichtet sie in den V.7–12, dass sie von Gott aufgefordert worden sei, in Jakob ihr Zelt aufzuschlagen und Israel als ihr Erbe zu betrachten. So sei es gekommen, dass sie auf dem Zion eingesetzt, Jerusalem das Zentrum ihrer Herrschaft (ἡ ἐξουσία μου) geworden sei und sie in dem verherrlichten Volk Wurzeln geschlagen habe. Ihr die Hymne abschließender Lockruf verheißt denen, die ihm folgen, ewige Sättigung, weil sie durch sie zum Verlangen nach Weisheit und Wissen angeregt und vor Sünden bewahrt werden (V.19–22).[27] Kein Zweifel, ihre Gabe besteht ebenso in der Tora wie sie selbst die Tora als Inbegriff aller göttlichen Weisheit verkörpert, wie es der Kommentar Ben Siras in den V.23–29* konstatiert.[28] Mithin kann der Weg zur Erlangung der höchsten, dem Menschen möglichen Weisheit und damit zugleich zu einem gelingenden Leben nur im Halten der Gebote liegen, wie es schon 1,26 rät (Sir 1,26):

Begehrst du Weisheit, halte die Gebote,
und der Herr wird sie dir geben.[29]

---

25 Vgl. mit Peters, Ecclesiasticus, 144 und zur Sache Smend, Weisheit, 158 bzw. Collins, Wisdom, 60.

26 Zum Verhältnis zwischen Prov 8,22–31 und Sir 24 vgl. Marböck, Weisheit, 55–56, zur Personifikation der Weisheit vgl. Murphey, Personification, 222–233 bzw. ders., Tree, 227–229 und Neher, Wesen, 58–59 und 78–88; zur Funktion der Weisheit in der Schöpfung (24,5–7) Marböck, Weisheit 61–63; zu der in Jerusalem (24,8–12) 63–68; und zur Nachinterpretation Sirachs in Gestalt der Gleichsetzung von Weisheit und Gesetz (24,23–29) Neher, 86–88; Marböck, Weisheit, 77–79 und grundsätzlich 81–96 sowie Collins, Wisdom, 42–61.

27 Vgl. dazu auch Ueberschaer, Weisheit, 193–194 und weiterhin Sir 4,11–19 und dazu ebd., 277–285.

28 Vgl. dazu auch Sauer, Jesus Sirach, 184: „Das Genießen der Weisheit ist kein Gefühl und keine lebensferne Sättigung. Die Weisheit befähigt zum rechten Tun, vermittelt durch das Gesetz."

29 Vgl. auch Sir 32,24: „Wer die Weisung hält, gibt acht auf sich/ und wer auf den Herrn vertraut, wird nicht zuschanden." Zur Bedeutung der Tora als Mittel der Erziehung zur Bildung bei Jesus Sirach vgl. ausführlich Uberschaer, Weisheit, 218–231, bes. 223.

So wie der Gehorsam gegenüber der Tora ein Zeichen der Weisheit ist, ist der Hass auf sie ein Zeichen von Torheit. Denn der Weise besitzt in dem Wort des Herrn eine zuverlässige Anweisung für sein Handeln, während der Tor ziellos durch das Leben irrt (Sir 33,2–3):

2 *Wer die Weisung hasst, besitzt keine Weisheit, er schwankt wie ein Schiff im Sturm.*[30]
3 *Ein verständiger Mann vertraut dem Wort des Herrn, und die Weisung ist ihm verlässlich wie Orakel.*

So ist es auch nicht verwunderlich, dass sich der Dekalog als der Inbegriff der Tora in Ben Siras Lehren spiegelt.[31]

2.2. Zum Problem des Verhältnisses zwischen der Tora und der Weisheitslehre Ben Siras

Trotzdem fällt es auf, dass sich Ben Sira in seinem Buch nicht als Ausleger der Tora im eigentlichen Sinne betätigt. Obwohl er an einer ganzen Reihe von Stellen ihr gemäße Lehren erteilt, zitiert und diskutiert er sie nicht, sondern überlässt es seinen Lesern, die Zusammenhänge zwischen seinen Lehren und der Tora zu erkennen. Zudem beschränkt er sich bei ihnen nicht auf die Behandlung der herkömmlichen Topoi der biblischen Weisheit, sondern erweitert sie durch die Aufnahme einer ganzen Reihe von solchen, die sich der Begegnung mit der hellenistischen Kultur verdanken.[32] Gleichzeitig gibt er dem bis dahin eher peripheren Thema der Freundschaft eine ganz neue Gewichtung.[33] Die Erklärung für diesen vielfach beobachteten Befund[34] ist

30 G: „aber der Heuchler schwankt wie ein Schiff im Sturm."

31 Vgl. dazu Wischmeyer, Kultur, 199 und die Nachweise unten, 336–339.

32 Vgl. dazu Marböck, Weisheit, 154–170; zum Problem konkreter Anleihen bei der griechisch-hellenistischen Literatur Middendorp, Stellung 7–34 und dazu kritisch Kaiser, Judentum 79–85 = ders., Mensch, 135–153, bes. 146–153, und ausführlich Kieweler, Ben Sira sowie die vorsichtige Beurteilung des Sachverhalts durch Sanders, Ben Sira, 27–59. Auf Parallelen in der demotischen Weisheit macht auch Lichtheim, Wisdom, 138–166 aufmerksam; ob man sie mit Sanders, 61–106, bes. 105–106 auf die Kenntnis der Lehre des Phibis oder nicht doch auf den „Zeitgeist" zurückzuführen hat, mag hier offen bleiben. Dass Ben Sira grundsätzlich ein jüdischer Denker war und sich als ein solcher verstanden hat, steht jedenfalls außer Zweifel, vgl. dazu die Darstellung von Wischmeyer, Kultur, die seine Einbettung in jüdisches Leben und Denken umfassend belegt.

33 Vgl. 12,8–7; 19,6–9; 22,19–26; 25,1–11; 27,16–21; 37,1–6 und dazu Reiterer, Hg., Freundschaft; Corley, Friendship, 65–72 und ders., Teaching.

sehr einfach: Denn nach 1,27 sind Weisheit und Zucht Erfolg der Gottesfurcht (Sir 1,27):

Denn die Furcht des Herrn ist Weisheit und Zucht,
und ihm gefallen Treue und Demut.

Und nach 21,11 führt die Absicht, das Gesetz mit seinen zahlreichen Bestimmungen zu halten, zur Beherrschung der Triebe, weil sie die Gottesfurcht vermehrt. Wer geradezu pedantisch darauf bedacht ist, auch nicht eines der Gebote der Tora zu übertreten, weil ihm das vom Herrn vergolten würde,[35] dessen Leben wird notwendig durch die Gottesfurcht als die eigentliche Wurzel der Weisheit bestimmt und er selbst dadurch zu einer umsichtigen Lebensführung erzogen (Sir 21,11):

Wer das Gesetz bewahrt, beherrscht seinen Trieb,
und vollendete Furcht des Herrn ist Weisheit.

Der ganze Nachdruck seiner Lehren liegt daher auf der Furcht des Herrn; denn sie bewahrt den Menschen vor Sünden und verhilft ihm dadurch zu einem langen Leben (Sir 1,20):

20 *Die Wurzel der Weisheit ist es, den Herrn zu fürchten, und ihre Zweige sind langes Leben.*[36]

So rechtfertigt es die von der Gottesfurcht beförderte und verlangte Umsicht des Handelns, dass Ben Sira sich als Weisheitslehrer in ihren Dienst stellt und seine Schüler und Leser zu einem umsichtigen Leben ermahnt.

2.3. Das Leben des Schreibers als Ideal des glücklichen Lebens: Sir 38,24–39,11

Doch neben diesem allgemeinen Ideal eines in Gottesfurcht geführten und daher langen und glücklichen Lebens kennt auch Ben Sira ein besonderes in Gestalt des Lebens als Gelehrter, und d. h. entsprechend seiner kulturellen Einbettung, als סוֹפֵר oder Schreiber. In 38,24–39,11 preist er diesen Beruf als den gegenüber allen handwerklichen Berufen als den erstrebenswertesten

34 Vgl. z. B. von Rad, Weisheit, 314–315.

35 Vgl. 17,23; 21,1–3; 23,11; 27,25–27; 35,12–13 und weiterhin z. B. 16,14 und zur Erweiterung in HA und HB Skehan/Di Lella, Ben Sira, 269.

36 G II fügt als V.21 an: „Die Furcht des Herrn beseitigt Sünden/ wer in ihr bleibt, wendet ab jeden Zorn.“

an,[37] weil das ihm geweihte Leben einfacher ist als das der Handwerker (38,24–34),[38] er ihm ihnen gegenüber einen Bildungsvorsprung (38,34c-39,3) und eine angesehene soziale Position und die Kenntnis fremder Länder und Sitten verschafft (39,4). Dank seiner Frömmigkeit und der ihm von Gott verliehenen Weisheit (39,5–8) kann er darüber hinaus zu seinen Lebzeiten zu einem über die Grenzen seiner Heimat reichendem Ansehen gelangen und nach seinem Tode einen bleibenden Namen und damit die nach Ben Siras Ansicht neben dem Fortleben in den Kindern einzige Form des Nachlebens gewinnen (39,9–11).

2.4. Die Wahlfreiheit und Verantwortlichkeit des Menschen: Sir 15,11–17

In 21,11 ist bereits das Stichwort des יֵצֶר oder des *Triebes* gefallen. Es bezeichnet die vernünftige Antriebskraft, die zwischen der Überlegung und der Handlung vermittelt, und entspricht der ὁρμὴ λογιστική der Stoiker.[39] Ihm kommt auch in Ben Siras Verteidigung der menschlichen Verantwortung in 15,11–20 eine zentrale anthropologische Bedeutung zu. In den V.11–17 widerlegt Ben Sira den Vorwurf, Gott sei als Schöpfer des Menschen und Lenker seines Lebens auch für die Sünden des Menschen verantwortlich (Sir 15,11–17):

---

37 Ben Siras Lob des Schreibers besitzt seine Entsprechungen in der mesopotamischen und der ägyptischen Schulweisheit; vgl. z. B. das sumerische Lob der Schreibkunst, bearbeitet von Römer, (TUAT III/1), 46–48 und das ägyptische Lob des Schreiberberufes des Pap. Lansing, bearbeitet von Moers (TUAT.E) 109–142. Zur Rolle des Schreibers und Weisen im Alten Orient vgl. die einschlägigen Beiträge in Gammie/ Perdue, Sage. Zur Frage, ob Ben Sira selbst ein priesterlicher oder ein nicht-priesterlicher Schreiber gewesen ist, vgl. Stadelmann, Schriftgelehrter, 25–26, der ihn als Priester einordnet, und dazu das Referat über die kritischen Stellungnahmen bei Marböck, Weise, 293–316 = ders., Gottes Weisheit, 49–51 und weiterhin Collins, Wisdom, 37 und die prononcierte Einordnung Ben Siras durch Wischmeyer, Kultur, 296–297: „Sirachs Platz und der Platz seiner Schüler ist nicht der Tempel, sondern das private Lehrhaus. Sein und seiner Schüler Verkehr mit Gott wird nicht durch das Opfer, sondern durch die Weisheit als eine Gott und die Weisen und die Schüler verbindende Größe hergestellt. So bedeutet auch Sirachs Verehrung des Hohenpriesters nicht seine Zugehörigkeit zum Priesterstand." Zur Person Ben Siras vgl. jetzt ausführlich Ueberschar, Weisheit, 322–337 und zur strittigen Frage 335.

38 Vgl. dazu Ueberschaer, Weisheit, 218–220; Marböck, Handwerk, 39–60.

39 Vgl. dazu Kaiser, Oikeiosis-Lehre, 74.

11 *Sage nicht: „Von Gott kommt meine Sünde!" Denn was er hasst, das bewirkt er nicht.*
12 *Sage nicht: „Er führte mich irre!" Denn an Ungerechtigkeit hat er kein Gefallen.*
13 *Böses und Greuel hasst der Herr, er lässt sie nicht treffen, die ihn fürchten.*
14 *Als Gott am Anfang den Menschen schuf, gab er ihn in die Hand seines Triebes.*
15 *Wenn es dir gefällt,*[40] *so hältst du das Gebot und Treue*[41] *ist es, nach seinem Wohlgefallen zu handeln.*
16 *Vor dir liegen*[42] *Feuer und Wasser, was du begehrst, danach strecke aus deine Hand.*
17 *Vor dem Menschen liegen Leben und Tod; Was ihm gefällt, wird ihm gegeben!*

Ben Sira adoptiert in V.16–17 den von Mose in Dtn 30,15–20 an das Volk gerichteten Ruf, sich im Gehorsam oder Ungehorsam gegen die Tora zwischen Leben und Tod zugunsten seines Lebens und seiner heilvollen Zukunft zu entscheiden. Dabei verankert er die Möglichkeit zur verantwortlichen Entscheidung wie in 17,6–7 in der schöpfungsmäßigen Ausstattung des Menschen: Der Mensch ist dank des יֵצֶר, der ihm von Gott gegebenen Fähigkeit, seine Pläne auszuführen oder nicht auszuführen, für sein Tun verantwortlich. Ihm sind zudem die göttlichen Gebote als Handlungsmaximen und Handlungsanweisungen gegeben, so dass er weiß, was Gott von ihm fordert. Er kennt auch die über dem Gehorsam gegen das Gesetz liegenden Segensverheißungen und die über dem Ungehorsam stehenden Fluchandrohungen (Dtn 28; Lev 26). Daher ist ihm bekannt, welche Folgen mit seiner Wahl verbunden sind. Mit anderen Worten: Ben Sira erinnert die, die meinen, sich angesichts ihres gottwidrigen Verhaltens mit der Entschuldigung herausreden zu können, dass Gott sie nun einmal so geschaffen hat, an die ihnen als Geschöpfen zukommende und in der Tora ausdrücklich bestätigte Verantwortlichkeit des Menschen für sein Tun und Lassen, weil er Wahl- und Handlungsfreiheit besitzt.[43]

Allerdings bedeutet die konstitutionelle Möglichkeit der Wahl- und Handlungsfreiheit noch nicht, dass der Mensch (modern ausgedrückt) einen freien Willen besitzt; denn seine Wahlfreiheit ist durch seinen Charakter

40 Man sollte חָפֵץ (gegen früher auch Kaiser) nicht mit „wollen" übersetzen; denn die Vorstellung vom Willen als einer menschlichen Eigenschaft war den alttestamentlichen Autoren so fremd wie den griechischen, die den Akt der Entscheidung intellektuell deuteten; vgl. dazu Diehle, Vorstellung, 31–78 und zur aristotelischen Handlungstheorie auch Kaiser, Handlungstheorie, 52–62.

41 HA: תְּבוּנָה „Einsicht"; vgl. aber G, HBm, S und V.

42 HA: מוּצָק , wörtlich: „ausgegossen ist."

43 Vgl. dazu auch Kaiser, Göttliche Weisheit, 50–54 und ders., Oikeiosis-Lehre, 63–68.

bestimmt, der ebenso angeboren wie erworben sein kann.[44] Mithin könnte der die Wahl in die Handlung umsetzende Trieb durch Gottes unergründliche Entscheidung bereits positiv oder negativ vorbestimmt sein. Oder um es theologisch auszudrücken: der Mensch könnte dank Gottes Erwählung oder Verwerfung zur Gerechtigkeit oder Ungerechtigkeit veranlagt sein.

2.5. Das Geheimnis der Erwählung in einer polaren, durch Gottes Providenz bestimmten Welt: Sir 33,7–15

Der in seiner Bedeutung umstrittene einschlägige Text liegt in 33,7–15 vor. Da *Ursel Wicke-Reuter* ihn umfassend ausgelegt hat,[45] kann sich die Darlegung hier auf die knappe Feststellung beschränken, dass es in diesem Text einerseits in der Tat um das Geheimnis der göttlichen Erwählung geht, andererseits und grundsätzlich aber um den polaren Charakter aller Dinge. Ben Sira setzt mit dem ersten ein: Gottes erwählendes und damit polare Unterschiede begründendes Handeln liegt zum Beispiel darin vor, dass er den gewöhnlichen Tagen die Festtage gegenüberstellte und ihnen eine heilvolle Qualität verlieh. In analoger Weise hat er auch den Menschen verschiedene Wege zugeteilt. Die einen ließ er sich ihm nahen und heiligte sie, während er andere verfluchte und erniedrigte. Dabei mag bei den Bevorzugten an die Priester aus Aarons Geschlecht (und möglicherweise auch an Israel und dann bei den Verfluchten an die Rotte Korach (Num 16) oder möglicherweise an die Voreinwohner des Landes Kanaan gedacht sein. Die Aussagen über die Verschiedenheit der den Menschen von Gott gegebenen Schicksale stehen jedoch im Rahmen einer Reflexion über die der ganzen Schöpfung wesensmäßig innewohnende Polarität. Mithin ergibt es sich nicht zwingend, dass der aus Gottes freiem Rat erfolgten Erwählung seiner Diener auch eine in Gottes Prädestination bedingte Verdammung der Verfluchten gegenüber steht. Der Betonung der Verantwortung des Menschen für seine Entscheidung und damit sein Schicksal in 15,11–20 gemäß dürften sich die Verfluchten ihre Verdammung vielmehr durch ihr eigenes Verhalten zu gezogen haben. Wohl aber gibt es in dieser Welt das Gute nur als Gegensatz zum Bösen und umgekehrt das Böse nur als Gegensatz zum Guten. Und mithin setzt die Existenz von Guten zugleich die von Bösen

44 Zur aristotelischen ἕξις vgl. Guthrie, History VI, 352–353, und zum Problem der Determination der Entscheidung Jedan, Willensfreiheit, 88–134 und 177–178.

45 Vgl. dazu Wicke-Reuter, Providenz, 224–274.

voraus. Denn gäbe es keine Frevler, Übeltäter und Gottlosen, so könnte man auch nicht von den Gerechten, Frommen und Getreuen reden.

Gott hat allerdings vorausgesehen, dass es Gute und Böse geben wird und deshalb die Welt so eingerichtet, dass für die Belohnung der Guten und die Bestrafung der Bösen vorgesorgt ist. In diesem Sinne rechtfertigt Ben Sira die Vollkommenheit der Welt in seinem Hymnus über die Güte der Werke Gottes in 39,12–35 teleologisch.[46] Gott hat die Welt in seiner Vorsehung so eingerichtet, dass alle Mittel bereit stehen, um den Guten zum Glück zu verhelfen und die Bösen zu bestrafen (Sir 39,24–25):

24 *Seine Pfade sind für die Untadligen gerade, für die Hochmütigen*[47] *aber uneben.*
25 *Gutes hat er für die Guten von Anfang an zugeteilt, aber den Frevlern Gutes und Böses.*

Denn natürlich partizipieren auch die Bösen an den lebensnotwendigen Gaben des Schöpfers (V.26–27), „*aber für die Bösen wendet es sich zum Bösen*" (V.27b). Damit leitet Ben Sira zu der in den V.28–31 anschließenden Aufzählung der kosmischen, biologischen und geschichtlichen Gerichtswerkzeuge Gottes über.[48] Man wird daher auch die Welt und Geschichte bestimmende Polarität grundsätzlich teleologisch und zugleich providentiell zu verstehen haben: Auch wenn Gott aus freier Wahl ein Geschlecht und ein Volk bevorzugt, wird dadurch die Verantwortung des Einzelnen für seine Entscheidungen nicht aufgehoben. Gott hatte allerdings bei der Erschaffung der Güter und Übel bereits die Belohnung der Guten und die Bestrafung der Bösen im Auge. Sie sind mithin ein Werk seiner Vorsehung, seiner *Providenz*,[49] die ihrerseits Ausdruck seiner *Omnisziens*, seiner Allwissenheit, und seiner *Omnipotenz*, seiner Allmacht, sind (Sir 39,19–20).[50]

19 *Die Werke alles Fleisches sind vor ihm, und nichts ist verborgen vor seinen Augen.*[51]
20 *Von Ewigkeit zu Ewigkeit geht sein Blick: Gibt es eine Grenze*[52] *für seine Hilfe? Nichts ist zu klein und zu gering für ihn, und nichts zu wunderbar und*

---

46 Zur Struktur und der Art der Aufnahme stoischer Konzepte vgl. Marböck, Gerechtigkeit, 28–43 und ausführlich Wicke-Reuter, Providenz, 275–285.

47 Lies לְזֵדִים , HB Verlesung von ד als ר.

48 So richtig Skehan/Di Lella, Ben Sira, 460 z.St.

49 Vgl. dazu Kaiser, Rezeption, 41–54 = ders., Athen, 293–304 und Wicke-Reuter, Providenz, 80–87.

50 Vgl. dazu auch Kaiser, Vorsehung, 96–112 und ders., Harmonie, 146–160.

51 Vgl. 15,19 und 17,15.

zu stark für ihn.[53]

Die Frage, warum der allwissende und allmächtige Gott das vorausgesehene Unheil nicht *a priori* verhindert hat, stellt sich Ben Sira nicht. Er hält sich an die biblische Feststellung, dass Gott seine Werke am Ende der sechs Schöpfungstage sämtlich als sehr gut befand (Gen 1,31a) und an die Faktizität einer Welt, zu deren Wesen die Polarität aller Dinge und also auch die von Gut und Böse, Leben und Tod gehören und in welcher der Mensch Wahl- und Entscheidungsfreiheit besitzt. Daher gibt es für ihn letztlich in der Welt *keine Übel,*[54] sondern *nur gerechte Strafen*, so dass alle Werke Gottes (wie es in V.16 als einleitende Themenvorgabe und in V.33 zusammenfassend heißt) gut sind (Sir 39,33):[55]

Die Werke des Herrn sind alle gut,
sie reichen aus für jeden Zweck zu seiner Zeit.

2.6. Das Geheimnis der Erwählung des Gerechten und die Unergründlichkeit der göttlichen Weisheit

Und doch bleibt dabei ein unergründlicher Rest, den auch Sirach gesehen hat. Denn der Unterschied zwischen den Guten und den Bösen erscheint häufig als so fundamental, dass sich der Gedanke aufdrängt, sie seien bereits mit ihrem so oder so geprägten Charakter zur Welt gekommen. Ben Sira hat sich offenbar entsprechende Gedanken gemacht und sie in 1,14 in die Sprache der poetischen Embryologie[56] und zugleich der prophetischen Erwählungstheologie (Jer 1,5; Jes 49,1) umgesetzt und so nur auf den Gerechten bezogen (Sir 1,14):

Der Anfang der Weisheit ist es, den Herrn zu fürchten,
und bei den Getreuen wurde sie im Mutterleib erschaffen.

Eine gegenteilige Aussage findet sich bei Ben Sira nicht: *Es gibt für ihn also sehr wohl das Geheimnis der Erwählung, aber nicht das der Verdammung*, denn dann wäre seine ganze Ethik, wäre seine Pädagogik nur Teil eines Spieles, das Gott mit den Menschen wie mit Marionetten spielte.[57]

---

52 Wörtlich: Zahl.
53 20c-d nach HB ergänzt; vgl. Skehan/Di Lella, Ben Sira, 457 z. St.
54 Vgl. dazu auch Wicke-Reuter, Providenz, 87.
55 Vgl. auch Gen 1,31a.
56 de Wilde, Hiob, 152 und Kaiser, GAT II, 219–221.
57 Vgl. Plat. leg.I. 644d 7-e 1; VII.804a 4-b 4.

Nach Ben Siras Überzeugung, ist es nicht die Aufgabe des Weisen und seiner Schüler, die Geheimnisse Gottes zu erforschen,[58] sondern sich in Demut (V.21) an das zu halten, was ihnen von Gott zu wissen gegeben und von ihnen gefordert ist (3,21–24):

21 *Was dir zu schwierig ist, sollst du nicht erforschen, und was dich überfordert, sollst du nicht ergründen.*
22 *Über das, was dir anvertraut ist, sinne nach, denn was verborgen ist, geht dich nichts an.*
23 *Über das, was dir entzogen ist, sei nicht verbittert, denn mehr als du verstehst, ist dir gezeigt.*
24 *Denn zahlreich sind die Gedanken der Menschen, und schlechte Ansichten führen in die Irre.*[59]

Der Erkenntnis des Menschen sind mithin als einem endlichen Wesen Grenzen gesetzt. Das aber führt den Weisen nicht zur Resignation, sondern dazu staunend und anbetend vor der gewaltigen Größe und Schönheit der Schöpfungswerke des Gottes stehen zu bleiben (42,15–43,26),[60] dessen Unergründlichkeit sich ihm in ihrem Geheimnis erweist (43,27–33):

27 *Noch mehr wie dieses fügen wir nicht zu, und das Ende der Rede lautet: Alles ist nur er!*[61]
28 *Lasst uns denn jubeln, weil wir ihn nicht ergründen; denn er ist größer als alle seine Werke.*
29 *Zu fürchten über alle Maßen ist der Herr, und wunderbar sind seine Machterweise.*
30 *Die ihr den Herren preist, erhebt die Stimme mit aller Kraft; denn es gibt noch mehr. Erhöhet ihn mit neuer Kraft, ermüdet nicht, ihr könnt ihn nicht ergründen!*
31 *Wer hat ihn gesehen und kann ihn beschreiben und wer kann ihn preisen als den, der er ist?*

---

58 Zum Problem der Bekanntschaft Ben Siras mit apokalyptischen Traditionen vgl. Marböck, Traditionen, 833–849, bes. 848–849 = ders., Frömmigkeit, 137–153, bes.152–153.

59 Zusatz in G II: V.25 „Wo kein Augapfel ist, gibt es kein Licht /,und wo kein Wissen ist, keine Weisheit."

60 Vgl. dazu ausführlich Prato, problema, 116–208, bes. 207–208 und weiterhin Marböck, Gerechtigkeit, 39–40 = ders., Frömmigkeit, 186–187 und Kaiser, Harmonie, 160–167.

61 D. h. dem Kontext gemäß: er ist der Schöpfer aller Dinge, vgl. Kaiser, Rezeption, 49–50 = ders., Athen, 302; Sauer, Jesus Sirach, 299–300; Calduch-Benages, God, 79–100, bes. 96; vgl. auch G: πάντα γὰρ ἐποίησεν ὁ κύριος und Prato, problema, 201: „הוא הכל designa il motiva per cui Dio è degno di lode. . e percìo הכל si riferisce alle maniere con cui Deo si manifesta nel mondo."

32 *Die Fülle des Verborgenen ist mehr als das, was ich von seinen Werken gesehen habe; denn wenig sah ich nur von seinen Werken.*
33 *Das alles hat der Herr geschaffen, und seinen Frommen gibt er Weisheit.*

Damit aber schließt sich die Decke über den Abgründen des Unerforschlichen; denn wir erinnern uns (Sir 1,26–27):

26 *Begehrst du Weisheit, halte die Gebote, und der Herr wird sie dir geben.*
27 *Lasse nicht ab von der Furcht des Herrn, denn Treue und Demut gefallen ihm wohl.*

3. Die Begründung der Sittlichkeit in der Verkündigung des Apostels Paulus

3.1. Paulus, der Bote Jesu Christi: Verkünder der Gerechtigkeit durch den Glauben

Wenden wir uns dem Apostel Paulus zu, so besteht das Ziel des christlichen Handelns darin, sei es in der Auferstehung, sei es in der Umgestaltung des sterblichen Leibes in eine himmlische Lichtgestalt der vollen Gemeinschaft mit Christus teilhaftig zu werden.[62] Das Mittel zur Erreichung dieses Zieles ist der Glauben an Jesus Christus als den Erlöser der Welt (Röm 3,23–24.28; 8,12–22)[63] und seine Folge die Freiheit zur Liebe als des Gesetzes Erfüllung.[64] Sie aber ist die Bedingung für die Verleihung des ewigen Lebens durch den in Kürze als Weltenrichter erscheinenden Christus.[65]

Damit ist bereits gesagt, dass sich die geistige Situation des Judentums seit den Tagen Ben Siras unter dem Einfluss der Apokalyptik tiefgreifend verändert hat. Aus der bei dem Siraziden begegnenden Unterscheidung von Gerechten und Frevlern sind inzwischen die innerjüdischen Parteien der Essener und der Pharisäer hervorgegangen, die den letzten Erweis der Gerechtigkeit Gottes in einem Endgericht über Lebende und Tote erwarten.[66]

62 Vgl. Phil 3,10–11.20–21; I Thes 4,13–18; I Kor 15,20–28.50–57; II Kor 5,1–2; Röm 6,23; 8,17–25.

63 Röm 3,23–24.28; 8,19–23.

64 Röm 13,8–10.

65 Röm 2,16; 14,22; I Kor 11,31–32; II Thes 2,7–12.

66 Vgl. dazu Hengel, Judentum, 319–463 bzw. Schürer/Vermes, History II. 381–574 und weiterhin Schäfer, „Der vorrabinische Pharisäismus", in: Hengel/Heckel, Hg., Paulus; 125–176 und Hengel, ebd., 242–248. Zur vermutlichen Zugehörigkeit der Qumrangemeinschaft zu den Essenern vgl. Stegemann, Essenes; 83–165;

Nach dem zuvor Gesagten ist es unmittelbar einleuchtend, dass der Apostel als einstiger Pharisäer diese Bewertungen und Erwartungen grundsätzlich teilte, auch wenn bei ihm die Gerechten die sind, die aus dem Glauben an die ihnen durch Christi stellvertretenden Tod geschenkte Gerechtigkeit leben (Röm 1,16–17; vgl. Gal 3,10).[67] Die Situation des Menschen ist jedoch gegenüber den Erwartungen der Apokalyptiker insofern eine andere geworden, als der Apostel davon ausgeht, dass der mit der Auferstehung der Toten, dem Weltgericht und der Versetzung der Frommen in die himmlische Herrlichkeit beginnende neue Äon[68] bereits mit Jesu Auferstehung angefangen hat, so dass die Christen in der Spannung zwischen dem Noch-nicht und dem Doch-schon leben. Die Gegenwart ist in seinen Augen nur noch die kurze Spanne zwischen der Auferstehung und der Ankunft des Herrn zum Weltgericht (I Thes 4,13–18; I Kor 7,29a). Daher fühlt er sich gedrängt, das Evangelium zu den Juden und Heiden bis an den westlichen Rand der Welt zu tragen, damit am Ende ganz Israel als das auserwählte Volk Gottes vor dem erscheinenden Christus dank seines Glaubens gerettet würde (Röm 11,25–32). Demgemäß handelt es sich bei seinen Briefen nicht um theologische Traktate,[69] sondern um der besonderen Situation der Adressaten wie des Apostels entsprechende Sendschreiben. Oder anders ausgedrückt: Es handelt sich bei ihnen um keine Lehren,[70] sondern um die Briefe eines Missionars, Seelsorgers und Bekenners, in denen er unter verschiedenen Aspekten die Botschaft vom Gekreuzigten als die Heilstat Gottes in einer zu Ende gehenden Welt verkündet (II Kor 5,20–21; I Kor 7,29). Das Denken des Apostels Paulus ist mithin trotz seiner Abhängigkeit von der jüdischen Apokalyptik vor allem christozentrisch.

Dadurch war der ehemalige Pharisäer Paulus genötigt, zwischen seinem Christusglauben und der im Alten Testament verwurzelten Erwählungs- und Bundestheologie zu vermitteln, die ihren Brennpunkt in der Gesetzeserfüllung als der Bedingung des Gelingens des irdischen bzw. der Erlangung des ewigen Lebens besaß.[71] Sucht man nach einer schlüssigen Antwort, warum der Apostel Christus als des Gesetzes Ende verkündigt hat,

---

Trebollo Barrera, in: Martínez/ders., People, 50–76 und zu beider Ursprung García Martínez, ebd., 77–96.

67 Vgl. dazu Hengel, „Der vorchristliche Paulus“, 178–293, bes. 251–254 und Hengel/Schwemer, Paulus, 43–60.

68 Vgl. I Hen 103–104; vgl. c.22 und 25; IV Esr 7.

69 Außer im Fall von Röm 1,16–11,36.

70 Eine gewisse Sonderstellung nimmt allerdings der Römerbrief ein; vgl. dazu Becker, Paulus 358–370, bes. 361–363.

71 Vgl. dazu auch Rössler, Gesetz, 70–100.

so muss man sich außer an den Galater- zumal an den Römerbrief halten, weil er in diesem der ihm fremden, aus Juden- und Heidenchristen bestehenden Gemeinde sein Verständnis des Evangeliums in grundlegender Weise dargelegt hat,[72] so dass man ihn als sein geistiges Testament betrachten kann.[73] Der Galaterbrief geht ihm zeitlich voraus[74] und stimmt in seiner theologischen Substanz grundsätzlich mit ihm überein, ist aber nicht als das letzte Wort des Apostels in dieser Sache zu verstehen.[75] Als Einsatzpunkt für ein angemessenes Verständnis der Botschaft von Christus als des Gesetzes Ende empfiehlt sich des Apostels persönliches Bekenntnis in Phil 3,2–11, das zeitlich zwischen beiden anzusetzen ist.[76] Denn in ihm spiegelt sich die revolutionierende und weiterhin sein Denken bestimmende Bedeutung, die die Erscheinung des Auferstandenen für ihn zeitlebens besessen hat. Sie hat aus dem die Tora mit ganzer Hingabe befolgenden Pharisäer und dem mit zelotischem Eifer in Damaskus gegen die Heidenchristen vorgehenden Verfolger Saulus[77] den Apostel der Völker Paulus gemacht,[78] dem der Glaube an Gottes in Jesu Kreuzestod erfolgter Gerechterklärung des Sünders zum A und Ω seines Lebens und Denkens geworden ist.[79] Seither ging es ihm nicht mehr darum, dank seines als eigenes Werk verstandenen Gehorsams gegen die göttliche Weisung die Gerechtigkeit und das ewige Leben zu erlangen, sondern in Christus Jesus erfunden zu werden und daher die Gerechtigkeit zu gewinnen, die dem von Gott zugerechnet wird, der an Christus glaubt (Phil 3,4–9) und das Ziel der himmlischen Heimat, das πολίτευμα ἐν οὐρανοῖς, nicht aus dem Blick verliert (Phil 3,20–21).

72 Abgesehen von dem Prolog 1,1–13, dem auf Gemeindefragen eingehenden Abschnitt 14,1–15,14, dem persönlichen Epilog in 15,15–33 und der Grußliste samt dem Briefschluss in c.16.

73 Vgl. dazu z. B. Vielhauer, Geschichte, 185–187 und bes. Becker, Paulus, 368–369.

74 Zur Datierung vgl. einerseits Vielhauer, 110–111, der den Brief gleichzeitig mit dem I Korintherbrief ansetzt, und andererseits Becker, Paulus, 368–369, der ihn 55 n. Chr. und mithin kurz vor dem Römerbrief plaziert.

75 Vgl. dazu z. B. Söding, Liebesgebot, 254–258.

76 Vgl. dazu z. B. Lührmann, Galater,11–12.

77 Vgl. Gal 1,22–23; vgl. V.17; I Kor 15,8; Phil 3,6 und dann Act 9,1–31 und 22,3–21 und dazu Hengel, Paulus, 265–291 bzw. Hengel/Schwemer, Paulus, 60–72.

78 Vgl. dazu Hengel/Schwemer, Paulus, 77–80.

79 Vgl. dazu auch Lohse, Paulus, 49–53 und 58–66.

3.2. Des Apostels Berufung als Wendepunkt seines Lebens und Denkens: Phil 3,3–11

Es wird sich zeigen, dass das in Phil 3,3–11 vorliegende Bekenntnis sich nicht nur als Schlüssel für die Botschaft von Christus als dem Ende des Gesetzes, sondern auch als Ausgangspunkt für das Verständnis der damit unlösbar verbundenen Botschaft von seinem Kreuzestod zur Vergebung der Sünde und Rettung der Sünder erweist. Im Gegensatz zu seinen judenchristlichen Gegnern[80] hat Paulus damals erkannt, dass das καυχᾶσθαι κατὰ σάρκα, das Sich-Rühmen nach dem Fleisch als Zeichen des πεποιθέναι κατὰ σάρκα, des Vertrauens auf das Fleisch, Ausdruck der Selbstgerechtigkeit ist und daher in diametralem Gegensatz zu dem Gottesdienst im Geiste steht, in dem sich der Mensch nicht seiner selbst, sondern Christi rühmt (Phil 3,3; vgl. 1,26).[81] Er selbst hatte in seinem zurückliegenden Leben alle Kriterien eines wahren Juden erfüllt: Er war zeitgerecht beschnitten, stammte aus einem benjaminitischen Geschlecht, hatte sich den Pharisäern angeschlossen[82] und in der Verfolgung der Christen besonders hervorgetan, kurz: Er war (V.6) nach der Gerechtigkeit gemäß dem Gesetz untadlig.

> „*Aber*", so fährt er in V.7 fort, „*was für mich ein Gewinn war, das achte ich jetzt um Christi Willen für einen Verlust.* 8 *Und in der Tat halte ich alles für einen Verlust wegen der unüberbietbar großen Erkenntnis des Christus Jesus, meines Herren, wegen dem dies alles für mich zu einem Verlust geworden ist. Und ich halte es für einen Dreck* (σκύβαλα), damit *ich Christus gewinne* 9 *und in ihm als einer erfunden werde, der seine eigene Gerechtigkeit nicht aufgrund des Gesetzes, sondern aufgrund des Glaubens an Christus besitzt, nämlich die Gerechtigkeit aus Gott aufgrund des Glaubens,* 10 *um ihn zu erkennen und die Kraft seiner Auferstehung und die Gemeinschaft seiner Leiden, gleich gestaltet seinem Tode,* 11 *ob ich wohl zu der Auferstehung der Toten gelange.*"

In dieser gedrängten Sprache sind die wesentlichen Elemente seines Christusglaubens eingeschlossen: An die Stelle des Strebens nach der Gerechtigkeit unter dem Gesetz ist die Gewissheit getreten, dass Gott die Gerechtigkeit denen schenkt, welche die Botschaft von dem um ihrer Sünde willen erfolgten Tod Jesu auf sich beziehen und weiterhin danach streben, dank der Gemeinschaft mit ihm an der bevorstehenden Auferstehung der Toten teilzunehmen.

80 Vgl. dazu Becker, Paulus, 340–350, bes. 344–349.
81 Vgl. I Kor 1,26–31 und zur Sache Bultmann, Theologie, 242–243.
82 Vgl. dazu auch Becker, Paulus, 42–49.

3.3. Die Taufe als Einweisung in die Gemeinschaft des Todes und die Kraft der Auferstehung Christi: Röm 6

Was die Teilhabe an den zu Jesu Kreuzestod führenden Leiden als Weg zur Teilhabe an der Kraft seiner Auferstehung bedeutet, geht wohl am deutlichsten aus der kleinen Taufpredigt in Röm 6 hervor: Die Christen werden (so heißt es dort in V.4) in der Taufe auf Christi Tod getauft und mit ihm begraben, damit sie hinfort in einem neuen Leben wandeln. Der Taufritus soll demgemäß als eine Begehung verstanden werden, die den Täufling in die *vita Christiana* einweist.[83] Als solcher leitet er ihn zu dem Verzicht auf die eigene Endlichkeit an, durch den sich ihm die Unzerstörbarkeit seiner Gottesbeziehung und damit die Gewissheit der Teilhabe an der Auferstehung Jesu Christi erschließt. Das Untertauchen im Wasser der Taufe will also von ihm so mitvollzogen werden, dass er sich damit selbst mit Christus dem Tod preisgibt. Er bejaht das über ihn im Kreuz ergangene Urteil, verzichtet damit auf seinen Selbstbehauptungswillen gegenüber Gott[84] und gelangt dadurch zur Teilhabe an der Kraft des Lebens des Auferstandenen, der aus und durch Gott lebt. So ist die Taufe als eine Einweisung in das Leben aus dem reinen Vertrauen in Gottes nie endende Gegenwart zu verstehen. Es soll weiterhin in dem Bewusstsein seinen Wandel bestimmen, dass er diese stetige und kräftige Gottesgewissheit nicht als einen unzerstörbaren Charakter besitzt, er ihr aber sehr wohl nachjagen kann und nachjagen muss, wenn er das Ziel der ewigen Seligkeit erreichen will (Phil 3,13 f.). Damaskus war für den Apostel eine der Taufe entsprechende Erfahrung. In der ihn (nach den Erzählungen zu Boden werfenden)[85] Begegnung mit dem Auferstandenen hatte sich ihm die Kraft und die Teilhabe am Leben des Auferstandenen erschlossen: Der durch die Erscheinung des auferstandenen Herrn in seinem Innersten getroffene Verfolger der Gemeinde wurde zum Apostel der den Glaubenden geschenkten Vergebung der Sünden unter den Heiden (Gal 1,11–16a).

83 Zum vorausgesetzten Taufverständnis vgl. Dunn, Romans 1–8, 325–328.

84 Vgl. dazu sogleich zu Röm 7.

85 Vgl. Act 9,3–5 mit 22,3–6 und dazu Hengel/Schwemer, Paulus, 63–72.

3.4. Die Erlösung des Menschen aus seinem Widerspruch: Röm 7,14–8,2

Aus dieser Begegnung mit dem erhöhten Herrn ergab sich für Paulus die Notwendigkeit, seine Stellung zur Tora neu zu bestimmen.[86] Daran, dass sie von Gott gegeben und als solche heilig und gut ist, hat er auch weiterhin nicht gezweifelt (Röm 7,12). Ebenso wenig wollte und konnte er bestreiten, dass das Gesetz erfüllbar ist (Phil 3,6). Doch welche Funktion kam ihm dann nach Gottes Absicht zu, wenn es zwar als Gottes gültiges, aber nicht letztes Wort an Juden und Heiden zu betrachten ist?

Ein erster Erklärungsversuch findet sich im *Galaterbrief*. In ihm gab er die Auskunft, dass das Mose als dem Mittler von Engeln übergebene Gesetz[87] (von Gott) um der Übertretungen willen verordnet worden sei. Es übernahm in der Zeit vor Christus als der Zeit der Sünde die Aufgabe eines παιδαγωγός, eines Zuchtmeisters (Gal 3,19–22), indem es die Menschen bis zu seinem Kommen unter seine Vormundschaft stellte (vgl. Gal 4,1 ff.).[88] Nach der im *Römerbrief* in 2,1–3,20 erteilten Antwort diente das Gesetz dagegen dazu, die Juden angesichts der von ihnen in Wahrheit nicht erfüllten Gebote ebenso als Sünder zu überführen (2,17–24), wie die Heiden,[89] denen das Gesetz ins Herz geschrieben ist und deren Gewissen sie verklagt (Röm 2,12–16). Die in Röm 5 gegebene Antwort aber lautete, dass, nachdem Sünde und Tod durch Adam in die Welt gekommen waren, es die Aufgabe des Gesetzes war, in der bis zum Kommen Jesu währenden Zwischenzeit die Sünde zu mehren (V.20). Das klingt auch noch in Röm 7,7–13 nach, wo Paulus diese These gleichsam auslegt, indem er erklärt, dass das Gesetz im Sünder gerade durch das Verbot des Begehrens die Begierde hervorruft und damit den Sünder dem Tode ausliefert.

Diese Aussagen sind hoch paradox. Denn wenn der Mensch das Gebot halten kann und über der Einhaltung der Gebote die Segensverheißung Gottes steht (Dtn 28,1–14; Lev 26,3–13), wie kann es dann zur Kraft der Sünde, zur δύναμις τῆς ἁμαρτίας werden (I Kor 15,56)? Die Gal 3,6 ff. gegebene Auskunft, dass jeder Mensch, der das Gesetz nicht vollkommen hält, nach Dtn 27,26 unter dem Fluch steht, überzeugt deshalb letztlich

86 Vgl. dazu auch Dunn, Romans 1–8, LXIII-LXXII.

87 Zum jüdischen Hintergrund der Vorstellung, die in der Deutung der Naturphänomene und also auch der sie begleitenden Sinaitheophanie als Wirkungen von Elementarengeln liegt, vgl. Schlier, Galater, 109–110, und zum jüdischen Hintergrund z. B. Jub 2,2 und I Hen 60,11–25.

88 Zum Wandel des Gesetzesverständnis vom Galater- zum Römerbrief vgl. Hübner, Gottes Ich, 127–135 und speziell zu dem des Galaterbriefes Stanton, Law, 99–116.

89 Vgl. dazu Bergmeier, Gesetz., 53, der 2,14 ff. auf Heidenchristen bezieht.

nicht, weil Paulus von sich selbst bekannt hat, dass er untadlig nach dem Gesetz gewesen ist (Phil 3,6).[90]

Über dieser Verlegenheit hilft allein Röm 7,14–25a hinweg, weil hier deutlich wird, welche Bewandtnis es mit der Sünde hat und warum das Gesetz selbst den, der seine sämtlichen Vorschriften hält, nicht zu erlösen vermag, solange er sich nicht Gott ganz übergibt, wie es nebenbei Dtn 6,5–6 verlangt. Die geschenkte Gerechtigkeit ist in der Tat, wie es Gal 3,16 ff. darlegt, das Leben aus der Verheißung, die nach Gen 12,3 auch die Völker einschließt. Röm 7,14–25 entfaltet den Röm 1,18–3,20 bestimmenden Gedanken der Unentrinnbarkeit der Verantwortung des Menschen für seine Sünde in einer Meditation über den Widerspruch, in dem sich der Christ als Mensch befindet.[91] Die in diesen Versen vorausgesetzte Situation kann man nur insofern als „adamitisch" bezeichnen, als der „alte Adam" auch im Christen fortlebt und beständiger Kontrolle und Überwindung verlangt.[92] Denn das Ich dieser Verse ist der Christ Paulus, der erkennt, dass er trotz seiner Bekehrung immer noch ein unvollkommener Mensch ist, so dass er immer neu dem Ziel der himmlischen Berufung nachjagen muss (Phil 3,12–16).[93] Röm 7,25b ist mithin kein nachträglicher Einschub,[94] sondern eine Zusammenfassung des in den V. 14–25a Gesagten.[95] Hier wie in allen seinen Briefen urteilt der Christ über die Bedeutung des Gesetzes, das nun freilich die Bedeutung der göttlichen Forderung überhaupt annimmt, weil es sich für den Apostel auf das Gebot der Gottes- und der Nächstenliebe reduziert und damit mit dem νόμος γραπτὸς ἐν ταῖς καρδίαις von Röm 2,15 identisch geworden ist. Auch der Christ ist als Mensch (um es mit Rudolf Bultmann zu sagen) „der Zwiespalt."[96] Auch als Christ muss er feststellen, dass er dem ihm als endlichem Wesen innewohnenden Trieb der Selbsterhaltung und Selbstdurchsetzung nicht zu entrinnen und (so können wir ergänzen) Gott nicht über alle Dinge und den Nächsten wie sich selbst zu lieben vermag.[97]

90 Vgl. dazu auch Lichtenberger, Paulus. 361–378, bes. 371.

91 Vgl. dazu Hegel, Religion III, 223–233.

92 Bergmeier, Gesetz, 69.

93 Vgl. Michel, Römer, 239 und Dunn, Romans 1–9, 407 und 410.

94 Käsemann, Römer, 201–202.

95 Michel, Römer, 238–239; Dunn, Romans 1–9, 411; Stuhlmacher, Römer, 105 und Lohse, Römer, 224–225.

96 Vgl. Bultmann, Römer 7, 202 und zum Unterschied zwischen der antiken Einsicht in den Zwiespalt zwischen Wollen und Vollbringen und seiner jüdischen Vertiefung mit Stuhlmacher, Römer, 100–102 Eur. Hipp.358–359 und Ov. Met.VII.17–21 mit z. B. 1QS XI.9–11 oder IV Esr 3,19–22.

97 So unbeliebt die deutschen Idealisten bei den Theologen auch sein mögen, so haben sie sich doch um den Nachweis der Vernunft in der Religion bemüht. Dabei verdient

Obwohl er als Vernunft begabtes Wesen den stillen Anruf Gottes in seinem νοῦς, in seiner Vernunft, vernimmt und ihn im Gerichtshof seiner συνείδησις als ihn selbst anklagend erfährt (Röm 2,15) und also weiß, dass er das Gute tun soll, scheitert sein entsprechendes Wollen, weil er am Ende auch in der Erfüllung des göttlichen Gebots sich selbst will. Darin eben erweist sich die Macht der Sünde, der ἁμαρτία, unter der Paulus nicht mehr einzelne Verfehlungen, sondern das adamitische Schicksal des Menschen versteht, sich unbedingt selbst zu wollen[98] und nicht anders zu können. Daher ist der im Menschen selbst liegende νόμος ἐν τοῖς μέλεσιν, das Gesetz in seinen Gliedern, eben das Gesetz, das ihn zwanghaft dazu führt, das Gegenteil von dem zu tun, was er eigentlich will (V.21 und 23). Diesem Gesetz steht in ebenso genereller Weise der νόμος τοῦ θεοῦ, das Gesetz Gottes gegenüber, dem der ἔσω ἄνθρωπος, der innere und eigentliche Mensch im Gegensatz zu dem leiblich vorfindlichen, als σάρξ bestimmten Menschen, freudig zustimmt. Dieses Gesetz wird in V.23 parallel als νόμος τοῦ νοός μοῦ, als das Gesetz meiner Vernunft, bezeichnet. Es entspricht damit der stoischen These, dass alle Menschen von Natur um das Gerechte, das Gesetz und das richtige Denken wissen (φύσει τε δίκαιον εἶναι καὶ μὴ θέσει, ὡς καὶ τὸν νόμον καὶ τὸν ὀρθὸν λόγον).[99] Der Mensch pervertiert also den ihm bekannten Gotteswillen, indem er ihn unter dem Zwang der ἁμαρτία in sein Gegenteil verkehrt und mithin dem Tode verfällt. Denn im Kampf zwischen dem Gesetz Gottes und dem Gesetz in den Gliedern unterliegt das erste unter dem Einfluss der

---

auch der Versuch von Friedrich Wilhelm Joseph Schellling, Wesen, 331–416 = PhB 509, 25–48 wenigstens zu Kenntnis genommen zu werden. Denn hier bestimmt Schelling die Freiheit des Willens als Fähigkeit zum Tun des Guten und des Bösen. Den bösen Trieb aber erklärt er damit, dass der zwar der Natur als dem Grund Gottes entstammt, aber nicht seiner Person, so dass die Verantwortung des Menschen ebenso wenig aufgehoben wie die Gerechtigkeit Gottes angetastet wird. Dabei steht auch er vor dem Rätsel der unterschiedlichen Charaktere, für die er eine vorweltliche Erklärung sucht; vgl. bes. Wesen, 352–376 = PhB 509, 25–48 und zur Sache weiterhin ders., Zusammenhang 39: „Notwendigkeit ist das Innere der Freiheit; darum lässt sich von der wahrhaft freien Handlung kein Grund angeben; sie ist so, weil sie so ist, sie ist schlechthin, ist unbedingt und darum notwendig."

98 Vgl. dazu auch Kierkegaard, Krankheit, 8: „Die Verzweiflung ist eine Krankheit im Geist, im Selbst, und kann somit ein Dreifaches sein: verzweifelt sich nicht bewusst sein, ein Selbst zu haben (uneigentliche Verzweiflung); verzweifelt nicht man selbst sein wollen; verzweifelt am selbst sein wollen." Daher ist die Sünde 75: „vor Gott oder mit dem Gedanken an Gott verzweifelt nicht mehr man selbst sein wollen oder verzweifelt man selbst sein wollen."

99 Diog. Laert. VII.128 (SVF III.308): „Das Recht besteht nach ihnen von Natur und nicht durch menschliche Satzung, wie auch das Gesetz und der richtige Verstand, wie Chrysipp in dem Buch über das Schöne sagt."

Macht der Sünde. Daher sehnt sich Paulus und jeder Christ, solange er lebt, nach der Erlösung aus diesem Zwiespalt (V.24): Ταλαίπωρος ἐγὼ ἄνθρωπος· τίς με ῥύσεται ἐκ τοῦ σώματος τοῦ θανάτου τούτου;

Im Rückblick wird deutlich, warum Paulus trotz seines eigenen Bekenntnisses, dass er nach dem Gesetz untadlig war (Phil 3,7), in der Art der Gesetzeserfüllung das Mittel der Selbstrechtfertigung und im Gesetz selbst den Stachel zur Sünde erkennt: Gottes Ehre wird der Mensch nur gerecht, indem er sich die vom Gesetz verlangte Gerechtigkeit von Gott schenken lässt, um dann trotz des inneren Zwiespalts zwischen Wollen und Vollbringen aus der Verheißung zu leben und damit sich selbst auf dem Wege der Liebe voraus zu sein. Durch seine Teilhabe an der Kraft der Auferstehung Jesu Christi, weiß er, dass er zu einem neuen Leben unter dem νόμος τοῦ πνεύματος τῆς ζωῆς ἐν Χριστῷ Ιησοῦ, dem Gesetz des Geistes des Lebens in Christus Jesus, berufen und von dem in ihm mächtigen νόμος τῆς ἁμαρτίας, dem Gesetz der Sünde befreit ist (Röm 7,22–25+ 8,1–2), obwohl er der Mensch im Widerspruch und mithin ein Anfänger auf dem Weg zur Vollkommenheit bleibt:[100]

> 22 *Denn nach dem inneren Menschen habe ich Freude an dem Gesetz Gottes.* 23 *Ein anderes Gesetz gewahre ich aber in meinen Gliedern, das liegt im Streit mit dem Gesetz meiner Vernunft und nimmt mich im Gesetz der Sünde gefangen, das in meinen Gliedern ist.* 24 *Ich armseliger Mensch! Wer wird mich diesem Todesleib entreißen:* 25a *Dank sei Gott durch Jesus Christus unsern Herrn!* 25b *So diene ich also mit meiner Vernunft dem Gesetz Gottes, mit dem Fleisch jedoch dem Gesetz der Sünde.* 8,1 *Es gibt also keine Verdammnis mehr für die in Christus Jesus.* 2 *Denn das mit dem Geist gegebene Gesetz des Lebens in Christus Jesus hat dich vom Gesetz der Sünde und des Todes befreit.*

Die Selbstreflexion über den Christen im Widerspruch schlägt in die Botschaft von der Erlösung durch den Christus Jesus um, der uns aus ihrem Gefängnis und damit aus der Selbstbezogenheit befreit und unserem Leben eine unumkehrbare Ausrichtung auf die Zukunft Gottes gibt. Diese Freiheit des „Selbstentzugs“ (Wolfgang Harnisch)[101] ermöglicht die Zuwendung zum Nächsten in der Liebe. Daher kann die ihm geschenkte Freiheit auch nicht zu seinem Besitz werden. Sie erschließt sich ihm vielmehr als eine Möglichkeit, die er täglich und stündlich neu aktualisieren muss. So gilt auch für das Leben des Christen, was der Apostel von sich bekannte (Phil 3,12):

> *Nicht dass ich es ergriffen hätte oder dass ich schon vollkommen wäre, ich jage ihm aber nach, damit ich es ergreife, gleich wie ich durch Christus Jesus ergriffen bin.*

100 Übers. Käsemann, Römer, 189 und 203.
101 Harnisch, Freiheit, 179–195 = ders., Zumutung, 169–184.

3.5. Die Ethik des Paulus: Christus ist des Gesetzes Ende und die Liebe des Gesetzes Erfüllung: Röm 10,4 und 13,10

Wenn es sich bei der den Christen zugesagten Erlösung um die Verleihung eines *character indelebilis* handelte, so bedürfte es in der Tat keiner weiteren Ermahnungen, weil die Christen nicht anders könnten, als dem sich in ihrer Vernunft meldenden Gesetz Gottes (Röm 7,22) zu gehorchen und ihm so die Liebe zu erwidern (II Thes 3,5), die er ihnen in der Erlösung vom Fluch des Gesetzes und des Todes erwiesen hat (Röm 5,5), um dann aus der ihm neu geschenkten Freiheit das Gesetz zu erfüllen; weil die Liebe der Inbegriff aller Gebote ist (Röm 13,9–10).[102] Aber schon die Tatsache, dass es keinen Paulusbrief ohne Paränesen oder Lasterkataloge gibt, zeigt, dass die Anfechtung durch die dem Tod geweihte σάρξ auch im Christen bis zu seinem realen Tode mächtig bleibt und er sich das Ὑμεῖς δὲ οὐκ ἐστὲ ἐν σαρκὶ ἀλλὰ ἐν πνεύματι, εἴπερ πνεῦμα θεοῦ οἰκεῖ ἐν ὑμῖν (Röm 8,9) tatsächlich immer erneut ins Gedächtnis rufen oder rufen lassen muss. Die Energie, mit der Paulus im 1. Korintherbrief enthusiastisch-libertinistischen[103] und im Galaterbrief judaistischen Tendenzen[104] entgegentreten und im Philipperbrief (Phil 3,2–21+4,8 f.) die heidenchristliche Gemeinde gegen judenchristliche Apostel immunisieren musste,[105] spricht in dieser Hinsicht für sich selbst. Es galt die jungen Gemeinden davor zu warnen, das kostbare Gut der Freiheit nicht zu verlieren, wie Paulus es z. B. Gal 5,1 mit dem bekannten Τῇ ἐλευθερίᾳ ἡμᾶς Χριστὸς ἠλευθέρωσεν· στήκετε οὖν καὶ μὴ πάλιν ζυγῷ δουλείας ἐνέχεσθε („Zur Freiheit hat euch Christus berufen; steht nun fest und fallt nicht wieder unter das Joch der Knechtschaft.") nachdrücklich eingeprägt hat. Er musste die Gemeinde in Gal 5,13 überdies daran erinnern, dass die Freiheit des Christen, sich nicht im Dienst an der eigenen σάρξ, am eigenen „Fleisch", sondern in der Liebe erweist, mit der einer dem anderen dient: Ὑμεῖς γὰρ ἐπ᾽ ἐλευθερίᾳ ἐκλήθετε, ἀδελφοί· μόνον μὴ τὴν ἐλευθερίαν εἰς ἀφορμὴν τῇ σαρκί; ἀλλὰ διὰ τῆς ἀγάπης δουλεύετε ἀλλήλοις. („Denn ihr seid zur Freiheit berufen, Brüder; nicht jedoch zur Freiheit als Vorwand für das Fleisch, sondern dient einander durch die Liebe.")

---

102 Dass der Gedanke, dass die Liebe Gottes durch die Liebe zu Gott erwidert sein will, dem Judentum nicht fremd war, hat Nissen, Gott, 161–167 nachgewiesen; zu seiner alttestamentlichen Wurzel vgl. Kaiser, Gott II, 54–63.

103 Der Verf. weiß, dass damit der Reichtum des Briefes nicht erschöpft ist; vgl. dazu Becker, Paulus, 209–229.

104 Becker, 310–312.

105 Becker, 325–38 und 340–343.

Das „Hohe Lied der Liebe“ in I Kor 13 ist so allgemein bekannt, dass es ausreicht, an es zu erinnern und 16,14 mit seinem πάντα ὑμῶν ἐν ἀγάπῃ γενέσθω („Alles geschehe bei euch in Liebe!“)[106] zu zitieren. Es ist jedenfalls konsequent, dass der Apostel, der Christus als das Ende des Gesetzes[107] und das heißt: seines Missverständnisses[108] verkündigte (Röm 10,4), gleichzeitig die Liebe zur Erfüllung des Gesetzes erklärte (Röm 13,10);[109] denn (so heißt es zwei Verse zuvor in 13,8): Μηδενὶ μηδὲν ὀφείλετε εἰ μὴ τὸ ἀλλήλους ἀγαπᾶν· ὁ γὰρ ἀγαπῶν τὸν ἕτερον νόμον πεπλήρωκεν („Bleibt einander nichts schuldig außer einander zu lieben; denn wer den Nächsten liebt, hat das Gesetz erfüllt“).[110]

Weil in dieser Anweisung alle nur denkbaren zwischenmenschlichen Situationen enthalten sind, konnte der Apostel auf eine ausgefeilte ethische Kasuistik verzichten. Nur wenn er zu konkreten Stellungnahmen durch Anfragen aus der Gemeinde oder durch Berichte über besondere Vorkommnisse dazu herausgefordert war, kam er dem nach.[111] Sonst aber betonte er wie z. B. in Phil 4,8 das Prinzipielle: Christen haben darauf zu achten, dass sie in ihrem Leben den allgemeinen sittlichen Grundsätzen des Anstands und der Tugend entsprechen. Der Unterschied zwischen den Nichtchristen und Christen sollte eben darin bestehen, dass sie einerseits aus Liebe handeln und andererseits nicht vergessen, dass sie in einer vergehenden Welt weilen und daher in der Hoffnung auf die zukünftige Welt leben. Das hat der Apostel in I Kor 7,29–31 auf die Formel des ὡς μή, des *als ob nicht*, gebracht:[112] Τοῦτο δέ φημι, ἀδελφοί, ὁ καιρὸς συνεσταλμένος ἐστίν („*Das aber sage ich, Brüder: die Zeit ist kurz*“): Daher sollen die, „*die Frauen haben,*[113] *sein, als hätten sie keine, und die da weinen, als weinten sie nicht, und die da sich freuen, als freuten sie sich nicht, und die da kaufen, als behielten sie es nicht, und die mit der Welt verkehren, als hätten sie nichts davon. Denn das Wesen*[114] *dieser Welt vergeht* (παράγει γὰρ τὸ σχῆμα τοῦ κόσμου

106 Übers. Conzelmann, Korinther, 352.

107 Zur Bedeutung des Wortes τέλος im Kontext vgl. Dunn, Romans 9–16, 589 mit Hinweis auf eine Parallele bei Plut. Ad principem ineruditum 780 E: δίκη μὲν οὖν νόμου τέλος ἐστί.

108 Dunn, 597.

109 Zu Röm 13,8–10 vgl. auch Söding, Liebesgebot, 250–258.

110 Vgl. auch Gal 5,14 und dazu Söding, Liebesgebot, 207–211.

111 Das große Musterbeispiel ist der 1. Korintherbrief.

112 Dass es sich in diesen Versen vermutlich um ein Überlieferungsfragment apokalyptischer Herkunft handelt, das durch seinen Kontext christlich umkodiert ist, betont Harnisch, Christusbindung, 468–469. = ders., Zumutung , 218.

113 Übers. Lietzmann, Korinther, 34.

114 Lietzmann: „Gestalt“.

τούτου)." Der Christ sollte und könnte wissen, dass alle irdischen Bindungen vorletzter Natur sind. Er sollte und brauchte sich nicht seinen augenblicklichen Stimmungen und Gefühlen auszuliefern. Er sollte und könnte großzügiger mit seinem Besitz umgehen, weil er eine Hoffnung hat, die nicht nur über seine gegenwärtige Situation, sondern auch über sein irdisches Leben hinaus reicht.[115] Daher eben sind Glaube, Hoffnung und Liebe[116] die entscheidenden Leitsterne seines Lebens: Die πίστις, der Glaube, weil er ihn von seinem inneren Widerspruch befreit und damit für die Zukunft öffnet. Die ἐλπίς, die Hoffnung, weil sie ihm in seinen Ängsten, Gebrechen und Schwächen, seinen Niederlagen und Verfolgungen zuruft, dass diese Welt vergeht, seine Zukunft Gott und seine Heimat im Himmel ist. Beide aber, Glaube und Hoffnung bilden die Voraussetzung für die Möglichkeit der Liebe, der ἀγάπη, in deren Verwirklichung der Christ seine Freiheit bewährt, dem Willen Gottes entspricht und (so fügen wir hinzu) seinem vergänglichen Leben Sinn gibt. Und darum ist sie unter Glaube und Hoffnung die Größte (I Kor 13,13): Νυνὶ δὲ μένει πίστις, ἐλπίς, ἀγάπη, τὰ τρία ταῦτα· μείζων δὲ τούτων ἡ ἀγάπη. In einer vergehenden Welt schuldet der Christ diese Liebe allen, am meisten aber seines Glaubens Genossen (Gal 6,10): Ἄρα οὖν ὡς καιρὸν ἔχομεν, ἐργαζώμεθα τὸ ἀγαθὸν πρὸς πάντας, μάλιστα δὲ πρὸς τοὺς οἰκείους τῆς πίστεως („Darum lasst uns, solange wir Zeit haben, Gutes an allen tun, besonders aber an den Glaubensgenossen").

3.6. Das Geheimnis der Erwählung

Fragen wir unsere Besinnung über die Begründung der paulinischen Ethik beschließend, ob der Christ seine Freiheit durch seinen eigenen Entschluss zum Glauben gewinnt oder sie ihm als Gabe göttlicher Erwählung zuteil wird, so verweist bereits alles, was wir über die geschenkte Gerechtigkeit als Antwort auf den Selbstverzicht ermittelt haben, in die zweite Richtung. Erinnern wir uns: Auch der Apostel weiß von keinem Bekehrungskampf zu berichten, sondern sich statt dessen zu seinem Amt berufen: Παῦλος δοῦλος Χριστοῦ Ιησοῦ, κλητὸς ἀπόστολος, ἀφωρισμένος εἰς εὐαγγέλιον θεοῦ („Paulus, der Knecht Christi Jesu, der berufene Apostel, ausgesondert zum

115 Vgl. z. B. wie Ben Sira in 14,11–16 angesichts der Unentrinnbarkeit des Todes zur Lebensfreude und Großzügigkeit gegenüber den Freunden auffordert und dazu Kaiser, Verständnis, 184 = Athen, 284.

116 Zur Herkunft und Verwendung der triadischen Formel πίστις, ἐλπίς, ἀγάπη bei Paulus vgl. Conzelmann, Brief, 270–271.

Evangelium Gottes") stellt er sich der römischen Gemeinde in Röm 1,1 vor. Sollen die Christen nicht wieder auf sich selbst zurück-, sondern der Gnade Gottes in die Arme geworfen werden (Röm 3,28), so darf auch der Glaube nicht ihre Leistung, sondern muss er Gabe, muß er Ausdruck ihrer göttlichen Erwählung sein. Daher lässt Paulus die Römer in den V.5–6 nicht im Unklaren darüber, dass sein Apostelamt der Erfüllung des Auftrags gilt, zu Ehren Jesu Christi bei allen Völkern und so auch bei ihnen als den Berufenen Jesu Christi, den κλητοῖς Ιησοῦ Χριστοῦ, Gehorsam des Glaubens, ὑπακοὴν πίστεως zu bewirken. Sein das Präskript des Briefes abschließender Friedensgruß gilt ihnen allen, als den in Rom lebenden ἀγαπητοῖς θεοῦ, κλητοῖς ἁγίοις, den „den geliebten Gottes, erwählten Heiligen."[117] Fragt man, was die römischen Christen in seinen Augen als solche auszeichnete, so war es eben der Glaubensgehorsam, der durch die Verkündigung des Gekreuzigten ausgelöst, aber nicht eigentlich geschaffen wird. Denn in der Annahme oder Ablehnung der Christusbotschaft wird offenbar, wer zu denen gehört, die Gott lieben und denen alle Dinge zum Besten dienen, weil sie nach seinem Ratschluss (πρόθεσις) berufen sind (Röm 8,28). Die längst getroffene Auswahl (προορίζειν) kommt in der Berufung zum Tragen und ist mit der Rechtfertigung eins (8,29): „Die er nämlich zuvor ausgesondert hat, die hat er auch berufen; und die er berufen hat, die hat er auch gerechtfertigt, die hat er auch verherrlicht." Damit ist deutlich, wie unauflösbar die Vorherbestimmung, die Berufung und die Rechtfertigung für Paulus zusammenhängen: Sie sichern den unbedingten Vorrang Gottes und damit die Freiheit des Christen von seinem *cor in se ipse incurvatum*, seinem in sich selbst verschlossenen Herz.

Trotzdem stellen die Erwählung und die Berufung der Christen für den Apostel zugleich ein geschichtstheologisches Problem dar, wie es sich aus der Abfolge der Erwählung erst der Juden und dann der Heidenvölker ergibt.[118] Die Lösung, die er dafür in Röm 9–11 gefunden hat, zeigt, dass er sich als der Apostel der Heiden zugleich als Diener der endzeitlichen Bekehrung Israels und damit als Vorläufer der Parusie,[119] der mit der Auferstehung der Toten verbundenen Ankunft Christi als des Weltenrichters verstand (I Thes 4,13–18; II Kor 5,10; Röm 14,10).[120] So wie Paulus daran festhielt, dass das Israel gegebene Gesetz heilig und das Gebot heilig, gerecht und gut ist (Röm 7,12), musste er als Israelit auch darauf bestehen, dass Israel von Gott im voraus

117 Zur Zusammensetzung der Gemeinde vgl. Dunn, Romans 1–8, XLIV-LIV.
118 Vgl. zum ganzen Fragenkreis auch Becker, Paulus, 486–502, bes. 495–502.
119 Käsemann, Römer, 294.
120 Vgl. Dan 7,9–14; Mk 14, 62 ff. par Mt 26,63 f.

ausersehen und daher auch jetzt trotz seiner Ablehnung Jesu Christi nicht verworfen sei (Röm 11,1 f.28b.29).[121] Das Geheimnis der Geschichte besteht für ihn darin, dass „Israel teilweise Verstockung widerfahren ist, bis die Fülle der Heiden (τὸ πλήρωμα) eingegangen ist" (11,25). Dann aber soll ganz Israel (πᾶς Ἰσραήλ) gerettet werden (V.26). Das Rätsel der Ablehnung der Botschaft von der den Sündern durch Christi Tod geschenkten Gerechtigkeit durch Israel erklärt sich dem Apostel mittels der Annahme, dass es Gottes Ratschluss sei, die Juden, die nicht an die den Heiden erfahrene Barmherzigkeit glauben wollten, ebenso wie die Heiden, die einst nicht an Gott glaubten, seine Barmherzigkeit zuteil werden zu lassen (V.30–31). So hätte Gott denn Juden und Heiden unter den Unglauben beschlossen, um sich im Endergebnis aller zu erbarmen (V.32): συνέκλεισεν γὰρ ὁ θεὸς τοὺς πάντας εἰς ἀπείθειαν, ἵνα τοὺς πάντας ἐλεήσῃ („Denn Gott hat alle unter den Ungehorsam beschlossen, damit er sich über alle erbarme"). Paulus erwartete also nichts anderes, als dass seine Botschaft von der Rechtfertigung der Sünde auch das letzte Wort in der Geschichte seines Volkes behalten werde.[122] Das πάντας („alle") bezieht sich dem Wortlaut nach auf die ganze aus Juden[123] und Christen[124] bestehende Menschheit, wobei in beiden Fällen Ausnahmen nicht ausgeschlossen sind.[125] Aber man darf die Aussage kaum im Sinne einer „Wiederbringung aller Menschen" auswerten, sondern dürfte sie dem Kontext entsprechend angemessener als generalisierend verstehen.[126] Paulus hat nicht die Einzelnen, sondern Israel und die Heiden im Blick. Die Gnade besteht darin, dass sich „die Macht des Evangeliums an den Ungehorsamen"

121 Zum Privileg Israels in der Sicht des Apostels vgl. Dunn, Romans 1–8, LXX-LXXII.

122 Vgl. auch Käsemann, 301–302.

123 So bedeutet πᾶς Ἰσραήλ in V. 26 mit Dunn, Romans, 9–16, 681 „Israel as a whole, as a people whose corporate identity and wholeness would not be lost even if in the event there were some (or indeed many) individual exceptions."

124 Vgl. in diesem Sinne Dunn, Romans 9–16, 680 als Erläuterung zum πλήρωμα.

125 Vgl. mit Kümmel, Theologie, 217 Röm 2,5; 9,32 und 11,22.

126 Dunn, Romans, 916, 697: „It is the magnificience of this vision of the final reconciliation of the whole world with God which makes it possible to see here the expression of a hope for universal salvation (‚universalism'). But precisely because it is so summerary in its expression and so grandiose in its sweep it would probably be wiser to assume that Paul is speaking simply in general terms." Vgl. auch Kümmel, 216–218. In I Kor 15,28 geht es mit Kremer, 1. Korinther, 346 weder im stoisch-pantheistischen Sinn um die letzte Einheit von Gott und Kosmos noch im mystischen um die Einheit von Mensch und Gott, sondern um die Vollendung der Gottesherrschaft, vgl. auch Lang, Korinther, 227: „Die mystisch klingende Wendung ‚damit Gott sei alles in allem sei' besagt nicht, dass Christus, die Kirche und die Welt in Gott ‚aufgehen', sondern legt den Akzent auf den alles umfassenden und durchdringenden Charakter der Gottesherrschaft."

erweist.[127] „Das Ziel der Heilsgeschichte ist, dass aus der alten die neue Welt hervorgeht, in welcher der Ungehorsam Adams durch seinen eschatologischen Antityp Christus (Röm 5,19; Phil 2,8) beseitigt wird.“[128] Hinter Röm 9–11 steht der Versuch des Apostels, angesichts seiner bevorstehenden Reise nach Jerusalem und seiner geplanten in den Westen der römischen Gemeinde (auf deren Hilfe er für die Verwirklichung seiner Spanienmission angewiesen war, Röm 15,23–24), zu versichern, „dass sein Verständnis des Evangeliums gerade auch Israel einschließt und nicht ausgrenzt.“[129] Als „Vollstrecker des gottgewollten Ausgangs der Heilsgeschichte“[130] gedachte er nach Spanien zu ziehen, um so das Evangelium bis an das Ende der Welt zu tragen und Juden und Heiden vor dem erwarteten Ende der Welt die ihr in Jesu Sühnetod erwiesene Barmherzigkeit zu verkünden.

Die Erwartung, dass alle Toten und Lebenden vor den Richtstuhl Jesu Christi treten müssen (II Kor 5,10), um nach ihren zu Lebzeiten vollbrachten Taten gerichtet zu werden, hat der Apostel auch im Römerbrief nicht aufgegeben (vgl. 2,12–16 mit 14,10).[131] Der sich daraus für die Christen ergebende Appell, mit Furcht und Zittern auf ihre Rettung bedacht zu sein, steht unter einer doppelten Voraussetzung: Einerseits setzt er die Gewissheit voraus, dass auch die Entscheidung über das Heil in Gottes Händen bleibt, weil er auch noch das Wollen und Vollbringen des Menschen nach seinem Gutdünken (εὐδοκία) bewirkt (Phil 2,12 f.), und andererseits steht auch hinter diesem Appell der Glaube, dass die Entscheidung bereits in Christi Tod zugunsten der Sünder gefallen ist (Röm 5,9). So bleibt es dabei: Wer das in Jesu Tod gemachte Gnadenangebot Gottes im Gehorsam des Glaubens, in der ὑπακοὴ τῆς πίστεως, annimmt, wird gerechtfertigt, aber am Ende doch nach seinen Werken gerichtet.[132] So gibt es für den Christen zwar Heilsgewissheit: er weiß sich durch Christus gerettet, aber er besitzt angesichts des als Richter kommenden Christus keine *securitas,* keine Sicherheit, die ihn vom Tun der Liebe entbindet. Er weiß sich durch Jesu Tod erlöst, bleibt aber unter dem Aufruf so zu handeln, dass er im jüngsten Gericht besteht. Doch so lange er unterwegs ist, kann er sich in den Stunden der Anfechtung ebenso dessen trösten wie dadurch erschrecken lassen, dass auch sein Tun oder Lassen durch

127 Käsemann, Römer, 304.

128 Käsemann, Römer, 303.

129 Becker, Paulus, 495–496.

130 Käsemann, Römer, 294.

131 Vgl. dazu z. B. Kümmel, Theologie, 203–206; Lohse, Paulus, 238–240 und zumal Becker, Paulus, 49–53.

132 Es ist verständlich, dass die Kirche weiterhin zwischen dieser Spannung zu vermitteln suchte, damit die strafende Gerechtigkeit ebenso wie die Gnade zum Zuge kämen.

Gott bewirkt wird. Wahl- und Handlungsfreiheit des Menschen lassen sich nicht leugnen, ohne jedem ethischen Imperativ seinen Sinn zu nehmen. Ob der, der Wahlfreiheit auch Willensfreiheit besitzt, bleibt allerdings angesichts der freien Verfügungsgewalt Gottes, Menschen gemäß seinem Vorsatz, seiner πρόθεσις, zum Glauben zu berufen (Röm 8,28), eine Frage für sich.[133] Der Glaube versteht sich denn auch nicht als eigenes Werk, sondern als eine „geschenkte Entscheidung“ (Phil 1,29). Dem entspricht es, dass der Christ sich auch die Liebe nicht als eigene Leistung zurechnen kann, sondern sie für ihn eine Gabe des Geistes bleibt; denn: ἡ ἀγάπη τοῦ θεοῦ ἐκκέχυται ἐν ταῖς καρδίαις ἡμῶν διὰ πνεύματος ἁγίου τοῦ δοθέντος ἡμῖν (Röm 5,5: „die Liebe Gottes ist ausgegossen in unseren Herzen durch den heiligen Geist, der uns gegeben ist“).[134] So bleibt die Weisheit der göttlichen Gnadenwahl dem Menschen verborgen. Nachdem er das Wagnis unternommen hat, einen Blick hinter den Vorhang zu werfen, der uns Menschen das göttliche Handeln in der Welt verbirgt, verneigt sich der Apostel daher am Ende seines Traktates über Gottes Gerechtigkeit, des Christen Freiheit und Israels bleibende Erwählung in Röm 1,16–11,36 anbetend vor der verborgenen und zugleich alle Welt lenkenden Weisheit seines Gottes (V.33–36):

O Tiefe des Reichtums,
der Weisheit und Erkenntnis Gottes!
Wie unerforschlich sind seine Gerichte
und unaufspürbar seine Wege.
Denn wer hat erkannt den Sinn des Herrn
oder wer wurde sein Ratgeber?
Oder wer hat ihm etwas vorgestreckt,
dass man es ihm erstatten müsste?
Denn: „Aus ihm und durch ihn und zu ihm
ist alles.“
Sein ist die Herrlichkeit in Ewigkeiten. Amen.

133 Vgl. dazu Maier, Mensch, 351–400, bes. 399–400.

134 Vgl. dazu auch Bultmann, Theologie, 330–331 und ders., Jesus Christus, 160: „*An das Wort Gottes glauben heißt, alle rein menschliche Sicherheit aufzugeben und so die Verzweiflung abzustreifen, die aus dem Versuch, die Sicherheit zu finden, entsteht, ein Versuch, der immer vergebens ist. In diesem Sinne ist der Glaube zugleich das Gebot und das Geschenk, das die Predigt anbietet. Glaube ist die Antwort auf die Botschaft. Glaube ist das Aufgeben der eigenen Sicherheit des Menschen und die Bereitschaft, Sicherheit allein im unsichtbaren Jenseits zu finden, in Gott. Das heißt: Glaube ist Sicherheit, wo keine Sicherheit zu sehen ist; er ist, wie Martin Luther sagt, die Bereitschaft, vertrauensvoll in das Dunkel der Zukunft einzutreten.*“

4. Der Dekalog als Kanon jüdischer Ethik bei Ben Sira und Paulus

Es bedarf nicht vieler Worte, um die Unterschiede zwischen dem in der Tradition der biblischen Spruchweisheit stehenden und in hochhellenistischer Zeit wirkenden Schreiber Ben Sira und dem in der späthellenistisch-römischen Epoche wirkenden Apostel hervorzuheben. Der schlichten Selbstverständlichkeit im Umgang des Weisen mit der Tora stehen die überaus komplexen Überlegungen des christlichen Apostels gegenüber, der als ehemaliger Pharisäer die apokalyptischen Grundanschauungen von dem nahe bevorstehenden Ende, der Auferstehung der Toten, dem Weltgericht und dem Eingang der Frommen in die himmlische Welt teilte und sie nun im Schatten der eigenen Begegnung mit dem Auferstandenen neu durchbuchstabierte. Dabei ist er zu dem Ergebnis gekommen, dass Christus des Gesetzes Ende (Röm 10,4) und die Liebe als die Zusammenfassung aller Gebote des Gesetzes Erfüllung sind (Röm 13,9–10).[135] Mithin konnte er getrost erklären, dass er das Gesetz durch den Glauben nicht außer Geltung gesetzt, sondern zur Geltung gebracht habe (Röm 3,31).

Es dürfte daher nicht überraschen, dass nicht nur die materiale Ethik des Juden Ben Sira, sondern auch die des einstigen Juden Paulus grundsätzlich durch den Dekalog als den Inbegriff der Tora[136] bestimmt ist. Ben Sira hat seine Gebote und Verbote (abgesehen vom Sabbatgebot) ausdrücklich thematisiert,[137] Paulus sind sie bei seinen Paränesen offensichtlich gegenwärtig gewesen. Eine Ausnahme bildet bei ihm das für die Fest- und Ruhetage stehende Sabbatgebot, das er offensichtlich ebenso wie die Ritualgesetzgebung für den Christen als irrelevant betrachtete. Verlockend wäre es, den Schriftgebrauch Ben Siras und des Apostels miteinander zu vergleichen, aber diese Aufgabe würde den vorliegenden Rahmen vollends sprengen. Sie ist zudem für beide Autoren bereits gelöst.[138] Statt dessen sei hier zur Kontrolle des paulinischen Rückgriffs auf den Dekalog ein zusätzlicher Blick auf die Sprüche des Pseudo-Phokylides geworfen. Denn er war vermutlich ein älterer Zeitgenosse des Apostels.[139] Findet sich bei beiden gegenüber Ben

135 Zur darin liegenden Verbindung zu Jesu Verkündigung vgl. Wenham, Paulus, 229–233.

136 Vgl. dazu Otto, Kontinuum, 292–303; ders., Ethik, 208–219 und Kaiser, Gott I, 308–312 sowie ders. Gott III, 53–59.

137 Wischmeyer, Kultur, 199.

138 Vgl. dazu Middendorp, Stellung, 35–91 und ergänzend Marböck, Kohelet, 275–302 = ders., Frömmigkeit, 79–103.

139 Benutzt wurden die Textausgabe von Denis, Fragmenta IIIb, 88–102 nach dem Abdruck in ders., Concordance, 90–91 und die Bearbeitungen von Walter,

Sira ein Sondergut, so lässt sich daraus auf eine entsprechende ethische Diskussion in der zeitgenössischen jüdisch-hellenistischen Synagoge zurückschließen.

Die Zählung der Zehn Gebote schließt sich der in Ex 20 vorliegenden an, die das Bilderverbot als selbständiges Gebot betrachtet und zum Ausgleich das in Dtn 5 in zwei Rechtssätze aufgeteilte Verbot, den Besitz des Nächsten zu begehren, in einem einzigen zusammenfasst.[140] Dass für die Juden Ben Sira[141] und Paulus[142] Gottes Einzigkeit und damit das Erste Gebot die selbstverständliche Voraussetzung ihres Denkens bildete, versteht sich angesichts seiner Bedeutung im Alten Testament und im Judentum geradezu von selbst. Zudem wurde es wohl schon zur Zeit des Apostels im täglichen Morgengebet in Gestalt des שְׁמַע יִשְׂרָאֵל (Dtn 6,4–9) vergegenwärtigt.[143] Daraus ergibt sich bereits, dass beide auch den mit dem heidnischen Gottesdienst verbundenen Bilderdienst als Götzendienst ablehnten.[144] Eine ausdrückliche Verurteilung des Meineides findet sich nur bei Ben Sira und Pseudo-Phokylides. Sie lässt sich ebenso auf das 3. wie das 9. Gebot beziehen, von denen das erste den Missbrauch des Gottesnamens und das zweite die gerichtliche Falschaussage und später die Lüge überhaupt verbietet.[145] Paulus belässt es dagegen in Röm 1,29 bei einer allgemeinen Ablehnung heimtückischer List, des δόλος κακοηθείας. Während Ben Sira die Bedeutung der Feiertage und des Tempelgottesdienstes hervorhebt und damit dem 4. Gebot entspricht,[146] stellt das Halten der jüdischen Ruhe- und Festtage durch die galatischen Gemeinden nach der Überzeugung des Apostels eine

Dichtung, 182–216 und van der Horst, Pseudo Phokylides, OTP II, 565–582. Zur Zeitstellung vgl. Walter, 193 (zwischen [frühestens] 100 v. und [spätestens] 100 n. Chr.), bzw. van der Horst, 567 (nicht vor 50 v. und 37 n. Chr.), wobei beide für Alexandrien als Entstehungsort plädieren; zum Verhältnis von jüdisch-hellenistischen und griechischen Elementen in seiner Lehre vgl. Küchler, Weisheitstraditionen, 286–302.

140 Zur unterschiedlichen Zählung des Bilderverbots vgl. Dohmen, Bilderverbot, 213–216 und zum Verbot des Begehrens Schmidt, Zehn Gebote, 131–133.

141 Sir 18,1–2; 36,5.

142 Röm 1,18 ff., vgl. V.21 und weiterhin Tert. Apol. 17,1–3 und 21,10 (zitiert nach der Ausgabe Becker, Tertullian Apologeticum).

143 Vgl. dazu Hoffman (TRE 12/1984), 43.

144 Sir 30,18 f. und Röm 1,23; Gal 5,20; vgl. Tert. Apol. 12,6–7. und 41,1.

145 Sir 23,9–11; 41,19; Phoc. 10–11.

146 47,10 und 50,5–21 und Marböck, Hohepriester, 215–229 = ders.; Frömmigkeit; 155–168, vgl. auch Mulder, Simon, 377–392 bzw. das Summary 425–428.

Preisgabe der christlichen Freiheit dar.[147] Dagegen stellt er die Beachtung oder Nichtbeachtung der Feste und Feiertage im Römerbrief der Entscheidung des Einzelnen an heim: er mag es damit halten, wie er will, sofern er überzeugt ist, damit dem Herrn zu Gefallen zu leben.[148] Andererseits war für Paulus wie für Sirach das 5. Gebot, die Eltern zu ehren, so selbstverständlich wie das Erste.[149] Ihre enge Zusammengehörigkeit findet darin seinen Niederschlag, dass Pseudo-Phokylides ihre Respektierung in einem einzigen Mahnwort einprägt.[150] Das bei Sirach in 34,26–27 bereits radikalisierte Verbot von Mord und Totschlag hat bei allen dreien ein Echo gefunden.[151] Dass der vom 7. Gebot untersagte Ehebruch ebenso gegen die Moralvorstellungen von ihnen allen verstieß, lässt sich belegen.[152] Besondere Aufmerksamkeit aber widmeten sie sämtlich dem damit verwandten Thema der Hurerei,[153] unter das für Paulus auch die Lev 18,7–8 verbotene Ehe mit der Witwe des Vaters[154] und wie Pseudo-Phokylides auch der homosexuelle Verkehr mit Knaben und Männern[155] wie der (im Gesetz noch nicht behandelte) lesbische fielen.[156] Bei Pseudo-Phokylides findet sich nebenbei auch das Verbot der Abtreibung,[157] das nach dem Zeugnis Tertullians selbstverständlich auch in der Alten Kirche galt.[158] Ebenso untersagte Pseudo-Phokylides die Beseitigung von Neugeborenen durch Aussetzung.[159] Und selbstverständlich galten für Sirach wie für Paulus und Pseudo-

147 Gal 4,10; vgl. Tert. Apol. 42,4 f. Zum Konflikt der Apostel Paulus und Petrus in Antiochien vgl. Hengel, Petrus, 92–106.

148 Röm 14,5–6.

149 Sir 3,1–17; 7,27–28, vgl. 41,17, und Bohlen, Ehrung; und Röm 1,30.

150 Phoc. 8.

151 Sir 5,14; Röm 1,29 und Phoc. 4b, vgl. 57–58.

152 Sir 23,18–28, vgl. 26,9–10; I Kor 6,9; Gal 5,19; Röm 2,22 und Phoc. 3a; vgl. auch Tert. 39,11–12; 45,3; 46,11.

153 Sir 23,23; 26,9; I Kor 5,1–6; 6,9; Gal 5,19; 6,18 und Phoc. 177–183; vgl. auch Tert.Apol.50,12.

154 I Kor 6,9; Röm 1,27 und Phoc. 3b. 190–191; vgl. Lev 18,22 und dazu Tomson, Paul, 97–124.

155 Röm 1,27 und Phoc.90–191; zur vermutlichen Wurzel ihrer Verdammung in Lev 18,22 und 20,13 und ihrer für die Betroffenen katastrophalen Nachwirkungen bis in die Gegenwart vgl. Gerstenberger, Leviticus, 232 und 271–272 sowie zum gesellschaftlichen Wandel in der offenen Gesellschaft mit ihren neuen Kleingruppen ders., Theologien, 252–253; zur ambivalenten Bewertung bei den Griechen Dover, Homosexualität, 162–177 bzw. Reinsberg, Ehe, 163–215, bes. 212–215.

156 Röm 1,26 und Phoc. 192.

157 Phoc. 184.

158 Tert. Apol. 9,8–9.

159 Phoc. 185.

Phokylides auch das 8. und 9. Gebot, die inzwischen auf Diebstahl[160] und Lüge[161] überhaupt bezogen wurden. Die sittliche Sensibilität schlägt sich besonders in dem Respekt vor dem 10. Gebot nieder, welches das Begehren nach dem Besitz des Nächsten einschließlich seiner Frau und Kinder untersagt. Dass sie Sirach und Paulus nicht fehlte, zeigen die entsprechenden Belege.[162] Die paulinischen geben zu erkennen, dass der Apostel ein in Begehrlichkeiten verbrachtes Leben als gottwidrig und heidnisch betrachtete.[163] Und so hat auch noch Tertullian geurteilt.[164] Bei Pseudo-Phokylides verbirgt sich das Gebot hinter der Mahnung, Neid als eine widernatürliche Eigenschaft zu meiden.[165]

Wollten wir nun nach dem Handeln des von Sirach und dem Apostel bezeugten Gottes fragen (und nur ein solches Reden entspricht der Eigenart des biblischen Glaubens), so würde es sich zeigen, dass er für beide der ist, den das Alte Testament ebenso als den אֵל קַנָּא den eifernden, über seiner Ehre wachenden (Ex 20,5) wie als den אֵל רַחוּם וְחַנּוּן, den barmherzigen und gnädigen Gott bekennt, der langmütig und von großer Güte und Treue ist (Ex 34,6).[166] So ist er für Sirach der Gott, dessen Barmherzigkeit allem Fleisch gilt (Sir 18,13) und zugleich der, mit dessen Vergebung nur rechnen darf, wer zu ihm (im Gehorsam gegen die Tora) umkehrt (5,7). Und auch für Paulus ist er der *Vater der Barmherzigkeit* (II Kor 1,3), der ihn eben deshalb berufen hat, die ὑπακοὴ τῆς πίστεως, den Gehorsam des Glaubens zu verkünden (Röm 1,5). So stimmen der jüdische Weise, der christliche Apostel und der christliche Apologet dank ihres gemeinsamen biblischen Mutterbodens und ihres jüdischen Erbes über alle religiösen Unterschiede hinweg in den von ihnen zugrunde gelegten konkreten ethischen Normen überein. Daran zu erinnern, dass niemand, der sich mit der Religionsgeschichte des Judentums in der Zeit des späten Zweiten Tempels und des Urchristentums beschäftigt, am Buch des Jesus Sirach vorübergehen sollte, ist die selbstverständliche Überzeugung derer, die sich hier zu der nun zu Ende gehenden Konferenz versammelt haben. In der Kirche aber gilt es darüber hinaus daran zu erinnern, dass dieses Buch ein unverzichtbarer Teil der christlichen Bibel ist. Denn jeder der bei den Grundsätzen einer einfachen Sittlichkeit und

160 Vgl. Sir 5,8; 15,8; 20,25 mit I Kor 6,10; Röm 2,21, 13,9 und Phoc. 6.

161 Vgl. Sir 15,20; 20,25–26; 41,17 und Phoc. 7 mit den freilich religiös spezialisierten Aussagen Röm 1,25; 3,4 und II Thes 2,11.

162 Sir 5,2; 6,1–3; 18,30–33 , vgl. auch 9,9 und 23,6.

163 Röm 1,24; 6,12; 7,7; 13,14; Gal 5,16.24; I Thes 4,5.

164 Vgl. Tert. Apol.45,3 und 46,11.

165 Phoc. 70–73.

166 Vgl. dazu Spieckermann, Herr, 1–18 und Witte, Barmherzigkeit, 176–202.

Frömmigkeit Rat sucht, wird ihn bei Jesus Sirach finden, auch wenn er sich dabei an die Mahnung des Apostels erinnern sollte (I Thes 5,21): *„Prüfet alles, und das Gute behaltet.“*[167]

167 Dabei dürfte der Christ von selbst erkennen, wo der Rat des Weisen und die Lehre Christi und der Apostel sich unterscheiden, wie z. B. im Gebot der Feindesliebe, vgl. Sir 12,1–2.7 mit Mt 5,43 und dazu Keil, Glaubenslehre, 188–189. – In der Demut vor Gott sind Juden und Christen manchmal einander näher, als es der Apostel in seiner besonderen Situation wahrgenommen hat. Wer immer den Verzicht auf die eigene Endlichkeit geleistet und dadurch die Freiheit zur Güte gegenüber dem Nächsten und vor dem Tode gewonnen hat, der hat die Lehre verstanden, die ihm Gott durch seine Endlichkeit geben will.

Anthropologie und Eschatologie in der Weisheit Salomos

1. Die biblische Lehre vom Menschen ist mit seiner Gottesbeziehung verknüpft.

Wer sich mit den Fragen der biblischen Anthropologie beschäftigt, steht schon zu Beginn vor der Schwierigkeit, dass in keinem seiner Bücher eine systematische Darstellung derselben enthalten ist. Es lassen sich allenfalls Aussagen namhaft machen, die jeweils einen Aspekt des alttestamentlichen Menschenbildes zu erkennen geben, aber gerade deswegen untereinander nicht die Kohärenz zu besitzen scheinen, die man seit Aristoteles von einer Lehre vom Menschen erwartet.[1]

Diese Beobachtung kann insofern nicht Wunder nehmen, als das große Thema des Alten und Neuen Testaments nicht *der Mensch* als solcher, sondern Israel bzw. der Mensch vor Gott ist. So bezeugen die alttestamentlichen Schriften die Erfahrungen und Hoffnungen, die Israel auf seinem geschichtlichen Wege mit seinem Gott gemacht hat, während die neutestamentliche Botschaft die in Jesus Christus erschienenen Erlösung des Menschen von der Macht der Sünde, vom jüngsten Gericht und der Auferstehung der Toten bezeugt und damit den Anspruch erhebt, die Heils- und Gerichtserwartungen des Alten Testaments zu vollenden und zu überbieten.[2] Die Aussagen über den Menschen sind daher in der Bibel nicht von denen über sein Verhältnis zu Gott zu trennen. Oder anders gesagt: Eine biblische Anthropologie kann und will nicht isoliert vom Menschen reden, sondern die Fragen nach seinem Woher, seinem gegenwärtigen Sein und seinem Wohin im Lichte des Glaubens an den einen Gott, den Schöpfer, Erlöser und Vollender der Welt beantworten.[3]

---

1 Zu Leistung und Grenzen von Aristoteles Schrift De anima als einer naturwissenschaftlichen Analyse und ihre Ergänzungsbedürftigkeit durch EN, in der er die ethischen und dianoetischen Tugenden behandelt hat, vgl. Theiler, Aristoteles Über die Seele, 73–80.

2 Vgl. z. B. Dan 12,2; Weish 3,1 mit I Kor 15; I Joh 3,2; Joh 11,25–26.

3 Vgl. dazu Kaiser, Dinge, 75–91 = ders., Weisheit, 1–17.

2. Die Gliederung und Eigenart der Weisheit Salomos

Das gilt in besonderer Weise von der jedenfalls nicht vor 30 v. und nicht nach 45 n. Chr. vermutlich in Alexandria entstandenen Sapientia Salomonis.[4] Ihr Verfasser, ein namenloser Schriftgelehrter, hat sich den Mantel König Salomos umgelegt und damit der Autorität des Mannes unterstellt,[5] der in der Bibel als der weiseste Mensch aller Zeiten vorgestellt wird (vgl. I Reg 3,5–15 mit 10,1–13), um seinem „Protreptikos", seiner formal an die Könige der Welt und sachlich an die jüdisch-hellenistischen Gemeinden gerichteten Lehr- und Mahnschrift Beachtung zu verschaffen.[6] Seinen drei Hauptthemen entsprechen die drei Teile des Buches.[7] Der erste 1,1–6,21 umfassende Teil ist eine Ermahnung zu Gerechtigkeit und Weisheit angesichts der Verleihung des ewigen Lebens an die Frommen und der Verdammung der Gottlosen. Der zweite in 6,22–11,1 enthält einen Lobpreis Salomos auf die und ein Gebet um die Verleihung der Weisheit. An es schließen sich sieben Beispiele für ihr rettendes Handeln von Adam bis zur Wüstenwanderung Israels an. Der dritte und letzte Teil, der 11,2–19,22 umfasst, enthält sieben Synkrisen oder Vergleiche zwischen dem strafenden Handeln Gottes an den Ägyptern und dem rettenden an Israel. Nicht zu vergessen sind die beiden in ihn eingefügten Exkurse in 11,15–12,27 über die Milde Gottes in seinem Richten und in 13,1–15,19 über den Götzendienst, deren erster einer apologetischen und deren zweiter einer polemischen Absicht zu verdanken ist. Der dritte Teil wird durch einen Rückblick auf die Fremdenfeindlichkeit der Ägypter und einen Kurzhymnus auf die sich in den Plagen wandelnden kosmischen Elemente abgeschlossen.

Doch während der Aufbau insgesamt so klar ist, dass die abweichenden Gliederungen der Gelehrten kaum ins Gewicht fallen, stellt ihre Erzählweise große Ansprüche an den Leser: Denn sie setzt nicht nur Bekanntschaft mit den von ihr herangezogenen biblischen Geschichten, sondern auch mit

---

4 Vgl. dazu Kepper, Bildung, 25–35 und 203 mit Winston, Wisdom, 20–25; Cheon, Exodus Story, 125–147 und Engel, Buch, 33–34.

5 Vgl. dazu Meade, Pseudonymity, 62–65.

6 Zu der Gattungsbestimmung vgl. Reese, Influence, 117–121.

7 Die Abgrenzung des zweiten und dritten Teils wird unterschiedlich vorgenommen. Die Grenze zwischen beiden wird teils hinter 9,18, Fichtner, Weisheit, 5, teils hinter 10,21, Winston, Wisdom, 6; teils hinter 11,1, Engel, Weisheit, 94–95; ders., Buch, 6–7, sowie Hübner, Weisheit, 146 und teils hinter 11,4, Schmitt, Buch, 98; ders., Weisheit, 7, vgl. aber 46, angesetzt; so auch Kaiser, Grundriss III, 107–111. Der Verf. schließt sich jetzt dem Vorschlag von Engel und Hübner an, weil 11,1 eine Zusammenfassung des Vorausgehenden ist und 11,2 zum Folgenden überleitet.

apokalyptischen Vorstellungen in einem solchen Umfang voraus, dass man seine Eschatologie als eine apokalyptische bezeichnen kann.[8] Will man die entsprechenden Anspielungen verstehen, muss man auf das Wächterbuch I Hen 1–36, den Brief Henochs I Hen 92.94–105,[9] die Vit.Ad. und andere Apokalypsen heranziehen.[10] Darüber hinaus hat Pseudo-Salomo Motive aus der platonischen, stoischen und mittelplatonischen Philosophie aufgenommen, die er eklektisch so in seine Argumentationsketten einbaut, dass sie den biblischen Monotheismus nicht gefährden.[11] Er ist dabei derart auf seine drei Hauptgedanken konzentriert, dass Weisheit zum rechten und zum ewigen Leben verhilft, der Herrscher ihrer in besonderem Maße bedarf und der Herr Israel so wie einst auch in der Zukunft aus allen Gefahren erretten wird, dass er es oft bei Anspielungen belässt, wo wir gern genauere Auskünfte vorfänden. Der Ausleger muss sich gleichsam Samthandschuhe bei der Lektüre anziehen: Er muss versuchen, die Anspielungen zu erhellen, ohne dabei dem Text Gewalt anzutun.

Der Wortschatz des Buches erleichtert dem heutigen Leser das Verständnis nicht: Denn das von Anfang an griechisch verfasste Buch enthält mit etwa 20 % gemessen an ihrem ganzen Wortschatz die größte Zahl von Hapaxlegomena im Vergleich zu dem Befund in der ganzen Septuaginta und 19 Worte, die in der ganzen Gräzität nur hier belegt sind.[12] Ihr Sprachschatz entspricht, soweit er über den der Septuaginta hinausgeht, einerseits weitgehend dem des jüdisch-hellenistischen Schrifttums und andererseits der hellenistischen Hochsprache ihrer Zeit.[13] Das hinderte ihren Verfasser freilich nicht daran, sich in Anlehnung an den hebräisch-biblischen Stil gelegentlich ausgesprochener Hebraïsmen und entsprechend formulierter Anspielungen auf biblische Texte zu bedienen, ohne deshalb auf den dominanten Gebrauch hellenistischer Stilfiguren zu verzichten. Wer das Stilmittel des Hyperbatons nicht kennt, wird mit der Übersetzung des Buches nicht zu recht kommen.[14]

---

8 Nobile, Thématique, 303–312, vgl. bes. 308–312.
9 Vgl. dazu Larcher, Études, 103–112.
10 Vgl. dazu unten, 351–353.
11 Vgl. dazu Larcher, Études, 221–236 und vor allem Martin Neher, Wesen, 164–228.
12 Vgl. dazu Kepper, Bildung, 51–52 und 71–72.
13 Vgl. dazu Kepper, Bildung, 58–73.
14 Vgl. dazu Reese, Influence, 3. 25–31; Kepper, Bildung, 76–88.

3. Die Anthropologie der Sapientia Salomonis

Wenn der jüdische Weise vom Menschen redet, verwendet er dazu die gängigen Begriffe der biblischen Tradition. Dazu zählen vor allem die zentralen Worte aus dem psychophysischen Sprachgebrauch, die im Alten Testament das Bild vom Menschen bestimmen.[15] Welche Bedeutung der Verfasser der Sapientia Salomonis den von ihm verwendeten Begriffen einräumt, soll die folgende kurze Darstellung der gängigen anthropologischen Grundbegriffe zeigen:

a) Ein zentrales Wort, das bereits in den ersten beiden Kapiteln dreimal begegnet (1,1.6; 2,2), ist καρδία (לֵב/לֵבָב), *Herz:* Es gilt im Alten Testament als das Organ des Fühlens, der Vernunft, des Wünschens und Entschließens.[16] In der Sapientia bezeichnet es die rationalen Fähigkeiten: So heißt es: Der Mensch möge Gott mit „aufrichtigem Herzen“[17], d.h. mit redlicher Absicht suchen (1,1). In 8,17 gilt das Herz als Zentrum menschlichen Denkens und Planens und in 21 auch als das des Wollens und Strebens. Betet ein Mensch aus ganzem Herzen, so legt er seine Zukunft ganz in Gottes Hand (8,21). In seiner dichterischen Sprache kann der Verfasser der Sapientia in 18,10 die Nichtigkeit des Denkens und Hoffens eines Herstellers von Götzenbildern durch eine Reihe von sich steigernden Vergleichen zur Bezeichnung ihrer Wertlosigkeit ausdrücken, indem er sie mit Asche, Erde und Lehm gleichsetzt. So heißt es vom Hersteller von Götzenbildern (15,10):[18]

> *„Asche ist sein Herz, billiger als Erde seine Hoffnung,*
> *wertloser als Lehm sein Leben.“*

Zusammenfassend können wir feststellen, das Pseudo-Salomon die in der biblischen Tradition vorgegebenen Bedeutungen des Wortes לֵב (Herz) aufgenommen hat, ohne eine Neuakzentuierung vorzunehmen.[19]

Er weiß aber auch, das es in seinem hellenistischen Umfeld eine reduktionistische Theorie gab, die das Denken als Ergebnis des Herzschlags bzw. genauer eines bei ihm entspringenden Funkens betrachtete und damit sowohl die Vorstellung von der Seele als Sitz des Denkens als auch ihrer

15 Vgl. dazu umfassend Lauha, Sprachgebrauch, bzw. Wolff, Anthroplogie, 21–123 oder Kaiser, Gott II, 290–301.

16 Vgl. dazu Wolf, Anthropologie, 68–95; Lauha, Sprachgebrauch, 46–50.

17 Vgl. 1 Chr 29,17.

18 Zu Jes 44,9–20 und Gen 2,7–8 als biblische Grundlage für 15,10–19 vgl. Gilbert, Critique, 216.

19 Während das Herz in der Sapientia Salomonis nur sechsmal vorkommt, erscheint es im Sirachbuch insgesamt 87 mal!

Unsterblichkeit bekämpften. Der jüdische Weise zitiert in 2,1–9 ein Lied junger hedonistischer Skeptiker, die aus der völligen Nichtigkeit des Menschenlebens das Recht ableiten, die Gerechten zu quälen und gegebenenfalls zu töten (2,10–20). Aus ihm seien die V.2c-3b angeführt:

> *Denn Rauch ist der Hauch in unseren Nasen und das Wort ein Funke beim Schlag unsres Herzens.*
> (3) *Erlischt er, so wird zu Asche der Leib und verweht der Odem wie dünne Luft.*[20]

b) Ebenso verhält es sich mit dem im Alten Testament häufig gebrauchten Wort *Blut* (דָּם), das in ihm bekanntlich als Gefäß der Seele (נֶפֶשׁ) und mithin als Träger des Lebens gilt.[21] Von den insgesamt vier Belegen in der Sapientia handeln zwei vom mordenden Blutvergießen,[22] einer nimmt die Geschichte von der Verwandlung des Nilwassers in Blut auf,[23] und ein weiterer will nach damaligem wissenschaftlichen Verständnis die Entstehung eines Kindes im Leib seiner Mutter dadurch erklären, dass durch den männlichen Samen das Menstruationsblut der Frau gerinnt und aus diesem Blutgerinnsel ein Kind entsteht.[24] So wichtig diese Überzeugung für die damalige Zeit gewesen sein dürfte, so wenig besitzt die Rede vom Blut mit ihren unterschiedlichen Aspekten den Charakter eines anthropologischen Leitbegriffs in der Sapientia.

c) In 1,6 wird Gott als Zeuge der Nieren und damit der geheimsten Empfindungen des Menschen (νεφροί/כְּלָיוֹת) genannt. Sie sind einerseits die Organe, mit deren Schmerzen Gott die Menschen züchtigt, und andererseits der Sitz der feinsten Empfindungen und Gewissenregungen.[25]

d) Ein Wort, das für das antike Bild des Menschen typisch ist und sein Wesen beschreibt, ist θυμός, ein Wort, das im Griechischen das Herz als Sitz

---

20 Vgl. Hom.Il. XXIII.100; Plat.Phaid. 69e 6–70a 6; Lucr. III.332–333. Zum Verständnis der Seele als Lebenskraft bei Demokrit, Gorgias und in der medizinischen Literatur des 5. Jh. vgl. David P. Claus, Soul, 141–155. Medizinisch gesehen galt für sie die Seele als naturalistische Lebenskraft, deren psychische Eigenschaften wissenschaftlich verstanden und manipuliert werden können.

21 Vgl. Lev 17,11 und dazu Wolf, Anthropologie, 98–101.

22 So in 14,25, und dem Greuelmärchen, dass die Kanaaniter beim Opfermahl Menschenfleisch und -blut verzehrten (12,5).

23 Im Zusammenhang mit den Geschichten vom rettenden Handeln der Weisheit beim Auszug aus Ägypten erscheint das Wort in 11,6.

24 7,2, vgl. dazu David Winston, Wisdom, 163–164.

25 Vgl. Ps 16,7; 73,21; Prov 23,16; Jer 11,20; 12,2; 17,10 und Apk 2,13 sowie zur Parallelsetzung von μαρτύς und ἐπίσκοπος mit Schmitt, Buch, 39 Hom. Il.XXII. 225; Or.Sib. frg.1,3–4; Philo. All.III.33.

der Empfindungen und des Gemütes und dann Zorn, Wut, Unwillen, aber auch Wille, Begierde und Verlangen und schließlich auch die Lebenskraft bezeichnen kann.[26] Entsprechend deckt es 30 hebräische Worte ab.[27] In der Sapientia begegnet der Begriff siebenmal, wobei er nur einmal auf einen Menschen bezogen wird: Adam, so heißt es in 10,3, ging an seinen Leidenschaften zugrunde. In allen anderen Belegen handelt es sich entweder um den Zorn Gottes (5,22; 18,21; 19,1) oder um die Wildheit der Tiere (7,20; 11,18; 16,5). Damit liegt auch auf diesem Begriff in der Sapientia kein besonderer Nachdruck.[28]

e) Als die beiden für die Anthropologie Ben Siras entscheidenden Begriffe kann man jedoch ψυχή und πνεῦμα bezeichnen, von denen der eine hebräischem נֶפֶשׁ und der andere רוּחַ entspricht: Das hebräische Wort נֶפֶשׁ bezeichnet eigentlich die Kehle (vgl. Jes 5,14). Ihr haftet vor allem die unersättliche Bedürftigkeit oder Gier des Menschen an (vgl. Koh 6,9; Prov 25, 25), weiterhin den Hals (vgl. I Sam 28,9). Dann aber und vor allem hat das Wort die Bedeutung Seele als das Organ des Begehrens und das Prinzip des Lebens angenommen (vgl. Lev 17,11) oder bezeichnet die Person (vgl. z. B. Lev 17.10).[29]

f) Wir schreiten das Begriffsfeld des Wortes in der Sapientia ab, indem wir bei dem im Griechischen breit belegten Begriffspaar σῶμα – ψυχή einsetzen. Dabei bekommen wir es mit einem für die Sapientia wesentlichen Verhältnis zu tun. Geht man ihrer Verwendung in dem Buch nach, so erkennt man sehr schnell, dass man damit den Schlüssel für das Verständnis der speziellen Botschaft des Buches gefunden hat.

Σῶμα (vorwiegend für hebr. בָּשָׂר gebraucht)[30] begegnet in der Sapientia an fünf Stellen und bezeichnet jeweils den *Leib* des Menschen, meist im Sinne eines materiellen Gegenübers zur körperlosen Seele (so in 1,4; 8,20; 9,15) oder zum Geist (2,3).[31]

26 Vgl. Wolff, Anthropologie, 105–106.

27 Vgl. Hatch/Redpath, Concordance I, 660c.

28 Diese Tatsache wird durch die vielen Belege bei Ben Sira unterstrichen: Den 7 Begriffen bzw. dem einen im anthropologischen Sinn in der Sapientia stehen bei Ben Sira insgesamt 17 gegenüber, wobei er dabei 11mal auf den Menschen angewendet ist, vgl. 1,21; 10,18; 18,24; 25,15; 26,28; 28,10.19; 30,24; 34 (31),30; 40,5; 45,18.

29 Vgl. dazu Wolff, Anthropologie, 25–48.

30 Hatch/Redpath, Concordance II, 1330a-c. e

31 Nur in 18,22 ist die Körperkraft Aarons gemeint, der mit seinem Rauchwerk nach dem Aufstand der Rotte Korach, Abiram und Datan dem Verderben Gottes unter den Israeliten Einhalt gebietet, vgl. Num 16–17.

g) Das Wort ψυχή ist in der Weisheit mit einem breiten Bedeutungsspektrum nicht weniger als 24 Mal belegt.[32] Es deckt in der Septuaginta grundsätzlich eine breite Palette hebräischer anthropologischer Begriffe, weit überwiegend aber נֶפֶשׁ ab.[33] In der Sapientia wird in mindestens drei Belegen (und zählen wir einen mit πνεῦμα mit, in vier) die Seele parallel zum Leib erwähnt. Daraus geht hervor, dass der Mensch für Pseudo-Salomo aus Leib (σῶμα) und Seele (ψυχή) besteht. Auf diesem Gegensatz beruht das für das Buch charakteristische diochotomische Menschenbild, auf das alsbald im Zusammenhang der Vorstellungen über die ersten und die letzten Dinge genauer einzugehen ist.

Sehen wir uns die Belege im Einzelnen an, so zeigt es sich, dass für das Ergehen des Menschen die sittlich-religiöse Qualität seiner Seele entscheidend ist. So heißt es in 1,4, dass die Weisheit in keine Unheil stiftende Seele und in keinen der Sünde verfallenen Leib eingeht. Wie die Rede von der „guten Seele" in 8,19 zeigt, besitzt die ψυχή eine das Verhalten des Menschen bestimmende Eigenschaft: Ist sie nicht gut oder heilig (ὁσία) (7,27) oder dem Herrn wohlgefällig (ἀρεστή) (4,11), so sinnt sie auf Unheil, ist sie κακότεχνος (1,4), befleckt (14,26) oder ungläubig (ἀπιστοῦσα), so dass sie mahnender Erinnerung bedarf (10,7). Andererseits kann die gute verführt werden, weil sie durch List getäuscht wird (4,11) oder in die Fallstricke der Götzenbilder und damit des Götzendienstes gerät (14,11). Die Hersteller der Götzenbilder befinden sich dagegen in einer vernunftloseren und armseligeren Verfassung als die Seele eines Kindes (νήπιος) (15,14). Kinder können auch als „hilflose Seelen" (ψυχαὶ ἀβοήθητοι) bezeichnet werden, um die Schrecklichkeit des Kinderopfers hervorzuheben (12,6).[34]

Richtiges Denken über Gottes Weltregiment erfordert Bildung; denn die ἀπαίδευτοι ψυχαί, die „ungebildeten Seelen" verfallen wegen der Undurchschaubarkeit seiner Gerichte der (Selbst)täuschung (17,1). Darüber hinaus kann die Seele erkranken (17,8); durch Geistererscheinungen (φαντάσματα) gelähmt oder in unserer Sprache: geschockt werden (17,15):[35] Wie eng die Seele mit dem Leben zusammenhängt, zeigt 16,9, wo es heißt, dass es

32 1,4.11; 3,1.13; 4,11.14; 7,27; 8,19; 9,3.15; 10,7.16; 12,6; 14,5. 11.26; 15,8.11.19;16,9.14; 17,1.8.15.

33 Vgl. Hatch/Redpath, Concordance II, 1186–1490a.

34 Zur Unhaltbarkeit des Vorwurfes, dass in den heidnischen Mysterien Kinderopfer dargebracht wurden, vgl. Schmitt, Buch, 107; zum Kinderopfer in Israel vgl. Stavrakopoulou, King, bes. 317–322, aber auch Kaiser, Erstgeborenen, 24–48 = ders, Gegenwartsbedeutung, 142–166 und Bauks, Kinderopfer, 233–251.

35 Vgl. dazu mit Mazzinghi, Notte, 133 Aischyl. Hept.710; Aristot. EN I.13.1102b 10; plur. Plat. Tim 71a6; ferner Aristot. an.428a 1.

bei den Ägyptischen Plagen für die von Heuschrecken und Mücken Gebissenen kein Heilmittel für ihre Seele gab. Die Seele ist dem Menschen von Gott zu Lehen gegeben und wird daher von ihm in seinem Tode zurückgefordert (15,8):[36] Gott ist es, der dem Menschen seine Seele einhaucht und ihm seinen Lebensodem (πνεῦμα ζωτικόν) gegeben hat (15,11).[37] Daher besitzt er die Macht über Leben und Tod, er führt zu den Toren des Hades und wieder empor (16,13). Und so gilt (16,14):[38]

> ἄνθρωπος δὲ ἀποκτένει μὲν τῇ κακίᾳ αὐτοῦ
> ἐξελθὸν δὲ πνεῦμα οὐκ ἀναστρέφει
> ουδὲ ἀναλύει ψυχὴν παραλημφθεῖσαν.
> *Ein Mensch kann in seiner Schlechtigkeit wohl töten,*
> *doch den entschwundenen Geist nicht umkehren*
> *noch die entführte Seele erlösen.*[39]

h) Geist und Seele, πνεῦμα und ψυχή, sind im Alten Testament zu Wechselbegriffen zur Bezeichnung des mit vegetativen, sensitiven und noetischen Fähigkeiten ausgestatteten inneren Menschen oder der Person geworden,[40] wobei πνεῦμα als Entsprechung von רוּחַ physikalisch den Wind oder Sturm und anthropologisch die den Menschen belebende, von Gott ausgehende und zu ihm zurückkehrende Lebenskraft bezeichnet (vgl. Weish 12,1; 15,11 mit Ps 104,29–30; Koh 12,7). Aber als psychophysischer Begriff deckt das Wort auch den Bereich der seelischen Erregungen, Stimmungen und Willensregungen ab.[41] In der Sapientia ist das Wort 15 Mal belegt: Die physikalische Bedeutung liegt in 5,11 und 5,23 vor, wo vom πνεῦμα bzw. πνεῦμα τῆς δυνάμεως und also vom Wind bzw. einem mächtigen Sturm die Rede ist. Dem entspricht in metaphorischer Redeweise der Hauch der Macht Gottes in 11,20. In 12,1 ist der Geist Gottes dagegen die allem was lebt auf Zeit gewährte allgemeine Lebenskraft, vgl. 15,11.[42]

Suchen wir nach Belegen für die Bedeutung „Geist", so ist an erster Stelle 7,22–23 zu erwähnen, wo es sich um den alles durchdringenden Geist der Weisheit handelt, der an den stoischen λόγος als das den Kosmos durchdringende göttliche formative Prinzip erinnert; vgl. auch 13,2.[43] Dieser

36 15,8b-d ist Zitat aus Gen 3,19 G; Gilbert, Critique, 297.
37 Vgl. dazu auch Larcher, Études, 263–264.
38 Vgl. dazu mit Winston, Wisdom, 296 Hom. Il.IX.408–409.
39 Vgl. 2,1e.
40 Vgl. dazu auch Larcher, Études, 264–266.
41 Vgl. Wolf, Anthropologie, 57–67 und Lauha, Sprachgebrauch, passim.
42 Zu den im Hintergrund stehenden griechischen literarischen Topoi vgl. Gilbert, Critique, 214–217.
43 Vgl. z. B. SVF I, frg. 85; 87; 88 und dazu Steinmetz, Stoa, 537–540.

Geist kann in 7,7 in Parallele zur φρόνησις, der Besonnenheit, als „Geist der Weisheit“ bezeichnet werden. Er ist mit dem Geist der Weisheit in 1,6 (vgl. auch 1,5 G A und L), der in 1,5 als „Geist der Zucht“ (πνεῦμα παιδείας) erscheint, identisch, der zwar nicht mit dem πνεῦμα κυρίου in 1,7, wohl aber mit Gottes heiligem Geist in 9,17 identifiziert werden darf.[44]

Die zuletzt genannten Belegstellen weisen auf die Mittlerrolle hin, die dem Geist der Weisheit oder dem Heiligen Geist zwischen Gott und Mensch zukommt[45] und die nicht allein auf den Texten von der personifizierten Weisheit in Prov 1,20–33; 8,1–31*; 9, 1–6.13–18; Hi 28; Sir 1,1–10 und 24 beruht, sondern auf Lehren des zum Mittelplatonismus gerechneten Eudoros von Alexandrien zurückgehen dürfte, der das Problem der Vermittlung zwischen dem transzendenten Gott und der irdischen Welt zu lösen versuchte.[46]

i) Fassen wir das Zwischenergebnis zusammen, so spiegelt sich in den bisherigen Nachweisen die Selbstverständlichkeit, mit welcher der jüdische Weise die in der alttestamentlichen Tradition gängigen anthropologischen Termini aufnimmt. Er verwendet sie weitgehend, aber keinesfalls ausschließlich in ihrer herkömmlichen Bedeutung. Das zeigt sich zumal an der Vorstellung vom Geist der Weisheit, dem er eine Mittlerrolle zwischen Gott und den Menschen zuweist, und in dem dualistischen Verständnis von Leib und Seele. Obwohl Pseudo-Salomos Mahnschrift an eine bedrängte jüdische Gemeinde gerichtet ist, hat er sich darum bemüht, eine moderne, der hellenistischen Bildung seiner Zeit angemessene Lehre zu vertreten. Das würde sich auch bei einer hier ausgesparten Analyse seines Umgangs mit den Themen der Weisheit und der Gerechtigkeit zeigen, wobei die Weisheit Ausdruck des Wesens Gottes sowie das Prinzip der Welt und der Gerechte das göttliche Werkzeug ist.[47]

Der vorausgegangene Blick auf die Verwendung der überlieferten anthropologischen Terminologie hat ergeben, dass in der Sapientia nicht die Konstitution des Menschen an sich im Mittelpunkt steht, sondern seine Verhaltensweisen als Ausdruck ihrer positiven oder negativen Beziehungen zu Gott. Angesichts der Vielfalt der darin beschlossenen Aspekte[48] stellt sich

44 Vgl. dazu Neher, Wesen, 89–98 und 132–133.

45 Er ist mithin keine Hypostase, vgl. dazu Neher, Wesen, 153.

46 Vgl. dazu Neher, Wesen, 218–228.

47 Vgl. dazu Georgi, Hymnus, 263–294, bes. 270–275 und Kolarcik, Universalism, 289–302, bes. 297–301.

48 So lassen sich die folgenden Themenschwerpunkte benennen: 1.) Der Mensch und die Weisheit (vgl. z.B. 1,4–7; 6,1–21.22–8,18.). 2.) Der Mensch und die Gerechtigkeit (vgl. z.B. 1,1.15; 9,3). 3.) Der Gegensatz zwischen dem Frevler und dem

allerdings die Frage, ob die vielen thematischen Aspekte gleichberechtigt nebeneinander stehen oder durch ein spezielles anthropologisches Interesse bestimmt werden. Zugespitzt lautet die Frage: Enthält die Weisheit Salomos ein zentrales Thema, das den Menschen von seinem Wesen und von seiner Bestimmung her beschreibt, dem sich die anderen anthropologischen Themen zuordnen und von dem aus sie sich entfalten lassen? Die Antwort liegt auf der Hand: Es ist der Gedanke von der Bestimmung des Menschen zur Untersterblichkeit und der Erlösung der Seelen der Frommen und Gerechten am Jüngsten Tage.

4. Durch Apokalypsen vermittelte griechische Einflüsse auf Menschenbild und Eschatologie der Sapientia

Wenden wir uns dem Problem der Beeinflussung der Lehre von den Ersten und den Letzten Dingen in der Weisheit Salomos zu, so wird deutlich, dass sie auf erhebliche Weise auf dem Umweg über die jüdisch-hellenistische Apokalyptik von orphisch-pythagoräischen Vorstellungen beeinflusst worden ist, die durch das Gedankengut des Platonismus und der Mysterienkulte vermittelt worden sein dürften. Dass die Lehre von den Ersten und den Letzten Dingen in der Weisheit Salomos auf dem Hintergrund der jüdischen Apokalyptik beruht, dürfte eine allgemein anerkannte Tatsache sein. Gerade die fundamentalen Aussagen über die Bestimmung des Menschen zum Besitz und Verlust der Unsterblichkeit in den c.1–2 beruhen entweder auf einem Midrasch von Gen 1,28 (vgl. 2,23) oder einer in der Vita Adae überlieferten Erzählung vom Neid des Satans auf die Stellung der Menschen als Gottes Ebenbild, die ihn zur Verführung der Eva als dem Mittel veranlasste, den Menschen die Unsterblichkeit zu rauben (vgl. 2,24).[49]

Gerechten (vgl. z.B. 1,16–2,24; 3,1–5,23). 4.) Der Mensch im Gebet vor Gott (vgl. z.B. 9,1–19). 5.) der Mensch und Gottes Geist (vgl. z.B. 1,5.7; 12,1). 6.) der durch Götzendienst verführte Mensch (vgl. 13,1–15,19). 7.) Der rettungsbedürftige Mensch (vgl. z.B. 10,1–19). 8.) Der Mensch angesichts des Endgerichts (vgl. z.B. 1,5.7; 12,1) und damit verbunden 9.) Das jenseitige Los der Guten und Bösen (vgl. z.B. 2,23; 3,1–12; 8,13.17. Diese Aufzählung hebt hervor, in welchen thematischen Zusammenhängen der jüdische Weise das Menschsein bedenkt: Es wird durch seine vielfältigen Beziehungen zu Anderen und nicht zuletzt zu Gott bestimmt.

49 Vgl. dazu Vit. Ad. 9,3–17,3, Merk/Meiser , 793–799. Sie ist lateinisch erhalten, geht aber auf eine griechische Grundschrift der ApkMos zurück, die vermutlich

Ebenso deutlich ist es, dass es sich bei den Vorstellungen vom Zwischenzustand der Seelen nach dem Tode, dem Totengericht und der Versetzung der Seelen der Gerechten in die himmlische Welt in der Weisheit Salomos um ein durch die jüdisch-hellenistische Apokalyptik vermitteltes Erbe orphisch-pythagoreischen Ursprungs handelt, in dessen Hintergrund der ägyptische Totenglaube stand.[50] Während die Seelen nach der klassischen biblischen Auffassung als wesenlose Schatten in die Unterwelt fahren, die keinerlei Bewusstsein mehr besitzen (Koh 9,5–6),[51] geht Pseudo-Salomo in seiner Schilderung des Daseins der Gerechten in der Unterwelt, ihrem Mitwirken beim Jüngsten Gericht und der ihnen zuteil werdenden Verleihung des ewigen Lebens in 3,1–5 von anderen Vorstellungen aus, die teils in I Hen 22 und teils im „Brief des Henoch" I Hen 92+94–105[52] ihre genaueren Entsprechungen besitzen. Setzen wir bei 3,1 ein, wo es heißt, dass sich die Seele des Gerechten in Gottes Hand und d. h. in seinem machtvollen Schutz befindet und ihn keine Qual anrührt, wo wird hier offenbar 1. vorausgesetzt, dass die Seele des Menschen auch im Tode nicht ihr Bewusstsein verliert, und 2. dass dabei zwischen dem Ergehen der Seele des Gerechten und der Frevler ein grundlegender Unterschied besteht. Darin erweist sich, dass die Seele als Inbegriff der Person den Tod überdauert.

Mit diesem Verständnis der Seele widerspricht Pseudo-Salomo bewusst der in seiner Zeit umgehenden skeptischen Ansicht, die in dem Lied der Skeptiker in 2,1–9 zu Wort kommt. Nach ihm wird der Leib nach dem Tode zu Asche, während sich der Geist (τὸ πνεῦμα) in blanke Luft auflöst. Hier spiegelt sich eine skeptische Antithese wider, mit der sich Platon bereits im Phaidon auseinandersetzten musste und die bis in die hellenistisch-römische Zeit ihre Anhänger fand.[53]

Kehren wir zu unserem Thema zurück, so gilt es festzustellen, dass die in 3,1 vorliegende Anspielung nach der Quellenlage nur auf dem Hintergrund

---

zwischen Ende des 1. Jh. v. und dem fortgeschrittenen 1.Jh. n.Chr. in Palästina entstanden ist; vgl. Merk/Meiser, in: Oegema, Unterweisung, 176–177 und 186.

50 Vgl. Graf, Eleusis, 121–126; zum ägyptischen Glauben an das Totengericht vgl. Koch, Gesichte, 321–327; Kaiser, Totenkult, 23–46, bes. 35–39; Assmann, Tod, 285–299 und 372–387; Fischer, Tod, 32–43; zur Rezeption in der Dichtung des 5. Jh. und in den platonischen Mythen vgl. Nilsson, Geschichte I, 821–826, zu ihrer nicht immer positiven Einschätzung und ihrem Fortleben trotz aller Kritik bis in das 3. Jh. n.Chr. und ihrer christlichen Adaption Nilsson, Geschichte II, 549–558.

51 Vgl. dazu Tromp, Conceptions, 183–196; Kaiser, Tod, 15–60; Fischer, Tod, 138–145.

52 Vgl. dazu auch Larcher, Études, 106–112.

53 Vgl. dazu Plat. Phaid.69e 6–70b 4. und Lucr. III.425–444; vgl. auch Sextus Empiricus, Adv. Dogmaticos, I, 72.

der Beschreibung der Unterwelt in I Hen 22 verständlich wird: Nach ihr besitzt sie drei bzw. vier Abteilungen, eine durch eine leuchtende Wasserquelle erhellte für die Geister der Gerechten, zwei dunkle, davon eine für die Sünder, die zu ihren Lebzeiten noch nicht gerichtet worden sind, und eine andere für die Geister der nicht ganz und gar Gottlosen, die Genossen der Bösen waren. Nachträglich ist (wie die Störung des Zusammenhangs durch die V.5–7 und 12 zeigt) eine vierte Höhle für die Geister der Klagenden und d. h. der ungesühnt gebliebenen Ermordeten eingefügt worden.[54] Zwischen dem Jüngsten Gericht (3,7; 4,20), und dem Tod befinden sich die Seelen mithin in einem Zwischenzustand (V.4).[55] Über die Frevler wird im Endgericht der ewige Tod verhängt (vgl. 2,24 mit 4,19),[56] während den durch die Weisheit geleiteten Gerechten bei der Heimsuchung der Seelen die Unsterblichkeit verliehen wird (3,13; 4,1–2; 8,13; 15,3), so dass sie ewig leben (5,15). Damit ist aus dam alten Seelenschatten, der seiner durch die רוּחַ vermittelten Lebenskraft beraubt ohne alles Bewusstsein in der Unterwelt dahindämmert, ein personales Selbst geworden:[57]

Dieser Glaube hat (wie Abschnitt 3,13–4,15 zeigt) geradezu eine Umwertung aller bisherigen Werte zur Folge: Weder ist die Kinderlosigkeit einer keuschen Frau oder eines rechtschaffenen Eunuchen ein Unglück (3,13–4,2) noch der Besitz vieler Kinder an und für sich bereits ein Glück (3,10–18; 4,3–6). Und wenn ein Gerechter jung stirbt, ist das nicht länger ein Zeichen des Zornes (Ps 88),[58] sondern der Liebe Gottes,[59] der ihn vor der Verführung durch die Sünde bewahren wollte (4,7–17). Weil die Erinne-

54 Vgl. dazu Wacker, Weltordnung, 128–129, die allerdings weitergehende Folgerungen für die Entstehung der überlieferten Texte annimmt, als ich es für nötig halte, vgl. Kaiser, Gott III, 313–315.

55 Larcher, Études, 307–309; vgl. auch IV Esr 7,78–115; Syr.Bar 30,2–5 und dazu Bousset/Gressmann, Religion, 295–296.

56 Vgl. dazu Blischke, Eschatologie, 134–135. Dass in dieses Urteil auch die bereits verstorbenen Frevler einbezogen sind, muss man voraussetzen, obwohl von ihnen (außer in c. 10 und 16–19) nicht ausdrücklich die Rede ist. Insofern kann man mit Kolarcik, Ambiguity, 178–184 zwischen einem zeitlichen und einem ewigen Tod unterscheiden, auch wenn die Differenzierung in c.5 nicht vorgenommen wird.

57 Zu einer parallelen Entwicklung des Verständnisses der ψυχή im nachhomerischen Griechentum bis hin zu Platon vgl. Claus, Soul, 92–140 und 156–180.

58 Vgl. zu ihm Janowski, Konfliktgespräche, 225–255, der allerdings das מִין in V.16 anders als der Verf. nicht separativ („weg von meiner Jugend" = „aus meiner Jugend,") sondern temporal als „von Jugend an" versteht, und Eberhardt, Gottesferne, 373–396.

59 Vgl. Men. Monost. 583: Ὃν οἱ θεοὶ φιλοῦσιν, ἀποθνῄσκει νέος („*Wen die Götter lieben, der stirbt jung*").

rung an die Tugend Gott veranlasst, den Genannten Unsterblichkeit zu verleihen, sind sie die einzigen Gewinner im kommenden Gericht (4,1).

So erweisen sich der Gegensatz zwischen Leib und Seele auf der einen und den Gerechten und den Frevlern auf der anderen Seite als konstitutiv für die Anthropologie und die Eschatologie in der Sapientia.[60] Gott ist der Herr über Leben und Tod: Daher führt er zwar alle Seelen hinab zu den Toren der Unterwelt (Ps 9,14; Hi 38,17),[61] aber wieder empor (16,13). Doch dabei erwartet die Gerechten und die Frevler in beiden Fällen ein unterschiedliches Los.[62] Fragt man nach dem religionsgeschichtlichen Hintergrund der hier verarbeiteten Vorstellungen, so erweisen sich die griechischen Parallelen als die maßgeblichen: Die Vorstellung vom Totengericht, das nach der Trennung der Seelen in die der Guten und der Schlechten erfolgt, ist aus dem Seelenmythos in Platons Gorgias (523a-527a) und im Phaidon (107d-115a) bekannt, mit denen Platon auf orphisch-pythagoreische Traditionen zurückgreift.[63]

In der Beschreibung dessen, was die Seelen der Gerechten nach dem Jüngsten Gericht erwartet, ist die Sapientia auffallend zurückhaltend: In 3,7–8 wird ihnen das Gericht über die Völker zugesprochen, eine Vorstellung, die sich seit dem 2. Jh. v. Chr. im hellenistischen Judentum[64] und weiterhin im Urchristentum nachweisen lässt.[65] 5,15 erfahren wir, dass die Gerechten ewig leben werden (vgl. 1,16 und 4,1) und der Herr für sie sorgen wird. Wo sich das abspielt, wird nicht gesagt. Da aber auch von keiner Reinkarnation ihrer Seelen die Rede ist, liegt es nahe I Hen 104,3 heranzuziehen, wo den Gerechten verheißen wird, dass sie, die zuvor der Schande in Unglück und Not preisgegeben waren, wie die Lichter des Himmels leuchten und scheinen und ihnen die Pforten des Himmels aufgetan werden.[66] Hier liegt eine Vorstellung von der Verbindung zwischen Mensch und

60 Vgl. dazu Larcher, Études, 267.

61 Zu den entsprechenden Vorstellungen von den Toren der Unterwelt bei den Babyloniern und Assyrern vgl. Meissner, Babylonien II, 144–145, und zu den Unterweltsmythen Hutter, Vorstellungen.

62 Vgl. dazu auch Blischke, Eschatologie, 135–139.

63 Vgl. dazu Dietrich, Nekyia, 108–136; Nilsson, Geschichte I, 231–242; Burkert, Weisheit, 74–85; ders., Religion, 432–447; Graf, Eleusis, 121–126; Claus, Soul, 111–121 und nicht zuletzt Wacker, Weltordnung, 200–219.

64 Vgl. 1QHab V.4; Dan 7,18–22 (G u. Th.); gr. par aeth. Hen.1,9; vgl. auch aeth. Hen. 99,3–4.

65 Vgl: I Kor 6,2; Mt 19,28; Apk 20,4; Jud. 14–15 und dazu Conzelmann, Brief, 126–127 und Satake, Offenbarung, 385–386.

66 Vgl. auch Larches, Études, 318–319 und zur Vorstellung von der himmlischen Unsterblichkeit Cumont, Afterlife, 91–109, bes. 94–108.

Stern vor, die religionsgeschichtlich mannigfache Wurzeln besitzt,[67] seit dem 5. Jh. v. Chr. in der griechischen Kultur nachweisbar ist und dann dank der Vermittlung von Platon[68] in der ganzen hellenistisch-römischen Antike nachgewirkt hat.[69]

5. Präexistenz der Seelen oder Reinkarnation in der Sapientia Salomonis?

Besonders auffällig sind die Aussagen in 8,19–20 und 9,15. Denn in 8,19–20 rühmt sich Pseudo-Salomo, dass er als ein wohlgestalteter Knabe (παῖς εὐφυής) eine gute Seele (ψυχὴ ἀγαθή) empfangen habe und daher in einen unbefleckten Leib (σῶμα ἀμίαντον) gekommen sei. An sie schließt sich die in 9,15 sachgemäß an, dass der sterbliche Leib die Seele beschwert und das irdische Zelt den vieldenkenden Sinn (νοῦν πολυφρόντιδα) belastet. Nimmt man beide Stellen zusammen, so scheint es sich bei ihnen um platonisierende Entlehnungen orphisch-pythagoreischen Ursprungs zu handeln. Denn die Vorstellung, dass die Art und Weise der vorausgegangenen Existenz über die nächste Inkarnation entscheidet, gehört zu ihren Eigenarten. In diesem Sinne lässt sich auch 8,19–20 auslegen. Darüber hinaus handelt es sich bei der Feststellung, dass der Leib (σῶμα) das Gefängnis (σῆμα) der Seele ist, nach Plat. Krat. 400c (vgl. auch Gorg. 493a; Phaid. 62b: Leg. 701c) um ein orphisches Wort.[70]

Daher stellt sich die Frage, ob es sich in 8,19–20 und 9,15 tatsächlich nur um Belege für die Vorstellung von der Präexistenz oder doch um solche

67 Vgl. dazu Burkert, Weisheit, 337–338.

68 Vgl. dazu Burkert, Weisheit, 325–347.

69 Vgl. dazu Burkert, 346 mit Anm. 71 und Barton, Astrology, 55, der auf Plin. nat II.24.95; 34 ff.; 105 ff. und XVIII.280–289 verweist.

70 Aufgenommen in DK 2 Orpheus B 3. Nach Plat. Gorg.493a will Sokrates diesen Satz von einem geistreichen Mann aus Italien oder Sizilien gehört haben. Nach Clemens von Alexandrien, Strom.III.17 stammte das Wort von dem Pythagoräer Philolaos von Kroton (DK 44. B 14). Als pythagoräische Lehre wird auch Plat. Phaid.62d (DK 44 B.15 /KRS 458, 381–382) zu betrachten sein. Hier erklärt Sokrates, dass die in Geheimlehren umlaufende Lehre, nach der wir Menschen uns in einem Gefängnis befinden und sich niemand aus ihm befreien oder davonlaufen darf, gut sei. Zu ähnlichen Gedanken bei Philo vgl. Chadwick, Augustine, 147–148 und Philo. All.III.71 und weiterhin die Belege im Index von Earp (Philo X, LCL 379), 303–304 für Philos Vergleich der ägyptischen Gefangenschaft Israels mit der der Seele im Leib.

von der Reinkarnation der Seele handelt. Nach der einen kommen alle Seelen der Menschen vom Himmel, nach der anderen sind sie der Reinkarnation unterworfen. Diese von Platon aus der orphisch-pythagoreischen Dichtung übernommene Vorstellung war nach der Eudemischen Theogonie bereits im 5. Jh. v. Chr. in Athen bekannt: In ihr spielt Dionysos die Rolle des immer erneut sterbenden und auferstehenden Gottes, an dessen Schicksalen die Mysten teilhaben.[71]

Doch ehe wir die oben genannten Stellen in diesen Zusammenhang einordnen, müssen wir uns nach Zeugen für die Vorstellung von der himmlischen Herkunft der Seelen[72] im Judentum des 1. Jh. n. Chr. umsehen, mittels derer die beiden herangezogenen Texte in der Regel von den Kommentatoren erklärt werden.[73] Der wichtigste Zeuge für sie ist der universal gebildete alexandrinische Religionsphilosoph Philo, bei dem sie sich gleich mehrfach nachweisen lässt. So erklärt er in seiner allegorischen Deutung von Jakobs Traum von der Himmelsleiter in Gen 28 in Som. I.135–141, dass alle Seelen von Gott erschaffen seien und sich in himmlischen Regionen aufhielten. Von ihnen seien einige aus Sehnsucht nach dem Irdischen herabgestiegen und in sterbliche Leiber eingegangen, teils seien sie wieder zurückgekehrt, teils hätten sie eingesehen, dass ein solches Leben eine große Torheit sei und daher den Leib als ein Grab und Gefängnis bezeichnet, um sich dann auf leichten Schwingen für immer in höhere Regionen zurückzuziehen. Wieder andere hätten sich dank ihrer vollendeten Reinheit nie nach einem Leib gesehnt und seien daher Hyparchen des Allherrschers geworden, um ihm als seine Augen und Ohren alles zu berichteten, was sie gesehen und gehört hätten. Sie würden als Dämonen oder „von anderen Philosophen" als Engel bezeichnet. In ähnlicher Weise erzählt Philo in Gig.6–15, dass die Seelen, die aus dem Wirbel der irdischen Existenz wieder

71 Vgl. dazu West, Poems, 140–175, der diese Theogonie im Athen des letzten Drittels des 5. Jh. lokalisiert, aber die in ihr vorausgesetzten Initiationsriten in Jonien beheimatet denkt, 174–175, und in ihrem Hintergrund schamanische Erfahrungen vermutet, 146–150; vgl. auch Burkert, Weisheit, 98–142; ders., Religion, 440–447 und zur mystischen Teilhabe am Schicksal des Gottes ders., Mysterien, 62–63.

72 In ihrem Hintergrund dürfte die Vorstellung stehen, dass jeder Mensch einen Stern im Himmel besitzt, vgl. z. B. Plin. nat. I.8.28 und dazu Cumont, Afterlife, 92.

73 Vgl. z. B. Winston, Wisdom, der 198 unumwunden anerkennt, dass hier die Vorstellung von der Präexistenz der Seele vorliegt, sie aber aus der oben referierten Vorstellung erklärt und daher den Reinkarnationsgedanken aus dem Denken Pseudo-Salomos ausscheidet; ähnlich Schmitt, Buch, 87; ders. Weisheit, 46–47: Engel, Buch, 145–146; Blischke, Eschatologie, 180, die den hier vorliegenden pythagoräisch-platonischen Dualismus erkennt, aber keine weiteren Schlüsse daraus zieht.

auftauchten und ihr ganzes Streben danach richteten, dem leiblichen Leben abzusterben, die genuinen Philosophen seien. Von hier aus ist es nur noch ein Schritt bis zu den gnostischen Erlösungslehren, nach denen die im Leib gefangenen Seelen durch ihre Belehrung über ihre himmlische Herkunft erlöst in den Himmel zurückkehren würden. In einer allegorischen Erklärung des Speisegebots in Lev 11,29, nach dem man von geflügeltem Geziefer nur Heuschrecken mit zwei Schenkeln essen dürfe, erklärt Philo in Her 239–240, dass diese Insekten Symbole der Seelen seien, die obwohl sie wie jene in irdische Leiber eingesenkt seien, sich reinigten und die Kraft besäßen, sich zum Himmel zu erheben, indem sie die Erde gegen den Himmel und damit die Vergänglichkeit mit der Unsterblichkeit vertauschten. Dagegen könnte man mit Recht unterstellen, dass die Seelen, die den reinen Äther aus Übersättigung an Gottes Gaben mit der Erde als dem Bereich der sterblichen und bösen Verhältnisse vertauscht hätten, hier von unzähligen Überlegungen und Gedanken teils willentlich teils unwillentlich hin und her getrieben würden. Dabei würden die einen nach oben und die anderen nach unten streben. So lebten sie entweder dem Laster, das sie nach unten zöge, oder der Tugend, die sie nach oben zöge. Mithin gibt es keinen Zweifel daran, dass Philo davon überzeugt war, dass alle Seelen der Menschen vom Himmel stammten.

Sehen wir uns in den jüdischen Apokalypsen nach dieser Vorstellung um, so begegnet sie sowohl im Slavischen Henochbuch, wie in der Syrischen Baruch-Apokalypse. In II Hen 23,4–5 wird Henoch vom Erzengel Vrevoil (Uriel)[74] eröffnet, dass alle Seelen bereits vor der Bildung der Erde geschaffen worden seien.[75]. In syrBar 23,3–4 wird berichtet, dass der Herr dem Seher eröffnet habe, dass beim Tode Adams bereits die Menge derer gezählt gewesen sei, die noch entstehen sollten.[76] Wenn die vorbestimmte Zahl der Seelen erreicht sei, würde „die Kreatur wieder aufleben." Diese Vorstellung hat sich später unter dem Einfluss von Origenes auch in der Alten Kirche durchgesetzt,[77] bis ihr Augustinus wegen ihrer Verbindung mit der Seelenwanderung widersprach, ohne sich deutlich darauf festzulegen, ob die

74 Zu seinen Funktionen vgl. Mach, DDD, 1670–1672.

75 Slav. Henoch, hg. und übers. von Böttrich, 898. Er rechnet damit, dass der überlieferte altslavische Text eine Übersetzung aus einem griechischen Original ist, das in Kenntnis von I Hen vor 70 n. Chr. in Alexandrien entstanden ist, vgl. 810–813.

76 Hg. und übers. von Kliyn, 138–139, und zur vermutlichen Entstehung der Apokalpyse zwischen 4 und 30 n. Chr. in Judäa, vgl. auch Stone, Apocalyptic Literature, 410, der sie Ende des 1. oder Anfang des 2. Jh. n. Chr. datiert.

77 Vgl. dazu Seeberg, Dogmengeschichte I, 515–517.

Seele durch den väterlichen Samen weitergegeben würde,[78] was von der kirchlichen Lehre weiterhin ausdrücklich bestritten wurde. Statt dessen vertritt sie bis heute den sog. Kreationismus, nach dem die Seele der Menschen fallweise von Gott erschaffen werden,[79] was zweifellos der biblischen Ansicht entspricht.[80] Da Pseudo-Salomo auf diese Vorstellung in 15,11 ausdrücklich zurückgreift, indem er dem exemplarischen Hersteller von Götzenbildern vorwirft, dass er den nicht erkannt hätte, der ihn geformt und ihm eine tätige Seele (ψυχὴ ἐνεργοῦσα) eingehaucht (ἐμπνεῖν) und einen lebendigen Geist (πνεῦμα ζωτικόν) eingepflanzt (ἐμφύειν) hätte, ist m. E. der Schluss unausweichlich, dass es sich bei 8,19–20 und 9,15 um einen nachträglichen Einschub handelt, der dezent auf die Reinkarnationslehre hinweist.[81]

6. Der Weg zur Unsterblichkeit des Gerechten

Pseudo-Salomo hat von Anfang an keinen Zweifel daran gelassen, dass es ihm in seiner Mahnschrift darum geht, die Menschen zu einer Gerechtigkeit zu führen, welche die Folge der von Gott geschenkten Weisheit ist, die den Menschen dazu anleitet, seine Bestimmung zum ewigen Leben, zu ἀφθαρσία und ἀθανασία, zur Unvergänglichkeit und Unsterblichkeit zu erreichen. Zwischen beiden Begriffen wird man höchstens insofern differenzieren können, als der Mensch als Person unzerstörbar und daher unsterblich ist.[82] In diesem Sinne setzt die Unsterblichkeit des Menschen die Unzerstörbarkeit seiner Seele voraus. Denn nur wenn die Seele unbeschädigt bleibt, kann sie

78 Vgl. dazu Geyer, Philosophie, 112, der auf retr. I.1, n.3 und trin. XII.15 verweist, vgl. dazu Chadwick, Augustine, 161–162.

79 Vgl. das Enchiridium Symbolorum. ed. 28 (Karl Rahner), Nr. 20 mit 31 (Symbolum conc. Toletani aus den Jahren 400 und 447), Nr. 170/4 (De origine animarum et peccato originali aus dem Jahr 498); Nr. 235–236; (Conc. Bracarense II aus dem Jahr 561); 348 (Symbolum fidei aus dem Jahr 1053)) und z. B. 513, vgl. auch 527 (Errores Ekardi aus dem Jahr 1329) , Nr. 533 (Errores Armenorum aus dem Jahr 1341) und Nr. 1910 (Errores Antonii de Rosmani –Serbati aus dem Jahr 1887).

80 Vgl. Gen 2,7; vgl. 3,19, und weiterhin Ps 90,3; 104, 29–30, Koh 12,7.

81 Vgl. Georgi, Weisheit, 433 Anm. 19a, der aber 9,15 als ursprünglich gelten lässt, und dann Kaiser, Anknüpfung, 54–69, bes. 65–66 = ders., Weisheit, 201–216, bes. 212–213; ders. Gott III, 330–332; zur Eschatologie Philos vgl. ebd., 333–337.

82 Vgl. Sonnemans, Seele, 468.

als Garant für das Weiterleben des Menschen dienen.[83] So ist es kein Zufall, dass Pseudo-Salomo in seinem sorgfältig komponierten Proemium 1,1–15[84] das Buch mit einer Mahnrede an die Regenten der Erde eröffnet, die Gerechtigkeit zu lieben und auf diese Weise den Herrn zu suchen. Wenn sie sich dazu entschließen, können sie sicher sein, dass er sich von denen finden lässt, die ihn nicht versuchen, sondern ihm vertrauen (1,1–2). Gottvertrauen ist mithin die Wurzel der Gerechtigkeit, daher bewirkt sie bei denen, die nach ihr streben, die Unsterblichkeit, so dass der Dichter die δικαιοσύνη selbst als ἀθάνατος, als unsterblich bezeichnen kann (1,15); denn sie steht im Gegensatz zum Frevel und damit zum Tod.[85] So gibt das überaus sorgfältig komponierte Prooemium in 1,1–15 die grundlegende Antwort auf die Frage, wie der Mensch seine Bestimmung erreichen kann.

Doch diese These bedurfte der vorausgehenden Warnung, sich nicht in den Tod zu stürzen und durch Taten den eigenen Untergang oder Tod zu bewirken, der nicht in der Schöpfungsabsicht Gottes gelegen hat (1,11–15):

11 *Hütet euch also vor nutzlosem Murren und bewahrt die Zunge vor Verleumdung; denn heimliche Rede wird nicht leer einhergehen, ein verlogener Mund wird die Seele vernichten.*
12 *Strebt nicht nach dem Tod im Irrtum eures Lebens und zieht nicht den Untergang herbei durch die Werke eurer Hände!*
13 *Denn Gott hat den Tod nicht geschaffen auch freut er sich nicht am Verderben der Lebenden.*
14 *Denn er hat das All zum Sein geschaffen, und heilvoll sind die Geschöpfe der Welt; auch ist in ihnen kein tödliches Gift noch besitzt der Hades ein Reich auf der Erde.*
15 *Denn die Gerechtigkeit ist unsterblich.*

Daran schließt sich als Überleitung zu der Beispielerzählung in 2,1–20 in V.16 die Erinnerung daran an, dass die Frevler derart im Irrtum befangen sind, dass sie sich mit dem Tod verbündet haben und dadurch zu seinem „Los“ gehören (1,16):

16 *Die Frevler aber luden ihn mit Händen und Worten ein, hielten ihn für ihren Freund und schwanden dahin,*[86] *auch machten sie einen Bund mit ihm,*[87] *denn sie sind es wert.*

83 Vgl. Sonnemans, Seele, 469.

84 Zu 1,1–10 vgl. Neher, Wesen, 89.

85 Zum Gegensatz zwischen dem Gerechten und dem Frevler und zur „Gerechtigkeit“ in der Sapientia vgl. Engel, Buch, 41–42 und 58–63.

86 Ansprechend ist die Vermutung von Georgi, Weisheit, 406 Anm., dass hier eine Anspielung auf den griechisch-hellenistischen Gedanken vorliegt, dass der Tod dem

Als abschreckendes Beispiel für diese Haltung werden dann in 2,1–20 die skeptischen Hedonisten vorgeführt. Weil sie überzeugt, sind, *„dass mit dem Tode alles aus ist"* (V.1–5) stürzen sie sich in Vergnügungen (V.6–9), um dann die Gerechten zu quälen, weil deren bloße Existenz ihnen ein Dorn im Auge ist (V.10–20). Das aber veranlasst den Weisen, ihren grundlegenden Irrtum aufzudecken, in dem sie aufgrund ihres Nihilismus die Möglichkeit des ewigen Lebens leugnen und so Kinder des Todes sind, der durch die List des Satans in die Welt gekommen ist (2,21–24).[88]

Die Behauptung, dass die Menschen von Gott zur ἀφθαρσία, zur Unvergänglichkeit[89] erschaffen waren (2,23), wird nicht mittels eines der platonischen Beweise,[90] sondern mittels eines Midrasch aus Gen 1,28 begründet: Wenn Gott ewig ist und er die Menschen nach seinem Bild erschaffen hat, dann waren auch sie zur Unvergänglichkeit bestimmt.[91] In V.24 klingen geheime Geschichten an, die man sich vom Neid des Satans auf die Vorzugstellung des Menschen unter allen himmlischen und irdischen Geschöpfen als Grund für die Verführung der Urmutter erzählte (vgl. Vit. Ad.9,3–17,3).[92] Vielleicht waren sie mit Lehren verbunden, nach denen die Menschen in Kinder des Lichts, die unter der Führung und dem Schutz des Erzengels Michael, und in Kinder der Finsternis, die zum Los Belials stehen, eingeteilt sind (2,21–24):[93]

Helden und dem Weisen höchsten Ruhm beibringen oder ihm als Freund erscheinen kann; auch vgl. Sir 40,2.

87 Vgl. Jes 28,15 und dazu Kaiser, Jesaja II, 200, der statt für einen der magischen Feiung gegen den Tod dienenden Ritus für ein übertragendes Verständnis plädiert, nach dem die Getadelten sich so herausfordernd gegen Gott verhielten, als hätten sie einen Bund mit dem Tod geschlossen; zur Sache vgl. auch Healey (DDD/1995), 1129.

88 Vgl. dazu oben, 351.

89 Vgl. dazu Larcher, Études, 282–284 und zur Vorgeschichte des Begriffs im Sinne von Unsterblichkeit Epik. Ep.1.28.3 (Usener); Philod. D 3 frg.88b; Philo. op.153; Röm 2,7; auf die Seelen bezogen Diog. Oen.63; auf Gott Röm 1,23, vgl. Liddell/Scott, 289a s.v.

90 Vgl. zu ihnen Ricken (HWPh 11/2001), 277.

91 Vgl. dazu Kaiser, Dinge, 83–86 = ders., Weisheit, 9–12, bzw. ders., Anweisungen, 106; Blischke, Eschatologie, 110–114.

92 Vgl. dazu oben, 351.

93 Vgl. z. B. 1QM I.11–12 (vgl. Dan 12,1); XVII.5b-8; 1QS III.13-IV.14.15–23 und dazu von der Osten-Sacken, Belial, 73–87 und 116–189; vgl. aber auch die Beziehung von V.24 auf Kain bei Blischke, Eschatologie, 114–115.

21 *So dachten sie und gingen in die Irre; denn ihre Bosheit hatte sie verblendet,*
22 *und sie kannten die Geheimnisse Gottes nicht und hofften nicht auf den Lohn der Heiligkeit und glaubten an keine Auszeichnung untadliger Seelen.*
23 *Denn Gott hat den Menschen zur Unvergänglichkeit erschaffen und ihn zum Bilde seiner Eigenart*[94] *gemacht;*
24 *Durch den Neid des Verleumders*[95] *kam der Tod in die Welt, ihn aber erfahren, die zu seinem Los gehören.*

Der zweite Beleg für ἀφθαρσία liegt erst in der zweiten Mahnrede an die Könige in 6,1–20 vor, die ihnen (und d.h. den Lesern) einprägen soll, dass kein anderer Weg zur Unvergänglichkeit als der der Weisheit führt, die ihnen nicht nur Umsicht und Bildung, sondern auch Liebe und Nähe zu Gott und damit zum Halten seiner Gebote verleiht (6,18–19):[96]

18 *Liebe ist das Halten ihrer Gebote, Erfüllen der Gebote sichert Unvergänglichkeit,*
19 *und Unvergänglichkeit bringt in Gottes Nähe.*

Die Aufgabe, die Menschen auf dem richtigen Weg zum ewigen Leben zu geleiten, übernimmt der allgegenwärtige[97] und unvergängliche Geist Gottes (ἀφθάρτόν σου πνεῦμα) (12,1–2):

1 *Denn in allem ist dein unvergänglicher Geist.*
2 *Deshalb bestrafst du die Fehlgehenden nach und nach und mahnst sie, indem du sie an ihre Sünden erinnerst, damit sie von der Bosheit lassen und auf dich Herr vertrauen* (πιστεύωσιν).

---

94 Jüngere Lesart: „Unvergänglichkeit“.

95 διάβολος entspricht hebr. Satan.

96 Zu den Belegen in IV Makk vgl. 9,22: „Vielmehr als wäre ihm im Feuer durch Verwandlung Unzerstörbarkeit verliehen worden, ertrug er voll Adel die Foltern“; 17,12: „Der Sieg war die Unvergänglichkeit in einem lange dauernden Leben“ [G Symm. Ps. 74 (75)]. Symmachus schuf um 170 nach Aquila eine zweite Neuübersetzung, „die nicht nur wörtlich, sondern auch gut griechisch sein wollte.“ Würthwein, Text, 65.

97 Vgl. 1,7–8: „*7 Denn der Geist Gottes erfüllt den Erdkreis/ und der das All umfasst, kennt jede Stimme. Daher bleibt keiner, der Unrecht tut, verborgen/ noch geht die strafende Gerechtigkeit an ihm vorüber.*“ In 1,1–10 besteht eine eigentümliche Übereinstimmung zwischen dem, was der „Geist Weisheit“ und dem was der Geist des Herrn weiß und bewirkt. Man darf beide trotzdem nicht identifizieren, denn dem Geist Weisheit wird bewusst eine Stellung als Mittlerin zwischen Gott und Welt zugeschrieben, um Gottes Transzendenz zu bewahren. Das führt dazu, dass beiden die gleichen Fähigkeiten und Tätigkeiten zugeschrieben werden können; vgl. Neher, Wesen, 98.

Das zweite Mal begegnet das Adjektiv in 18,4: Hier charakterisiert es die Aufgabe, die Israel mit der Gabe der ihr am Sinai offenbarten Tora anvertraut worden ist: Vermittler eines Gesetzes zu sein, welches das unvergängliche Licht der Welt ist. Mit diesem universalen Anspruch auf die Allgemeingültigkeit der Tora für die ganze Menschheit rückt Pseudo-Salomo in die Nähe Philos (18,4):[98]

> *„Jene hingegen (Ägypter) hatten es verdient, des Lichtes beraubt und in Finsternis gefangen zu sein, weil sie einst deine Söhne eingeschlossen und gefangen hielten, durch die das unvergängliche Licht des Gesetzes der Welt gegeben werden sollte.“*

Fragen wir abschließend nach dem Unterschied zwischen Unvergänglichkeit und Unsterblichkeit, so wird man höchstens insofern differenzieren können, dass das eine Wort den Nachdruck auf die Unzerstörbarkeit und das andere auf den entsprechenden Zustand der Dauer des Menschen als Person legt.[99] In diesem Sinne setzt die Unsterblichkeit des Menschen die Unzerstörbarkeit seiner Seele voraus. Denn nur wenn die Seele selbst den Tod unbeschädigt übersteht, kann sie als Garant für das Weiterleben des Menschen dienen.[100] Die Unsterblichkeit aber ist die eigentliche Bestimmung des Menschen. Ihre Voraussetzung ist nach 1,15 die δικαιοσύνη, denn sie steht im Gegensatz zum Frevel und damit zum Tod.[101] So gibt das überaus sorgfältig komponierte Prooemium in 1,1–15[102] die grundlegende Antwort auf die Frage, wie der Mensch seine Bestimmung erreichen kann. Daher wird sie mit der an die Beherrscher der Erde gerichtete Ermahnung eröffnet, die Gerechtigkeit zu lieben und auf diese Weise den Herrn zu suchen. Denn dann können sie sicher sein, dass er sich von denen finden lässt, die ihn nicht

---

98 Vgl. dazu Borgen, Philo, 269–274 und die von Winston, Wisdom, 312 angeführten Belegstellen, nach denen die Juden Gottes liebstes Volk sind, dem er die Gabe des Priestertums und der Prophetie für alle Menschen gegeben hat (Abr.98; Spec.I.168; das für die ganze Menschheit um Erlösung von dem Bösen bittet (Mos.I.149); dessen Hoher Priester für alle Menschen und auch die Natur bittet und dankt (Spec.I.96–97). Der Sabbat ist ein Fest für das ganze Universum und gehört allen Menschen als der Geburtstag der Welt (Op.89). Israel aber ist das Beispiel für alle Völker (Praem.114), sein Gesetz aber ist das Gesetz für den ganzen Kosmos, weil das jüdische Volk ihm ähnlich ist (QE.II.42). Daher sah Philo im Proselytismus die Möglichkeit der Teilhabe aller Menschen an der jüdischen Weltreligion (Spec.IV.178; I.309; I.51–52 und Mos. 244).

99 Vgl. Sonnemans, Seele, 468.

100 Vgl. ebd., 469.

101 Zum Gegensatz zwischen dem Gerechten und dem Frevler und zur „Gerechtigkeit“ in der Sapientia vgl. Engel, Buch, 41–42 und 58–63.

102 Zu 1,1–10 vgl. Neher, Wesen, 89.

versuchen, sondern ihm vertrauen (1,1–2). Gottvertrauen ist mithin die Wurzel der Gerechtigkeit, daher bewirkt sie bei denen, die nach ihr streben, die Unsterblichkeit, so dass sie der Dichter selbst als ἀθάνατος, als unsterblich bezeichnen kann (1.1–15). So beginnt der Weg nach 1,1 bei der Gerechtigkeit, die nach 1,15 unsterblich ist. Auf dem Weg begleitet den Menschen die Weisheit als Führerin zur Unsterblichkeit (8,13); denn sie leitet ihn zu einem Leben in Weisheit und Gerechtigkeit an. Über die Beziehung zwischen Weisheit, Gerechtigkeit und Unsterblichkeit gibt die an die Könige gerichtete Mahnrede, nach Weisheit zu streben, in 6,1–21 Auskunft. Unsere Frage aber beantworten die Verse (6,12–19):

12 *Leuchtend und ewig ist die Weisheit und leicht wird sie erkannt von denen, die sie lieben, und gefunden von denen, die sie suchen;*
13 *kaum dass man sie begehrte, gibt sie sich schon zu erkennen.*
14 *Wer sich früh zu ihr aufmacht, bemüht sich nicht vergeblich; denn er findet sie an seinen Türen sitzend.*
15 *Denn das Nachdenken über sie ist die Vollkommenheit der Einsicht, und wer ihretwegen wach liegt, wird schnell ohne Sorge sein.*
16 *Denn sie geht umher und sucht, die ihrer würdig sind, freundlich erscheint sie ihnen auf allen Pfaden, in jedem Gedanken begegnet sie ihnen.*
17 *Denn ihr Anfang ist die wahrhaftigste Begierde nach Zucht,*
18 *Das Trachten nach Zucht aber ist die Liebe, Liebe ist das Halten der Gebote, Halten der Gebote aber ist Garantie der Unvergänglichkeit, Unvergänglichkeit aber ist Gottesnähe.*

So sind Weisheit, Besonnenheit und Gerechtigkeit die Führerinnen des Menschen zum ewigen Leben, das ewige Leben aber ist Gottesnähe.[103]

7. Die Anthropologie der Weisheit Salomos

Fassen wir das Ergebnis unserer Untersuchung über die Anthropologie der Sapientia Salomonis nach diesem Höhenflug prosaisch zusammen:

1. nimmt der jüdische Weise ganz selbstverständlich die psychophysischen Termini seiner Tradition auf, um vom Menschen zu reden. Die Bezeichnungen zeigen, dass er den Menschen in seiner Leiblichkeit als Teil der Schöpfung versteht. Darüber hinaus fällt allerdings auf, wie wenig pointiert er diese anthropologischen Begriffe einsetzt. Denn zum einen nimmt er dafür wenige Wörter auf; zum anderen verwendet er sie so

103 Vgl. auch I Kor 15,28.

verschieden, dass sich aufgrund dieses Befundes keine einheitliche Lehre vom Menschen erkennen lässt. Diese Beobachtung führte zu der Vermutung, dass dem Weisen bei seiner Rede vom Menschen weniger eine systematische Darstellung als eine themengebundene Argumentation am Herzen lag.

2. ergab die Untersuchung des Gegensatzpaares Leib und Seele, dass der Mensch in seiner Leiblichkeit nicht aufgeht. Die Gegenüberstellung beider weist vielmehr darauf hin, dass die Seele zwar das belebende Element des Leibes, aber trotzdem nicht an ihn gebunden ist. Denn sie sichert die Kontinuität der individuellen Persönlichkeit in dieser und der anderen Welt.
3. Doch der Weg zur Unsterblichkeit ist nicht frei von Bedingungen, die als aufeinander aufbauende Stationen klar markiert und für jeden Menschen nachvollziehbar sind, der dem Aufruf der Weisheit zu einem Wandel in Gerechtigkeit folgt. Wer die Weisheit besitzt, beachtet die Zucht und damit die Weisungen der Thora und sichert damit durch seine Gerechtigkeit seine Unvergänglichkeit.
4. Der vergängliche Mensch ist zur Unvergänglichkeit geschaffen. Damit ragt etwas Zukünftiges in seine Gegenwart hinein und deutet sie neu: Die Unvergänglichkeit liegt nicht einfach in einer fernen Zukunft, die erst nach dem Tod zur Gegenwart wird. Sie determiniert vielmehr das menschliche Leben schon jetzt. Denn indem der Mensch voll Hoffnung auf die Unsterblichkeit ist, richtet er sein Leben an ihr aus, indem er alles tut, um sie zu erlangen.
5. Neben dem eschatologischen Charakter des Buches ist das Theozentrische seines Konzeptes nicht zu übersehen: Denn Gott ist es, der dem frommen Beter die Weisheit schenkt (9,1–17).[104] Gott hat ihm seine Gebote gegeben und damit den Weg für ein gerechtes Leben geebnet, und Gott verleiht ihm zum Schluss auch noch die Unsterblichkeit. Der Mensch bleibt auf seinem Weg zur Unsterblichkeit ganz auf Gott bezogen. So gibt es in dem Buch keine Anthropologie ohne Theologie: Wer vom Menschen in der Sapientia Salomonis reden will, kann dies nicht, ohne auch von Gott zu reden.

Vor allem aber dürfte deutlich geworden sein, wie sehr der jüdische Weise das Menschsein von der Unsterblichkeit her bedenkt, auf die er es ausrichtet, damit es sein irdisches Leben bestimmt. Durch diese Perspektive erhält die Anthropologie in der Sapientia Salomonis nicht nur einen

104 Zu dem Gebet in c.9 vgl. Engel, Gebet, 295–312, bes. 296–299.

wichtigen Aspekt neben anderen, sondern wird sie zu ihrem Mittelpunkt und Ziel. So bezeugt sie an der Schwelle zum neutestamentlichen Zeitalter die Hoffnung auf und die Sehnsucht nach der von dem Gott verliehenen Unsterblichkeit, der sich in seinen Werken vor jedermanns Auge als der wahre Gott bezeugt (13,1–9).

Ciceros Tusculanae Disputationes V
oder
Ein Versuch, die Würde der Pflicht zu retten

1. Zur Situation Ciceros bei der Abfassung der Tusculanen

1.1. Die politische Situation

Als Cicero sich im Sommer des Jahres 45 v. Chr. an die Ausarbeitung seiner „Gespräche in Tusculum" machte, hatte sein Leben einen Tiefpunkt erreicht, ohne dass sich am Horizont eine neue Morgenröte abzuzeichnen schien. Nachdem es ihm misslungen war, Caesar davon zu überzeugen, dass es seine Pflicht sei, nach erfolgter Rettung des Vaterlandes sein Amt niederzulegen, entzog er sich dessen Versuchen, ihn als eine geistige Macht für sich zu gewinnen.[1] Ende des Jahres 45 wurde Caesar die Diktatur auf Lebenszeit verliehen, die er freilich erst wenige Wochen vor seiner Ermordung angetreten hat. Nur wenige Tage vor seinem Aufbruch zum Feldzug gegen die Parther wurde er am 15. März durch C. Cassius Loginus und M. Junius Brutus in der Senatssitzung ermordet.[2] Cicero war anwesend, aber ahnungslos: Er galt den Verschworenen als zu wankelmütig und unentschlossen.[3] Dass er selbst ein Opfer der nachfolgenden Machtkämpfe werden sollte, erkannte er erst, als es zu spät war. Als ein Mann, der für das Recht eintrat und noch vom Diktator verlangte, dass er es zur Richtschnur seines Handelns machte, hat er auf die römische und weiterhin die europäische Nachwelt eingewirkt. Diesen politisch bewegten und Cicero deprimierenden Jahren entsprachen persönliche Katastrophen: Von seiner Frau Terentia hatte er sich nach seiner Rückkehr nach Rom im Herbst 47 scheiden lassen.

1 Vgl. dazu Gelzer, Cicero, 277–284 und 314–323; zu Ciceros Tendenz, die Macht des Konsulats zu beschneiden und auf keinen Fall zu vergrößern, vgl. Samotta, Vorbild, 344–349.

2 Plut. Vit.Caes. 62–67; Suet. Vit.Caes. 80.4–83.2. Auch der von Caesar begnadigte Quintus Ligarius gehörte zu den Verschwörern: Die ihm erwiesene Milde Caesars empfand er als eine Schmach; vgl. dazu Gelzer, Caesar, 304–305 und seine zusammenfassende Würdigung Caesars, 303–309 und Christ, Krise, 392–397 mit der anschließenden Würdigung 397–405.

3 Plut.Vit.Caes. 62.1; Gelzer, Cicero, 325.

Als Grund gab er an, sie habe ihn böswillig während seiner Wartezeit in Brundisium jede Hilfe versagt und ihn auch nicht besucht, während seine Tochter Tullia den langen Fußmarsch nicht gescheut hätte. Die Scheidung von Terentia vermehrte seine Schulden, da er sie auszahlen musste.[4] So heiratete er im Dezember 46 die blutjunge Publilia: Aber statt sich um sie zu kümmern, vernachlässigte er sie vollkommen zugunsten seiner Tochter, die im Januar 45 in Rom ihrem Gemahl Dolabella einen Jungen geboren hatte, aber schon Mitte Februar im Tusculanum gestorben war. In seiner Trauer vergaß er Pubilia völlig, so dass sie die Scheidung einreichte und Cicero nun außer Terentia auch noch Publilia auszuzahlen hatte.[5]

1.2. Die persönliche Situation

Gegen seinen Kummer über den Tod der Tochter kämpfte Cicero mit der Abfassung der *Consolatio* an, in der er den Trost der Philosophie und das Beispiel großer Römer aufbot. Anschließend verfasste er im Mai schnell hinter einander den *Hortensius*, *Catulus* und *Lucullus*, im Juni die fünf Bücher *De finibus* oder über die Ziele des menschlichen Handelns und eine Neubearbeitung des Catulus und Lucullus im Rahmen der vier *Libri Academici.*[6] Da er in diesen Schriften die Meinungen der Akademiker, Epikureer, Peripatetiker und Stoiker kritisch diskutierte, war er sachlich für die *Tusculanae Disputationes* glänzend vorbereitet:[7] Im Anschluss an seinen akademischen Lehrer Philo von Larissa[8] vertrat er selbst die auf Karneades (214–129 v. Chr.) zurückgehende erkenntnistheoretische Skepsis:[9] Nach ihr gibt es keine wahren, sondern nur wahrscheinliche Urteile. Ciceros Aufgabe bestand also darin, jeweils die Meinung einer Schule von einem ihrer Vertreter vortragen zu lassen, um sie anschließend kritisch zu prüfen. Das führt immer wieder zur Einfügung philosophiegeschichtlicher Exkurse, die man als Doxographien und d. h. Abrisse von Lehrmeinungen zu bezeichnen pflegte. Im Mittelpunkt von Ciceros Interesse wie dem seiner Zeitgenossen standen nicht die großen Alten wie Platon und Aristoteles, sondern die hellenistischen Philosophen. Von ihnen wüssten wir so gut wie

4 Vgl. Plut. Vit.Cic. 8.2 mit 61.2, dazu Gelzer, Cicero, 287–288.
5 Plut.Vit. Cic. 62.3–4, Gelzer, 290–293.
6 Vgl. dazu z. B. Gelzer, Cicero, 293–304 bzw. ausführlich Straßburger, Spätwerk, 38–56.
7 Vgl. dazu Gelzer, 304–309; Seel, Cicero, 365–367; Fuhrmann, Cicero, 228–229.
8 Vgl. z. B. Cic. nat.deo. I.6.
9 Vgl. zu ihm Görler, Karneades, in: Flashar, Philosophie. IV/2, 849–887.

nichts, wenn uns nicht Ciceros Referate und die zehn Bücher des Diogenes Laertius „*Leben und Meinungen berühmter Philosophen*" aus der 1. Hälfte des 3. Jh. n. Chr. erhalten wären. Aber man täte Cicero Unrecht, wenn man ihn nur als einen Steinbruch für unsere eigenen philosophiegeschichtlichen Rekonstruktionen betrachten wollte und darüber die Menschlichkeit des Römers übersähe, die sich in seinen Wahrscheinlichkeitsurteilen, aber auch in ihrer Durchbrechung, wenn ihm die behandelte Frage persönlich allzu wichtig war, niedergeschlagen hat. Cicero war ein leidenschaftlicher und stets mit seinem ganzen Gefühl im Jetzt und Hier lebender Mann. Dass er uns dabei als ein Mensch im Widerspruch erscheint, ist davon die Folge. Aber so sehr seine Urteile über Menschen und Meinungen schwanken konnten, in einem ist er sich stets treu geblieben, in der Verehrung des Rechts (Cic.rep. I.49[170]): „*Quare cum lex sit civilis societatis vinculum, ius autem legis aequale, quo iure societas civium teneri potest, cum par non sit condicio civium? Si enim pecunias aequari non placet, si ingenia omnium paria esse non possunt, iura certe paria debent esse eorum inter se qui sunt cives in eadem re publica. Quid est enim civitas nisi iuris societas civium?*"[10]

2. Zu Aufbau und Methode Ciceros in den Tusculanae Disputationes

2.1. Zum Aufbau des Dialogs und der zentralen These des 5. Buches

Nach dem Gesagten nimmt es nicht wunder, dass der Leser bei der Lektüre der Tuskulanen feststellen muss, dass ihnen die zielgerichtete Strenge und Lebendigkeit eines platonischen Dialogs oder einer aristotelischen esoterischen Abhandlung fehlt.[11] Der Dialog wird durch doxographische Abrisse unterbrochen, die Gedankenführung nimmt des öfteren eine unvorhergesehene Wendung. Thesen, Einwürfe werden scheinbar unberücksichtig bei Seite geschoben, als unerschütterlich verteidigte Sätze verlieren plötzlich

10 „*Da das Gesetz das Band bürgerlicher Gemeinschaft ist, Recht aber die Gleichheit des Gesetzes, mit welchem Recht kann die Gemeinschaft der Bürger behauptet werden, wenn die Bedingung der Bürger nicht gleich ist? Wenn man nämlich die Vermögen gleichzumachen nicht gewillt ist, wenn die Begabungen nicht gleich sein können, müssen sicherlich wenigstens die Rechte derer unter sich gleich sein, die Bürger in demselben Gemeinwesen sind. Was ist dann der Staat, wenn nicht die Rechtgemeinschaft der Bürger?*": Übers. Büchner, 67.

11 Zum Charakter der Tuskulanen als Angriffe auf Caesar vgl. Straßburger, Spätwerk, 56–61.

durch einen Zusatz ihre ganze Geltung. Vor allem stehen alle Beweise für die im 5. Buch verteidigte These, dass allein die Tugend ein Gut (*bonum)* und allein die sittliche Schlechtigkeit ein Übel (*malum)* sei, unter dem Vorzeichen, dass es dem Weisen in einer seine Kräfte übersteigenden Situation frei steht, sein Leben zu beenden. Marcius Porcius Cato (Uticensis), der auf der Seite der Pompejaner gegen Caesar gekämpft hatte, hatte nach der Niederlage des Heeres bei Thapsos im Jahre 46 diesen Ausweg gewählt.[12] Marcus Junius Brutus und Gaius Longinus Cassius, die beiden Caesarmörder, folgten ihm im Jahre 43 nach der verlorenen Schlacht bei Philippi.[13] Seneca, der diese dem Menschen vom Schicksal zugestandene Lizenz auf die Formel *„exire licet“* (*„Es ist erlaubt zu gehen“*) gebracht hatte,[14] ging hundert Jahre später denselben Weg (65 n. Chr.).[15] Wenn die extreme, von Cicero verteidigte, aber schon von Aristoteles als töricht bezeichnete These, dass der wahre Weise auch in der Folterkammer glücklich sei,[16] wahr wäre, bedürfte es des freiwilligen Abgangs aus dieser Welt nicht.

Im Laufe des Dialogs wird deutlich, dass Cicero sehr wohl die Möglichkeit gesehen hat, zwischen dem Guten und dem Glück zu unterscheiden, aber er wollte sich auf diese von den Peripatetikern besetzte Linie nicht einlassen, weil für ihn allein die Tugend das höchste Gut war und jede sinnliche Abstützung sie in seinen Augen ihrer verpflichtenden Würde beraubt hätte. Um zu verstehen, warum Cicero so zäh damit rang, Glück und Tugend gleichzusetzen, braucht man sich nur daran zu erinnern, dass die diese Position verteidigende stoische Philosophie in einer von den Stürmen der Geschichte und den launischen Wellen des Schicksals hin und her geworfenen Epoche den letzten sicheren Anker zu bieten schien, indem sie zeigte, wie man das persönliche Unglück mit Haltung bestehen kann.

Sehen wir also zu, ob und wie weit er die angestrebte Position durchzuhalten vermochte, nach der allein das gute und d. h. tugendhafte Handeln

---

12 Caes. Bell.Afr. 88.

13 Plut. Vit.Brut. XLIII.7–9 (Cassius) und LII.1–7.

14 Er lässt in De prov. 6.7 die Vorsehung selbst erklären: „Ante omnia cavi ne quis vos tenere invitos; patet exitus: si pugnare non vultis, licet fugere (Vor allem habe ich sichergestellt, dass euch niemand gegen euren Willen festhält, der Weg aus dem Leben steht offen: wenn ihr nicht kämpfen wollt, könnt ihr fliehen).“

15 Tac. ann. XV.60.1–64.4 und dazu Fuhrmann, Seneca, 319–325 und die Kritik bei Aug. civ. I.21–24.

16 Aristot. EN VII. 19–21: „Die aber erklären, ein Mensch, der aufs Rad geflochten werde oder ins größte Elend gerate, sei glückselig, wenn er tugendhaft sei, stellen absichtlich oder unabsichtlich eine nichtige Behauptung auf.“ Denn es bedarf zum Glück nicht nur der Tugend, sondern auch leiblischer und äußerlicher Güter.

mit dem Glück gleichzusetzen ist. Erinnern wir uns an Kants Ethik der Pflicht, die alle sekundären Antriebskräfte wie die des Wohlgefallens oder des Glücks ausschaltet,[17] und an Schillers Einspruch,[18] so wird deutlich, dass das Problem letztlich bis heute seine Aktualität nicht verloren hat, auch wenn es durch einen den Zeitgeist beherrschenden Hedonismus in Vergessenheit geraten zu sein scheint; denn wer die Maxime vertritt, dass erlaubt ist, was gefällt, dem bleibt in der Konsequenz nichts anderes übrig, als alle ethischen Probleme auszublenden und sich mit einem politischen Moralismus zufrieden zu geben, statt nach ihren Wurzeln in der Sünde als Trennung von Gott zu suchen.

2.2. Die Fragen und Antworten der Bücher I-IV

Der Leser der Disputationen muss auf alle Fälle die Bereitschaft zur Geduld besitzen, um den Faden nicht zu verlieren und hinter den Umschwüngen, Unklarheiten und manchmal wohl auch Ungereimtheiten den Menschen Cicero zu erkennen, der, indem er die fünf Grundthemen durchbuchstabiert, ob der Tod ein Unglück (Buch I) und der Schmerz das größte Übel sei (Buch II); ob es eine Heilkunde für den Kummer der Seele gäbe (Buch III); ob man der Leidenschaften Herr werden könne (Buch IV) und ob der Tugendhafte immer glücklich sei (Buch V), nicht nur seinen Lesern, sondern auch sich selbst Halt und Haltung zu geben versucht hat.[19]

17 „Pflicht! du erhabener großer Name, der du nichts Beliebtes, was Einschmeichelung mit sich führt, in dir fassest, sondern Unterwerfung verlangst, doch auch nichts drohest, was natürliche Abneigung im Gemüte erregte und schreckte, um den Willen zu bewegen, sondern bloß ein Gesetz aufstellst, welches von selbst im Geblüte Eingang findet und doch sich selbst wider Willen Verehrung (wenngleich nicht immer Bewunderung) erwirbt, vor dem alle Neigungen verstummen, wenn sie gleich insgeheim ihm entgegenwirken: welches ist der deiner würdige Ursprung und wo findest du die Wurzel deiner edlen Abkunft, welche alle Verwandtschaft mit Neigungen stolz ausschlägt, und von welcher Wurzel abzustammen die unnachläßliche Bedingung desjenigen Werts ist, den sich Menschen allein selbst geben können?" Kant, Kritik der praktischen Vernunft (1788, 154 , hg. Vorländer (PhB 38), 101; zum stoischen Hintergrund und seinen spezifischen Abwandlungen bei Kant vgl. Brandt, Bestimmung, 145–177 und zur inneren Logik der praktischen Kritik 373–378.

18 Friedrich Schiller, Über Anmut und Würde (1793), SW (hg. von Wiese) V, 231–285, bes. 265: „In einer schönen Seele ist es also, wo Sinnlichkeit und Vernunft, Pflicht und Neigung harmonieren, und Grazie ist ihr Ausdruck in der Erscheinung." Vgl. dazu Alt, Schiller II, 104–111 und Oellers, Schiller, 436–460.

19 Vgl. dazu die durchgehenden Analysen von Koch, Philosophie,100–164.

Die Bücher werden jeweils durch eine Einleitung eröffnet.[20] Die zu Buch I und V sind die umfangreichsten. In I.1–7 rechtfertigt sich der Römer Cicero dafür, dass er sich, nachdem ihm seine Lebensaufgabe als Anwalt und Senator und damit die öffentliche Wirksamkeit genommen worden ist, mit der Abfassung und Veröffentlichung seiner philosophischen Schriften beschäftigt. Eine literarische Betätigung war damals entweder in der römischen Oberschicht offensichtlich noch nicht so selbstverständlich und als standesgemäß anerkannt, dass Cicero sich für seine eigene nicht hätte verteidigen müssen, oder ihm der erzwungene Verzicht auf das öffentliche Auftreten so schmerzlich, dass er sich selbst mit dem Gedanken trösten musste, dass er auch auf diese Weise eine öffentliche Aufgabe wahrnehme, indem er dem römischen Volk, das in Sitten und Lebensformen das erste sei, nun nach der Redekunst auch den Weg zum philosophischen Denken öffne. So habe er sich nach der Abreise des Brutus, dem auch dieses Buch gewidmet ist,[21] an fünf Tagen in fünf Lehrstunden in sokratischer Weise und dialogischer Form um einen Beitrag zu dieser Aufgabe bemüht. Die Namenlosigkeit seiner Gesprächspartner spricht wohl dafür, dass der Dialog und die unterstellten Situationen fiktiv sind.

Vom Prooemium springt Cicero in I.8 in jähem Sprung zu dem Fragesteller über, der mit seinem Satz „*Malum mihi videtur esse mors* (Der Tod scheint mir ein Übel zu sein)," den eigentlichen Dialog eröffnet.[22] Die Antwort wird lauten, dass der Tod entweder eine Veränderung des Ortes der Seele oder aber ihre völlige Vernichtung sei: Im ersten Fall wäre er kein Ende, im zweiten beendete er alle Mühen des Lebens und öffnete er das Tor zur ewigen Ruhe. Also sei er in keinem der beiden Fälle ein Übel (I.117).[23] Cicero beschließt das Buch I in 119 mit dem Hinweis, dass es nun an der Zeit sei, ein

---

20 Vgl. dazu die Analysen von Koch, Philosophie, 61–81.

21 Im Jahre 46 hatte er den „Brutus" geschrieben, ihm die Stoicorum Paradoxa, den Cato und den Orator, 45 De finibus, die Tuskulanen und De natura deorum gewidmet. Vgl. dazu Straßburger, Spätwerk, 29–41.

22 Vgl. dazu Koch, Philosophie, 136–150.

23 „*nam si supremus ille dies non extinctionem, sed commutationem adfert loci, quid optabilius? Sin autem perimit ac delet omnino, quid melius quam in mediis vitae laboribus obdormiscere et ita coniventem somno consopiri sempiterno?*" Vgl. II.2: „*nam qui id quod vitari non potest, metuit, is vivere animo quieto nullo modo potest; sed qui non modo quia necesse est mori, verum etiam quia nihil habet mors quod sit horrendum, mortem non timet, magnum is sibi praesidium ad beatam vitam comparavi.*" (Wer aber den Tod nicht fürchtet, nicht bloß, weil man zwangsläufig sterben muss, sondern auch, weil der Tod nichts Schreckliches an sich hat, der verschafft sich einen starken Schutz im Hinblick auf das glückselige Leben). Übers. Gigon, 115; vgl. dazu Koch, Philosophie, 150–151.

wenig an die Gesundheit zu denken, um dann am folgenden Morgen das Gespräch weiterzuführen und zu sehen, ob die Philosophie die Sorgen, Ängste und Begierden zu heilen vermöge.[24]

Der Prolog in Buch II umfasst die Abschnitte 1 – 9. In ihm stellt Cicero zunächst fest, dass der vorausgehende Dialog als Ergebnis zu einer großen Verachtung des Todes und damit der Befreiung von der Angst geführt habe. Gewiss würde er damit viel Einspruch erfahren. Wenn die Redekunst den Beifall der Menge suche, so sei die Philosophie mit wenigen Richtern zufrieden. Er habe im *Hortensius* und den *Libri Academici* gesagt, was den Gegnern der Philosophie überhaupt zu sagen sei. Jetzt komme es darauf an, dem ermatteten Griechenland den Ruhm auch auf diesem Felde zu entreißen. Seien diese Studien auf die Römer übergegangen, so könne man sich die Bibliotheken mit den unendlichen Massen griechischer Bücher ersparen (II.6). Seine eigene Methode, disputierend das pro und contra zu erörtern, verfolge das Ziel statt starrer Lehrmeinungen das Wahrscheinliche herauszufinden, womit er der skeptischen Methode der Neuen Akademie entspricht (II 5). Der Einwurf des Gespächspartners, dass er den Schmerz für das größte Übel halte, liefert in II.14 das eigentliche Thema des Buches. Ciceros Antwort lautet in II.33, dass er nicht leugne, dass der Schmerz Schmerz sei, sondern behaupte, dass er durch Tapferkeit (*fortitudo*) und Geduld/Ausdauer (*patientia*) überwunden werden könne.[25]

Das Buch III eröffnet Cicero mit der an Brutus gerichteten Frage, welche Ursache man dafür annehmen solle, dass es zwar eine Wissenschaft zur Heilung des Körpers gebe, aber nach einer solchen für die Seele kein Bedarf zu bestehen scheine (III.1). Obwohl uns der Samen der Tugend eingeboren sei, bewege man sich in Schlechtigkeit und vollkommener Verkehrtheit der Meinungen. Statt nach der Wahrheit zu fragen, erlaube man den Dichtern, ihr Scheinwissen anzubieten. So irrten auch die Besten bei ihrer Suche nach der Tugend. Dabei seien die Krankheiten der Seele gefährlicher als die des Körpers und unter ihnen die schlimmsten Kummer und Begierde (III.59), für die nur die Philosophie ein Heilmittel bereit halte. Und so lässt er den

24 „*Optime, inquam. sed nunc quidem valetudine tribuamus aliquid; cras autem et quot dies erimus in Tusculano. agamus haec et ea potissimum quae levationem habeant aegritudinum, formidinum, cupiditatum, qui omnis philosophiae est fructus uberrimus* (Gut, aber jetzt wollen wir ein wenig an unsere Gesundheit denken; morgen und übermorgen solange wir eben in Tusculum sind, wollen wir dies weiterführen und besonders, was die Sorgen, Ängste und Begierden zu heilen vermag. Denn dies ist die kostbare Frucht der Philosophie).“ Text und Übersetzung Gigon, 112 – 113.

25 „*Non ego dolerem dolorem esse nego (cur enim fortitudo desideratur?), sed eum opprimi dico patientia, si modo est aliqua patientia.*“ Vgl. dazu auch Koch, 151 – 164.

ungenannten Juniorpartner den Gegenstand des dritten Gesprächs dahingehend benennen, dass scheinbar auch der Weise dem Kummer (*aegritudo*) unterworfen sei (III.7).[26] Das Ergebnis lautet denn auch, wie von vornherein zu erwarten (III.82), dass jede Art des Kummers dem Weisen fern ist, weil er nichtig und zwecklos und kein Erzeugnis der Natur sei, sondern durch Entschluss (*iudicio*) und Vorstellung (*opinio)* und durch „eine Art von Aufforderung zum Schmerz" (*sed quadam invitationem ad dolendum*) entstünde.[27]

Der Prolog zu Buch IV variiert erneut das Thema der bisherigen Leistungen der Römer in den Wissenschaften. Sie hätten sich schon früh die Lehren der Pythagoräer assimiliert und beim Gelage den Rundgesang gepflegt. Die Römer hätten stets alles erreicht, was sie sich vorgenommen hätten. Zu Beginn des 2. Jh. hätten sie dann auch zu philosophieren begonnen, ohne dass es außer bei den Epikureern zu einer schriftlichen lateinischen Philosophie gekommen sei. Deren Lehren seien aber durchaus unwissenschaftlich und müssten daher überprüft werden. Und so kann Cicero den Junior das Thema mit seiner Erklärung vorgeben lassen, dass er nicht glaube, dass der Weise von jeder Leidenschaft frei sein könne (*Non mihi videtur omni animi perturbatione posse sapiens vacare)* (IV. 8). Das Ergebnis entspricht dem Rationalismus Ciceros: Denn der Dialog kommt zu dem Ergebnis, dass jede Leidenschaft, jede Verwirrung der Seele, auf einer Vorstellung beruhe (*unde intellegi debet perturbationem quoque omnem esse in opinione*) (IV.79).[28] Alle Leidenschaften sind also nach seiner Ansicht in einem verkehrten Denken, Urteilen oder Meinen über Güter (*bona*) und Übel (*mala*) verwurzelt. Nur die Philosophie sei in der Lage, die Vernunftgründe beizubringen, um sich dieser Verwirrungen zu entledigen (IV.84).[29]

2.3. Buch V oder von der Tugend als der einzigen und ausreichenden Quelle zum glückseligen Leben

Gleich mit dem ersten Satz des Buches V ist es klar, dass es in ihm um die Tugend als die alleinige und zureichende Quelle des glückseligen Lebens geht (V.1). Denn sie verachte alles, was immer auf den Menschen einstürzen

26 „*Videtur mihi cadere in sapientiam aegritudo.*"
27 Vgl. dazu Koch, Philosophie, 119–136.
28 Vgl. dazu Koch, 115–119.
29 Vgl. dazu Koch, 118–119.

könne, sie verachte die Zufälligkeiten des menschlichen Lebens, sei frei von Schuld und davon überzeugt, dass nichts sie berühren könne als sie selbst (V.4).[30] Zu diesem Ziel aber führe sie niemand anderes als die Philosophie. Und so steht in der Mitte des langen von V.1 – 11 reichenden Prologes das hymnische Lob der Philosophie (V.5 f.):

> *O vitae philosophia dux, o virtutis indagatrix expultrixque vitiorum! quid non modo nos, sed omnino vita hominum sine te esse potuisset? tu urbis peperisti, tu dissipatos homines in societatem vitae convocasti, tu eos inter se primo domiciliis, deinde coniugiis, tum litterarum et vocum communione iunxisti, tu inventrix legum, tu magistra morum et disciplinae fuisti; ad te confugimus, a te opem petimus, tibi nos, ut antea magna ex parte, sic nunc penitus totosque tradimus. est autem unus dies bene et ex praeceptis tuis actus peccanti inmortalitati anteponendus. cuius igitur potius opibus utamur quam tuis, quae et vitae tranquillitatem largita nobis es et terrorem mortis sustulisti.*[31]

Die Philosophie ist mithin die Anleitung zu einem tugendhaften und damit in sich ruhenden Leben. Sie ist die Mutter aller menschlichen Gemeinschaft und des Staates. Sie hat den Staaten zu ihren Gesetzen und Ordnungen verholfen. Besser ist ein einziger nach ihren Geboten verbrachter Tag als ein unendliches, in Lastern verbrachtes Leben. Im Hintergrund steht (wie später in *De officiis*) die Oikeiosis-Lehre, nach der die Menschen als Naturwesen aneinander gewiesen und als Geistwesen der Tugend fähig

30 „*Sed in hoc me ipse castigo, quod ex aliorum et ex nostra fortasse mollitia, non ex ipsa virtute de virtutis robore existumo. Illa enim, … sustulit, omnia, quae cadere in hominem possunt, subter se habet eaque despiciens casus contemnit humanos culpaque omni carens praeter se ipsam nihil censet ad se pertinere* (Aber darin weise ich mich selbst zurecht, dass ich die Kraft der Tugend von der Weichleichkeit anderer und wohl auch meiner eigenen her beurteile und nicht von der Tugend selbst her. Jene nämlich … hält alles, was auf den Menschen stürzen kann, unter sich, verachtet es, verachtet auch die menschlichen Zufälligkeiten und, frei von aller Schuld, glaubt sie nicht, dass irgendetwas sie berühren könne außer eben sie ihr selbst)." Übers. Gigon, 319.

31 „O, Philosophie, du Lenkerin des Lebens, Entdeckerin der Tugend, Siegerin über die Laster! Was wären nicht nur wir, sondern das Leben aller Menschen überhaupt ohne dich? Du hast die Staaten geboren, Du hast die verstreuten Menschen in die Gemeinschaft des Lebens zusammengerufen und sie zuerst durch die Wohnstätten, dann durch die Ehe, endlich durch die Gemeinschaft des Denkens und Sprechens miteinander verbunden, Du warst die Erfinderin der Gesetze und Lehrerin der Sitten und der Wissenschaft. Zu Dir fliehen wir, von Dir erbitten wir Hilfe, Dir vertrauen wir uns an, früher schon zum größten Teile, jetzt ganz und vollständig. Denn ein einziger Tag, der gut und nach deinem Geboten verbracht worden ist, ist einer Unsterblichkeit voller Verfehlungen vorzuziehen. Wessen Hilfe sollen wir also eher in Anspruch nehmen als die Deine, die Du uns die Ruhe im Leben geschenkt und die Furcht vor dem Tode weggenommenen hast?" Übers. Gigon, 319 und 321; vgl. dazu Koch, Philosophie, 166.

sind.[32] So konnte Cicero schon in seiner in den Jahren 54–51 v. Chr. verfassten Schrift über den Staat, in De re publica III.22 Laelius erklären lassen:

„Est quidem vera lex recta ratio, naturae congruens, diffusa in omne, constans, sempiterna, quae vocet ad officium iubendo, vetando a fraude deterreat, quae tamen neque probos frustra iubet aut vetat, nec improbos iubendo aut vetando movet. Huic legi nec obrogari fas est, neque derogari aliquid ex hac licet, neque tota abrogari potest.[33] Die richtige, mit der Natur in Einklang stehende Vernunft aber ist, wie wir in Tusc. V 38–39 erfahren werden, der zu seiner Vollendung gelangte Geist, der Anteil an dem Geist Gottes hat.

Dass wir mit diesem Rückgriff auf die Verankerung der Philosophie in dem richtigen, der Natur gemäßen Denken den Nerv der Argumentation Ciceros getroffen haben, zeigt sogleich der auf ihr Lob folgende Abschnitt V.6, in dem er erklärt, dass die Menschen, welche die Philosophie gering achten, im Irrtum befangen seien, weil sie nicht weit genug zurückblickten, um zu erkennen, dass es Philosophen gewesen sind, die zuerst das menschliche Leben geordnet haben. Die Sache sei alt, der Name allerdings jung; denn früher habe man statt von Philosophen von Weisheit (*sapientia*) gesprochen und darunter die Kenntnis der göttlichen und menschlichen Dinge und die Einsicht in die Ursprünge und Ursachen aller Erscheinungen verstanden. So seien die bekannten Sieben als Weisen[34] als σοφοί bezeichnet. Die mythische Überhöhung von Männern wie Atlas und Prometheus zeige, dass es solche Männer schon im Zeitalter der Heroen gegeben habe.

Der Name „Philosoph" stamme freilich erst von Pythagoras. Er habe nach einem Bericht des Platonschülers Herakleides von Pontos dem Fürsten von Phleius[35] Leon erklärt, dass es Männer gäbe, die alles andere verachteten,

---

32 Zur stoischen Oikeiosislehre nach Cic. nat.deor. II vgl. ausführlich Bees, Oikeiosislehre, 120–199; zu den Beziehungen zur aristotelischen Glückseligkeitslehre in V.39–40 vgl. Koch, 179–180.

33 „Es ist aber das wahre Gesetz, die richtige Vernunft, die mit der Natur in Einklang steht, sich in alle ergießt, in sich schlüssig, beständig, ewig ist, die durch Befehle zur Pflicht ruft, durch Verbieten von Täuschung abschreckt, die indessen den Rechtschaffenen nicht vergeblich befiehlt oder verbietet, Ruchlose aber durch Geheiß und Verbot nicht bewegt. Diesem Gesetz etwas von seiner Gültigkeit zu nehmen, ist Frevel, ihm irgend etwas abzudingen, unmöglich, und es kann ebenso wenig als Ganzes außer Kraft gesetzt werden." Text und Übersetzung Büchner, 204–205.

34 Zu ihnen rechnete man Kleoboulos, den Sohn des Euagoras aus Lindos, Solon, den Sohn des Exekistides aus Athen, Chilon, den Sohn des Damagetos aus Sparta, Thales, den Sohn des Examuos aus Milet, Pittakos, den Sohn der Hyrra aus Lesbos, Bias, den Sohn des Teutamidos aus Priene, und Periander, den Sohn des Kypselos aus Korinth, Vgl. DK I, 10 (73a), 61–66.

35 Phleios war eine Stadt in der nordöstlichen Peloponnes, in der Nähe von Nemea.

um ihre ganze Aufmerksamkeit der Natur der Dinge (*rerum naturam*) zuzuwenden. Sie nennten sich *sapientiae studiosi*, Liebhaber der Weisheit oder Philosophen (V.7–9). Aber während die Älteren das Verhältnis von Zahlen und Bewegungen sowie die Größen, Abstände, die Bahnen der Gestirne und alle Himmelserscheinungen studiert hätten (gemeint sind die vorsokratischen jonischen Naturphilosophen) habe erst Sokrates die Philosophie vom Himmel auf die Erde heruntergerufen und in den Städten angesiedelt. Diese sokratische Wende habe darin bestanden, dass er das menschliche Leben, die Sitten und die Frage nach dem Guten und Bösen in den Mittelpunkt seiner Gespräche gestellt habe. (V.10): „*Socrates autem primus philsophiam devocavit e caelo et in urbibus conlocavit et in domus etiam introduxit et coëgit de vita et moribus rebusque bonis et malis quarere.*“[36] Diese Einteilung der griechischen Philosophie in eine vorsokratische, sokratische und nachsokratische Epoche hat sich seither allgemein in der Forschung durchgesetzt.

Platon habe die sokratische Weise der Diskussion als Mittel der Annäherung an die Wahrheit in seinen Büchern festgehalten und dadurch den Anstoß zum Entstehen unterschiedlicher Meinungen, – wir könnten auch sagen: Schulrichtungen – beigetragen. Von ihm aber habe er (Cicero) vor allem dies übernommen, in der Art des sokratischen Fragens die eigene Meinung zurückzuhalten, um die anderen von ihren Irrtümern zu befreien, und sich daher von Karneades am ausgeprägtesten befolgten Methode angeschlossen.[37] Und so frage er bei jeder Untersuchung darnach, was der Wahrheit am nächsten komme (*quid esset similimum veri quaereremus*) (V.11). Damit hat Cicero sein methodisches Programm vorgestellt: Wir dürfen also nicht erwarten, dass er im Stile eines philosophischen Essays seine Ansicht über das durch den Gesprächspartner in V.12 vorgegebene Thema, dass er nicht glaube, dass die Tugend zu einem glückseligen Leben hinreiche, in der Weise einer Abhandlung bearbeiten wird. Er wird vielmehr versuchen, sich durch kritische Befragung anderer Ansichten dem wahrscheinlich Wahren zu nähern.[38] Zur Diskussion aber steht eben die These, mit der sein imaginierter Gesprächspartner auf die Lobrede zugunsten der Philosophie

36 „Sokrates hat als erster die Philosophie vom Himmel herunter gerufen, sie in den Städten angesiedelt, sie sogar in die Häuser hineingeführt, und sie gezwungen, nach dem Leben, den Sitten und dem Guten und Schlechten zu forschen.“ Übers. Gigon, 325.

37 Vgl. dazu Görler, Karneades, 859–877.

38 Zur vorwiegend rhetorischen Gestaltung des Buches V vgl. Koch, Philosophie, 167–168.

als der Mutter der Tugend antwortet (V.12): *Non mihi videtur ad beate vivendum satis posse virtutem.*[39]

3. Die acht Argumentationsgänge in Tusc. V.

3.1. Der erste Gesprächsgang V.12–20: Kann man auch unter Foltern glücklich sein?

Der erste Redegang umspannt die Abschnitte 12–20. Die eben zitierte, von dem Juniorpartner eingeführte negative These setzt die positive voraus, dass die Tugend zu einem glücklichen Leben ausreiche. Zu ihren Gunsten konnte sich Cicero auf die Epikureer wie die Stoiker berufen. Gegen deren Spitzensatz, dass der Weise auch unter Foltern glücklich sei, lässt Cicero den Juniorpartner sogleich und eigentlich überzeugend einwenden, dass man zwischen einem ehrenhaften und lobenswerten und einem glückliche Leben unterscheiden müsse: Gewiss könne man auch unter Foltern ehrenhaft und in diesem Sinne „gut" leben. Wer beständig, würdig, weise und tapfer sei, könne das auch vor dem Folterblock sein. Zwischen sittlich „gut" und „glücklich" aber sollte man unterscheiden: *„nam etiam in tormentis recte, honeste, laudabiliter et ob eam rem bene vivi potest, dum modo intellegas, quid nunc dicam ‚bene', dico enim constanter, graviter, sapienter, fortiter. Haec etiam in eculeum coiciuntur, quo vita non adspirat beata.*[40]

Die kritische Rückfrage Ciceros, die diese Unterscheidung *ad absurdum* zu führen sucht, indem sie es für undenkbar erklärt, dass jemand an der Schwelle und Tür des Kerkers sein Glück zurücklasse und nur seine Tugendhaftigkeit vor den *tortator* schleppe, beeindruckt den Junior mit Recht nicht. So erklärt er, dass er von diesen stoischen Lehrmeinungen, die wie leichte Weine ihren Geschmack verlören, wenn man sie mit Wasser versetze, wenig halte: Lasse man die von den Stoikern entworfenen Bilder von der Würde des Tugendhaften auf der Folterbank auf sich beruhen, die den Anschein erwecken, das glückliche Leben werde im vollen Laufe darauf zu eilen, und wende man sich der Sache und der Wahrheit (*ad rem vertatemque)*

39 „Es scheint mir nicht so zu sein, dass die Tugend zu einem glücklichen Leben ausreicht."

40 „Gewiß kann man auch unter Foltern recht, ehrenhaft, lobenswert und aus eben diesem Grunde auch gut leben, nur muß man sehen, was man dann unter ‚gut' verstehen will. Ich meine damit: beständig, würdig, weise und tapfer. Dies findet sich auch vor dem Folterblock zusammen, aber das glückselige Lebe trägt kein Verlangen danach." Übers. Gigon, 327.

zu, so stelle sich die nüchterne Frage, das „Nackte" (*nudum*), ob jemand glücklich sein könne, während er gefoltert würde (*possitne quis beatus esse, quam diu torqueatur*). Die Einsicht, die *prudentia,* die als Voraussetzung der Tugend gelte, verlange hier deutlich eine Unterscheidung zwischen „gut" (*bonus*) und „glücklich" (*beatus*). Es widerstrebe der Einsicht, Glück und Schmerz bzw. Glück und Folter miteinander zu verbinden (V.13–14).

Aber statt diesen Einwand aufzugreifen, dessen Einführung zeigt, dass sich Cicero der Problematik der stoischen Gleichsetzung von Tugend und Glück bewusst war, weist er seinen imaginären Gesprächspartner mit dem Hinweis darauf zurück, dass es unfair sei, ihm auf diese Weise den Gang der Untersuchung vorzuschreiben (V.15).[41] Statt dessen fordert er ihn auf, sich an die Ergebnisse der Diskussion der Vortage zu erinnern: Danach ist, wer nichts fürchtet, nichts begehrt und nichts leidet, glücklich.[42] Die entscheidende Frage, ob es einen solchen Menschen überhaupt geben könne, greift er nicht auf. Aber seine konditionelle Frage in V.17 gibt zu erkennen, dass sie ihm nicht unbekannt ist. Denn sie lautet (V.17): „*Quodsi est qui vim fortunae, qui omnia humana quae cuique accidere possunt, tolerabilia ducat ... quid est cur is non beatus sit?*"[43]

Cicero hat diesen Vorbehalt, ob es einen vollkommenen weisen Menschen geben könne, bereits in II.51 angemeldet und deutlich genug zu erkennen gegeben, dass er ihn für ein erstrebenswertes Ideal hält, das dem Menschen in seinen Anfechtungen durch Schmerz und Schicksal als Leitbild dienen kann, dem aber noch kein Mensch ganz entsprochen hat. Die sachliche Entscheidung über die Frage, ob der Schmerz das größte Übel sei, ist bereits gefallen, als der Juniorpartner auf die Zwischenfrage Ciceros, ob sie ein größeres Übel als die Schande sei, einlenkt, indem er erklärt, dass er das nicht zu behaupten wage (II.14). Wenn es keinen Sinn hat, die Existenz des

41 In einem vermutlich im Juni 45 v. Chr. geschriebenen Brief an seinen Freund Atticus erklärt Cicero, dass er in der letzten Zeit die Methode des Aristoteles befolge, das Gespräch mit dem Mitunterredner so zu führen, dass er selbst die Führung besäße: „*quae autem his temporibus scripsi,* Ἀριστοτέλειον *morem habent, in quo sermo ita inducitur ceterorum, ut penes ipsum sit principatus*" (Cic. lit. Att.XIII. 19 (17 Kasten).3.

42 Wir merken an, dass dieses stoische, im Buddhismus seine Parallele besitzende Ideal eines Menschen, der nichts fürchtet und nichts begehrt, sondern in reiner ἀπάθεια existiert, damit das Leben selbst verneint. Denn ein Mensch ohne Furcht und Hoffnung ist so gut wie tot. Hätte er alle Ängste besiegt, würde er sich auf der nächsten Treppe den Hals brechen, weil er in vollkommener Sorglosigkeit die Realität aus den Augen verloren hätte.

43 „*Wenn* es jemanden gibt, der die Gewalt des Schicksals und alles, was einem Menschen zustoßen kann, als erträglich findet, ... warum sollte der nicht glücklich sein?

Schmerzes zu leugnen, so kann es nur darum gehen, ihn durch Tapferkeit bzw. Selbstbeherrschung in die eigene Gewalt zu bekommen (II.33): „*Non ego dolorem dolorem esse nego* (*cur enim fortitudo desideraretur?*), *sed eum opprimi dico patientia, si modo est aliqua patientia.*“[44].

Demnach wäre der vollkommen Weise in der Lage, dem Schmerz wie einem Feinde mit den Waffen der der Anspannung (*contentio)*, der Festigkeit (*confirmatio*) und dem inneren Wort (*sermoque internus)* entgegenzutreten und sich selbst zu befehlen, sich vor Schande, Schlaffheit und Unmännlichkeit zu schützen (II 51). Doch von diesem Weisen heißt es gleich zu Beginn des Abschnitts: „*In quo vero erit perfecta sapientia* (*quem adhuc nos quidem vidimus neminem; sed philosophorum sententiis, qualis hic futurus sit, si modo aliquando fuerit, exponitur*).“[45] Für den Menschen ist also nur die Annäherung an dieses Ideal möglich, wenn er seine Schmerzen in Ehren bestehen will. Sollte ihr Maß unerträglich werden, so stehe einem auf den Befehl, sich aus dem Schiff zu werfen, zwar kein Delphin zur Verfügung, der einen wie den von den Piraten Verfolgten Sänger Arion rettete, und auch nicht ein wunderbares Gespann des Meeresgottes Poseidon, das seinen Sohn Pelops über die Wogen trug. Dafür besitzt er aber einen anderen Fluchtweg – mehr brauchte Cicero nicht zu sagen: Denn jeder Leser erkennt, dass er so den Freitod umschreibt.[46] Wir müssen Cicero also zugestehen, dass er ebenso

---

44 „Ich leugne nicht, dass der Schmerz ein Schmerz ist [wozu würde sonst Tapferkeit erstrebt?], sondern ich sage, dass er durch Standhaftigkeit unterdrückt wird, sofern es überhaupt Standhaftigkeit gibt.“

45 „Wenn es aber in jemandem vollkommene Weisheit geben wird (einen solchen haben wir bis jetzt nicht gesehen; aber in den Lehren der Philosophen wird gezeigt, wie beschaffen er sein wird, wenn es ihn einmal geben sollte).“

46 Vgl. dazu Friedrich Schiller, Über das Erhabene (1793?, veröffentl. 1801), SW hg. von Wiese V, 215–230, bes. 227: „*Das höchste Ideal, wornach* (sic!) *wir ringen, ist, mit der physischen Welt, als der Bewahrerin unserer Glückseligkeit, in gutem Vernehmen zu bleiben, ohne darum genötigt zu sein, mit der moralischen zu brechen, die unsere Würde bestimmt. Nun geht es aber bekanntermaßen nicht immer an, beiden Herren zu dienen, und wenn auch (ein fast unmöglicher Fall) die Pflicht mit dem Bedürfnisse nie in Streit geraten sollte; so geht doch die Notwendigkeit keinen Vertrag mit dem Menschen ein, und weder seine Kraft noch seine Geschicklichkeit kann ihn gegen die Tücke der Verhängnisse sicherstellen. Wohl ihm also, wenn er gelernt hat zu ertragen, was er nicht ändern kann, und preiszugeben mit Würde, was er nicht retten kann! Fälle können eintreten, wo das Schicksal alle Außenwerke ersteigt, auf die er seine Sicherheit gründete, und ihm nichts weiter übrigbleibt, als sich in die heilige Freiheit der Geister zu flüchten – wo es kein andres Mittel gibt, den Lebenstrieb zu beruhigen, als es zu wollen – und kein andres Mittel, der Macht der Natur zu widerstehen, als ihr zuvorzukommen und durch eine freie Aufhebung alles sinnlichen Interesse, ehe noch eine physische Macht es tut, sich moralisch zu entleiben.*“

realistisch über den Schmerz wie über die Möglichkeit, ihn mittels innerer Haltung zu bestehen, dachte. Das bedeutet, dass wir auch seine Aussagen über das in der Tugend beruhende Glück unter dem doppelten Vorzeichen bedenken müssen, dass es sich auch bei einem tugendsamen Leben um ein Ideal handelt, das sich nicht absolut, sondern nur relativ verwirklichen lässt. Dass er in Situationen, welche die Kräfte des Einzelnen überschreiten, das „*exire licet*" als Ausweg anerkennt, wird uns zu seiner Zeit auch in V.117 begegnen.

Er hat das Problem auch in seinem nachfolgendem Werk De officiis I.46 (vermutlich im Anschluss an Panaitios) aufgegriffen, indem er erklärte: „*Quoniam autem vivitur non cum perfectis hominibus planeque sapientibus, sed cum iis, in quibus praeclare agitur, si sunt simulacra virtutis, etiam hoc intelligendum puto, neminem omnino esse neglegendum, in quo aliqua significatio virtutis appareat, colendum autem esse ita quemque maxime, ut quisque maxime virtutibus his lenioribus erit ornatus, modestia, temperantia, hac ipsa, de qua multa iam dicta sunt, iustitia.*"[47]

So können wir festhalten, dass Cicero sich also durchaus dessen bewusst war, dass es sich bei dem stoischen Weisen um ein Ideal handelt, dem sich anzunähern die Lebensaufgabe des Menschen ist. Mit dieser Ansicht stand er keineswegs allein, sondern sie wurde vor ihm von keinen geringeren Philosophen als Chrysipp[48] und Panaitios geteilt, von denen er sie ebenso wie nach ihm Seneca[49] übernommen hat.[50] Allerdings dürfen wir deshalb nicht übersehen, dass Cicero in II.18 sich über Epikur wegen der These, dass der Weise auch im Stier des Phalaris wie in einem Bette liege, lustig gemacht hatte: „*ego tantam vim non tribuo sapientiae contra dolorem. Si fortis in perferendo, officio satis est; ut laetetur etiam, non postulo.*"[51]

Doch kehren wir zum Gang der Diskussion in Tusc. V zurück: Ciceros Gegenfrage geht an der vorgeschlagenen, auf Erfahrung beruhenden Un-

---

47 „Weil man nun einmal nicht unter vollkommenen Menschen und wahrhaft Weisen lebt, sondern unter solchen, die schon dann hervorragend handeln, wenn sie Abbilder der Tugend sind, meine ich, dass man auch das zu verstehen hat, dass niemand gänzlich gering zu schätzen ist, bei dem sich irgendein Merkmal der Tugend zeigt, wertzuschätzen aber ist jeder um so mehr, so mehr er mit diesen milderen Tugenden geziert ist, der Bescheidenheit, Selbstbeherrschung und eben der, über die schon so viel gesagt ist, die Gerechtigkeit."

48 SVF III.545; Long/Sedley 66 A.

49 Sen. ep.116,5; Panaitios frg.114; Long/Sedley 66 C.

50 Vgl. dazu Long, Philosophy, 204–207.

51 „Ich schreibe der Weisheit keine solche Macht über den Schmerz zu. Wenn einer im Ertragen stark ist, so genügt er seiner Pflicht. Dass er sich darüber freue, verlange ich nicht." Übers. Gigon, 129.

terscheidung zwischen gut und glücklich zugunsten der in den vorausgehenden Gesprächen erzielten Ergebnisse vorbei. So bringt Cicero seinen Gesprächspartner in V.17 zu dem Eingeständnis, dass der Weise, der nichts fürchtet, an nichts leidet, nichts begehrt und sich durch keine Leidenschaft verwirren lässt, glücklich ist. Das alles aber müsse gelten, wenn die Tugend ihren selbständigen Charakter bewahren solle. Denn wenn man sie von etwas anderem abhängig machte als von der Pflicht, so hätte sie ihre Würde verloren. Der Gesprächspartner lässt sich darauf ein und gesteht ihm gemäß dem Ergebnis des vorausgehenden vierten Tagesgesprächs zu, dass der Weise von allen Leidenschaften oder affektiven Stimmungen frei sei. Damit könnte, wie Cicero zu erkennen gibt, eigentlich das Problem als beantwortet gelten. Denn wenn es sich so verhielte, wäre in der Tat auch der gefolterte Weise Herr seiner Empfindungen und im Endergebnis der Tugendhafte unter allen Lebensumständen glücklich (V.18). Hätte er gesagt: „tugendhaft", wäre dem Leser wohler, denn wenn man sich in „einer schwer zu ertragenden Situation" befindet (II.18), so mag man in der Lage sein, sich zu beherrschen und sie einigermaßen in Würde zu bestehen. Dass das auch für den Gefolterten zutrifft, kann man dagegen bezweifeln. Seltsam genug, stimmt dem der Juniorpartner zu, ohne sich an seinen einleitenden Einwand zu erinnern (V.18).

Cicero ist jedoch entschlossen, die Sache noch einmal neu aufzurollen und beruft sich dabei auf das Vorbild der Stoiker selbst, die sich auch nicht mit dem Hinweis auf ihre Lehrsätze zufrieden gäben, sondern trotzdem die Tugend und das höchste Gute in verschiedenen Werken behandelten. Jede Sache müsse eben mit ihren eigentümlichen Argumenten untersucht werden. Trotzdem sei niemals eine klarere Stimme in der Philosophie (als die der Stoiker) laut geworden, indem sie verspräche, *„dass, wer ihren Gesetzen gehorcht habe, immer gegen das Schicksal* (fortuna) *gewappnet sei und er alle Mittel für ein gutes und glückliches Leben besitze, so dass er für immer glücklich sei* (V.19)."

Doch dann heißt es ganz überraschend in V.20: *„Sed videro, quid efficiat; tantisper hoc ipsum magni aestumo quod pollicetur* (Aber ich werde sehen, was sie vermag; inzwischen halte ich schon das selbst für groß, was sie verspricht)." Dann erinnert er an ein großes Gegenbeispiel aus der Geschichte, das zeigt, dass die Begehrlichkeit der Menschen keine Grenzen kennt: Der Perserkönig Xerxes sei weder mit seinem unermesslichen Reichtum noch mit seiner gewaltigen Kriegsmacht zufrieden gewesen, so dass er dem, der ihm einen neuen Genuss verschaffte, eine Menge Gold versprach.[52] Daher wäre er, Cicero froh, er fände jemanden, der den oben geführten Beweis gegen eine hohe Belohnung durch einen zuverlässigeren überböte (V.20). Cicero weiß also selbst, dass die Empirie den stoischen Grundsatz nicht bestätigt. Und da ihm natürlich kein *Deus ex machina* erscheint, um sich die Belohnung zu verdienen, muss er sich selbst an einem erneuten Beweis versuchen. Zieht man hinter V.20 eine Summe, so lautet sie: Die Stoiker haben eine schöne Theorie aufgestellt, es wäre herrlich, wenn sie sich beweisen ließe. Aber dieser alle empirischen Einwürfe beseitigende Beweis steht leider noch aus.

3.2. Der zweite Gesprächsgang V.21 – 36: Die Meinungen der Philosophen

Auch die zweite Gesprächs- oder besser Argumentationsrunde wird durch eine Frage des Juniorpartners eingeleitet: Obwohl er zugibt, dass Ciceros Argumentation logisch einwandfrei gewesen sei, weil ein Satz aus dem anderen folge, dass nichts außer der Tugend gut sei, erinnert er ihn daran, dass Brutus in der Nachfolge von Antiochos und Aristos zwar das Glück allein auf den Besitz der Tugend gegründet hat, ohne doch gleichzeitig behauptet zu haben, dass es außer ihr kein Gutes, kein *bonum* gebe.[53] Aristos dürfte nach unserer Stelle zwischen einer *vita beata* und einer *vita beatissima* unterschieden haben. Brutus hat sich der Ethik des Antiochos[54] bzw. seines Bruders Aristos[55] angeschlossen (Cic. fin.V.8). Für ihn war die Tugend nicht das einzige Gut und das Laster nicht das einzige Übel. Das bedeutet, wie die Polemik in V.30 zeigt, dass er die natürlichen Güter der Kraft, Gesundheit, Schönheit, des Reichtums, der Ehre und Macht als solche anerkannt hat. Im Hintergrund steht die *Güterlehre des Antiochos aus Askalon:* Er unterschied zwischen drei Arten von Gütern, nämlich seelisch-geistigen, körperlichen und äußeren Gütern, wobei die seelisch-geistigen und die körperlichen zusammen das vollkommen glückliche Leben bewirken.

Wenn Cicero in fin.V Piso die peripatetischen Lehren vortragen lässt, so handelt es sich de facto um die des Antiochos.[56] So heißt es in fin.V.68, dass es

---

52 Vgl. die Belegstellen bei Gigon, 558, die zugleich zeigen, dass es sich um ein Wandermotiv handelt.

53 Für Brutus' Anschluss an die Ethik des Antiochos ist Tusc.V. die Quelle, Görler, Antiochos, 960.

54 Vgl. zu ihm Görler, Antiochos, 961 – 965.

55 Vgl. zu ihm Görler, Antiochos, 967 – 968: Für seine Ethik ist die vorliegende Stelle Ciceros der Hauptnachweis.

56 Vgl. dazu Gawlick/(Görler), Cicero, 1140 mit Görler, Antiochos, 957.

zwei Arten von Dingen gebe, die um ihrer selbst willen zu erstreben seien: „*unum, quod est in iis, in quibus completur illud extremum, quae sunt aut animi aut corporis; haec autem, quae sunt extrinsecus, id est quae neque in animo insunt neque in corpore, ut amici, ut parentes, ut liberi, ut propinqui, ut ipsa patria, sunt illa sua sponte caram sed eodem in genere, quo illa non sunt. nec vero umquam summum bonum assequi quisquam posset, si omnia illa, quae sunt extra, quamquam expetenda, summo bono contineretur.*“[57] Die *Güter der Seele* und des Körpers unterscheiden sich dadurch, dass die einen den Besitz des höchsten Gutes *begründen*, die anderen aber es nur *vervollständigen:* Trotz des Vorrangs der Tugend zum vollständigen Glück gehört nicht allein ein tugendhaftes, sondern auch ein gesundes Leben (Cic. fin.71–72): „*ita enim parvae et exiguae sunt istae accessiones bonorum, ut, quem ad modum stellae in radiis solis, sic istae in virtutum splendore ne cernantur quidem. Atque hoc ut vere dicitur, parva esse ad beate vivendum momenta ista corporis commodorum, sic nimis volentum est nulla esse dicere; qui enim sic disputant, obliti mihi videntur, quae ipsi fecerint principia naturae. tribuendum est igitur his aliquid, dum modo quantum tribuendum sit intellegas.*“[58]

Man erkennt, wie nahe sich die Systeme gekommen sind, so dass Antiochos von Askalon behaupten konnte, sie unterschieden sich nur in Worten, aber nicht in der Sache.[59] Im Hintergrund der hier verhandelten Unterscheidung zwischen einem glücklichen und einem vollkommen glücklichen Leben klingt die Ansicht des Aristoteles nach, wie sie uns in der EN überliefert ist: Für ihn waren die politische Tätigkeit bzw. die geistige Schau des Tugendhaften die höchsten Formen des Glücks. Aber da der Mensch einen Leib besitzt, gehörten zum Glück auch Gesundheit des Leibes,

57 „Die eine [Art] umfasst alles das, wodurch das Höchste ein Ganzes wird, die Güter der Seele und des Leibes. Das andere dagegen ist das, was draußen ist, also weder in der Seele noch im Körper, wie die Freunde, wie die Eltern, wie die Kinder, wie die Verwandten, wie selbst das Vaterland; all das liebt man zwar um seiner selbst willen, es gehört aber nicht zu derselben Art wie das Vorige. Niemand könnte nämlich jemals das höchste Gut erreichen, wenn all das Äußere, so erstrebenswert es auch ist, in diesem höchsten Gut eingeschlossen wäre.“

58 „Denn diese Zutaten an Gütern sind so klein und geringfügig, dass sie im Glanz der Tugend ebenso wenig sichtbar sind, wie die Sterne in den Strahlen der Sonne. Immerhin, so wahr es ist, dass diese körperlichen Vorzüge für das glückselige Leben wenig ins Gewicht fallen, so wäre es doch gewalttätig, wollte man behaupten, sie hätten überhaupt kein Gewicht. Wer dieses behauptet, der scheint mir vergessen zu haben, was sie selbst als Prinzipien der Natur zugrunde gelegt haben. Also muss man ihnen eine gewisse Bedeutung zubilligen, die Frage ist nur, eine wie große.“

59 Vgl. Görler, Antiochos, 946.

Nahrung und Pflege, wenn auch ohne beträchtlichen Aufwand (EN 1178b 33–1179a 3).

Cicero nimmt den Einwurf des Juniorpartners insofern auf, als er erklärt, dass er in dieser Beziehung mit Aristos und Antiochos uneins gewesen sei, als er auf der Rückreise aus seiner Provinz (in der ihn die Soldaten nach einem Sieg über ein Bergnest, den natürlich die Offiziere errungen hatten, ausgerechnet auf der Ebene von Issos (!) zum Imperator ausgerufen hatten, dem mithin ein Triumph zustand)[60] 50 v. Chr. in Athen Station gemacht hatte. Denn er habe gegen die Ansichten beider eingewandt, dass ein Mensch dann nicht glücklich sein könne, wenn er sich in einem Übel befinde, in das eben auch ein Weiser geraten könne. Die beiden hätten aber zwischen einem glücklichen und einem vollkommen glücklichen Leben unterschieden und behauptet, man benenne eine Sache nach ihrer überwiegenden Eigenschaft, und in diesem Sinne könne jemand auch dann glücklich sein, wenn er zwar tugendhaft, aber gleichzeitig von einem Übel betroffen sei (V.22). Cicero erklärt, dass es im vorliegenden Zusammenhang nicht erforderlich sei, diese These zu untersuchen, weil sie ihm inkonsequent erschiene. Er verstünde nicht, was sich jemand noch wünschen könne, wenn er glücklich sei. Eine Steigerung des Glücks erscheine ihm als widersinnig: Entweder sei man glücklich, dann fehle einem nichts, oder man sei es nicht, dann könne man wünschen, es zu werden. Wenn einer von Schmerzen zerrissen sei, dann fehle ihm nicht nur etwas zum vollkommen glücklichen Leben, sondern zum glücklichen (V.23).

Und so stellt er die Ansichten des Aristotelesschülers Theophrast und die Thesen Epikurs über das Unglück bzw. das Glück des Weisen noch unter der Folter einander gegenüber, um dann die entscheidende Bestimmung zu treffen, dass das Gute allein in der Tugend und das Übel allein im Laster bestehe. Mit *Theophrast,* dem Schüler, Kollegen und Nachfolger des Aristoteles in der Leitung des Lyceums oder des Peripatos,[61] geht er gelinde um, obwohl er seine Position ablehnt. Denn er gesteht ihm zu, dass er durchaus konsequent gewesen sei; denn nachdem er in seiner Schrift über das Glückselige Leben erklärt hatte, dass qualvolle Folter, Verlust des Vaterlandes, Verbannung, Tod der Kinder und dergleichen ein Leben elend und jammervoll machten, konnte er (im Blick auf die Tugend) nicht großartig

60 Vgl. dazu Gelzer, Cicero, 231–232.

61 Vgl. zu ihm Fortenbaugh/Talanga, Theophrast, 245–257, dies., (DNP 12/1/ 2002), 385–393.

genug daherreden.[62] Weil er in seiner Schrift über Kallisthenes[63] den Vers gelobt hatte, dass das Schicksal und nicht die Weisheit das Leben regiere, würde er kritisiert, aber auch in diesem Falle sei er nur konsequent gewesen; denn wer wie er neben der Tugend noch die Güter des Leibes und andere als solche anerkenne, müsse dann auch erklären, dass das Schicksal (*fortuna*) stärker sei als der Geist (24–25).[64]

So stelle sich die Frage, ob man es mit Epikur halten wolle. Der habe die bescheidene Lebensweise gerühmt und die Lust von der Tugend abhängig gemacht, aber gleichzeitig den Schmerz zum größten und einzigen Übel erklärt. Damit sei er aber auf eine schiefe Bahn geraten, weil der Schmerz auch den Tugendhaften überfallen könne. In De finibus I lässt Cicero den L. Manlius Torquatus die epikureische Philosophie vorstellen. Der beschreibt in I.62–3 den nach der Lehre Epikurs dauernd glücklichen Weisen so: „*finitas habet cupiditates, neglegit mortem, de diis immortalibus sine ullo metu vera sentit, non dubitat, si ita melius sit, migrare de vita. his rebus instructus semper est in voluptate. neque enim tempus est ullum, quo non plus voluptatum habeat quam dolorum. nam et praeterita grate meminit et praesentibus ita potitur, ut animadvertat quanta sint ea quamque iucunda. neque pendit ex*

62 Dass Aristoteles in dieser Beziehung derselben Ansicht war, hat Cicero nicht zur Kenntnis genommen. Die Schulschriften des Aristotelses waren inzwischen ihrem Vermodern in einem Keller entrissen und durch einen Beauftragten Sullas aus der Bibliothek in Pergamon (wohin sie inzwischen gelangt waren) nach Rom gebracht worden, wo sie der Peripatetiker Andronicus von Rhodos edierte. Sie waren mithin auch Cicero zugänglich. Er hat sie zwar gelegentlich eingesehen, aber in der Regel aus praktischen Zwecken ignoriert und weiterhin nur die (uns nicht mehr vorliegenden) Dialoge zitiert; vgl. dazu Cic.lit. Att. IV 10.1 (Kasten 11.1), vom 22. April 55 und dazu Guthrie, History VI, 59–65, bes. 61–62.

63 Kallisthenses begleitete Alexander als Hofhistoriograph auf seinen Feldzügen. Als er ihm provokativ die Proskynese verweigert hatte, ließ der ihn umbringen; vgl. dazu Arrian, Anabasis IV. X-XIV.

64 Ciceros Hochschätzung von Theophrast zeigt sich z. B. in seinem am 1. Mai 59 an seinen Freund Atticus gerichteten Brief (lit.Att. II.16.3), in dem er von seinem Freund Theophrast (*amico meo*) spricht, dem er nun folge, in dem er dessen Bevorzugung des beschaulichen Lebens teile, während er bis dahin dem des Freundes des Atticus Dikaiarch gefolgt sei, der das aktive Leben am höchsten schätzte. Andererseits lässt er in De nat. deo. I 35 den Vertreter der Epikuräer Velleius einen ähnlichen Vorwurf wie in Tusc. V. 24–25 im Blick auf die Bestimmung des Göttlichen machen. Theophrasts Inkonsequenz sei unerträglich, da er bald dem Geist, bald dem Himmel, bald den Sternbildern den göttlichen Vorrang einräume, tadelt aber am Ende des Buches in seiner Kritik der epikureischen Theologie in I 93 „*diese kleine Hetäre Leontion*", weil sie es gewagt hätte, gegen Theophrast zu schreiben. Leontion soll nach Diog. Laert. X.4–6 die Geliebte Epikurs gewesen sein, an die er viele Briefe gerichtet habe, aus deren einem Diog. Laert. in X 5 zitiert.

futuris, sed expectat illa, fruitur praesentibus ab iisque vitiis, quae paulo ante collegi, abest plurimumn et, cum stultorum vitam cum sua comparat, magna afficitur voluptate. dolores autem si qui incurrunt, numquam vim tantam habent, ut non plus habeat sapiens, quod gaudeat quam quod angatur. optime vero Epicurus, quod exiguan dixit fortunam intervenire sapienti maximasque ab eo et gravissimas res consilio ipsius et ratione administrare neque maiorem voluptatem ex infinito tempore aetatis percipi posse, quam ex hoc percipatur, quod videamus esse finitum.“[65]

Cicero rügt an Epikur bzw. seinem Schüler Metrodor, der stolz verkündet hatte, er habe das Schicksal besiegt und ihm alle Zugänge verrammelt, dass ihre These großartig im Munde der Stoiker Ariston und Zenon gewesen wäre, sich aber mit ihrer Lehre, die alles Gute in den Eingeweiden suche (womit Cicero ihre Lehre einseitig karikiert), nicht vertrüge (V.27). Solle der Grundsatz stimmen, dass nur der Tugendhafte glücklich und allein die Tugend Grund des Glücks sei, so müsse man eben die Übel anders (als es bei den Peripatetikern und den Vertretern der Alten Akademie) üblich war, dahingehend bestimmen, dass allein die *virtus* ein *bonum* und allein die Schlechtigkeit ein *malum* sei. Denn wenn man Armut, Niedrigkeit, Demütigung, Einsamkeit, Verlust der Seinigen, schwere körperliche Schmerzen, verlorene Gesundheit, Invalidität, Blindheit, Untergang des Vaterlandes und Verbannung als Übel bezeichne, dann könne der Weise nicht glücklich sein, weil auch er von ihnen betroffen werde.[66] Stimme man Brutus

65 „Seine Begierden sind begrenzt, er verachtet den Tod, über die unsterblichen Götter denkt er ohne jede Furcht die Wahrheit, und er zögert nicht, wenn es besser sein sollte, das Leben zu verlassen. Wenn er mit diesen Grundsätzen ausgestattet ist, ist er dauernd in der Lust. Es gibt ja auch keine Situation, in der er nicht mehr Lust empfindet als Schmerz. Denn er erinnert sich mit Dank an das Vergangene, und mit dem Gegenwärtigen geht er so um, dass er darauf achtet, wie bedeutend es sei und wie lustvoll, er hängt nicht ab vom Künftigen, sondern erwartet es, genießt das Gegenwärtige und hält sich von jenen Fehlern, die ich kurz zuvor aufgezählt habe (vgl. die Lasterkataloge in Cic.fin I.16) völlig fern; und wenn er das Leben der Toren mit dem seinigen vergleicht, spürt er große Lust. Schließlich hätten die Schmerzen, die ihn vielleicht treffen könnten, niemals eine so große Kraft, dass der Weise nicht mehr Gründe zur Freude als zur Traurigkeit besitze. Mit Recht also erklärt Epikur, dass dem Weisen der Zufall nur in geringem Maße in die Quere komme und er fähig sei, die größten und wichtigsten Dinge mit seiner eigenen Planung und Vernunft zu verwalten; ferner, dass uns ein unbegrenzter Zeitraum nicht mehr Lust verschaffen könne als uns der begrenztere Zeitraum, den wir vor uns sehen, zu gewähren vermöge.“ Übers. Gigon/Zimmermann, 59.

66 *„aderit enim malorum, si mala illa ducimus, turba quaedam: paupertas, ignobilitas, humilitas, solitudo, amissio suorum, graves dolores corporis, perdita valitudo, debilitas, caecitas, interitus patriiae, exilium, servitus denique. in his tot et tantis (atque enim plura*

und „*unseren gemeinsamen Lehrern*“ (d.h. Antiochos von Askalon und Aristos) und weiterhin Aristoteles, Speusippos, Xenokrates und Polemon[67] in ihrer Bestimmung der Übel zu, so lasse sich der Grundsatz, dass der Weise immer glücklich sei, nicht vertreten. Denn sie bestanden darauf, dass zur Tugend auch noch äußere Güter hinzutreten müssten. Aber Cicero kritisiert sie; denn wenn sie wahrhaft Philosophen wären, so hätten sie sich durch den Glanz der Güter wie Kraft, Gesundheit, Schönheit, Reichtum, Ehre und Macht nicht verführen lassen dürfen, sondern hätten alles, was nicht aus ihnen selbst kommt (und damit zu ihrer Verfügung steht), für nichts halten müssen (V.30).

Oder knapp gesagt: Cicero hält es für einen Widerspruch, wenn man einen Weisen als glücklich preist und trotzdem das für ein Gut oder Übel erklärt, was das Volk (*vulgus*) dafür hält. Epikur habe diesem Widerspruch zu entgehen versucht, sich aber wegen seiner Lehre vom Schmerz als dem einzigen Übel in einen neuen verwickelt, indem er den Weisen auf der Folter sagen ließ: „*quam hoc suave est* (Wie angenehm!)“ (V.31). Man fragt sich allerdings, ob sich das Problem der Vereinbarkeit von Tugend und Folter oder anderen unerträglichen Schmerzen mit einer neuen Definition des Übels aus der Welt schaffen lässt: Der Rhetoriker und Logiker Cicero hat sich hier in seinem eigenen Käfig gefangen.

Damit der Leser erkennt, dass Cicero den Widerspruch zwischen seinen jetzigen Aussagen und den von ihm zuvor in De finibus gemachten erkennt, lässt er seinen Juniorpartner einen entsprechenden Einwurf vornehmen: Er, Cicero selbst habe dort (fin.IV) die Differenzen zwischen Zenon und den Peripatetikern für lediglich verbaler, aber nicht sachlicher Art erklärt (V.72). Aber Cicero belehrt seinen Leser darüber, dass er das wisse, sich aber grundsätzlich nicht an seine Ansichten von gestern oder vorgestern gebunden fühle: Er sage vielmehr stets das, was ihm jeweils als überzeugend

---

possunt accidere), potest esse sapiens nam haec casus importat, qui in sapientem potest incurrere. at si es mala sund, quis potest praestare semper sapientem beatum fore, cum vel in omnibus his uno tempore esse possit? (Denn es wird immer eine Schar von Übel geben, wenn wir nämlich jene für Übel halten: Armut, Niedrigkeit, Demütigung, Einsamkeit, Verlust der Seinen, schwere körperliche Schmerzen, Verlust der Gesundheit, Gebrechlichkeit, Blindheit, Untergang des Vaterlandes, Verbannung und schließlich Knechtschaft, in dem allem (ja, es können noch mehr sein) kann sich der Weise befinden. Denn der Zufall, der auf den Weisen einstürmen kann, bringt diese Dinge mit sich. Aber wenn dies Übel sind, wer darf dann behaupten, dass der Weise immer glücklich sein werde, wenn er sich sogar zur selben Zeit in ihnen allen befinden kann)?“

67 Die drei waren Akademiker.

erschiene. Daher besitze er auch die Freiheit, seine Ansichten zu ändern. Gegenwärtig aber gehe es allein um die Frage, ob Zenon und Ariston mit ihrer These recht hätten, dass nur das ein Gut sei, was tugendhaft sei, so dass in der Folge ein glückliches Leben allein auf der Tugend beruhe (*bonum esse solum quod honestum esset, sed, si ita esset, ut totum hoc beate vivere in una virtute poneret* (V.32–33).

Wie immer man über Zenon urteilen wolle, so würde seine These jedenfalls durch die Autorität Platons gedeckt. Dabei kann sich Cicero in der Tat auf Platons Gorgias und den lange umstrittenen, aber inzwischen wieder als platonisch akzeptierten Menexenos (ἡ ἐπιτάφιος, die „Grabrede") berufen. Im Gorgias lässt Platon Sokrates die These vertreten, dass Unrecht tun schlimmer als Unrecht leiden sei. Entsprechend könne kein Gewaltmensch, sondern nur ein tugendhafter glücklich sein (Plat. Gorg. 470e 9–11). Daher bestritt er, dass Archelaos, der Sohn des makedonischen Königs Perdikkas II. von einer Sklavin, der „als der skrupelloseste aller Makedonen" seine Verwandten ermordet hatte (um dann ein guter Fürst seines Landes zu sein), glücklich gewesen sei: „*Weil er unter allen Makedonen die größten Freveltaten begangen hat, so ist er infolgedessen der unglücklichste unter ihnen und nicht etwa der glücklichste, und vielleicht gibt es manchen Athener, dich* (d. h. Polos) *voran, der lieber jeder andere Makedonier sein wollte als Archelaos*" (Plat. Gorg. 471 c6-d 2). Das Zitat Ciceros in V.35 entspricht dem vorausgehenden Redewechsel zwischen Polos und Sokrates in 470d 5–471a 3. Als weiteren Beleg dafür, dass Platon ein glückliches mit einem tugendhaften Leben identifiziert hätte, zitiert er dann den Menexenos, die Grabrede auf die gefallenen Athener im sog. Korinthischen Krieg 394–386. Da Sokrates bereits 399 hingerichtet worden war, handelt es sich bei Platon um einen auffälligen Anachronismus. Platon benutzt die Rede dazu, sein Ideal vom Staatsmann als dem, der sein Volk besser mache, zu vertreten und kritisiert daher die Herrschaft des Perikles, der es schlechter gemacht hätte. Der relevante, von Cicero herangezogene Abschnitt steht in der Mitte der Trostworte, welche die Toten an ihre Eltern richten (Menex. 247c 5-e 5–248d 6 in 247e 5–248 a 7).[68] Dabei hat Cicero den schönen einleitenden Satz, der an das Grundwort griechischer Ethik, das μηδὲν ἄγαν, das „Nichts zu sehr!" erinnert, ausgelassen. „*Denn seit alters hält man das ‚Nichts zu sehr' für richtig gesagt, und es ist auch richtig gesagt.*" Cicero kommt es auf die These an, dass glücklich nur sein könne, der alles dazu Erforderliche selbst besäße und darin weder vom Glück noch vom Unglück anderer abhängig sei, sondern besonnen (σώφρων), männlich (ἀνδρεῖος) und einsichtig (φρόνιμος) sein ei-

68 Vg. dazu Forschner, Theoria, 177–179.

genes Leben in der Weise führt, dass er weder über etwas zu erfreut noch zu bekümmert erscheint, *„weil er auf sich selbst vertraut."* Das eben entspricht dem stoischen Ideal der ἀπάθεια, der leidenschaftslosen Selbstbeherrschung. Und so beschließt Cicero diesen Rückblick in V.36 mit einem *„ex hoc igitur Platonis quasi quodam sancto augustoque fonte nostra omnis manabit oratio* (Aus dieser Platonischen gleichsam heiligen und erhabenen Quelle fließt unsere ganze Rede)." Er ist sich sicher, dass die von ihm geteilte Lehre der Stoiker sich auf Platon (bzw. Sokrates) als ihren Ahnherren stützen kann (V.36).

3.3. Der dritte Gesprächsgang V.37–54: Nur was tugendgemäß ist, ist gut.

Um den Satz von der Tugend als dem einzigen Gut zu untermauern, greift er zunächst in V.37–39 auf die bereits altstoische Oikeiosis-Lehre[69] mit ihrer Begründung der Sonderstellung des Menschen in einer Welt zurück, in der jede Pflanze und jedes Tier seiner Bestimmung gemäß lebt; denn sie erlaubt es ihm, die Tugend als die spezifisch menschliche Leistung zu erweisen: Blicke man auf die Pflanzen, so werde jede, sofern sie nicht in ihrer Entwicklung gestört würde, in ihrer Art vollkommen (V.37). Ebenso entwickelte sich jedes Tier nach dem ihm eigenen Gesetz der Natur (V.38). Der Mensch aber besitze ihnen allen gegenüber den Vorzug, dass sein Geist ein Ableger des göttlichen Geistes sei.[70] Würde er gepflegt und nicht durch Irrtümer verblendet, so entwickele er ein vollkommenes Denkvermögen (*perfecta mens*) und entsprechend eine vollkommene Einsicht (*absoluta ratio*), die mit der Tugend identisch sei: Die Tugend (*virtus)* sei also eine Folge richtigen Denkens (V.39): *„si omne beatum est cui nihil deest et quod in suo genere expletum atque cumulatum est, idque virtutis est proprium, certe omnes virtutis compotes beati sunt* (Wenn aber das glücklich ist, dem nichts fehlt und das in seiner Art erfüllt und vollständig ist und dies eben das Eigentümliche der Tugend ist, so sind alle, die im sicheren Besitz der Tugend sind, glücklich)."

Damit ist aber auch die Genügsamkeit der Tugend als der einzigen Bedingung für ein glückliches Lebens festgestellt: Schlösse man sich der

69 Vgl. zu ihr auch Cic. nat.deor. II und dazu Bees. Oikeiosislehre, 121–199.

70 *„humanus autem animus decerptus ex mente divina cum alio nullo nisi cum ipso deo, si hoc fas est dictu, comparari potest* (der menschliche Geist aber ist vom göttlichen Geist abgezweigt und kann mit nichts anderem als Gott selbst verglichen werden, wenn das zu sagen erlaubt ist") V.38, Übers. Gigon, 347.

dreiteiligen Güterlehre an, so könne niemand glücklich sein. Wenn einer glücklich ist, so ist es der, der sich auf seine eigenen (inneren) Güter verlassen kann, und also ist es der Tugendhafte. Er ist nicht auf die Beständigkeit von Gesundheit und Glück (*fortuna)* angewiesen. Als Beispiel zitiert er den Ausspruch eines Spartaners, der einem Fernhändler, dessen Reichtum auf einer Menge von Schiffen beruhte, sagte: „*Ein solcher Reichtum, der nur an den Schiffstauen hängt, ist nicht besonders wünschenswert* (V.40).“[71] Ein glückliches Leben darf sich mithin nicht aus solchen Dingen zusammensetzen, die verloren gehen können (V.40). Den einzigen sicheren Besitz des Menschen stellt mithin seine Tugend dar. Und mithin ist auch sie allein Voraussetzung und Inhalt eines glückseligen Lebens, einer *vita beata.* Wer noch für etwas fürchtet oder sich vor etwas fürchtet, kann nicht gleichzeitig glücklich sein. Furchtlose Tapferkeit (*fortitudo*), die Gefahren, Mühen und Schmerzen aushält und von aller Furcht frei ist, belegt den Satz, dass alles Gute allein mit der Tugend identisch ist und mithin der Mensch selbst allein über sein Glück verfügt. Auch dafür führt Cicero ein schönes, wiederum spartanisches Beispiel an. Als König Philipp von Makedonien, der Vater Alexanders des Großen, den Spartanern drohte, er würde alles verhindern, was sie unternähmen, fragten sie ihn, ob er sie auch am Sterben hindern könne.[72] Ein Einzelner aber könnte leichter mit einer solchen Gesinnung leben als ein ganzer Staat (V.41). Sie dem Menschen zu verleihen, heißt ihn davon zu überzeugen, dass ein von Kummer und Ängsten wie von maßlosen Begierden freies Leben sein Glück ausmacht. Wenn man also einen Menschen träfe, der entsprechend lebte, so würde man nicht zögern, ihn glücklich zu nennen.

Und also kann Cicero in V.43 zusammenfassend feststellen: „*atqui sapiens semper ita adfectus est; semper igitur sapiens beatus est* (Der Weise aber ist immer in einem solchen Zustand; immer ist daher der Weise glücklich).“ Man könne zwar körperliche und äußerliche Vorzüge aller Art besitzen, doch was besäße man an ihnen, wenn man trotz ihres Besitzes unglücklich sein oder werden könne? Und so lautet das Ergebnis in V.45: „*Etenim, quicquid est, quod bonum sit, id expetendum est; quod autem expetendum, id certe adprobandum; quod vero adprobaris, id gratum acceptumque habendum, ergo etiam dignitas ei tribuenda est. quod si ita est, laudabile sit necesse est; bonum*

71 Vgl. auch Plut. mor. 234 EF.

72 Vgl. z. B. auch Plut. mor. 219 E und dazu Gigon, 565.

igitur omne laudabile. ex quo efficitur, ut, quod sit honestum, id sit solum bonum.“[73]

Verhielte man sich anders, so müsste man vieles und zumal, wie die angeführten Beispiele zeigen, körperliche und äußere Güter als ein Gut betrachten, womit sich die Lehre der Philosophen nicht mehr von den Anschauungen des gemeinen Mannes unterschiede (V.46). Stelle man die Güterlehre der Stoiker und der Peripatetiker einander gegenüber, so entsprächen ihre „vorzuziehenden“ Güter (praecipua = προηγούμενα) den „*bona*“ der Peripatetiker, die überzeugt sind, dass der Mensch ohne Gesundheit etc. überhaupt nicht leben könne, so dass sie, wenn schon nicht zum glücklichen, so jedoch zum glücklichsten Leben gehörten. Gegen diese additive Glückslehre beruft sich Cicero auf Sokrates. Ihm schreibt er die Lehre zu, dass der Mensch so sei wie seine Seele, sei diese gut, so sei auch sein Leben und Handeln gut. Daher sei das Leben der Tugendhaften glücklich. Der Kommentator weist daraufhin, dass es keine direkte Parallele für die hier als sokratisch zitierte Ansicht bei Platon gibt.[74] Wenn Cicero sich auch auf „jenen großen Philosophen“ (*princeps ille philosophiae)* in V.47 beruft, so geht es ihm doch entscheidend darum, das Leben des Weisen, der ohne alle Leidenschaften, ohne Ängste und Kümmernisse ist, mit dem lobenswerten und glücklichen zu identifizieren: Ohne Tugend ist nichts lobenswert, also besteht ein glückliches in einem tugendhaften Leben. Wenn man anders urteile, so sei es um das tugendhafte Leben geschehen. Die unterstützenden Argumente, die Cicero in 48–53 bietet, drehen sich im Grunde im Kreise und bringen sachlich nichts Neues, sondern unterstreichen die grundlegende These, indem sie das tugendhafte mit einem unerschrockenen und tapferen Leben identifizieren.

3.4. Der vierte Gesprächsgang V.54–66: Drei Kontrastbeispiele für die Richtigkeit der These, dass allein der Tugendhafte glücklich ist

Für die Richtigkeit der These, dass nur der Tugendhafte glücklich ist, führt Cicero anschließend drei Kontrastpaare vor, in denen jeweils der eine gewalttätig und der andere besonnen und weise ist.

73 „Jedenfalls, mag immer gut sein was will, so muss es erstrebenswert sein. Was aber erstrebenswert ist, das muss auch willkommen und angenehm sein. Und so muss man ihm auch Würde zuschreiben. Also ist alles Gute lobenswert. Damit ist bewiesen, dass nur, was tugendgemäß ist, auch gut ist.“

74 Gigon, 565.

Als erstes Beispielpaar werden in V.54–55: Laelius und Cinna, der Weise und der Gewaltmensch einander gegenüber gestellt. Gaius Laelius mit dem Beinamen *sapiens*, der Weise, war 140 v. Chr. Konsul, erlitt aber in der Abstimmung über das von ihm eingebrachte Ackergesetz eine Niederlage.[75] Lucius Cornelius Cinna (130–84) war 87 v. Chr. Konsul und von Sulla bei seinem Aufbruch nach Griechenland und Kleinasien verpflichtet worden, die sullanischen Einrichtungen nicht anzutasten.[76] Er brach den Eid, floh aus Rom, eroberte es von außen und richtete zusammen mit Marius ein Blutbad unter seinen Gegnern an. Cicero zählt in V.55 seine drei senatorischen Opfer, darunter seinen Mitkonsul Cnaeius Octavius und den Vater des Catulus, auf.[77] Das Resümee lautet: „*beatusne igitur qui hos interfecit? mihi contra non solum eo videtur miser quod ea fecit, sed etiam quod ita se gessit, ut ea facere ei liceret.*“[78]

Als zweites Paar bietet er in (V.56) Gaius Marius (157–86 v. Chr.) und Q. Lutatius Catulus (121–61/60 v. Chr.) oder einen Abenteurer und einen Aristokraten. Marius war zunächst ein erfolgreicher Feldherr, der in der Entscheidungsschlacht gegen die Kimbern bei Vercellae 101 durch sein Eingreifen den Sieg des Catulus besiegelte. Er war ein genialer Feldherr, aber kein Staatsmann, der die anstehenden Probleme des Reiches zu lösen vermochte. Durch Sulla zum Staatsfeind ernannt, musste er 88 nach Afrika fliehen. Er kehrte aber nach dessen Aufbruch in den Osten nach Rom zurück, wo er zusammen mit Cinna eine blutige Abrechnung mit seinen Feinden hielt und dann zusammen mit Cinna zum Consul für das Jahr 86 gewählt wurde, aber schon zwei Wochen später (noch ehe er seine Pläne auf einen neuen Feldzug verwirklichen konnte) an einer Lungenentzündung starb.[79] Q. Lutatius mit dem Beinamen Catulus hatte zusammen mit seinem gleichnamigen Vater 101 den Kimbern standgehalten, wobei ihnen Marius den Sieg bestritt, weil erst sein Eingreifen die Schlacht entschieden hatte. Dann war er mit Unterstützung Sullas 78 v. Chr. zum Consul gewählt worden. Er widersetzte sich dem Versuch seines Amtskollegen M. Aemilius die sullanische Ordnung mit Gewalt zu stürzen. Da er sich mit Caesar anlegte, war er seit 62 politisch bedeutungslos. 73 hatte er Catilina erfolgreich in einem Inzestprozess verteidigt, 63 sich von ihm abgesetzt und Cicero

75 Vgl. dazu Christ, Krise, 119–120.

76 Zu Sullas restaurativen Reformen vgl. Christ, Krise, 217–230.

77 Vgl. dazu Christ, Krise, 189–191.

78 „Ist also glücklich, wer diese getötet hat? Mir scheint er im Gegenteil nicht allein deshalb unglücklich zu sein, weil er es getan hat, sondern auch deshalb, weil er sich so betrug, dass es ihm erlaubt war, es zu tun.“

79 Vgl. Christ, Krise, 154–170 und 188–191.

unterstützt. 70 war er Richter im Prozess gegen Verres, in dem Cicero seine bekannten Anklagereden hielt. 69 weihte er den abgebrannten Jupitertempel auf dem Capitol ein. Zu Caesar stand er zunehmend in einem gespannten Verhältnis. Cicero schätzte ihn als Persönlichkeit, aber weniger als Redner (Cic. Brut.133). Sein Name wird nach 60/61 nicht mehr genannt. Ob Cicero auf seinen Selbstmord anspielt oder eher seine tapfere, auch dem Tod ins Auge sehende Lebenseinstellung im Auge hat, bleibt dunkel. In Tusc.V.56 stellt er ihn jedenfalls in eine positive Parallele zu dem sokratischen Grundsatz, dass Unrecht leiden besser als Unrecht tun sei.[80]

Als drittes Beispielpaar werden in V.57–66 Dionysios I. und Archimedes oder der Tyrann und der Gelehrte miteinander konfrontiert. Als Paradebeispiel für den Tyrannen, der keinen Augenblick seines Lebens sicher ist, erinnert Cicero an Dionysios den Älteren von Syrakus (406–367), der seit 392 zwei Drittel Siziliens beherrschte. Im Leben Dions von Plutarch kann man Näheres über ihn erfahren.[81] Die von Cicero überlieferten Geschichten über die Ängste des Dionysios, der seines Lebens in keinem Augenblick sicher war, wirken wie aus einem moralisierenden Lehrbuch entnommen. Dem Tyrannen stellt er den Mathematiker Archimedes gegenüber (V.64–66). Das gab ihm Gelegenheit zu erzählen, dass er während seiner Zeit als Quästor in Lilybaeum, dem heutigen Marsala an der Westküste Siziliens, in Syrakus dessen verwildertes Grab entdeckt und als solches identifiziert hatte. Wem der beiden Cicero die Palme reicht, kann nicht zweifelhaft sein (V.66): *„si vitae modum actionemque quaerimus, alterius mens rationibus agitandis exquirendisque alebatur cum oblectatione sollertiae, qui est unus suavissimus pastus animorum, alterius in caede et iniuriis cum et diurno et nocturno metu, age confer Democritum,*[82] *Pythagoram*[83], *Anaxagoram;*[84] *quae*

80 Die beiden ersten Vergleiche „bilden nur das Vorspiel und den Auftakt für die Gegenüberstellung des Dionysios mit Archimedes, weil es nun um die Antithese zwischen Macht und Geist bzw. Wissenschaft geht; vgl. Koch, Philosophie, 183.

81 Vgl. zu ihm Finley, Sizilien, 101–116 und zum Klima an seinem Hof Plut. vit. Dion III-XII.XIV-XV.

82 *Demokrit von Abdera* ist zwischen 470 und 460 v. Chr. geboren. Diog. Laert. IX.37 nennt ihn einen „Fünfkämpfer der Philosophie", da er außer den Kenntnissen, die zur allgemeinen Bildung gehörten, auch noch Physik, Ethik, Mathematik und Kunst(wissenschaft) beherrschte. Platon habe ihn deshalb nicht erwähnt, weil er sich dessen bewusst gewesen sei, dass er es mit dem besten aller Philosophen zu tun bekäme (IX.40). Seine physikalische Lehre lasse sich in dem einen Satz zusammenfassen, dass die Urgründe des Alls die Atome und das Leere seien, es unendlich viele Welten gebe und nichts aus einem Nicht-Seienden entstehe und nichts in ein solches vergehe. Alles geschehe aber nach der Notwendigkeit. Endziel des Lebens sei

regna, quas opes studiis eorum et delectationibus antepones?"[85] So spricht die Lebenserfahrung selbst für die Gültigkeit des Satzes, dass nur der Weise glücklich sein könne.

3.5. Der fünfte Gesprächsgang V.67–72: Das Lob des Lebens im Geist und also in der Tugend

Die Fortsetzung in V.67–73 zeigt, dass das letzte Kontrastpaar deshalb von Cicero gewählt ist, weil er so einen sachlichen Übergang zu der Rühmung

---

die Heiterkeit der Seele, die nicht mit der Lust zu verwechseln und von keinem Aberglauben gestört sei (IX.44–45).

83 *Pythagoras,* etwa 582–500 v. Chr. geb. in Samos, um 530 nach Kroton ausgewandert, wo er eine philosophische Gemeinschaft mit Geheimdokumenten, Passworten und speziellen Diäten gründete und eine bedeutende politische Rolle in der Magna Graecia spielte. Er besaß schamanische Züge und soll die Lehre von der Seelenwanderung eingeführt haben. Der mathematische mit seinem Namen verbundene Lehrsatz und die Theorie, dass alle Dinge aus Zahlen bestehen oder solche hervorbringen, so dass die Welt sich auf Zahlenverhältnisse zurückführen lässt, geht nach Walter Burkert erst auf Platon zurück, der auch ihren Seelenmythos übernommen hat. Ob es eine Kontinuität des Pythagoreismus der klassischen Zeit mit dem Neupythagoreismus des hellenistischen und römischen Zeitalters gegeben hat, ist fraglich, vgl. Kahn, OCD[3], 1283–1285. Zu seinem Leben und seinen Lehren vgl. Diog. Laert. VIII.1–50.

84 *Anaxagoras* (500–428 v. Chr.) aus Klazomenoi, traf 456/ 455 in Athen ein, wo er 20 Jahre lehrte, bis er durch einen Asebieprozess vertrieben nach Lampsakos auswanderte, vermutlich mit Hilfe des Perikles. Er gilt als Naturphilosoph, der die frommen Athener durch seine These entsetzte, dass die Sterne keine Götter, sondern glänzende Steine seien. Trotzdem war er kein Materialist, denn nach DK 59 Frg. 13–14 war es der ewige Geist, der die Bewegung begann und sich dann von allem absonderte, was er in Bewegung gesetzt hatte. Er selbst aber sei ewig. Nach frg. 17 gibt es kein Entstehen und Vergehen; denn die Dinge entstünden, indem sie sich beständig mischten und schieden. Nach frg. 18 verleiht die Sonne dem Mond seinen Glanz. Paradox klingt frg. 21a: „Sicht des Nichtoffenbaren: das Erscheinende." Oder anders gesagt: Wir erkennen die Welt nur so, wie sie uns erscheint, während sie in ihrem an sich verborgen bleibt. Zu seinem Leben und seinen Lehren vgl. auch Diog. Laert. II.6–15.

85 „Wenn wir nach der Art und dem Handeln fragen, so wurde der Geist des einen durch Erwägen und Erforschen von Grundsätzen und durch den Genuß des Denkens genährt, was eine der angenehmsten Speisen der Seele ist, der des anderen durch Mord und Untaten unter Tag und Nacht anhaltender Angst. Vergleiche weiterhin Demokrit, Pythagoras, Anaxagoras; welche Reiche, welche Reichtümer würdest Du ihren Studien und Freuden voran stellen ?" Vgl. dazu auch Forschner, Theoria, 179–180.

eines Lebens im Geiste findet, das sich für den Weisen als das glücklichste erweist. Cicero setzt in V.67 mit der Behauptung ein, dass das gesuchte Beste nur in dem liegen könne, was das Beste am Menschen sei. Das aber sei ein wacher und gesunder Geist und daher seien seine Güter zu genießen. Das Gute des Geistes aber bestehe in der Tugend: „*Bonum autem mentis est virtus: ergo hac beatam vitam contineri necesse est* (Das Gute des Geistes ist die Tugend; also muß diese notwendig das glückselige Leben in sich enthalten)."

Aber da alles, was schön, edel und ausgezeichnet (vgl. V.38–39) auch *plena gaudiorum,* voller Freuden sei, so bestehe eben das auf Tugend gegründete glückselige Leben aus dauernder und voller Freude. Das aber will Cicero nun in einem Gedankenexperiment überprüfen, in dem er sich einen vortrefflichen, in allen Wissenschaften ausgezeichneten Mann vorstellt (V.68). Ein solcher müsse 1.) von ausgezeichneter Begabung (*ingenio eximio*) sein, denn trägen Geistern fehle die Tugend. 2.) voller Eifer (*studio incitato*) sein. Das habe 1.) zur Folge, dass dieser Geist die Erkenntnis der Dinge und ihrer Natur besitze; 2.), dass er zwischen dem, was zu meiden, und dem, was zu erstreben sei, zu unterscheiden wisse und ihm 3.) mithin eine Urteilsfähigkeit eigen sei, die deutlich erkenne, was aus einer Sache folge oder ihr widerspreche, woraus sich der Scharfsinn der Analyse und die Wahrheit des Urteilens ergebe.

Welche Freude müsse einen solchen Mann erfüllen, wenn er Tage und Nächte über der Frage nach den Ursprüngen des Kosmos, der Himmelsbewegungen und der Gründung der Erde nachsinne (69)! Ein solcher Geist entspräche der Forderung des Delphischen Orakels, dass der Geist sich selbst und damit zugleich als mit dem göttlichen Geist verbunden erkenne,[86] was ihn mit unerschöpflicher Freude (*insatiabili gaudio*) erfülle: „*ipsa enim cogitatio de vi et natura deorum studium incendit illius aeternitatem imitandi neque se in brevitate vitae conlocatam putat, cum rerum causas alias ex aliiis aptas et necessitate nexas videt, quibus ab aeterno tempore fluentibus in aeternum ratio tamen mensque moderatur.*"[87]

86 Das ist Ciceros Deutung. Ursprünglich dürfte der Spruch vor der Selbstüberschätzung gewarnt haben: Wer sich selbst erkennt, erkennt, dass er nur ein Mensch und kein Gott ist; vgl. auch Giebel, Orakel von Delphi, 48–51.

87 „Der Gedanke nämlich an die Kraft und die Natur der Götter entflammt das Streben, ihre Ewigkeit nachzuahmen und sich nicht in die Kürze des Lebens eingeschlossen zu wähnen, wenn er die Ursachen der Dinge sieht, von denen sich die einen an die anderen anpassen und mit Notwendigkeit verknüpft sind und seit ewiger Zeit dahinfließen und in Ewigkeit von der Vernunft und dem Geist geleitet sind.".

Um dieses Pathos zu verstehen, muss man sich an das *Somnium Scipionis*, den Traum Scipios erinnern, mit dem Cicero seine leider nur unvollständig überlieferte Schrift *De re publica*, (Über den Staat) beschlossen hat. Dieses Buch hat er 55 nach dem Abschluss von *De oratore* begonnen und im Frühjahr 51 vor seiner Abreise als Proconsul in die Provinz Kilikien beendet.[88] Er hatte sich bei seiner Abfassung kein geringeres Ziel gesetzt, als Platons Politeia, Platons großes Werk über den Staat, zu übertreffen. So wie Platon mit der Erzählung vom Schicksal der Seele endete, ließ auch er sein Werk mit dem *Somnium Scipionis* ausklingen. Dieser Traum ist eine Apotheose des *homo politicus*, des politischen Menschen, der sein Leben zum Wohl der *res publica* eingesetzt hat und zum Lohn dafür in die himmlischen Sphären entrückt wird. Als Scipio aber bemerkte, dass sein Gesprächspartner Ämilius Paulus zur kleinen Erde hinabschaut, gab er ihm den Rat, seinen Blick auf die himmlischen Dinge zu lenken, um zu erkennen wie eitel und vergänglich aller Ruhm ist, den man auf Erden gewinnen könne. Dagegen sei sein Geist unsterblich, weil er ein Gott sei, wie denn alles was lebe, empfinde, sich erinnere, vorausschaue und den Körper lenke ein Gott sei, während der ewige Gott, der ewige Geist den Körper bewege. Dann folgt der sog. kinetische Beweis für die Unsterblichkeit der Seele, der auf Platon zurückgeht (rep.VI.25): „*Nam quod semper movetur, aeternum est; quod autem motum adfert alicui quodque ipsum agitatur aliunde, quando finem habet motus, vivendi finem habeat necesse est* (Denn was sich immer bewegt, ist ewig; was aber einem Bewegung bringt und was selber von irgendwoher getrieben wird, muss notwendig, da es ein Ende der Bewegung hat, auch ein Ende des Lebens haben)."

In Tusc.Disp.V.71 aber fährt Cicero fort, indem er aus der Erhebung des Geistes in die himmlischen Höhen eine innere Ruhe der Seele in der Betrachtung des Menschlichen ableitet, aus der die Erkenntnis der Tugend erwächst:[89] „*invenitur, quid sit quod natura spectet extremum in bonis, quid in malis ultimum, quo referenda sint officia, quae degendae aetatis ratio deligenda, quibus et talibus rebus exquisitis hoc vel maxime efficitur, quod hac disputatione agimus, ut virtus ad beate vivendum sit se ipsa contenta.*"[90]

---

88 Zur Entstehung vgl. Gelzer, Cicero, 218–224.

89 Vgl. dazu auch Forschner, Theoria, 180–185.

90 „Man enteckt, was die Natur als das Höchste der Güter im Auge hat und als das Äußerste der Übel, worauf sich unser Tun beziehen soll und was wir als Regel unserer Lebensführung wählen müssen. Wenn man alle diese Dinge erforscht hat, dann ergibt sich vor allem dies, was wir in dieser Untersuchung behandeln, dass nämlich die Tugend zum glückseligen Leben gehört."

So besäße der Weise die Tugend und führe zugleich ein glückliches Leben der Muße, des *otium,* das ihm seine Forschungen ermögliche. Das hindere ihn freilich nicht, sich den öffentlichen Angelegenheiten zu widmen und darüber hinaus den Lohn der Freundschaften zu genießen, das Glück, das ihm der tägliche Umgang und das gemeinsame Leben mit den Freunden gewähre (V.67–69). „*quid haec tandem vita desiderat, quo sit beatior? cui refertae tot tantisque gaudiis Fortuna ipsa cedat necesse est. quodsi gaudere talibus bonis animi, id est virtutibus, beatum est omnesque sapientes is gaudiis perfruuntur, omnis eos beatos esse confiteri necesse est* (V.72).“[91]

Ohne seine Leser darauf aufmerksam zu machen, schreibt er seinem Weisen Begabungen und Gaben zu, welche die Stoiker zu den „bevorzugten Gütern“ erklärten; denn zu ihnen gehört ein Staat, für den einzusetzen es sich lohnt, und gehören vor allem die Freunde. Da aber nur ein gesunder Geist die nötigen Eigenschaften besitzt, welche die Bearbeitung der fundamentalen philosophischen Fragen nach dem Woher aller Dinge und der mathematischen nach den Umläufen der Gestirne erfordert, erweist sich die geistige Gesundheit als die Voraussetzung der Weisheit. So setzt sich Cicero schnell über das hinweg, was er zuvor bestritten hat und schreibt dem wahrhaft glücklichen Weisen fundamentale „äußere Güter“ zu.

3.6. Der sechste Gesprächsgang V.73–82: Die in sich stimmige Lehre der Stoiker von dem Sieg der Tugend über den Schmerz

Der Höhenflug der Gedanken wird in 73 durch die Rückfrage seines Zuhörers unterbrochen, ob das über den Weisen Ausgeführte auch dann noch gelte, wenn er Qualen und Foltern unterworfen sei. Cicero antwortet ironisch: „*An tu me in viola putabas aut in rosa dicere. an Epicuro, qui tantum modo induit personam philosophi et sibi ipse hoc nomen inscripsit, dicere licebit, quod quidem, ut habet se res, me tamen plaudente dicit, nullum sapienti esse tempus, etiamsi uratur, torqueatur, secetur, quin possit exclamare: ‚quam pro nihilo puto!‘ cum praesertim omne malum dolore definiat, bonum voluptate?*“[92]

91 „Was schließlich kann ein solches Leben noch wünschen, wodurch könnte es glücklicher sein? Wenn es mit so vielen und großen Freuden angefüllt ist, muss ihm selbst das Schicksal weichen. Wenn also der, der sich an solchen Gütern der Seele, nämlich der Tugenden, freut, glücklich ist und alle Weisen diese Freuden genießen, so muss man notwendigerweise zugestehen, dass sie alle glücklich sind.“

92 „Meinst Du vielleicht, ich würde sagen: in Veilchen und Rosen? Soll es nur Epikur, der bloß die Rolle eines Philosophen spielt und sich selbst diesen Namen zugelegt hat, zu sagen erlaubt sein (was er freilich, so wie sich die Sache verhält, mit meinem

Epikur nehme also einen offensichtlichen Widerspruch in Kauf, obwohl für ihn das einzige Mittel, sich über das Schicksal zu erheben darin bestanden hätte, sich vergangener Freuden zu erinnern, was Cicero ganz unverständlich erscheint, weil er nicht einsehe, „*quo modo sedare possint mala praesentia praeteritae voluptates* (auf welche Weise gegenwärtige Übel durch vergangene Freuden beruhigt werden könnten (V.74 f.).“ Wenn also Epikur, für den der Schmerz das größte Übel war, die These vertreten konnte, dass der Weise stets glücklich sei, was könne man dann mit den Peripatetikern und den Vertreten der Alten Akademie anfangen, die nichts für gut hielten als die Tugend und trotzdem auf der Meinung beharrten, dass der Weise im Schmerz nicht glücklich sein könne? Möge es auch die drei Arten der Güter geben, wie sie die Stoiker abgesehen von der Tugend lehrten, solange die körperlichen hinter denen der Seele zurückstünden, könne man mit Recht den, der diese erlangt hat, als vollkommen glücklich preisen. Daher dürfe der Weise den Schmerz nicht fürchten, obwohl er der schärfste Gegner der Tugend sei, der ihr mit brennenden Fackeln drohe, die Tapferkeit (*virtus*), die Größe der Seele (*magnitudo animi*) und die Geduld (*patientia*) zu schwächen. Wie könnte sich also der Weise fürchten (V.75–76) und seine Tugend dem Schmerz unterliegen, während spartanische Jünglinge nicht einmal stöhnten, wenn sie sich blutig peitschen, ja, wie er selbst gesehen habe, lieber stürben als zuzugeben, dass sie besiegt seien, und Inder ohne Schmerzen zu empfinden im Kaukasus (Hindukusch wäre richtiger!) im Schnee stünden, sich ohne zu stöhnen verbrennen ließen und sich ihre Witwen stritten, welche sich mit ihrem toten Gatten verbrennen lassen dürfe, und die verschrobenen Ägypter jede Unannehmlichkeit auf sich zu nehmen bereit wären, wenn sie nur keines der heiligen Schlange, Katzen, Hunde oder Krokodile verletzten, und, wenn es ihnen trotzdem unterlaufen sei, vor keiner Strafe zurückschreckten, und selbst die Tiere tapfer für ihre Brut kämpften, ganz zu schweigen, was ein Ehrgeiziger um der Ehre, ein Ruhmsüchtiger wegen des Ruhmes und ein durch Liebe Entbrannter um der Liebe willen auf sich nehme? Es ist ein Feuerwerk, das Cicero in V.77–79 abbrennt, um den Weisen zur Standhaftigkeit angesichts des Schmerzes zu ermahnen. Angesichts solcher Beispiele werde der Glückliche, den ein Leben lang Gerechtigkeit (*iustitia*), Selbstberrschung (*temperantia*) Tapferkeit (*fortitudo*), Seelengröße (*magnitudo animi*) und Geduld (*perseverantia*)

Beifall sagen darf), es gebe für den Weisen keine Zeit, auch wenn er gebrannt, gefoltert, zerschnitten werde, in der es für ihn anders möglich sei, als auszurufen: ‚Wie sehr halte ich dies für nichts!‘ während er doch alles Übel als Schmerz bestimmt und (alles) Gute als Lust?“

begleitet haben, diese Tugenden nicht an der Schwelle des Kerkers, hinter der ihn die Folterknechte erwarten, zurücklassen. Denn was wäre schändlicher und hässlicher, als wenn sich ein Leben von dem allem trennte? Das aber könne nicht der Fall sein, weil es keine Tugend ohne ein glückliches Leben und also auch kein glückliches Leben ohne Tugend gäbe (80). Da der Weise nichts tut, was er bereuen könnte, nichts als sicher erwarte, sich über nichts, was geschehe, wundere, könne sein Glück auch nicht unter Foltern enden (81). Die Stoiker leiten das aus ihrer Bestimmung des höchsten Gutes als im Einklang mit der Natur zu leben ab. Mithin sei es nicht allein eine Sache der Pflicht, sondern liege also auch das glückliche Leben in der Macht eines jeden (V.82): „*Stoicorum quidem facilis conclusio est; qui cum finem bonorum esse senserint congruere naturae cumque ea convenienter vivere, cum id sit in sapientis situm non officio solum, verum etiam potestate, sequatur necesse est, ut, cuius in potestate summum bonum, in eiusdem vita beata sit. ita fit semper vita beata sapientis.*“[93]

Der Nachsatz zeigt, dass Cicero überzeugt ist, damit die anstehende Frage erschöpfend beantwortet zu haben:

„*Habes, quae fortissime de beata vita dici putem et, quo modo nunc est, nisi quid tu melius attuleris, etiam verissime* (Damit hast Du, was nach meiner Ansicht am überzeugendsten und, wie es jetzt steht, auch mit größter Wahrscheinlichkeit über ein glückliches Leben gesagt werden kann. Es sei denn, Du kannst etwas Besseres beitragen (82).“

3.7. Der siebte Gesprächsgang V.82–96: Die widersprüchliche Lehre der Peripatetiker und Akademiker und ein Lob auf die Lehre Epikurs

Der Schüler schlägt nun vor, Cicero möge doch noch seinen flüchtigen Hinweis entfalten, dass es für die Peripatetiker und Vertreter der alten Akademie nur konsequent wäre, der hier vertretenen exklusiven Gleichsetzung von Glück und einem tugendhaften Leben beizustimmen (82). Cicero lässt sich bereitwillig darauf ein, da er sich keinerlei Lehrsätzen oder Autoritäten verpflichtet fühlt. Als erstes geht er auf Karneades ein, der ei-

93 „Die Folgerung der Stoiker ist gewiss einfach: da sie der Ansicht waren, dass Ziel der Guten sei es in Übereinstimmung mit der Natur zu leben, wobei dies nicht allein als eine den Weisen auferlegte Pflicht sei, sondern tatsächlich auch in ihrer Gewalt stehe, so dass daraus notwendig folgt, dass der, in dessen Gewalt das höchste Gut stehe, auch die Gewalt über das glückliche Leben besitze, so dass das Leben des Weisen immer glücklich sei.“

nerseits lehrte, die Tugend genüge, um glücklich zu leben, und anderseits eifrig die Thesen der Stoiker widerlegte. Cicero werde die Prüfung friedlich vornehmen, wobei er freilich gleich feststelle, dass, wenn die Stoiker das höchste Gut richtig bestimmt hätten, die ganze Sache entschieden sei. Unter diesem Gesichtspunkt seien nun die Meinungen der übrigen Philosophen zu überprüfen (83).

Über das Ziel des Lebens gebe es folgende Ansichten: 1.) die der Stoiker, für die es außer der Tugend kein Gut gebe; 2.) die Epikurs, der das höchste Gut als Lust bestimmte; 3.) die des Peripatetikers Hieronymos,[94] der es als Freisein von Schmerz definierte, und 4.) die des Karneades,[95] der nichts als ein Gut anerkannte außer dem Genuss der von der Natur bereitgestellten Güter. Neben diesen vier einfachen Meinungen gebe es noch einige, die als Vertreter einer Synthese zu betrachten seien. Das sind 1.) die Peripatetiker und 2.) letztlich auch die Anhänger der Alten Akademie, die drei Arten von Gütern, solche der Seele, des Leibes und äußere unterscheiden. 3.) hätten die Kyrenaiker Deinomachos und Kalliphon[96] die Lust mit der Tugend und 4.) der Peripatetiker Diodor[97] die Schmerzlosigkeit mit der Tugend verbunden. Weitere Spielarten wie die des *Ariston* von Chios, eines Schülers des Stoikers Zenon, der eine phänomenologische Ethik vertrat und die seines Lehrers Zenon ablehnte,[98] des *Pyrrhon,* eines Zeitgenossen Alexanders des Großen, der eigentlich Maler war und zum Begründer des Skeptizismus wurde,[99] und des Herillos, eines weiteren Schülers des Stoikers Zenon, der das höchste Gut statt ins Handeln ins Wissen legte,[100] hätten sich dagegen nicht behauptet und brauchten also ebensowenig wie die bereits genügend dargestellte Lehre der Stoiker berücksichtigt zu werden (84–85).

---

94 Zu Hieronymos von Rhodos vgl. Wehli, Peripatos, 575–576.

95 Zu Karneades vgl. Long, Philosophy, 94–106 bzw. ausführlich Görler, Akademie, 849–897 und zu seiner Güterlehre 878–883.

96 Die Schule der Kyrenaiker wurde durch Aristipp, einen Freund des Sokrates begründet. Alle Erkenntnis beruhte nach ihnen auf Empfindungen und Sinneswahrnehmungen, wobei das höchste Gut die Lust ist, von der man sich allerdings nicht beherrschen lassen dürfe, vgl. zu ihnen Praechter, Philosophie, 170–178; zu den weder nach seiner Schulzugehörigkeit noch Lebenszeit greifbaren Philosophen Deinomachos und Kalliphon vgl. Wehrli, Peripatos, 589 bzw. Stänzel (DNP 3/1997), 371–372.

97 Diodoros von Tyros, Schüler des Kritolaos, der in der 1. Hälfte des 2. Jh. Schulhaupt des Peripatos war, vgl. Wehrli, Peripatos, 590.

98 Vgl. zu ihm Steinmetz, Stoa, 558–561.

99 Vgl. zu ihm Long, Philosophy, 75–88 bzw. Görler, 732–759, bes. 740–746.

100 Zu dem im 3. Jh. lebenden Stoiker Herillos von Karthago vgl. Diog. Laert. VII.165 und Inwood übers. von Reinbitz (DNP 5/1998), 414–415.

Was die Peripatetiker betreffe, so sei die Sache klar, wenn man Theophrast außer acht lasse. Da die meisten von ihnen die Tugend bis in den Himmel erhöben und etliche von ihnen behaupten, man müsse auch unter Schmerzen nach Ruhm streben, folgert daraus, dass Glück bei ihnen auch Übel umfassen könne. Ein Leben könne daher als glücklich bezeichnet werden, wenn die glücklichen und zugleich gewichtigeren Güter in ihnen überwiegen.[101] Demgemäß müsse bei ihnen ein glückliches, der Tugend gewidmetes Leben auch in den Stier des Phalaris hinabsteigen, wofür die Autorität des Aristoteles, Xenokrates, Speusipp und Polemon einstünde. – Das kann sich aber nur auf die These von der Vorherrschaft des durch die Tugend bewirkten Glücks über unangenehme Widerfahrnisse beziehen. Xenokrates, Speusipp und Ptolemon waren nebenbei keine Peripatetiker, sondern die Nachfolger Platons in der Leitung der Akademie. Cicero nimmt also außer Aristoteles auch die Nachfolger Platons für diese Theorie in Anspruch. Dieser Generalthese der Annahme eines abgestuften Glücks, in dem das höhere Gut etwaige Übel austariert, schreibt Cicero nun auch dem Kyrenaiker Kalliphon und dem Peripatetiker Diodor zu, weil beide alles andere der Tugend untergordnet haben. „*Reliqui habere se videntur angustius, enatant tamen, Epicurus, Hiernoymus, et si qui sunt qui desertum illud Carneadem curent defendere. nemo est enim eorum quin bonorum animum putet esse iudicem eumque condocefaciat, ut ea, quae bona malave videantur possit comtemnere* (V.87).“[102]

Dabei habe sich Epikur, der den Tod und den Schmerz fürchtet, gegen beide gewappnet, indem er den einen für Nichts erklärt und den anderen durch die Erinnerung an einstiges Glück oder seine eigene Lehre überwindet und dabei keineswegs leer daherrede. Die Stärke des Schmerzes dämpft nach seiner Lehre die Kürze, die Dauer die Schwäche (88).[103]

---

101 Vgl. V.22.

102 „Die übrigen scheinen sich in größerer Bedrängnis zu befinden, schwimmen aber trotzdem an das rettende Ufer, nämlich Epikur, Hieronymus und welche sich sonst noch darum bemühen, die bereits aufgegebene Lehre des Karneades zu verteidigen; denn jeder von ihnen meint, dass der Geist Richter über die Güter sei, und erzieht ihn dazu, dass er das, was gut oder schlecht erscheint, verachten kann.“

103 Vgl. dazu Forschner, Glück, 41 zu Epikurs Lehre vom Glück und vom Schmerz: „*Diese Fülle des Lebensglücks eröffnet sich (unter menschlichen Bedingungen) indessen nur jenem, der zum Leben ebenso wie zum Nichtleben die gleiche Form furcht- und begierdeloser Distanz gewinnt. Die Anerkennung der Sterblichkeit bedeutet also … die Einnahme einer Position ‚ästhetischer' Freiheit und Gelassenheit gegenüber dem Leben selbst. Die große Menge, so Epikur, scheut bald den Tod als das größte Übel, bald sucht sie ihn als Befreiung von der Not. Der Weise hingegen weist weder das Leben von sich noch fürchtet er sich vor dem Nichtsein. Denn weder wird ihm das Leben zum Gegner noch hält*

Wie das Beispiel des Skythen Anacharsis, des Bruders eines Königs, der zur Zeit Solons nach Athen gekommen sei, lehre,[104] könne man mit ganz wenigem zufrieden sein und damit die Ansicht aller Philosophen treffen (89–90). Als weitere Exempel werden die Bedürfnislosigkeit des Sokrates, des Schulhauptes der Akademie des Xenokrates und des Kynikers Diogenes (in der Tonne) angeführt (91–92).

In dieser Hinsicht erwiesen sich die Unterscheidungen, die Epikur zwischen den Arten der Begierden gemacht hat, als nützlich: Denn er differenzierte sie in teils natürliche und notwendige, teils natürliche und nicht notwendige und in solche die keines von beiden sind. Die natürlichen Begierden könnten mit so gut wie nichts gesättigt werden, die zweite Art sei unschwer zu erlangen und auf die dritte könne man a priori verzichten. Als praktische Richtschnur zur Enthaltsamkeit benennen die Epikureer die Gesundheit, die Pflicht oder den guten Ruf. Im Ganzen aber habe Epikur gelehrt, dass die Lust als solche immer zu wünschen und zu erstreben und der Schmerz als solcher immer zu meiden sei. Der Weise aber würde einer Lust fliehen, wenn sie einen größeren Schmerz zur Folge hätte. Da der Leib sich an der gegenwärtigen Lust erfreue, die Seele sie aber zugleich mit dem Leib verspüre, sie künftige erwarte und vergangene nicht vergäße, so seien im Weisen dauernd untereinander verflochtene Lustempfindungen. Ähnliches habe er über die Lebensweise gelehrt, zur Einfachheit ermahnt und Üppigkeit und Aufwand der Gastmähler gerügt (93–96). So beweist Cicero, dass er um der Sache willen über den eigenen Schatten und sein eingewurzeltes Vorurteil über Epikur zu springen vermag, ohne doch zu dessen Lustlehre überlaufen zu müsse. Denn schließlich gehört ja auch Epikur zu denen, die sich an das rettende Ufer des Geistes flüchten.

3.8. Der Schluss V.97–121: Beispiele für die Entbehrlichkeit der äußeren Güter

Cicero beschließt das 5. Buch mit einem Feuerwerk von Beispielerzählungen, denen er einen so nur ihm möglichen sprachlichen Glanz verliehen hat: Großer Aufwand bei Gastmählern würde mit Recht gerügt. Also folgt ein

er es für ein Übel, nicht zu leben. Mit anderen Worten: das menschliche Glück vollendet sich nur in einer festen Haltung heiterer Gelöstheit von allem Begehren, Streben, Sichsorgen und Genießen. Der Weise ist vollendet glücklich in seiner Freiheit, d. h. gerade dadurch, dass er jederzeit gelassen auf das Glück des Lebens verzichten kann."

104 Vgl. dazu die Nachweise bei Gigon, 576.

Lob des einfachen Lebens (V.97–98). Dareios der Große habe auf der Flucht brackiges und verunreinigtes Wasser getrunken und erklärt, niemals etwas Angenehmeres getrunken zu haben, König Ptolemaios auf einer Reise durch Ägypten in einer Hütte Hausbrot angeboten bekommen und erklärt, niemals etwas Besseres gegessen zu haben. Sokrates habe befragt, warum er abends so lange in Athen herumging, erklärt, damit er mehr Hunger habe. Als der Tyrann Dionysos die berüchtigte spartanische Blutsuppe als scheußlich bezeichnet hätte, hätte ihm der Koch erklärt, ihm fehle die Würze der Mühe, des Laufens und Jagens (V.99–101):[105] Es fehle nicht an Staaten wie Sparta und das von Xenophon beschriebene Leben der Perser, die zum Brot nichts als Kresse aßen. Auch bei den von Platon in der Akademie abgehaltenen Gastmählern sei es so bescheiden zugegangen, dass einem die Speisen am nächsten Tag keine Beschwerden bereiteten.[106] Entsprechend habe Platon in seinem Brief an seinen Freund Dion das üppige Leben der Sizilianer und Syrakusaner kritisiert. Wenn der (legendäre assyrische) König Sardanapal auf seinen Grabstein habe schreiben lassen, er besitze nur das, was er gegessen habe, während er alles andere zurücklassen müsse, so habe Aristoteles das mit Recht mit dem Hinweis quittiert, dass man diese Inschrift auch einer Kuh auf das Grab setzen könne (V.102): Wozu solle man Reichtum begehren, wenn man in Armut glücklich sein könne? Habe man sich mit kostbaren Statuen umgeben, so fiele der Blick doch nur selten auf sie, während man sie auf den öffentlichen Plätzen der Stadt umsonst betrachten könne. Für ein umfassendes *Lob der Armut* würde der ganze Tag zu Ende gehen, aber die Sache sei klar. (V.103–104): *Ehre beim Volk* dürfe man nur um ihrer selbst willen erstreben und Unehre bei ihm nicht fürchten; daher mache das Fehlen des Ansehens und ein öffentliche Demütigung nicht unglücklich. Sich wie Demosthenes zu freuen, wenn die wasserholenden Frauen auf ihn hinwiesen und sagten: „*Das ist der berühmte Demosthenes!*" zeuge für seinen oberflächlichen Leichtsinn.[107] Wie töricht sei es, einzelne Menschen zu verachten, sie aber als Menge hochzuschätzen? Der wahrhaft Weise werde ihm angesonnene öffentliche Ehren zurückweisen (V.105): Die *Torheit der Menge* könne man daran ermessen, dass der Philosoph Heraklit nach der Vertreibung des Hermodoros aus Ephesos erklärt hätte, alle Ephesiner müssten mit dem Tod betraft werden, weil sie seine Vertreibung damit begründet hätten, dass in ihrer Stadt kein Bürger den anderen

105 Vgl. dazu die Nachweise bei Gigon, 577–578.
106 Gigon, 578: Zitat aus Plat. ep.VII.326b-c.
107 Vgl. die Nachweise bei Gigon, 579.

übertreffen dürfe.[108] Wer Geld und Ehrungen verachte, habe nichts mehr zu befürchten (V.106–109). Mit zahlreichen Beispielen zumal aus der Geschichte der Philosophie wird belegt, dass die *Verbannung* kein Übel sei. So habe der sagenhafte erste König von Troja Teukros als er verbannt wurde erklärt: „*Patria est, ubicumque est bene* (Wo es mir gut geht, da ist mein Vaterland!) und Sokrates sich als Weltbürger bekannt (V.110): Epikur habe mit Recht behauptet, dass das Vergessen Kummer und Sorgen mildere und der Weise stets eine Überzahl von Gütern besitze, wenn er sich der vergangenen Lust erinnere. (V.111–118).

Die Zwischenfrage seines imaginären Gesprächspartners, ob das auch dann gälte, wenn der Weise blind und taub sei, gibt Cicero Anlass, zu erklären, dass der Weise zum Denken keiner Augen bedürfe, und dafür zahlreiche Beispiele anzuführen, darunter das seines alten philosophischen Lehrers, des Stoikers Diodotos, der bis zu seinem Tode erblindet in Ciceros Haus lebte. Dasselbe gälte hinsichtlich der Taubheit: Wer Taub ist, brauche nichts Schlechtes mehr zu hören: „*etenim qui secum loqui poterit sermonem alterius non requiret* (Wer nämlich mit sich selbst zu reden versteht, braucht keine Worte eines anderen) (V.117). Sollten aber alle nur möglichen Unglücksfälle auf denselben Menschen einstürmen, so sei es sinnlos, sich damit abzuplagen: „*portus enim praesto est, quoniam mors, ibidem est aeternum nihil sentiendi receptaculum* (Der Hafen ist bereit, weil es den Tod gibt, einen ewigen Zufluchtsort, an dem man nichts mehr empfindet) (V.117). Der Freitod als Erlöser für den durch die Schicksalsschläge überforderten Menschen war der den Weisen (!) zugestandene letzte Trost (vgl. I.74; II.66–67, fin. III.60). Denn der Grundsatz, dass wahrhaft frei ist, wer die *res humanae,* die menschlichen Angelegenheiten verachtet, den Tod für gleichgültig und Schmerz und Mühe für erträglich hält (IV.51), gilt nur bis zu einer gewissen Grenze. Ist sie überschritten, ist es erlaubt zu gehen und mit Epikur zu sagen (V.118): “*mihi quidem in vita servanda videtur illa lex quae in Graecorum conviviis optinetur: ‚aut bibat' inquit, ‚aut abeat.' et recte, aut enim fruatur aliquis pariter cum aliis voluptate potandi aut ne sobrius in violentiam vinolentorum incidat, ante discedat, sic iniurias fortunae quas ferre nequeas, defugiendo relinquas.*“[109]

108 Vgl. Diog. Laert. IX.36.

109 „Mir jedenfalls scheint die Regel, welche bei den Gastmählern der Griechen befolgt wird, die besagt: ‚Entweder er trinkt oder er muss gehen!' auch im Blick auf das Leben beherzigenswert. Und mit recht: denn entweder soll man sich mit anderen zusammen am Genuß des Trinkens erfreuen, oder aber abtreten, damit man nicht in den Taumel der Zechenden fällt. So sollst du auch die Misshandlungen des Schicksals, die du nicht zu ertragen weißt, fliehend hinter dir lassen.“

Dann aber erfolgt in V.119–121 ein Abgesang, der festhält, dass wenn selbst die Philosophen, welche die Meinung vertreten, dass Tugend aus sich heraus nicht alles vermag, trotzdem bekennen, dass der Weise immer glücklich sei, so könne man sie in ihrem Widerspruch mit Karneades selbst überlassen. Ihm selbst aber reiche es nun, dass er etwas über die dauernde Möglichkeit des Weisen, gut zu leben, gesagt habe, was der Stimme eines Philosophen würdig sei.

4. Rückblick und Ausblick

Blicken wir zurück, so stehen sich Realismus und Idealismus in diesen Gesprächen in eigentümlicher Spannung und oft auch Widersprüchlichkeit gegenüber. Cicero konnte (wie oben bereits bemerkt wurde) II.18 unumwunden erklären, dass er der Weisheit keine solche Macht über den Schmerz zuweise, dass er sich auf dem (glühenden) Stier des Tyrannen Phalaris (von Akragas, in dem er der Sage nach seine Feinde lebend verbrannt haben soll) wie auf seinem Bett fühlen würde. Entsprechend hatte Cicero in fin.IV.52 dem die stoische Theorie des unerschütterlichen Glücks vertretenden Cato Uticensis vorgeworfen, dass diese Lehre zwar erhaben, aber zugleich absurd sei: „*nam cum expectant et avent audire cur dolor malum non sit, dicunt illi asperum esse dolore, molestum, odiosum, contra naturam, difficile toleratu sed, quia nulla sit in dolore nec fraus nec improbritas nec malitia nec culpa nec turpitudo, non esse illud malum. haec qui audierit, ut ridere non curet, discedet tamen nihilo firmior ad dolorem ferendum, quam venerat.*“[110]

Blättert man die fünf Bücher der Tuskulanen durch, so fallen einem zum einen die disjunktiven Künste auf, mit denen Cicero die erkenntnistheoretische Methode des Karneades auf philosophische Inhalte anwendet, um seinen Lesern die Breite der Diskussion über das Problem des Glücks in der hellenistischen Philosophie übersichtlich vorzuführen. Sie sind eine Fundgrube für den Historiker, während sie den Nichtfachmann heute eher ermüden. Zum anderen und vor allem aber lässt sich nicht übersehen, dass es Cicero sachlich vor allem um den Nachweis ging, dass sich mit Haltung vieles

110 „Denn während die Menschen erwarten und zu hören verlangen, warum der Schmerz kein Übel sei, sagen jene, dass der Schmerz hart, beschwerlich, hassenswert, gegen die Natur, schwer zu ertragen, aber weil in ihm keine Lüge, Unredlichkeit, Heimtücke, Schuld oder Schändlichkeit sei, so sei er auch kein Übel. Wer dies hören wird, wird, wenn er nicht zu lachen verführt, dennoch um nichts gefestigter im Ertragen von Schmerzen weggehen, als er gekommen ist.“

ertragen lasse. Im Blick auf den Tod hatte er zwar eine schöne Theorie vom Aufstieg der vom Körper getrennten, ihrem Wesen nach göttlichen Seele in himmlische Höhen entwickelt (I.61–71), um sich dann doch mit der sokratischen Alternative zu begnügen, dass er entweder wie ein traumloser Schlaf oder aber ein Fortgang in eine bessere Welt sei (I.97; vgl. Plat. ap.40c-42). Cicero hätte die erhabene Theorie gern geglaubt, aber er ist realistisch genug, sich mit einer Alternative zu bescheiden, die dem Tod auf jeden Fall seinen Schrecken nimmt und es dem Menschen ermöglicht, ihm gelassen und mit Haltung entgegenzusehen.

Haltung könnte auch das Leitwort lauten, unter das sich seine Lösung des Problems des Schmerzes subsumieren lässt (II.33): „*Non ego dolorem dolorem esse nego (cur enim fortitudo desideraretur?), sed eum opprimi dico patientia, si modo est aliqua patientia; si nulla est, quid exornamus philosophiam aut quid eius nomine gloriosi sumus?*“[111]

Treffen sie jedoch im Übermaß ein, so dass sie die tapferste Standhaftigkeit übersteigen, so steht der Zufluchtsort bereit, der Hafen des frei gewählten Todes (II.66): „*nam si omnia fugiendae turpitudinis adipiscendaeque honestatis causa faciemus, non modo stimulos doloris, sed etiam fulmina fortunae contemneamus licebit, praesertim cum paratum sit illud ex hesterna disputatione perfugium.*“[112]

Ebenso leistet nach Buch III die Philosophie einen Beitrag zur Bändigung der das Leben zerfressenden Trübsal (*aegritudo*), indem sie den Menschen lehrt, mit allen Möglichkeiten zu rechnen und sie dann mit menschlichen Mitteln zu ertragen und zu lernen, dass es eigentlich nur ein einziges Übel gibt, nämlich die Schuld; denn der Mensch ist für unvorhersehbare Schicksalsschläge nicht verantwortlich (III.34).

Die Leidenschaften oder Verwirrungen der Seele (*perturbationes animi*) kann der Mensch nach Buch IV wiederum nur mit einer Haltung bestehen, die darauf beruht, alle menschlichen Angelegenheiten geringzuschätzen, den Tod für gleichgültig zu erklären und Schmerzen und Mühen für erträglich zu halten (IV.51). Denn höher als alles, was Menschen betreiben und gewinnen, steht die Mannhaftigkeit oder Tugend (*virtus*) (IV.57).

111 „Ich leugne nicht, dass es Schmerz gibt (denn warum solle sonst Tapferkeit erforderlich sein?), aber ich behaupte, dass sie durch Haltung unterdrückt werden kann, wenn es überhaupt eine Haltung gibt. Wenn es sie aber nicht gibt, wozu verherrlichen wir dann die Philosophie oder rühmen wir uns mit ihrem Namen?“

112 „Denn wenn wir alles tun, um der Schande zu entgehen und in Ehren zu bestehen, steht es uns nicht nur frei, die Stachel der Schmerzen, sondern auch die Blitze des Schicksals zu verachten, zumal uns jener gestern erwähnte Zufluchtsort offen steht.“

In der Gewissheit, seine Pflicht als Mensch zu erfüllen, liegt in der Konsequenz für Cicero das Höchste Gut. Wenn er es von äußeren Glücksgütern abhängig machte, wäre es um ihre Absolutheit geschehen. Darum entschied er sich schließlich dazu, die steile These der Stoiker anzuerkennen, welche die Tugend zum alleinigen Grund des Glücks erklärte. Den logischen Fehler des Urteils, der darin liegt, aus dem Satz, dass es ohne Tugend kein Glück gibt, zu folgern, dass der Tugendhafte immer glücklich sei, hat Cicero nicht durchschaut und als Ausweg einerseits an die Haltung appelliert und andererseits den Freitod als letzten Ausweg aus dem Dilemma zugestanden. Dass er das Problematische der von ihm gewählten stoischen Lösung erkannt hatte, belegt sein dem Juniorpartner in den Mund gelegter Einwand, dass man unter der Folter rechtschaffen bleiben könne, dies aber noch nicht bedeute, dass man dabei glücklich sei (V.12). Doch das Problem des Verhältnisses zwischen dem inneren Glück des Weisen und seinem äußeren Ergehen zu Ende zu denken, war ihm im Rahmen der ihm den Horizont vorgebenden philosophischen Diskussion nicht möglich. Daher suchte er es zu lösen, indem er nur das sittliche Gute als ein *bonum* definierte, ohne zu bemerken, dass eine Definition gegenteilige Erfahrungen so wenig aus dem Weg räumt wie zu ihr passende Beispielerzählungen. Zudem ging er elegant über seine eigene Kritik an der peripatetischen Ethik hinweg, indem er dem idealen Weisen Eigenschaften und Beziehungen zusprach, die teils schicksalhaft, teils situationsbedingt sind. Sein Anliegen war es, die Pflicht zu sittlichem Handeln von sinnlichen Einflüssen unabhängig zu machen, das aber ließ sich von einem eudämonistischen Ansatz her nicht lösen. Andererseits war es ihm bewusst, dass der Weise, der sich weder vor dem Tod noch vor Kummer und Schmerzen fürchtet, ein Ideal darstellt, dem sich konkrete Menschen nur annähern können. In diesem Sinne verstand er sich als ein Ermahner zur Selbstbeherrschung, wohl wissend, dass er dieses Leitbild in seiner damaligen Lage selbst bedurfte: Er selbst gehörte zu den Menchen, die des Trostes der Philosophie bedürftig waren. Und so hat er mit dieser Schrift versucht, sich selbst zu trösten und seiner Mitwelt zu zeigen, dass nicht allein das Handeln, sondern auch das ernsthafte Nachdenken in der Zwiesprache mit anderen Philosophen ein Führer zu sich selbst zu werden vermag.

Aber es ist der dem Menschen von der Natur zugewiesene Teil, ein zu gemeinsamem Leben bestimmtes Sprach- und Denkwesen zu sein, daher bedarf es zum Glück der menschlichen Gemeinschaft. Die Forderung, an der Tür des Henkers die Haltung nicht zu verlieren, sollte angesichts der Proskriptionen der Erben Caesars schon zwei Jahre später für Cicero selbst ihre Aktualität gewinnen. Wir wissen nicht, mit welchen Gefühlen er am

7. Dezember 43 v. Chr. den Kopf aus der Sänfte streckte, als ihn das Schwert des Mörders traf.[113] Was aber die Pflicht betrifft, so ist ihr Wesen erst erkannt, wenn man sie nicht nur von den sinnlichen Glücksgütern, sondern überhaupt von der Frage nach dem Glück trennt. Denn der Satz, dass nur der Tugenhafte glückselig ist, verliert seine Wahrheit, wenn man ihn umkehrt: Zwar sind alle Glücklichen tugendhaft, aber trotzdem sind nicht alle Tugendhaften glücklich. Cicero hat das Problem, wie der Einwurf des imaginären Zuhörers in V.13 zeigt, selbst gesehen. Aber er hat sich gegen seine Aufnahme gesperrt, weil er seine These durchziehen wollte. Die Behauptung, dass der Weise auch unter Foltern glücklich sei, ist eine Ausgeburt eines Denkens, dessen lebensfremden Charakter Cicero selbst durchschaut hatte (II.18). Gewiss wird ein charakterfester Mensch seine Würde nicht an der Pforte des Henkers abgeben, aber er wird unter Foltern jedenfalls alles andere als glücklich sein. Nur mit dem Hintergedanken, dass sich der Mensch ihnen entziehen kann, indem er den Freitod wählt, ließen sich solche Thesen vertreten.

Gerade angesichts eines so ehrwürdigen Denkmals des antiken Humanismus, wie es Cicero nicht nur in seinen Tusculanen hinterlassen hat, stellt sich die Frage, ob ihm nicht die Einsicht in die Abgründe des Menschen verschlossen blieben, auf welche der biblische Glaube mit der Rede von der Macht des Bösen und der Sünde hinweist. Dann aber ist der Mensch nicht mehr durch richtiges Denken zu heilen, sondern durch die Vergebung Gottes, die ihn in Stand setzt, die Unbedingtheit seines Strebens nach Selbstverwirklichung als Hybris oder Sünde zu durchschauen und sein Leben und Sterben gelassen in Gottes Hand zu legen.[114] Die christliche Lehre von der Sünde ist in der Neuzeit durch einen Moralismus überdeckt, der zur Mode geworden von Bezichtigungen anderer lebt, ohne den Balken im eigenen Auge zu sehen. Moral kennt nur Verurteilungen, der christliche Glaube Vergebung.[115] So stellt sich auch angesichts der Pflichtenlehre Kants, der sie ganz von ihren sinnlichen Krücken befreit hat,[116] die Frage, ob die

113 Vgl. dazu Gelzer, Cicero, 407–408.

114 Zur Bedeutung und zum Missverständnis des Kirchenvaters Augustinus als christliche Antwort auf den antiken Humanismus vgl. Weinstock, Tragödie, 148–173.

115 Vgl. dazu Paolo Prodi, Geschichte, 238–282 und 325–346.

116 Kritik der praktischen Vernunft (1788),154= PhB 38, 101: *„Pflicht! du erhabener großer Name, der du nichts Beliebtes, was Einschmeichelung mit sich führt, in dir fassest, sondern Unterwerfung verlangst, doch auch nichts drohest, was natürliche Abneigung im Gemüte erregte und schreckte, um den Willen zu bewegen, sondern bloß ein Gesetz aufstellst, welches von selbst im Geblüte Eingang findet und doch sich selbst wider Willen*

antike Oikeiosis-Lehre ausreicht, um den Menschen mit seinem Schicksal und damit mit sich selbst und mit Gott zu versöhnen. Heinrich Weinstock hat den Unterschied zwischen der griechischen und der christlichen Deutung der tragische Situation des Menschen auf den Punkt gebracht,[117] indem er die Gnade des griechischen Alleinen auf den Willen des Seins zurückgeführt hat, seine eigene Bewegung im Gleichgewicht zu halten, wozu die Abfolge von Geburt und Grab gehört, in der auch die größte Qual zur Ruhe kommt. Hier ist es die Zeit, die für den Ausgleich sorgt. Gerechtfertig wird nicht der Mensch, sondern das Schicksal. Im christlichen Sinn endet die Tragödie des Menschen dagegen mit der Erlösung und damit im Glück des ewigen Lebens. Das bedeute auf dem Boden einer tragischen Anthropologie, dass der vom griechischen Denken gespeiste Humanismus den christlichen vor der Hybris warnt, der christliche ihn aber auf die Höhe der Zeit in die Verantwortung für die Welt treibt. Heilung der Wirrsale des gegenwärtigen Zeitalters sind erst dann zu erwarten, wenn eine kommende Generation wieder die gottesfürchtige Angst erlernt und sich ihm das Heilige als die vernichtende, liebende und begnadigende Macht zeigt. Aber hier endet das prognostische Denken. Es kann nur auf die Rückkehr Gottes in seine Welt warten. Das aber bedeutete und wäre zugleich die Folge der Abkehr von der „Machenschaft" und ein neues, von Ehrfurcht getragenes Verständnis von Gott, Mensch und Welt.[118]

Verehrung (wenngleich nicht immer Bewunderung) erwirbt, vor dem alle Neigungen verstummen, wenn sie gleich insgeheim ihm entgegenwirken: welches ist der deiner würdige Ursprung und wo findest du die Wurzel deiner edlen Abkunft, welche alle Verwandtschaft mit Neigungen stolz ausschlägt, und von welcher Wurzel abzustammen die unnachläßliche Bedingung desjenigen Werts ist, den sich Menschen allein selbst geben können?"

117 Vgl. zum Folgenden Weinstock, Tragödie, 330–353.

118 Vgl. dazu auch Heidegger, Beiträge, 409–417; ders.; Gelassenheit; 7–26 und 27–71 und dazu von Herrmann, Wege, 350–367 und 371–386.

Das Rätsel der Zeit nach Buch XI der Confessiones von Aurelius Augustinus

1. Augustinus als Vermittler zwischen antikem Humanismus und christlichem Glauben

Man mag über die theologischen Lehren, die der aus dem algerischen Landstädtchen Thagaste stammende und sein Leben als Bischof der Hafenstadt Hippo Regius beendende Kirchenvater Aurelius Augustinus vertreten hat, urteilen wie man will: an der Tatsache, dass er über Jahrhunderte das Denken der abendländischen Christenheit bestimmt und ihr durch seine Schriften auch das Verständnis für grundlegende Fragen der antiken Philosophie offen gehalten hat, lässt sich kaum rütteln. Dabei war er von Hause aus kein Philosoph und schon gar nicht ein Mann der Kirche, sondern ein Lehrer der Beredsamkeit. Am 13. November 354 in Thagaste (dem heutigen Souk-Ahras in Nordost Algerien) als Sohn eines mittleren Beamten und teilzeitigen Landwirts Patricius und seiner Frau Monnica geboren, einer starken Frau, die ihren Sohn bis zu ihrem Tode nicht aus ihrem Geleit entließ,[1] kam er schon mit 16 Jahren als Student nach Karthago, wo bei ihm drei Jahre später die Lektüre von Ciceros Hortensius eine philosophische Konversion auslöste, so dass ihn weiterhin die Frage nach der Wahrheit durch sein Leben begleitete.[2] Doch zunächst öffnete er sich dem Einfluss der Manichäer, die sich in Nordafrika dem Christentum assimiliert hatten und mit ihrem kosmischen Dualismus das Problem des Bösen einleuchtender zu erklären schienen als das Alte Testament. Daher blieb er neun Jahre lang ihr „Auditor" oder Hörer, so dass diese Periode seine Tätigkeit als Lehrer der Redekunst 373 in seiner Heimatstadt Thagaste und seit 374 in Karthago überbrückte.[3] Immerhin gelang es ihm noch 383 mit der Unterstützung

---

1 Vgl. dazu Flasch, Augustin, 232–254; Brown, Augustine, 17–22 und Chadwick, Augustine, passim.

2 Vgl. Aug. vit.beat.4; conf.III.4.7; VIII.7.17 und das Zitat in vit.beat.10.

3 Vgl. dazu Flasch, Augustin, 28–35; Brown, Augustine, 29–42 und Chadwick, Augustine, 13–21 und zu Mani und dem Manichäismus Widengren, Religionen, 299–308; Böhlig (TRE 22/1992), 19–45 bzw. knapp Chadwick, Church, 170–172.

manichäischer Gönner eine vergleichbare Stelle in Rom zu gewinnen, wo er sich der skeptischen Philosophie der Neuen Akademie öffnete.[4]

Von dort gelang ihm ein Jahr später (384) der Absprung nach Mailand als Lehrer der Beredsamkeit am kaiserlichen Hof, womit er den Gipfel seiner beruflichen Laufbahn erreicht hatte. In dieser Stadt aber fesselte ihn die Persönlichkeit und rhetorische Kraft des dort machtvoll wirkenden Bischofs Ambrosius:[5] Seine allegorische Auslegung des Alten Testaments sollte dazu beitragen, ihn dem Manichäismus vollends zu entfremden, dessen geistige Defizite er inzwischen erkannt hatte. Innerlich belastete ihn zunehmend der Zwiespalt zwischen seiner starken Sinnlichkeit und seinem Wunsch nach einem der Weisheit gewidmeten asketischen Leben. Zu ihm fühlte er sich durch das Studium platonischer und neuplatonischer Schriften gezogen, deren Entgegensetzung von Zeit und Ewigkeit ihn bleibend beeinflussten.[6] Es ist wohl allgemein bekannt, wie ein über den Gartenzaun schallender Kinderruf „*Tolle lege!* Nimm und lies!“ den jungen Mann (am 23. August 386) veranlasste, den Römerbrief des Apostels Paulus aufzuschlagen und, von der Mahnung in Röm 13,12–13 zu einem reinen Wandel in seinem Innersten getroffen, sein Leben einschneidend zu ändern:[7] Er zog sich mit seiner Mutter, seinem (mit einer inzwischen verstoßenen Konkubine gezeugten) hoch begabten Sohn Adeodatus, seinen Vettern und Freunden in ein Landhaus bei Cassiacum zurück. Dort führte die kleine Gemeinschaft unter seiner Anleitung philosophische Gespräche, die er mitschreiben und veröffentlichen ließ.[8]

Ende Oktober legte er aus Gesundheitsgründen sein Amt nieder, um dann im Januar 387 nach Mailand zurückzukehren, wo er in der Osternacht (vermutlich am 24./25. April) zusammen mit seinem Sohn und seinem innigsten Freund Alypius getauft wurde. Kurze Zeit darauf begab er sich mit seinen Freunden und Verwandten 387 nach Ostia, wo seine Mutter starb, die bis dahin eine beherrschende Rolle in seinem Leben geführt und nun ihr Lebensziel erreicht hatte, weil ihr Sohn ein katholischer Christ geworden war.[9]

---

4 Vgl. dazu Flasch, Augustin, 36 und Brown, Augustine, 54–59.

5 Vgl. zu ihm Chadwick, Church, 348–378 und zu seinem Einfluss auf Augustinus 363–364, vgl. auch Brown, Augustine, 69–78.

6 Aug. conf.VIII.12.28–30; Flasch, Augustin, 37–41; Brown, Augustine, 79–96 und Chadwick, Augustine, 21–31.

7 Flasch, Augustin, 41–52 und Brown, Augustine, 96–102 und Chadwick, Church, 474; ders., Augustine, 26–31.

8 Zu ihren Themen und ihrem Kreisen um die Vereinbarkeit von Platonismus und Christentum vgl. Flasch, Augustin, 55–89 und Brown, Augustine, 102–120.

9 Aug. conf.IX.10.26–28; Brown, Augustine, 121–124 und Chadwick, Augustine, 32–40.

Die Zeit bis zum Abklingen der Winter- und Frühjahrsstürme füllte Augustinus mit einem Abstecher nach Rom aus, wo er zumal gegen die Manichäer gerichtete Schriften verfasste. Dann kehrte er zusammen mit seinem Sohn (der alsbald starb) und seinen Freunden im Sommer 388 nach Afrika zurück, wo er zusammen mit ihnen auf dem väterlichen Gut in Thagaste ein zurückgezogenes mönchisches Leben führte.[10] Vermutlich wurde er im Spätjahr 390 bei einem Besuch in Hippo Regius wohl gegen seine Absicht zum Priester und vermutlich 395 zum Bischof geweiht, wo er wirkte, ohne seine mönchische Lebensweise aufzugeben.[11]

Der Mann der Kirche musste sich um den Wortsinn der Bibel bemühen und die Katholische Kirche als die nach seiner Überzeugung einzig wahre gegen die Häresien verteidigen.[12] Es ist erstaunlich, welche Kraft er in seinem Amt kirchenpolitisch entfaltete, erstaunlicher, dass er es schaffte, gleichzeitig ununterbrochen theologische Traktate, biblische Kommentare und unzählige Briefe zu verfassen.[13] Entscheidend für ihn und seine Nachwirkung aber wurde in den letzten drei Jahrzehnten seines Lebens die Aneignung der paulinischen Predigt von der Erbsünde und der Gnade, die Gott nach seinem unerforschlichen ewigen Ratschluss der kleinen Schar der Erwählten schenkt und damit vor den ewigen Höllenqualen rettet.[14] Das führte zu einer Umformung seines ganzen theologischen Denkens, auch wenn sich das neuplatonische Gottesbild mit seinem Gegensatz zwischen Zeit und Ewigkeit auch weiterhin bei ihm behauptete. Hatte er noch wenige Jahre zuvor die Freiheit des Willens verteidigt, so hielt er es alsbald für eine Irrlehre.[15] So hat er sich seit 389 schrittweise zu dem Kirchenfürsten entwickelt, dessen theologisches Denken sich in der Auseinandersetzung mit seiner manichäischen Vergangenheit,[16] den Donatisten, die nur die von einem untadlig

---

10 Zu den Neuansätzen im Denken Augustins um 390 vgl. Flasch, Augustin, 99–126, Brown, Augustine, 125–130 bzw. knapp Chadwick, 41–49.

11 Vgl. dazu Brown, Augustine, 131–138 und 183–197 bzw. Chadwick, Augustine, 25–31. Zu den mannigfachen Pflichten eines Bischofs, die jeden seiner heutigen Kollegen in Erstaunen setzen würde, vgl. die Klage Augustins bei Chadwick, Church, 477.

12 Vgl. dazu Flasch, Augustin, 155–158 und Brown, Augustine, 445–451 und 492–493.

13 Vgl. dazu Markus, Augustine, 341–353 und die Übersicht in Flasch, Augustin, 469–473.

14 Vgl. dazu Brown, Augustine, 140–150, vgl. auch 400–410 und bes. 505–511.

15 Vgl. Flasch, Augustin, 104–117 mit 187–191; Brown, Augustine, 141–142 mit 165–167 und 400–410 sowie Chadwick, Augustine, 145–157.

16 Vgl. Flasch, Augustin, 27–35 und passim; Chadwick, Augustine, 14–15 und 56–57.

lebenden Priester gespendeten Sakramente als gültig betrachteten,[17] und den Pelagianern formte: Ihr Wortführer, der römische Kirchenlehrer Pelagius hatte dem politisch funktionslos gewordenen römischen Adel den Weg zur Herrschaft über sich selbst als Ziel gesetzt und dabei an den freien Willen des Menschen appelliert. Augustin setzte mit nicht immer über alle Zweifel erhabenen Mitteln seine Verurteilung als Irrlehrer durch, die freilich die Ostkirche nicht scherte, die ihn als Kirchenlehrer anerkannte und aufnahm.[18] Dass er nicht davor zurückschreckte, staatliche Gewalt gegen die Irrlehrer einzusetzen, gehört zu den bedenklichen Seiten und Folgen seines Denkens.[19]

In den Jahren 397–401 verfasste er seine *Confessiones* oder *Bekenntnisse* und zwischen 413 und 426/27 *De civitate Dei*, den *Gottesstaat,*[20] eine

---

17 Vgl. dazu Flasch, Augustin, 158–163; Brown, Augustine, 211–221 und 460–462, Chadwick, Church, 382–393; ders. ‚Augustine, 98–114 und zur Entstehung und Geschichte des donatistischen Schismas Schindler (TRE 1/1977), 654–668, bzw. knapp Andresen/Ritter, Geschichte I/1, 68–71.

18 Vgl. dazu Flasch, Augustin, 178–179; Brown, Augustine, 340–353, 462–464 und 497; Chadwick, Church, 446–458 und ders., Augustine, 145–151 und zur Information über die Pelagianer und die gegenwärtige Beurteilung des Streits auch Gerald Bronner (TRE 26/1996), 176–185. Danach ging es dem britischen, in Rom lebenden Laientheologen Pelagius darum, den Arianismus und Manichäismus zu widerlegen. Aus diesem Grunde erklärte er im Gegensatz zum moralischen Determinismus der Manichäer, dass die Freiheit des Willens eine Gabe Gottes sei, die nicht durch die Sünde korrumpiert werden könne. Damit stand er in Übereinstimmung mit Papst Anastasius I., der in seinem Traktat De fide (Über den Glauben) ebenso den Origenismus wie den Traduzianismus verurteilt hatte. Auf Betreiben der Nordafrikaner und d. h. im Zweifelsfall Augustins verbannte Kaiser Honorius am 30. April 418 Pelagius und seinen Mitstreiter Caelestius aus Italien. Der erbittert geführte Streit fand in Gallien 529 auf der Synode von Orange (Araunica) sein Ende. Sie beschloss: „Auch das glauben wir nach dem katholischen Glauben, dass nach dem Empfang der Gnade durch die Taufe alle Getauften durch Hilfe und Mitwirken Christi das, was zum Heil der Seele gereicht, erfüllen können und müssen, wenn sie treu daran arbeiten wollen. Dass aber einige durch Gottes Macht zum Bösen vorherbestimmt seien, glauben wir nicht nur nicht, sondern, wenn es jemanden gibt, der so viel Schlechtes glauben will, so belegen wir ihn auch mit aller Verachtung mit dem Anathema."

19 Vgl. dazu Flasch, Augustin, 164–172, zum Vorgang Brown, Augustine, 361–364 und zur Sache Augustinus, Retract. Caput XII: De vera religione. Liber unus.6, wo er auf die Austreibung der Händler aus dem Tempel und die Dämonenaustreibungen Jesu verweist, die zeigen, dass seine in *vera rel.*27 vorgetragene These (hg. Thieme/Flasch, 194–195), Jesus habe nie Gewalt gebraucht, sondern immer nur überredet und ermahnt, falsch gewesen sei.

20 Vgl. zu ihm Flasch, Augustin, 371–402; Brown, Augustine, 297–311 und Chadwick, Augustine, 127–144.

Deutung der Weltgeschichte unter dem Gesichtspunkt des Kampfes der *civitas terrena,* der „irdischen Rechtsgemeinschaft“ mit der *civitas Dei,* der sich am Ende der Tage durchsetzenden „Gottesgemeinschaft“. Damit sind wenigstens die beiden Werke genannt, an welche die Erinnerung in breiteren Kreisen noch nicht gänzlich erloschen ist. Am 24. August 410 hatte der König der Westgoten Alarich Rom erobert,[21] im Sommer 430 erschienen die Vandalen unter der Anführung ihres Königs Geiserich vor den Toren von Hippo Regius.[22] Den Fall der Stadt im folgenden Sommer sollte Augustinus nicht mehr erleben. Er war bereits am 28. August 430 gestorben – ein Mann, der sein Leben lang mit den Grundproblemen des menschlichen Daseins und später der Kirche und ihrer Lehre gerungen, seine Ansichten immer wieder geändert hatte und sich für alles andere als unfehlbar hielt.[23] In diesem Sinne kann man ihn einen theologischen Denker aus Leidenschaft nennen, der immer neu von der Frage nach der Wahrheit und nach Gott bewegt wurde und der Kirche in ihrer bis dahin kritischsten Situation, in der der antike Humanismus seinen realen Boden im öffentlichen Leben verloren hatte, einen Weg zum Überleben aus denkendem Glauben zu zeigen suchte. Zum Glück oder Unglück für die kommenden Jahrhunderte (die Antwort auf diese Frage ist in jedem Fall eine solche des Glaubens und der Ehrfurcht gegenüber der Geschichte) befolgte sein Adlatus seine Bitte, beim Eindringen der Vandalen in die Stadt auf jeden Fall seine Schriften zu retten. So gewann er in einer Zeit, in der das Römische Reich unaufhaltsam seinem Ende entgegenging und germanische Feudalherren den kommenden Jahrhunderten ihren Stempel aufdrückten, zunehmende Bedeutung als Lehrer der Kirche, die sich in einer unübersichtlich gewordenen und beständig wandelnden Welt einrichten musste und mit Hilfe seiner Schriften trotz ihrer Spannungen und Widersprüche auch einrichten konnte und durch sie im Verlauf ihrer weiteren Geschichte wiederholt wesentlich beeinflusst wurde.[24]

---

21 Vgl. dazu Bleckmann, Germanen, 242–245 bzw. Heather, Untergang, 267–274.

22 Vgl. dazu Bleckmann, Germanen, 249–255 bzw. Heather, Untergang, 311–317; zu den Folgen für das weströmische Reich 317–347 und 459–467 und zu Augustins letzten Lebensjahren und Tod Brown, Augustine, 423–437.

23 Chadwick, Augustine, 164–168.

24 Vgl. dazu Flasch, Augustin, 421–426 und zu seiner Nachwirkung bis in die Neuzeit Leiff/Bubenheimer/Schmidt/Schmid (TRE 4/1979), 699–728.

2. Zur Stellung der Untersuchung über die Zeit im Aufbau der Confessionen

Die Confessionen umfassen 13 Bücher.[25] Von ihnen behandeln die Bücher I-IX Augustins Leben von seiner Geburt 354 bis zum Tod seiner Mutter im Spätherbst 387. Buch X schildert den sittlichen und religiös-intellektuellen Zustand Augustins zur Zeit der Abfassung des Werkes, so dass zwischen I-VIII und IX eine Lücke von zehn Jahren besteht. Die Mitte bildet Buch X mit einer Lehre über die memoria, das Gedächtnis (X.8.12 – 18.28). Die Bücher XI-XIII enthalten ohne zureichende Begründung (seine Zeit sei ihm zu kostbar, von seiner weiteren göttlichen Führung zu berichten, denn es dränge ihn, über Gottes Gesetz nachzusinnen und ihm zu bekennen, was er verstanden und nicht verstanden hätte, XI.II.1) eine spekulative Auslegung von Gen 1. In Buch XI hat Augustin eine Abhandlung über die Zeit eingefügt, die nur lose mit dem Kontext verbunden ist. Dabei behandeln XI.1 – 16 einführend das Verhältnis von Zeit und Ewigkeit, 17 – 39 umkreisen die Frage „Was ist Zeit?" und 40 – 41 lenken zum Eingangsthema zurück. Erstaunlicher Weise macht Augustin in 23 – 26, wo er auf die Rolle des Gedächtnisses als Organ der Zeiterfassung eingeht, keinen Gebrauch von seiner Untersuchung über die *memoria* in Buch X.

Der Analyse von Norbert Fischer folgend lässt sich das Werk in zwei bzw. drei Teile gliedern. Teilt man es in zwei, so stehen sich die Bücher I-X (A) und XI-XIII (B) einander so gegenüber wie der Bericht von der Suche Augustins nach Gott, die ihn nach vielen Irrungen und Wirrungen dank Gottes Führung in seine Nähe geführt hat, zu dem von dem Suchen des Gottes nach dem Menschen, der Himmel und Erde geschaffen hat, damit Gott im Menschen und der Mensch in Gott ruhe. Teilt man das Werk in drei Teile, so steht zwischen Teil I und Teil III Buch X als eine Brücke, die den Ort des Suchens und Findens in die Innerlichkeit des Menschen verlegt. Reflexionen über Gott mögen den Weg von Denkhindernissen befreien, die den Zugang zu ihm versperren, aber erst die Selbstreflexion führt durch die innere Anschauung über die Ressentiments hinaus und damit zu dem Ort, an dem sich Gott finden lässt.[26]

Die spätantike Rhetorik, mit der Augustin vor den Leser tritt, um ihn an einem dreizehn Bücher umfassenden Gespräch mit bzw. Gebet zu Gott teilnehmen zu lassen, bringt in den ersten neun Büchern innere und äußere

---

25 Vgl. dazu Flasch, Zeit, 76 – 91; Fischer, Zeit, XXXII-XLI und zumal Brown, Augustine, 151 – 175.

26 Fischer, Zeit, XXXIII-XXXIX.

Erfahrungen des Gottsuchers zur Sprache, in denen Augustin schonungslos und mit damals ungewohnter Offenheit über seine Anfechtungen und Verfehlungen, aber auch seine bleibende innere Unruhe berichtet, die ihr Ziel erst mit seiner Bekehrung erreichte. Das geschieht aber nicht, um einen Voyeurismus zu befriedigen, sondern um den Leser mit auf seinen Lebensweg zu nehmen, auf dem ihn Gott am Ende zu sich und damit in die katholische Kirche geführt hat. In diesem Sinne ist der viel zitierte Satz in I.1.1 „*tu excitas, ut laudare te delectet, quia fecisti nos ad te et inquietum est cor nostrum, donec requiescat in te.*“[27] Motto und Zusammenfassung des ganzen Werkes. Augustin erwartet mithin von seinen Lesern, dass sie das Buch als eine Einladung verstehen, um unter seiner Führung das Ziel, den Frieden mit Gott und damit zugleich die Versöhnung mit dem eigenen Schicksal als dem Erweis der Gnade Gottes zu finden. Die Verwendung der Bibel ist der Zeitstellung entsprechend vorkritisch, aber in ihrer Anwendung existential, weil sie paradigmatisch nach der Bedeutung der Texte für das eigene (und damit das Leben der Anderen) fragt.

3. Das Verständnis der Zeit von Platon bis zu Plotin

3.1. Das Verständnis der Zeit in Platons Timaios 37d-39c

Augustin war nicht der erste, der in der Antike versuchte, das Rätsel der Zeit zu lösen. Er hatte seine Vorgänger, die mit unterschiedlichem Ergebnis der Frage nach dem Wesen der Zeit nachgegangen waren.

An erster Stelle ist Platon zu nennen, dessen Behandlung des Problems im Timaios auf die nachfolgenden Denker entscheidend eingewirkt hat, indem er die Zeit als ein bewegtes Abbild der Ewigkeit bestimmte. Vorausgesetzt wird dabei der qualitative Unterschied zwischen ewigem Sein und vergänglichem, in der Zeit Seiendem (Tim.27d 5 – 28a 4). Das wahre Sein ist das ewige in sich unveränderliche Sein (Parmenides)[28] oder das Gute als Fülle der Ideen, den Urbildern alles vergänglichen Seienden (Plato). Wesen des ewigen Seins ist seine Zeitlosigkeit. Ewigkeit ist keine unendliche Dauer, sondern absolute Zeitlosigkeit. Zeit aber ist insofern ein Abbild der Ewigkeit, als sie, obwohl sie ein dauerndes Fließen im Sinne des Werdens und Ver-

27 „Du treibst ihn (d. h. den Menschen) an, dass er seine Freude daran findet, dich zu loben, denn auf dich hin hast du uns gemacht, und unruhig ist unser Herz, bis es Ruhe findet in dir.“ Übers. Flasch, 37.

28 DK Parmenides B frg. 2 – 3. und 7.

gehens ist (Heraklit),[29] den Schein des Seins als Jetzt, Einst und Dann besitzt: Sie wird nur so als Jetzt erfahren, das ihr ein Einst vorangeht und ein Dann bevorsteht. Daher sagen wir: Ich bin, ich war und ich werde sein. Aber wir „sind" eigentlich nie, weil wir im Strom der Zeit unablässig werden und vergehen. Dieses vergängliche Sein ist unter den Bedingungen der Endlichkeit das einzig mögliche. Daher nennt es Platon ein Abbild der Ewigkeit, die allein wahres, unveränderliches Sein besitzt (Tim.37d 5). Verständigung über Zeit aber ermöglicht ihre Zählbarkeit. Sie aber beruht auf den kleinen Bewegungen der Sonne als Ursprung von Tag und Nacht, des Mondes als Umlauf eben eines Monats und dem Jahr als großem Umlauf der Sonne um die Erde. Kehren die Sterne zu ihrer ursprünglichen Stellung zurück, indem die Sonne den Tierkreis durchlaufen hat, so endet und beginnt ein Großes Jahr. Sofern man die Sterne als Lenkerinnen alles Geschehens unter ihnen versteht, ergibt sich daraus, dass mit dem Beginn eines jeden Großen Jahres alles wiederkehrt, was es in dem vorausgehenden Großen Jahr und ihren Vorgängern gegeben hat (Tim.39b 2-d 8).[30] Ohne diese planetarischen Bewegungen gäbe es keine Zeit. Also ist die Zeit selbst eine Bewegung von Vergangenheit, Gegenwart und Zukunft, ohne dass dieses Verhältnis genauer untersucht wird[31] (Tim.38b 6-c 6): *„Zeit* (χρόνος) *ist also mit dem Himmel entstanden, damit sie, gleichzeitig erzeugt, auch gleichzeitig aufgelöst würden, wenn denn je eine solche Auflösung eintreten sollte; und dies geschah nach dem Vorbild der* Ewigkeit (παράδειγμα τῆς διαιωνίας φύσεως), *damit sie ihm so ähnlich wie möglich werde, wie es nur geht: das Vorbild* (παράδειγμα) *ist ja die ganze Ewigkeit* (πάντα αἰῶνα) *seiend, sie ist andererseits unablässig die ganze Zeit lang vergangen, gegenwärtig und zukünftig. Aufgrund solcher Überlegungen des Gottes, das Werden von Zeit betreffend, sind, auf dass Zeit* (χρόνος) *erzeugt werde, Sonne, Mond und fünf andere Sterne, die die Bezeichnung ‚Wanderer'* (πλανητά) *tragen, zur Bestimmung* (διορισμόν) *und Beachtung* (φυλακήν) *der Zähleinheiten* (ἀριθμῶν) *entstanden."*[32]

---

29 DK Heraklit B frg. 12.

30 Vgl. dazu auch mit Zekl, 203 Plat. rep.VIII.546bff und Cic. nat.deor.II.20.51; und rep.VI (Somnium Scipionis) und zur Vor- und Nachgeschichte z. B. Heraklit DK B frg. 30–31 bzw. SVF III, Nr. 605 und 625–626.

31 Vgl. auch Tim.38a 8-b 5.

32 Übers. Zekl, Timaios, 49. Zu Platons Verständnis der Zeit vgl. auch Erler, Platon, 456–458.

3.2. Aristoteles Deutung der Zeit in Physik IV.10–14

Sein großer, selbständige Wege einschlagender und doch dem Lehrer bleibend verpflichteter Schüler Aristoteles hat das Problem der Zeit in seiner Vorlesung über die Physik behandelt, die uns in der Form überliefert ist, die ihr Andronikos aus Rhodos in der Mitte des 1.Jh. v. Chr. gegeben hat. Damit kein Wort des Stagiriten zur Sache verloren ginge, hat er offensichtlich verstreute Notizen in den Grundtext eingetragen, was zu Überschneidungen und Gedankensprüngen führt, die dem aufmerksamen Leser nicht verborgen bleiben, ihn aber auch ergänzend auf weitere Aspekte des Problems verweisen.[33] Zur Vermeidung von Missverständnissen ist vorab festzustellen, dass es in der Physik des Aristoteles nicht um experimentelle und mathematisierbare Beobachtungen der Natur, sondern um die Klärung der logischen und begrifflichen Voraussetzungen der Naturphilosophie geht. Wir müssen uns an dieser Stelle auf eine knappe Darstellung seiner in den Büchern III und IV entfalteten Lehre von Ort und Zeit beschränken. Danach ist der Ort kein Gegenstand, sondern die Begrenzung (πέρας) des von ihm umfassten Gegenstandes (Aristot. phys.210b 6–211a 5). Orte begegnen nur im Kosmos, der eine Kugelgestalt besitzt und mithin endlich, aber unbegrenzt ist. Jenseits desselben gibt es keine Örtlichkeit. Oder in einem Satz: Der Ort ist kein Ding an sich, sondern es gibt ihn nur als Örtlichkeit (phys.III.1–5). Dasselbe gilt vom Leeren: Es ist die Räumlichkeit, die ein Gegenstand einnehmen kann (phys.III.6–9).

Die in IV.10–15 entfaltete Lehre von der Zeit spielt alle logischen Möglichkeiten durch, um zu ihrer sachgemäßen Bestimmung zu gelangen. Fragt man, in welchem Verhältnis die Zeit (χρόνος) zum Seienden (τὰ ὄντα) und zum Nicht-Seienden (τὰ μὴ ὄντα) steht, so ergibt sich, dass sie entweder noch nicht oder schon nicht mehr ist. Andererseits bildet der Jetztpunkt (τὸ νῦν) weder eine kontinuierliche Reihe noch ist er stets mit sich identisch und beharrend, denn sonst gäbe es kein Davor und Danach (217b 29–218a 23). Also ist die Zeit als das Jetzt die Grenze zwischen dem Davor und Danach, die eine Ordnung nach Zeiten erlaubt.[34]

Während Bewegungen ihr Tempo verändern können, vermag es die Zeit nicht. Sie bildet vielmehr das Maß der Bewegung, ist aber keinesfalls mit der Bewegung gleichzusetzen (218b 15–18). Aber paradoxer Weise gibt es auch keine Zeit ohne Veränderung (μεταβολή). Der Schlafende kennt keine Zeit. Daher gibt es keine Zeit ohne Bewegung und ohne Veränderung (219a

33 Vgl. dazu Zekl, Physik, XXI-XXIV.
34 Vgl. Coope, Time, 171–172.

1–2). Ihr besonderes Verhältnis zur Bewegung besteht darin, dass sie die Messzahl für sie im Blick auf das Davor und das Danach bildet (ἀριθμὸς κινήσεως κατὰ τὸ πρότερον καὶ ὕστερον) (219b 2). So wird die Zeit durch die Bewegung und die Bewegung durch die Zeit bestimmt.[35] Dabei stiftet die Zeit den Zusammenhang zwischen beiden als ihre Grenze (220a 10–11) und besitzt ihr sicherstes Maß in der stetigen Kreislaufbewegung, die der Kugel des Alls eigen ist. Die Rede vom Kreislauf der Zeit besitzt ihren Grund in der Messung der Bewegung am Kreislauf der Gestirne. „Neben dem Maß erscheint nichts anderes an dem Gemessenen mit, außer dem, dass das Ganze eine Mehrzahl von Maß(einheiten) darstellt" (223b 33–224a 2).[36]

Ziehen wir die Summe aus dem Gesagten, so ergibt sich, dass die Zeit eine referentielle Größe für den Ablauf der Bewegungen ist, deren Grenze sie im Blick auf das Davor und das Danach bildet. So lässt sich sehr wohl ihre Funktion beschreiben, aber ihr Warum offensichtlich nicht aufklären. In dieser Beziehung bleibt die Zeit ein Rätsel, freilich eins, das Aristoteles phänomenologisch säuberlich abgegrenzt hat. Einen Ausflug in die Metaphysik zu dem πρῶτον κινοῦν ἀεὶ ἀκίνητον, dem ersten Bewegenden, das selbst immer unbewegt ist, des Buches Λ, das als Inbegriff des ewigen göttlichen Lebens und aller Vernunft die kosmischen Bewegungen wie ein Geliebtes durch den Liebenden erzeugt (met.Λ.1072b 3–4), müssen wir uns im vorliegenden Zusammenhang ersparen. Dass es sich bei diesem Konzept um ein fernes, aber immer noch deutlich erkennbares Echo des Timaios handelt, wird der mitdenkende Leser nicht übersehen.[37]

3.3. Plotins Abhandlung „Über Ewigkeit und Zeit" (Enn.III/7)

Da Augustin selbst berichtet, dass er in diesen Jahren Plotin gelesen hat, müssen wir uns auch seine Lehre über das dialektische Verhältnis vergegenwärtigen, dass zwischen Zeit und Ewigkeit besteht.[38] Schon der Anfang des Traktats lässt aufhorchen (En.III/7.1.1–9):[39] *„Ewigkeit und Zeit nennen wir verschieden voneinander, und zwar die eine der immerwährenden Wesenheit* (τὸν μὲν περὶ τὴν ἀΐδιον φύσιν) *zugehörig, die Zeit aber dem Werden und sinnenfälligen All; von hierher glauben wir, gleichsam durch den unmittelbaren*

35 Coope, Time, 104–107.
36 Übersetzung Zekl, Physik, 237.
37 Vgl. dazu Jaeger, Aristoteles, 366–376.
38 Zu den Bezügen der Zeitlehre Augustins zu Plotin vgl. Flasch, Zeit, 130–159.
39 Vgl. Aug. Conf.XI.14.17.4–9; Flasch, Zeit, 250–251.

Zugriff des Denkens eine genaue Vorstellung von ihnen in unseren Seelen zu haben, die wir immer davon reden und sie bei Allem im Munde führen. Versuchen wir indes in ein Verständnis von Ewigkeit und Zeit zu gelangen und gleichsam nahe an sie heranzugehen, so gerät unser Denken doch wieder in Ausweglosigkeit: Jeder von uns nimmt andere Aussagen über Zeit und Ewigkeit auf…"[40] Doch statt zu resignieren, schlägt Plotin vor, bei der Frage nach dem Sein der Ewigkeit einzusetzen und von hieraus die Eigenart der Zeit verständlich zu machen.

Der überaus differenzierte Gedankenweg kann hier nicht ausführlich dargelegt werden.[41] Stattdessen sei zunächst vereinfachend das Verhältnis zwischen dem Einen als dem Inbegriff von Allem[42], dem Geist als dem Bild des Einen als dynamische Identität von Denken und Sein[43] und der (Welt- und Einzel-)Seele, die in ihrem Verlangen Zeit und Welt aus sich entlässt, vorgestellt. Das Eine ist zugleich Alles und als solches grundloser Grund seiner selbst und von allem, was aus ihm dank seines inneren Lebens hervorgeht. Der Geist ist als das Andere des Einen eine Überfülle, die sich gleichsam entleeren muss, und also die Seele und damit die Zeit und die in ihr seiende Welt als das Andere seiner selbst aus sich entlässt. Beide „fallen" aus ihm heraus, entfernen sich von ihm und bleiben doch auf ihn als ihren Grund angewiesen. Das wird nur verständlich, wenn wir das Eine als Urbild des Geistes begreifen, der sein Abbild ist. Aufgrund seiner Mächtigkeit kann das Eine seine Fülle nicht in sich zurückbehalten, sondern muss es sich in den Geist hinein entladen, der nun, obwohl er das Abbild des Einen, seiner Struktur nach ein Geist der Vielheit ist. Ohne diese Vielheit wäre die Einheit nicht Einheit. Im Geist sind Sein und Denken identisch, er ist Einheit und Vielheit zugleich, der immer wieder aus der Vielheit in die Einheit zurückkehrt. Das aber ist auch die Aufgabe des menschlichen Geistes. Aus diesem Geist ist auf unergründbare Weise die Seele hinausgefallen: In ihr geht der Geist aus sich selbst heraus, um sich im Außer-sich-Sein zu verwirklichen. Der Geist oder Logos vermittelt sich in der Seele, die immer auf Anderes aus ist. Als vernünftige bleibt sie mit ihrem Ursprung, dem göttlichen Einen verbunden, als Wirkkraft entlässt sie sich in das Sinnenfällige: Daraus ergibt sich die Doppelnatur des Menschen: Von seiner Herkunft aus dem Einen sollte er das dortige, rein geistige, ewige Leben führen, aber er ist als zugleich leibliches Wesen zu einem Dasein im irdischen Leben ge-

40 Übers. Beierwaltes, Plotin, 93.
41 Vgl. dazu Gerson, God, 212–226 und ausführlich Beierwaltes, Plotin, 9–88.
42 Zum „Einen" vgl. Armstrong, History, 236–249; Beierwaltes, Plotin, 12 ff.
43 Vgl. dazu Beierwaltes, Plotin, 26–29.

zwungen. Jede einzelne Seele hat dabei an der Weltseele teil, die sich als denkende über die sinnliche Erstreckung erheben und zum Einen (in der Schau) zurückkehren kann.[44]

Die sinnenfällige Welt ist in der Zeit, die in ihr weilende Seele ist damit Selbstzeitigung geworden, die Zeit von ihr als Ersatz oder Abbild der Ewigkeit geschaffen und die Welt ihre Schöpfung (11.27–31). Weiterhin ist die Zeit in der Erstreckung der Zeiten in ihren drei Dimensionen von Zukunft, Gegenwart und Vergangenheit da. Die Zeit selbst ist nicht mit der Bewegung identisch, weil sie das ist, in dem die Bewegung stattfindet. Misst man die Zeit, so erfasst man nicht die Zeit, sondern lediglich eine Zeitspanne. Ein Anderes aber ist es, von der Zeit oder von einer Zeitspanne zu reden (8.1–53). Sie ist auch nicht die Zahl oder das Maß der Bewegung, denn wenn man sie nach ihrem Früher oder Später misst, wird die Zeit bereits vorausgesetzt (9.55–61). Die Kontinuität der Zeit aber stiftet die Seele selbst (11.53–55). Zukunft ist das eigentliche Sein der Zeit, denn im Gegensatz zur reinen Gegenwart der Ewigkeit will sie immer noch etwas dazu erwerben: Die Seele vermag nicht zu bleiben, sondern muss als der Ort der Verknüpfung der Zeiten immer neu das Nacheinander der Zeit gründen (11.54–58). Der Himmelsumlauf zeigt die Zeit an, in der er stattfindet: Er ist nicht mit der Zeit identisch, denn ihr darf kein Worin anhaften, sondern sie muss ein Erstes sein, worin sich alle Dinge bewegen oder stille stehen (13.1–4). Daher darf man die Zeit nicht außerhalb der Seele ansetzen: In diesem Zwang spiegelt sie die Ewigkeit (11.59–63). Ewigkeit ist Leben des Geistes, Zeit aber das Leben der Seele (vgl. 11.44–50).

So wie die Ewigkeit das Sein des Einen ist, ist die Zeit das Sein der Welt in und durch die Seele. Einheit und Allgegenwart der Seele ist der Grund der Allgegenwart und Einheit von Zeit und Welt (13.66–69). Das ewige Eine besitzt kein Gedächtnis, weil es ewige Gegenwart ist.[45] Gedächtnis besitzt die sich in Zeit und Welt befindende Seele, denn es wird durch Wechsel und Wandel bedingt. Die Seele vergewissert sich im Gedächtnis an ihre Vergangenheit ihrer Möglichkeiten.[46] Wird Glück nicht psychologisch als Erlebnis verstanden, so ist es als Folge einer quantitativen Zunahme in der Zeit nicht denkbar, da sich das Leben des Menschen welthaft und zeitlich ereignet und ihm daher notwendig eine innere Rast- und Ziellosigkeit eigen ist.

44 Zur Rückkehr zum Einen vgl. Armstrong, History, 250–263 und zur unio mystica der Seele mit dem Einen bes. 262–263.

45 Probleme der Seele II (IV/4) 9 (IIIa,262–263). Die eingeklammerten römischen Zahlen verweisen auf die Bände der Ausgabe Harder/Beutler/Theiler.

46 Wahrnehmung und Gedächtnis 3.5.55–56 (IVa, 92–93).

Wahres Glück kann die Seele nur in einem Leben im Bereich des Geistes finden. Sein Leben ist selbstgenügsam und tugendhaft, weil es kein Gutes gibt, das es noch nicht besitzt.[47] Dazu aber gelangt sie (wie Plotin) durch den meditativen Aufstieg zu der Wurzel alles Seins, der in der Schau des überirdischen Lichtes seine Bewährung findet (Porph. vit.Plot.129–131).[48]

So findet die Frage nach dem Grund für das Unverständnis der Zeit bei Plotin ihre dahingehende Antwort, dass die (aristotelische) Ansicht, die Zeit sei das Maß der Bewegung, das weitere Nachdenken über die Zeit irregeführt habe. Denn man hätte sagen müssen, dass die Zeit das durch Bewegung gemessene ist (13.9–12).[49] Daher könne man sagen: Der Umschwung des Himmels tut die Zeit kund, während die Behauptung, er sei die Zeit, falsch wäre. Denn auch die Bewegung des Alls vollzieht sich in der Zeit. Die Zeit selbst aber ist von der Seele gezeugt. Sie besitzt sie zugleich mit ihrer eigenen Tätigkeit (13.45–47). „Wie aber vermag die Zeit überall zu sein? Weil auch jene [Seele] keinem Teil der Welt ferne ist, wie auch die Seele uns in keinem Teil von uns ferne ist (13.47–49).“[50]

Hat ein Körper eine bestimmte Zeit zurückgelegt, so ist der Grund für diese Bewegung seine Seele, die zugleich die der Welt und des einzelnen Menschen ist. Sie lässt sich auf nichts Anderes zurückführen, denn sie ist das Ursprüngliche (τὸ πρῶτον) und das, was in allem Anderen ist (13.59–66). Weil die Zeit in jeder Seele ist und alle Seelen in ihrem Grunde eins sind, so gibt es auch nur *eine* Zeit. Die Weltzeit und die Zeit der einzelnen Seelen sind stets dieselbe: „Ist nun auch die Zeit in uns? Sie ist in jeder derartigen Seele und ist gleichartig in jeder und alle Seelen sind eine. Deshalb wird die Zeit auch nicht zerrissen, so wenig wie die Ewigkeit, die in anderem Sinne ebenso in allem Gleichartigen ist“ (13.67–69).[51] Das aber ist sie deshalb, weil sie als νοῦς, als Vernunft das ganze All durchdringt. Dass Zeit und Welt in der Seele sind, ist der Satz, an dem sich alles weitere Nachdenken über beide ausweisen muss.

---

47 Vgl. „Über die Glückseligkeit“ (I/4).3.33–40;4.23–26; (V a.10–13 und 12–15); ferner „Über das erste Gute“ (I/7). 3.14–22 (V a.302–303).

48 (V c.54–55).

49 Gemeint ist Aristoteles, vgl. aber phys.IV.219b 1–5 und dazu Beierwaltes, Plotin, 283.

50 Übers. Beierwaltes, Plotin, 137.

51 Übers. Beierwaltes, Plotin, 139.

4. Die Deutung des Rätsels der Zeit in Augustinus' Confessionen XI.12–41

Nach diesem in jeder Weise ergänzungsbedürftigen Rückblick auf die drei einflussreichsten antiken Versuche, das Rätsel der Zeit zu lösen, sind wir hinreichend darauf vorbereitet, uns dem eigentlichen Thema dieses Aufsatzes zuzuwenden und uns seine Deutung durch Augustinus zu vergegenwärtigen und dabei seine eigentümliche Leistung zu erkennen. Zunächst aber sei die Gliederung seiner in Conf.XI.13–41 eingeschobenen Abhandlung über die Zeit vorgestellt.

4.1. Die Gliederung der Ausführungen Augustins über die Zeit

Sie lassen sich wie folgt gliedern:[52]

1. 13–16: Das Verhältnis zwischen Gottes Ewigkeit und Welt und Zeit.
   a. 17–22: Die Phänomene von Länge und Kürze der Zeit und die Frage nach dem Sein der Zeit.
2. 23–26: Die Gegenwart der Zeiten in der Seele.
3. 27–28: Die Aporie der Zeitmessung und des Alterns.
4. 29–31: Bewegungen sind nicht die Zeit, sondern erfolgen in der Zeit.
5. 32–38: Der Grund für die Ermöglichung der Zeit ist das Bewusstsein von den drei Zeiten.
6. 39–41: Schlussbesinnung. Der Trost für den zeitlich zerstreckten Menschen liegt in seiner ewigen Bestimmung bei Gott.

4.2. Das Verhältnis zwischen Gottes Ewigkeit und Welt und Zeit: Conf.XI.(10)13–16

Das Zeitverständnis Augustins unterscheidet sich von dem des Aristoteles durch eine deutliche Betonung der Verankerung der Zeit im Bewusstsein des Menschen und der Überzeugung, dass Gott die eigentliche Quelle der Zeit ist. Gleichzeitig partizipiert es an dem platonisch/neuplatonischen Gegensatz von Zeit und Ewigkeit. Seine Einsicht, dass die Zeiten in Erwartung, Betrachtung und Erinnerung gegenwärtig sind, lässt sich als eine Konkretisierung von Plotins Verortung der Zeit in der Seele verstehen. Da Augustin

52 Vgl. auch die detaillierte Gliederung bei Fischer (PhB 534), LIII-LV.

aber die Weltseele außer Betracht lässt, weil ihre und damit der Einzelseelen Ewigkeit sich mit dem biblischen Schöpfungsgedanken nicht vereinbaren lässt[53] und es ihm überdies um das der Erlösung bedürftige, zeitlich zerdehnte Leben des Menschen geht, gelingt es ihm nicht, die Spannung zwischen den beiden Aussagen, dass alle Zeit von Gott stammt und das Zeitbewusstsein zum Selbstbewusstsein des Menschen gehört, in ein Verhältnis zu setzen. Das Problem der Weltzeit wird von ihm überhaupt nicht angesprochen, sondern nur in dem abschließenden Hinweis in 41.1–9 (F)[54] im Potentialis erwähnt.[55] Eine eigentliche Antwort auf die Frage, was die Zeit ist, hat der Kirchenvater also nicht gegeben. Es ging ihm letztlich auch nur darum, sein und damit aller Menschen Verlangen nach der ewigen Ruhe in Gott angesichts der Kürze des Lebens und der Rätselhaftigkeit der Zeit zu begründen. Der auf den ersten und zweiten Blick selbständige Charakter seiner Abhandlung über die Zeit erweist sich rückblickend als im Dienst der Verweisung des an seiner Zeitlichkeit leidenden Menschen auf Gottes Ewigkeit als das Ziel seines Lebens.

Um auf kürzestem Wege zur Sache zu kommen, gehen wir sogleich auf den Vorspann in XI.10–12 und die ersten Abschnitte der Zeitabhandlung in XI.13–16 ein, in denen Augustin das Verhältnis zwischen Zeit und Ewigkeit bestimmt. Den Anlass zu dieser Untersuchung gab ihm die manichäische Polemik gegen den Schöpfungsglauben, die von der Ewigkeit der Welt und der Seele ausging und die ironisch fragte, was Gott vor der Erschaffung von Himmel und Erde getan habe. Die Antwort wird lauten, dass die Frage falsch gestellt und sinnlos ist, weil die Rede von Raum und Zeit als den Bedingungen verändernden Handelns vor der Erschaffung des Alls den Unterschied zwischen Zeit und Ewigkeit verkennt:[56] Vor der Erschaffung der Welt gab es keinen Ort, an dem etwas hätte geschehen können (7.15–19 F).[57] Danach geht im Ewigen nichts vorüber, weil in ihm das Ganze gegenwärtig

53 Vgl. dazu oben, 357.

54 Zitation nach F = Flasch; in T = Teubner: 293.14–25.

55 Diesen alles kennenden und um alles wissenden Geist mit Gott zu identifizieren, scheitert an der Fortsetzung. Daher hat ihn Flasch, Zeit, 404–406 sachgemäß mit der Weltseele identifiziert, deren Existenz Augustin noch in seinen Retractationes I.11.4 und 13.2 als weder durch die Bibel noch durch die Philosophen bewiesen erachtet und daher verworfen hat, weil sie eine pantheistische Konkurrenz zu dem um alles wissenden Schöpfergott darstellte.

56 Vgl. dazu auch Marcus, Marius Victorinus and Augustinus: Armstrong, ed., History, 402–403.

57 T: 268.23–28.

ist (9.3–5 F).[58] Es ist mithin ort- und zeitlos. Daraus folgert: „*non autem praeterire quicquam in aeterno, sed totum esse praesens* (es gibt jedoch kein irgend geartetes Vergehen in der Ewigkeit, sondern das Ganze ist gegenwärtig)" (13.9–10 F).[59] Freier ausgedrückt könnten wir sagen: Die Ewigkeit ist ein *nunc instans*, ein ewiges Jetzt. Oder um die eingangs gestellte Frage zu beantworten: Vor der Schöpfung von Himmel und Erde schuf Gott überhaupt nichts (14.9–10 F),[60] sondern er lebte in der Ewigkeit, die keine Tage kennt: „*hodiernus tuus aeternitas* (Dein heute ist die Ewigkeit)" (16.11 F).[61]

Vergleicht man die niemals stehende Zeit mit der beständigen Ewigkeit, so ergibt sich vorab, dass eine lange Zeit aus einer Kette von vorübereilenden Ver-Zügen oder Augenblicken (*morulae*) besteht, die sich nicht zugleich ereignen können. Im Gegensatz dazu geht in der Ewigkeit *(in aeterno)* nichts vorüber und ist das Ganze stets gegenwärtig. Fragt man weiter, in welchem Verhältnis Vergangenheit und Gegenwart zu einander stehen, so ergibt sich, dass alles Vergangene beständig vom Zukünftigen verdrängt wird, wobei alles Zukünftige dem Vorangegangenen nachfolgt (T 273.5–14). Fragt man dann, woher diese in sich instabile Zeitfolge kommt, so lautet Augustins Antwort: Aus dem ewig Gegenwärtigen. Denn keine Zeit ist als ein Ganzes gegenwärtig (*nullum vero tempus totum esse praesens* [T 273.7]). Wenn also alles Vergangene vom Zukünftigen vertrieben wird, und alles Zukünftige einem Vergangenen nachfolgt, so lässt sich dieser Wechsel nicht auf sich selbst zurückführen, sondern muss er vielmehr eine Quelle besitzen, die selbst dem Wandel nicht unterworfen ist. Also folgert Augustin, dass sie von dem, was immer gegenwärtig ist, geschaffen wird oder aus ihm hervorgeht (*omne praeteritum propelli ex futuro et omne futurum ex praeterito consequi et omne praeteritum ac futurum ab eo, quod semper est praesens, creari et excurrere*) (13/273.8–11). Oder anders ausgedrückt. Die Zeit hat ihren Ursprung in Gottes Ewigkeit, nur dass der Mensch nicht sagen kann, wie das geschehen ist. Steht die Entgegensetzung von Zeit und Ewigkeit in der platonischen und neuplatonischen Tradition, so unterscheidet sich die von Augustin vorgenommene Bestimmung von der in Platons Timaios dadurch, dass er Platons Definition der Zeit als einem bewegten Abbild der Ewigkeit nicht übernimmt. Das Verhältnis zwischen Zeit und Ewigkeit bleibt dadurch unbestimmter und ganz auf Gottes Schöpfungshandeln bezogen, durch das

58 T: 270.2–4; vgl. auch 12.4–13 F= 272,10–23.
59 T: 273.5–6.
60 T: 273.26–27.
61 T: 275.4.

die Zeit mit der Welt zugleich erschaffen worden ist, wie er es in XI.14–16 bestimmt.

So steht denn die Reflexion über das Verhältnis von Zeit und Ewigkeit im Zusammenhang mit Augustins Überlegungen zur Welt als Schöpfung. An ihr ist er interessiert, weil sich nur von ihr aus begründen lässt, dass Gott nicht lediglich der Urgrund der Welt sondern auch ein Gott ist, der sich seiner Schöpfung und also auch des Menschen annimmt. Augustin setzt dabei das antimythische Mythologem von der Schöpfung aus dem Nichts voraus, das zum ersten Mal bei Tatian im 2. Jh. n. Chr. begegnet, aber den alt- und neutestamentlichen Schriftstellern noch fremd war: Für sie war Schöpfung (wie in den Schöpfungserzählungen der Alten überhaupt) Ordnung eines vorgegebenen ungeordneten Chaos.[62] Augustin sucht zu verstehen, wie man sich die Schöpfung der Welt aus dem Nichts zu denken hat. Aber darüber lassen sich naturgemäß nur negative oder im Vergleich zum Schaffen der Menschen komparative Aussagen machen: Anders als die Menschen, die stets etwas aus etwas herstellen, in dem sie einem Stoff eine Form aufprägen (XI.7), hatte Gott eben weder Stoff (*materia*) noch ein Weltall (*universum mundum*) und also auch kein *ubi*, kein „Wo", in das er ein solches hätte einfügen können. Oder freier ausgedrückt: Es gab vor der Erschaffung der Welt durch Gottes weltloses Wort keinen Ort und keine Materie und also weder Bewegung noch Zeit.[63][64]

---

62 Vgl. dazu May, Schöpfung, 1–39 und 151–157 und Kaiser, Gott II, 264–266.

63 Vgl. auch Sextus Empiricus, Pyrrh.Hypot.III.140–141 (LCL I [273],420–421): „Weiterhin, da Zeit nicht ohne Bewegung oder verweilende Ruhe bestehen kann, wird, wenn die Bewegung aufgehoben wird und ebenso die Ruhe, auch die Zeit aufgehoben. Nichts desto weniger werden von einigen folgende Einwände gegen die (Annahme der Existenz) der Zeit gemacht. Wenn es Zeit gibt, so ist die Zeit entweder begrenzt oder unbegrenzt. Wenn sie aber begrenzt ist, so hat sie zu einer bestimmten Zeit begonnen und wird sie zu einer bestimmten Zeit enden. In der Folge gab es einmal eine Zeit, in der es keine Zeit gab (ehe sie begann), und wird es einmal eine Zeit geben, in der es keine Zeit geben wird (nachdem sie aufgehört hat); was absurd ist." Vgl. auch Sext.Emp. math.II.169–173. Diese Hinweise zeigen, dass Augustins Diskussion des Zeitproblems auf einem breiteren Hintergrund der kaiserzeitlichen philosophischen Tradition erfolgt ist, zu der als eine Unterströmung auch der Skeptizismus gehörte; vgl. dazu Flasch, Zeit, 125–130. – Über das Leben von Sextus Empiricus, der um 200 n. Chr. wirkte und nicht nur Philosoph, sondern auch empirischer Arzt war, besitzen wir keine genauen Nachrichten. Er war der letzte große Vertreter der Skeptischen Philosophie, die er im Anschluss an ihren Begründer Pyrrhon von Elis (ca. 360–271) vertrat. Vermutlich stammte er aus der östlichen Reichshälfte und möglicher Weise aus Alexandria. Ziel der skeptischen Philosophie und so auch der des Sextus war es, den Menschen von der Beunruhigung durch die unlösbaren philosophischen Fundamentalprobleme auf dem Gebiet der Logik,

Daher ist die Frage, was Gott vor der Schaffung von Himmel und Erde tat, nach seiner Überzeugung der Sache nach unangemessen, weil es vor der zugleich erfolgten Erschaffung von Welt und Zeit keine Zeit gab, in denen sich die Bewegungen nach ihrem Davor und Danach hätten vollziehen (und antigöttliche Mächte agieren) können: „*Cum ergo sis operator omnium temporum, si fuit aliquod tempus, antequam faceres caelum et terram, cur dicitur, quod ab opere cessabas? id ipsum enim tempus tu feceras, nec praeterire potuerunt tempora, antequam faceres tempora. si autem ante caelum et terram nullum erat tempus, cur quaeritur, quid tunc faciebas? non enim erat tunc, ubi non erat tempus* (Wenn du also der Schöpfer aller Zeiten bist, wenn es denn irgend eine Zeit gab, ehe du Himmel und Erde machtest, wie kann einer sagen, dass du mit dem Werke gezögert hättest? Eben diese Zeit hättest du ja selbst gemacht, und es konnten keine Zeiten vorübergehen, ehe du die Zeiten gemacht hattest. Wenn es aber vor Himmel und Erde keine Zeit gab, wie kann einer fragen, was du damals machtest? Denn es gab nämlich kein Damals, als es noch keine Zeit gab)" (15.9–13 F).[65]

Während Gott in seiner zeitlosen Ewigkeit webt und wirkt, sind die Menschen der Zeit und damit der Vergänglichkeit unterworfen, solange es Zeit geben wird. Es gibt allerdings einen, der gleichewig mit Gott ist, der

---

Physik und Ethik zu befreien und so zur seelischen Unerschütterlichkeit zu führen. Dabei sollten sich Enthaltung des Urteils und ein auf Erfahrung beruhendes praktisches Verhalten nicht ausschließen. Ob das freilich möglich ist, ohne empirische Daten als real zu behandeln, ist die Frage, mit deren Beantwortung sich die Durchführbarkeit des skeptischen Entwurfs entscheidet; vgl. dazu Bornyeat, Sceptic, 20–53, bes. 53: „One of the more memorable sayings attributed to Pyrrho is a remark regretting that it is difficult to divest oneself entirely of one's humanity. ... When one has seen how radically the sceptic must detach himself from himself, one will agree that the supposed life without belief is not, after all, a possible life for men." Der Skeptizismus hatte seine Blüte in der hochhellenistischen Zeit und gewann erst in der Renaissance neues Ansehen. In der Kaiserzeit trat er hinter dem Epikureismus, Stoizismus und Neuplatonismus zurück, da er das religiöse Bedürfnis der Epoche nicht zu bedienen vermochte. Der junge Augustin war durch die Lektüre von Ciceros Academica um 383 zeitweise unter den Einfluss der Skepsis geraten, löste sich aber nach seiner Bekehrung von ihm; Flasch, Augustin, 55–57; Brown, Augustine, 69–70 und 93–94. Zum philosophischen Skeptizismus vgl. Bury, Sextus Empiricus I (LCL 273), XXIX-XLII; Long, Hellenistic Philosophy, 75–106 und 237–238 und zu Sextus Empiricus und seinen Schriften Frede (DNP 12/2/2003), 1104–1106.

64 Augustin hat später ausdrücklich erklärt, dass diese Bestreitungen gegen die Manichäer und in gewisser Weise auch gegen Neuplatoniker gerichtet sind. Nachweise bei Flasch, Zeit, 328–329.

65 T: 274.12–19.

Sohn und göttliche Logos.[66] Der Erlöser war mithin vor aller Zeit wie er nach aller Zeit sein wird:

„*Nec tu tempore tempora praecedis: alioquin non omnia tempora praecederes. sed praecedis omnia praeterita celsitudine semper praesentis aeternitatis et superas omnia futura, quia illa futura sunt, et cum venerint, praeterita erunt; tu autem idem ipse es, et anni tui non deficiunt.*[67] *Anni tui nec eunt nec veniunt: isti enim nostri eunt et veniunt, ut omnes veniant. Anni tui omnes simul stant; quoniam stant, nec euntes a venientibus excluduntur, quia non transeunt: isti autem nostri omnes erunt, cum omnes non erunt. Anni tui dies unus,*[68] *et dies tuus non cotidie, sed hodie, quia hodiernus tuus non cedit crastino; necque enim succedit hesterno. Hodiernus tuus aeternitas: ideo coaeternum genuisti, cui dixisti: Ego hodie genui te.*[69] *Omnia tempora tu fecisti et ante omnia tempora tu es, nec aliquo tempore non erat tempus* (Du gehst nicht in der Zeit den Zeiten voraus, andernfalls gingest du nicht allen Zeiten voraus. Aber durch die Erhabenheit deiner ewigen Gegenwart gehst du allem Vergangenen voraus und überdauerst du alles Kommende, weil es zukünftig ist, denn wenn es gekommen ist, wird es vergangen sein; *du aber bist immer derselbe, und deine Jahre schwinden nicht.* Deine Jahre gehen weder noch kommen sie: unsere aber gehen und kommen, damit so alle kommen. Deine Jahre stehen alle zugleich, weil sie stehen; es gibt keine, die gehen, weil sie von kommenden verdrängt werden, weil sie unvergänglich sind. Diese unsere aber werden erst alle sein, wenn alle gewesen sind. *Deine Jahre sind (wie) ein einziger Tag,* und dein Tag ist nicht irgendein Tag, sondern ein Heute, weil dein heutiger Tag keinem morgigen weicht noch einem heutigen nachfolgt. Dein Heute ist die Ewigkeit: daher hast du einen gleichewigen erzeugt und zu ihm gesagt: *Heute habe ich dich erzeugt.* Alle Zeiten hast du gemacht und vor allen Zeiten bist du, und es gab keine Zeit, in der es noch keine Zeit gab" (16.1–13 F)[70].

Während das Leben der Menschen durch und durch vergänglich ist und ihre sich wandelnde Zeit bis zum Ende aller Zeiten dauert, gibt es einen, der gleichewig mit Gott ist, der Sohn und göttliche Logos. Der Erlöser war mithin vor aller Zeit wie er nach aller Zeit sein wird. Wenn Augustin an das Ende der Zeit erinnert, so verweist er damit auf das Jüngste Gericht und die neue, himmlische und zugleich ewige Welt. So können wir zusammenfas-

66 Den Heiligen Geist, der dogmatisch dazu gehört, erwähnt Augustin in diesem Zusammenhang nicht.

67 Ps 101,22 (G/L), 103,28 (M).

68 II Petr 3,8.

69 Ps 2,7.

70 T: 274.20–275.7.

send sagen: Zeit steht im Gegensatz zur Ewigkeit. Wer Zeit als begrenzte und vergängliche denkt, denkt zugleich als ihren Gegensatz die Ewigkeit mit. Wenn die Zeit zusammen mit der Welt entsteht, die Welt aber aus sich keinen Anfang nehmen kann, dann kann ihr Ursprung nur in der Ewigkeit als dem Anderen der Zeit liegen. Daher ist der transzendente Gott als Schöpfer zugleich der von Welt, Raum und Zeit, der (und damit meldet sich der christliche Theologe Augustin zu Worte) zugleich von Ewigkeit her der Vater des Sohnes ist, den er zum Messias, zum Erlöser der Welt bestimmt hat.

4.3. Die Phänomene von Länge und Kürze der Zeit und die Frage nach dem Sein der Zeit: Conf. XI.17–22

Mit 17 beginnt der eigentliche Traktat über die Zeit.[71] Augustin fasst in ihm zunächst in 17.1–3 das Ergebnis der vorausgehenden Überlegung zusammen: Alle Zeiten sind von Gott geschaffen und keine nimmt an seiner Ewigkeit teil. Denn wenn sie ewig wären, wären sie keine Zeiten. Damit stellt sich die Frage, was denn die Zeit eigentlich ist (17.3–5 F).[72] Doch mit dem Wissen um ihren Charakter verhält es sich paradox. Solange ihm niemand die Frage stellt (so erklärt Augustinus), was sie ist, macht uns die Beantwortung keine Probleme, weil wir als zeitliche Wesen in der Zeit leben. Doch wenn ihm jemand die Frage stellt, so weiß er es nicht (17.9 F).[73] Auf diese Paradoxie hatten schon Sextus Empiricus[74] und Plotin hingewiesen.[75] Das Problem stellt sich sachlich, wenn man sich das Sein der Zeit als Vergangenheit, Gegenwart und Zukunft zu denken versucht: Verginge die Zeit nicht, gäbe es keine vergangene Zeit. Käme sie nicht auf uns zu, gäbe es keine zukünftige Zeit. Gäbe es keine zukünftige Zeit, so gäbe es keine Gegenwart. Zeit ist also dadurch gekennzeichnet, dass beständig Zukunft gegenwärtig wird und sogleich in die Vergangenheit versinkt. Aber wie kann Zeit etwas *sein*, wenn ihre Gegenwart nichts als der Übergang in die Vergangenheit ist? Hinter dieser Frage steht das Konzept, dass das Sein ewig ist und alles Werden und Vergehen im Gegensatz zur Ewigkeit steht, wir aber trotzdem von den

71 Vgl. auch die knappe Zusammenfassung von Marcus, Marius Victorinus and Augustinus, 403–405.

72 T: 275.11–15.

73 T: 275.16–18.

74 Sext.Emp.Pyrrh.Hypot. III.xix.136 (LCL I/ 273), 418–419: „Solange wir uns an die Phänomene halten, scheint die Zeit etwas zu sein; sowie wir aber zu argumentieren beginnen, erscheint sie unwirklich."

75 Plot. Enn. XIII/7.1.7–13.

drei Zeiten als einer Realität sprechen. Das Sein der Zeit scheint also in ihrem dauernden Übergang in das Nichtsein zu bestehen (17.10–19 F.)[76]. Greifen wir vor, so können wir hinzufügen, dass sich das Problem auch im Blick auf die Zukunft stellt: Denn solange sie erwartet wird, ist sie noch nicht; wenn sie zur Gegenwart wird, ist sie schon nicht mehr.

Diese theoretischen Überlegungen stehen im Gegensatz zur alltäglichen Rede von der Länge und Kürze der Zeit (18–20)[77] und der Praxis der Zeitmessung (21–22).[78] Betrachtet man die Rede von der Länge oder Kürze der Zeit genauer, so handelt es sich entweder um zukünftige oder vergangene Zciten: So schmelzen auch hundert Jahre, fragt man nach ihrer Gegenwärtigkeit, jeweils auf einen Tag zusammen (20/277.19–21).[79] Das Jetzt des Tages ist der ausdehnungslose Übergang von der Zukunft in die Vergangenheit und kann als solcher nicht gemessen werden: *„praesens autem nullum habet spatium"* (20/278.3–4). Fragt man nach dem Wesen der Zeit aufgrund der Rede von ihrer Länge oder Kürze zurück, so schwindet die aktuelle Zeit auf ein Jetzt zusammen, das weder eine noch so kleine zeitliche Erstreckung (*morula*, Deminutiv vom *mora* „Aufenthalt, Verzögerung") noch einen und sei es noch so kleinen Zeitraum (*spatium*) besitzt. Das heißt: die Zeit verschwindet, sowie man sie in ihren drei Dimensionen zu fassen versucht: Als Zukunft ist sie noch nicht, als Gegenwart ist sie nichts als der Übergang von Zukunft in die Vergangenheit. Und als Gegenwart besitzt sie keine Ausdehnung:

„Ubi est ergo tempus, quod longus dicamus? An futurum? Non quidem dicimus: 'longum est.' quia nondum est quod longum sit, sed dicimus: 'longum erit.' Quando igitur erit? Si enim et tunc adhuc futurum erit, non erit longum, quia quid sit longum nondum erit: si autem tunc erit longum, cum ex futuro quod nondum est esse iam coeperit et praesens factum erit, ut possit esse quod longum sit, iam superoribus vocibus clamat praesens tempus longum se esse non posse (Wo also ist die Zeit, die wir lang nennen könnten? Ist es die Zukunft?

76 T: 275.19–30.

77 T: 276.1–278.12.

78 T: 278.13–279.7.

79 Vgl. dazu immerhin Sext.E. math.II.182–184. – Völlig anders ist die Sicht des römischen Stoikers Seneca, dessen Leben tragisch mit dem Neros verwoben war. Er führt in brev.vit.VI.1–10 das Schrumpfen der Zeit darauf zurück, dass die Menschen sich gebärden, als seien sie unsterblich und sich ihren Gelüsten und öffentlichen Pflichten hingeben, statt den Augenblick zu nutzen und sich der philosophischen Muße hinzugeben, z. B. I.1; XI.2; XIV.1 und XVI.1; zu seinem Leben und Denken vgl. Maurach, Seneca, 146–168 und vor allem den Zusammenhang mit seiner politischen Wirksamkeit hervorhebend Fuhrmann, Seneca.

Von ihr sagen wir nicht: ‚Sie ist lang.' weil das, was lang sein könnte, noch nicht existiert. Sondern wir sagen: ‚Sie wird lang sein.' Wann aber wird sie es sein? Wenn sie jetzt aber noch zukünftig ist, kann sie nicht lang sein, weil noch nichts existiert, was lang sein könnte. Wird sie aber erst dann lang sein, nachdem sie aus der Zukunft, in der sie noch nicht ist, anfängt und zu einem gegenwärtigen geworden ist, so dass sie etwas sein könnte, was lang sein könnte, dann ruft die Gegenwart mit ihren früheren Worten aus, dass sie nicht lang sein könne" (20.13–21 F).[80]

Nähert man sich dem Problem von der Zeitmessung her, gerät man ebenso schnell auf das Glatteis: Zwar messen wir Zeitspannen und erklären auf diese Weise, dass die eine länger oder kürzer als die andere ist. Aber wie kann man das messen, was entweder noch nicht oder nicht mehr ist? Messen können wir die Zeit nur, solange wir sie wahrnehmen. Von diesem am Ende von 21 erreichten Ergebnis, hätte es nahegelegen, die Zeit sogleich in der *memoria,* in der Erinnerung zu verankern, wie es in 23–24 erfolgt. Aber der theologische Rhetor Augustinus, der schon 21 als eine *confessio coram Deo* stilisiert hat, erbittet in 22 erst einmal von Gott als dem Vater Hilfe, wie er das Problem der drei Zeiten, die man jedem Schüler im Grammatikunterricht einprägt, so zu lösen vermag, dass dadurch das, was sich in ihnen ereignet hat, mit dem Anspruch auf Wahrheit erzählt werden kann. Denn wie verhält es sich eigentlich mit Vergangenheit, Gegenwart und Zukunft? Gibt es nur die Gegenwart und sind die beiden anderen Zeiten nicht oder nur so, dass das Gegenwärtige, wenn es aus dem Zukünftigen entsteht, gleichsam aus einem Dunkel hervortritt und in ein Dunkel zurückweicht und so zur Vergangenheit wird? Andererseits setzt die geistige Wahrnehmung von Vergangenheit voraus, dass sie ein Sein hat, und dasselbe gilt angesichts der Prophetie im Blick auf die Zukunft (22.1–11 F).[81]

80 T: 278.4–13.

81 T: 278.25–280.3. Vgl. dazu auch Sextus Empiricus, Pyrrh. Hypot. III. 142: „So ist die Zeit also unbegrenzt. Aber wenn sie unbegrenzt ist, da einer ihrer Teile Vergangenheit, einer ihrer Teile Gegenwart und einer ihrer Teile Zukunft genannt wird, dann sind die Zukunft und die Vergangenheit entweder existent oder nicht existent. Aber wenn sie nicht existent sind und von ihnen allein die Gegenwart übrig bleibt, die als solche momentan (ἀκαριαῖος) ist, ist die Zeit begrenzt, woraus die bereits genannten Schwierigkeiten folgen." Vgl. auch Sext.E. adv.math. II. 189–192.

4.4. Die Gegenwart der Zeiten in der Seele: Conf.XI. 23–26

Fragt man sich, wo denn die zukünftigen, gegenwärtigen und vergangenen Dinge sind, so kommt man notwendig auf den Geist und genauer auf das Gedächtnis: Die Kindheit mag weit zurück in der Vergangenheit liegen, so lassen sich die von der Wahrnehmung geprägten Bilder aus dem Gedächtnis hervorrufen, in dem sie Spuren hinterlassen haben. Lässt man das Phänomen der Vorhersage künftiger Dinge auf sich beruhen (Augustin will sich durch dieses besondere Thema nicht von seinem Hauptgedanken ablenken lassen), so denken wir doch voraus und stellen uns vor, was wir in der Zukunft machen wollen. Real werden sie jedoch erst dann, wenn wir unsere Pläne handelnd verwirklichen: Dann sind sie nicht mehr künftig, sondern gegenwärtig (23.16–21 F).[82]

Mag es sich also mit der Voraussage künftiger Dinge verhalten wie es will: gesehen oder wahrgenommen werden kann nur das, was gegenwärtig ist. Wer an Zukünftiges denkt, dem ist es nicht mehr zukünftig, sondern gegenwärtig. Als Beispiel dafür verwendet Augustin das Morgenrot: Der Geist (*animus*) aber nimmt es als ein Vorzeichen dafür, dass die Sonne bald aufgehen wird. Der Geist kann also aufgrund von Gegenwärtigem, das er sieht, Zukünftiges voraussagen (24.3–19 F).[83]

Dann richtet Augustin an Gott selbst die Frage, wie er uns, für den es nichts Zukünftiges gibt, über Zukünftiges belehre, wie er es im Fall der Propheten getan hat. Handelt es sich auch hier um ein Voraussagen aufgrund von Vorzeichen? Augustin erklärt, dass ihm diese Sache zu hoch sei. Nur mit Gottes Hilfe könne er sie erreichen (25).

Aber davon ist im Folgenden keineswegs die Rede, sondern stattdessen wendet sich Augustin dem Problem der Gegenwart der drei Zeiten zu, wie es die Behauptung, dass es eine Vergangenheit, Gegenwart und Zukunft gebe, erforderlich macht. Präzise müsste man sagen, es gebe die drei Zeiten der Gegenwart von Vergangenem, Gegenwärtigem und Zukünftigem. Sie sind also solche jedoch nur in der Seele (*anima*) präsent, und zwar die Vergangenheit als Erinnern (*memoria*), die Gegenwart als Anschauung (*contuitus*) und die Zukunft als Erwarten (*expectatio*).[84] Gesteht man dies zu, so könne

82 T: 278.21–280.3.

83 T: 280.6–26.

84 Vgl. aber auch Seneca.brev.vit. XV.5: „*Sapientis ergo multum patet vita; non idem illum qui ceteros terminus cludit, solus generis humani legibus solvitur; omnia illi saecula ut deo serviunt. Transiit tempus aliquod? hoc recordatione compredit; instat? hoc utitur; venturum est? hoc praecipit. Longam illi vitam facit omnium temporum in uno collatio* (Des Weisen Leben also besitzt eine große Weite; ihn schließt nämlich anders als die

man gewohnheitsgemäß sagen, dass es die drei Zeiten ‚gebe': „*Pauca sunt enim, quae proprie loquimur, plura non proprie, sed agnoscitur quid velimus* (Es gibt nämlich nur weniges, das wir angemessen ausdrücken, vieles sagen wir nur ungenau, aber man weiß, was wir [sagen] wollen (26.12–13 F)."[85]

4.5. Die Aporie der Zeitmessung und das Rätsel des Alterns: Conf.XI.27–28

Doch statt diese Einsicht zu vertiefen, greift Augustinus in 27 erneut das Problem der Zeitmessung auf, um auf das unbekannte Wesen der Zeit hinzuweisen. Dadurch wird deutlich, dass seine Auskunft über die Gegenwart der Zeit im Denken keine Antwort auf die Frage nach dem ist, was die Zeit ihrem Wesen nach ist. Offenbar ist es doch so, dass der, welcher die Zeit misst, ihre Existenz voraussetzt. Aber wie kann sie existieren, wenn sie ihrem Wesen nach vorübergeht? Nur als solche ist sie messbar, vorher und nachher nicht. Trotzdem messen wir die Zeit in ihrer Ausdehnung.[86] Doch

übrigen keine Grenze ein, er allein vom Menschengeschlecht wird von den Gesetzen befreit. Alle Jahrhunderte dienen ihm wie einem Gott. Die Zeit ist vergangen? er ergreift sie in der Erinnerung; sie kommt? er nimmt sie vorweg. Ein langes Leben verschafft ihm die Vereinigung in einer einzigen)." Oder auf die Formel gebracht I.4: „*Ita est: non accipimus brevem vitam, sed fecimus, nec inopes eius, sed prodogi sumus* (So ist es: Wir haben kein kurzes Leben empfangen, sondern machen es dazu, wir sind nicht arm an ihm, sondern verschwenderisch)" und II.1; „*vita, si uti scias, longa est* (Das Leben ist, wenn du es zu nutzen verstehst, lang)." Vgl. auch Sen.ad Luc.I.1.

85 T: 281.19–20.

86 T: 282.9–14. Vgl. auch Sext.E. Pyrrh. Hypoth. III.xix.144–146: „Man sagt, dass die Zeit aus drei Teilen besteht, einem vergangenen, einem gegenwärtigen und einem zukünftigen. Von diesen sind die Vergangenheit und die Zukunft nicht existent; denn wenn Vergangenheit und Zukunft jetzt existierten, wäre jede von ihnen gegenwärtig. Aber auch die Gegenwart ist nicht existent; denn wenn die anstehende Zeit existiert, so muss sie entweder unteilbar oder teilbar sein. Sie ist jedoch nicht unteilbar; denn man sagt, dass das, was sich wandelt, sich in der gegenwärtigen Zeit wandelt, aber nichts kann sich in einer unteilbaren Zeit wandeln -, Eisen, zum Beispiel, in Biegsamkeit u.s.w. 145 Daher ist die gegenwärtige Zeit nicht unteilbar. Aber sie ist auch nicht teilbar, denn sie lässt sich nicht in eine Mehrzahl von Gegenwarten aufteilen, sagt man doch, dass sich die Gegenwart dank des eiligen Fließens aller Dinge in der Welt in die Vergangenheit verwandelt. Aber nicht in Vergangenheit und Zukunft; denn das wäre unwirklich (ἀνύπαρκτος), dass sie einen Teil besäße, der nicht mehr oder noch nicht existiert. 146 Eben so wenig kann die Gegenwart das Ende der Vergangenheit oder der Anfang der Zukunft sein, weil dann beide gleichzeitig existierten und nicht existierten. Denn es kann nur als Gegenwart existieren, aber nicht, wenn ihre Teile nicht existieren. Daher ist die Zeit nicht teilbar.

statt auf das Ergebnis zu rekurrieren, dass die Zeiten nur im Geiste gegenwärtig sind und von dieser Voraussetzung her den Messakt zu bedenken, verliert er sich in Exklamationen, die auf die Paradoxie der Zeitmessung verweisen. Sie besteht eben darin, dass es weder in der Vergangenheit, noch in der Gegenwart noch in der Zukunft einen Raum gibt, in dem man die Zeit messen kann: „*In quo ergo spatio metimur tempus praeteriens? Utrum in futuro, unde praeterit? Sed quod nondum est, non metimur. An in praesenti, qua praeterit? Sed nullum spatium non metimur. An in praeterito, quo praeterit? sed quod iam non est, non metimur* (In welchem Raum also messen wir die Zeit? Etwa in der Zukunft, aus der sie hervorgeht? Aber was noch nicht ist, können wir nicht messen. Oder in der Gegenwart, die vorbeigeht? Aber was keine Ausdehnung besitzt, können wir nicht messen. Oder in der Vergangenheit, in die sie übergeht? Aber was nicht mehr ist, können wir nicht messen)" 27.16–20 F.[87]

Wiederum wendet sich Augustinus in 28 an Gott, um ihn bei Christus zu beschwören, ihm das verwirrende Rätsel zu lösen und ihn die Freude des Herrn schauen zu lassen. Gott selbst hat bestimmt, dass seine Tage altern und dahinfahren, ohne dass er weiß, wie das geschieht. Doch trotz des Unwissens, das über dem Wesen der Zeit liegt, sprechen alle von den unterschiedlichen Zeiten. „*Dicimus haec et audimus haec et intellegimur et intellegimus Manifestissima et visitatissima sunt, et eadem rursus nimis latent et nova est inventio eorum* (So reden wir und hören wir es, so werden wir verstanden und verstehen es. Das sind schlechthin evidente Dinge, aber andererseits sind sie völlig verborgen, und ihre Aufdeckung wäre etwas Neues)" 28.6–20 F.[88]

4.6. Bewegungen sind nicht die Zeit, sondern erfolgen in der Zeit: Conf.XI.29–32

Auch die folgende Diskussion setzt sich über das in 26 Erreichte hinweg, indem sie sich mit der These auseinandersetzt, dass die Bewegungen der Gestirne die Zeiten seien. Bei ihr handelt es sich um eine verkürzte und daher verfälschende Sicht der von Platon Tim. 39c-d vertretenden Lehre von den

---

Aber wenn die Gegenwart weder teilbar noch unteilbar ist, so existiert sie nicht. Und wenn weder die Gegenwart noch die Vergangenheit oder die Zukunft existieren, so ist die Zeit ebenfalls nicht-existent; denn was sich aus unwirklichen Dingen zusammen setzt ist, ist selbst unwirklich." Vgl. auch Sext.E. adv.math.II. 197–200.

87 T: 282.9–14.

88 T: 283.9–12

die Zeit rhythmisierenden Bewegungen der Stirne. Schon Plotin Enn.III.7.8 hatte sich ausführlich mit dieser Lehre auseinandergesetzt und gezeigt, dass Bewegungen in der Zeit erfolgen, aber nicht mit der Zeit identisch sind. Augustin wendet seinerseits gegen die Bewegungshypothese ein, dass die Gestirne als Zeichen und zur Bestimmung der Jahreszeiten, Tage und Jahre dienen. Andererseits läuft auch eine Zeit ab, wenn sich eine Töpferscheibe dreht: Damit ist es offensichtlich, dass die Zeit nicht mit der Bewegung der Gestirne, ja überhaupt mit keiner Bewegung identisch ist (29.11–15 F).[89] Das erweist sich weiter daran, dass wir mittels der Zeit die Bewegungen von Körpern messen und die gemessenen Zeiten miteinander vergleichen.

Unter einem Tag versteht man nicht allein die Zeitspanne zwischen Sonnenauf- und untergang, sondern bezieht auch noch die Nacht bis zum nächsten Sonnenaufgang mit ein. So stellt sich die Frage, ob unter einem Tag als Zeitspanne die Bewegung der Sonne oder unter ihm ihre Dauer zu verstehen oder er beides ist. Im ersten Fall handelte es sich auch dann um einen Tag, wenn die Sonne ihren Lauf in einer Stunde vollführte. Im zweiten müsste sie unter der gleichen Bedingung vierundzwanzig Mal die Erde umkreisen (30.4–25 F).[90] Also ist der Tag, so soll der Leser schließen, weder allein eine Bewegung oder eine Dauer sondern beides zugleich in seiner normalen Proportion.

Als Beispiel dafür führt Augustin Jos 10,12–14 an, wonach die Sonne samt dem Mond bei der Schlacht der Israeliten gegen die fünf Könige der Amoriter bei Gibeon auf Josuas Bitte still stand, bis er alle Feinde vernichtet hatte. „*Nemo ergo mihi dicat caelestium corporum motus esse tempora, quia et cuiusdam voto cum sol stetisset, ut victoriosum poelium perageret, sol stabat, sed tempus ibat. Per suum quippe spatium temporis, quod ei sufficeret, illa pugna gesta atque finita est. Video igitur tempus quandam esse distentionem. Sed video? An videre mihi videor? Tu demonstrabis lux, veritas* (Niemand sage mir also, dass die Bewegungen der Himmelskörper die Zeiten seien, weil auch damals, als die Sonne auf das Gebet eines gewissen (Mannes) stille stand, damit er die Schlacht siegreich beenden konnte, die Sonne stillstand, aber die Zeit weiterging. So ist jene Schlacht freilich in dem für die geeigneten Zeitraum geschlagen und beendet worden. Daraus entnehme ich, dass die Zeit eine gewisse Erstreckung ist. Aber sehe ich es (tatsächlich)? Oder scheint es mir nur so, dass ich es sehe? Du, das Licht und die Wahrheit, wirst es zeigen)“

89 T: 283.25–284.2.
90 T: 284.1–285.5

30.25–30 F.[91] Die Zeit, so können wir als Zwischenergebnis festhalten, ist also eine Erstreckung.

Was für die Bewegungen der Himmelskörper gilt, trifft auch für die anderer Körper und mithin für Bewegungen überhaupt zu: Körper bewegen sich in der Zeit, ihre Bewegungen sind aber nicht mit der Zeit identisch. Man misst die Zeit aufgrund der Dauer ihrer Bewegungen. Um sie genau zu messen, muss man die Zeit des Anfangs und Endes der Bewegungen kennen. Aufgrund der Beobachtung kann man dann erklären, dass eine Bewegung eine lange oder eine kurze Zeit beansprucht hat und die Bewegungsdauer verschiedener Körper vergleichen. Bewegungsdauer und Maß sind mithin nicht identisch. „*Non [est] ergo tempus motus* (Die Zeit ist also keine Bewegung)" 31.22–23 F.[92]

Aber Augustin ist sich bewusst, dass er damit noch immer nicht das Wesen der Zeit erkannt hat: „*Et confiteor tibi, domine, ignorare me adhuc, quid sit tempus, et rursus confiteor tibi, domine, scire me in tempora ista dicere et diu me iam loqui de tempore atque ipsum diu non esse diu nisi mora temporis. Quomodo igitur hoc scio, quando quid sit tempus nescio?* (Aber ich bekenne dir, Herr, bislang noch nicht zu wissen, was die Zeit ist, und wiederum bekenne ich dir, zu wissen, dass ich dies in der Zeit ausspreche und dass, während ich schon lange über die Zeit spreche, dieses ‚lange' nicht anderes als eine Zeitspanne ist. Auf welche Weise aber kann ich dies wissen, während ich nicht weiß, was die Zeit ist)" 32.1–5 F.[93] Also kann er nur auf eine göttliche Erleuchtung hoffen.

4.7. Der Grund für die Ermöglichung der Zeit ist das Bewusstsein von den drei Zeiten: Conf.XI.33–38.

In der abschließenden Argumentation, die sich mit der Frage nach dem Möglichkeitsgrund für die Zeitmessung beschäftigt, nimmt Augustin in 36–37 wieder den Gedanken auf, dass das Wissen um die drei Zeitstufen der Vergangenheit, Gegenwart und Zukunft darauf beruht, dass die Zukunft im Geist als Erwartung und die Vergangenheit als Erinnerung gegeben ist, während er in der ausdehnungslosen Gegenwart den Umschlag von Zukunft und Vergangenheit erlebt. Zu diesem Ergebnis kommt er in diesem Fall an Beispielen: So zeigt das metrische Abmessen von Kürzen und Längen in der

91 T: 285.5–12.
92 T: 286.12–13.
93 T: 286.14–19.

Dichtung, dass wir Zeiterstreckungen als Raumabstände messen. Die Beurteilung, dass ein Vers oder ein Gedicht lang oder kurz war, verweist wiederum auf die Zeit als Erstreckung (*distentio*). Sie aber ereignet sich im Geist selbst. Die Zeit selbst kann nicht gemessen werden, weil die Gegenwart keine Ausdehnung besitzt, die Zukunft noch nicht und die Vergangenheit nicht mehr ist (33). Auch bei einer Stimme messen wir den Zwischenraum zwischen ihrem Einsatz und ihrem Aufhören. Wir können sie erst messen, wenn sie verklungen und also nicht mehr ist (34). Dasselbe gilt beim Aufsagen eines Verses: Wenn ich bei ihm zwischen langen und kurzen Silben unterscheide, so liegt der Maßstab dafür im Gedächtnis (35). Wer ein Lied singt, das er auswendig kennt, hat das Ganze in der Erinnerung (*memoria*) gegenwärtig und überblickt von daher seine Teile. Dasselbe aber wiederholt sich im Leben jedes Menschen, das sich aus seinen Handlungen zusammensetzt und also auch im Blick auf die ganze Weltzeit (*totum saeculum*), die sich aus den Lebenszeiten der Menschen zusammensetzt. Das Wissen um die Geschichte ist eine Folge der Erinnerung von und an viele Menschenleben (38,10–14 F).[94] Damit steht fest: Das Wissen um die Vergangenheit besteht in der Erinnerung, während sich die Erwartung auf die Zukunft richtet. Aber Augustinus verzichtet auf die systematische Auswertung, die ihn zu sehr die Nähe Plotins gebracht hätte, wenn er nun den Schluss gezogen hätte, dass Zeit und Welt ihren Sitz im Bewusstsein des Menschen besitzen, weil er diese Einsicht nicht mit seinem Schöpfungsglauben vereinbaren konnte.[95] Daher bleibt das Wesen der Zeit für ihn ein unaufklärbares Geheimnis.

5. Schlussbesinnung: Der Trost für den zeitlich zerstreckten Menschen liegt in seiner ewigen Bestimmung bei Gott: Conf.XI.39–41

So beschließt Augustin seine Untersuchung über die Zeit mit einer Besinnung, in der er sich seiner himmlischen Berufung tröstet, die seinem zeitlich zerstreckten Dasein ein Ende bereiten und einheitliche Lebensrichtung geben wird: Dann wird er Gott voll Freude in zeitloser Ewigkeit schauen, während seine irdischen Jahre bis dahin unter Tränen vergehen. Er will es mit dem Apostel Paulus halten und wie er von sich Phil 3,13 sagen, dass er sein

94 T: 291.27–292.5.

95 Dieser Verzicht ehrt Augustinus; denn obwohl nach unserem Wissen nur der Mensch um seine Zeitlichkeit weiß, ist seine Zeit nur ein Bruchteil der Weltzeit; vgl. zu ihr G.J. Withrow, Natural Philosophy, 370–375.

zerspaltenes Dasein vergessen will, das hinter ihm liegt, um sich nach dem auszustrecken, was vor ihm liegt, nämlich seiner himmlischen Berufung (39).

Dieser Ewigkeitshoffnung hat Augustin in Conf. XII.13 breiteren Ausdruck gegeben: „*Unde intellegat anima, cuius peregrinatio longinqua facta est, si iam sitit tibi, si iam factae sunt ei lacrimae suae panis, dum dicitur ei per singulos dies: ubi est deus tuus?*[96] *si iam petit a te unam et hanc requirit, ut in habitet in domo tua per omnes dies vitae suae?*[97] *et quae vita eius nisi tu? et qui dies tui nisi aeternitas tua, sicut anni tui, qui non deficiunt, quia idem ipse es? hinc ergo intelligat anima, quae potest, quam longe super omnia tempora sis aeternus, quando tua domus, quae peregrinata non est, quamvis non sit tibi coaeterna, tamen indesinenter et indeficienter tibi cohaerendo nullam patitur vicissitudinem temporum. hoc in conspectu tuo claret mihi et magis magisque clarescat, oro te, atque in hac manifestatione persistam sobrius sub alis tuis* (Von daher möge die Seele Einsicht erlangen, deren Wanderschaft sie weit fortgeführt hat, wenn sie schon nach dir dürstet, wenn Tränen ihre Speise sind, während man Tag um Tag zu ihr sagt: Wo ist dein Gott? Wenn sie schon dies eine von dir erbittet, dass sie wohnen möge in deinem Hause alle Tage ihres Lebens? Und was wäre ihr Leben, wenn nicht Du? Und was wären deine Tage anderes als Deine Ewigkeit? Gleichwie Deine Jahre, die nicht enden, da du immer derselbe bist? Das also möge die Seele einsehen, die es vermag, dass Du weit über alle Zeiten der ewige bist; denn deine Wohnung, die nicht der irdischen Wanderschaft unterliegt, erleidet, obwohl sie nicht mit dir gleich ewig ist, aber dennoch unaufhörlich und ohne Mangel mit dir zusammenhängt, keinen Wandel der Zeiten. Dies ist mir im Blick auf dich klar, und soll mir, darum bitte ich dich, immer klarer werden. Und unter dieser Eingebung will ich besonnen unter deinen Flügeln[98] verharren)."

In 40 nimmt Augustin noch einmal das Thema von 12–16 auf: Er weiß, dass er einst ganz in Gottes Wahrheit geborgen sein wird und dann keine sophistischen Fragen mehr zu erdulden hat, was Gott vor der Schöpfung der Welt getan hat. Denen, die solch leeres Zeug (*vanitatem*) reden, möge die Einsicht gegeben werden, dass Gott als der Schöpfer aller Zeiten der ewige ist, der allein über allen Zeiten steht. Überraschend ist der im Potentialis vorgetragene abschließende Hinweis auf die Existenz eines Geschöpfes, das schon jetzt über den Zeiten steht. Sinnvoll ist diese mit Vorbehalt geäußerte

96 Ps 41,4 (G/L) = Ps 42,4 (M).

97 Ps 26,4 (G/L) = Ps 28,4 (M).

98 Vgl. die biblische Formel „unter dem Schutz (G/L) bzw. Schatten (M) deiner Flügel", z. B. Ps 16,8 (G/L) mit Ps 27,8 (M).

Aussage nur, wenn er damit entweder der Weltseele oder den Engeln einen Platz einräumt, obwohl er damals noch über keine Lehre von den Engeln verfügte (40.12–13).[99]

Dann aber fragt er Gott erst, wie tief der Schoß seiner Geheimnisse sei und wie weit ihn die Folgen seiner Verfehlungen getrieben hätten, um ihn dann um Heilung seiner Augen zu bitten, so dass er sich an seinem Licht erfreuen könne (41,1–3 F).[100] Die erste Frage ist einigermaßen unbestimmt, so dass der Leser nicht weiß, ob Augustin das zuvor verhandelte Geheimnis der Zeit oder z. B. die geheimen Ratschlüsse Gottes mit den Menschen meint. Ebenso verhält es sich mit der zweiten Frage: Vom Kontext könnten die vorausgehenden ergebnislosen Untersuchungen über das Wesen der Zeit gemeint sein, aber ebenso könnte es sich um eine Bitte Augustins um die Vergebung seiner Sünden handeln. Der Leser und der Kommentator tun gut daran, diese Zeilen in ihrer Mehrdeutigkeit stehen zu lassen.

Rätselhaft ist die anschließende Gegenüberstellung eines potentiellen allwissenden Geistes mit dem eigenen Geist, der wohl ein Gedicht, aber nicht das Geheimnis der Zeiten durchschaut, und dem tatsächlich, wenn auch auf andere Weise allwissenden Gott in 41,3–22 F.[101] Wenn es einen allwissenden Geist gäbe, der nicht Gott wäre und doch alle Zeiten und alles Geschehen überschaute, so wäre er eine Gestalt, die einen numinosen Schrecken verbreitete. Hier wird von einem solchen Geist als einer Möglichkeit gesprochen, aber nicht behauptet, dass es einen solchen Geist gebe. Wenn man ihn mit der Weltseele identifiziert, müsste man mit einem Schwanken Augustins in dieser Frage rechnen, weil er diesen Gedanken andernorts im Interesse des Schöpfungsglaubens abgelehnt hat,[102] oder diesen Geist als eine rein hypothetische Größe im Sinne eines Gedankenexperiments betrachten, das dem Zweck dient, die Bescheidenheit des menschlichen Zeitbewusstseins hervorzuheben, das gerade ein Lied von seinem Anfang bis zu seinem Ende überblickt (vgl. XI.38).[103] Der Zentralgedanke ist jedenfalls die Gegenüberstellung des Menschen, der nur eine kurze Zeitstrecke im voraus zu kennen vermag, mit dem Gott, dessen Wissen ewig und unveränderlich ist; denn dann erscheint das Wunder um so größer,

99 Zu Augustins (erst später entwickelten) Vorstellungen von der Natur der Engel vgl. mit Flasch, Zeit, 403 Aug. de trin.III.1.5.

100 T: 293.14–17.

101 T: 293.17–294.11.

102 Vgl. dazu oben, 357, und retr.I.1.n.3 und trin.XII.15

103 Zur Diskussion vgl. Flasch, Zeit, 407–413, der hier eine Anspielung auf die Weltseele findet, mit Fischer, Zeit, 111 Anm.187, der mit einem Gedankenexperiment rechnet.

dass sich dieser ewige Gott trotzdem derer annimmt, die von Herzen demütig sind (41.20–23 F): „*O quam excelsus es, et humiles corde sunt domus tua! Tu enim erigis elisos, et non cadunt, quorum celsitudo tu es* (O, wie erhaben bist du, – und doch sind die demütigen Herzens [sind] deine Wohnung! Du nämlich richtest die Zerschlagenen auf, und sie fallen nicht, weil Du selbst sie aufrichtest).“[104]

Augustin entwickelte seine Gedanken über Ewigkeit und Zeit im Horizont seines christlichen Glaubens auf dem Hintergrund der zeitgenössischen philosophischen Diskussion.[105] Dabei behandelte er in der zentralen Zeituntersuchung XI.13–31 trotz der in sie eingeschalteten Kurzgebete das Problem ohne Rückgriff auf theologische Gesichtspunkte. Er wollte zunächst nur wissen, was die Zeit ist, um dann angesichts der Vergeblichkeit des ganzen Versuches sein Bekenntnis zu Gott als der ewigen Zuflucht des in die Abfolge der Zeiten zerstreckten Menschen abzulegen, der sich derer annimmt, die von Herzen demütig sind. Mit der Zeit aber ist es und bleibt es in diesem Traktat eine eigentümliche Sache. Man kann sie messen, man kann das Wissen um sie und also auch das Messen in die Seele des Menschen und zumal sein Gedächtnis legen. Aber damit ist die Eigenart der Zeit als der Stelle, an der Zukunft und Vergangenheit umschlägt, nicht erklärt: Das ist kein Zufall und kein Versagen der Alten, sondern die Folge davon, dass die Zeit in ihrer eben beschriebenen Eigenart ein Urphänomen ist. Als solches lässt es sich nur konstatieren, aber nicht deduzieren. Das Rätsel der Zeit ist zugleich das Rätsel der Existenz und ihrer Bezogenheit auf Gott als den tragenden Abgrund alles zeitlichen Daseins.[106]

Doch zurück zu Augustinus, dem Mann, der in immer neuen Anläufen denkend, glaubend und hoffend nach der Wahrheit als dem Schlüssel zum richtigen Leben gesucht hat: Seine schier unübersichtliche Hinterlassenschaft spiegelt die Spannungen und Widersprüche, denen suchende Men-

---

104 Wörtlich: „deren Höhe Du bist.“

105 Auf die Frage, inwieweit er zu den Vorläufern der philosophischen Zeittheorien des 20. Jh. gehört, kann hier nicht eingegangen werden, vgl. dazu Flasch, Augustin, 27–75 und zu Martin Heidegger ausgewogen 51–63 mit dem abschließenden Urteil 61–62, nach dem Heidegger mit seinem neuen Konzept von Zeitlichkeit als dem Ursprung der vulgären Zeiterfahrung und der traditionellen Zeittheorie dem Nachdenken über Conf.XII neue Wege erschlossen habe, aber darin zu weit gegangen sei, indem der die Entdeckung, dass wir selbst die Zeit sind, als den inneren Zielpunkt der Confessiones bezeichnete und damit dem Zeitbezug des Menschen eine Deutung gab, die er bei Augustin nicht haben konnte.

106 Vgl. dazu Kaiser, Rede, 9–32, bes. 24–27 = ders., Weisheit, 258–281, bes. 273–276.

schen in Umbruchszeiten kaum zu entgehen vermögen. Vermutlich haben seine Schriften gerade deshalb immer neu bei den nachfolgenden Geschlechtern Bedeutung gewonnen; denn sowohl der Humanist wie der Christ konnten in ihnen das finden, was ihm in seinen jeweiligen Lebensumständen als hilfreich und weiterführend erschien. Die harten Ecken und Kanten, die seine Altersschriften mit ihrem Glauben an Gottes vorzeitlicher Erwählung der bekehrten Sünder kennzeichnen, konnte die Kirchenlehre mildern, sie konnte aber nicht verhindern, dass sie in Umbruchszeiten erneut ihre Anhängerschaft gewann und dadurch das bewirkte, was ihrem geistigen Vater gänzlich fern lag, die Spaltung der Christenheit. Sie zu überwinden gehört daher zu den Pflichten, die er seinen geistigen Erben auferlegt.

Als Augustinus starb, trat an die Stelle des Römischen Reiches die Welt der Germanen, die sich statt auf eine dem Recht verpflichtete Beamten- und Bürgerschaft für lange Zeiten auf Gefolgschaftstreue gründete und in der dieses archaische Muster offensichtlich oder verborgen immer wieder die Menschen in ihren Bann schlug, wenn die Institutionen den Aufgaben ihrer Zeit nicht gewachsen waren oder es doch zu sein schienen. In den dadurch ausgelösten Strudeln der Geschichte bot sich die Kirche den Mächtigen zur Legitimation ihrer Herrschaft und den Demütigen zum Trost dank der Hoffnung auf das ewige Leben in einer kommenden Welt an. Beide konnten sich auf Augustinus berufen, aber mit dem größeren Recht wohl die zuletzt Genannten, denn schließlich gehört er neben den Styliten und Anachoreten zusammen mit Benedikt von Nursia zu den Vätern des abendländischen Mönchtums und in seinem Fall auch der Mystik. Und so ist es wohl angebracht, wenn wir am Ende dieses Gangs durch das Denken eines Jahrtausends, den wir ins diesem Band zurückgelegt haben, noch einmal Augustinus das Wort mit dem letzten Abschnitt seiner Konfessionen geben (conf. XIII.53):

> *Nos itaque ista quae fecisti videmus, quia sunt, tu autem quia vides ea, sunt. et nos foris videmus, quia sunt, et intus, quia bona sunt: tu autem ibi vidisti facta, ubi vidisti facienda. et nos alio tempore moti sumus ad bene faciendum, posteaquam concepit de spiritu tuo cor nostrum; priore autem tempore ad male faciendum movebamur deserentes te: tu vero, deus une bone, numquam cessasti bene facere. et sunt quaedam bona opera nostra ex munere quidem tuo, sed non sempiterna; post illa nos requieturos in tua grandi sanctificatione speramus. tu autem bonum nullo indigens bono semper quietus es, quoniam tua quies tu ipse es. et hoc intellegere quis hominum dabit homini? quis angelus angelo? quis angelus homini? a te petatur, in te quaeratur, ad te pulsetur: sic, sic accipietur, sic invenietur, sic aperietur. Amen.*[107]

107 „Wir also sehen das, was du gemacht hast, weil es ist, es ist aber, weil du es siehst. Wir sehen mit den Augen (*foris*), dass es ist, und mit dem Geist (*intus*), dass es gut ist: Du

aber hast es da bereits gemacht, wo du gesehen hast, es solle noch gemacht werden. Wir fühlen uns erst jetzt bewogen, Gutes zu tun, wo unser Herz von deinem Geist empfangen hat; vorher, als wir dich im Stich ließen, fühlten wir uns bewogen, Böses zu tun: Du aber, einziger, guter Gott, hast nie davon abgelassen, Gutes zu tun. Es gibt auch ein paar gute Werke von uns, freilich aufgrund deines Geschenks, doch sie sind nicht ewig. Wir hoffen aber, nach ihnen in deiner heiligen Güte zu Ruhe zu kommen. Du hingegen, das Gute (*bonum*), das keines Guten bedarf, bist immer in Ruhe, denn deine Ruhe bist du selbst. Doch das zu begreifen- welcher Mensch könnte einem anderen dazu verhelfen? Welcher Engel einem Engel? Welcher Engel einem Menschen? Von dir sei er erbeten, in dir erfragt, bei dir anklopfend erkundet: So, so allein wird es vernommen, so gefunden, so eröffnet. Amen." Übers: Flasch/Moisch, 446. Zur Lesart „Amen" vgl. T. 371 ad 15.

Nachwort

In den hier versammelten Vorträge und Aufsätzen aus dem letzten Jahrzehnt geht es um das Verständnis von Menschen und Völkern in ihrem Verhältnis zu Gott und zu sich selbst in Zeit und Ewigkeit. Dabei wagt sich der Alttestamentler nicht nur über die angrenzenden Fächer des Neuen Testaments und des Frühen Judentums zurück zu Herodot und Platon und voraus zu Cicero und Augustinus, um in der Mitte über Sinn und Grenze des Mythos als religiöser Kategorie zu reflektieren. Die Einsicht, dass das Frühe Judentum eine hellenistische Religion gewesen ist, hat mich besonders mit Martin Hengel verbunden, zu dessen 1969 erschienenem Meisterwerk „Judentum und Hellenismus" meine einschlägigen Beiträge gleichsam ausführliche Fußnoten darstellen. Daher ist ihm der vorliegende Band in Dankbarkeit für alle Anregungen und Bestätigungen zu ehrendem Andenken gewidmet, die ich durch ihn bis hin zu seinem letzten, in Gemeinschaft mit Anna-Maria Schwemer verfassten *opus magnum* „Jesus und das Judentum" von ihm empfangen habe. Rudolf Bultmann hat seinerzeit darauf hingewiesen, dass es auch von der griechischen Tragödie her einen Zugang zur christlichen Botschaft gebe. Ich folge ihm darin nach, indem ich dasselbe auf Herodot erweitere und Platon als Helfer bei der Besinnung über die Leistungsfähigkeit des Mythos heranziehe. Der Blick auf Ciceros Ringen mit dem Problem der Glückseligkeit in der Ethik erinnert an die Grenzen des Eudämonismus, der auf Augustins Zeitverständnis als Endpunkt des antiken Nachdenkens über das Wesen der Zeit ergänzt meinen einschlägigen Aufsatz in dem vorausgehenden Aufsatzband „Vom offenbaren und verborgenen Gott."

Zu danken habe ich an erster Stelle wiederum dem Verlag Walter de Gruyter, vertreten durch Herrn Dr. Albrecht Döhnert, für die Aufnahme auch dieses Bandes in die BZAW, in denen er nun mein sechster in einem halben Jahrhundert geworden ist. An zweiter Stelle gebührt mein Dank den Herausgebern der Reihe, unter ihnen besonders meinem Schüler und Freund Herrn Professor Dr. Markus Witte von der Humboldt-Universität Berlin, der sich nicht nur für seine Aufnahme eingesetzt, sondern auch zusammen mit seinem Assistenten, Herrn Sven Behnke, und seinen studentischen Hilfskräften, Frau Johanna Kappelt und Herrn Wolfgang Häfele, die Druckvorlage korrigiert hat. Am Ende, aber nicht zuletzt danke ich den Kolleginnen und Kollegen als Herausgebern und den betroffenen Verlagen für die freundlich erteilte Erlaubnis zum Wiederabdruck der in diesen Band eingegangenen und bereits früher veröffentlichten Aufsätze.

Marburg, im Februar 2009 Otto Kaiser

Nachweis der Erstveröffentlichung

1) „Von den Grenzen des Menschen – Theologische Aspekte in Herodots Historien“, in: Uwe Becker/Jürgen von Oorschot, Hg., Das Alte Testament – ein Geschichtsbuch?! Geschichtsschreibung oder Geschichtsüberlieferung im antiken Israel. Joachim Conrad zum 70. Geburtstag (ABG 17), Leipzig: Evangelische Verlagsanstalt 2005, 9–36.
2) „Hybris, Ate und Theia Dike in Herodots Bericht über den Griechenlandfeldzug des Xerxes (Historien VII-IX)“, in: Martin Beck/ Ulrike Schorn, Hg., Auf dem Weg zur Endgestalt von Genesis bis II Regum. Festschrift Hans-Christoph Schmitt zum 65. Geburtstag (BZAW 370), Berlin. New York: Walter de Gruyter 2006, 279–293.
3) „Von Ortsfremden, Ausländern und Proselyten – Vom Umgang mit den Fremden im Alten Testament“; in: Theologisch-Praktische Quartalschrift 127/3, Regensburg: Friedrich Pustet 2009, 268–282.
4) „Politische und persönliche Freiheit im jüdisch-hellenistischen Judentum des 1. Jh. v. Chr.“, in: Hermann Lichtenberger/Gerbern S. Oegema, Hg., Jüdische Schriften in ihrem antik-jüdischen und urchristlichen Kontext (JSHRZ. Studien 1), Gütersloh: Gütersloher Verlagshaus 2002, 43–58.
5) „Geschichte und Eschatologie in den Psalmen Salomos“. Eine kürzere Fassung erschien unter dem Titel „Tradition und Gegenwart in den Psalmen Salomos“ in: Renate Egger-Wenzel/Jeremy Corley, Hg., Prayer from Tobit to Qumran. Inaugural Conference of the ISDCL at Salzburg, Austria, 5–9 July 2003 (DCLY 2004), Berlin. New York: Walter de Gruyter 2004, 315–357.
6) „Beobachtungen zur Komposition und Redaktion der Psalmen Salomos“, in: Frank-Lothar Hossfeld/Ludger Schwienhorst-Schönberger, Das Manna fällt auch heute noch. Beiträge zur Geschichte und Theologie des Alten/Ersten Testaments. Festschrift für Erich Zenger (HBS 44), Freiburg. Basel. Wien u. a.: Herder 2004, 362–378.
7) „Die Sibyllinischen Orakel und das Echo der biblischen Ethik und Prophetie in ihrem Dritten Buch“, in: Friedhelm Hartenstein/Jutta Krispenz/Aaron Schart, Hg., Schriftprophetie. Festschrift für Jörg

Jeremias zu seinem 65. Geburtstag, Neukirchen-Vluyn: Neukirchener Verlag 2004, 381–400.

8) „‚Niemals siegten unsere Väter durch Waffen': Die Deutung der Geschichte Israels in den Reden des Flavius Josephus an die belagerten Jerusalemer in Bell. V. 356–426": Erstveröffentlichung unter dem Titel „Our Forefathers Never Triumphed by Arms..." The Interpretation of Biblical History in the Addresses of Flavius Josephus to the Besieged Jerusalemites in Bell. Jud. V.356–426", in: Núria Calduch-Benages/Jan Liesen, How Israel's Later Authors Viewed Its Earlier History (DCLY 2006), Berlin. New York: Walter de Gruyter 2006, 239–264.

9) „Die eschatologische Prophetie im Danielbuch bei Flavius Josephus. – Ein Beitrag zu seinem Selbstverständnis", in: Hermann Lichtenberger/Ulrike Mittmann-Rickert, Hg., Biblical Figures in Deuterocanonical and Cognate Literature (DCLY 2008), Berlin. New York: Walter de Gruyter 2008, 441–470.

10) „Die Politeia der Juden nach Flavius Josephus Antiquitates IV.196–301". Eine kürzere Fassung erschien in: Reinhard Achenbach/Martin Arneth, Hg., Festschrift für Eckart Otto zu seinem 65. Geburtstag (BZAR 13), Wiesbaden: Otto Harrassowitz 2009, 322–334.

11) „Der Mythos als Grenzaussage", in: Jörg Jeremias, Hg., Gerechtigkeit und Leben im hellenistischen Zeitalter. Symposium anlässlich des 75. Geburtstags von Otto Kaiser (BZAW 296), Berlin. New York: Walter de Gruyter 2001, 87–116.

12) „Auf dem Wege zum pädagogischen Eros. – Ein Versuch, Platons Symposion in seinem Zusammenhang zu verstehen", in: Trames. Journal of the Humanities and Social Sciences 9/4, Tallinn: Estonian Academy Publishers 2005, 299–325.

13) „‚Was ist der Mensch und was ist sein Wert?' Beobachtungen zur Anthropologie des Jesus Sirach nach Sir 16,24–18,14", in: Michaela Bauks/Kathrin Liess/Peter Riede, Hg., Was ist der Mensch, dass du seiner gedenkst? (Psalm 8,5). Aspekte einer theologischen Anthropologie. Festschrift für Bernd Janowski zum 65. Geburtstag, Neukirchen-Vluyn: Neukirchener Verlag 2008, 215–226.

14) „Die Furcht und die Liebe Gottes. – Ein Versuch, die Ethik Ben Siras mit der des Apostels Paulus zu vergleichen", in: Renate Egger-Wenzel, Hg., Ben Siras God. Proceedings of the International Ben Sira Conference Durham – Ushaw College 2001 (BZAW 321), Berlin. New York: Walter de Gruyter, 39–75.

15) „Anthropologie und Eschatologie in der Weisheit Salomos“. Erstveröffentlichung.
16) „Ciceros Disputationes Tusculanae V oder Ein Versuch, die Würde der Pflicht zu retten.“ Erstveröffentlichung.
17) „Das Rätsel der Zeit nach Buch XI der Confessiones von Aurelius Augustinus.“ Erstveröffentlichung.

Literaturverzeichnis

Abkürzungen nach dem Verzeichnis von Siegfried M. Schwertner, 2. Aufl. (TRE), Berlin. New York 1994. Ergänzungen am Ende des Verzeichnisses, die Abkürzungen antiker Autoren folgen dem Verzeichnis in DNP (Der Neue Pauly). Lexikonaufsätze werden in der Regel nur in den Anmerkungen zitiert und im Verzeichnis nicht nachgewiesen. Die Quellentexte werden nach ihren Abkürzungen, die sonstige Literatur mit einem Kurztitel zitiert.

1. Textausgaben und Übersetzungen

Das Leben Adams und Evas. Von Otto Merk/Martin Meiser (JSHRZ II/5), Gütersloh: Gütersloher Verlagshaus 1998, 737–870.

Aeschyli septem quę supersunt tragoediae. Rec. G. Murray (SCBO), Oxford: Clarendon Press 1938 (ND).

Aischylos Tragödien. Griechisch-deutsch. Übers. O. Werner. Hg. B. Zimmermann, 5. Aufl. (STusc), Zürich und Düsseldorf: Artemis & Winkler 1996.

Amenmope, Die Lehre des (TUAT III/ 2). Von Irene Shirun-Grumach, Gütersloh: Gütersloher Verlagshaus 1991, 222–250.

Anthologia Lyrica Graeca. Ed. E. Diehl, Fasc. 1 (BSGRT), Editio stereotypa editionis tertiae, Leipzig: B.G. Teubner 1949.

Apocalypsis Henochi Graece. Ed. Matthew Black (PVTG III), Leiden: Brill 1970, 5–44.

Die Apokryphen und Pseudepigraphen des Alten Testaments (APAT I-II). Hg. Emil Kautzsch, Tübingen. J.C.B. Mohr (Paul Siebeck) 1900 = Darmstadt: Wissenschaftliche Buchgesellschaft 1962.

Die aramäischen Texte vom Toten Meer samt den Inschriften aus Palästina, dem Testaments Levis aus der Kairoer Genisa, der Fastenrolle und den alten talmudischen Zitaten. Von Klaus Beyer, Göttingen: Vandenhoeck & Ruprecht 1984.

Der Aristeasbrief. Von Nobert Meisner (JSHRZ II/1), Gütersloh: Gütersloher Verlagshaus 1973, 35–87.

Aristotelis Fragmenta selecta. Rec. W.D. Ross (SCBO), Oxford: Clarendon Press 1955 (ND).

Aristoteles, Ethica Nicomachea. Rev. I. Bywater (SCBO), Oxford: Clarendon Press 1894 (ND).

Aristoteles, Nikomachische Ethik. Übersetzt (und komment.) Franz Dirlmeier (Aristoteles Werke in deutscher Übersetzung 6), Berlin: Aufbau Verlag. Darmstadt: Wissenschaftliche Buchgesellschaft 1956.

Aristoteles, Nikomachische Ethik. Auf der Grundlage der Übersetzung von Eugen Rolfes hg. von Günther Bien (PhB 5), 4. durchsges. Aufl., Hamburg: Felix Meiner 1985.

Aristotelis Metaphysica. Rec. W. Jaeger (SBOC), Oxford: Clarendon Press 1957 (ND).

Aristoteles, Metaphysik. Übers. mit einer Einltg. und Anm. von Hans Günter Zekl, Würzburg: Königshausen & Neumann 2003.

Aristotle, Metaphysics. Books X-XIV. Oeconomica. Magna Moralia. (LCL: Aristotle in Twenty-Three Volums XVIII), Cambridge, Mass.: Harvard University Press/London: William Heinemann 1935 (ND).

Aristotelis Physica. Rec. W.D. Ross (SCBO), Oxford: Clarendon Press 1950 (ND).

Aristoteles Physik. Vorlesung über die Natur. Bücher I (A)-IV (Δ). Griechisch-Deutsch. Übers., mit Einltg. und Anm. von Hans Günter Zekl (PhB 380), Hamburg: Felix Meiner 1987.

Aristotelis De Arte Poetica. Rec. R. Kassel (SCBO), Oxford: Clarendon Press 1964 (ND).

Aristotelis Ars Rhetorica. Rec.W.D. Ross (SCBO), Oxford: Clarendon Press 1959 (ND).

Arrian, Anabasis Alexandri (History of Alexander the Great). With an English Translation by I.I. Robson I-II (LCL 236 u. 267), London: W. Heinemann/ Cambridge, Mass.: Harvard University Press 1929 u. 1933 (ND).

Das Äthiopische Henochbuch (I Hen). Hg. von Siegbert Uhlig (JSHRZ V/6), Gütersloh: Güterloher Verlagshaus 1984, 461–780.

Das slawische Henochbuch (II Hen). Hg. von Christfried Böttrich (JSHRZ V/7), Gütersloh: Güterloher Verlagshaus 1996, 779–1040.

Assyrian and Babylonian Chronicles, ed. A.K. Grayson (TCS V), LocustValley, New York: J.J. Augustin 1975.

Aurelius Augustinus, Bekenntnisse. Aus dem Lateinischen übers. und hg. v. Kurt Flasch/Burkhard Moisch. Mit einer Einleitg. v. Kurt Flasch, Stuttgart; Philipp Reclam jun. 2008.

Aurelius Augustinus, The City of God against the Pagans. In Seven Volumes. With an English Translation by George E. McCracken I: Books I-III (LCL 411), London: W. Heinemann / Cambridge, Mass.: Harvard University Press 1966=1957.

Aurelius Augustinus. Confessiones. Libri XIII. Ed. Martinus Skutella (BSGRT), ed. corr. cur. H. Juerens et W. Schwab, Stuttgart: B.G. Teubner 1981.

Aurelius Augustinus, De vera religione. Über die wahre Religion. Lateinisch/ Deutsch. Übers. und Anm. Wilhelm Timme, Nachwort Kurt Flasch, Stuttgart: Philipp Reclam jun. 2006=1983.

Aurelius Augustinus, De vita beata. Über das Glück. Lateinisch/Deutsche. Übers., Anm. u. Nachwort v. Ingeborg Schwarz-Kirschbauer/Willi Schwarz, Stuttgart: Philipp reclam jun. 2006=1982.

Aurelius Augustinus, Was ist Zeit? (Confessiones XI/ Bekenntnisse 11), Lateinisch-Deutsch. Eingel., übers. und mit Anm. versehen von Norbert Fischer (PhB 534), Hamburg: Felix Meiner 2000.

Aurelius Augustinus, Confessiones XI, siehe auch: Flasch, Kurt, Was ist Zeit?

Aurelius Victor, Die römischen Kaiser. Liber de Caesaribus. Lateinisch-deutsch. Hg. übers. u. erl. K. Groß-Albenhausen u. M. Fuhrmann, 2. verb. Aufl. (STusc), Düsseldorf/Zürich: Patmos/Artemis & Winkler 2002.
Der Babylonische Talmud. Neu übertr, Vol. I-XII, hg. von Lazarus Goldschmidt, Berlin: Jüdischer Verlag 2. Aufl., 1967.
Bakchylides, siehe: Simonides. Bakchylides.
The Greek Apocalypse of Baruch (First to Third Century A.D.). By H.E. Gaylord, in: Charlesworth, J.H., Hg. (OTP I/1983), New York: Doubleday 1983, 653–679.
Die griechische Baruchapokalypse. Von Victor Ryssel, in: Kautzsch, E., Hg. (APAT II), Darmstadt: Wissenschaftliche Buchgesellschaft 1975, 446–457.
Die griechische Baruch-Apokalypse. Von Wolfgang Hage (JSHRZ V/1), Gütersloh: Gütersloher Verlagshaus 1974, 15–44.
The Syriac Apocalypse of Baruch. By A.F.J. Klijn, in: Charlesworth, J.H., Hg. (OTP I/1983), 615–652.
Die syrische Barchapokalpyse. Von Victor Ryssel, in: Kautzsch, E., Hg. (APAT II), Darmstadt: Wissenschaftliche Buchgesellschaft 1975, 404–446.
Die syrische Baruch-Apokalypse. Von A.F.J. Klijn (JSHRZ V/2), Gütersloh: Gütersloher Verlagshaus 1976, 103–191.
La Bible. Écrits Intertestamentaires. Ed. publ. par André Dupont-Sommer et Marc Philonenko, Paris: Gallimard 1987.
Biblia Hebraica Stuttgartensia. Ed. K. Elliger et W. Rudolph. Textum masoreticum curavit H.-P. Rüger. Masoram elaboravit G.E. Weil. Editio quarta emendata opera H.-P. Rüger, Stuttgart: Deutsche Bibelgesellschaft 1990.
The Book of Ben Sira in Hebrew. A Text Edition of all Extant Hebrew Manuscripts & a Synopsis of all Parallel Hebrew Ben Sira Texts. By Pancratius C. Beentjes (VT.S. 68), Leiden. New York. Köln: Brill 1997.
La Sabiduría del escriba/Wisdom of the Scribe, Diplomatic Edition of the Syriac Version of the Book of Ben Sira According to Codex Ambrosianus with Translations in Spanish and English. By Nuría Calduch-Benages/Joan Ferrer/Jan Liesen (Biblioteca Midásica) Estella(Novarra): Editorial Verbo Divino 2003.
Caesar, Caius Julius, The Civil War. With an English Traslation by A.G. Pseket (LCL 39), Cambridge, Mass./ London: Harvard University Press 1996=1914.
Caesar, Caius Julius, The Alexandrian War. The African War. The Spanish War. With an English Translation by A.G. Way (LCL 402), Cambridge. Mass./ London: Harvard University Press 1955.
Cicero, Marcus Tullius. Atticus-Briefe. Lateinisch-deutsch. Übers. u. hg. Helmut Kasten (STusc), 4. Aufl. München. Zürich: Artemis & Winkler / Darmstadt: Wissenschaftliche Buchgesellschaft 1990.
Cicero, Tullius Marcus, De Legibus. Paradoxa Stoicorum. Über die Gesetze. Stoische Paradoxien. Lateinisch und deutsch. Hg., übers. und erl. v. R. Nickel, 2. Aufl. (STusc), Düsseldorf. Zürich: Artemis & Winkler (Patmos) 2002.
Cicero, Marcus Tullius, Der Staat (de re publica). Lateinisch und Deutsch. Hg. u. Übers. Karl Büchner (STusc), 5. Aufl. München: Artemis & Winkler 1993.

Cicero, Marcus Tullius, Über die Ziele des menschlichen Handeln. De finibus bonorum et malorum. Hg., übers. u. komment. Olof Gigon/Laila Straume-Zimmermann (STusc), München. Zürich: Artemis Verlag 1988.

Cicero, Marcus Tullius, Hortensius. Lucullus. Academici Libri. Lateinsch-deutsch. Hg., übers. u. komment. Laila Staume-Zimmermann/ Ferdinand Bromser/ Olof Gigon (STusc), München. Zürich : Artemis Verlag 1990.

Cicero, Marcus Tullius, Tusculan Disputations. With an English Translation by J.E. King (LCL 141), Cambridge, Mass.: Harvard University Press. London. Heinemann 1927 (ND).

Cicero, Marcus Tullius, Gespräche in Tusculum. Tusculanae Disputationes. Lateinisch-deutsch. Mit ausf. Anmerk. neu hg. Olof Gigon (STusc), 6. durchges. Aufl., München. Zürich: Artemis & Winkler 1992.

Cicero, Marcus Tullius, Vom rechten Handeln. De officiis. Hg. u. übers. Karl Büchner (STusc), 4. Aufl. Düsseldorf. Zürich: Patmos Verlag. Artemis & Winkler 2001.

Cicero, Marcus Tullius, De officiis. Vom pflichtgemäßen Handeln. Lateinisch/ Deutsch. Übers., komment. u. hg. Heinz Gunermann. Durchges. u. erweiterte Ausg., Stuttgart: Philipps Reclam jun. 2005=2003.

Cicero, Marcus Tullius, Gespräche in Tusculum. Lateinisch/ Deutsch. Übers. u. hg. Ernst Alfred Kirfel, Stuttgart: Philipp Reclam jun. 1997 (ND 2005).

Cicero, Marcus Tullius, Vom Wesen der Götter. Drei Bücher lateinisch-deutsch. De natura deorum libri III: Hg., übers. und erkl. v. Wolfgang Gerlach u. Karl Bayer (STusc), 2. überarb. Aufl. München/Zürich: Artemis Verlag 1987.

Cicero, Marcus Tullius, Vom rechten Handeln. De officiis. Hg. u. übers. Karl Büchner (STusc), 4. Aufl., Düsseldorf. Zürich: Patmos Verlag. Artemis & Winkler 2001.

Cleanthes' Hymn to Zeus. Text, Translation and Commentary by Johan C. Thom (StTAC 33), Tübingen: Mohr Siebeck 2005.

Curtius, Quintus C. Rufus, Historiarum Alexandri Magni Macedonis. With an English Translation by J.C. Rolfe (LCL 366/369), London: W. Heinemann / Cambridge, Mass: Harvard University Press 1946 (ND).

Damascus Document. Damascus Document Fragments (4QD, 5QD, 6 QD), By. J.M. Baumgarten/D. Schwartz, in: Charlesworth, J.H., Ed., Dead Sea Scrolls II, Tübingen: J.C.B. Mohr (Paul Siebeck) / Westminster: John Knox Press 1995, 4–58.

The Dead Sea Scrolls. Hebrew, Aramaic, and Greek Texts with an English Translation. Ed. by James H. Charlesworth (DSS), Tübingen: J.C.B. Mohr (Paul Siebeck) / Westminster: John Knox Press 1993 ff.

The Dead Sea Scrolls Translated. The Qumran Texts in English. by Florentino García Martínez. Transl. by Wilfred G. E. Watson, Leiden. New York. Cologne: Brill 1994.

Diogenes Laertius, Lives of Eminent Philosophers. With an English Translation by R.D. Hicks I-II (LCL 184–185), London: W. Heinemann / Cambridge, Mass.: Harvard University Press 1925 (ND).

Diogenes Laertius, Leben und Meinungen berühmter Philosophen. Übers. Otto Apel. unter Mitw. von Hans Günter Zekl, hg. von Klaus Reich (PhB 53/54), 2. Aufl., Hamburg: Meiner 1967.

Ecclesiastico, Testo ebraico con apparato critico e versione graeca, latina e siriaca. Ed. Francesco Vattioni (Pubblicazioni del seminario di Semitistica. Testi 1), Napoli 1968.

(Ethiopic Apocalypse of) Enoch (Late First Century A.D.). By E. Isaac, in: Charlesworth, J.H., Hg. (OTP I), New York: Doubleday 1983, 5–90.

The Book of Enoch or I Enoch. A New English Edition. With Commentary and Textual Notes by Matthew Black. In Consultation with J.C. Vanderkam. With an Appendix on the Astronomical Chapters (72–82) by O. Neugebauer (StVTP 7), Leiden: Brill 1985.

Epicurea. Ed. Hermannus Usener (SWC), Leipzig/Stuttgart: B.G. Teubner 1888= 1961.

The Fourth Book of Ezra. Transl. Bruce M. Metzger, in: Charlesworth, J.H., Hg. (OTP I), New York: Doubleday 1983, 517–560.

Das 4. Buch Esra. Von Hermann Gunkel, in: Kautzsch, E., Hg. (APAT II), Tübingen. J.C.B. Mohr (Paul Siebeck) 1900 = Darmstadt: Wissenschaftliche Buchgesellschaft 1962, 331–401.

Das 4. Buch Esra. Von Josef Schreiner (JSHRZ V/4), Gütersloh: Gütersloher Verlagshaus 1981, 289–412.

Fragmente der griechischen Historiker. Hg. Felix Jacoby, III C I: Nr. 608–856 Leiden: Brill 1958.

Fragmente jüdisch-christlicher Historiker. Von Nikolaus Walter (JSHRZ I/2), Gütersloh: Gütersloher Verlagshaus 1980, 89–163.

Fragmente jüdisch-hellenistischer Historiker, hg. von Nikolaus Walter (JSHRZ I/ 2), Gütersloh: Gütersloher Verlagshaus 1980=1976.

Die Fragmente der Vorsokratiker. Griechisch und Deutsch. Hg. Hermann Diels, Hermann, bearb. Walther Kranz, 6. verb. Aufl. Berlin: Weidmannsche Verlagsbuchhandlung 1951.

The Genesis Apocryphon of Qumran Cave 1. A Commentary by Joseph A. Fitzmyer (BibOr 18 A), Rome: Biblical Institute Press 1971.

Gorgias von Leontinoi, Reden, Fragmente und Testimonien. Griechisch-deutsch. Hg. mit Übersetzung und Kommentar v. T. Buchheim (PhB 404), Hamburg: Felix Meiner 1989.

Greek Elegy and Iambus. Ed. and transl. J.M. Edmonds I-II (LCL 258–259), Cambridge, Mass. and London: Harvard University Press 1931 (ND).

The Hellenistic Philosophers by A.A. Long/ D.N. Sedley I: Translations of principal sources and philosophical commentary; II: Greek and Latin Texts with notes and bibliography: Cambridge, U.K.: Cambridge University Press 1987.

Die Hellenistischen Philosophen, Texte und Kommentare v. A.A. Long/D.N. Sedley. Übers. v. Karlheinz Hülser, Stuttgart. Weimar: J.B. Metzler 2000.

The Books of Henoch. Aramaic Fragments of Qumran Cave 4. By J. T. Milik. With the collaboration of Matthew Black, Oxford: Clarendon Press 1976.

Das Buch Henoch. Von Georg Beer, in: Kautzsch, Hg. (APAT II/ 1900), 217–310.

Das Äthiopische Henochbuch. Von Siegbert Uhlig (JSHRZ V/6/ 1984), 461–780.

Heraklit, Fragmente. Griechisch und deutsch.Hg. v. B. Snell Tusc.B.), München: Heimeran Verlag 1965 (ND).

Herodoti Historiae. Rec.. C. Hude (SCBO), I-II. ed. tert., Oxford: Clarendon Press 1927 (ND).

Herodot Historien. Deutsche Gesamtausgabe. Übers. v. A. Horneffer. Neu hg. u. erl. v. H.W. Haussig. Mit einer Einleitung von W.F. Otto, 2. Aufl. (KTA 224), Stuttgart: Kröner 1955.

Herodot Historien. Griechisch-Deutsch, hg. Josef Feix I-II, 6. verb. Aufl. (STusc), Düsseldorf. Zürich: Artemis & Winkler (Patmos) 2000.

Hesiod. Works and Days, Ed. With Prolegomena and Commentary by Martin L. West, Oxford: Clarendon Press 1996=1978.

Hesiod, Theogonie. Werke und Tage, Griechisch-deutsch. Hg. und übers. A. v. Schirnding, mit Einf. u. Reg. v. E.G. Schmidt (STusc), 3. Aufl. Düsseldorf: Patmos Verlag/Artemis & Winkler 2002.

Die Himmelfahrt Moses. Von Carl Clemen, in: Kautzsch, E., Hg., (APAT II), Tübingen. J.C.B. Mohr (Paul Siebeck) 1900 = Darmstadt:Wissenschaftliche Buchgesellschaft 1962, 311–331.

Himmelfahrt Moses, Von Egon Brandenburger (JSHRZ V/2), Gütersloh: Gütersloher Verlagshaus 1976, 57–84.

Historische Texte in akkadischer Sprache aus Babylonien und Assyrien. Von Rykle Borger (TUAT I/4), Gütersloh: Gütersloher Verlagshaus 1984, 354–410.

Horaz, Satiren/ Briefe. Lateinisch-deutsch. Übers. Gerd Herrmann, Hg. Gerhard Fink (STusc), Düsseldorf. Zürich: Artemis & Winkler (Patmos) 2000.

Isocrates in Three Volumes. With an English Translation Vol. I-II: By George Norlin; Vol. III: By Larue van Hook III (LCL 209/ 229/373); Cambridge, Mass. and London: Harvard University Press resp. Heinemann LTD: I: 1928 ND; II: 1929 (ND); III: (1945 ND).

Jesus Sirach (*Ben Sira*). Von Georg Sauer (JSHRZ III/5), Gütersloh: Gütersloher Verlagshaus 1981, 479–644.

Die Sprüche Jesus' des Sohnes Sirachs. Von Victor Ryssel, in: Kautzsch, Hg. (APAT I), Tübingen. J.C.B. Mohr (Paul Siebeck) 1900 = Darmstadt:Wissenschaftliche Buchgesellschaft 1962, 230–475.

Josephus with an English Translation in Nine Volumes Vol.I-III by H.St.J. Thackeray IV- VIII by Ralph Marcus (VIII compl. Allen Wikgren), IX by Louis H. Feldman, London: Heinemann / Cambridge, Mass.: Harvard University Press 1926–1965 (ND).

Josephus, Flavius, Translation and Commentary X. Against Apion. hg. v. Barclay, John M.G., Leiden/Boston: Brill 2007.

Josephus, Flavius, De bello Judaico. Der jüdische Krieg. Griechisch und Deutsch. Hg. u. mit einer Einltg. u. Anm. verseh. v. Otto Michel u. Otto Bauernfeind I-III. Darmstadt: Wissenschaftliche Buchgesellschaft 1959–1969 (ND).

Josephus, Flavius, Des F.J. Jüdische Altertümer. Übers. Mit Einf. und Anm. Heinrich Clementz I: Halle an der Saale; Otto Hendel o.J. (1899), II: Berlin: Otto Hendel (Hermann Hilger) o.J. (1899?).

Josephus, Flavius, Translation and Commentary III. Jewish Antiquities Books 1–4. hg. v. Feldman, Louis H., Leiden/Boston: Brill 2000.

Josephus, Flavius, Aus meinem Leben (Vita). Kritische Ausgabe, Übersetzung und Kommentar von Volker Siegert/Heinz Schreckenberg/Manuel Vogel, Tübingen: Mohr Siebeck 2001.

Das Buch der Jubiläen. Von Klaus Berger (JSHRZ II/ 3), Gütersloh: Gütersloher Verlagshaus 1981, 275–575.

Das Buch der Jubiläen. Von Enno Littmann, in: Kautzsch, Hg. (APAT II), Tübingen. J.C.B. Mohr (Paul Siebeck) 1900 = Darmstadt:Wissenschaftliche Buchgesellschaft 1962, 31–119.

Jüdische Schriften aus hellenistisch-römischer Zeit (JSHRZ). Hg. Werner G. Kümmel bzw. Hermann Lichtenberger, Zusammenarb. Christian Habicht, Otto Kaiser, Otto Plöger u. Josef Schreiner, Gütersloh: Gütersloher Verlagshaus 1973 ff.

Kananäische und aramäische Inschriften. Von Herbert Donner/Wolfgang Röllig. Mit einem Beitrag von Otto Rössler I: Texte, 2. durchges. und erw. Aufl. Wiesbaden: Harrassowitz 1966.

Das sumerische Lob der Schreibkunst. Von Willem H. Ph. Römer (TUAT III/1), Gütersloh: Gütersloher Verlagshaus 1990, 20.46–48.

Das ägyptische Lob des Schreiberberufes des Pap.Lansing. Von Gerald Moers (TUAT.E), Gütersloh: Gütersloher Verlagshaus 2001, 109–142.

Lucan. The Civil War (Pharsalia). With an English Translation by J.D. Duff (LCL 220), Cambridge, Mass.: Harvard University Press, London: Heinemann 1988.

Lucretius, De rerum natura. With an English Translation by W.H.D. Rouse. Rev. M. F. Smith (LCL 181), London: Cambridge, Mass.: Harvard University Press / London: W. Heinemann 1975.

Lukrez, Von der Natur. Lateinisch-deutsch. Hg. u. übers. Hermann Diehl. Mit einer Einführung u. Erläuterungen von Ernst Günther Schmidt und einem Geleitwort v. Albert Einstein (S.Tusc), 2. Aufl. Düsseldorf/Zürich: Patmos/Artemis & Winkler o. J.

1. Makkabäerbuch. Von Klaus-Dietrich Schunck (JSHRZ I/4), Gütersloh: Gütersloher Verlagshaus 1980, 286–373.

2. Makkabäerbuch. Von Christian Habicht (JSHRZ I/3), Gütersloh: Gütersloher Verlagshaus 1979, 163–285.

Menandri Sententiae. Ed. S. Jaekel (BSGRT), Leipzig: B.G. Teubner 1964.

Neutestamentliche Apokrpyhen in deutscher Übersetzung. Hg. Edgar Hennecke/ Wilhelm Schneemelcher I-II. 4. Aufl. ($NTApo^4$), Tübingen: J. C.B. Mohr (Paul Siebeck) 1964.

Neutestamentliche Apokryphen in deutscher Übersetzung. Hg. Wilhelm Schneemelcher I- II. 6. Aufl. ($NTApo^6$) Tübingen: J.C. B. Mohr (Paul Siebeck) 1990 u. 1999.

The Old Testament Pseudepigrapha. Ed. by James H. Charlesworth (OTP I-II), New York: Doubleday / London: Darton, Longmann & Todd 1983 /1985.

Oracles Sibyllins. Valentin Nikiprowetzky, in: Dupont-Sommer, ed. (1987), 1041–1140.

Die Oracula Sibyllina. Bearb. v. Johannes Geffcken (GSC 8), Leipzig: J.C. Hinrichs'sche Buchhandlung 1902, Griech. Text ohne Noten auch in: Denis, CGPAT, 893–960.

Pausanias, Beschreibung Griechenlands. Übers.u. hg. v. E. Meyer [BAW, 2. Aufl. Zürich und München: Artemis & Winkler 1967] (dtv tb 6008–6009), I-II, München: Deutscher Taschenbuchverlag, 3. Aufl.: München 1979.

Philo in Ten Volumes. With English Translations by F.H. Colson/ G.H. Whitaker. General Index J.W. Earp (LCL), London: William Heinemann/ Cambridge, Mass.: Harvard University Press 1929(ND – 1971(ND).

Pindar, Siegesgesänge und Fragmente. Griechisch-deutsch. Hg. und übers. Oskar Werner (TuscB) München: Ernst Heimeran 1967.

Pindari Carminia. Rec. C.M. Bowra (SCBO), 2nd. Ed., Oxford: Clarendon Press 1947 (ND).

Plato Alcibiades. Ed. Nicholas Denyer (Cambridge Greek and Latin Classics), Cambridge: Cambridge University Press 2001.

Platon, Briefe. Griechisch-deutsch hg. V. Willy Neumann, bearb. Julia Kerschensteiner (TuscB), München: Ernst Heimeran Verlag 1967.

Platon, Gorgias. A Revised Text with Introduction and Commentary by Eric Robertson Dodds, Oxford: Clarendon Press 1959 (ND).

Platon, Phaidon. Griechisch-deutsch hg. v. Franz Dirlmeier (TuscB), München: Ernst Heimeran Verlag 1949.

Platon, Phaidros. Hg. u. übers. Wolfgang Buchwald (TuscB), München: Ernst Heimeran Verlag 1964.

Platon, Symposion. Griechisch-deutsch, hg. u. übers. v. Franz Böll. Mit Nachwort von Wolfgang Buchwald (TuscB), 6. verb. Aufl., München: Ernst Heimeran 1969.

Platon, Symposion. Griechisch-Deutsch. Übers. und hg. v. Barara Zehnpfennig (PhB 520), Hamburg: Felix Meiner 2000.

Platon, Timaios. Griechisch-Deutsch. Hg., übers., mit einer Einltg. und Anm. v. Hans Günter Zekl (PhB 444), Hamburg: Friedrich Meiner 1992.

Platonis Opera. Rec. Ioannes Burnet I-V (SCBO), Oxford: Clarendon Press 1900–1907 (ND).

Platonis Opera. Rec. E.A. Duke, W.F. Hicken, W.S.M. Nicoli, D.B. Robinson et J.C.G. Strachan I (SCBO), Oxford: Clarendon Press 1995.

Platon Werke in acht Bänden. Griechisch und Deutsch. Hg. Günther Eigler, Darmstadt: Wissenschaftliche Buchgesellschaft 1973.

Platon Werke. Übersetzung und Kommentar. Hg. im Auftrag der AWLM v. Ernst Heitsch und Carl Werner Müller, Göttingen: Vandenhoeck & Ruprecht 1992 ff. I/2: Apologie des Sokrates. Von Ernst Heitsch, 2002. I/4: Phaidon. Von Theodor Ebert, 2004. III/4: Phaidros. Von Ernst Heitsch 1997. VI/3: Gorgias. Von Joachim Dalfen, 2004. IX/1–2: Nomoi I-III/ IV-VII: Von Klaus-Schöpsdau, 1994/ 2003

C. Plinii Secundi Naturalis Historiae Libri XXXVII. Liber VI. C. Plinius Secundus d. Ä. Naturkunde. Lateinisch-deutsch. Buch VI: Geographie Asiens. Hg. u. übers. K. Brodersen (STusc), Zürich/Düsseldorf: Artemis & Winkler 1996. Liber XII-XIII: Botanik/Bäume. Lateinisch-deutsch. Eingel. u. übers. Roderich König mit Gerhard Winkler, (STusc) München: Heimeran 1977.

Plotins Schriften in ihrer chronologischen Reihenfolge. Neubarb. Mit griechischem Lesetext, Übers. und Anm. I-I a: Von Richard Harder (PhB 211a-b). Fortgeführt von Rudolf Beutler/ Willy Theiler IIa-Vb (PhB 212a-215b). Indices VI (276), Hamburg: Felix Meiner 1956–1971. Zu Vc siehe: Porphyrios, Über Plotins Leben.

Plotin, Über Ewigkeit und Zeit (Enneade III/7). Übers., eingel. und kommentiert von Werner Baierwaltes (Klostermann Texte Philosophie), 4. erg. Aufl., Frankfurt am Main: Vittorio Klostermann 1995.

Plutarch, Große Griechen und Römer. Eingel. u. übers. V. Konrat Ziegler I-VI. Zürich, Stuttgart:Artemis 1954–1964.

Plutarch Lives in Eleven Volumes. With an English Translation by Bernadotte Perrin (LCL), London: Heinemann; Cambridge, Mass.: Harvard University Press 1914–1923 (ND).

Plutarchs Moralia in Sixteen Volumes. With an English Translationby Frank Cole Babbit and others (LCL), London: Heinemann; Cambridge, Mass.: Harvard University Press 1927–1969 (ND).

Pindari Carmina. Rec. C.M. Bowra (SCBO), Oxford: Clarendon Press 1935 (ND).

Pindar, Siegesgesänge und Fragmente. Griechisch-deutsch. Hg. und übers. Oskar Werner (TuscB) München: Ernst Heimeran 1967.

Polybius, The Histories With an English Translation by W.R. Paton. In Six Volumes (LCL), London: Heinemann / Cambridge, Mass.: Harvard University Press 1922–1927(ND).

Porphyrius, Über Plotins Leben. Text, Übersetzung, Anmerkungen. Von Walter Marg. (Plotins Schriften Vc) (PhB 215c), Hamburg: Felix Meiner 1958.

The Presocratic Philosophers. Introduction. Texts and Commentaries. By Geoffrey S. Kirk/John E. Raven/Malcom Schofield, Malcom, 2nd ed. Cambridge: Cambidge University Press 1983.

Die Psalmen Salomos. Von Rudolf Kittel, in: Kautzsch, Hg. (APAT II), Tübingen. J.C.B. Mohr (Paul Siebeck) 1900 = Darmstadt:Wissenschaftliche Buchgesellschaft 1962, 127–148.

Die Psalmen Salomos. Von Sven Holm-Nielsen (JSHRZ IV/2), Gütersloh: Gütersloher Verlagshaus 1977, 49–112.

Psalms of Solomon by W. Baar (Vetus Testamentum Syriace: iuxta simplicem Syrorum versionem IV/6), Leiden: 1972.

The Psalms of Solomon (Frist Century B.C.). A New Translation and Introduction by Robert B. Wright, in: Charlesworth, ed. (OTP II), New York: Doubleday / London: Darton, Longmann & Todd 1985, 639–670.

Pseudepigraphische jüdisch-hellenistische Dichtung: Pseudo-Phokylides, Pseudo-Orpheus, Gefälschte Verse auf Namen griechischer Dichter, hg. von Nikolaus Walter (JSHRZ IV/ 3), Gütersloh: Gütersloher Verlagshaus 1983.

Pseudo-Phocylides (PsVTGr IIIb) in: Albert Denis, Concordance, 90–91.

Pseudo-Phocylides, By P.W. van der Horst, in: Charlesworth, Hg. (OTP II), New York: Doubleday / London: Darton, Longmann & Todd 1985, 565–582.

Pseudo-Phokylides. Von Nikolaus Walter (JSHRZ IV/3), Gütersloh: Gütersloher Verlagshaus 1983, 182–216.

Die Qumran-Essener: Die Texte vom Toten Meer I: Die Texte der Höhle 1–3 und 5–11. II: Die Texte der Höhle 4. Übers. und erläut. v. Johann Maier; III: Einführung, Zeitrechnung, Register, Bibliographie (UTB 1862/1863/1916), München. Basel: Ernst Reinhard Verlag 1995 und 1996.

Rule of Community (1QS. Cave IV Fragments). Text and Translation by E. Qimron/ J.H. Charlesworth, in: J. H. Charlesworth, Ed. (DSS I), 1–104.

Segal, Moshc Z., ספר בן־סירא השלם, 3. Aufl. Jerusalem: Bialik 1972.

Seneca. L. Aeneus S., Philosophische Schriften. Lateinisch und Deutsch. Hg. Manfred Rosenbach I-V, Darmstadt: Wissenschaftliche Buchgesellschaft 1989.

Seneca, L. Annaei Senecae Dialogorum Libri Duodecim. Rec. L.D. Reynolds (SCOB), Oxford: Clarendon Press (1973 with.correc. 1988).

Seneca, Lucius Annaeus, De otio. Über die Muße. De providentia. Über die Vorsehung. Lateinisch/Deutsch. Übers. u. hg. Gerhard Krüger; Stuttgart: Philipp Reclam jun. 1996.

Septuaginta. Id est Vetus Testamentum Graece iuxta LXX Interpretes II: Libri poetici et prophetici, ed. Alfred Rahlfs, Ed. Quinta, Stuttgart. Privilegierte Württembergische Bibelanstalt 1952= 1935.

Septuaginta. Vetus Testamentum Graecum auctoritate Academiae Scientiarum Gottingensis editum, Göttingen: Vandenhoeck & Ruprecht. Vol. VIII/5: Tobit. Ed. Robert Hanhart, 1983. Vol. XI/4: Job. Ed. Joseph Ziegler, 1982. Vol. XII/1: Sapientia Salomonis. Ed. Joseph Ziegler, 2. durchges. Aufl. 1980 Vol. XII/ 2: Sapientia Jesu Filii Sirach. Ed. Joseph Zeigler, 2. durchges. Aufl. 1980.

Septuaginta Deutsch. Das griechische Alte Testament in deutscher Übersetzung. Hg. Wolfgang Kraus/Martin Karrer, Stuttgart: Deutsche Bibelgesellschaft 2009.

Sextus Empiricus. With an English Translation in Four Volumes. By R.G. Bury (LCL), Cambridge, Mass.: Harvard University Press / London: Heinemann 1933–1949 (ND).

Sibylline Oracles (Second Century B.C. – Seventh Century A.D.), John J. Collins, in: Charlesworth, Hg. (OTP II), New York: Doubleday / London: Darton, Longmann & Todd 1985, 317–472.

Die Christlichen Sibyllinen. Übers. und eingel. Alois Kurfess, in: Neutestamentliche Apokrpyhen in deutscher Übersetzung. Hg. Edgar Hennecke/Wilhelm Schneemelcher I-II. 4. Aufl. (NTApo[4]), Tübingen: J. C.B. Mohr (Paul Siebeck) 1964, 498–532.

Die Christlichen Sibyllinen. Übers. und eingel. Ursula Treu, in: Schneemelcher, NTApo II, 6. Aufl. (1999), 591–619.

Sibyllinen. Von Helmut Merkel (JSHRZ V/8), Gütersloh: Gütersloher Verlagshaus 1998, 1039–1140.

Die Sibyllinischen Orakel. Von Friedrich Blaß, in: Kautzsch, E., Hg., (APAT II), Tübingen. J.C.B. Mohr (Paul Siebeck) 1900 = Darmstadt: Wissenschaftliche Buchgesellschaft 1962, 177–217.

Sibyllinische Weissagungen. Griechisch-deutsch. Auf der Grundlage der Ausgabe von Alfons Kurfeß neu übers. und hg. Jörg-Dieter Gauger (STusc), Düsseldorf. Zürich: Artemis & Winkler 1998.

Simonides. Bakchylides, Gedichte. Griechisch-deutsch. Hg. u. übers. O. Werner (TuscB) München: Heimeran Verlag 1969.

Sophoclis Fabulae. Rec. A.C. Pearson (SCBO), Oxford: Clarendon Press 1924 (ND).

Sophokles, Dramen. Griechisch und deutsch. Übers. Wilhelm Willige, überarb. Karl Bayer. Mit einem Nachwort v. Bernhard Zimmermann (STusc), 3. Aufl., Zürich: Artemis & Winkler 1995.

Sophokles, Die Tragödien. Übers. u. eingl. von Heinrich Weinstock (KTA 163), 4. unv. Aufl., Stuttgart: Kröner 1962.

Stoicorum Veterum Fragmenta, Ed. Joannes ab Arnim Vol. I-IV (SWC), Stuttgart: Teubner 1968.

Strabo, The Geography of, With an English Translation. In Eight Volumes by Horace Leonhard Jones. (LCL), London: W. Heinemann / Cambridge, Mass.: Harvard University Press 1917–1932 (ND).

Suetonius, C. S. Tranquillius, Die Kaiserviten. De vita Caesarum. Berühmte Männer. De viribus illustribus. Lateinisch-deutsch. Hg. und übers. von Hans Martinet, (S. Tusc.), 2. Aufl., Düsseldorf. Zürich: Patmos. Artemis & Winkler 2000.

Tacitus, Publius Cornelius, Annalen. Lateinisch-deutsch. Hg. Erich Heller, Einführung Manfred Fuhrmann, (STusc), 4. Aufl., Düsseldorf/Zürich: Patmos (Artemis & Winkler) 2002.

Tacitus, P. Cornelius, Historien. Historiae. Lateinisch-deutsch. Hg. v. Joseph Borst, Mitarb. Helmut Hross und Helmut Borst (S. Tusc.), 6. Aufl., Düsseldorf. Zürich: Parmos. Artemis & Winkler 2002.

Die Tempelrolle vom Toten Meer. Übers. u. erl. v. Johann Maier (UTB 829), München. Basel: Ernst Reinhard 1978.

Tertullian Apologeticum. Verteidigung der Christenheit, Lateinisch-Deutsch. Von Carl Becker, München: Kösel / Darmstadt: Wissenschaftliche Buchgesellschaft 1992= 1952.

Das Testament Abrahams. Von Enno Janssen (JSHRZ III/2), Gütersloh: Gütersloher Verlagshaus 1980, 193–256.

The Testament of Abraham. By E.P. Sanders. In: Charlesworth, J.H., Hg. (OTP I), New York: Doubleday / London: Darton, Longmann & Todd 1983, 871–902.

Das Testament Hiobs. Von Bern Schaller (JSHRZ III/3), Gütersloh: Gütersloher Verlagshaus 1979, 301–387.

The Testament of Job. By.R.P. Spittler, in: Charlesworth, J.H., Hg. (OTP I), New York: Doubleday / London: Darton, Longmann & Todd 1983. 829–868.

Die Testamente der Zwölf Patriarchen. Von Jürgen Becker (JSHRZ III/1), Gütersloh: Gütersloher Verlagshaus 1974, 15–164.

Testaments of the Twelve Patriarchs. By H. C. Kee, in: Charlesworth, J.H., Hg. (OTP I), New York: Doubleday / London: Darton, Longmann & Todd 1983, 775–828.

The Testaments of the Twelve Patriarchs. A Commentary. By. H.W. Hollander/M. De Jonge, (StVTP 8), Leiden: Brill 1985.

Textbuch zur Geschichte Israels. Von Kurt Galling, 3. durchges. Aufl., Tübingen: J.C. B. Mohr (Paul Siebeck): 1979.

Die Texte aus Qumran. Hebräisch und Deutsch. Mit masoretischer Punktation. Übersetzung. Einführung. Anmerkungen I: Hg. Eduard Lohse, 2. Aufl., II: Annette Steudel u. Mitarbeiter, Darmstadt: Wissenschaftliche Buchgesellschaft 1971 (ND und 2001).

Texte aus der Umwelt des Alten Testaments I/1-III/6 und E (TUAT), hg. Otto Kaiser, Gütersloh: Gütersloher Verlagshaus 1982–2001.

Texte aus der Umwelt des Alten Testaments. N.F. (TUAT.NF), hg. Bernd Janowski/ Gernot Wilhelm, Gütersloh: Gütersloher Verlagshaus 2004 ff.

Thucydidis Historiae I-II. Recognovit adnotatone critica instruxit. H. St. Jones. Apparatum criticum corrext et auxit J.E. Powell (SCBO), I-II, ed. tert. Oxford: Clarendon Press 1942 (I ND 1966; II ND 1976).

Thukyides, Der Peloponnesische Krieg. Vollständige Ausgabe. Übertrg. v. A. Horneffer. Durchgesehen v. Gisela Straßburger. Eingel. v. H. Straßburger (Sammlung Dieterich 170), Bremen: Carl Schünemann 1957.

Buch Tobit. Von Beate Ego (JSHRZ II/6), Gütersloh: Gütersloher Verlagshaus 1999, 871–1007.

P. Vergili Maronis Opera. Rec. R.A.B. Mynors (SCOB), Oxford: Clarendon Press 1969 (ND).

Vergil, Landleben. Catalepton. Bucolica. Georgica, ed. J. u. M. Götte, Vergil-Viten, ed. K. Bayer. Lateinisch und deutsch (STusc), Zürich: Artemis & Winkler/ Darmstadt: Wissenschaftliche Buchgesellschaft 1995.

Die Vorsokratischen Philosophen. Einführung, Texte und Kommentare von Geoffrey S. Kirk/John E. Raven/Malcolm Schoffield. Ins Deutsche übers. v. Karlheinz Hülser, Stuttgart. Weimar: J. B. Metzler 1994.

War Scroll (1QM, 1Q 33) Cave IV Fragments (4QM 1–6 =4Q 491–496). By Jean Duhaime, in: Charlesworth, Hg. (DSS II), 80–203.

Weisheit Salomos. Von Dieter Georgi (JSHRZ III/4), Gütersloh: Gütersloher Verlagshaus 1980, 389–478.

Weisheitstexte in ägyptischer Sprache. Von Gerald Moers (TUAT.E), Gütersloh: Gütersloher Verlagshaus 2001, 109–142.

Weisheitstexte in Bezug auf den Schulbetrieb in sumerischer Sprache. Von Wilhelm H. Ph Römer (TUAT III/1), Gütersloh: Gütersloher Verlagshaus 1990, 17–109.

Xenophon, Erinnerungen an Sokrates. Griechisch-deutsch, hg. v. P. Jaerisch (TuscB), 3. Aufl. München: Heimeran Verlag 1982.

Xenophon, Xenophon in Seven Volumes IV: Memorabilia and Oeconomics. With an English Translation by E.C. Marchant; Symposium and Apology. With an English Translation by O.J. Todd, (LCL 168), London: Heinemann / Cambridge, Mass.: Harvard University Press 1923 ND 1968.

2. Hilfsmittel

Barthélemy, D. /Rickenbacher, Konkordanz zum Hebräischen Sirach. Mit Syrisch-Hebräischem Index. Im Auftrag des biblischen Instituts der Universität Freiburg/Schweiz: Göttingen: Vandenhoeck & Ruprecht 1973.

Bauer, Walter / Aland, Kurt u. Barbara, Griechisch-Deutsches Wörterbuch zu den Schriften des Neuen Testaments der frühchristlichen Literatur. 6. völlig neu bearb. Aufl. v. Kurt und Barbara Aland unter bes. Mitwirkung v. Viktor Reichmann, Berlin. New York: Walter de Gruyter 1988.

Bonitz, Hans, Index Aristotelicum. Secunda editio (Berlin), Graz: Akdemische Druck- und Verlagsanstalt 1955=1870.

Botterweck, G. Johannes / Fabry, Heinz Josef / Ringgren, Helme, Hg., Theologisches Wörterbuch zum Alten Testament I-X (ThWAT), Stuttgart u.a.: W Kohlhammer 1970 ff..

Brandwood, Leonhard, A Word Index to Plato, Leedes: W.S. Maney & Son Lim 1976.

Cancik, Hubert/ Schneider, Helmuth, Hg., Der Neue Pauly. Enzyklopädie der Antike (DNP) I-XV/3, Stuttgart. Weimar: J.B. Metzler 1996–2002.

Charlesworth, James u. Mitarbeiter, Graphic Concordance to the Dead Sea Scrolls, Tübingen: J.C.B. Mohr (Paul Siebeck) / Louisville: Westminster/ John Knox Press 1991.

Dalman, Gustav H., Aramäisch-Neuhebräisches Handwörterbuch zu Targum, Talmud und Midrasch. Mit Lexikon der Abbreviaturen von G.H. Händler und einem Verzeichnis der Mischna-Abschnitte (Göttingen; Vandenhoeck & Ruprecht), Hildesheim. Georg Olms 1967=1938.

Denis, Albert Marie, Concordance Grecque des Pseudepigraphs d'Ancien Testament. Concordance, Corpus des Textes, Indices (CGPAT), Louvain: Université Catholique de Louvain. Institut Orientaliste / Leuven: Peeters 1987.

Ebeling, Erich/ Meissner Bruno/ Weidner, Ernst/ von Soden, Wolfram/ Edzard, Dietz Otto/ Streck, Michael P., Hg., Reallexikon der Assyriologie (RLA). Berlin und Leipzig bzw. Berlin und New York: Walter de Gruyter 1928 ff.

Galling, Kurt, Biblisches Reallexikon, 2. neugest. Aufl. (BRL^2), Tübingen: J.C.B. Mohr (Paul Siebeck) 1977.

Georges, Karl Ernst, Ausführliches Lateinisch-Deutsches Handwörterbuch. Aus den Quellen zusammengetragen und mit besonderer Bezugnahme auf Synonymik und Antiquitäten unter Berücksichtigung der besten Hilfsmittel I-II,. 8. verb. u. verm. Aufl. v. Heinrich Georges, Hannover: Hahnsche Buchhandlung/ Darmstadt: Wissenschaftliche Buchgesellschaft 1988=1913.

Gesenius Wilhelm. Hebräisches und Aramäisches Handwörterbuch über das Alte Testament. 18. Aufl. Mitarb. Udo Rüterswörden, bearb. u. hg. v. Rudolf Meyer u. Herbert Donner Lfg. 1 ff., Berlin. Heidelberg. New York. London. Paris. Tokyo: Springer-Verlag 1987 ff. ($Ges.^{18}$).

Görg, Manfred / Lang, Bernhard, Hg., Neues Bibellexikon (NBL) I-III, Zürich. Düsseldorf: Benzinger 1991/1995/2001.

Hatch, Edwin / Redpath Henry A., A Concordance to the Septuagint and the Other Versions of the Old Tesament (Including the Apocryphal Books) I-II: Oxford: Clarendon Press / Graz-Austria: Akademische Druck- und Verlagsanstalt 1954=1897.

Hornblower, S./ Spawforth, A., The Oxford Classical Dictionary, 3rd ed. Oxford. New York: Oxford University Press 1996.

Hübner, Hans, Wörterbuch zur Sapientia Salomonis mit dem Text der Göttinger Septuaginta (Joseph Ziegler), Göttingen: Vandenhoeck & Ruprecht 1985.

Jastrow, Morris, A Dictionary of the Targumim, the Talmud Babli and Yerushalmi, and the Midrashic Literature I-II, New York: Pardes Publishing House 1950.

Krause, Gerhard / Müller, Gerhard, Hg., Theologische Realenzyklopädie (TRE) I-XXXVI, Berlin. New York: Walter de Gruyter 1977–2004.

Liddell, Henry George / Scott, Robert, A Greek-English Lexicon, 9th ed., Oxford: Clarendon Press 1940 ND.

Lust, Jan / Eynikel, E. / Hauspie, K. coll. Chamberlain, G.: A Greek-English Lexicon of the Septuagint I-II, Stuttgart: Deutsche Bibelgesellschaft 1992/1996.

Menge, Hermann, Enzyklopädisches Wörterbuch der griechischen und deutschen Sprache I: Griechisch-Deutsch. Unter Berücksichtigung der Etymologie, 15. Aufl. Berlin-Schöneberg: Langenscheidt K.G 1959.

Preisigke, Friedrich, Wörterbuch der griechischen Papyrusurkunden. Mit einem Nachwort von Otto Gradenwitz hg. v. Emil Riessling, Berlin: Verlag der Erben 1925. (WGPU)

Toorn, Karel van der / Becking, Bob/ Horst, Peter van der, Eds., Dictionary of Deities and Demons in the Bibel (DDD), Leiden. New York. Köln: Brill 1995.

Traut, Georg, Lexikon über die Formen der griechischen Verba. mit zwei Beilagen: I. Verzeichnis der Declinations- und Conjugations-Endungen. II. Grammatischer Schlüssel, 4. Aufl., Darmstadt: Wissenschaftliche Buchgesellschaft 1973 = 1. Aufl., Giessen 1867.

Schäfer, Karl- Heinz / Zimmermann, Bernhard, Langenscheidts Taschenwörterbuch der Griechischen und Deutschen Sprache. I (begründet v. Hermann Menge): Altgriechisch-Deutsch, II (begründet v. Otto Gütling): Deutsch-Altgriechisch. Berlin u. a. Langenscheidt 1988 (ND) und 1993.

3. Monographien und Aufsätze in Zeitschriften und Sammelwerken

Aberbach, M., The Historical Allusions of Chapter IV., XI and XIII of the Psalms of Solomon (JQR 41), 1950/1951, 379–396.

Adam, James, The Republic of Plato. Ed. With Critical Notes, Commentary and Appendices I-II, Cambridge, U.K.: Cambridge University Press 1980=1902.

Adam, Klaus-Peter, Der königliche Held. Die Entsprechung von kämpfendem Gott und kämpfendem König in Psalm 18 (WMANT 91), Neukirchen-Vluyn: Neukirchener Verlag 2001.

Adkins, Arthur W.H., Merit and Responsibility. A Study in Greek Values, Oxford: Oxford University Press/ Chicago: The University of Chicago Press 1975=1965.

Ackroyd, Peter, „The Jewish Community in the Persian period“, in: Davies/ Finkelstein (1984), 130–161.

Ahn, Gregor / Dietrich, Manfried, Hg., Engel und Dämonen. Theologische, Anthropologische und Religionsgeschichtliche Aspekte des Guten und Bösen. Akten des gemeinsamen Symposiums der Theologischen Fakultät der Universität Tartu und der Deutschen Religionsgeschichtlichen Studiengesellschaft am 7. und 8. April 1995 zu Tartu/Estland (FARG 29), Münster: Ugarit-Verlag 1997.

Alt, Peter-André, Schiller. Leben-Werke- Zeit. Eine Biographie I-II, 2. durchges. Aufl. München: C.H. Beck 2004.

Andresen, Carl / Ritter, Adolf Martin, Geschichte des Christentums I/1 Altertum (ThW 6/1), Stuttgart. Berlin. Köln: W. Kohlhammer 1993.

Argall, Randall A., I Henoch and Sirach. A Comparative Literary and Conceptional Analysis of the Themes of Revelation, Creation and Judgment (SBL Early Judaism and Its Literature 8), Atlanta/ Georgia: Scholars Press 1995.

Arias, P.E. / Hirmer, Max, Tausend Jahre griechische Vasenkunst. Aufnahmen von Max Hirmer, München: Hirmer, 1960.

Armstrong, A.H., Hg., The Cambridge History of Later Greek and Early Medieval Philosophy, Cambridge, U.K.: Cambridge University Press 1970.

Armstrong, A.H., Plotinus, in: ders., Hg., History, 195–268.

Assmann, Jan, Tod und Jenseits im Alten Ägypten, München: C.H. Beck 2001.

Astin, A.E./Walbank, F.W./Freeriksen, M.W./Ogilvie, R.M., Hg., Rome and the Mediterranean to 133 B. C. (CAH 2nd ed. Vol.VIII) Cambridge, U.K.: Cambride University Press 1989 (ND).

Atkinson, Kenneth, I Cried to the Lord. A Study of the Psalms of Solomon's Historical Background (JStJ.S 84), Leiden. Boston: Brill 2004.

Atkinson, Kenneth, Theodicy in the Psalms of Solomon, in: Laato/ de Moor, Ed., Theodicy, 525–545.

Attridge, Harold W., Historiography, in: Stone, Hg., Jewish Writings, 152–184.

Attridge, Harold W., Josephus and His Works, in: Stone, Hg., Jewish Writings, 185–232.

Aubüttel, Frank M., Die Verwaltung des römischen Kaiserreiches. Von der Herrschaft des Augustus bis zum Niedergang des weströmischen Reiches, Darmstadt: Wissenschaftliche Buchgesellschaft, 1995.

Auen, D.D., Revelation (WBC 52 B), Nashville: Thomas Nelson Publishers, 1998.

Aurelius, Erik, Der Ursprung des Ersten Gebots, in: ZThK 100/1 (2003), 1–22.

Avi-Jonah, M., The Jews under Roman and Byzantine Rule. A Political History of Palestine from the Bar Kokhba War to the Arab Conquest, Jerusalem: The Magnes Press. The Hebrew University 1984.

Axelsson, Lars Eric, The Lord Rose up from Seir. Studies in the History and Traditions of the Negev and Southern Judah (CB.OT 25), Lund: Almquist & Wiksell International 1987.

Baierwaltes, Werner, siehe unter „1. Textausgaben und Übersetzungen“: Plotin, Über Ewigkeit und Zeit.

Balentine, Samuel E., The Hidden God. The Hiding of the Face of God in the Old Testament (OThM), Oxford: Oxford University Press 1983.

Balentine, Samuel E./ Barton, John, Hg., Language, Theology and the Bible. FS James Barr, Oxford: Clarendon Press, 1994.

Balz, Horst/ Schrage, Wolfgang (1973), Die Katholischen Briefe (NTD 10), Göttingen: Vandenhoeck & Ruprecht.

Bar Kochba, Bezalel (1989), Judas Maccabaeus. The Jewish Struggle against the Seleucids: Cambridge, U.K.: Cambridge University Press.

Barnes, Jonathan, siehe: Schofield/ Burnyeat/ ders., Hg. Doubt.

Barrera, Julio Trebolle, siehe: Martínez/ ders., People.

Barrera, Julio Trebolle/ J.C. and L. Vegas Montaner, Hg., The Madrid Qumran Congress 1991 (StTDJ 11/1), Leiden: Brill 1992.

Barth, Christoph, Die Errettung vom Tode in den individuellen Klage- und Dankliedern des Alten Testaments, Zollikon: Evangelischer Verlag, 1947.

Barton, Tamsyn, Ancient Astrology (Sciences of Antiquity), London. New York: Routledge 1994.

Bartsch, Hans-Werner, Hg., Kerygma und Mythos I (ThF 1), Hamburg-Volksdorf: Reich & Heidrich, 1948.

Bartsch, Hans-Werner, Hg., Kerygma und Mythos IV (ThF 8), Hamburg-Volksdorf: Reich & Heidrich, 1963.

Bauks, Michaela, Kinderopfer als Weihe- oder Gabeopfer. Anmerkungen zum mlk-Opfer, in: Witte/ Diehl, Hg., Israeliten, 233–251.

Bauks, Michaela/Liess, Kathrin/Riede, Peter, Hg., „Was ist der Mensch, dass du seiner gedenkst" (Psalm 8,5). Aspekte einer theologischen Anthropologie. FS Bernd Janowski, Neulirchen-Vluyn: Neukirchener Verlag, 2008.

Becker, Eve-Marie, Hg., Die antike Historiographie und die Anfänge der christlichen Geschichtsschreibung (BZNW 129), Berlin. New York: Walter de Gruyter, 2005.

Becker, Joachim, Esra. Nehemia (NEB), Würzburg: Echter, 1990.

Becker, Joachim, Gottesfurcht im Alten Testament (AnBib 25), Rom: Päpstliches Bibelinstitut, 1965.

Becker, Jürgen, Jesus von Nazaret, Berlin. New York: Walter de Gruyter, 1996.

Becker, Jürgen, Paulus. Der Apostel des Völker (UTB 2014), Tübingen: J.C.B. Mohr (Paul Siebeck), 1998.

Becker, Uwe, Jesaja – von der Botschaft zum Buch (FRLANT 178), Göttingen: Vandenhoeck & Ruprecht, 1997.

Becker, Uwe, Von der Staatsreligion zum Monotheismus, in: ZThK 2005/1 (2005), 1–16.

Becking, Bob, Hg., siehe oben unter ‚2. Hilfsmittel': Toorn/Becking/ Horst, Eds., Dictionary of Deities.

Beentjes, Pancratius, Hg., The Book of Ben Sira in Modern Research (BZAW 255), Berlin. New York: Walter de Gruyter 1997.

Bees, Reinhold, Die Oikeiosislehre der Stoa. I. Rekonstruktion ihres Inhalts (Epistemata 258), Würzburg: Königshausen & Neumann 2004.

Begrich, Joachim, Der Text der Psalmen Salomos (ZNW 38), Giessen: Töpelmann, 1939, 131–164.

Bengtson, Hermann, Griechische Geschichte von den Anfängen bis in die Römische Kaiserzeit (HAW III.4), 3. Aufl., München: C.H. Beck, 1965.

Bengtson, Hermann, Grundriss der römischen Geschichte. Mit Quellenkunde I: Republik und Kaiserzeit bis 284 n. Chr. (HAW III/5.1), 2. durchges. Aufl. München: C.H. Beck, 1970.

Bentzen, Aage, Daniel (HAT I/19), 2. Aufl., Tübingen: J.C.B. Mohr (Paul Siebeck) 1952.

Berges, Ulrich, Das Buch Jesaja. Komposition und Endgestalt (HBSt 16), Freiburg. Basel. Wien: Herder, 1998.

Berges, Ulrich, Jesaja 40–48 (HThK.AT), Freiburg. Basel. Wien: Herder, 2008.

Bergmeier, Roland, Das Gesetz im Römerbrief und andere Studien zum Neuen Testament (WUNT 121),Tübingen: Mohr Siebeck, 2000.

Berlejung, Angelika, Geschichte und Religionsgeschichte des antiken Israel, in: Gertz, Hg., Grundinformation, 59–192.

Berlejung, Angelika/ Janowski, Bernd, Hg., Tod und Jenseits im alten Israel und seiner Umwelt (FAT 64), Tübingen: Mohr Siebeck, 2009.

Bernett, Monika, Der Kaiserkult unter den Herodiern und Römern (WUNT 203), Tübingen: Mohr Siebeck, 2007.

Betz, Otto, Der Paraklet. Fürspecher im häretischen Spätjudentum, im Johannes-Evangelium und paränetische Parallelen. Ein Beitrag zum Corpus Hellenisticum Novi Testamenti (AGSU 2), Leiden. Köln: Brill, 1963.

Betz, Otto/ Haacker, Klaus/ Hengel, Martin, Hg., Josephus Studien. Untersuchungen zu Josephus, dem antiken Judentum und dem Neuen Testament. Otto Michel zum 70. Geburtstag gewidmet, Göttingen: Vandenhoeck & Ruprecht, 1974.

Beutler, Rudolf, siehe: Plotins Schriften.

Beyer, Klaus, Die aramäischen Texte vom Toten Meer samt den Inschriften aus Palästina, dem Testaments Levis aus der Kairoer Genisa, der Fastenrolle und den alten talmudischen Zitaten, Göttingen: Vandenhoeck & Ruprecht, 1984.

Bichler, Reinhold, Herodots Welt. Der Aufbau der Historie am Bild der fremden Länder und Völker, ihrer Zivilisation und ihrer Geschichte (Antike in der Moderne), Berlin: Akademie Verlag, 2000.

Bichler, Reinhold/ Rollinger, Robert, Herodot, 2. Aufl., Hildesheim: G. Olms; Darmstadt: Wissenschaftliche Buchgesellschaft, 2001.

Bickerman, Elias, The God of the Maccabees. Studies in the Meaning and Origin of the Maccabean Revolt. Trl. Horst R. Moehring (StJLA 32), Leiden: Brill, 1979.

Bickerman(n), Elias, Der Gott der Makkabäer. Untersuchungen über Sinn und Ursprung der makkabäischen Erhebung, Berlin: Schocken, 1937.

Bickerman, Elias, Studies in Jewish and Chrstian History I (AGJU 9), Leiden: Brill, 1976.

Bickerman(n), Elias, Zur Datierung des Pseudo-Aristeas, in: ZNW 1930, 280–296 = ders., Studies, 109–136.

Bietenhardt, Hans. Die himmlische Welt im Urchristentum und Spätjudentum (WUNT 2), Tübingen: J.C.B. Mohr (Paul Siebeck), 1951.

Bilde, Per, Flavius Josephus between Jerusalem and Rome. His Life, His Works, and Their Importance (JSP.SS 2), Sheffield: JSOT Press, 1988.

Bischoff, Heinrich, Der Warner bei Herodot (Diss. Marburg), Borna-Leipzig: Noske, 1932. [78–83 = Marg, Hg., Auswahl, 661–687].

Bleckmann, Bruno, Die Germanen. Von Ariovist bis zu den Wikingern, München: C.H. Beck, 2009.

Bleicken, Joachim, Die athenische Demokratie (UTB 1330), 4. Aufl. Paderborn u.a.: Ferdiand Schönigh, 1995.

Blenkinsopp, Joseph, Wisdom and Law in the Old Testament, The Ordering of Life in Israel and Early Judaism. Rev.ed., Oxford: Oxford University Press 1995.

Blischke, Mareike Verena, Die Eschatologie in der Sapientia Salomonis (WUNT II/ 26), Tübingen: Mohr Siebeck, 2007.

Bloendorn, Hanswulf, Die Umgestaltung der Stadt Jerusalem durch Herodes, in: Günther, Hg., Herodes, 113–134.

Blume, Horst-Dieter, Einführung in das antike Theaterwesen, Darmstadt. Wissenschaftliche Buchgesellschaft, 1978.

Boardman, John, Athenian Red Figure Vases. Archaic Period, London: Thames & Hudson, 1975.

Boardman, John, Greek Sculpture. The Archaic Period. London: Thames & Hudson, 1978.

Boardman, John, Greek Sculpture. The Classical Period, London: Thames & Hudson, 1985.

Boardman, John, Griechische Plastik: Die Archaische Zeit. Übers. v. Gertraut Hornbostel (Kulturgeschichte der Antiken Welt 5), Mainz am Rhein: Philipp von Zabern, 1981.

Boardman, John, Griechische Plastik. Die klassische Zeit. Ein Handbuch. Übers. W. und F. Felten (Kulturgeschichte der Antiken Welt 35), 6. Aufl., Mainz: Philipp von Zabern, 1996.

Boardman, John, Rotfigurige Vasen aus Athen: Die Archaische Zeit Übers. v. Florens Felten (Kulturgeschichte der Antiken Welt 4), Mainz am Rhein: Philipp von Zabern, 1981.

Bobonich, Christopher, Plato's Utopia Recast. His Later Ethics and Politics, Oxford: Clarendon Press 2002.

Böttrich, Christfried, siehe unter „1. Textausgaben und Übersetzungen": Das slavische Henochbuch (1996).

Böttrich, Christfried/ Herzer, Jens, Mitarb. Throsten Reiprich, Hg., Josephus und das Neue Testament (WUNT 209), Tübingen: Mohr Siebeck, 2007.

Bohlen, Reinhold, Die Ehrung der Eltern bei Ben Sira. Studien zur Motivation und Interpretation eines familienrechtlichen Grundwertes in frühhellenistischer Zeit, Trier: Paulinus-Verlag, 1991.

Bonelli, Guido, Lukrez, in: Ricken, Friedo, Hg., Philosophen, II, 110–127.

Borgen, Peter, Philo von Alexandrien, in: Stone, Jewish Writings, 233–282.

Bousset, Wilhelm, Die Beziehungen der ältesten jüdischen Sibylle zur chaldäischen Sibylle und einige weitere Beobachtungen über den synkretistischen Charakter der spätjüdischen Literatur, in: ZNW 3 (1902), 23–49.

Bousset, Wilhelm / Gressmann, Hugo, Die Religion des Judentums im späthellenistischen Zeitalter (HNT 21), Tübingen: J.C.B. Mohr (Paul Siebeck), 1926.

Bovini, Giovanni, Ravenna. Kunst und Geschichte. Ergänzungen von Wanda Frattini Gaddoni, Ravenna: Longo Editore, 1991.

Bowra, C.M., Greek Lyric Poetry. From Alkman to Simonides ,2nd rev. ed. Oxford: Clarendon Press, 1967.

Bowman, Alan K., Champlin, Edward, Lintott, Andrew, ed., The Augustan Empire, 43 B.C.-A.D. 60, (CAH ^{2} X), Cambridge, U.K.: Cambridge University Press 1996.

Brandenburger, Egon, Die Verborgenheit Gottes im Weltgeschehen. Das literarische und theologische Problem des 4. Esrabuches (AthANT 68), Zürich: Theologischer Verlag, 1981.

Brandt, Reinhard, Die Bestimmung des Menschen bei Kant, Hamburg: Meiner, 2007.

Braulik, Georg, Deuteronomium II: Dtn 16,18–34,12(NEB), Würzburg: Echter, 1992.

Braulik, Georg, Theorien über das Deuteronomistische Geschichtswerk in: Zenger, Hg., Einleitung, 191–202.

Brickhouse, Thomas C./ Smith, Nicholas D., Socrates on Trial, Oxford: Clarendon Press, 1989.

Briggs, Charles Augustus / Briggs, Emilie Grace, The Book of Psalms (ICC) I-II, Edinburgh: T & T Clark. 1906/1907 (ND).

Bringmann, Klaus, Geschichte der Juden im Altertum, Vom babylonischen Exil bis zu arabischen Eroberung, Stuttgart: Klett-Cotta, 2005.

Bringmann, Klaus, Hellenistische Reform und Religionsverfolgung in Judäa. Eine Untersuchung zur jüdisch-hellenistischen Geschichte (175–165 v. Chr.) (AAWG. Ph III/132), Göttingen: Vandenhoeck & Ruprecht, 1983.

Brown, Peter, Augustine of Hippo. A Biography, A New Edition with an Epilogue, Berkely. Los Angeles: University of California Press, 2000.

Buddensiek, Friedemann, Die Theorie des Glücks in Aristoteles' Eudemischer Ethik (Hyp.125), Göttingen: Vandenhoeck & Ruprecht, 1999.

Bultmann, Christoph, Der Fremde im antiken Juda. Eine Untersuchung zum sozialen Typenbegriff ‚ger' und zum Bedeutungswandel in der alttestamentlichen Gesetzgebung (FRLANT 153), Göttingen: Vandenhoeck & Ruprecht, 1992.

Bultmann, Rudolf, Glauben und Verstehen IV, Tübingen: J.C.B. Mohr (Paul Siebeck), 1965.

Bultmann, Rudolf, Jesus Christus und die Mythologie (1958/1964), in: ders., Glauben, 141–189.

Bultmann, Rudolf, Neues Testament und Mythologie, in: Bartsch, Hg., Kerygma, 15–53.

Bultmann, Rudolf, Römer 7 und die Anthropologie des Paulus (1932), in: Bultmann/ Dinkler, Exegetica, 198–209.

Bultmann, Rudolf, Theologie des Neuen Testaments, 7. durchges. um Vorwort und Nachträge erweiterte Aufl., hg. v. Otto Merk (UTB 630), Tübingen: J.C.B. Mohr (Paul Siebeck), 1977 (ND).

Bultmann, Rudolf, Zum Problem der Entmythologisierung (1963), in: ders., Glauben, 128–137.

Bultmann, Rudolf/ Dinkler, Erich, Hg., Exegetica. Aufsätze zur Erforschung des Neuen Testaments, Tübingen: J.C.B. Mohr (Paul Siebeck), 1967.

Bunner, Hellmut, Altägyptische Erziehung, Wiesbaden: Harrassowitz, 1957.

Brunner-Traut, Emma, Das alte Ägypten. Verborgenes Leben unter den Pharaonen, Stuttgart. Berlin, Köln. Mainz: W. Kohlhammer, 1976.

Brunner-Traut, Emma, Frühformen des Erkennens. Am Beispiel Altägyptens. 2. durchges. u. erw. Aufl. Darmstadt: Wissenschaftliche Buchgesellschaft, 1992.

Burkert, Walter, Antike Mysterien, München: C.H. Beck, 1990.

Burkert, Walter, Griechische Religion der archaischen und klassischen Epoche (RM 15), Stuttgart. Berlin. Köln. Mainz: W. Kohlhammer, 1977.

Burkert, Walter, Weisheit und Wissenschaft. Studien zu Pythagoras und Platon (Erlanger Beitr. zur Sprach- und Kulturwissenschaft 10), Nürnberg: Verlag Hans Carl, 1962.

Burkes, Shannon, God, Self, and Death. The Shape of Religious Transformation in the Second Temple Period (JSJ.S 79), Leiden. Boston: Brill, 2003.

Burckhardt, Jacob, Griechische Kulturgeschichte I-IV, hg. J. Oeri (GW V-VIII), ND Darmstadt: Wissenschaftliche Buchgesellschaft, 1962=1957[1902].

Burnyeat, Myles, Can the sceptic Live his Scepticism? in: Schofield/ ders./ Barnes, Hg., Doubt, 20–53.

Bury, J.A. / Cook, S.A. / Adcock, F.E. eds. (1927 ND), (Maccedon 401–301 B.C. (CAH 1st ed. VI), Cambridge, U.K.: Cambridge University Press,

Calduch-Benages, Nuría, Un giogiello della sapienza. Leggende Siracide 2 (Cammini nello spirito. Biblica 45), Milano: Figlie di San Paolo 2001.
Calduch-Benages, Nuría, „God, Creator of All" (Sir 43,27–33), in: Egger-Wenzel, Hg., Ben Sira's God, 79–100.
Calduch-Benages, Nuría/ Liesen, Jan, Hg., History and Identity. How Israel's Later Authors Viewed Its Earlier History.(DCLY 2006), Berlin. New York: Walter de Gruyter 2006.
Calduch-Benages, Nuría/ Vermeylen, Jacques, Hg., Treasures of Wisdom. Studies in Ben Sira and the Book of Wisdom. FS Maurice Gilbert (BEThL 143) Leuven: Leuven University Press/ Uitggevrij Peeters, 1999.
Caroll, Robert P., Jeremiah. A Commentary (OTL), London: S.C.M. Press 1986.
Cassirer, Ernst, Philosophie der symbolischen Formen II: Das mythische Denken, 2. Aufl., Oxford: Bruno Cassirer/ Darmstadt: Wissenschaftliche Buchgesellschaft 1955=1923.
Chadwick, Henry, Augustine of Hippo. A Life, Oxford: Oxford University Press 2009.
Chadwick, Henry, The Church in Ancient Society. From Galilee to Gregory the Great (Oxford History of the Christian Church), Oxford: Oxford University Press, 2009=2001.
Chadwick, Henry, Philo, in: Armstrong, Hg., History, 137–157.
Charlesworth, James H., Theodicy in Jewish Writings (2003), in: Laato/ de Moor, Theodicy, 470–508.
Cheon, Samuel, The Exodus Story in the Wisdom of Solomon. A Study in Biblical Interpretation (JStP.S.23), Sheffield: Sheffield Academic Press 1997.
Chester, Andrew, The Sibyl and the Temple, in: William Horbury, Hg., Templum, 37–69.
Childs, Brevard S., Introduction to the Old Testament as Scripture, London: S.C.M. Press 1979.
Chirichigno, Gregory C., Debt-Slavery in Israel and the Ancient Near East (JOST.S 141), Sheffield: Sheffield Academic Press 1993.
Christ, Karl, Geschichte der römischen Kaiserzeit von Augustus bis Konstantin, München: C.H. Beck 1988.
Christ, Karl, Krise und Untergang der römischen Republik, 4. Aufl. Darmstadt: Wissenschaftliche Buchgesellschaft 2000.
Christ, Karl, Pompejus. Der Feldherr Roms. Eine Biographie, München: C.H. Beck 2004.
Claus, David B., Toward the Soul. An Inquiry into the Meaning of ψυχή before Plato (YCS 2), New Haven. London: Yale University Press 1981.
Clayton, John, Gottesbeweise III: Systematisch/ Religionsphilosophisch, in: TRE 13 (1984), 740–784.
Cohen, Shaye J.D., Josephus in Gallilee and Rome. His Vita and Development as Historian (CSCT 8), Leiden: Brill 1979.
Collins, John J., The Apocalyptic Imagination. An Introduction to Jewish Apocalyptic Literature, 2nd ed., Grand Rapids, Mich. / Cambridge, U.K.: William B. Eerdmans 1998.
Collins, John J., The Apocalyptic Vision of the Book of Daniel (HSM 16), Missoula, Montane: Scholars Press, 1977.

Collins, John J., Apocalypticism in the Dead Sea Scrolls, London. New York: Routledge 1997.
Collins, John J., The Scepter and the Star: The Messiah of the Dead Seas Scrolls and Other Ancient Literature (AncB. Ref.Lit.), New York a.o.: Doubleday 1995.
Collins, John J., The development of the Sibylline tradition (ANRW II), Berlin. New York: Walter de Gruyter 1987, 421–459.
Collins, John J., Jewish Wisdom in the Hellenistic Age, Edinburgh: T& T Clark 1998.
Collins, John J., The Sibylline Oracles, in: Stone, Jewish Writings, 357–381.
Collins, John J., Seers, Sibyls and Sages in Hellenstic-Roman Judaism, Leiden. Boston: Brill 2001.
Collins, John J., The Sibylline Oracles of Egyptian Judaism (SBL.DS 13), Missoula, Mont.: Scholar's Press 1974.
Collins, John J., Testaments, in: Stone, Jewish Writings, 325–356.
Conzelmann, Hans, Der erste Brief an die Korinther (KEK V), Göttingen: Vandenhoeck & Ruprecht 1969.
Coope, Ursula, Time for Aristotle. Physics IV.10–14 (Oxford Aristotle Studies), Oxford: Clarendon Press 2009.
Corley, Jeremy, Ben Sira's Teaching of Friendship (BJSt 316), Providence/ Rhode Islands: Brown Judaic Studies 2001.
Corley, Jeremy, Friendship According to Ben Sira, in: Egger-Wenzel/ Krammer, Hg., Einzelne, 65–72.
Corley, Jeremy, siehe: Egger-Wenzel/ders., Hg., Prayer.
Cramer, Wolfgang, Gottesbeweise und ihre Kritik (Die absolute Reflexion 2), Frankfurt am Main: Vittorio Klostermann 1967.
Crenshaw, James L., Old Testament Wisdom. An Introduction, London: S.C.M. Press, 1982.
Crenshaw, James L., The Problem of Theodicy in Sirach: On Human Bondage, in: JBL 94 (1978), 47–64.
Crook, J.A. / Lintott, Andrew/ Rawson, Elizsabeh, The Last Age of the Roman Republic 146–43 B.C. (CAH^2 IX), Cambridge, U.K: Cambridge University Press 1994.
Cumont, Franz, After Life in Roman Paganism. Lectures Delivered at Yale University on the Silliman Foundation, New Haven: Yale University Press 1922.
Cumont, Franz, Die orientalischen Religionen im Römischen Heidentum. Nach der 4. franz. Aufl, unter Zugrundelegung der Übers. Gehrichs bearb. v. August Burckhardt Brandenburg, 7. = 3. Aufl, Leipzig: G.B. Teubner/ Darmstadt: Wissenschaftliche Buchgesellschaft 1975=1931
Daniels, Dwight R. u. a., Hg., Ernten, was man sät. FS K. Koch, Neukirchen-Vluyn: Neukirchener 1991.
Davies, P.R., I QM, the War Scroll from Qumran. Its Structure and History (BibOr 32), Rom: Pontifical Biblical Institute 1977.
Davies, W.D / Finkelstein, Louis, Introduction; The Persian Period (CHJ I), Cambridge, U.K.: Cambridge University Press.
Davies, W.D. / Finkelstein, Louis ass. Sturdy, John, The Hellenistic Age (CHJ II), Cambridge, U.K.: Cambridge University Press 1989.

Day, John / Gordon, Robert P. / Williamson, H.G.M., Hg., Wisdom in Ancient Israel, FS John A. Emerton, Cambridge/U.K.: Cambridge University Press 1995.

Delcor, Matthias, The apocrypha and pseudepigrapha of the Hellenistic period, in: Davies/ Finkelstein, Ed., Hellenistic, 408–503.

Denis, Albert-Marie, Introduction aux Pseudepigraphes Grecques d'Ancien Testament (StVTP 1), Leiden: Brill 1970.

Derow, P.S. Rome, the Fall of Macedon and the Sack of Corinth, in: Walbank u. a., Hg., Hellenistic, 290–323.

Deubner, Ludwig, Attische Feste. 2. Aufl. durchges. erw. von Bruno Dürr, Wien: Anton Scholl/ Darmstadt: Wissenschaftliche Buchgesellschaft 1969=1966.

de Wilde, A., Das Buch Hiob (OTS 22), Leiden: Brill 1981.

Di Fabio, Udo, Die Kultur der Freiheit, München: C.H. Beck 2005.

Di Lella, Alexander A., Ben Sira's Praise of the Ancestors of Old (Sir 44–49): The History of Israel as Parenetic Apologetics, in: Calduch-Benages/Liesen, Hg., History, 151–170.

Di Lella, Alexander A., Fear of the Lord as Wisdom. Ben Sira 1,11–30", in: Beentjes, Hg., Ben Sira, 113–133.

Di Lella, siehe: Skehan, Patrick W./ ders., Wisdom.

Diehl, Johannes F., siehe: Witte, Markus / ders., Hg., Israeliten.

Dietrich, Albrecht, Nekyia. Beiträge zur Erklärung der neuentdeckten Petrusapokalypse, Darmstadt: Wissenschaftliche Buchgesellschaft 1969 (=Berlin. Leipzig: Teubner 1913).

Dietrich, Christine, Asyl. Vergleichende Untersuchung zu einer Rechtsinstitution im Alten Israel und seiner Umwelt (BWANT 182), Stuttgart u. a.: W. Kohlhammer 2009.

Dihle, Albrecht, Die Begegnung mit Fremden im Alten Griechenland (2004), in: Dummer / Vielberg, Hg., Fremde, 21–42.

Dihle, Albrecht, Die Goldene Regel. Eine Einführung in die Geschichte der antiken und frühmittelalterlichen Vulgärethik, Göttingen: Vandenhoeck & Ruprecht 1962.

Dihle, Albrecht, Griechische Literaturgeschichte von Homer bis zum Hellenismus, 2. Aufl., München: C.H. Beck 1991.

Dihle, Albrecht, The Theory of Will in Classical Antiquity, Berkeley/ Cal.: University of California Press 1982.

Dihle, Albrecht, Die Vorstellung vom Willen in der Antike (SV), Göttingen: Vandenhoeck & Ruprecht 1985.

Dimant, Devorah, Qumran Sectarian Literature, in: Stone, Jewish Writings, 483–550.

Dimpker, S., Hg. (1994), Freiräume leben – Ethik gestalten. F.S. Siegfried Keil, Stuttgart: Quell Verlag.

Dinkler, Erich, Hg., Zeit und Geschichte. Dankesgabe an Rudolf Bultmann zum 80. Geburtstag. In Zusammenarb. Mit Hartig Thyen, Tübingen: J.C.B. Mohr (Paul Siebeck) 1964.

Dochhorn, Jan, Warum der Dämon Eva verführte. Über eine Variante in Apc Mos 262 – mit einem Seitenblick auf Narr Zos (gr) 18–24, in: Lichtenberger/ Oegema, Hg., Jüdische Schriften, 347–364.

Dodds, Eric Robertson, The Greeks and the Irrational, Berkeley. Los Angeles: University of California Press 1966=1951.

Dodds, Eric Robertson, Die Griechen und das Irrationale. Übers. v. Hermann-Josef Dirksen, Darmstadt: Wissenschaftliche Buchgesellschaft 1991=1970.

Dohmen, Christoph, Das Bilderverbot. Seine Entstehung und seine Entwicklung im Alten Testament (BBB 62), 2. Aufl., Frankfurt am Main: Athenaeum 1987.

Donner, Herbert, Hg., Beiträge zur alttestamentlichen Theologie. FS. Walther Zimmerli, Göttingen: Vandenheock & Ruprecht 1977.

Dover, Kenneth J., Greek Homosexuality, London: Duckworth 1978.

Dover, Kenneth J., Homosexualität in der griechischen Antike. Übers. Susan Worcester, München: C.H. Beck 1983.

Driver, Samuel R., A Critical and Exegetical Commentary on Deuteronomy (ICC), 3rd ed., Edinburgh: T & T. Clark 1895 (ND).

Duhaime, Jean, siehe unter „1. Textausgaben und Übersetzungen" unter: War Scroll.

Düring, Ingmar, Aristoteles. Darstellung und Interpretation seines Denkens (BKAW NF I), Heidelberg: Carl Winter Universitätsverlag 1966.

Duhm, Bernhard, Die Psalmen (KHC XIV), 2. Aufl., Tübingen: J.C.B. Mohr (Paul Siebeck) 1922.

Dummer, Jürgen/ Vielberg, Meinolf, Hg., Der Fremde – Freund oder Feind? Überlegungen zu dem Bild des Fremden als Leitbild (Altertumswissenschaftliches Kolloquium 12), Stuttgart: Franz Steiner 2004.

Dunn, James D.G., Hg., Paul and the Mosaic Law (WUNT 89), Tübingen: J.C.B. Mohr (Paul Siebeck) 1994.

Dunn, James D.G., Romans 1–8/ Romans 9–16 (WBC 38 A/B), Dallas/Texas: Word Books Publisher 1988.

Ebeling, Gehard, Dogmatik des christlichen Glaubens III: Der Glaube an Gott den Vollender der Welt, Tübingen: J.C.B. Mohr (Paul Siebeck) 1979.

Eberhardt, Gönke D., Die Gottesferne in der Unterwelt in der JHWH-Religion, in: Berlejung / Janowski, Hg., Tod, 373–390.

Eckermann, Johann Peter, Gespräche mit Goethe in den letzten Jahren seines Lebens (Gedenkausgabe hg. Ernst Beutler 24), Zürich: Artemis Verlag 1948 nach 1836 und 1848.

Edzard, Dietz D., Geschichte Mesopotamiens. Von den Sumerern bis zu Alexander dem Großen, München: C.H. Beck 2004.

Egger-Wenzel, Renate, Hg., Ben Sira's God. Proceedings of the International Conference Durham – Ushaw College 2001 (BZAW 321), Berlin. New York: Walter de Gruyter 2002.

Egger-Wenzel, Renate/ Corley, Jeremy, Hg., Prayer from Tobit to Qumran. Inaugural Conference of the ISDCL at Salzburg, Austria, 5–9 July 2003 (DCLY 2004), Berlin. New York: Walter de Gruyter 2004.

Egger-Wenzel, Renate / Krammer, Ingrid, Hg., Der Einzelne und seine Gemeinschaft bei Ben Sira (BZAW 270), Berlin. New York: Walter de Gruyter 1998.

Ego, Beate, siehe unter „1. Textausgaben und Übersetzungen" unter: Buch Tobit.

Ehrenberg, Victor, Aristophanes und das Volk von Athen. Eine Soziologie der attischen Komödie (BAW Forschung und Deutung), Zürich und Stuttgart: Artemis Verlag 1969.

Ehrenberg, Victor, Freedom – Ideal and Reality, in: ders., Man, State and Deity. Essays in Ancient History, London: Methuen 1979, 19–34.

Eissfeldt, Otto, Schwerterschlagene bei Hesekiel (1950), in: ders., Kleine Schriften III., hg. v. Rudolf Sellheim/ Fritz Maass, Tübingen: J.C.B. Mohr (Paul Siebeck) 1966, 1–9.

Elbogen, Ismar, Der jüdische Gottesdienst in seiner geschichtlichen Entwicklung, Frankfurt am Main / Hildesheim: Georg Olms 1967=1931.

Elliger, Karl, Leviticus (HAT I/4), Tübingen: J.C.B. Mohr (Paul Siebeck) 1966.

Engel, Helmut, „Was Weisheit ist und wie sie entstand, will ich euch verkünden." Weish 7,22–8,1 innerhalb des ἐνκώμιον τῆς σοφίας (6,22–11,1) als Stärkung der Plausibilität des Judentums angesichts hellenistischer Philosophie und Religiosität (mit 2 Anhängen: 1. der literarische Aufbau des Buches der Weisheit. 2. Isis-Hymnen und Isis-Aretalogien", in: Hentschel / Zenger, Lehrerin, 67–102.

Engel, Helmut, Das Buch der Weisheit (NStKAT 16), Stuttgart: Katholisches Bibelwerk 1998.

Engel, Helmut, Gebet im Buch der Weisheit, in: Egger-Wenzel / Corley, Hg., Prayer, 293–314.

Engel, Helmut, Das Buch Tobit (2008), in: Zenger, Hg., Einleitung, 278–288.

Erman, Adolf / Ranke, Hermann, Aegypten und aegyptisches Leben im Altertum, Tübingen: J.C.B. Mohr (Paul Siebeck) 1923.

Erbse, Hartmut, Studien zum Verständnis Herodots (UALG 38), Berlin. New York: Walter de Gruyter 1992.

Erler, Michael, Epikur (1996), in: Ricken, Hg., Philosophen II (1996), 40–60.

Erler Michael, Epikur – Die Schule Epikurs – Lukrez (1994), in: Flashar, Hg., Philosophie der Antike IV/1, 29–490.

Erler, Michael, Platon (GGPh. Phil. Ant 2/2), Basel: Schwabe Verlag 2007.

Errington, R. Malcom, Rome against Philip and Antiochus, in: Astin u.a., Hg., Rome, 244–289.

Evangelisches Gesangbuch. Ausgabe für die Evangelische Kirche von Kurhessen-Waldeck, Kassel: Evangelischer Medienverband 1994 (EG).

Fechter, Friedrich, Die Familie in der Nachexilszeit. Untersuchungen zur Bedeutung der Verwandtschaft an ausgewählten Texten des Alten Testaments (BZAW 264), Berlin. New York: Walter de Gruyter 1998.

Feldman, Louis, Studies in Hellenistic Judaism (AGJU 30), Leiden. Boston. Köln: Brill 1996.

Feldman, Louis, Studies in Josephus' Rewritten Bible (JStJ.S 58), Leiden. Boston. Köln: Brill 1998.

Feldman, Louis, The Portrayal of the Hasmoneans Compared with I Maccabees, in:, ders., Hellenistic Judaism, 137–163.

Feldman, Louis / Mayer, Reinhold, Jewish Life and Thought among Greeks and Romans. Primary Readings, Edinburgh: T & T Clark 1996.

Fensham, F. Charles, Widow, Orphan, and the Poor in Ancient Near Eastern Legal and Wisdom Literature (JNES 21), Chicago: Oriental Institute of the University of Chicago, 129–139 1962.

Fichtner, Johannes, Weisheit Salomos (HAT II/6), Tübingen: J.C.B. Mohr (Paul Siebeck) 1938.

Finkelstein, Louis, The Pharisaic Leadership after the Great Synagogue (170 B.C.E. 135 C.E), in: Davies / ders., Hg., History, 245–277.
Finley, Moses I, Das antike Sizilien. Von der Vorgeschichte bis zur Eroberung durch die Araber, übers. v. K.-E. u. G. Felten, München: C.H. Beck 1979.
Finley, Moses I, A History of Sicily. Ancient Sicily to the Arab Conquest, London: Chatton & Windus 1968.
Fischer, Alexander A., Skepsis oder Furcht Gottes? Studien zur Komposition und Theologie des Buches Kohelet (BZAW 247), Berlin. New York: Walter de Gruyter 1997.
Fischer, Alexander A., Tod und Jenseits im Alten Orient und im Alten Testament, Neukirchen-Vluyn: Neukirchener 2005.
Fischer, Irmtraud, Die Erzeltern Israels (BZAW 222), Berlin. New York: Walter de Gruyter 1994.
Fischer, Irmtraud, Rut (HThKAT), Freiburg. Basel. Wien: Herder 2001.
Fischer, Irmtraud, siehe: Marböck, Johannes, Hg., Gottes Weisheit.
Fischer, Irmtraud / Rapp, Ursula / Schiller, Johannes, Hg., Auf den Spuren schriftgelehrter Weisheit. FS, Johannes Marböck (BZAW 311), Berlin. New York: Walter de Gruyter 2003.
Fischer, Norbert, siehe unter „1. Textausgaben und Übersetzungen" unter: Aurelius Augustinus. Was ist Zeit?
Fischer, Ulrich, Eschatologie und Jenseitserwartung im hellenistischen Diasporajudentum (BZNW 44), Berlin. New York: Walter de Gruyter 1978.
Fitzmyer, Joseph A., The Genesis Apocryphon of Qumran Cave I. A Commentary. 2nd rev. ed. (BibOr 18 A), Rome: Biblical Institut Press 1971.
Fitzmyer, Joseph A. Tobit (CEJL), Berlin. New York: Walter de Gruyter 2003.
Flasch, Kurt, Augustin. Eine Einführung in sein Denken, 3. bibliogr. erg. Aufl. Stuttgart: Philipp Reclam jun 2003.
Flasch, Kurt, Was ist Zeit? Augustinus von Hippo. Das XI. Buch der Confessiones. Text. Übersetzung. Kommentar (Klostermann Seminar), 2. Aufl., Frankfurt am Main: Vittorio Klostermann 2004.
Flashar, Hellmut, Hg., Ältere Akademie. Aristoteles-Peripatos (GGPh. Phil.Ant. 3), Basel. Stuttgart: Schwabe & Co 1983.
Flashar, Hellmut, Hg., Die Hellenistische Philosophie (GGPh. Antike Philosophie IV/1–2), Basel. Schwabe & Co 1994.
Flashar; Hellmut, Hg., Tragödie. Idee und Transformation (Colloquium Rauricum 5), Stuttgart. Leipzig: B.G. Teubner 1997.
Focke, Friedrich, Herodot als Historiker (Tübinger Beiträge zur Altertumswissenschaft 1), Stuttgart: W. Kohlhammer Verlag 1927 [54–58 = W. Marg, Hg. (1965), 35–39].
Forcellino, Antonio, Michelangelo. Eine Biographie. Aus dem Italienischen von Petra Kaiser, Martina Kempter u. Sigrid Vogt, Berlin: Pantheon 2007.
Forschner, Maximilian, Die stoische Ethik. Über den Zusammenhang von Natur-, Sprach- und Moralphilosophie im altstoischen System, Stuttgart: Klett-Cotta 1981.
Forschner, Maximilian, Theoria und stoische Tugend. Zenons Erbe in Ciciero, Tusculanae disputationes, in: ZPhF 53 (1999), 163–187.

Forschner, Maximilian, Über das Glück des Menschen. Aristoteles, Epikur, Stoa, Thomas von Aquin. Kant. 2. Aufl., Darmstadt: Wissenschaftliche Buchgesellschaft 1994.

Fortenbaugh, William W. / Talanga, Josip, „Theophrast" in: Ricken, Hg., Philosophen I, 245–258.

Fränkel, Hermann, Dichtung und Philosophie des frühen Griechentums. Eine Geschichte der griechischen Epik, Lyrik und Prosa bis zur Mitte des fünften Jahrhunderts, durchges. Aufl., München: C.H. Beck 1969.

Frank, Mabel / Frantz, Alison, The Athenian Citizen (Excavations of the Athenian Agora. Picture Book No. 4), Princeton, N.J.: The American School of Classical Studies 1960.

Frankenberg, Wilhelm (1896), Die Datierung der Psalmen Salomos (BZAW 1), Gießen: Töpelmann.

Frankfurt, Harry G., Gründe der Liebe. Aus dem Amerik. M. Hartmann, Frankfurt am Main: Suhrkamp 2007.

Frankfurt, Harry G., Reasons of Love, Princeton: Princeton University Press 2004.

Frankfurt, Henry, Ancient Egyptian Religion. An Interpretation, New York: Columbia Press 1949=1948.

Frankfurt, Henry / Groenewegen-Frankfort H.A. / Wilson, John A. / Jacobsen, Trokild / Irwin, William A., The Intellectual Adventure of Ancient Men, Chicago: University of Chicago Press 1954.

Frankfurt, Henry / Groenewegen-Frankfort H.A. / Wilson, John A. / Jacobsen, Trokild / Irwin, William A. (Frühlicht des Geistes), Alter Orient – Mythos und Wirklichkeit (UB 9), 2. Aufl., Stuttgart: W. Kohlhammer, 1981=[1954].

Frei, Peter / Koch, Klaus, Reichsidee und Reichsorganisation im Perserreich (OBO 55), 2. bearb. u. stark erw. Aufl., Freiburg (Schweiz): Universitätsverlag, Göttingen: Vandenhoeck & Ruprecht 1996.

Frevel, Christian, Grundriß der Geschichte Israels, in: Zenger, Hg., Einleitung, 587–731.

Friedländer, Paul, Platon III: Die platonischen Schriften zweite und dritte Periode, 2.Aufl., Berlin: Walter de Gruyter 1960.

Fritz, Volkmar, Das Buch Josua (HAT I/7), Tübingen: J.C. B. Mohr (Paul Siebeck) 1994.

Frye, Richard N., The History of Iran (HAW 3/7), München: C.H. Beck 1984.

Fuchs, Werner, Die Skulptur der Griechen. Aufnahmen von Max Hirmer, München: Hirmer Verlag 1969.

Füglister, Norbert, Die Verwendung und das Verständnis der Psalmen und des Psalters um die Zeitenwende, in: Schreiner, Hg., Beiträge, 319–384.

Fuhrmann, Manfred, Cicero und die römische Republik. Eine Biographie, Stuttgart. Zürich: Artemis Verlag 1990.

Fuhrmann, Manfred, Seneca und Kaiser Nero. Eine Biographie, Berlin: Alexander Fest Verlag 1997.

Gadamer, Hans-Goerg, Griechische Philosophie, 2 Bde. (GW 5–6), Tübingen: Mohr Siebeck, 1999.

Gadamer, Hans-Georg, Mythos und Vernunft (1954), in: ders., Ästhetik und Poetik I: Kunst als Aussage (GW 8), Tübingen: Mohr Siebeck 1999, 163–169.

Gadamer, Hans-Georg, Platons Staat der Erziehung (1942), in: ders., Philosophie I, 249–299.
Gadamer, Hans-Georg, Über das Göttliche im frühen Denken der Griechen (1970), in: ders., Philosophie II (1999), 154–170.
Gaiser, Konrad, Platons ungeschriebene Lehre. Studien zur systematischen und geschichtlichen Begründung der Wissenschaften in der Platonischen Schule, Stuttgart: Ernst Klett Verlag 1962.
Galling, Kurt, Politische Wandlungen in der Zeit zwischen Nabonid und Darius, in: ders., Studien zur Geschichte Israels im persischen Zeitalter, Tübingen: J.C. B. Mohr (Paul Siebeck) 1964, 1–60.
Galpaz-Feller, Pinan, The Widow in the Bible and in Ancient Egypt, in: ZAW 120 (2008), 231–253.
Gammie, John. G. / Perdue, Leo G., Hg., The Sage in Israel and in the Ancient Near East, Winona Lake: Eisenbrauns 1990.
Gatz, Bodo, Weltalter, goldene Zeit und sinnverwandte Vorstellungen (Spoudasmata 16), Hildesheim: Georg Olms 1967.
Gawlick, Günter / Görler, Woldemar, Cicero, in: Flashar, Philosophie, II, 990–1168.
Geffcken, Johannes, Komposition und Entstehungszeit der Oracula Sibyllina (TU NF 8), Leipzig: Hinrichs 1902.
Gelzer, Matthias, Caesar. Der Politiker und Staatsmann, Wiesbaden: Franz Steiner Verlag 1983=1960.
Gelzer, Matthias, Cicero. Ein biographischer Versuch, Wiesbaden: Franz Steiner Verlag 1983=1969.
Gelzer, Matthias, Pompejus. Lebensbild eines Römers. Neudruck der Ausgabe von 1984 mit einem Forschungsüberblick und einer Ergänzungsbibliographie von Elisabeth Herrmann-Otto, Wiesbaden Sitz Stuttgart: Franz Steiner 2005.
Georgi, Dieter, Der vorpaulinische Hymnus Phil 2,6–11, in: Dinkler, Hg., Zeit, 263–294.
Georgi, Dieter, siehe auch unter „1. Textausgaben und Übersetzungen" unter: Die Weisheit Salomos.
Gerhardt, Oskar von, Die Psalmen Salomos, Leipzig: Hinrichs 1895.
Gerson, L.P., God and Greek Philosophy, London. New York: Routledge 1990.
Gerstenberger, Erhard S., Das dritte Buch Mose. Leviticus (ATD 6), Göttingen: Vandenhoeck & Ruprecht 1993.
Gerstenberger, Erhard S., Israel in der Perserzeit 5. und 4. Jahrhundert (Bib.Enz. 8), Stuttgart: W. Kohlhammer 2005.
Gerstenberger, Erhard S., Theologien im Alten Testament. Pluralität und Synkretismus alttestamentlichen Gottesglaubens, Stuttgart: W. Kohlhammer 2001.
Gertz, Jan Christian; Die Gerichtsorganisation Israels im deuteronomischen Gesetz (FRLANT 165), Göttingen: Vandenhoeck & Ruprecht 1994.
Gertz, Jan Christian, Hg., Grundinformation Altes Testament (UTB 2745), 3. überarb. u. erw. Aufl., Göttingen: Vandenhoeck & Ruprecht 2006.
Gertz, Jan Christian, „Die deuteronomistische Komposition der Geschichte Israels vom Auszug bis zum Exil", in: ders., Hg., Grundinformation, 278–302.

Gertz, Jan Christian, Konstruierte Erinnerung. Alttestamentliche Historiographie im Spiegel der Archäologie und literaturhistorischer Kritik am Fallbeispiel des salomonischen Königtums. in: BThZ 21 (2004), 3–29.

Gertz, Jan Christian, Tora und Vordere Propheten, in: ders., Hg. Grundinformation, 193–312.

Gertz, Jan Christian, Tradition und Redaktion in der Exoduserzählung. Untersuchungen zur Endredaktion des Pentateuch (FRLANT 186), Göttingen: Vandenhoeck & Ruprecht 2000.

Geyer, Bernhard,, Die Patritstische und Scholastische Philosophie (GGPh II), Berlin: Mittler & Sohn/ Tübingen: Wissenschaftliche Buchgemeinschaft 1951=1927.

Giebel, Marion, Das Orakel von Delphi. Geschichte und Texte. Griechisch-Deutsch, Stuttgart: Philipp Reclam Jun 2001.

Gielen, Klaus / Breuninger Renate Hg., Die Rede von Gott und Welt. Mit Beiträgen von Otto Kaiser und Peter Oesterreich (Bausteine der Philosophie 10), Ulm: Humboldt-Studienzentrum der Universität Ulm 1996.

Gilbert, Maurice, La critique des dieux dans le Livre de la Sagesse (Sg 13–15) (AnBib 53), Rom: Biblical Institute Press 1973.

Gilbert, Maurice, Wisdom Literature, in: Stone, Jewish Writings, 283–324.

Ginsberg, Louis, The Legends of the Jews I-VI, Philadelphia: The Jewish Publication Society of America 1954–1959.

Gnuse, Robert Karl, Dreams and Dream Reports in the Writings of Josephus. A Traditio-Historical Analysis (AGJU 36), Leiden. New York. Köln: Brill 1996.

Goldingay, John E., Daniel (WBC 30), Dallas, Texas: Word Books, Publishers 1989.

Görler, Woldemar, Ältere Pyrrhonismus – Jüngere Akademie – Antiochos aus Askalon, in: Flashar, Hg., Philosophie, II, 715–989.

Görler, Woldemar, Karneades, in: Flashar, Hellmut, Hg., Philosophie, II, 849–897.

Görler, Woldemar, siehe auch: Gawlick / ders., Cicero.

Goldstein, Jonathan A., I Maccabees (AncB 41), Garden City/New York: Doubelday & Co 1976.

Goldstein, Jonathan A., The Hasmonean Revolt and the Hasmonean Monarchy, in: Davies/ Finkelstein, Hg., History, 292–351.

Goodman, Martin, siehe: Schürer/Vermes u. a., History.

Goodman, Martin, Judaea, in: Bowman/ Champlin/ Lintott, Hg., Augustan Empire, 782–904.

Gowan, Donald E, Eschatology in the Old Testament, 2nd ed., Edinburgh: T & T Clark 2000.

Grätz, Sebastian, Das Edikt des Artaxerxes. Eine Untersuchung zum religionspolitischen und historischen Umfeld von Esra 7,12–26 (BAW 337), Berlin. New York: Walter de Gruyter 2004.

Grätz, Sebastian, Zuwanderung als Herausforderung. Das Rutbuch als Modell einer sozialen und religiösen Integration von Fremden im nachexilischen Judentum, in: EvTh 65 (2005), 294–309.

Graf, Fritz, Eleusis und die orphische Dichtung Athens in vorhellenistischer Zeit (RVV 33), Berlin: Walter de Gruyter 1974.

Grant, Michael, Klassiker der antiken Geschichtsschreibung (Beck'sche Sonderausgaben), München: C.H. Beck 1973.

Gray, Rebecca, Prophetic Figures in Late Second Temple Jewish Palestine. The Evidence from Josephus. New York. Oxford: Oxford University Press 1993.

Gribble, David, Alcibiades and Athens. A Study in Literary Presentation (OCM), Oxford: Clarendon Press 1999.

Grillmeier, Alois, Jesus Christus im Glauben der Kirche I: Von der Apostolischen Zeit zum Konzil von Chalcedon (451), Freiburg. Basel. Wien: Herder 1979.

Groneberg, Brigitte / Spieckermann, Hermann, Hg., Die Welt der Götterbilder (BZAW 376), Berlin. New York: Walter de Gruyter 2007.

Groß, Heinrich, Tobit. Judit (NEB.AT Lfg.19), Würzburg: Echter 1987.

Groß, Walter, Zukunft für Israel. Alttestamentliche Bundeskonzepte und die aktuelle Debatte um den Neuen Bund (SBS 176), Stuttgart: Katholisches Bibelwerk 1998.

Gruenwald, I. u.a. Hg., Messiah and Christos. Studies in the Jewish Origins of Christianity. FS David Flusser (TSAJ 32), Tübingen: J.C.B. Mohr (Paul Siebeck) 1992.

Grünwaldt, Klaus, Das Heiligkeitsgesetz Leviticus 17–26 (BZAW 271), Berlin. New York: Walter de Gruyter 1999.

Günther, Linda-Marie, Hg., Herodes und Jerusalem, Stuttgart: Franz Steiner Verlag 2009.

Guthrie, W.K.C.: A History of Greek Philosophy I-VI, Cambridge, U.K.: Cambridge University Press 1971–1986.

Haag, Ernst, Das hellenistische Zeitalter. Israel und die Bibel im 4. bis 1. Jahrhundert v. Chr. (Bib. Enz. 9), Stuttgart u.a.; W. Kohlhammer 2003.

Haag, Ernst, ‚Die Weisheit ist nur eine und vermag doch alles.' Weisheit und Heilsgeschichte nach Weis 11–12, in: Hentschel / Zenger, Hg., Lehrerin, 103–155.

Habicht, Christian, Athen. Die Geschichte einer Stadt in hellenistischer Zeit, München: C.H. Beck 1995.

Habicht, Christian, The Seleucids and their Rivals", in: Astin u.a., Hg., Rome, 346–350.

Habicht Christian, siehe unter „1. Textausgaben und Übersetzungen": Das 2. Makkabäerbuch.

Hachmann, Rolf, Kamid el Loz 3: Der eisenzeitliche Friedhof und seine kulturelle Umwelt (Saarbrücker Beiträge zur Altertumswissenschaft 21), Bonn: Dr. Rudolf Habelt 1999.

Hades-Lebel, Mireille, „L'évolution de l'image de Rome auprès les Juifs en deux siècles de relations judéo-romaines -164 à +70" (ANRW II/20.2), Berlin. New York: Walter de Gruyter 1987, 715–856.

Hage, Wolfgang, siehe unter „1. Textausgaben und Übersetzungen": Griechische Baruch-Apokalypse (1979).

Hagedorn, Anselm C., Between Moses and Plato. Individual and Society in Deuteronomy and Ancient Greek Law (FRLANT 204), Göttingen: Vandenhoeck & Ruprecht 2004.

Hagedorn, Anselm C., Looking at Foreingers in Biblical and Greek Philosophy, in: VT 57 (2007), 432–448.

Hagedorn, Anselm C., „Über jedes Land der Sünder kommt einst ein Sausen." Überlegungen zu einigen Fremdvölkerworten der Sibyllinen", in: Witte / Diehl, Hg., Orakel, 92–116.

Hallpipe, Christopher Robert, Die Grundlagen des primitiven Denkens (The Foundations of Primitive Thought). Übers. L. Bernard, Stuttgart: Klett-Cotta 1984.

Hann, Robert R., The Manuscript History of the Psalms of Solomon (SCSt.SBL 13), Chico: Scholars Press 1982.

Hanzen, Dirk Uwe, Nomothetik und Politeuma. Josephus' Präsentation des jüdischen Glaubens in Contra Apionem 125–184, in: Böttrich, Josephus, 527–534.

Härle, Wilfried, Dogmatik (de Gruyter Lehrbuch), Berlin. New York: Walter de Gruyter 1995, 3. Aufl. 2007.

Harder, Richard, siehe unter „1. Textausgaben und Übersetzungen" zu: Plotins Schriften.

Harnisch, Wolfgang, Christusbindung oder Weltbezug? Sachkritische Fragen zur paulinischen Argumentation in 1. Korinther 7, in: Kollmann, Hg., Antikes Judentum, 457–473 = ders., Zumutung, 206–223.

Harnisch. Wolfgang, Exegetische Erwägungen zur Zionsvision im 4. Buch Esra, in: ZAW 95 (1983), 75–95 = ders., Rhetorik, 42–64.

Harnisch, Wolfgang, Freiheit als Selbstentzug. Zur Begründung der Ethik im Denken des Paulus (1. Korinther 6,12–20), in: Dimpker, Hg., Freiräume, 179–195 = ders., Zumutung, 169–184.

Harnisch, Wolfgang, Der Prophet als Widerpart und Zeuge der Offenbarung, in: Hellholm, David, Hg., Apocalypticism, 461–493 = ders., Rhetorik, 11–41.

Harnisch, Wolfgang, Rhetorik und Hermeneutik in der Apokalyptik und im Neuen Testament (SBS.NT 45), Stuttgart: Kath. Bibelwerk 2009.

Harnisch, Wolfgang, Verhängnis und Verheißung der Geschichte. Untersuchungen zum Zeit- und Geschichtsverständnis im 4. Buch Esra und in der syr. Baruchapokalypse (FRLANT 97), Göttingen: Vandenhoeck & Ruprecht 1969.

Harnisch, Wolfgang, Die Zumutung der Liebe. Ges. Aufsätze, Hg. Ulrich Schönborn (FRLANT 187), Göttingen: Vandenhoeck & Ruprecht 1999.

Harran, Menahem, Temples and Temple-Service in Ancient Israel. An Inquiry into Biblical Cult Phenomena and the Historical setting of the Priestle School, Winona Lake, Indiana: Eisenbrauns 1985.

Harrison, Thomas, Divinity and History. The Religion of Herodotus (OCM), Oxford: Clarendon Press 2000.

Hartmann, Nicolai, Der Aufbau der realen Welt. Grundriß der allgemeinen Kategorienlehre, 3. Aufl., Berlin: Walter de Gruyter 1964.

Haspecker, Josef, Gottesfurcht bei Jesus Sirach. Ihre religiöse Struktur und ihre literarische und doktrinäre Bedeutung (AnBib 30), Rome: Pontifical Biblical Institute 1967.

Hausmann, Jutta / Zobel, Hans-Jürgen, Hg., Alttestamentlicher Glaube und Biblische Theologie. FS Horst Dieter Preuß, Stuttgart u. a.: W. Kohlhammer 1992.

Havelock, Eric A., The Greek Concept of Justice. From the Shadow in Homer to Its Substance in Plato, Cambridge, Mass. and London: Harvard University Press 1978.

Heather, Peter, The Fall of the Roman Empire. A New History: London; Macmillan 2005.

Heather, Peter, Der Untergang des römischen Reiches. Aus dem Englischen von Klaus Kochmann, 3. Aufl., Stuttgart: Klett-Cotta 2008.

Hegel, Georg Wilhelm Friedrich, Vorlesungen über die Philosophie der Religion I: Der Begriff der Religion (1824), hg. von Walter Jaeschke (PhB 459), Hamburg: Meiner 1993.

Hegel, Georg Wilhelm Friedrich, Vorlesungen über die Philosophie der Religion III: Die vollendete Religion (1827), Hg. Walter Jaeschke (PhB 461), Hamburg: Meiner 1995.

Heidegger, Martin, Der Begriff der Zeit. hg. v. Friedrich-Wilhelm von Herrmann (GA III/64), Frankfurt am Main: Vittorio Klostermann 2004=1924.

Heidegger, Martin, Beiträge zur Philosophie (Vom Ereignis) (GA III/65), hg. v. Friedrich-Wilhelm von Herrmann, Frankfurt am Main: Vittorio Klostermann 1989.

Heidegger, Martin, Die Frage nach der Technik (1962) in: ders., Vorträge, 9–40 = ders., Technik, 5–36.

Heidegger, Martin, Gelassenheit, Stuttgart: Klett-Cotta 2002=1959.

Heidegger, Martin, Hölderlin und das Wesen der Dichtung (1936), in: ders., Erläuterungen zu Hölderlins Dichtung, hg. von Wilhelm von Herrmann (GA I/4), Frankfurt am Main: Vittorio Klostermann 1981, 33–48.

Heidegger, Martin, Die Technik und die Kehre, Stuttgart: Klett-Cotta 2002=1962.

Heidegger, Martin, Vorträge und Aufsätze, 10. Aufl., Stuttgart: Klett-Cotta 2004=1967.

Heitsch, Ernst, Beweishäufung in Platon's Phaidon (NAWG. PH 2000/9), Göttingen: Vandenhoeck & Ruprecht, 2000, 488–533.

Heitsch, Ernst, Xenophanes und die Anfänge des kritischen Denkens (AAWLM.G 1994/7), Stuttgart: Franz Steiner 1994.

Heitsch, Ernst, siehe auch unter „1. Textausgaben und Übersetzungen": Platon, Phaidros.

Hellholm, David, Hg., Apocalyticism in the Mediterranean World and the Near East. Proceedings of the International Colloquium on Apocalypticism Uppsala, August 12–17, 1979, Tübingen: J.C.B. Mohr (Paul Siebeck) 1983.

Hellholm, David, Hg., Apocalypticism in the Medtiterranean World and in the Near East. Proceedings of the International Colloquium on Apocalypticism Uppsala, August 12–17, 1979, 2nd ed. Enlarged by Supplementary Bibliography, Tübingen: J.C.B. Mohr (Paul Siebeck) 1989.

Hengel, Martin, The interpretation of Judaism and Hellenism in the pre Maccabean period (1989), in: Davies /Finkelstein, Ed., History, II, 167–228.

Hengel, Martin, Jesus, der Messias Israels. Zum Streit über das ‚messianische Bewusstsein Jesu (1992), in: Gruenwald u.a, Hg., Messiah, 155–176 = Hengel, Studien, 259–280.

Hengel, Martin, Juden, Griechen und Barbaren (SBS 76), Stuttgart: Katholisches Bibelwerk 1976.

Hengel, Martin, Judentum und Hellenismus. Studien zu ihrer Begegnung unter besonderer Berücksichtigung Palästinas bis zur Mitte des 2. Jh. v. Chr. (WUNT 10), Tübingen: J.C.B. Mohr (Paul Siebeck) 1. Aufl. 1969, 3. Aufl. 1983.

Hengel, Martin, The political and social history of Palestine from Alexander to Antiochos III (333–187 B.C.) (1989), in: Davies/ Finkelstein, Ed., History, II, 35–78.

Hengel, Martin, Studien zur Christologie. hg. v. Jürgen Thornton (Kl. Schriften IV), Tübingen: Mohr Siebeck.

Hengel, Martin, Der unterschätzte Petrus, 2. Aufl., Tübingen: Mohr Siebeck 2007.

Hengel, Martin, Zeloten und Sikarier. Zur Frage der Einheit und Vielfalt der jüdischen Befreiungsbewegung 6–4 n. Chr. (1974), in: Betz/Haacker/ders., Hg., Josephus Studien, 175–196.

Hengel, Martin, Der vorchristliche Paulus, in: ders. /Heckel, Hg., Paulus, 177–193.

Hengel. Martin, Die Zeloten. Untersuchungen zur jüdischen Freiheitsbewegung in der Zeit von Herodes I. bis 70 n. Chr. (AGJU 1), 2. Aufl., Leiden. Köln: Brill 1976.

Hengel, Martin / Heckel, Ulrich, Hg., Paulus und das antike Judentum (WUNT 58), Tübingen; J.C.B. Mohr (Paul Siebeck) 1991.

Hengel, Martin / Schwemer, Anna Maria, Jesus und das Judentum (Geschichte des frühen Urchristentums I), Tübingen: Mohr Siebeck 2008.

Hengel, Martin / Schwemer, Anna Maria, Hg., Königsherrschaft Gottes und himmlischer Kult im Judentum, Urchristentum und in der hellenistischen Welt, Tübingen: J.C.B. Mohr (Paul Siebeck) 1991.

Hengel, Martin/ Anna Maria Schwemer, Paulus zwischen Damaskus und Antiochien (WUNT 108), Tübingen: Mohr Siebeck 2000=1998.

Henrich, Dieter, Der ontologische Gottesbeweis, Tübingen: J.C.B. Mohr (Paul Siebeck) 1960.

Hentschel, Georg, 1 Könige (NEB), Würzburg: Echter 1984.

Hentschel, Georg / Zenger, Erich, Hg., Lehrerin der Gerechtigkeit. Studien zum Buch der Weisheit (Erfurter Theol.St.19), Erfurt: Benno Verlag 1991.

Henze, Matthias, The Madness of King Nebuchadnezzar (JSJ.S 61), Leiden: Brill, 1999.

Hermisson, Hans-Jürgen, Einheit und Komplexität Deuterojesajas. Probleme der Redaktionsgeschichte von Jes 40–55, in: Vermeylen, Jacques, Hg., The Book of Isaiah. Le livre d'Isaïe (BEThL 81), Leuven: Leuven University Press / Uitgiverij Peeters 1989 (1989), 287–312 = Hermission, Hans-Jürgen, Studien zu Prophetie und Weisheit. Ges. Aufs. hg. v. Jörg Bathel u. a. (FAT 23), Tübingen: Mohr Siebeck 1998, 132–157.

Herrmann, Friedrich-Wilhelm von, Wege ins Ereignis. Zu Heideggers „Beiträgen zur Philosophie", Frankfurt am Main: Vittorio Klostermann 1994.

Herrmann, Wolfram, Theologie des Alten Testaments. Geschichte und Bedeutung des israelitisch-jüdischen Glaubens, Stuttgart: W. Kohlhammer 2004.

Hirmer, Max, siehe: Lange/ders., Aegypten.

Hirsch, Walter, Platons Weg zum Mythos, Berlin. New York: Walter de Gruyter, 1971.

Höffken, Peter, Hiskija und Jesaja bei Josephus, in: JStJ 29 (1998), 37–48.

Högemann, Peter, Das alte Vorderasien und die Achämeniden. Ein Beitrag zur Herodot-Analyse (B.TAV 98), Wiesbaden: Reichert 1992.

Holm-Nielsen, Sven, siehe unter „1. Textausgaben und Übersetzungen“: Die Psalmen Salomos.

Horbury, William, Hg., Templum Amicitiae. FS Ernst Bammel (JSNT.S. 48) Sheffield: Sheffield Academic Press 1991.

Horst, Peter W. van der, Hg., siehe unter ‚2. Hilfsmittel‘: Toorn/Becking/ Horst, Eds., Dictionary of Deities.

Hossfeld, Frank-Lothar, Der Dekalog als Grundgesetz, in: Kratz/Spieckermann, Hg., Liebe, 46–59.

Hossfeld, Frank-Lothar / Schwienhorst-Schönberger, Ludger, Hg. (2004), Das Manna fällt auch heute noch. Beiträge zur Geschichte und Theologie des Ersten Testaments. FS Erich Zenger (HBS 44), Freiburg. Basel. Wien: Herder.

Hossfeld, Frank-Lothar / Zenger, Erich, Die Psalmen 51 – 100 (HThK.AT) 2. Aufl., Freiburg. Basel. Wien: Herder 2000.

Hübner, Hans, Gottes Ich und Israel. Zum Schriftgebrauch des Paulus in Röm 9 – 11 (FRLANT 136), Göttingen: Vandenhoeck & Ruprecht 1984.

Hübner, Hans, Die Weisheit Salomos (ATD.Apk.4), Göttingen: Vandenhoeck & Ruprecht 1999.

Hübner, Kurt, Die Wahrheit des Mythos. Dimensionen und Wirklichkeit, Tübingen: Mohr Siebeck 2001.

Huizinga, Johan, Homo Ludens. Vom Ursprung der Kultur im Spiel. In engster Zusammenarb. mit dem Verf. aus dem Niederländischen übertrg. v. H. Nachod. mit einem Nachwort von Andreas Flitner (rowohlts enzyklopädie 1690), Reinbeck bei Hamburg: Rowohlt Taschenbuch 1987 [1956].

Huß, Werner, Ägypten in hellenistischer Zeit 332–30 v. Chr., München: C.H. Beck 2001.

Husser, Jean-Marie, Le songe et la parole. Etude sur le rêve et sa fonction dans l'ancien Israël (BZAW 210), Berlin. New York: Walter de Gruyter 1994.

Hutter, Manfred, Altorientalische Vorstellungen von der Unterwelt. Literar- und religionsgeschichtliche Überlegungen zu „Nergall und Ereškigal“ (OBO 63), Freiburg Schweiz: Universitätsverlag Freiburg Schweiz / Göttingen: Vandenhoeck & Ruprecht 1985.

Inwood, Brad, Reading Seneca. Stoic Philosphy at Rome, Oxford: Clarendon Press, 2009.

Irwin, Terence, Plato's Ethics, New York. Oxford: Oxford University Press 1995.

Jacoby, Felix, Herodotos, in: PRE.S 3 (1913), 205–520.

Jaeger, Werner, Aristoteles. Grundlegung einer Geschichte seiner Entwicklung, 2. verb. Aufl., Berlin: Weidmann 1955.

Jaeger, Werner, The Greek Ideas of Immortality (1958), in: ders., Humanistische Reden und Vorträge. 2. erw. Aufl. Berlin: Walter de Gruyter 1960, 287–299.

Jaeger, Werner, Paideia. Die Formung des griechischen Menschen II: 3. Buch: Das Zeitalter der großen Bildner und Bildungssysteme I., 3. Aufl., Berlin: Walter de Gruyter 1959.

Jamieson-Drake, David W., Scribes and Schools in Monarchic Judah (JSOT.S 109), Sheffield: Sheffield Academic Press 1991.

Janowski, Bernd / Koch, Klaus / Wilhelm, Gernot, Hg., Religionsgeschichtliche Beziehungen zwischen Kleinasien, Nordsyrien und dem Alten Testament (OBO 129), Freiburg (Schweiz): Universitätsverlag / Göttingen: Vandenhoeck & Ruprecht 1993.

Janowski, Bernd, Konfliktgespräche mit Gott. Eine Anthropologie der Psalmen, Neukirchen-Vluyn: Neukirchener 2003.

Janowski, siehe auch: Berlejung/ders., Hg., Tod.

Janssen, Enno, siehe unter „1. Textausgaben und Übersetzungen": Testament Abrahams.

Jedan, Christoph, Willensfreiheit bei Aristoteles? (Neue Studien zur Philosophie 15), Göttingen: Vandenhoeck & Ruprecht 2003.

Jeffers, Ann, Magic and Divination in Ancient Palestine and Syria (StHCANE), Leiden. New York. Köln: Brill 1996.

Jellicoe, Siney, The Septuagint and Modern Study, Oxford: Clarendon Press 1968.

Jensen, Adolf E., Mythos und Kult bei Naturvölkern. Religionswissenschaftliche Betrachtungen, 2. bearb. Aufl., Wiesbaden: Franz Steiner Verlag 1960.

Jeremias, Jörg, Die Propheten Joel, Obadja, Jona, Micha (ATD 24/3), Göttingen: Vandenhoeck & Ruprecht 2007.

Jones, A.H.M., The Greek City. From Alexander to Justinian. Oxford: Clarendon Press 1998=1940.

Jüngel, Eberhard, Gott als Geheimnis der Welt, 4. Aufl., Tübingen: J.C.B. Mohr (Paul Siebeck) 1982.

Jünger, Friedrich Georg, Griechische Mythen, 4. Aufl., Frankfurt am Main: Vittorio Klostermann 1994.

Käsemann, Ernst, An die Römer (HNT 8a), Tübingen: J.C.B. Mohr (Paul Siebeck) 1973.

Kaiser, Otto, Klagelieder, in: H.-P. Müller/ O. Kaiser /J.A. Loader (ATD 16/2), 4. völlig neu barb. Aufl., Göttingen: Vandenhoeck & Ruprecht 1992, 81–198.

Kaiser, Otto, Die alttestamentlichen Apokryphen. Eine Einleitung in Grundzügen, Gütersloh: Gütersloher Verlagshaus 2000.

Kaiser, Otto, Anknüpfung und Widerspruch: Die Antwort der jüdischen Weisheit auf die Herausforderung durch den Hellenismus, in: Mehlhausen, Hg., Pluralismus, 54–69 = ders., Weisheit, 201–206.

Kaiser, Otto, Anweisungen zum gelingenden, gesegneten und ewigen Leben. Eine Einführung in die spätbiblischen Weisheitsbücher (Forum ThLZ 9), Leipzig: Evangelische Verlagsanstalt 2003.

Kaiser, Otto, Die Bedeutung der griechischen Welt für die alttestamentliche Theologie (NAWG. PH 2000/7), Göttingen: Vandenhoeck & Ruprecht 2000 = ders., Athen, 1–38.

Kaiser, Otto, Beiträge zur Kohelet-Forschung. Eine Nachlese I: Grundfragen der Kohelet-Forschung, in: ThR 60 (1995), 1–31= ders., Weisheit, 149–179.

Kaiser, Otto, Die Botschaft des Buches Kohelet, in: EThL 71 (1995), 48–70 = ders., Gottes Weisheit (1998), 126–148.

Kaiser, Otto, Das Buch des Propheten Jesaja. Kapitel 1–12 (ATD 17), 5. Aufl. Göttingen: Vandenhoeck & Ruprecht 1981.

Kaiser, Otto, Das Buch Hiob übersetzt und eingeleitet, Stuttgart: Radius-Verlag 2006.

Kaiser, Otto, Carpe diem und Memento Mori in Dichtung und Denken der Alten, bei Kohelet und Ben Sira, in: ders., Athen, 247–274.

Kaiser, Otto, Determination und Freiheit beim Kohelet / Prediger Salomo und in der Frühen Stoa, in: NZSTh 31 (1989), 251–27= ders., Gottes Weisheit, 107–125.

Kaiser, Otto, Determination und Freiheit in der Frühen Stoa und bei Jesus Sirach, in: ders., Glück, 1–51.

Kaiser, Otto, Der eine Gott und die Götter der Welt, in: Kratz/Krüger/Schmid, Hg., Schriftauslegung, 335–352= ders., Athen, 135–152.

Kaiser, Otto, Einfache Sittlichkeit und theonome Ethik in der alttestamentlichen Weisheit, in: NZSTh 39 (1997), 75–91= ders., Weisheit, (1998), 18–42.

Kaiser, Otto, Einleitung in das Alte Testament. Ihre Ergebnisse und Probleme, 5. Aufl., Gütersloh: Gütersloher Verlagshaus 1984.

Kaiser, Otto, Die ersten und die letzten Dinge, in: NZSTh 36 (1994), 75–91 = ders., Weisheit, 1–17.

Kaiser, Otto, Den Erstgeborenen deiner Söhne sollst du mir geben. Erwägungen zum Kinderopfer im Alten Testament, in: ders., Hg., Denkender Glaube. F.S. Carl Heinz Ratschow, Berlin. New York: Walter de Gruyter, 24–48 = ders., Gegenwartsbedeutung, 142–166.

Kaiser, Otto, Freiheit im Alten Testament, in: Loretz u. a., Hg., Mesopotamia, 177–190= ders., Athen, 179–198.

Kaiser, Otto, Das Geheimnis von Eleusis (1976), in: Die Karawane 17, 43–55.

Kaiser, Otto, Die göttliche Vorsehung in der Frühen Stoa und bei Jesus Sirach, in: ders., Glück, 65–112.

Kaiser, Otto, Göttliche Weisheit und menschliche Freiheit bei Jesus Sirach", in: Fischer/Rapp/Schiller, Hg., Spuren, 291–305 = ders., Offenbare Gott (2008), 43–59.

Kaiser, Otto, Der Gott des Alten Testaments. Theologie des AT I: Grundlegung (UTB 1747), II: Jahwe, der Gott Israels, Schöpfer der Welt und des Menschen (UTB 2024), III: Jahwes Gerechtigkeit (UTB 2392), Göttingen: Vandenhoeck & Ruprecht 1993–2003 (Zit. Gott I-III).

Kaiser, Otto, Gott und Mensch als Gesetzgeber in Platons Nomoi, in: Kollmann/Reinbold/Steudel, Hg., Antikes Judentum, 278–295 = ders., Athen, 63–80.

Kaiser, Otto, Gottes und der Menschen Weisheit. Ges. Aufsätze (BZAW 261), Berlin. New York: Walter de Gruyter 1998.

Kaiser, Otto, Grundriss der Einleitung in die kanonischen und deuterokanonischen Schriften des Alten Testaments I: Die erzählenden Werke; II: Die prophetischen Werke. Mit einem Beitrag von Karl-Friedrich Pohlmann; III: Die poetischen und weisheitlichen Werke, Gütersloh; Gütersloher Verlagshaus 1992–1994.

Kaiser, Otto, Hegels Religionsphilosophie. Ein Versuch, sie aus dem Ganzen seines Denkens zu verstehen, in: NZSTh 28 (1986), 198–222.

Kaiser, Otto, Judentum und Hellenismus. Ein Beitrag zur Frage nach dem hellenistischen Einfluß auf Kohelet und Jesus Sirach, in: VF 27 (1982), 68–86 = ders., Mensch, 135–153.

Kaiser, Otto, Kants Religionsphilosophie und die Möglichkeit der philosophischen Rede von Gott, in: Gielen / Breuninger, Hg. (1996), 58–85.

Kaiser, Otto, Kohelet. Das Buch des Predigers Salomo. Übersetzt und eingeleitet, Stuttgart: Radius-Verlag 2007.
Kaiser, Otto, Komposition und Redaktion in den Psalmen Salomos, in: Hossfeld/ Schwienhorst-Schönberger, Hg., Manna, 362–378.
Kaiser, Otto, Der Mensch als Geschöpf Gottes, in: Egger-Wenzel/ Krammer, Hg., Einzelne, 1–19 = ders., Athen, 225–246.
Kaiser, Otto, Der Mensch unter dem Schicksal. Studien zur Geschichte, Theologie und Gegenwartsbedeutung der Weisheit (BZAW 161), Berlin. New York: Walter de Gruyter 1985.
Kaiser, Otto, Des Menschen Glück und Gottes Gerechtigkeit. Studien zur biblischen Überlieferung im Kontext hellenistischer Philosophie (Tria Corda 1), Tübingen: Mohr Siebeck 2007.
Kaiser, Otto, Die mythische Bedeutung des Meeres in Ägypten, Ugarit und Israel (BZAW 78), 2. Aufl., Berlin: Alfred Töpelmann 1962.
Kaiser, Otto, The Old Testament Apocrypha. An Introduction, Peabody/ Mass.: Hendrickson 2004.
Kaiser, Otto, 'Our Forefathers Never Triumphed by Arms' – The Interpretation of Biblical History in the Addresses of Flavius Josephus to the Besieged Jerusalemites, in: Calduch-Benages / Liesen, Hg., History, 239–264.
Kaiser, Otto, Der Prophet Jesaja Kapitel 13–39 (ATD 18), 3. durchges. Aufl., Göttingen: Vandenhoeck & Ruprecht 1983 (zit. Jesaja II).
Kaiser, Otto, Die Rede von Gott am Ende des 20. Jahrhunderts, in: Gielen / Breuninger, Hg., Rede, 9–32= ders., Weisheit (1998), 258–281.
Kaiser, Otto, Die Rede von Gott im Zeitalter des Nihilismus, in: Loader/ Kieweler, Hg., Vielseitigkeit, 411–426.
Kaiser, Otto, Die Rezeption der stoischen Providenz bei Ben Sira, in: JNSL 42/1: Ferdinand Deist Memorial (1998), 41–55 = ders. Athen, 293–303.
Kaiser, Otto, Die Schönheit und Harmonie der Welt und das Problem des Bösen, in: ders., Glück, 113–168.
Kaiser, Otto, Die stoische Oikeiosis-Lehre und die Anthropologie des Jesus Sirach, in: ders., Offenbare Gott, 60–77.
Kaiser, Otto, Tod. Auferstehung und Unsterblichkeit im Alten Testament und im frühen Judentum- in religionsgeschichtlichem Zusammenhang", in: Kaiser / Lohse, Tod und Leben, 6–80.
Kaiser, Otto, Totenkult und Totenglaube bei den Alten Ägyptern als Paradigma mythisch-magischer Weltauslegung, in: Schoenborn/ Pfürtner, Hg., Vorsprung, 23–46.
Kaiser, Otto, Das Verständnis des Todes bei Ben Sira, in: NZSTh 43 (2001), 175–203 = ders., Athen, 275–292.
Kaiser, Otto, Vom offenbaren und verborgenen Gott. Studien zur spätbiblischen Weisheit und Hermeneutik (BZAW 392), Berlin. New York: Walter de Gruyter 2008.
Kaiser, Otto, Von der Gegenwartsbedeutung des Alten Testaments, Ges. St. zur Hermeneutik und zur Redaktionsgeschichte, hg. von Volkmar Fritz/ Karl-Friedrich Pohlmann/ Hans Christoph Schmitt, Göttingen: Vandenhoeck & Ruprecht 1984.

Kaiser, Otto, Weihnachten im Osterlicht. Eine biblische Einführung in den christlichen Glauben, Stuttgart: Radius-Verlag 2008.

Kaiser, Otto, Weisheit für das Leben. Das Buch Jesus Sirach übersetzt und eingeleitet, Stuttgart: Radius-Verlag 2005.

Kaiser, Otto, Wirklichkeit, Möglichkeit und Vorurteil. Ein Beitrag zum Verständnis des Buches Jona (1973), in: ders., Mensch, 41–53.

Kaiser, Otto, Zur Aristotelischen Handlungstheorie, in: ders., Glück, 52–62.

Kaiser, Otto, Zwischen Athen und Jerusalem. Studien zur griechischen und biblischen Theologie, ihrer Eigenart und ihrem Verhältnis (BZAW 320), Berlin. New York: Walter de Gruyter 2003.

Kaiser, Otto / Lohse, Eduard, Tod und Leben (Kohlhammer Tb 1001), Stuttgart: W. Kohlhammer 1977.

Kampling, Rainer, siehe: Schreiner, Josef / ders., Nächste.

Kant, Immanuel, Kritik der praktischen Vernunft (1781/1792), hg v. Karl Vorländer (PhB 38), 9. Aufl., Leipzig / Hamburg: Felix Meiner 1963=1929.

Kant, Immanuel, Grundlegung zur Metaphysik der Sitten (1785), hg. v. Karl Vorländer (PhB 41), Leipzig / Hamburg: Felix Meiner 1965=1906.

Kant, Immanuel, Über das Misslingen aller philosophischen Versuche in der Theodicee (1791), in: ders., Gesammelte Schriften VIII, hg. von der kgl. Preußischen Akademie der Wissenschaften (AA VIII), Berlin: Reimer 1969=1912, 253–272.

Karrer, Martin, Der Gesalbte. Die Grundlagen des Christustitels (FRLANT 151), Göttingen: Vandenhoeck & Ruprecht 1991.

Kasher, Aryeh, The Jews in Hellenistic and Roman Egypt (TStAJ 7), Tübingen: J.C. B. Mohr (Paul Siebeck) 1985.

Keil, Günther, Glaubenslehre. Grundzüge christlicher Dogmatik, Stuttgart u. a.: W. Kohlhammer 1986.

Kellermann, Diether, Die Priesterschrift in Num 1,1–10,10 literarkritisch und redaktionskritisch untersucht (BZAW 120), Berlin: Walter de Gruyter 1970.

Kellermann, Ulrich, Nehemia. Quellen, Überlieferung und Geschichte (BZAW 102), Berlin: Töpelmann 1967.

Kenny, Anthony, The Aristotelian Ethics. A Study of the Relationship between the Eudemian and the Nichomachean Ethis of Aristotle, Oxford: Clarendon Press 1978.

Kepper, Martina, Hellenistische Bildung im Buch der Weisheit (BZAW 280), Berlin. New York: Walter de Gruyter 1999.

Kessler, Rainer, Sozialgeschichte des alten Israel. Eine Einführung, Darmstadt: Wissenschaftliche Buchgesellschaft 2006.

Kessler, Rainer, Staat und Gesellschaft im vorexilischen Juda (VT.S 47), Leiden: Brill 1992.

Khoury, Adel Theodor / Vanoni, Gottfried, Hg., „Geglaubt habe ich, deshalb habe ich geredet." FS Andreas Bsteh, Würzburg: Echter 1998.

Kienitz, Friedrich-Karl, Die politische Geschichte Ägyptens vom 7. bis zum 4. Jahrhundert vor der Zeitwende, Berlin: Akademie Verlag 1953.

Kierkegaard, Søren, Die Krankheit zum Tode. Der Hohepriester- der Zöllner – die Sünderin (GW 24/25 hg. E. Hirsch), Düsseldorf: Diederich 1954.

Kieweler, Hans Volker, Ben Sira zwischen Judentum und Hellenismus (BEATAJ 30), Frankfurt am Main: Peter Lang 1992.

Kieweler, Hans Volker, siehe auch: Loader/ ders., Hg., Vielseitigkeit.

Kinet, Dirk, Geschichte Israels (NEB.AT. E 2), Würzburg. Echter Verlag 2001.

Kippenberg, Hans G., Religion und Klassenbildung im antiken Judäa. Eine religions-soziologische Studie zum Verhältnis von Tradition und gesellschaftlicher Entwicklung (StUNT 14), Göttingen: Vandenhoeck & Ruprecht 1978.

Kirk, Geoffrey S., Myth: Its Meaning and Functions in Ancient and Other Cultures, Cambridge, U.K.: Cambridge University Press /Berkeley. Los Angeles: University of California Press 1971=1970.

Klees, Hans, Die Eigenart des griechischen Glaubens an Orakel und Seher (TBAW 45), Stuttgart: W. Kohlhammer 1964.

Klein, Hans, Das Lukasevangelium (KEK I/3), Göttingen: Vandenhoeck & Ruprecht 2006.

Knauf, Ernst Axel, Die Umwelt des Alten Testaments (NSK.AT 29), Stuttgart: Katholisches Bibelwerk 1994.

Knibb, Michael A., Essays on the Book of Enoch and Other Early Jewish Texts and Tradition (StVTP 22), Leiden. Boston: Brill 2003.

Koch, Bernhard, Philosophie als Medizin der Seele. Untersuchungen zu Ciceros Tusculanae Disputationes (Palingenesia 90), Stuttgart: Franz Steiner Verlag 2006.

Koch, Christoph, Vertrag, Treueid und Bund. Studien zur Rezeption des altorientalischen Vertragsrechts im Deuteronomium und zur Ausbildung der Bundestheologie (BZAW 382), Berlin. New York: Walter de Gruyter 2008.

Koch, Klaus, Daniel 1–4 (BK XIII/1), Neukirchen-Vluyn: Neukirchener 2005.

Koch, Klaus, Geschichte der ägyptischen Religion. Von den Pyramiden bis zu den Mysterien, Stuttgart u.a: Verlag W. Kohlhammer 1993.

Koch, Klaus, Europa, Rom und der Kaiser vor dem Hintergrund von zwei Jahrtausenden Rezeption des Buches Daniel (BS Jungius-Ges. 15/1), Hamburg/ Göttingen: Vandenhoeck & Ruprecht 1997.

Koch, Klaus, Spätisraelitisch-jüdische und urchristliche Danielrezeption vor und nach der des zweiten Tempels, in: Kratz/Krüger, Rezeption, 93–123.

Koch, Klaus, Mitarb. Niewisch, Till / Tubach, Jürgen, Das Buch Daniel (EdF 144), Darmstadt: Wissenschaftliche Buchgesellschaft 1980.

Koch, Klaus, siehe auch: Janowski / ders. / Wilhelm, Hg., Beziehungen.

Koch, Klaus, siehe: Frei, Peter/ders., Reichsidee.

Koester, Helmut, History, Culture, and Religion of the Hellenstic Age. Introduction to the New Testament I, 2nd ed. Berlin. New York: Walter de Gruyter 1995.

Köhler, Ludwig, Der Hebräische Mensch. Eine Skizze. Mit einem Anhang: Die Hebräische Rechtsgemeinde, Tübingen: J.C.B. Mohr (Paul Siebeck) 1953.

Köhnken, Adolf, Die Funktion des Mythos bei Pindar. Interpretationen zu sechs Pindargedichten (UALG 12), Berlin. New York: Walter de Gruyter 1971.

Kolarcik, Michael, The Ambiguity of Death in the Book of Wisdom 1–6. A Study of Literary Structure and Interpretation (AnBib 127), Roma: Editrice Pontificio Instituto Biblico 1991.

Kolarcik, Michael, Universalism and Justice in the Wisdom of Solomon in: Calduch-Benages / Vermeylen, Hg., Treasures, 289–301.

Kollmann, Bernd/ Reinbold, Wolfgang/ Steudel, Annette, Hg., Antikes Judentum und Frühes Christentum. FS Hartmut Stegemann (BZNW 97), Berlin. New York: Walter de Gruyter 1998.

Kornfeld, Walter, Levitikus (NEB), Würzburg: Echter 1983.

Kraiker, Wilhelm, Die Malerei der Griechen, Stuttgart: W. Kohlhammer 1958.

Krammer, Ingrid, siehe. Egger-Wenzel/ dies., Hg., Einzelne.

Kratz, Reinhard G., Das Judentum im Zeitalter des Zweiten Tempels (FAT 42), Tübingen: Mohr Siebeck 2006=2004.

Kratz, Reinhard G., Die Komposition der erzählenden Bücher des Alten Testaments (UTB 2157), Göttingen: Vandenhoeck & Ruprecht 2000.

Kratz, Reinhard G., Kyros im Deuterojesaja Buch. Redaktionsgeschichtliche Untersuchungen zu Entstehung und Theologie von Jes 40–55 (FAT 1), Tübingen: J.C.B. Mohr (Paul Siebeck) 1991.

Kratz, Reinhard G., Nabonid und Kyros, in: ders., Judentum, 40–54.

Kratz, Reinhard G., Translatio imperii. Untersuchungen zu den aramäischen Danielerzählungen und ihrem theologiegeschichtlichen Umfeld (WMANT 63), Neukirchen-Vluyn: Neukirchener 1991.

Kratz, Reinhard G. / Krüger, Thomas, Hg., Rezeption und Auslegung im Alten Testament und seinem Umfeld. Ein Symposion aus Anlaß des 60. Geburtstages von Odil Hannes Steck (OBO 153), Freiburg Schweiz: Universitätsverlag Freiburg Schweiz/ Göttingen: Vandenhoeck & Ruprech 1997 t.

Kratz, Reinhard G. / Krüger, Thomas / Schmid, Konrad, Hg., Schriftauslegung in der Schrift. FS Odil Hannes Steck (BZAW 300), Berlin. New York: Walter de Gruyter 2000.

Kratz, Reinhard G. / Spieckermann, Hermann, Hg., Divine Wrath and Divine Mercy (FAT II/33), Tübingen: Mohr Siebeck 2008.

Kratz, Reinhard G. / Spieckermann, Hermann, Hg., Liebe und Gebot. Studien zum Deuteronomium. FS Lothar Perlitt (FRLANT 190), Göttingen: Vandenhoeck & Ruprecht 2000.

Kreitzer, Larry, Hadrian und der Nero redivivus, in: ZNW 79 (1985), 92–115.

Kremer, Jacob, Der Erste Brief an die Korinther (RNT), Regensburg: Friedrich Pustet.

Kremer, Klaus, Plotin, in: Ricken, Hg., Philosophen, II, 216–226.

Krug, Antje, Heilkunst und Medizin in der Antike, München: C.H. Beck 1993.

Krüger, Gerhard, Einsicht und Leidenschaft. Das Wesen des platonischen Denkens, Frankfurt am Main: Vittorio Klostermann 1963=1939.

Küchler, Max, Frühjüdische Weisheitstraditionen. Zum Fortgang weisheitlichen Denkens im Bereich des frühjüdischen Jahweglaubens (OBO 26) Freiburg Schweiz: Universitätsverlag Freiburg Schweiz/ Göttingen:Vandenhoeck & Ruprecht 1979.

Kuhn, Karl Georg, Die älteste Textgestalt der Psalmen Salomos insbesondere auf Grund der syrischen Übersetzung neu untersucht; mit einer Bearbeitung und Übersetzung der Psalmen Salomos (BWANT 73), Stuttgart: W. Kohlhammer 1937.

Kümmel, Werner Georg, Die Theologie des Neuen Testaments (NTD.E 3) Göttingen: Vandenhoeck & Ruprecht 1972.

Laato, Antti / de Moor, Johannes C., Hg., Theodicy in the World of the Bible, Leiden. Boston: Brill 2003.

Lang, Bernhard, Hg., Der einzige Gott. Die Geburt des biblischen Monotheismus. München: Kösel 1981.

Lang, Bernhard, Die Jahwe-Allein-Bewegung (1981), in: ders., Gott, 47–83.

Lang, Friedrich, Die Briefe an die Korinther (NTD 7), Göttingen: Vandenhoeck & Ruprecht 1986.

Lange, Arnim, „Eure Töchter gebt nicht ihren Söhnen und ihre Töchter nehmt nicht für eure Söhne“ (Esra 9,12). Die Frage der Mischehen im Buch Esra/ Nehemia im Licht der Textfunde von Qumran, in: Bauks / Liess / Riede, Hg., Was ist der Mensch, 295–312.

Lange, Kurt / Hirmer, Max, Aegypten. Architektur Plastik Malerei in drei Jahrtausenden. Aufnahmen von Max Hirmer, München: Hirmer 1955.

Larcher, Chrysostome, Études sur le livre de la Sagesse (EtB), Paris: Librairie Lecoffre 1969.

Latacz, Joachim, Einleitung in die griechische Tragödie (UTB 1745), 2. Aufl., Göttingen: Vandenhoeck & Ruprecht 2003.

Latacz, Joachim, Art. Homeros, in: DNP 5 (1998), 686–699.

Latte, Kurt, Römische Religionsgeschichte (HAW V/4), München: C. H. Beck 1967=1960.

Lauha, Risto, Psychophysicher Sprachgebrauch im Alten Testament (AASF:DHL 15), Helsinki: Suomaleinen Tiedeakatemia 1983.

Lesky, Albin, Geschichte der griechischen Literatur, 3. Aufl., Bern und München: Franke Verlag 1971.

Lesky, Albin, Die tragische Dichtung der Griechen (Studienhefte zur Altertumswissenschaft 2), 3. völlig neu bearb. Aufl., Göttingen: Vandenhoeck & Ruprecht 1972.

Levin, Christoph, Das Alte Testament (Becksche Reihe Wissen), München: C.H. Beck 2001.

Levin, Christoph, Der Jahwist (FRLANT 157), Göttingen: Vandenhoeck & Ruprecht 1993.

Levin, Christoph, Die Verheißung des neuen Bundes in ihrem theologiegeschichtlichen Zusammenhang (FRLANT 137), Göttingen: Vandenhoeck & Ruprecht 1985.

Lichtenberger, Hermann, Paulus und das Gesetz, in: Hengel/ Heckel, Hg., Paulus, 361–378.

Lichtenberger, Hermann, Studien zum Menschenbild in den Texten der Qumrangemeinde (StUNT 15), Göttingen: Vandenhoeck & Ruprecht 1980.

Lichtenberger, Hermann / Oegema, Gerbern S., Hg., Jüdische Schriften in ihrem antik-jüdischen und urchristlichen Kontext (JSHRZ.St.1), Gütersloh: Gütersloher Verlagshaus 2002.

Lichtheim, Miriam, Late Egyptian Wisdom in the International Context. A Study of Demotic Instructions (OBO 52), Freiburg/Schweiz/Göttingen: Universitätsverlag Freiburg Schweiz / Vandenhoeck & Ruprecht 1983.

Liess, Kathrin, Sättigung mit langem Leben. Vergänglichkeit, Lebenszeit und Alter in den Psalmen 90–92, in: Bauks / dies. / Riede, Hg., Was ist der Mensch, 329–342.

Lietzmann, Hans, An die Korinther I/II (HNT 9). 4. Aufl. erg. W.G. Kümmel, Tübingen: J.C.B. Mohr (Paul Siebeck) 1949.
Lindner, Helge, Die Geschichtsauffassung des Flavius Josephus im Bellum Judaicum (AGJU 12), Leiden: Brill 1972.
Lintott, Andrew, siehe: Crook, J.A. u. a.
Lloyd-Jones, Hugh, The Justice of Zeus (SCL 41), Berkeley. Los Angeles. London: University of California Press 1971.
Loader, James A., Ester, in: Müller/ Kaiser/ Loader (ATD 16/2), 4. völlig neu bearb. Aufl. Göttingen: Vandenhoeck & Ruprecht 1992, 199–280.
Loader, James Alfred/ Kieweler, Hans Volker, Hg., Vielseitigkeit des Alten Testaments. FS Georg Sauer (Wiener Alttestamentliche Studien 1), Frankfurt am Main u. a.: Peter Lang 1999.
Lohse, Eduard, Der Brief an die Römer (KEK IV), Göttingen: Vandenhoeck & Ruprecht 2003.
Lohse, Eduard, Die Entstehung des Neuen Testaments (ThW 4), Stuttgart u. a.: W. Kohlhammer 6. Aufl. 2001.
Lohse, Eduard, Paulus. Eine Biographie, München: C.H. Beck 1996.
Long, Anthony A., Hellenistic Philosophy. Stoics, Epicureans, Sceptics, London: Duckworth 1974 ND.
Loretz, Oswald, Nekromantie und Totenevokation in Mesopotamien, Ugarit und Israel, in: Janowski/Koch/Wilhelm, Beziehungen, 286–318.
Loretz, Oswald, Ugarit und die Bibel. Kanaanäische Götter und Religion im Alten Testament, Darmstadt: Wissenschaftliche Buchgesellschaft 1990.
Loretz, Oswald / Metzler, Kai A. / Schaudig, Hanspeter, Hg., Ex Mesopotamia et ex Syria Lux. FS Manfried Dietrich (AOAT 281), Münster: Ugarit-Verlag 2002.
Lossau, Manfred Joachim, Aischylos, Hildesheim: Olms/ Darmstadt: Wissenschaftliche Buchgesellschaft 1989.
Lührmann, Dieter, Der Brief an die Galater (ZBK.NZ 7), 2. Aufl, Zürich: Theologischer Verlag 1988.
Lührmann, Dieter, Das Markusevangelium (HNT 3), Tübingen: J.C.B. Mohr (Paul Siebeck) 1987.
Lutz, Ulrich, Matthäusevangelium, in: RGG[4] 5 (2002), Tübingen: Mohr Siebeck, 916–920.
Lutz-Bachmann, Matthias, Und dennoch ist von Gott zu reden. FS Herbert Vorgrimler, Freiburg. Basel. Wien: Herder 1994.
Maaß, Fritz, Hg., Das ferne und nahe Wort. FS Leonhard Rost (BZAW 105), Berlin: Alfred Töpelmann 1967.
Maass, Michael, Das antike Delphi. Orakel, Schätze und Monumente, Darmstadt: Wissenschaftliche Buchgesellschaft 1993.
Mach, Michael, Entwicklungsstadien des jüdischen Engelglaubens in vorrabinischer Zeit (TStAJ 34), Tübingen:. J.C.B. Mohr (Paul Siebeck) 1992.
Mader, Gottfried, Josephus and the Politics of Historiography. Apologetic and Impression Menagement in the Bellum Judaicum (Mn.S.205), Leiden. Boston. Köln: Brill 2000.
Maier, Christl, Die „fremde Frau“ in Proverbien 1–9. Eine exegetische und sozialgeschichtliche Studie (OBO 144), Freiburg, Schweiz: Universitäts-Verlag / Göttingen: Vandenhoeck & Ruprecht 1995.

Maier, Gerhard, Mensch und freier Wille. Nach den jüdischen Religionsparteien zwischen Ben Sira und Paulus (WUNT 12), Tübingen: J.C.B. Mohr (Paul Siebeck) 1971.

Maier, Johann, Zwischen den Testamenten. Geschichte und Religion in der Zeit des zweiten Tempels (NEB.AT. E 3), Würzburg: Echter 1990.

Maimon, Mose B., Führer der Unschlüssigen. Übers. A. Weiß, eingel. Johannes Maier (PhB 184-a.c), Hamburg: Meiner 1994.

Manson, Steve, Flavius Josephus an the Pharisees. A Composition Critical Study (StPB 39) Leiden.: Brill 1991.

Marböck, Johannes, Apokalyptische Traditionen im Sirachbuch?, in: Witte, Hg., Gott und Mensch, II, 833–849 = ders., Frömmigkeit, 137–153.

Marböck, Johannes, „Denn in allem Herr, hast du dein Volk großgemacht!" Weish 18,5–19,22 und die Botschaft der Sapientia Salomonis, in: Hentschel / Zenger, Hg., Lehrerin, 156–178.

Marböck, Johannes, Das Gebet um die Rettung Zions in Sir 36,1–22 (G: 33,1–13a + 36,16b-22) im Zusammenhang der Geschichtsschau Ben Siras, in: ders., Gottes Weisheit, 149–166.

Marböck, Johannes, Gerechtigkeit, Gottes und Leben nach dem Sirachbuch, in: Jeremias, Hg. (2001) 21–52 = ders., Frömmigkeit, 173–197.

Marböck, Johannes, Gesetz und Weisheit. Zum Verständnis des Gesetzes bei Jesus Sirach, in: ders., Gottes Weisheit, 52–72

Marböck, Johannes, Gottes Weisheit unter uns. Zur Theologie des Buches Jesus Sirach, hg. v. Irmtraud Fischer (HBS 6) Freiburg. Basel. Wien: Herder 1995.

Marböck, Johannes, Der Hohepriester Simon in Sir 50. Ein Beitrag zur Bedeutung von Priestertum und Kult im Sirachbuch, in: Calduch-Benages / Vermeylen, Treasures, 215–229 = ders., Frömmigkeit,155–168.

Marböck, Johannes, Kohelet und Sirach, in: Schwienhorst-Schönberger, Hg., Kohelet, 275–302 = ders., Frömmigkeit, 79–103.

Marböck, Johannes, Mit Hand und Herz. Der schriftgelehrte Weise und das Handwerk nach Sir 38,24–34, in: BN 139 (2008), 39–60.

Marböck, Johannes, Weisheit im Wandel (BBB 37), Bonn: Peter Hanstein 1971 = 1999.

Marböck, Johannes, Weisheit im Wandel (BZAW 272), Berlin. New York: Walter de Gruyter 2. Aufl. 1999.

Marböck, Johannes, Weisheit und Frömmigkeit (ÖBS 29), Frankfurt am Main: Peter Lang 2006.

Marböck, Johannes, Zum Verständnis der Weisheit bei Jesus Ben Sira, in: ders., Gottes Weisheit, 52–72.

Marg, Walter, Hg., Herodot. Eine Auswahl aus der neueren Forschung, 2. überarb. u. erw. Aufl. (WdF 26), Darmstadt. Wissenschaftliche Buchgesellschaft 1965.

Marg, Walter, Selbstsicherheit bei Herodot (1953), in. ders., Hg., Auwahl, 290–301.

Markus, R.A., Marius Victorinus and Augustine, in: Armstrong, Hg., History, 331–424.

Martínez, Florentino García, Messianic Hopes in the Qumran Writings, in: ders. / Trebolle Barrera, People, 159–189.

Martínez, Florentino García, Qumran and Apocalyptic. Studies on the Aramaic Fragments from Qumran (StTDJ 9), Leiden. New York. Köln: Brill 1992.
Martínez, Florentino García/ Trebolle Barrera, Julio, The People oft the Dead Sea Scrolls. Their Writings, Beliefs and Pracitices, Leiden. New York. Cologne: Brill.
Mathys, Hans Peter, Liebe deinen Nächsten wie dich selbst. Untersuchungen zum alttestamentlichen Gebot der Nächstenliebe (Lev 19,18) (OBO 71), Freiburg Schweiz: Universitätsverlag Freiburg Schweiz / Göttingen: Vandenhoeck & Ruprecht 1986.
Maurach, Gregor, Seneca, in: Ricken, Hg., Philosophen, II, 146–168.
May, Gerhard, Schöpfung aus dem Nichts. Die Entstehung der Lehre von der Creato ex nihilo (AKG 48), Berlin. New York: Walter de Gruyter 1978.
Mayer, Reinhold / Möller, Christa, Josephus – Politiker und Prophet, in: Betz/ Haacker/Hengel, Josephus-Studien, 260–272.
McKane, William, Jeremiah I: Introduction and Commentary on Jeremiah I-XXV; II: Commentary on Jeremiah XXVI-LII (ICC), Edinburgh: T & T Clark 1986/ 1996.
Meade, David G., Pseudonymity and Canon. An Investigation into the Relationship of Authorship and Authority in Jewish and Earliest Christian Tradition (WUNT 39), Tübingen: J.C.B. Mohr (Pauls Siebeck) 1986.
Mehlhausen, Joachim, Hg., Pluralismus und Identität (VWGTh 8), Gütersloh: Gütersloher Verlagshaus 1995.
Meier, Gerhard, Mensch und freier Wille. Nach den jüdischen Religionsparteien zwischen Ben Sira und Paulus (WUNT 12), Tübingen: J.C.B. Mohr (Paul Siebeck) 1971.
Meinhold, Arndt, Die Sprüche I: Sprüche Kapitel 1–15 (ZBK. AT 16/1), Zürich: Theologischer Verlag 1991.
Meissner, Bruno, Babylonien und Assyrien II (Kulturgesch. Bibl. I/4), Heidelberg: Carl Winters Universitätsbuchhandlung 1925.
Mendels, Doron, Jewish Historical Writings between Judaism and Hellenism. New Methods of Research, in: Lichtenberger/ Oegema, Hg., Jüdische Schriften, 35–42.
Merrill, Eugene H., Qumran and Predestination. A Theological Study of the Thanksgiving Hymns (StJDJ 8), Leiden: Brill 1975.
Mettinger, Tryggve N.D., The Eden Narrative. A Literary and Religio-historical Study of Genesis 2–3, Winona Lake: Eisenbrauns 2007.
Metzger, Martin, Kreuz und Lebensbaum, Golgatha und Gottesberg (2007), in: Stiegler, Hg., Evangelium, 1–31.
Metzger, Martin, Vorderasiatische Ikonographie und Altes Testament. Ges. Aufsätze, hg. M. Pietsch u. W. Zwickel, Münster: Aschendorff 2004.
Metzger, Martin, Der Weltenbaum in der vorderorientalischen Bildtradition (1991), in: Daniels u. a., Hg., Ernten, 197–229= ders., Ikonographie, 77–89.
Meyer, Rudolf, Das Gebet des Nabonid. Eine in den Qumran-Handschriften wieder entdeckte Weisheitserzählung (SSAW.Ph 107/4), Berlin: Akademie Verlag 1962.

Michel, Otto, Der Brief an die Römer (KEK IV), 5. bearb. Aufl., Göttingen: Vandenhoeck & Ruprecht 1978.

Middendorp, Theophil, Die Stellung Ben Siras zwischen Judentum und Hellenismus, Leiden: Brill 1973.

Momigliano, Arnaldo, Die Stellung des Herodotos in der Geschichte der Historiographie. Übers. v. G. Forderer, in: Marg, Hg., Auswahl, 137–156.

Moor, Johannes C. De, The Seasonal Pattern in the Ugaritic myth of Baʿlu. According to the Version of Ilimilku (AOAT 16), Kevealer: Butzon & Berker / Neukirchen-Vluyn: Neukirchener Verlag 1971.

Morrow, Glenn R., Plato's Cretan City. A Historical Interpretation of the Laws, Princeton N.J: Princeton University Press 1993=1960.

Mulder, Otto, Simon de hogepriester in Sirach 50, Diss. kath.theol. Utrecht, Almelo / Netherlands.

Müller, Hans-Peter, Anfänge der Religionskritik bei den Vorsokratikern, in: Khoury/Vanoni, Hg., Geglaubt, 281–295.

Müller, Hans-Peter, Glauben, Denken und Hoffen. Alttesamentliche Botschaften in den Auseinandersetzungen unserer Zeit (Altes Testament und Moderne 1), Münster i.W.: LIT 1998.

Müller, Hans-Peter, Das Problem der Rede von Gott im Licht der Frage ‚Was ist Wahrheit?', in: Lutz-Bachmann, Hg., Und dennoch, 56–68 = ders., Glauben, 297–309.

Müller, Hans-Peter, Rückzug Gottes ins Namenlose, in: ders., Glauben, 311–319.

Müller, Walter W., Der babylonische König Nabonid in taymanischen Inschriften, in: BN 107/108 (2001), 109–119.

Murphey, Roland E., The Tree of Life. An Exploration of Biblical Wisdom Literature, 2nd ed., Grand Rapids/Mich. und Cambridge/U.K: William B. Eerdmans 1996.

Murphey, Roland E., The Personification of Wisdom, in: Day / Gordon /Williamson, Hg., Wisdom, 222–233.

Musti, Domenico, Syria and the East, in: Walbank/ Astin u. a., Hg., Hellenistic, 175–220.

Nam Hoon Tan, Nancy, The ‚Foreigness' of the Foreign Woman in Proverbs 1–9. A Study of the Origin and Development of a Biblical Motif (BZAW 381), Berlin. New York: Walter de Gruyter 2008.

Neef, Heinz-Dieter, Menschliche Hybris und göttliche Macht. Dan 4 LXX und Dan 4 Th im Vergleich, in: JNSL 31 (2005), 59–89.

Neher, Martin, Der Weg zur Unsterblichkeit der Seele in der Sapientia, in: Ahn/ Dietrich, Hg., Engel, 121–136.

Neher, Martin, Wesen und Wirken der Weisheit in der Sapientia Salomonis (BZAW 333), Berlin. New York: Walter de Gruyter 2004.

Nestle, Dieter, Eleutheria. Studien zum Wesen der Freiheit bei den Griechen und im Neuen Testament (HUTh 6), Tübingen: J.C.B. Mohr (Paul Siebeck) 1967.

Nestle, Wilhelm, Vom Mythos zum Logos. Die Selbstentfaltung des griechischen Denkens von Homer bis auf die Sophistik und Sokrates, Stuttgart: Kröner 2. Aufl. 1975.

Nicholson, Ernest W., Preaching to the Exiles. A Study of the Prose Tradition in the Book of Jeremiah, Oxford: Basil Blackwell 1970.

Nickelsburg, George W., Jewish Literature between the Bible and Mishna. A Historical and Literary Introduction, Philadelphia: Fortress Press 1981.
Nickelsburg, George, The Bible Rewritten and Expanded, in: Stone, Hg., Jewish Writings, 89–151.
Niederwimmer, Kurt, Die Didache (KAV I), 2. Aufl., Göttingen: Vandenhoeck & Ruprecht 1993.
Niehr, Herbert, Der höchste Gott. Alttestamentlicher JHWH-Glaube im Kontext syrisch-kanaanäischer Religion des 1. Jahrtausends v. Chr. (BZAW 190), Berlin. New York. Walter de Gruyter 1990.
Niehr, Herbert, Rechtsprechung in Israel. Untersuchungen zur Geschichte der Gerichtsorganisation im Alten Testament (SBS 130), Stuttgart: Katholisches Bibelwerk 1987.
Nielsen, Eduard, Deuteronomium (HAT I/6), Tübingen: J.C.B. Mohr (Paul Siebeck) 1995.
Nielsen, F.A.J., The Tragedy in History. Herodotus and the Deuteronomistic History (JSOT.S 251), Sheffllield: Sheffield University Press 1999.
Niemann, Hermann Michael, Herrschaft, Königtum und Staat. Skizzen zur soziokulturellen Entwicklung im monarchischen Israel (FAT 6), Tübingen: J.C.B. Mohr (Paul Siebeck) 1993.
Nikiprowetzky, Valentin, La Sibylle juive et le 'Troisième Livre' des 'Pseudo-Oracles Sibyllins', depuis Charles Alexandre, in: ANRW II/ 20,1 (1987), 460–542.
Nikiprowetzky, Valentin, La Troisième Sibylle, Paris: Mouton 1970.
Nilsson, Martin P., Geschichte der griechischen Religion I: Die Religion Griechenlands bis auf die griechische Weltherrschaft, II: Die hellenistische und römische Zeit, 2. durchges. u. erg. Aufl., (AHW V/2.1–2), München: C.H. Beck 1955/1961.
Nissen, Andreas, Gott und der Nächste im antiken Judentum (WUNT 15) Tübingen: J.C.B. Mohr (Paul Siebeck) 1974.
Nobile, Marco, La thématique eschatologique dans le livre de la Sagesse en relation avec l'apocalyptique, in: Calduch-Benages / Vermeylen, Hg., Treasures, 303–312.
Nötscher, Friedrich, Biblische Altertumskunde (HSAT.E III), Bonn: Peter Hanstein 1940.
Oegema, Gerbern S., Apokalypsen (JSHRZ VI: Einführung zu den Jüdischen Schriften), Gütersloh: Gütersloher Verlagshaus 2001.
Oegema, Gerbern S. Mit Beiträgen von Jan Dochhorn, Beate Ego, Martin Meiser und Otto Merk, Unterweisung in lehrhafter Form (JSHRZ VI: Einführung zu den Jüdischen Schriften 1,2), Gütersloh: Gütersloher Verlagshaus 2005.
Oellers, Norbert, Schiller. Elend der Geschichte, Glanz der Kultur, Stuttgart: Philipp Reclam jun. 2005.
Oorschot, Jürgen van, Der Gerechte und der Frevler im Buch der Sprüche, in: BZ.NF 42 (1998), 225–238.
Oorschot, Jürgen van, Von Babel zum Zion. Eine literarkritische und redaktionsgeschichtliche Untersuchung (BZAW 206), Berlin. New York: Walter de Gruyter.
Osten, Hermann H. von der, Die Welt der Perser (Große Kulturen der Frühzeit), Zürich: Fretz & Wasmuth, 4. Aufl. 1962.

Osten-Sacken, Peter von der, Gott und Belial. Traditionsgeschichtliche Untersuchungen zum Dualismus in den Texten aus Qumran (StUNT 6), Göttingen: Vandenhoeck & Ruprecht 1969.

Otto, Eckart, Die Aktualität des biblischen Fremden-Rechts, in: ders., Kontinuum, 317–321.

Otto, Eckart, Der Dekalog als Brennspiegel israelitischer Rechtsgeschichte, in: ders., Kontinuum, 293–303.

Otto, Eckart, Die Geschichte des Talion im Alten Orient und in Israel, in: ders., Kontinuum, 224–245.

Otto, Eckart, Kontinuum und Proprium. Studien zur Sozial- und Rechtsgeschichte des Alten Testaments (OBC 8), Wiesbaden: Harrassowitz 1996.

Otto, Eckart, Mose. Geschichte und Legende (Becksche Reihe: Wissen), München: C:H. Beck 2006.

Otto, Eckart, Theologische Ethik des Alten Testaments (ThW III/2), Stuttgart u. a.: W. Kohlhammer 1994.

Otto, Eckart, Die Tora des Mose. Die Geschichte der literarischen Vermittlung von Recht, Religion und Politik durch die Mosegestalt (BS der Joachim Jungius Gesellschaft 19/,2), Göttingen: Vandenhoeck & Ruprecht 2001.

Pakkala, Juha, Ezra the Scribe. The Development of Ezra 7–10 and Nehemia 8 (BZAW 347), Berlin. New York: Walter de Gruyter 2004.

Pakkala, Juha, Intolerant Monolatry in the Deuteronomistic History (PFES 76), Helsinki: The Finnish Exgetical Society / Göttingen: Vandenhoeck & Ruprecht 1999.

Pannenberg, Wolfhart, Problemgeschichte der neueren protestantischen Theoogie (UTB 1979), Göttingen: Vandenhoeck & Ruprecht 1979.

Pannenberg, Wolfhart, Sytematische Theologie III, Göttingen: Vandenhoeck & Ruprecht 1993.

Parke, Herbert W., The Oracles of Zeus. Dodona. Olympia. Ammon, Oxford: Basil Blackwell 1967.

Parke, Herbert W., Sibyls and Sibylline Prophecy in Classical Antiquity, ed. B. McGing (Croom Helm Classical Studies), London: Routledge 1988.

Parker, Robert, Athenian Religion. A History, Oxford: Clarendon Press 1996.

Parker, Robert, Polytheism and Society at Athens, Oxford: Oxford University Press 2005.

Perdue, Leo C., siehe: Gammie / ders., The Sage.

Perlitt, Lothar,, Allein mit dem Wort. Theologische Studien. Zum 65. Geburtstag hg. von Hermann Spieckermann, Göttingen: Vandenhoeck & Ruprecht 1995.

Perlitt, Lothar, Deuteronomium (BK.AT V/1 ff.), Neukirchen-Vluyn: Neukirchener 1990 ff..

Perlitt, Lothar, Der Staatsgedanke im Deuteronomium, in: Balentine/Barton, Hg., Language, 182–198 = ders., Allein, 236–248.

Peters, Norbert, Das Buch Jesus Sirach oder Ecclesiasticus (EHAT 25), Münster i. W.: Aschendorffsche Verlagsbuchhandlung 1913.

Pfürtner, Stephan, siehe: Schoenborn / ders., Hg., Vorspung.

Phillips, E.D., Greek Medicine (AGRL), London: Tames & Hudson 1973.

Piaget, Jean,, Einführung in die genetische Erkenntnistheorie. Übers. F. Herborth (stw 6), 6. Aufl., Frankfurt am Main: Suhrkamp 1996.

Pieper, Josef, Über die platonischen Mythen, München: Kösel 1965.
Plöger, Otto, Das Buch Daniel (KAT XVIII), Gütersloh: Gütersloher Verlagshaus 1965.
Pohlenz, Max, Herodot. Der erste Geschichtsschreiber des Abendlandes (Neue Wege zur Antike II. Interpretationen 7/8), Leipzig und Berlin: Teubner 1937.
Pohlenz, Max, Gestalten aus Hellas, München: C.H. Beck 1950.
Pohlenz, Max, Griechische Freiheit, Wesen und Werden eines Lebensideals: Heidelberg: Quelle & Meyer 1955.
Pohlenz, Max, Die griechische Tragödie. 2. neubearb. Aufl., I-II, Göttingen: Vandenhoeck & Ruprecht 1954.
Pohlmann, Karl-Friedrich, Das Buch des Propheten Hesekiel (Ezechiel). Kapitel 1–19 (ATD 22/1), Göttingen: Vandenhoeck & Ruprecht 1996.
Pohlmann, Karl-Friedrich, diehe auch: Kaiser, Grundriss III.
Pola, Thomas, Eine priesterschriftliche Auffassung der Lebensalter (Leviticus 27,1–8), in: Bauks / Liess / Riede, Hg., Was ist der Mensch, 389–408.
Praechter, Karl, Die Philosophie des Altertums (GGPH I), Berlin: Mittler & Sohn / Basel: Benno Schwabe / Darmstadt:Wissenschaftliche Buchgesellschaft 1958=1926.
Prato, Gian Luigi, Il problema della teodicea in Ben Sira. Compositione dei contrari e richiamo alle origine (AnBib 65), Roma: Biblical Institute Press 1975.
Pressler, Carolyn, The View of Women Found in the Deuteronomic Family Law (BZAW 216), Berlin. New York: Walter de Gruyter 1993.
Preuß, Horst Dietrich, Das Deuteronomium (EdF 164), Darmstadt. Wissenschaftliche Buchgesellschaft 1982.
Price, A.W., Love and Friendship in Plato and Aristotle, Oxford: Clarendon Press 1989.
Price, J.J., Jerusalem under Siege. The Collapse of the Jewish State 66–70 C:E. (BSJS 3), Leiden: Brill 1992.
Prigent, Pierre, Psaumes de Salomon, in: Dupont-Sommer, Écrits Intertestamentaires, 945–992.
Prodi, Paolo, Eine Geschichte der Gerechtigkeit. Vom Recht Gottes zum modernen Rechtsstaat. Aus dem Ital. von Annette Seemann, München: C.H. Beck 2003.
Rabenau, Merten, Studien zum Buch Tobit (BZAW 220), Berlin. New York. Walter de Gruyter 1994.
Rad, Gerhard von, Weisheit in Israel, Neukirchen-Vluyn: Neukirchener Verlag 1970.
Rajak, Tessa, The Jews under the Hasmonean Rule, in: Crook u. a., Last Age, 274–309.
Ramírez Kidd, José E., Alterity and Identity in Israel (BZAW 283), Berlin. New York: Walter de Gruyter 1999.
Ratschow, Carl Heinz, Der angefochtene Glaube. Anfangs- und Grundprobleme der Dogmatik, Gütersloh: Bertelsmann 1960.
Reese, James M., Hellenistic Influence on the Book of Wisdom and Its Consequences (AnBib 41), Rome: Biblical Insitute 1970.
Regenbogen, Otto, Die Geschichte von Solon und Kroisos (1929), in: ders., Kleine Schriften, hg. v. F. Dirlmeier, München: C.H. Beck 1961, 101–124 = Marg, Auswahl, 373–403.

Reinsberg, Carola, Ehe, Hetärentum und Knabenliebe im Antiken Griechenland, München: C.H. Beck 1993= 1989.

Reiterer, Friedrich V., Hg., Freundschaft bei Ben Sira (BZAW 244), Berlin. New York: Walter de Gruyter 1996.

Reiterer, Friedrich V., Neue Akzente in der Gesetzesvorstellung: תורת החיים bei Ben Sira", in: Witte, Hg., Gott und Mensch, 851–871.

Ricken, Friedo, Hg., Philosophen der Antike I-II (UB 458/459), Stuttgart u. a.: W. Kohlhammer 1996.

Riede, Peter, siehe: Bauks / Liess / ders., Was ist der Mensch.

Rilke, Rainer Maria, Werke in drei Bänden. Hg. vom Rilke-Archiv in Verbindung mit Ruth Sieber-Rilke, besorgt durch Ernst Zinn I: Gedicht- Zyklen, Frankfurt am Main: Insel 1955 ND.

Rist, John M., Stoic Philosophy, Cambridge, U.K.: Cambridge University Press 1969 ND.

Rist, John M. Hg., The Stoics (Major Thinkers), Berkeley. Los Angeles. London: University of California Press 1978.

Ro, Johannes Un-Sok, Die sog. Armenfrömmigkeit im nachexilischen Israel (BZAW 322), Berlin. New York: Walter de Gruyter 2002.

Roloff, Dietrich, Gottähnlichkeit, Vergöttlichung und Erhöhung zu seligem Leben. Untersuchungen zur Herkunft der platonischen Angleichung an Gott (UALG 4), Berlin: Walter de Gruyter 1970.

Roloff, Jürgen, Die Apostelgeschichte (NTD 5), Göttingen: Vandenhoeck & Ruprecht, 1981.

Römheld, Diethard, Wege der Weisheit. Die Lehren Amenemopes und Proverbien 22,17–24,22 (BZAW 184), Berlin. New York: Walter de Gruyter 1989.

Rose, Herbert Jennings, Griechische Mythologie. Ein Handbuch. Aus dem Engl. Übers. v. Anna Elisabeth Berve-Glauning, 2. Aufl. München: C.H. Beck 1961.

Rosenberger, Veit, Griechische Orakel. Eine Kulturgeschichte, Darmstadt: Wissenschaftliche Buchgesellschaft 2001.

Rössler, Dietrich, Gesetz und Geschichte. Untersuchungen zur Theologie der jüdischen Apokalyptik und der pharisäischen Orthodoxie (WMANT 3), Neukirchen-Vluyn: Neukirchener Verlag 1960.

Rost, Leonhard, Die Vorstufen von Kirche und Synagoge im Alten Testament (BWANT 76), Stuttgart: W. Kohlhammer 1938.

Russel, D.S., The Method and Message of Jewish Apocalyptic 200 BC-AD 100, London: SCM Press 1964.

Rüterswörden, Udo, Dominum terrae. Studien zur Genese einer alttestamentlichen Vorstellung (BZAW 215), Berlin. New York: Walter de Gruyter 1993.

Rüterswörden, Udo, Die Liebe zu Gott im Deuteronomium, in: Witte, Gott und Mensch, 229–238.

Ryle, H. E. / James, M.R., Psalmoi Solomontos: Psalms of the Pharisees. Commnonly Called the Psalms of Solomon, Cambridge: Cambridge University Press 1891.

Rzach, Alois, Sibyllinen, in: PRE II/4 (1923), 2073–2101.

Rzach, Alois, Sibyllinische Orakel, in: PRE II/4 (1923), 2103–2108.

Rzach, Alois, Sibyllinische Orakel, in: PW 2 A (1923), 2073–2183.

Sacchi, Paolo, The History of the Second Temple Period, London. New York: T & T Clark 2000.

Samotta, Iris, Das Vorbild der Vergangenheit. Geschichtsbild und Reformvorschläge bei Cicero und Sallust (Hist.E. 204), Stuttgart: Franz Steiner 2009.

Sanders, Jack T., Ben Sira and Demotic Wisdom (SBL.M 28), Chico / Cal.: Scholars Press 1983.

Satake, Akira, Die Offenbarung des Johannes (KEK XVI), Göttingen: Vandenhoeck & Ruprecht 2008.

Sauer, Georg, Jesus Sirach / Ben Sira (ATD.Apok.1), Göttingen: Vandenhoeck & Ruprecht 2000.

Schadewaldt, Wolfgang, Die Anfänge der Geschichtsschreibung der Griechen. Herodot. Thukydides (Tübinger Vorlesungen 2, stw 389), Frankfurt am Main: Suhrkamp 1982.

Schäfer, Peter, Der vorrabinische Pharisäismus, in: Hengel / Heckel, Paulus, 125–175.

Schaller, Bernd, siehe auch unter „1. Textausgaben und Übersetzungen“ zu: Das Testament Hiobs.

Scharbert, Josef, Exodus (NEB.AT), Würzburg: Echter 1989.

Scharbert, Josef, Numeri (NEB.AT), Würzburg: Echter 1992.

Schelling, Friedrich Wilhelm Joseph, Über das Wesen der menschlichen Freiheit und die damit zusammenhängenden Gegenstände (1809). Hg. v. Thomas Buchheim (PhB 503), Hamburg: Meiner 1997.

Schiller, Friedrich von, Über Anmut und Würde (1793), in: ders., SW.V: Philosophische Schriften. Vermischte Schriften, hg. v. Benno von Wiese, München: Winkler 1968 (ND), 251–285.

Schiller, Friedrich von, Über das Erhabene (1793), in: ders., SW.V: Philosophische Schriften. Vermischte Schriften, hg. v. Benno von Wiese, München: Winkler 1968 (ND), 215–230.

Schlatter, Adolf, Geschichte Israels II: Geschichte Israels von Alexander dem Großen bis Hadrian, 2. erw. Aufl., Calw / Stuttgart: Verlag der Vereinsbuchhandlung 1906.

Schlier, Heinrich, Der Brief an die Galater (KEK 7), Göttingen: Vandenhoeck & Ruprecht, 10.Aufl. 1994.

Schmal, Stephan, Tacitus, Hildesheim: Georg Olms / Darmstadt: Wissenschaftliche Buchgesellschaft 2005.

Schmidt, Werner H., Die Zehn Gebote im Rahmen alttestamentlicher Ethik. in Zusammenarb. mit Holger Delkurt u. Axel Graupner (EdF 281), Darmstadt: Wissenschaftliche Buchgesellschaft 1983.

Schmitt, Abogast, Wesenszüge der griechischen Tragödie. Schicksal, Schuld, Tragik, in: Flashar, Tragödie, 5–49.

Schmitt, Armin, Das Buch der Weisheit. Ein Kommentar, Würzburg: Echter 1986.

Schmitt, Armin, Entrückung – Aufnahme – Himmelfahrt. Untersuchungen zu einem Vorstellungsbereich im Alten Testament (FzB 10), 2. Aufl. Würzburg: Echter 1976.

Schmitt, Armin, Weisheit (NEB.AT), Würzburg: Echter 1989.

Schmitt, Hans-Christoph, (2005), Arbeitsbuch Altes Testament (UTB 2146), Göttingen: Vandenhoeck & Ruprecht.

Schnelle, Udo, Gerechtigkeit in den Psalmen Salomos und bei Paulus, in: Lichtenberger / Oegema, Jüdische Schriften, 365–401.

Schnelle, Udo, Hg., Reformation und Neuzeit. 300 Jahre Theologie in Halle, Berlin. New York: Walter de Gruyter 1994.

Schoenborn, Ulrich/ Pfürtner, Stephan, Hg., Der bezwingende Vorsprung des Glaubens. Exegetische und theologische Werkstattberichte. FS Wolfgang Harnisch, Münster u. a.: LIT 1994.

Schofield, Malcolm / Burnyeat, Myles / Barnes, Jonathan, Hg., Doubt and Dogmatism. Studies in Hellenistic Epistemology, Oxford: Clarendon Press 1980.

Scholl, Reinhold, Ἀπελεύθεροι im ptolemäischen Ägypten, in: APF 36 (1990), 39–42.

Scholl, Reinhold, Corpus der Ptolemäischen Sklaventexte (FASk B.1), Wiesbaden: Franz Steiner 1990.

Scholtissek, Klaus / Steins, Georg, Psalmoi Solomontos / Psalmen Salomos, in: Septuaginta Deutsch, 915–931.

Schrage, Wolfgang, Der Judasbrief, in: Horst Balz / ders., Die Katholischen Briefe (NTD 10), Göttingen: Vandenhoeck & Ruprecht 1973.

Schreckenberg, Heinz, Josephus, in: RAC 18 (1998), 761–801.

Schreiner, Josef, Hg., Beiträge zur Psalmenforschung. Psalm 2 und 22 (FzB 60), Würzburg: Echter 1988.

Schreiner, Josef / Kampling, Rainer, Der Nächste – der Fremde – der Feind. Perspektiven des Alten und Neuen Testaments (NEB Themen 3), Würzburg: Echter 2000.

Schröder, Bernd, Die ‚väterlichen Gesetze.‘ Flavius Josephus als Vermittler von Halacha an die Griechen und Römer (TStAJ 53), Tübingen: J.C.B. Mohr (Paul Siebeck) 1996.

Schuller, Eileen, Prayer at Qumran, in: Egger-Wenzel / Corley, Prayer, 411–429.

Schulte-Altedorneburg, Jörg, Geschichtliches Handeln und tragisches Scheitern. Herodots Konzept historiographischer Mimesis (Diss. phil. Marburg / Studien zur klassischen Philologie 131), Frankfurt am Main. Berlin. Bern u. a., Peter Lang 2000/2001.

Schunck, Klaus-Dietrich, Nehemia (BK.AT XIII/2), Neukirchen-Vluyn: Neukirchener Verlag 2009.

Schüpphaus, Joachim, Die Psalmen Salomos. Ein Zeugnis Jerusalemer Theologie und Frömmigkeit in der Mitte des ersten vorchristlichen Jahrhunderts (ALGHJ 7), Leiden: Brill 1977.

Schürer, Emil / Vermes, Geza u. a., The History of the Jewish People in the Age of Jesus Christ (175 B.C:-A.D. 135). A New English Version rev. I-III/2, Edinburgh: T & T Clark 1973–1987.

Schwartz, Seth, Josephus and Judaean Politics (CSCT 18), Leiden. New York. Kopenhagen. Köln: Brill 1990.

Schwiderski, Dirk, Handbuch des nordwestsemitischen Briefformulars. Ein Beitrag zur Echtheit der aramäischen Briefe des Esterbuches (BZAW 295), Berlin. New York: Walter de Gruyter 2000.

Schwienhorst-Schönberger, Ludger Hg., Das Buch Kohelet. Studien zur Struktur, Geschichte, Rezeption und Theologie (BZAW 254), Berlin. New York: Walter de Gruyter 1997.

Schwöbel, Christoph, Gott im Gespräch. Studien zur theologischen Gegenwartsdeutung, Tübingen: Mohr Siebeck 2008.

Sedley, David, The Midwife of Platonism. Text and Subtext in Plato's Theaetetus, Oxford: Clarendon Press 2004.

Seeberg, Reinhold, Lehrbuch der Dogmengeschichte I: Die Anfänge des Dogmas im nachapostolischen Zeitalter, Darmstadt: Wissenschaftliche Buchgemeinschaft 1963.

Seel, Otto, Cicero. Wort. Staat. Welt, 3. Aufl., Stuttgart: Klett 1967.

Seybold, Klaus (1996), Die Psalmen (HAT I/15), Tübingen: J.C.B. Mohr (Paul Siebeck).

Sheffield, Frisbee C.C., Plato's Symposium. The Ethics of Desire (OCM), Oxford: Oxford University Press 2006.

Sherwin-White, A.N., Lucullus, Pompey and the East, in: Crook u. a., Last Age, 229–273.

Skehan, Patrick / Di Lella, Alexander A., The Wisdom of Ben Sira. A New Translation with Notes (AncB 39), New York: Doubleday 1987.

Smallwood, E. Mary, The Jews under Roman Rule. From Pompey to Diocletian. A Study in Political Relations, Leiden. Boston: Brill 2001.

Smend, Rudolf, Die Weisheit des Jesus Sirach, Berlin: Reimer 1906.

Smith, Andrew, Poryphyrios, in: Ricken, Philosophen II, 229–243.

Smith, Nicholas D., siehe: Brickhose / ders.

Söding, Thomas, Das Liebesgebot bei Paulus (NTA. NF 26), Münster: Aschendorff 1995.

Sonnabend, Holger, Thukydides, Hildesheim: Georg Olms / Darmstadt: Wissenschaftliche Buchgesellschaft 2004.

Sonnemans, Heino, Seele. Untersuchungen zur Anthropologie und Eschatologie von Homer bis Platon im Blick auf das Verhältnis von Unsterblichkeit und Auferstehung in der gegenwärtigen Theologie (FThSt 128), Freiburg: Herder 1983.

Spieckermann, Hermann, „Barmherzig und gnädig ist der Herr…“, in: ZAW 102 (1990), 1–18.

Stadelmann, Helge, Ben Sira als Schriftgelehrter (WUNT II/6), Tübingen: J.C.B. Mohr (Paul Siebeck) 1980.

Stahl, Hans Peter, Herodots Gyges-Tragödie, in: Hermes 96 (1986), 385–400.

Stählin, Gustav, Das Schicksal im Neuen Testament und bei Josephus, in: Betz u. a., Josephus-Studien, 319–343.

Stanton, Graham, The Law of Moses and the Law of Christ – Galatians 3,1–6,22, in: Dunn, Paul, 99–116.

Stark, Christine, ‚Kultprostitution‘ im Alten Testament? Die ‚Qedeschen‘ in der Hebräischen Bibel (OBO 221), Freiburg/Schweiz: Fribourg Acad. Press. 2006.

Statake, Akira, Die Offenbarung des Johannes (KEK 16), Göttingen: Vandenhoeck & Ruprecht 2008.

Stavrakopoulou, Francesca, King Manasseh and Child Sacrifice. Biblical Distortion of Historical Facts (BZAW 338), Berlin. New York: Walter de Gruyter 2004.

Stegemann, Hartmut, Die Essener, Qumran, Johannes der Täufer und Jesus (Herder Spektrum 4128), 5. Aufl., Freiburg. Basel. Wien: Herder 1996.

Stegemann, Hartmut, The Qumran Essenes – Local Members of the Main Jewish Union in Late Second Temple Times 2, in: Trebolle Barrerea / Vegas Montaner, Hg. (1992), 83–165.

Steinmetz, Peter, Die Stoa, in: Flashar, Philosophie, II, 491–716.

Steins, Georg, Die Bücher der Chronik, in: Zenger, Einleitung, 249–262.

Stern, Ephraim, The Persian empire and the political and social history of Palestine in the Persian period, in: Davies/ Finkelstein, Persian Period, 70–87.

Steudel, Annette, Der Midrasch zur Eschatologie der Qumrangemeinde (4QMidr Eschat[ab]) (STDJ 13), Leiden/New York/Köln: Brill 1994.

Stiegler, St., Hg., Kein anderes Evangelium. FS A. Pohl, Berlin: WDL 2007.

Stolz, Fritz, Psalmen im nachkultischen Raum (ThSt [B] 129), Zürich: Theologischer Verlag 1983.

Stone, Michael E., Apocalyptic Literature, in: ders., Jewish Writings, 383–442.

Stone, Michael E., Hg., Jewish Writings of the Second Temple Period (CRINT II/ 2), Assen: Van Gorcum/ Philadelphia: Fortress Press 1984.

Stough, Charlotte, Stoic Determism and Moral Responsibility, in: Rist, Stoics, 203–232.

Strack, Hermann / Stemberger, Günter, Einleitung in Talmud und Midrasch, 2. Aufl. (Beck'sche Elementarbücher), München: C.H. Beck 1982.

Strack, Hermann / Billerbeck, Paul, Kommentar zum Neuen Testament aus Talmud und Midrasch IV/1–2: Exkurse zu einzelnen Stellen, München: C.H. Beck 1928 ND.

Straßburger, Hermann, Ciceros philosophisches Spätwerk als Aufruf gegen die Herrschaft Caesars (Spudasmata 45), Hildesheim. Zürich. New York: Olms 1990.

Streib, Heinz / Dinter, Astrid / Söderblom, Kerstin, Hg., Lived Religion. Conceptual, Empirical and Practical-Theological Approaches. Essays in Honor of Hans-Günter Heimbrock, Leiden. Boston: Brill 2008.

Stuhlmacher, Peter, Der Brief an die Römer (NTD 6),Göttingen: Vandenhoeck & Ruprecht 1989.

Swete, Henry Barclay, An Introduction into the Old Testament in Greek, rev. by R.R. Ottley, Cambridge, U.K.: Cambridge University Press, 2. Aufl. 1914.

Swinburne, Richard, The Existence of God, Oxford: Clarendon Press 1979.

Talanga, Josip, siehe auch: Fortenbaugh/ders., Theophrast, in: Ricken, Hg., Philosophen I, 245–258.

Taylor, Charles, Hegel and Modern Society, Cambridge: Cambridge University Press 1980.

Termini, Cristina, The Historical Part of the Pentateuch According to Philo of Alexandria: Biography, Genealogy and the Philosophical Meaning of the Patriarchal Lives, in: Calduch-Benages / Liesen, Treasures, 265–295.

Theunissen, Michael, Pindar. Menschenlos und Wender der Zeit, München: C.H. Beck 2000.

Thom, Johan C., Cleanthes' Hymn to Zeus. Text, Translation and Commentary (StTAC 33), Tübingen: Mohr Siebeck 2005.

Tomson, Peter J., Paul and the Jewish Laws. Halakha in the Letters of the Apostle of the Gentiles (CRI III/1), Assen / Maastricht: Van Gorcum. Minneapolis: Fortress Press 1990.

Toorn, Karel van der, Hg., siehe oben unter ‚2. Hilfsmittel': Toorn/Becking/ Horst, Eds., Dictionary of Deities.

Tov, Emanuel, Die Hebräische Bibel, Stuttgart: W. Kohlhammer 1997.

Trattun, Joseph L., The Syriac Version of the Psalms of Solomon. A Critical Evaluation (SBL.SCS 11), Atlanta / Georgia: Scholars Press 1985.

Traulos, John, Bildlexikon zur Topographie des Antiken Athen (Deutsches Archäologisches Institut), Tübingen: Ernst Wasmuth 1971.

Tromp, Nicholas J., Primitive Conceptions of Death and the Nether World in the Old Testament (Bib.Or 21), Rome: Ponitifical Biblical Institute 1969.

Tropper, Josef, Nekromantie. Totenbefragung im Alten Orient und im Alten Testament (ATAO 223), Kevelaer: Butzon & Bercker / Neukirchen-Vluyn: Neukirchener Verlag 1989.

Ueberschaer, Frank, Weisheit aus der Begegnung. Erziehung nach dem Buch Jesus Sirach (BZAW 379), Berlin. New York: Walter de Gruyter 2007.

Vanderhooft, David S., The Neo-Babylonian Empire and Babylon in the Later Prophets (HSM 59), Atlanta: Scholars Press 1999.

Vecchi, Piert Luigi De, Michelangelo. Der Maler. Aus dem Ital. übers. Christel Galliani, Stuttgart. Zürich: Belser / Darmstadt: Wissenschaftliche Buchgesellschaft 1984.

Veenhof, Klaas R, Geschichte des Alten Orients bis zur Zeit Alexanders des Großen. Übers. Helga Weippert (ATD.E 11), Göttingen: Vandenhoeck & Ruprecht 2001.

Veijola, Timo, Das 5. Buch Mose. Deuteronomium Kapitel 1,1–16,17 (ATD 8/1), Göttingen: Vandenhoeck & Ruprecht 2004.

Vermes, Geza / Miller, Furgus / Goodman, Mart, Hg., siehe: Schürer/Vermes, History.

Vermeylen, Jaques, ‚Pour justifier mon Créateur'. Les discours d'Élihou (Job 32–37) et leur historie littéraire, in: Witte, Hg., Gott und Mensch, II, 743–774.

Vielhauer, Philipp, Geschichte der urchristlichen Literatur, Berlin. New York: Walter de Gruyter 1985=1974.

Villalba I. Varneda, Pere, The Historical Method of Flavius Josephus (ALGHJ 19), Leiden: Brill 1986.

Viteau, Joseph, Les Psaumes de Salomon. Introduction, texte grece et traducion. Avec les princi-pales variantes de la version syriace par François Martin (Documents pour l'étude de la Bible I/4), Paris: Letouzey et Ané 1911.

Vlastos, Gregory, Socrates. Ironist and Moral Philosopher, Cambridge, U.K: Cambridge University Press 1991.

Wacker, Marie-Theres, Weltordnung und Gericht. Studien zu 1 Henoch 22 (FzB 45), Würzburg: Echter 1982.

Wahl, Harald, Das Buch Esther. Übersetzung und Kommentar, Berlin. New York: Walter de Gruyter 2009.

Wahl, Otto, Lebensfreude und Genuss bei Ben Sira, in: Egger-Wenzel / Krammer, Hg., Einzelne, 271–283.

Walbank, F.W. / Astin, A.E. / Frederiksen, M.W. / Ogivile, R.M. Hg., The Hellenistic World (CAH 2nd. Ed. VII/1), Cambridge, U.K.: Cambridge University Press 1984.

Walter, Nikolaus, Jewish-Greek literature of the Greek period, in: Davies / Finkelstein, Hg., Hellenistic, 385–408.

Waschke, Ernst-Joachim, Der Gesalbte. Studien zur alttestamentlichen Wissenschaft (BZAW 306), Berlin. New York: Walter de Gruyter 2001.

Waschke, Ernst-Joachim, ‚Richte ihnen auf ihren König, den Sohn Davids'. Psalmen Salomos 17 und die Frage nach den messianischen Traditionen", in: Schnelle, Hg., Reformation (1994), 31–46 = ders., Der Gesalbte, 127–140.

Weber, Wilhelm, Josephus und Vespasian. Untersuchungen zum Jüdischen Krieg des Flavius Josephus, Stuttgart. Leipzig: W. Kohlhammer / Hildesheim: Georg Olms 1973=1921.

Wehrli, Fritz, Der Peripatos bis zum Beginn der römischen Kaiserzeit, in: Flashar, Ältere Akademie, 459–597.

Weinstock, Heinrich, Die Tragödie des Humanismus. Wahrheit und Trug im abendländischen Menschenbild, 5. = 4. Aufl. Heidelberg: Quelle & Meyer/ Wiesbaden: Aula-Verlag 1989.

Weippert, Helga, Palästina in vorhellenistischer Zeit (HArch Vorderasien II/1), München: C.H. Beck 1988.

Weischedel, Wilhelm, Der Gott der Philosophen. Grundlegung einer philosophischen Theologie im Zeitalter des Nihilismus I: Wesen, Aufstieg und Verfall der philosophischen Theologie; II: Abgrenzung und Grundlegung, Darmstadt: Wissenschaftliche Buchgesellschaft 1971/72.

Weischedel, Wilhelm, Skeptische Ethik, Frankfurt am Main: Suhrkamp 1976.

Weiser, Artur, Die Psalmen I: Psalm 1–60 (ATD 14), 10. Aufl. Göttingen: Vandenheock & Ruprecht 1987=1950.

Weiser, Artur, Die Psalmen II: Psalm 61–150 (ATD 15), 10. Aufl., Göttingen: Vandenhoeck & Ruprecht 1987=1950.

Wellhausen, Julius, Die Pharisäer und die Sadduzäer. Eine Untersuchung zur inneren jüdischen Geschichte, Greifswald: L. Bamberg 1874.

Welten, Peter, Geschichte und Geschichtsdarstellung in den Chronikbüchern (WMANT 42), Neukirchen-Vluyn: Neukirchener Verlag 1973.

Welwei, Karl-Wilhelm, Die athenische Polis. Verfassung und Gesellschaft in archaischer und klassischer Zeit, 2. Aufl., Stuttgart: Franz Steiner 1998.

Welwei, Karl-Wilhelm, Das Klassische Athen. Demokratie und Machtpolitik im 5. und 4. Jahrhundert, Darmstadt: Wissenschaftliche Buchgesellschaft 1999.

Wenham, David, Paulus. Jünger Jesu oder Begründer des Christentums? Autorisierte Übersetzung aus dem Englischen v. Ingrid Proß-Gil, Paderborn u. a.: Schöningh 1999.

Werner, Wolfgang (1991), ‚Denn Gerechtigkeit ist unsterblich.' Schöpfung, Tod und Unvergänglichkeit nach Weish 1,11–15 und 2,21–24, in: Hentschel/ Zenger, Lehrerin, 26–61.

West, Martin L., Early Greek Philosophy and the Orient, Oxford: Clarendon Press 2000=1971.

West, Martin L., The Eastern Face of Helicon. West Asiatic Elements in Greek Poetry and Myth, Oxford: Clarendon Press 1997.

West, Martin, The Orphic Poems, Oxford: Clarendon Press 1998=1983.

Westermann, Claus, Genesis II. Genesis 12–36 (BK.AT I/2), Neukirchen-Vluyn: Neukirchener Verlag 1981.

Wicke-Reuter, Ursel, Ben Sira und die Frühe Stoa. Zum Zusammenhang von Ethik und dem Glauben an eine göttliche Providenz, in: Egger-Wenzel, Ben Sira's God, 268–281.

Wicke-Reuter, Ursel, Göttliche Providenz und menschliche Verantwortung bei Ben Sira und in der Frühen Stoa (BZAW 298), Berlin. New York: Walter de Gruyter 2000.

Widengren, Geo, Die Religionen Irans (RM 14), Stuttgart: W. Kohlhammer 1965.

Wilamowitz-Moellendorff, Ulrich von, Platon I: Sein Leben und seine Werke, 5. Aufl. bearb. und mit einem Nachwort v. B. Snell, Berlin: Weidmann 1918=1959.

Wilamowitz-Moellendorff, Ulrich von, Platon II: Beilagen und Textkritik. Berlin: Weidmann 1920=1992.

Wildberg. Christian, Hyperesie und Epiphanie. Ein Versuch über die Bedeutung der Götter in den Dramen des Euripides (Zet 109), München: C.H. Beck 2002.

Wildberg, Christian, Platons Theologie der Interpersonalität. Phaidros 252c 3–253c 6, in: Witte, Hg., Gott und Mensch, 131–138.

Willi, Thomas, Die Freiheit Israels. Philologische Notizen zu den Wurzeln hpš, [c]zb und drr", in: Herbert Donner, Beiträge, 533–546.

Williamson, Hugh G.M., Studies in Persian Period History and Historiography (FAT 38), Tübingen: Mohr Siebeck 2004.

Winston, David, The Wisdom of Solomon. A New Translation with Introduction and Commentary (AncB 43), New York: Doubleday 1979.

Wischmeyer, Oda, Die Kultur des Buches Jesus Sirach (BZNW 77), Berlin. New York: Walter de Gruyter 1994.

Wiseman, T.P., Caesar, Pompey and Rome, 59–50 B.C., in: Crook u. a., Last Age, 368–432.

Wissowa, Georg, Religion und Kultus der Römer (HAW IV/5), München: C.H. Beck 1971=1912.

Withrow, Gerald James, The Natural Philosophy of Time, Oxford: Clarendon Press, 2. Aufl. 1980.

Witte, Markus, „Mose, sein Andenken sei zum Segen" (Sir 45,1) – Das Mosebild des Sirachbuches, in: BN 107/108 (2001), 161–186.

Witte, Markus, Barmherzigkeit und Zorn Gottes, in: Kratz / Spieckermann, Liebe, 176–202.

Witte, Markus, ‚Das Gesetz des Lebens' (Sirach 17,11), in: Streib / Dinter / Söderblom, Religion, 71–87.

Witte, Markus, Hg., Gott und Mensch im Dialog. FS Otto Kaiser (BZAW 345/I-II), Berlin. New York: Walter de Gruyter 2004.

Witte, Markus, Hiobs ‚Zeichen' (Hiob 31,35–37), in: ders., Gott und Mensch, II, 723–742.

Witte, Markus, Vom Leiden zur Lehre. Der dritte Redegang (Hi 21–27) und die Redaktionsgeschichte des Hiobbuches (BZAW 230), Berlin. New York: Walter de Gruyter 1994.

Witte, Markus, Von den Anfängen der Geschichtswerke im Alten Testament – Eine forschungsgeschichtliche Diskussion neuer Gesamtentwürfe, in: Becker, Historiographie, 53–82.

Witte, Markus/Diehl, Johannes F., Hg., Israeliten und Phönizier. Ihre Beziehungen im Spiegel der Archäologie und Literatur des Alten Testaments und seiner Umwelt (OBO 235), Freiburg Schweiz: Universitätsverlag Freiburg Schweiz / Göttingen: Vandenhoeck & Ruprecht 2008.

Witte, Markus / Diehl, Johannes, F., Hg., Orakel und Gebete. Interdisziplinäre Studien zur Sprache der Religion in Ägypten, Vorderasien und Griechenland in hellenistischer Zeit (FAT II/38), Tübingen: Mohr Siebeck 2009.

Witulski, Thomas, Die Johannesoffenbarung und Kaiser Hadrian. Studien zur Datierung der neutestamentlichen Apokalypse (FRLANT 221), Göttingen: Vandenhoeck & Ruprecht 2007.

Wolf, Erik, Griechisches Rechtsdenken I. Vorsokratiker und Frühe Dichter; II: Rechtsphilosophie und Rechtsdichtung im Zeitalter der Sophistik, Frankfurt am Main: Klostermann 1950/1952.

Wolf, Walther, Die Kunst Aegyptens. Gestalt und Geschichte, Stuttgart: W. Kohlhammer 1957.

Wolff, Hans Walter, Anthropologie des Alten Testaments, München: Christian Kaiser 1973.

Wright, Jacob L., Rebuildung Society. The Nehemiah-Memoirs and its Earlist Readers (BZAW 348), Berlin. New York: Walter de Gruyter 2004.

Wright, Robert B., The Psalms of Solomon, the Pharisees, and the Essenes, in: SBL.SCS 2 (1972), 136–154.

Würthwein, Ernst, Die Bücher der Könige. 1 Kön.17–2.Kön.25 (ATD 11/2) Göttingen: Vandenhoeck & Ruprecht 1984 (zit. als Könige II).

Würthwein, Ernst, Die Bücher der Könige. 1. Könige 1–16 (ATD 10/2), Göttingen: Vandenhoeck & Ruprecht, 2. durchges. und überarb. Aufl. 1985 (zit. als Könige I).

Würthwein, Ernst, Die Revolution Jehus. Die Jehu-Erzählung in altisraelitischer und deuteronomistischer Sicht, in: ZAW 120 (2008), 28–48.

Würthwein, Ernst, Der Text des Alten Testaments. Eine Einführung in die Biblia Hebraica, 5. Aufl., Stuttgart: Deutsche Bibelgesellschaft 1988.

Zanker, Paul, Die Maske des Sokrates. Das Bild des Intellektuellen in der antiken Kunst. München: C.H. Beck 1995.

Zapf, Burkard M., Jesaja 56–66 (NEB.AT), Würzburg: Echter 2006.

Zehnder, Markus, Vom Umgang mit Fremden in Israel und Assyrien. Ein Beitrag zur Anthropologie des „Fremden" in antiken Quellen (BWANT 168), Stuttgart: W. Kohlhammer 2005.

Zeller, Eduard, Die Philosophie der Griechen in ihrer geschichtlichen Entwicklung III/2: Die nacharistotelische Philosophie. Zweite Hälfte, Leipzig: O.R. Reisland / Darmstadt: Wissenschaftliche Buchgesellschaft 7. 2006 = 5. Aufl. 1925.

Zenger, Erich, Hg., Einleitung in das Alte Testament (Studienbücher Theologie 1/1), 7. Aufl., Stuttgart: W. Kohlhammer 2008.

Zenger, Erich, Die Nacht wird leuchten wie der Tag. Psalmenauslegungen, Freiburg. Basel. Wien: Herder 1997.

Zenger, Erich, siehe auch: Hentschel/ ders., Hg., Lehrerin.

Zenger, Erich, siehe auch: Hossfeld / ders., Psalmen.

Zimmermann, Johannes, Messianische Texte aus Qumran. Königliche, priesterliche und prophetische Messiasvorstellungen in den Schriftfunden von Qumran (WUNT II/ 104), Tübingen: Mohr Siebeck 1998.

Zwickel, Wolfgang, Der salomonische Tempel (Kulturgeschichte der Alten Welt 83), Mainz: Philipp von Zabern 1999.